四川大学一流学科建设专项经费资助

DONGLI JIEGOU KONGJIAN
DUOYUAN SHIYUXIA ZHONGGUO CHENGSHI LISHI FAZHAN YANJIU

动力·结构·空间：

多元视阈下中国城市历史发展研究

主　编○何一民
副主编○鲍成志　谯　珊　范　瑛

四川大学出版社

责任编辑：曾春宁
责任校对：胡晓燕
封面设计：何东琳
责任印制：王 炜

图书在版编目(CIP)数据

动力·结构·空间：多元视阈下中国城市历史发展
研究 / 何一民主编. 一成都：四川大学出版社，
2017.12
ISBN 978－7－5690－1537－9

Ⅰ.①动… Ⅱ.①何… Ⅲ.①城市史学－研究－中国
－文集 Ⅳ.①C912.81-53

中国版本图书馆 CIP 数据核字（2017）第 324607 号

书名		动力·结构·空间：多元视阈下中国城市历史发展研究

主　编	何一民
出　版	四川大学出版社
地　址	成都市一环路南一段 24 号（610065）
发　行	四川大学出版社
书　号	ISBN 978－7－5690－1537－9
印　刷	郫县犀浦印刷厂
成品尺寸	170 mm×240 mm
印　张	35.25
字　数	730 千字
版　次	2017 年 12 月第 1 版
印　次	2021 年 1 月第 2 次印刷
定　价	162.00 元

◆读者邮购本书，请与本社发行科联系。
　电话：(028)85408408/ (028)85401670/
　(028)85408023　邮政编码：610065

◆本社图书如有印装质量问题，请
　寄回出版社调换。

◆网址：http://www.scupress.net

序

中国城市史学是改革开放以来形成的一门新兴学科。中国城市史兴起的一个重要时代背景就是改革开放以后中国城市化、工业化、现代化的高速发展。2012年,中国城市人口已经超过总人口的50%,步入城市时代,超大城市、特大城市、大城市在南北各地普遍出现,城市群、城市带也相继在多个区域内形成,中国迎来了新的发展机遇。在中国城市化加速发展的时代背景下,加强对城市历史的研究成为时代的迫切需要。因而近30年来,中国城市史研究不仅越来越受到中国史学界的重视,研究者数量日渐增多,而且,地理学、建筑学、规划学、经济学、社会学等学科的部分研究者也对中国城市史研究有着浓厚的兴趣,相关研究成果不断问世,成就斐然。不少高等学校科研院所先后成立了城市史研究机构,并承担了为数颇多的国家重点项目,出版和发表了若干重要研究成果,如四川大学城市研究所、上海社会科学院历史研究所、天津社会科学院历史研究所等学术单位从20世纪80年代起就开始成为中国城市史研究的重镇。

中国城市史研究虽然方兴未艾,人数众多,但因缺乏交流平台,各地学者深感有必要加强相互之间的联系,以推进中国城市史研究。2011年,江汉大学举办中国城市史学术研讨会,熊月之、何一民、张利民、涂文学等学者在会上联名倡议成立"中国城市史研究会",构建学术平台,培养中青年学者,得到与会者的热烈响应。会后成立了中国城市史研究会筹备委员会。中国城市史研究会的筹备得到中国历史学会的大力支持及指导。至此,中国城市史研究会呼之欲出。经过一年的筹备,中国城市史研究会作为中国历史学会的二级学会得到国家民政部的正式批准。2012年7月21—22日,在上海举办的"外语文献中的中国城市学术研讨会"上,中国城市史研究会宣告成立,选举了熊月之为会长,何一民、张利民、涂文学、李长莉、戴一峰、周勇等人为副会长,何一民兼任秘书长。中国城市史研究会成立后,确定了举办中国城市史第一届年会的计划。2012年11月30日—12月2日,"中国城市发展理论创新2012高端论坛暨中国城市史首届年会筹备会"在成都召开,熊月之、何一民、张利民、涂文学、戴一峰、李长莉等中国城市史研究会的主要负责人出席了此次论坛,会议确定了由四川大学城市研究所和西南大学历史文化学院联合主办"城市发展与民族复兴学术研讨会暨中国城市史研究会首届年会"，并于适当时候在重庆召开。

2013年6月20日至24日，"城市发展与民族复兴学术研讨会暨中国城市史研究会首届年会"在重庆西南大学召开。这次学术研讨会由中国城市史研究会、重庆中国三峡博物馆、中国抗战大后方研究中心主办，西南大学历史文化学院、四川大学城市研究所承办，四川师范大学历史文化学院等机构协办。本次研讨会是在中国城市化进入高速发展阶段，中华民族正在崛起的背景下召开的，因而大会主题紧扣时代脉搏。与会者来自全国数十所高校及科研机构，研究内容广泛，涉及早期城市发展与中华文明形成、中国古代城市发展变迁、近现代城市转型、城市发展与民族复兴等各个方面。与会者就中国城市的发展特点、城市与中华民族的兴衰变迁等提出了诸多具有开拓性、创新性的观点。与会专家学者积极献策，就如何进一步促进中国城市史研究和学科体系构建，加强国内外城市史研究机构和学者之间的联系与对话，整合多学科的学术资源与研究力量等，提出了许多建设性的意见。本次学术研讨会对于推动中国城市史研究的学术创新与理论创新具有重要意义。

本次学术研讨会具有一些新的特点。

第一，规模较大的城市史盛会。本次研讨会共有来自全国各大高校、研究所等科研机构的110余位参会人员，其中正高职称40余人，副高职称30人，中级职称20余人，硕、博研究生20余人。与会者以中青年学者为主，编印成册的论文共89篇，参会人数之众、撰写论文数量之多，为近年来中国城市史研讨会之最。中国城市史学经过30年的开垦耕耘，成果蔚为壮观，而以中青年学者为主力的局面正在构成。这正好符合创办中国城市史学会以培养青年研究者的初衷。

第二，研究的多元化。城市作为一个综合有机体，政治、经济、社会、文化、建筑、生态等无所不包。这一特性，决定了城市史研究是一门综合性极强的学科，涉及政治学、经济学、历史学、社会学、地理学、建筑学、政治学、人口学、生态学、统计学、文化人类学等人文学科、社会科学和自然科学的多门学科，因而要求研究者应具有相当丰富的学识和极其广阔的视野。本次研讨会和年会也体现了这种综合性，尤其是在选题和研究方法等方面具有综合性和多样性。本次会议提交的论文所涉及的研究对象既有对城市发展规律和特点的探讨，也有对城市政治、城市经济、城市文化、现代化与现代性、公共领域、民众日常生活、文化交流冲突与融合等问题的研究；既有宏观研究和中观研究，又有微观研究，几乎涉及了城市研究的方方面面。在研究方法上也有多样性，一些研究者已经注意到运用多学科的研究方法来研究城市历史的变迁，他们注意将人文社会科学的理论、方法与自然科学的理论、方法相结合进行研究，不少研究者针对中国城市史的诸多问题，突破了以往研究中沿用单一的历史的方法并满足于对城市发展现状的描述性研究的瓶颈，充分展现了学科的多元化特色。

第三,本次学术研讨会既延续了学术传统,又在多方面有所开拓。一方面,本次年会有不少论文涉及传统城市史学研究的较多主题,如城市发展动力、发展分期、城市化等,但也有不少研究者能够从新的视角对中国城市进行新的解读,提出了诸多具有开拓性和创新性的观点;另一方面,21世纪是"城市的世纪",当前的中国正进入城市化发展的高速阶段。诺贝尔经济学奖获得者约瑟夫·史蒂格里茨说,"中国的城市化和美国的高科技发展将是深刻影响21世纪人类发展的两大课题"。因而如何走出一条具有中国特色的城市化发展道路,亟须在理论上进行创新。城市史研究在当代中国城市建设新思路、旧传统的结合上,也应有更多的探寻。本次会议上,就有多位学者结合当前国家的政策形势,对近现代中国城市化进程进行了新的思考和探索,体现了较强的时代特色。这次提交的论文除了北京、上海、天津、武汉等重点城市的研究仍在继续外,各地差异巨大的中小城市和小城镇的研究也开始受到重视,特别是对边疆城市的研究开始引起学者关注。长期以来,城市史的研究较多地集中在经济较为发达的东部地区或者历史悠久的古都名城,边疆地区的城市历史研究较少,尤其是西部的西藏、新疆等边疆城市史研究成果不多。本次研讨会和年会中,有关西藏、云南、贵州、东北等地区的城市研究成果均有展现。边疆城市史的研究,是未来城市史研究的重要领域之一,因而这些论文不仅有助于丰富和完善城市史的学科体系,更具有现实意义,对促进西部发展、促进民族稳定和团结具有重要意义。本次城市史学术研讨会在城市史理论研究方面有所突破和创新,尤其是关于城市起源理论突破了传统的三大分工说,相关作者运用马克思主义的理论,正本清源,还原了马克思和恩格斯关于社会分工与城市起源的关系。

第四,本次学术研讨会的论点具有国际化研究视野。部分文章站在全球城市发展变迁的高度来立论写作,或者以人类文明的发展为主线来进行分析;也有部分文章开始运用西方文献资料来开展中西方城市史的比较研究,体现了一定的国际化研究视野和战略的眼光。

本次学术研讨会是一次高水平的学术盛会,是中国城市史研究会的首届年会。精彩的主题发言和激烈的小组讨论虽然早已落下帷幕,但有关中国城市史的研究并未停止,而是进入一个新的阶段,开启了新的航程。在过去的岁月里,中国城市史研究已经迈出了坚实的一步,取得了丰硕的成果,以后的道路会更加广阔,前景会更加灿烂。人们衷心希望中国城市史研究能够薪火相承,生生不息,人才辈出;同时,也期望中国城市史研究会能够整合多学科的学术资源与研究力量,促进中国城市发展的学术创新与理论创新,在中华民族复兴的道路上发挥独特的作用。

作为会议主办单位和承办者之一,这里,我要对中国城市史研究会、重庆中国三峡博物馆、中国抗战大后方研究中心、西南大学历史文化学院、四川大学城市研究所、四川师范大学历史文化学院等会议主办单位、承办单位表示衷心的感谢。时任上海社科院副院长、中国城市史研究会会长熊月之先生，中共重庆市委宣传部常务副部长周勇先生等人对本次研讨会和年会的召开予以很大支持，西南大学历史学院院长黄贤全教授等重庆学人自始至终参与会议的筹备，并付出了很大心血和精力，对他们深感敬佩；四川大学历史文化学院党委副书记鲍成志博士，四川大学城市研究所谯珊副教授、范瑛副教授等作为中国城市史研究会的副秘书长各司其职，与相关人员同心协力，为会议的召开尽心尽力；另外，会前、会中和会后参与的同仁和博士生还有不少，就不一一列出。可以说，没有大家的共同努力，这次研讨会和年会难以圆满举行并取得丰硕的成果。在此，我代表主办方和承办方对所有参加会议的全体代表，以及支持会议举办的相关领导和同仁，表示真诚的感谢。

本次论文集的出版，得到四川大学历史文化学院的大力支持，院学术委员会经过充分讨论，对论文的质量给予肯定，并决定给予四川大学一流学科建设专项经费资助出版，对此表示衷心的感谢。四川大学出版社社长熊瑜和编辑曾春宁对本书的出版给予鼎力支持，我们在此也深表谢意。

由于本次学术研讨会收到的论文多达89篇，字数逾百万，因而本书不能全部收录，故只能选择部分论文，特此说明，还望相关作者理解。

编　者

2017 年 4 月 12 日

目　　录

第一次"城市革命"与社会大分工[*]

何一民[①]

本文之所以选择这个题目,是与近期对城市的地位和作用思考有关。一是通过对世界城市的起源的考察,发现过去是一个常识,并未认真思考即加以接受的观点却成为一个值得重新思考的问题,即一般认为原始社会后期人类相继出现三大社会分工,而城市则是三大社会分工的产物。但越来越多的资料表明,城市与人类第一次社会大分工有着直接关系,但却并不是第二、三次社会大分工的结果。所谓二、三次社会大分工,即手工业从农业中分离出来,商业从手工业中分离出来。但实际上,大量早期城市的考古发掘表明,城市的出现早于手工业从农业中分离来,更早于商业从手工业中分离出来。二是对城市产生与城乡分工和脑体劳动分工的关系被忽略感到遗憾。城市的产生被称之为"城市革命",城市出现以后,给人类社会带来了巨大的变化。然而,大多数研究者在论述城市众多作用之时,却忽略了城市的一个重要作用,即城市的产生推动了城乡分工与脑体劳动分工,而城乡分工和脑力劳动与体力劳动分工是继第一次社会大分工之后的最重要的一次社会大分工,成为推动人类社会前进的重要力量。因此,本文主要就相关问题进行探讨,以就教方家。

一、关于城市革命

"革命"是20世纪使用最频繁的一个词组之一,尤其是在20世纪中国,革命成为非常普及的用语[②]。革命实际上有广义和狭义的区分,从狭义上讲,革命仍然主

* 本文为国家社科基金重点项目"中国城市通史"(12AZD083)的阶段成果。

① 何一民,男,四川大学城市研究所二级教授。

② 中国很早就有革命一词,《周易》:"天地革而四时成,汤武革命,顺乎天而应乎人"(《周易·革卦·象传》,中华书局,2010)。古代欧洲也很早就有革命一说,但其解读与古代中国不同,更多的是将革命看作政治革命和社会革命。古希腊历史学家波利比阿曾经指出:"革命就是消灭和改变僭主统治的过程,就是恢复正义和正当秩序的过程"。亚里士多德在其《政治学》中指出:低贱的人为了追求平等或为了取得更优势的地位而进行革命。近代以后,欧洲有更多政治家、思想家及学者从不同的角度进一步阐释了革命的政治意义和社会意义,其观点纷陈。中国汉字"革命"一词被赋予政治内涵是从日本明治维新时期开始的,其后经孙中山等革命党人传入中国,加以广泛使用。中国共产党成立后,运用马克思主义阶级斗争学说,使"革命"更加政治化、社会化。本文所指"革命"并非政治化的革命。

要是指社会革命和政治革命；而从广义上讲，革命则指推动事物发生根本变革，引起事物从旧质变为新质的飞跃，泛指自然界、社会界或思想界发展过程中产生的深刻质变。革命一词被引入到各个领域，各种与革命相联系的名词纷纷出现，如城市革命、文化革命，甚至还可以有卫生间革命、厨房革命等。因而今天我们所讲的城市革命并不是狭义的革命，即不是指在城市中发生的政治革命或社会革命，而是特指城市作为人类的居住地所发生的根本性变革。

最早提出"城市革命"这一概念，使"城市革命"产生广泛社会影响的是澳裔英籍考古学家戈登·柴尔德。戈登·柴尔德曾任伦敦大学考古学院院长、爱丁堡大学教授和不列颠学院院士，他十分重视研究原始社会经济形态，先后提出"新石器革命"（食物生产的革命）和"城市革命"概念。戈登·柴尔德在《城市革命》一文中，就城市革命提出几个重要的观点，一是"把城市当成为开创了社会进化的新的经济时代的革命的结果和标志"[①]。所谓新的经济时代，是指食物生产的革命，即农业革命，人类正是由于能够进行食物生产，从而也就摆脱了单纯依靠大自然生存的状态，使人口大量增加，并从居无定所的游移状态定居下来，从而使城市开始出现。二是提出正确理解"城市革命"。他认为，"革命一词当然不能被认为是一场突然的剧烈的大变动；此处是把它作为社会的经济结构和社会组织的不断进化的积累，而经济结构和社会组织的不断进化是由于与之俱来的人口的大量增加造成的，人口的增长呈现在人口曲线上有明显的上升趋势，这在统计学上可以得到"[②]。三是阐释了早期城市规模的重要意义。他认为，不能认为早期城市规模太小就忽略了其重要性。"在城市革命这一事件中，人口的增加主要是指居住在一起——即单独建立起来的地区——的人口数量的成倍上升。第一批城市代表着这些居住区前所未有的人口规模。当然，并非只是它们的规模构成了这些城市独有的特征。按照现代化城市的标准，我们将会发现这些早期城市非常之小，而且我们还可能会遇到现代的庞大的人口聚居区而不被称为城市的。然而，聚居区的一定规模和人口的一定密度是文明时代的必不可少的特征。"[③]四是对城市形成的标志进行了阐述，提出了 10 条城市文明到来的鉴别标准：①大型居住区的出现；②在构成和功能方面的变化；③财富集中；④大规模公共建筑的出现；⑤阶级社会的形成；⑥文字制度和记数制度发明；⑦代数学、几何学和天文学的进一步精确化，科学知识的传播；

---

① 戈登·柴尔德：《城市革命》，载《当代国外考古学理论与方法》第 2 页，中国历史博物馆考古部编印，1991。

② 戈登·柴尔德：《城市革命》，载《当代国外考古学理论与方法》第 2 页，中国历史博物馆考古部编印，1991。

③ 戈登·柴尔德：《城市革命》，载《当代国外考古学理论与方法》第 2 页，中国历史博物馆考古部编印，1991。

⑧从事艺术的群体出现;⑨对外贸易的发展;⑩城市共同体的形成①。

戈登·柴尔德关于"城市革命"的论述,产生了广泛的学术影响。虽然学术界对他所提出的十条城市形成标准还有不同看法,但谁都无法否认城市的出现对人类社会的影响。至少在我看来,戈登·柴尔德的"城市革命"之说是成立的。城市作为文明的产物,一旦产生后,又成为文明的载体,反过来又推动着文明的发展。因此,戈登·柴尔德关于城市革命的观点具有重要的学术意义,有利于我们进一步深入认识城市的地位和作用。

在认同城市革命的同时,需要指出的是,由于世界各地文明发展的不平衡性,城市革命也具有不平衡性。在不同的文明中,城市的起源、城市的功能、城市的形态是完全不同的,早期城市的发生和发展具有各自的特殊性,非常具有个性化。因此,城市革命的时间有早有迟,有快有慢。从世界范围来看,早期城市的出现大约是公元前3500年到公元500年,因而第一次城市革命延续的时间长达4000余年。也就是说,当部分地区的城市文明已经发展到很高的水平时,而部分地区的城市才开始产生。

城市作为文明的产物,一经产生后,对于文明的发展又起着重要的推动作用。可以说,城市产生后,成为文明的载体和文明的中心,引领着文明的发展,因而城市对文明发展有着重要的作用。

一是进一步改变了人类生存的方式,为人类提供了新的生存方式,人类的生产、生活和各种活动由分散而趋向集中。

二是进一步促进了物质文明的发展。城市产生后,生产力发展远远超过了无城市时代的水平,城市创造了巨大的物质财富,为人类社会的发展奠定了物质基础,促进了手工业和商业的发展,也促进了手工业的专业化,使商业从手工业中分化出来。

三是促进了精神文明的传承和创造,人类的精神世界在城市这个大舞台开始丰富起来,艺术、宗教和建筑的发展,"使原来难以保存,难以流传久远的文化积累得以保全、记载而经久传世"②。

四是促进了制度文明的发展。随着城市的建立,各种政治制度、社会制度和文化制度相继建立。虽然早期的包括政治文明在内的制度往往只是代表少数人的利益,并与专制政治紧密地联系在一起,是一种"建立在劳动奴役制度上的罪恶的文明",但却是推动社会进步和发展的重要力量。制度建设的好坏对于一个城市或国家至关重要。

---

① 戈登·柴尔德:《城市革命》,载《当代国外考古学理论与方法》第7~11页,中国历史博物馆考古部编印,1991。

② 刘易斯·芒福德:《城市文化》,中国建筑工业出版社1999版。

因此，城市的形成具有承上启下、继往开来的重要地位和作用，既使人类文化的长期积淀得以保存、免于流失，又使在原始聚落环境中潜伏已久而难以发挥的创造力开始焕发出来，因而促成了文明发展的飞跃。

但是，城市革命还有另一个重要的作用却至今未能引起人们的高度重视，即城市的出现形成了人类社会的第二次大分工——城乡分工和脑体劳动分工，正是这次社会大分工推动人类社会从野蛮时代进入到文明时代，由此促进了人类的进步。

二、对三次社会大分工的新思考

社会分工是"指人类从事各种劳动的社会划分及其独立化、专业化"，使平均社会劳动时间大大缩短，生产效率显著提高[①]。近代以来，有关社会分工的理论非常之多，但有一个共同点，即都将社会分工作为超越一个经济单位的社会范围的生产分工。在马克思和恩格斯之前即有若干人对社会分工进行了探讨，但马克思和恩格斯却对社会大分工进行了理论创新。马克思曾对社会分工的重要性作了深刻阐述，他认为分工是生产力和社会关系的联结纽带，它兼有生产力和社会关系的双重属性，也即分工具有劳动方面的属性和社会关系方面的属性。他进而证明了"分工是迄今为止历史的主要力量之一"[②]。恩格斯也对社会分工进行了研究，他关于原始社会后期人类三次社会大分工的观点对中国学术界产生的影响非常巨大。恩格斯在《家庭、私有制和国家的起源》一书中提出，在原始社会后期先后出现了三次社会大分工，第一次社会大分工即游牧部落从其余的野蛮人群中分离出来，即畜牧业与农业的分工；第二次社会大分工则为手工业和农业的分离；第三次社会大分工是商业从手工业中分离出来，商人阶级出现。虽然恩格斯并未明确提出三次社会大分工是人类从野蛮进入到文明的共同规律，但三次社会大分工理论已经成为我国理论界的主流观点，并将其作为普遍规律。尽管在过去也曾有研究者对第一次社会大分工是否适应中国的情况产生过怀疑，但并未能得到广泛的认同。

是否在原始社会后期人类普遍出现过三次社会大分工，目前在我国学术界较少有人置疑，但却值得思考。

按照恩格斯三次社会大分工理论，第一次社会大分工是在原始社会自然分工的基础上，随着生产力的发展而逐步形成的，一方面是氏族部落内部发生社会分工。分工产生的原因是多方面的，既与人口数量的增长、氏族共同体规模的扩大有关，也与生产力的发展、生产劳动类型的增多有着直接关系，原来简单的劳动因生理差别（如男女差别、老幼年龄差别、体力强弱差别等）而形成的自然分工开始发生变化，并在此基础上出现社会分工。随着氏族向部落联盟发展，这种分工的范围

---

① 夏春玉：《流通概论》第24页，东北财经大学出版社2006年版。
② 《马克思恩格斯选集》第1卷，第85页，人民出版社1995年版。

也在不断扩大。另一方面是不同氏族共同体或部落联盟之间的分工。因自然环境的差异而形成自然地域的分工,如居住在平原地区的氏族主要从事农业,而居住在草原地区的氏族则主要从事畜牧业,居住在湖泊河海之畔的氏族则要从事捕鱼。不同自然条件和社会条件下的氏族从事不同的生产活动,而在生产过程中需要进行产品的交换,因而不同氏族之间的社会分工也由此开始。第二次社会大分工与技术的进步有着密切的联系。恩格斯认为,在新石器时代后期,出现了农业和手工业相分离的人类历史上第二次社会大分工,一个重要的标志就是铁制工具的使用和生产技术的进步,促进了农业的发展和劳动生产率的提高,也使手工业向多样化发展,于是手工业开始从农业中分离出来。随着第二次社会大分工的深化,在手工业和农业等产业部门开始出现了专门以交换为目的的商品生产,而商品生产和交换的发展又催生了商人阶层的逐渐形成,于是商业从手工业中分离出来,人类历史上的第三次社会大分工开始出现。

恩格斯的论述有两点值得思考,一是关于铁器出现与社会分工的关系,二是三次社会大分工与城市的关系。

关于铁器出现与社会分工的关系,恩格斯主要以欧洲东大陆的早期历史为依据。然而,无论是在中国,还是在中亚、西亚等其他文明发源地,铁器的出现都较晚,如中国是在春秋战国时期才大规模出现铁器工具,此时期中国早已跨入文明的门槛,已建立国家上千年,城市数量甚多,功能较为完善,农业、手工业等生产部门也相当发达,手工业不仅已从农业部门分离出来,而且在手工业内部形成了较为细致的分工。因此,铁制工具的使用并不是第二次大分工的前提,不具有普遍性。

关于三次社会大分工与城市的关系,也值得认真思考。目前,占主导地位的三次大分工理论将城市看作是三次大分工的产物,因而从时间顺序和逻辑上讲,城市的出现晚于三次社会大分工。但是,随着越来越多的考古发掘,开始证明早在恩格斯所提出的第二次社会大分工之前就已经出现了城市。目前世界上最早的城市出现在距今6000多年前。到底是二、三次社会大分工推动了城市的产生,还是城市的出现促进了二、三次社会大分工,或者两者互为因果? 这些问题值得认真思考。

两河流域是世界历史上最早出现城市的地区,大约在公元前4300年—前3500年,苏美尔人就在两河流域内部平原上建立了多个早期城市,如欧贝德、埃利都、乌尔、乌鲁克、捷姆迭特·那色等。这些城市的建立,标志着两河流域南部地区氏族制度的解体和向文明时代的过渡。公元前3100年—公元前2800年,两河流域南部已经形成了数十个城邦,即城市国家,主要有埃利都、乌尔、乌鲁克、拉伽什、马玛、苏鲁帕克、尼普尔、基什、西帕尔等。这些早期的城邦规模都不大,人口也不多,一般在几千人至数万人之间。这些城邦,既包括城市,也包括它的周边地区。因而这些城邦在功能上具有叠加性,既是政治和宗教的中心,也是手工业生产和商品交换的中心。国王掌握着政权，拥有大量的财富，建立了庞大的官吏队伍，并控制着国家的对内对外贸易。寺庙在这些城市里发挥着极其重要的作用，寺庙拥有大片土地，控制着一大批工匠，并与国王关系密切，相互依赖，相互支持。

埃及也是城市出现较早的地区，埃及早期城市发展很有特点。根据考古发现，埃及很早就出现了城市文明，但不存在城邦国家，而是由许多行省组成大型国家，每个行省都有自己的城市，有些省还有多个城市。

印度河谷文明也产生了早期城市，大约在公元前3000年—公元前1500年，印度河流域出现了一批早期城市。1922年，印度考古学家在印度河下游摩亨佐·达罗（Mohenjo Daro）的土丘上发现了被尘土埋没、沉睡了几千年的古城遗址，确定这座古城的时代为公元前2500年左右。随后，考古学家在印度河流域又相继发现了多个早期城市遗址。这些城市具有这样一些特点：一是城市有着统一规划；二是城市具有明显的功能分区，城堡区与住宅区分开。

中国也是世界城市文明的发源地之一。大约距今4000年—6000年前，中国的黄河流域和长江流域地区先后出现了一批早期城市。到目前为止，中国境内已发现的史前城址达数十座之多。从建城的时间上看，最早可上溯到仰韶文化晚期，但大部分是距今4000多年前的龙山文化阶段；从地域分布来看，则主要分布于黄河中下游地区、长江上中下游地区。黄河流域发现的史前城址主要有河南登封土城岗、淮阳平粮台、郾城郝家台、郑州西山古城和辉县孟庄这5座城址，山东以景阳冈和校场铺为中心的两组共8座龙山时代城址、边线土城址、城子崖城址、丁公城址、田旺城址等。长江流域发现的史前城址主要有上游地区成都平原的新津龙马宝墩古城、郫县古城、都江堰芒城、温江鱼凫村古城、崇州双河村古城，中游地区的城头山古城、石家河城址、走马岭古城阴湘城、马家垸古城等。其中城头山大溪文化古城址位于湖南澧县西北约12公里处，城墙的地层堆积可分12层，第12层即第一期城墙建造于大溪文化一期，距今6000年以前，是中国目前所见最早的古城址。20世纪后期以来，考古工作者多次在位于陕北黄土高原北部边缘的神木县高家堡镇石峁村考察，发现一处超大型史前石城遗址，面积达420万平方米。2012年，经中国考古学会、国家文物局、陕西省文物局、中国社科院考古研究所、国家博物馆等40余位考古专家，对神木县石峁遗址发掘现场联合考察后，确认为这是目前我国史前时期规模最大的城址，属新石器时代晚期至夏代早期遗存。

目前已经考古发掘的史前城市具有一些共同的特征：一是这些史前城市大都有出于守卫上的需要而构筑的防御性设施——城墙；二是这些史前城市的功能以政治、军事为主；三是这些早期城市在空间分布上已具功能分区，即使是最早的城头山城址也是将宫殿、祭坛、墓地、农田、房屋按照一定布局，统统安置在城内。从目前发掘的大量龙山时期的史前遗址来看，这些史前城市的空间布局在定向与规划上都具有一定的规则性。

从以上可见,从世界范围来考察,城市的出现很早,但晚于第一次社会大分工,却早于手工业从农业中分离出来的第二次大分工,更早于商业的出现所带来的第三次大分工,因而城市并不是第二、三次社会大分工的产物。城市的出现晚于第一次大分工这是确切无误的,正是由于农业革命所产生的第一次社会大分工,推动农业从采集渔猎中分离,成为独立的产业,才为城市的产生创造了前提条件。但手工业与农业的分工在时序上与城市的出现基本相同,甚至还可能晚于城市的出现。至于商业从手工业中分离出来,则远远晚于城市的出现。越来越多的考古发掘表明,早期城市有着手工业作坊,但并无商业基础设施。从中国来看,直到春秋时期,都还是"工商食官",以官营手工业和商业为主,商人还没有成为一个独立的阶层。而此时期中国早已经形成完整意义上的城市,部分城市的功能完善。

目前有关社会分工的理论都只强调三大产业部门的分工和劳动者的分工。其实,社会分工并不只是三大产业部门的分工,也不只是三大产业部门劳动者之间的分工。人类社会大分工还包括城乡分工和脑力劳动与体力劳动分工。早在第一次大分工之后,人类社会就开始孕育城乡分工和脑体劳动分工。城乡分工与脑体劳动分工是人类社会最重要的两大分工,并对人类社会的发展产生了深刻而久远的影响。这两大分工是随着城市的出现而出现的,当人类从无城市社会进入有城市社会之后,也就开始出现城乡分工,而城乡分工又带动体力劳动与脑力劳动的分工。因此,我们认为人类历史上的第二次大分工并不是手工业从农业中分离出来,而是随着城市的出现导致的城乡分工和脑体劳动分工,原来所说的第二、三次社会大分工,即手工业从农业中分离出来、商业从手工业中分离出来,实际上是包含在城乡分工之中。

三、城市的产生与城乡分工和脑体劳动分工

城市革命产生了城市,由此出现了人类社会的第二次大分工——城乡分工和脑体劳动分工。三大分工理论的一个不足,就在于完全忽略了脑力劳动与体力劳动之间的分工。脑力劳动者的劳动和贡献在三大分工理论的框架下被忽略了,在人类从野蛮时代进入到文明时代,脑力劳动者所起的作用十分巨大,城乡分工所带来的脑体劳动分工较第一次社会大分工更加广泛和深刻,正是这次社会大分工推动了人类社会从野蛮到文明的巨大进步。

首先,随着城市的产生、城乡分工,出现了进行脑力劳动的社会管理者群体。

过去,人们对于脑力劳动者的认识存在一定的误区,完全将社会管理阶层排斥在外。城市的产生与阶级的分化和国家的形成有着直接的关系,城市产生后,形成了一个与乡村不同的社会空间,而在城市这个这个空间中出现了统治者和被统治

者。过去，一般都将统治者作为不事劳动的剥削者、压迫者，因而尽管城市中出现了社会分化，但却未将其与社会分工联系，不承认他们也是脑力劳动者。然而，按照今天的新观点，即管理也是生产力来看，早期城市的统治者一方面是统治者、剥削者，另一方面他们也是城市、城邦或国家的管理者。随着城市的产生，原来的氏族部落首领转变为城市、城邦或国家的统治者，从国王到各级官吏，以及为了保护他们和国家安全的军队官兵，构成了一个越来越庞大的群体，他们不再从事农业劳动或畜牧劳动，即使偶有为之，也是一种象征性的，国王和各级官吏主要从事社会管理，管理的范围越来越广泛，内容也越来越多，因而这种社会管理本身也就是一种脑力劳动。在人类早期社会，管理和劳动是混在一起的，无论集体劳动或共同劳动，为节约资源、节约时空、减少生产成本，都包含着管理在内。随着村落向城市转型，不仅有对劳动生产的管理，而且需要对社会进行管理，城市内部和外部的不同群体需要分工协作，因而需要有人专门来组织指挥，特别是要从事一些大型公共工程，如筑城和兴修水利工程等。为了使共同劳动能够协调行动犹如一人，方能成为一个有效的劳动过程，因而需要进行各种协调，并对个体劳动者在时间上作轻重缓急的安排，在空间上作合理排列，而且还要考虑社会的秩序与稳定、生产与分配等，社会管理变得更加复杂，所付出的脑力劳动也更加多。

正是由于社会的发展、阶级的分化，使得统治者从生产劳动中分离出来，形成一个独立的社会阶层，社会管理也从单纯的劳动生产管理中分离出来。而此时的社会管理活动演变成一种集知识、经验、天赋和组织能力于一身的高度复杂的社会劳动，城市统治者不仅要对城市进行管理，而且还要对农村进行管理。正是由于出现了高度复合化的社会管理，城市和农村中的不同社会群体才能够协同劳动，共同推动物质文明、精神文明和制度文明的创造，从而构成完整的劳动过程。

由此可见，阶级的分化、统治者和管理阶层的形成是一种社会的进步。统治者的存在对城市和国家的生存发展至关重要，随着国家和城市产生，统治者必须要确定发展目标，要构建合理的社会组织体系，制定健全的规章制度以及运作机制，只有这样才能使城市和国家系统内部单个组成部分在体制的保证和制度的规范下，形成一种合力，由此推动城市、城邦或国家朝着既定的目标统一行动。如果没有统治者，没有社会管理阶层的存在，没有他们所进行的管理活动和制定的各种制度，人类社会将始终处于原始社会状态。

此外，统治者脑力劳动质量的好坏，即社会管理质量的好坏直接关系到一个城市或国家的生存、发展和社会经济效益的高低。从社会管理的角度考察，管理的目的不仅是要保持社会的有序发展，而且还要创造更多的社会财富，供养更多的人口，如果是不能创造经济价值、社会价值的管理，就成为无效的管理，而如果要成为有效的管理就必须付出巨大的脑力劳动。由此，我们可以看为什么几千年来有的城市或国家能够强大,能够征服其他的城市或国家,而其他的城市或国家则被征服或消亡。这其中就明显地体现了不同的统治者的智慧和社会管理水平的高低。管理是人类的一种主观行为,是人们对客观世界的认识付诸实践的活动过程,因而也是一种脑力劳动,管理水平的高低和效益的好坏,都受制于管理者的智慧、学识、经验、天赋和与之相关的各种能力。统治者在进行社会管理的同时需要付出巨大的脑力劳动,而这种劳动的投入多少也与城市、国家的管理质量有着直接的关系。这在中外历史上都不乏其例,一个成功的国家管理者往往都是殚精竭虑、励精图治,耗费巨大精力来管理国家;而失败的国家管理者则多疏于管理,沉于享乐。这充分说明高质量的国家管理和社会管理的重要性,如果管理到位或管理失误,都会对城市或国家产生巨大影响。

其次,随着城市的产生,社会管理阶层之外的一个数量越来越多的脑力劳动者群体开始形成。

随着城市的出现,社会成员的构成不再是如无城市社会时期的村落,是以血缘为纽带,具有很高的同质性,而城市的社会成员来自各地,血缘已经失去了纽带作用,随着城市的发展,社会成员之间的异质性强化。如果说村落的社会成员之间存在劳动分工的话,也较为简单,一般是以自然分工为主,手工业生产依附于农业生产。但随着城市的产生,不仅城市与乡村之间有着不同的社会分工,而且城市内部的成员之间也出现广泛的社会分工。一方面,城市比旧石器时代的早期营地聚落和新石器时代的村庄聚落都更能有效地组织和动员人力、物力,发展分工合作,能够促进手工业生产和贸易交流;另一方面,统治阶层的形成对各种精神文化产品产生了极大的需求,因而推动从事精神文化产品生产者群体的形成。同时,由于社会财富大量向城市聚集,城市有着剩余产品、粮食,可以养活更多的人,从而使一部分人有可能脱离体力劳动而去从事绘画艺术、音乐舞蹈、宗教、哲学等脑力劳动。这样,城市社会中不仅出现了社会管理者——统治阶层,而且还出现了大批的其他脑力劳动者,如出现从事艺术创造的群体,包括艺术家、工匠、专职的雕塑家、画家或者印章雕刻家;出现了从事历法和数学的研究者,出现了祭师等大批不同于村落巫师的宗教人员。这些人员并非不事劳动的寄生者,而是进行脑力劳动的新型劳动者,他们从事着各种脑力劳动,创造出大量的文化产品。与此同时,由于社会需求的不断增加,也促进各个专业内部出现了越来越细的分工。

城市作为区域的政治、经济和宗教文化中心,具有较强的聚集力和辐射力,同时也可能产生更大、更多的对精神文化产品的需求。特别是统治者在物质财富得到极大满足之后,就开始对精神财富的追求、对艺术的欣赏、对美的追求,精神财富不再是可有可无,因而过去在氏族部落时的业余表演开始向专业的表演转变,绘画也不只是劳动之余的涂鸦。城市作为区域的中心所产生的聚焦与辐射效应,也促进了脑力劳动者数量的增加。城市比远古时期的村庄能够吸引和集中各种社会人群与文化，并促进相互之间的交流与融合。正是由于各种精神文化创造活动在城市中的高度聚集，其创造水平也在城市中不断得到提高。正如戈登·柴尔德所指出的："他们雕刻、塑造和描绘人或物，但已不再是过去猎人们古拙的自然主义手法，而是根据概念化和复杂化的风格进行创作，创作的风格在不同的城市各异。"他们使此一时期的"代数学、几何学和天文学进一步精确化，科学知识传播，历法学和数学是早期文明的共同特征"①。

除了脑力劳动从体力劳动中分离出来，形成越来越多的分工外，体力劳动的分工随着城市的产生而深化，其中一个重要的表现就是那些原来依附于农业的部分手工业者和体力劳动者也开始脱离农业生产劳动，从村落进入城市，或者在城市周围从事专门的手工业劳动，因而城市人口还包括了数量较大的工匠、运输工人等。戈登·柴尔德也论证了"城市革命的一个后果就是将这些工匠从游动中解脱出来，并在新的社会组织中保护他们的安全"②。因而可以说，正是由于城市的产生才使手工业从农业中分离出来。20世纪以来，世界各地所发掘出土的绝大部分早期城市遗址都存在规模不等的手工业作坊和相关的文化遗存，证明了城市与手工业的关系。

从上可见，第一次城市革命促进了人类文明的巨大进步，由此产生了社会大分工——城乡分工，而城乡分工带来了生产力的进步和剩余产品的增加，使得一部分人完全摆脱了体力劳动，专门从事监督生产、管理国家及科学、艺术等活动，最终形成了脑力劳动和体力劳动的分工，社会大分工成为推动社会进步和文明发展的强大动力。

最后还需要指出的是，在人类发展史上，并不只是进行了一次城市革命，而是发生过多次城市革命。从革命的广义内涵来讲，城市革命不仅是指在原始社会向文明国家发展的进程中城市的形成，使人类从无城市社会变为有城市社会；而且也是指在城市发展过程中城市所产生的深刻质变，城市的性质从旧质向新质的飞跃。因此，随着城市的产生和发展，随着人类社会的变迁，城市还出现了多次革命性的变化。从世界城市史的发展变迁来看，除了新石器时期农业革命导致了城市革命、推动了城市的产生外，还有两次伟大的"城市革命"，一次是发生在18世纪到20世纪，从欧洲开始的工业革命，席卷全球，由此推动了第二次城市革命的发生，导致城市普遍发生从旧质向新质的转变，从而出现根本性的变化。第三次城市革命，是

---

① 戈登·柴尔德：《城市革命》，载中国历史博物馆考古部编印《当代国外考古学理论与方法》，第9～10页，1991年。

② 戈登·柴尔德：《城市革命》，载中国历史博物馆考古部编印《当代国外考古学理论与方法》，第6页，1991年。

20 世纪后期以来正在发生的城市的巨大变革,高新技术和信息革命推动出现第三次城市革命,这次城市革命正深刻地改变着人类社会的发展。

结语

如果说由农业革命推动出现的人类第一次社会大分工主要是解决人类的基本生存的话,那么由城市革命而导致的城乡分工与脑体劳动分工则是为了解决人类的发展问题。

农业的产生对人类社会来讲具有划时代的作用,故而被称为"农业革命"。在农业出现以前,人类的生存主要依赖于采集与渔猎,只能维持最基本的生存,因而居无定所,无法形成大规模的聚落。人类正是在长期的采集活动中,通过观察逐渐熟悉了某些植物的生长规律,开始加以人工培植,于是出现了原始农业。畜牧业由狩猎而来,由于发明了弓箭,以及其他狩猎工具,再加上狩猎经验和技术的不断提高,人类捕捉到的动物不断增多,有些便被饲养起来,于是出现了畜牧业。原始农业和畜牧业比起采集和狩猎,更能给人提供可靠的生活资料,并可节约劳动力,因此,农业和畜牧业在不同的地区成为人类的重要生产部门。这就出现了人类历史上的第一次社会大分工。农业、畜牧业的产生,使人类经济在旧石器时代以采集、狩猎为基础的攫取性经济转变为以农业、畜牧业为基础的生产性经济。人类从食物的采集者转变为食物的生产者。这一获得食物方式的转变,改变了人与自然的关系,同时也为城市的产生创造了前提条件。

城市革命的意义不亚于农业革命,城市革命给人类的生产和生活带来巨大的变化,人们至今仍然在努力建设,推动城市发展。城市作为人类文明的产物,一经形成后即成为人类文明的载体,物质文明、精神文明和制度文明都在城市这个载体中得到空前的发展;不仅原始社会的经济结构发生重大的变化,而且社会结构也开始发生质的变化。城市成为国家或区域的政治、经济和文化的中心,一方面,城市和乡村形成了前所未有的分工,城市统治着乡村,带来政治权力、经济要素和文化财富向城市聚集,也促进了文明的大发展;另一方面,城市内部也出现了脑力劳动与体力劳动的分工,从国王到各级官吏,以及为他们服务、保护他们安全的军官等形成了一个宝塔形的、特殊的社会管理群体。这个群体主要从事特殊的脑力劳动,而他们的脑力劳动对于社会的进步与发展来说是十分重要的,也是必需的。城市远较村庄对精神文化产品有着更加强烈的需求,而需求决定发展,刺激着从事各种脑力劳动的群体离开乡村聚集到城市中,专门从事艺术、文学、史学、数学、历学等脑力劳动,他们的劳动价值只有在城市才能得到体现。因而城市除了要解决人类的生存外,同时还要寻找人类的发展之路。几千年来,世界上不同地区和国家的人们正是一直沿着这条城市化的道路在前行,并继续探寻人类的未来发展。

中国近代城市发展的动力分析

张利民[①]

引子

本文是从对当代城镇化发展动力机制的研究中得到的启示而完成的。当前中国城镇化研究中,一方面十分强调城镇化动力机制的中国特色,即政府主导机制。本文以发展动力为视角,从宏观上分析促进中国近代城市发展的动力是什么? 也就是说,国家和政府行为所代表的政治因素是在什么样的环境中得以延续的? 有什么变异? 另一方面,经济发展,尤其是与国际市场的接轨所带来的工业发展和市场经济是如何激发城市自身特性和推进城市的崛起的? 民众在城市管理、规划和建设中有什么样的话语权? 在城市化中是否占有一席之地? 其意图是通过对近代城市发展要素的反思,更进一步明晰中国的城镇化之路。

从明清以来,中国的城市、城镇有较快的发展,尤其是开埠通商以后,城市自身的聚集性特性逐渐发挥作用,一些沿海、沿江,以及具有某些资源优势的城市或城镇在某种机遇的推动下迅速崛起,迎来了中国城市化发展的初级阶段。明清时期,在海防、边防和江南一些经济较为发达的地区,城镇已经崛起。其原因,一方面是政治、军事的需要,构筑更为完备的防御体系,如在长城沿线设立了九边军镇、在海岸线一带设立卫所;另一方面是社会经济发展的结果,由于交通和生产力的发展,商品经济增强,市场网络初步建立,江南中小城镇迅速增多。这些城镇从类型和功能上与县治、府治的城市不同,成为具有特色的商业、手工业城镇,以及一定范围内的经济中心。这些城市、城镇的发展与演变,为近代以后城市的迅速发展提供了一定的示范,可以说开了中国城市化之先河。

近代以来,中国确实迎来了城市迅速发展的阶段,其主要表现为城市数量众多、功能各异、规模扩大,城市人口增长速度要快于总人口的增长。城市发展呈现出两种模式:其一,有一定基础的城市,随着包括交通等自然和人文环境的变化、市场经济的发展,抑或迅速崛起,抑或发展相对缓慢,甚至趋向衰落,开始失去原有的地位和作用;其二,在沿海、沿江、铁路沿线和有矿山等资源建立了近代大型企业的

[①] 张利民,天津社科院历史研究所所长,教授,研究方向:城市史。

地区,有的城市迅速发展为中心城市和一定范围的经济中心,有的出现了功能相对单一的新型城镇。其共同的特点是:它们与传统的政治因素相对疏远,而与新兴的资本主义经济因素关系密切,在社会和生活中也凸显出许多新鲜的时代气息。中国的城市化进入初步发展阶段。

就城市化的动力而言,主要有政府动力、市场动力与民间社会动力。政府动力,就是通过行政手段和政策引导等政府行为对城市发展的各方面进行调控;市场动力,就是通过市场的力量配置资源、调节供需,促进产业发展升级,促进城市的发展和城市体系的重构;民间社会动力,就是社会成员都有自愿改善生活水平和改变生活方式的物质与精神的追求,常常通过非政府的社会组织、社团组织、社区组织主动参与城市的规划、管理和建设。当然,这三种动力并不是孤立的,而是相互交叉和互动的。中国的城市化始于开埠以后,至今仍然在城市化的进程中,可以尝试从发展动力上来诠释其发展原因。

一、政府行为的延续与变异

中国城市的产生和发展有一个特点,即政治、军事上的需要,城市多是首都、省会、县城等政治中心以及军事要地,在很大程度是以保卫政治中心或疆土为主要任务,是国家统治机器的一个重要组成部分,所以成为历代战争的主要攻击目标。其结果是,城市一直伴随着社会的乱和治,呈现出大幅度波浪式的运动,难以保持长久不衰。中央集权制使得这种功能得到充分体现,即一个城市的发展规模和发展速度与其行政地位的高低成正比,决定城市兴衰发展的首要因素是其在王朝行政体系中的等级地位。城市的政治职能十分突出,往往超凌于经济、文化功能之上,成为城市最主要的职能。这种等级分明的城镇行政体系一直保存下来,并不断被后世王朝加以巩固和完善,形成了等级分明的城市体系。清代中叶,城市的功能有所变化,出现了一些以流通为主要功能的城镇,但有相当数量的城市并没有完全脱离政治因素,至少是在以国家为代表的政治阴影的笼罩下发展的,城市本身的功能,特别是经济方面的功能并没有发挥主导作用。

近代以后,虽然在外力和国内外市场、工业发展、交通变革等多重因素的影响下,城市进入了较为快速的发展阶段。但是,以中央和地方为代表的政治主导与行政推动仍然是城市发展的主要动力之一,只是由于城市发展的多样化、多元化,这种政府行为不如传统农业社会那样凸显,且其推动的方式与内容也随着时代的需要有所变异,即一些政府行为是在西方势力不断扩张和社会压力不断增强的前提下被迫实施的。

其一,无论约开口岸还是自开口岸,从某种意义上看都可以视为是政府行为,是中央和地方政府对当时国内外形势的应对,推动着各类口岸城市的兴起。如果说约开口岸是清政府在西方列强舰炮威逼下的被迫行为，那么，自开口岸则是清政府应对西方势力扩大和约开口岸增加而主动采取的措施之一。

其二，政府兴办官办企业、提倡振兴实业、奖励工商企业的政策、保护工商业的措施和法规、兴修铁路，以及教育制度的改革等，都促进了城市经济实力的增强、人口聚集和城市规模的扩大。洋务运动时的军事工业等大型企业，无一不是建立在省会城市，有的还以省会命名，多开了各城市近代工业之先河。清末新政的振兴实业和创办新式学堂等，使得府治和县治城市的手工业、工场和新式教育得以起步和发展，加之大批留日学生回国后在那里就职和任教，为中小城市的发展带来契机。政府倡办和投资兴办的能源企业，也促使一些新兴城市的崛起。清政府和民国政府在体制、制度和政策上对新式工商业的支持与保护，从更为宽泛的空间构成对城市的兴起与发展的支撑。国土国有的前提下，兴修铁路也必须是在政府的首肯、倡导、主持或者投资下进行，建立的近代交通运输体系，为市场网络的重组打下基础。

对科举制度和教育制度的改革，也为城市聚集更多的各级学校、吸引更多的各类人才创造了条件，促使新文化兴盛和新旧文化交融，带来了城市人口的剧增。

其三，政府推行的地方自治，以及设立城市管理机构等，在开创了新的行政管理机制的同时，也从制度上规范了城市的建制，加深了社会各界对城市理念上的认同。各地兴办的地方自治，根据倡办和实施者身份的不同可以分为自下而上和自上而下两种模式。而清廷提倡和推行的是自上而下的模式，其意图与动机是为了挽救日益衰落的清王朝统治，在开办方式和组织形制上并没有触动专制体制的根本。尽管如此，清廷公布的《城镇乡地方自治章程》，第一次将乡村、市镇和城市分列。以后，中央和地方政府先后制定了《地方自治试行条例》《京兆地方自治暂行章程》《市自治制》《乡自治制》《江苏暂行市乡制》，孙科于 20 世纪 20 年代在广州制定了《广州市暂行条例》、建立了市政府，上海制定了《淞沪特别市公约》等，逐渐建立了以城市为单位的行政管理制度。① 而且，这不仅是管理机制的改革，也推进了民众对城市的概念和空间理念的认同。19 世纪 30 年代前后，中央和地方政府在制定、修改各种法规章程以规范行政管理的同时，也在各级城市的设置、行政区划、规划、基础设施建设、社会治安等方面采取很多措施，以扩大城市的影响力。

二、市场、工业等经济要素的凸显

"商业依赖于城市的发展，而城市的发展也要以商业为条件。"②传统社会，城市的经济功能并非没有促进城市规模的扩大和城市数量的增加。但是，传统社会

---

① 参见拙作：《艰难的起步——中国近代城市行政管理机制研究》，天津社会科学院出版社 2008 年版，第 90～156 页。

② 《马克思恩格斯全集》第 25 卷，人民出版社 1975 年版，第 371 页。

长期在小农自然经济支配下,农业发展水平主要靠密集的劳动力即农业人口的增长来维持,劳动生产率和效益并没有很大的改善,农产品的商品率很低,商品经济发展不够充分,就难以长期、稳定地保持对城市粮食等日常生活品的供应。城市中的繁华街景多以表现休闲消费为主,手工业中奢侈品生产占较大比重,商业在很大程度也是为统治者服务;以聚集和转运功能为特点的城市多为小范围的地区市场,对更广阔区域的经济吸附力不大,经济功能也难以保持长期的主导位置。以内陆的河流和驿道为主的交通,对长距离大宗商品的流通支撑力度有限,没有构筑成市场网络和城市体系的统一体。加之,政府对商品经济发展采取的压制政策、重本抑末的观念,以及不断的战乱,不仅造成农业大起大落,形成周期性的经济危机,也使得城镇兴衰难以用市场和经济发展来考量。

近代以后,外国列强的入侵和沿海沿江等口岸被迫开埠通商,给中国带来的最大刺激是开始与国际市场接轨,这些口岸的进出口贸易率先发展,城市的聚集特性骤然发挥出集散作用,促使城市的经济功能陡然增强,成为一些城市的主要功能。这是中国近代城市发展中的显著特点。所以一般地讲,中国近代的城市很多都是"因商而兴"。

其一,通商口岸与国际市场接轨后,进出口贸易迅速增加,使得城市自身的聚集性功能得到较为充分的发挥,与腹地商品流通的种类和规模扩大,提高了农村农产品的商品化,于是各种要素市场得以发展,城市开始发展为一定地域范围的经济中心,加速了城市人口的聚集,带动了城市体系的转变,初步形成了有各自腹地范围的城市体系。

其二,近代工业的发展,除了增强原有城市的经济实力和经济职能之外,也促使一些新兴城市的崛起。沿海沿江城市近代工业从19世纪中叶开始兴起,到20世纪二三十年代工业基础初步确立,工业规模明显扩大、发展速度明显加快,城市的就业岗位增多,对劳动力的"拉力"增大,人口和经济活动迅速向城市集聚。另外,一些能源企业崛起,使得原本没有城市基础的村镇很快形成一定规模的城镇或城市,且充满生机,城市的容纳能力得到提高。

其三,交通运输体系变革促使市场网络的重构,也为近代以后的城市体系打下基础。近代交通运输网络的建立提高了各城市的辐射能力,也为各地的商品流通和市场的扩大创造了条件,市场功能和等级逐渐完善,以进出口商品为主的商品市场网络,带动着资本、人流等多重市场的重组与重合。市场与城市的发展是互为因果的,两者的互动,重构了城市的等级和体系。

三、社会力量的先天不足和楔入

中国长期的等级制度、中央集权和重农轻商理念等,使中国没有产生游离于统治和被统治之间的中间阶层,也没有与农村平行的独立的城市行政管理机制和法律,国家对地方统治的行政管理机制中最基层的是县,管理机制和政策都是以农业为中心制定的。传统的农民群体有浓厚的乡土情结,这对于城市发展而言是一种思想上的阻力。近代以来,社会力量随着政府职能的强弱,对城市的兴起和发展的作用力有所不同。

其一,传统的社团仍然起到一定的作用,尤其是移民占较大比重的、政府控制力较弱的城市,社团扮演了极为重要的角色,在税收和维持地方治安方面,有时甚至起到了"半政府"的作用。新式社团兴起初期,参政议政的呼声和行动显而易见,有的商团、自治公所还在辛亥革命时短期内施行政府的维持治安的作用。

其二,在地方自治的推行中,上海等江南城市的自下而上的模式多是社会力量所为,咨议局和议会成为社会力量参政议政的主要平台。20 世纪以后,一些城市的自治和行政管理中也有很多社会力量的因素,留学归国的一些知识分子积极宣传和推行城市市政、规划等西方城市的先进经验,为城市管理的规范化推波助澜。

小结

近代中国的城市发展最为明显的特征就是,以市场和近代工业为代表的经济因素的推动作用增强,但是政府仍然有很重要的话语权,社会力量忽隐忽现,难以为继,也是中国城市发展缺乏持续力的原因之一。

20 世纪前半期中国城市化动力机制研究

涂文学①

19 世纪晚期,中国早期现代城市化运动开始蹒跚启动,1840—1900 年 50 年间,全国 2000 人以上的城镇数量增加了 126 个。到 1936 年,全国 5 万人以上的城市由 1893 年的 89 个增加到 160 个,40 余年间几乎翻了一番。② 根据施坚雅的估计,1893 年中国的城市化比率为 6%。进入 20 世纪后,由于工业化运动的开展,以及政府政策对城市化运动的推动和民间精英势力的参与,中国城市化运动有了较大的进展,1949 年,城市化率达到了 10.6%。霍普.蒂斯代尔在《城市化过程》一书中认为:"只要城市存在规模上的扩大或者数量上的增长,城市化的进程就在进行之中。"③诚如民国市政学者殷体扬所言,中国"已慢慢走上都市化的路上,是无可讳言的了"④。

20 世纪前半叶中国的城市化虽然有了长足的发展,但相比全球城市化,则缺乏比较优势。发达国家中,美国早在 1890 年,其城市人口占全国人口的比值就已经达到 27.6%,英国同年达到 61.73%,法国达到 25.9%,日本达到 13.1%,⑤;发展中国家的水平,据统计,1850 年城市化率为 4.4%,到 1950 年平均达到 16.7%,高出中国 6 个百分点。20 世纪前半期,中国的城市化运动的总体水平远远低于世界的平均水平,个中原因何在? 最重要的原因可能还在于缺乏内在的积极动力。本文尝试从内与外、天与人、国家与社会、城与乡这四个维度对此进行探讨,试解 20 世纪前半期中国城市化运动发展缓慢、停滞之谜。

一、内与外:由外及内、内外合力推动的城市化

长期以来,美国学者费正清等提出的"冲击—反应"模式影响着中国研究者对于中国早期现代城市化动力机制的认知。费正清认为,中国社会长期以来基本上处于停滞状态,缺乏内部动力突破传统框架,只是在经过 19 世纪中叶西方冲击之

---

① 涂文学,江汉大学城市研究所教授,研究方向:城市史。
② 顾朝林:《中国城镇体系——历史、现状、展望》,商务印书馆 1992 年版,第 164 页。
③ 转引自[美]布赖恩·贝利:《比较城市化》,商务印书馆 2010 年版,第 31~32 页。
④ 殷体扬:《市政问题的研究》,《市政评论》第 1 卷合订本,1934 年 6 月,第 1 页。
⑤ 董修甲:《城市之发达》,《市政全书》第一编,上海中华全国道路建设协会,1928 年,第 20 页。

后,才发生剧变,向近代社会演变。这种观点被称为"冲击—反应"模式。他说:"西方是 19 世纪和 20 世纪震撼全球的技术进步及其他种种进步的摇篮和发明者,因而西方能够从自身的文明中完成近代化,而中国由于自身独特的传统,则只能借助外部力量实现近代化。"这一模式引起了研究者对于近代中国城市动力内因、外因的讨论。一般认为,近代中国半殖民地半封建的社会性质,决定中国不可能具备合理的经济发展环境,也不可能走上现代化的发展道路,因而近代以来中国城市经济发展受外力影响较大。但是,研究者们也注意到费氏观点是和其"西方中心观"分不开的,因而不能将中国近代城市化运动简单理解为在西方影响下被动的回应。何一民在《中国城市史纲》里对此观点进一步发挥,提出了"内外合力论"。他认为中国城市现代化的动力来自两方面,一是内力,即中国社会内部结构变革所产生的推动力;二是外力,即外国资本主义侵略势力。这两种力又由各种力组合而成,多种力的综合,相互作用,形成一股合力,推动了中国城市现代化起步。他强调外力的楔入对中国的城市化影响既有正面的也有负面的影响。中国城市早期现代化最终还是取决于中国社会内部结构变革的方式、程度、性质和范围等,现代化的推动力量主要还是来自中国社会内部。

中国早期现代城市化和城市早期现代化最早的动力无疑来自外部。现代城市化与传统城市发展相比绝非简单的量的增长,由于城市化内在动力机制的本质性差异,现代城市化不仅使城市自身功能发生本质性改变,更在于带动社会结构和文明形态,亦即由传统乡村社会向城市社会、农业文明向现代工业文明的整体转型。这种转变源于一种前所未有的策动力——工业化运动。"夫工业化者,系指因机器之助,用雄厚之资本,完美之组织,以实行大规模生产之制造业是也。故工业化一词,实即所谓工业革命,或称之曰新工业。此等新工业,因种种原因,麇集于一定之都市,于是都市方面,乃日趋于工业化之一途焉。"[①]19 世纪晚期,中国并不具备这种动力机制。于是,来自外部世界的力量充当了城市化运动开启的主要推手。

外部的推动作用最直接的表现为,在开埠后建立的租界刺激作用下,一大批口岸城市相继涌现。据柳诒徵先生的《中国文化史》统计,晚清时期,全国通商口岸城市共 104 个,其中约开商埠 75 个、自开商埠 29 个。从《南京条约》导致东南沿海五口形成第一批对外开放口岸开始,中国土地上就出现了一大批被迫开放的口岸城市。针对外国侵略者不断通过开辟通商口岸侵蚀中国权益的行径,中国政府决定自开商埠,化被动为主动,以达自强之目的。从 1898 年清政府宣布首开湖南岳州、福建三都澳、直隶秦皇岛、江苏吴淞之后,直到北洋政府时期,中国陆续自开了一批商埠。这些通商口岸城市多因为其独特的地理位置和对外开放程度,得到了

---

① 龚骏:《中国都市化工业化程度之统计分析》,商务印书馆 1933 年版,第 1 页。

迅速发展。如上海在开埠时连郊区人口在内约 50 万人,而到 1880 年仅城区人口就达 100 万人。[1] 开埠前,上海被称作"小苏州";开埠后,苏州反过来被人称为"小上海"了。宁波城在 1820 年有 2354674 人[2];1843 年开埠后的人口,相当年份是以开放的宁波口岸——鄞县为调查对象的,到 20 世纪初为 334872 人。[3] 厦门 1832 年有 144893 人[4];开埠后,海外移民日渐增多,这些华侨往往返回家园,在当地进行投资,经济的繁荣促进人口增长,到 20 世纪 20 年代,厦门已经拥有 30 万人口。[5] 广州自开埠后,工商业较为发达,吸引了大量人口流入城市,到 30 年代,已经成为我国第四个拥有百万人口以上的大城市。据 1932 年的调查,全市人口共 1030255 人,市区人口就达 950306 人,这明显和开埠通商有关。[6] 1895 年,天津人口 58 万,1931 年 122 万,1937 年 140 万。[7] 据 1948 年的统计,人口超过 50 万的城市大多集中在沿海地区,超过 100 万的 7 个大城市中,有 5 个分布在沿海地区。[8] 城市化的进展不仅表现在城市人口的增加上,还表现在城市空间也因为开埠发生重大变化。上海于 1843 年开埠后,相继辟设了英租界、美租界、法租界,1862 年英美租界合并为公共租界,1899 年公共租界面积达 33503 亩,1914 年法租界面积达 15150 亩。[9] 福州在道光年间其府治所在地闽侯县面积 2700 余平方公里;民国后福州建市,市区纵横最阔处各约 8 公里,面积总共 20 余平方公里,加上郊区,全市面积 160 余平方公里。[10]

外力推动中国近代城市化的另一种表现是外国侵略者的直接占领和殖民统治,使城市人口激增和城市规模快速扩展。当然,这种促进是建立在殖民者为了维护自己统治需要的基础上。广东的香港、山东的青岛被外人占领后,在 30 年左右的时间内,城市人口规模由原来的数百人(最多数千人)上升为 50 万人口以上。[11] 日本占领台湾后,由于海运轮船的发展,开始建设现代港口,基隆由于日本人的重点经营,不仅代替淡水成为全岛第一港口城市,高雄也基于同样原因逐渐取代安平

---

① 何一民:《中国城市史纲》,四川大学出版社 1994 年版,第 275 页。

② 梁方仲:《中国历代户口、田地、天赋统计》,第 275 页。

③ 魏颂唐:《浙江经济纪要》,1929 年,第 152 页。

④ 《厦门志》(清·道光)第 7 卷《户口》。

⑤ 《申报年鉴》,1933 年,第 6 页。

⑥ 巫澄志:《解放前的广州人口——1932 年广州人口调查评介》,载《广州研究》,1984 年第 6 期,第 40 页。

⑦ 陈克:《殖民地、城市化、现代化——近代天津城市经济功能的变化与城市发展》(打印稿);赵德馨主编、王方中著:《中国经济通史》第 9 卷,湖南人民出版社 2002 年版,第 482 页。

⑧ 见《统计月报》1948 年 1—6 月各期《各大城市户口》。

⑨ 张仲礼:《东南沿海城市与中国近代化》,上海人民出版社 1996 年版,第 41 页。

⑩ 刘诚:《福建乡土史地》,福建省教育厅,1942 年,第 13、28 页。

⑪ 顾朝林:《中国城镇体系——历史、现状、展望》,商务印书馆 1992 年版,第 144 页。

的地位,成为仅次于基隆的全岛第二大港口城市。与此相对应,台北盆地、台南平原发展成为台湾南北两大城市(镇)密集地区。第二次世界大战以后,由于基隆、高雄二港囊括全岛大宗对外贸易,台湾南北两大地区的台北、高雄、台南、基隆、台中成为全岛人口增长中心,奠定了今日台湾城市(镇)空间分布的基本格局。① 外力推动城市化发展最为典型的是东北地区的城市化与城镇体系的建立。据顾朝林的研究,"19 世纪末和 20 世纪初,帝俄、日本和英国等帝国主义势力侵入我国东北,殖民地、半殖民地经济逐步形成。自 1861 年营口开港,1894 年京奉铁路延长出关,以及 1898 年东清铁路建成后,东北的大豆、柞蚕丝等农产品开始大量输出。1903 年,南满铁路建成和大连港对外开放,营口的地位遂为大连所取代。1905 年日俄战争后,帝俄势力退居'北满'(长春以北),日本帝国主义以大连为据点,大肆进行南部地区矿产的开发和资源掠夺,本溪、鞍山钢铁工业开始发展;1931 年'九一八'事变后,日本帝国主义更占领全东北,先后建立了伪'满洲国'的政治中心长春,工业中心沈阳、哈尔滨,掠夺东北资源的港口大连,军事基地牡丹江、旅顺,扩建了钢铁工业中心鞍(山)本(溪),煤炭中心抚顺,使其都变成为典型的殖民地城市。沈阳的加工工业,辽阳、金州、安东(丹东)的轻纺工业也在这一时期建立起来。这样在短短四十多年间,形成了以辽中为核心,哈大铁路为纵轴,滨绥铁路和沿海港口城市为两翼的以重工业为主体、兼及部分轻工业为特点的东北地区城镇体系地域空间结构。"②

进入 20 世纪之后,随着早期现代化运动的深入进行,推动城市化进程的内在因素开始发挥作用。从 1917 年起,一些不平等条约被废止,一批租界城市的主权相继被收回,如第一次大革命期间收回汉口、九江。与此同时,工业化有了长足发展,第一次世界大战期间,列强忙于战争,无暇他顾,中国民族资本企业得以乘隙发展。第一次世界大战后,西方世界的经济重建又产生了对于原料的巨大需求,进一步刺激了中国民族企业的发展。1914—1923 年间成为中国资本主义发展的黄金时期。1919 年华资纱厂的资本较 1911 年增长了 2.6 倍;较大的织染厂和针织厂较 1911 年分别增加 20 余家和 10 余家,缫丝厂较 1911 年的 206 家净增 200 余家,铁机织绸厂较 1912 年的 1 家净增 70 余家。1911 年,全国面粉厂和机器磨坊约有 40 家;到 1919 年,则增至 120 余家,每昼夜生产面粉的能力从 4300 余袋增至 18 万 8000 余袋;1914 年到 1919 年,全国新增的华资火柴厂有 42 家,资本额 1459900 元。此外,机器制造业、制药业、电力业等部门也有较大发展。一战结束到 1923 年,各

---

① 顾朝林:《中国城镇体系——历史、现状、展望》,商务印书馆 1992 年版,第 161～164 页。
② 顾朝林:《中国城镇体系——历史、现状、展望》,商务印书馆 1992 年版,第 157～158 页。

重要城市的华资工厂增加更快,从 1919 年到 1923 年,部分城市新增华资工厂 434 家。[①] 据罗斯基(Thomas Rawski)估计,1912—1934 年中国工业的年平均增长率是 9.4%,超过了日本(6.6%)、英国(4.4%)、俄国(苏联)(7.9%)。[②] 1927 年国民党上台后经济持续发展,出现了所谓"黄金十年"。据统计,1928 年至 1936 年间,中国现代工业的平均增长率为 8.4%。[③]

中国工业化的加速推进,带来 20 世纪初中国城市化运动持续进步。武汉三镇于 1927 年合并后,到 1930 年人口已突破百万大关,1935 年达到最高,约为 1290280 人。[④] 广州 1923 年设市后,人口逐年增加,到 1948 年已达百万人以上。[⑤] 厦门 1933 年设市后,市区面积达到 62.8 平方公里。[⑥] 1906 年上海县城有 30 万人口,租界有 54 万人口;至 1913 年,上海市民达到 100 万人口,1926 年又增加到 150 万人口;到 1930 年左右时,人口已激增至 200 万以上;[⑦]1933 年,已经达到 330 万人的规模,与 1893 年相比,城市人口增加了 240 万人。杭州 1933 年前后约有 55 万人口,较 1893 年的 20 余万人口增加了 1 倍有余。[⑧] 同时,由于这段时期工业化运动的进步,也使一批传统城市逐步转型为近代工业城市,直隶的唐山、江西的安源、河南的焦作、甘肃的玉门、山西的大同等都因机器采矿业的发展而成为城市,湖北的大冶因铁矿开采成为鄂东重要工矿城镇。[⑨] 而且,由于铁路的修筑也带动了一批城市的兴起,如石家庄、浦口、蚌埠、哈尔滨等。

具有典型意义的是张謇在南通的建设。南通不是口岸城市,没有租界,也无外国投资,完全在张謇的努力下由一个无现代工业、无现代教育、无现代文化、无现代交通通讯的落后县城变成了一座现代化城市。20 年代担任江海关税务司的 E. G. Lowder 评价道:"通州是一个不靠外国人帮助,全靠中国人自力建设的城市,这是耐人寻味的典型。"[⑩]

---

① 根据国民政府经济部档案,1930 年工商部关于工厂成立统计表,转引自何一民:《中国城市史纲》,四川大学出版社 1994 年版,第 321 页。

② 托马斯·罗斯基(Thomas G. Rawski):《战前中国经济增长》(*Economic Growth in Prewar China*),加利福尼亚大学出版社 1989 年版;[日]城山智子:《大萧条时期的中国:市场、国家与世界经济》,江苏人民出版社 2010 年版,第 38 页。

③ 小科布尔著,杨希孟、武莲珍译:《上海资本家与国民政府》,中国社会科学出版社 1986 年版,第 9 页。

④ 皮明庥:《近代武汉城市史》,中国社会科学出版社 1993 年版,第 660 页。

⑤ 根据《统计月报》1948 年人口统计。

⑥ 张仲礼:《东南沿海城市与中国近代化》,上海人民出版社 1996 年版,第 673 页。

⑦ 陈天表:《人口问题研究》,(上海)黎明书局,1930 年 12 月,第 127 页。

⑧ 曹树基:《中国移民史》第六卷,福建人民出版社 1997 年版,第 599 页。

⑨ 皮明庥:《洋务运动与中国城市化、城市近代化》,载《文史哲》,1992 年第 5 期。

⑩ 引自罗福惠:《长江流域的近代社会思潮》,湖北教育出版社 2004 年版,第 437 页。

尽管内部的动力机制在起着越来越大的作用,但外力仍然还在继续发挥着作用。外资仍然在中国许多城市里占有绝大比例,对城市经济发挥着至关重要的影响。以上海为例,据国民党上海社会局统计,1928 年全市工业投资 3 亿元中,外资即占 2 亿元①;这些外资企业在城市社会里往往成为吸引工人就业的主导因素。据巫宝三和汪馥苏的材料统计,1933 年外国在华开设工厂共有 673 家,厂数虽然不多,却有职工 235000 人,占全部工人总数的 30%。② 城市的发展在内外力量的交互作用中艰难行进。

二、天与人:"人算不如天算",天灾人祸推引下的病态城市化

中国的早期现代化运动推动城市功能发生了巨大转变,这种功能主要表现在城市由传统的政治、军事中心转型为现代工商业中心,城市的商业、工业、交通枢纽功能大大加强。在这个转变过程中,城市领导人、建设者、规划者们的努力起到了主要作用。

在发展城市工业方面,经过甲午战争的惨败后,洋务运动的缺陷暴露于国人面前,一批地主、士绅、资本家决心走"实业救国"之路,"20 年官督商办时期所提倡不起之工业奋斗精神,至是受外人之猛击而醒"③。而清政府经庚子国变后,亦痛定思痛,开始实行所谓"新政"。内外力量的交相作用,列强、朝廷、士绅、官僚、商人、知识精英等各种利益集团的竞争博弈,客观上推动了中国的工业化和城市化的艰难起步。1927 年南京国民政府建立后实施了一系列发展工商业的政策,在不同程度上促进了城市化与城市现代化的进程。同时,这段时期,中国城市化运动的领导者和规划者们主动以欧美日为参照和典型,提出一系列效仿租界、学习西方、追赶世界大城市的构想。连南昌这样的城市都有人发誓:"吾人理想中将来之新南昌,使跻于完全发达之境界——成为我国最大之都市。"④

建设现代化社会首先必须建设现代化城市,20 世纪前半叶,国人对于城市化已经有较为清晰、主动的自觉自为意识。"盖近代物质文明突飞猛进,社会重心,已有由农村而起城市之倾向。因企业交通工商事业之结果,乡野之民相率趋于城市。市之膨胀之速,常至处于意料之外。"⑤"假若现在我要喊口号的话,我当首先喊:'中国如努力于都市建设'!"⑥正是在这种大认识背景下出现了都市规划和都市建

---

① 陈真、姚洛:《中国近代工业史资料》第 4 辑,三联书店 1957 年版,第 4 页。
② 陈真、姚洛:《中国近代工业史资料》第 4 辑,三联书店 1957 年版,第 5 页。
③ 陈真、姚洛:《中国近代工业史资料》第 1 辑,三联书店 1957 年版,第 6 页。
④ 楚狂:《南昌市之回顾与展望(一)》,载《南昌市政半月刊》第 1 卷第 7 期,1934 年,《论著》第 2 页。
⑤ 萧桐:《都市建设学・序》,载《道路胜利》第 30 卷第 1 号;姜春华:《都市建设与建设武汉》,载《市汉评论》第 3 卷第 8 期;孙中山:《建国方略、实业计划》。
⑥ 中国科学院近代史研究所史料编译组编辑:《辛亥革命资料》,中华书局 1961 年版,第 76 页。

设的热潮。"首义之城"的武汉是孙中山先生重点关注的城市之一,他为重建汉口数次发布通告,希望使"首义之区,变成模范之市"①。《建国方略》中为武汉未来的城市现代化描绘了一幅美好蓝图。"武汉者,指武昌、汉阳、汉口三市而言,此点实吾人沟通大洋计划之顶水点,中国本部铁路之中心,而中国最重要之商业中心也。"他认为三镇人口过百万,"汉阳已有中国最大之铁厂,而汉口亦有多数新式工业,武昌则有大纱厂";"汉口更为中国中部、西部之贸易中心,又为中国茶之大市场。湖北、湖南、四川、贵州四省,及河南陕西、甘肃之各一部均恃汉口以为与世界交通唯一之港。至于中国铁路既经开发之日,则武汉将更形重要,确为世界最大都市中之一矣。所以为武汉将来立计划,必须定一规模,略如纽约、伦敦之大。"孙中山先生对武汉城市现代化的总体构想具有科学性和前瞻性,对武汉航运、商贸、市区扩展,架设长江、汉江桥梁,开凿隧道、填高江滩等都有卓越见解。1928 年国民政府定都南京后,武汉的城市规划基本以孙中山《建国方略·实业计划》为圭臬,并陆续转化为现实。中山先生也曾对南京这座六朝古都寄予厚望,希望南京能够发生由传统政治中心向现代工商业都市的蜕变:"当夫长江流域东区富源得有正当开发之时,南京将来之发达,未可限量也。"②国民政府定都南京后,对南京城的发展规划十分重视,有人直言:"南京为中国新建之首都,其布置均系从伟大理想处着眼,其人力财力,均极充分,如能设计精密,眼光深远,其他均无问题,则南京前途之发展,将来定能超伦敦纽约而上之。故设计时,不惟应以达到世界大城市为理想之目的,且应超越现代城市以上而为时代之前驱。"③此外,在东南沿海及沿江一带的城市中,时人对芜湖、浦口、安庆等地的位置和建设都有着规划、构想。这些构想都在不同程度上转化为实践。20 世纪 30 年代出现的"市政改革"运动,由政府主导,知识精英积极谋划,民间势力参与,使中国城市在体制、规划、建设、管理等方面都有长足进步,涌现了一批现代化都会。城市化运动在中国不再只是一场受外力带动或经济结构变化而发生的自发进程,而是一场国人主动参与,有意识、有目标的社会运动。

但是,由于城市化运动的主要因素——工业化水平还十分低下,因此,促进中国城市人口增加的因素往往就不是由于现代工商业的发展。"从晚清到民国,城市数目增加,城市人口规模扩大,应该承认,主要依靠流民流入城市进行的。"④流民具有双重含义,一种是地域的流动,即从农村转向城市;一种是身份的流动,即从农业生产中游离出来而转入现代工商业生产部门。这两种流动实质是统一的现象,

---

① 中国科学院近代史研究所史料编译组编辑:《辛亥革命资料》,中华书局 1961 年版,第 76 页。

② 孙中山:《建国方略、实业计划》。

③ 刘定远:《城市之布置》,载《南昌市政半月刊》第 1 卷第 3 期,1934 年 8 月 16 日,《论著》第 4 页。

④ 池子华:《中国流民史(近代卷)》,安徽人民出版社 2001 年版,第 272 页。

当不断有剩余农民从农业生产中转化为工商业人员,就必然出现越来越多的人口从农村向城市转移。在正常的城市化进程中,推动这一流动进程的力量自然是农村商品经济发展和来自城市工商业的吸引力。但是,在推动中国城市化运动的进程中,流民却往往不是由于现代工商业的发展而产生的过剩人口,很多时候是天灾人祸的产物,这些无业游民纷纷聚集城市谋生,使得这些城市出现了畸形的膨胀。"战乱、饥荒时期是城市人口增长最快的时期。"[1]

首先,灾荒导致大量人口涌向城市。近代灾荒频仍,根据李文海、何一民等先生的统计,从1840年到1949年,全国共发生灾害3185次,且涵盖了水、旱、蝗、雹、风、疫、地震等多项灾种,其中华北地区为851次、西北407次、长江中下游地区1074次、西南地区345次、华南地区340次、东北地区168次。而进入20世纪以后至1949年前,死亡人数在万人以上的达86次。[2] 如1920年,直隶、河南、山东、山西、陕西五省大旱灾和甘肃大地震,据不完全统计,造成灾民总数约2000万至5000万人。1928年,水、旱灾遍及21省区,灾民达7000多万人;1931年长江中下游8省洪灾,灾民超过1亿人。

这些灾荒总会产生出大量的离村农民。如浙江20世纪初农业歉收,"省城骤添数万人"[3]。山东地区向东三省的移民,便主要是战争和灾荒的原因,"近年以来,国内战争频仍,饥荒荐臻,山东一省,无当其冲。一般人民,虽不愿离乡井者,为天灾人祸所煎迫,亦不得不出关就食矣。1927年以来,移民增多之主要原因,即由于此。兹再就山东近年水旱之灾,举例言之,华北各省,于1919年、1920年至1921年、1926年、1927年及1928年发生数次饥馑,以山东省受害为最甚。1927年之饥荒,延及该省56县之多,受灾人民达20861000人,约占山东全省人口60%。"[4] 1920年至1921年,从关内迁往东北的流民突破30万大关。1931年大水后,流离人口占灾区总人口的40%,约1/3以上从事工作,1/5沦为乞丐,其余为无业或职业不明。[5] 1931年,江淮地区灾区平均离村率达40%[6];1935年调查,离村后前往城市的占59.1%。[7] 1939年华北大水灾,灾民达300万,冀中一带乡民"纷纷逃亡北

---

① 宫玉松:《中国近代人口城市化研究》,载《中国人口科学》,1989年第6期,第13页。

② 根据李文海等:《中国近代灾害年表》,《中国近代十大灾荒》,上海人民出版社1994年版,第301~350页;何一民:《近代中国衰落城市研究》,巴蜀书社2007年版,第574~586页。

③ 《大公报》,1902年6月20日。

④ 何廉:《东三省之内地移民研究》,载天津南开大学经济学院《经济统计季刊》,第1卷第2期,1932年6月;李文海:《民国时期社会调查丛编・人口卷》,福建教育出版社2004年版,第340页。

⑤ 吴文晖:《灾荒与中国人口问题》,载《中国实业》第1卷第10期,1935年10月,第1870页;章有义:《中国近代农业史资料》第3辑,三联书店1957年版,第895页。

⑥ 《中华民国二十年水灾区域之经济调查》,1932年,第32页;章有义:《中国近代农业史资料》第3辑,三联书店1957年版,第889页。

⑦ 章有义:《中国近代农业史资料》第3辑,三联书店1957年版,第893页。

平及附近城镇避难"①。1942 年中原大旱,仅流亡洛阳的灾民每日就有二三千。②
但是这一切,绝不意味着灾荒可以促进城市的发展,自然灾荒对于城市无疑是消极
性的影响。20 世纪 30 年代沿江城市逐渐走向衰落就和天灾的影响有关。1931 年
汉口大水,"水深平楼檐,附近各房屋,低者仅露屋脊,高者亦水及楼窗、家具、什物,
漂流遍处,溺毙人口牲畜,不可数计。……难民善水者,或伏屋顶,任其漂流,或攀
电杆,疾呼救命……而路梗上之灾民,则仍旧万千成集坐卧于水深火热之中,无衣
无食,哭声播野,诚空前未有之浩劫也!"③一部分城市在天灾打击下,陷于倒退、崩
溃,另外一部分没有遭受天灾的城市因为城市人口的增加可能暂时能够获得劳动
力和资金,刺激城市工商业的发展,但是这种发展毕竟是短暂的。天灾以一种以非
正常形式实现了城市劳动力、资金、人才在各城市之间转移的机制,一部分城市的
发展奠基于另一部分城市的衰落之上,从全国整体城市化进程来看,真实的城市化
水平并没有上升。

天灾和人祸并不是对立的,天灾往往就是人祸。所谓"天灾",是相对于人类
社会抗衡自然的能力而言,往往和人类社会组织的合理有序与否联系在一起。人
类历史上,每当社会结构失衡,政治组织能力衰败,"人祸"蜂起之际,也往往是"天
灾"连年之时。因此,中国近代的灾荒和战争、匪患等"人祸"其实是一件事实的两
面。千家驹就指出:"这些'天灾'绝不是偶然的,因频年的战乱而使沟渠长年失
修,河工的疏于防范,因农村的凋敝与衰败而使水利与植林事业无人注意,这些都
是发生水旱重要的条件。其次,更因农民过度的穷困与饥饿,平时既不能讲求卫
生,病时更无力延医服药,复加以饥饿致毙的人,弃尸遍野,烽火兵灾之余,暴骨平
原,这些都是发生疫疠的重要原因。水旱和疾疫绝不是不可以人力来预防的'天
灾',这都是社会条件所造成的'人祸'。"④

近代中国历史,当社会组织能力下降,这种"人祸"发展到极点的结果就是战
争和匪患。进入 20 世纪以后、革命、战争迭相交替,中原陆沉,神州板荡,辛亥革
命、北洋时期的军阀混战、北伐战争、十年内战、国民党新军阀的混战、抗日战争、解
放战争等等,社会的震荡使这个时期的大多数城市的发展停滞、倒退或缓慢,但在
另一方面,战争每次都产生了大量的流民涌入部分城市,导致这些城市人口猛增,
一时形成了当地城市化进程迅速发展的表象。1927 年,山东"连年战争,除饷糈多
半出自农民外,到处之骚扰、拉夫、拉车,更为人民所难堪。至于作战区域(津浦

① 《新华日报》,1940 年 4 月 28 日。
② 《新华日报》,1940 年 12 月 14 日。
③ 《一九三一年汉口大水记》,(上海)现代书局 1931 年版,第 41 页。
④ 千家驹:《救济农村偏枯与都市膨胀问题》,载千家驹等:《农村与都市》,第 7 页;《民国史料丛刊》第
673 册,大象出版社 2009 年版,第 283 页。

线)十室九空。其苟全性命者,亦无法生活,纷纷抛弃田地家宅,而赴东三省求生。"①再如包头,"包头人口,从前不过六七千人。自民国十一年冬铁路抵包,内地人来此者日众,骤增至万余人。近因土匪滋扰,乡民多来城避乱,竟添至十四万人。"②除普通农民因受战争或革命的影响而向城市流动以外,一些富有经济实力的地主也常常因此而向城市转移,如1926年的湖南农民运动中,湖南农村的地主土豪,"头等的跑到上海,二等的跑到汉口,三等的跑到长沙,四等的跑到县城"③。抗战期间,民国政府部门人员就揭示了战争带来的人员流动对城市发展的影响:"此次抗战中对人口数量影响较大者,与其为绝对数量之减少,毋宁为人口之移动,即人口分布变动。自抗战以来沿海沿江逐渐沦战区,而战区都市尤为敌人肆掠之目标。故即发生三种移动情形:一为战区人口普遍向后方移动,尤以沿江海人口素密之平原地带,移入西南西北等高原区域及四川盆地者,为数实极多;二为沦陷区与战区都市人口,向偏僻乡村移动,因敌人侵略之目标及据点既在都市,则向在都市中之人口,除老衰及无力或不及逃避者,皆四散逃避,但此种逃避之人口或因交通工具之缺乏,或因在他乡谋生不易,有一大部分皆必逃归乡里,于是沦陷区都市人口乃大为减少;三为后方都市人口之集中,因流入后方之人口,在后方农村中多无生活根据,同时后方农村亦多不易容纳新来之籍者,故几全集聚于都市,如昆明人口原仅数万人,战即骤至十余万人,重庆则在民国二十六年底时,全市人口仅四十七万,至三十二年底即已增至九十三余万人。至若其他较小都市及县城,凡属有新创事业或为交通通道之处,人口莫不数倍增加,同时因战时后方工商业之发达,农村人口征调之频繁,即后方人口亦大量向都市集中。"④

战争在破坏了一部分城市的正常发展时,却为另一些城市的发展带来了机遇。最具代表性的莫过于抗战期间西南地区城市得到了迅速发展。这段时期由于政府西迁,促使当地城市得到了迅速发展。重庆作为西南内陆城市,虽然自1891年开埠以来到抗战爆发前其工业已在四川居中心地位,但在全国工业比例中很小,城市规模也很小,在全国主要城市中处于后列。抗战爆发后重庆成为陪都,一跃成为全国政治中心,大批工矿企业、商贸团体内迁。到1945年,重庆工厂达1690家,占西南地区的51.5%,整个国统区的28.3%,四川的70.94%。⑤ 1938年底,重庆城市建成区面积已经扩大到30平方公里。⑥ 重庆人口在8年抗战期间由战前的47.6万余增加到104.9万,增加162%,是战争导致的人口大量内迁造成城市急剧膨胀

---

① 章有义:《中国近代农业史资料》第2辑,三联书店1957年版,第158页。

② 《包头之经济状况》,载《中外经济周刊》第160号,1926年5月。

③ 《毛泽东选集》(合订本),人民出版社1964年版,第14页。

④ 刘鸿万:《工业化与中国人口问题》,商务印书馆1942年版,第24~25页。

⑤ 周勇:《重庆通史》第3卷,重庆出版社2002年版,第1334页。

⑥ 隗瀛涛:《近代重庆城市史》,四川大学出版社1991年版,第470页。

的典型例子。① 1946 年成都人口为 76 万多人，②为战前人口的 1.4 倍。昆明人口也迅速增加至 30 余万人，③贵阳、泸州、宜宾、广元等城市人口也成倍增加。如贵阳战前人口约七八万，"抗战军兴，东南沦陷，沿江沿海人民之迁徙来黔者，以卅余万计，人口骤增数倍，市廛顿趋繁盛"④。曾任国民政府铁道部部长、交通部部长的张公权认为："到 1940 年，沿海各省逃往大后方的人民，从一亿八千万增加到二亿二千万，以致全国人口总数之一半定居于中国后方。"⑤抗战期间约有 5000 万人流入西南地区。抗战前，成都、昆明的现代工业都极其薄弱，企业寥若晨星。抗战爆发后，成都的现代工业比较以前有了相当大的发展。据 1942 年的调查，成都共有各类新式企业 105 家，其中化工工厂 35 家、食品工厂 4 家、卷烟工厂 32 家、五金工厂 8 家、印刷工厂 13 家、纺织工厂 12 家、电气工厂 1 家。⑥ 据 1945 年 3 月统计，成都共计有工厂 330 家，其中纺织工业 22 家、碱酸工业 6 家、炼油工业 1 家、酿造工业 16 家、制药工业 6 家、造纸工业 1 家、制革工业 1 家、五金工业 3 家、矿冶工业 2 家、印刷工业 10 家、教育文具工业 4 家、建筑材料工业 3 家、火柴工业 3 家、皂烛工业 7 家、其他化学工业 13 家、工业电气工业 1 家、机械工业 20 家、陶瓷玻璃工业 8 家、食品工业 7 家、烟草工业 177 家、其他性质未详者 14 家。⑦ 1940 年，昆明现代新式工矿企业已达 80 余家，其中机械制造工业 11 家、冶炼工业 6 家、电器工业 7 家、化学工业 25 家、纺织工业 18 家、其他行业 13 家。⑧

除所谓"国统区"外，抗日战争和三年解放战争时期，解放区的城镇因为战争因素亦有发展。"解放区有延安、淮阴、盐城等。据山东烟台地区调查，全地区 14个县市区，在八年抗战和三年解放战争时期，就先后设置军事中心桃村和新县城11 个，其后为了配合我军军事上的节节胜利，在新解放区又设置东海专署（1944年），驻地文城（今文登市）成为胶东半岛的一个新的区域行政中心。1945 年又在牟海行署、牟海县的基础上建乳山县，驻地徐家村。与此同时，荣成县治也由成山卫南迁崖头（今荣成市），海阳县城由凤城北迁东村，形成和发展了一批县域次级城镇。"⑨

① 隗瀛涛：《近代重庆城市史》，四川大学出版社 1991 年版，第 398 页。

② 四川省政府编：《统计月报》第 4 卷，1948 年。

③ 谢自佳：《滇西中印国际公路交通线》，载《抗战时期西南的交通》，云南人民出版社 1992 年版，第 105页。

④ 何辑正：《十年来贵州经济建设》，第 363 页。

⑤ 张公权：《中国通货膨胀的历史背景和综合分析》，载《工商经济史料丛刊》第 1 辑，文史资料出版社1983 年版，第 147 页。

⑥ 《社会调查与统计》，1944 年 7 月，第 29～42 页。

⑦ 四川省档案馆：《抗战前后四川省工厂概况》，载《四川档案史料》，1985 年第 4 期。

⑧ 昆明市政府经济研究中心：《昆明市情》，1987 年，第 64 页。

⑨ 顾朝林：《中国城镇体系——历史、现状、展望》，商务印书馆 1992 年版，第 147～148 页。

　　战争和天灾虽然客观上为部分城市带来了发展的机遇，但这些城市若能抓住机遇制定相应的政策促进当地城市发展，这才是更重要的因素，也就是"人"的因素。重庆市政府对于城市的经济、社会、教育、卫生、建设等仍然注意加以管理，使得城市继续发展，到抗战结束已经成为一个大都会城市。而且，随着抗战期间迁往重庆的人口急剧增加，促使当地政府意识到了城市规划的重要性，于1940年制订了《重庆市实行地方自治三年计划大纲》，成立了重庆陪都建设计划委员会。尽管当时未能实施这些计划，但是却为抗战结束后重庆提出的中国第一个城市建设十年规划——《陪都十年建设计划草案》奠定了基础。贵州在1937年就制定了经济建设计划，抗战爆发后，省政府集中了各项专家从事贵州经济事业。1936—1946年间，贵州共完成了7684公里的公路。1941年贵阳设市后，各项市政建设也大力展开，敷设下水道，开辟公园、住宅区，消防、医疗、卫生等事业均迅速发展。因此，抗日战争并没有使贵州的经济建设停滞，反而因为战争的需要而得到更快发展。

　　但是，总的说来，战争对20世纪前半叶中国整体城市化进程产生严重的负面作用是主要的。辛亥革命期间，冯国璋为粉碎民军的抵抗，竟纵火焚烧了汉口市区。曾有人回忆当时的情形："冯纵令部队放火，大烧街市，肆行抢劫，并不准保安会救火，有救者当被放火。火延烧之三夜不熄，天为之变赤，上自硚口，下至蔡家巷，汉口繁盛区域俱成一片焦土，被害者不下数十万家，损失财产无法统计，市民男、女、老、幼，伤的伤，死的死，为数更难以估计了。"[①]由于冯国璋的纵火，汉口1/5的街市化为焦土，十余万人无家可归。革命后，湖北社会长期陷入萧条动荡，湖北军政府在革命后陷入内讧，无力从事恢复社会经济、举办城市建设的具体工作，使得城市一片混乱、衰微，市面萧条，人口锐减。1912年春，汉水河口聚集之船，不及往年的1/10。[②] 1917年，云南军阀罗佩金与四川军阀刘存厚发生了成都巷战，造成成都市区民房6000余间被毁，死难居民6000余人，伤5000余人，被劫者1194户，直接财产损失47万余元。[③] 西南、西北地区一直是军阀混战的中心地区，这是导致这些地区的现代的城市化进程始终十分缓慢甚至出现倒退趋向的重要原因。据1930年初统计，西安城市人口仅有12.5万人，为1843年的40%，兰州仅9.5万人，成都35万人，贵阳8.8万人，都只相当或略高于1843年的水平。[④] 国共十年内战期间，江西作为焦点地区饱受战火洗礼，1916年，江西人口已达2509万，1935年降至1569万人。这段时期，江西苏区各县人口由占全省人口总数的38.33%降为

　　① 辜仁发：《辛亥革命阳夏战争述略》，载《辛亥首义回忆录》第1辑，湖北人民出版社1979年版，第191页。

　　② 皮明庥：《简明武汉史》，武汉出版社2005年版，第214页。

　　③ 何一民：《变革与发展：中国内陆城市成都现代化研究》，四川大学出版社2002年版，第182页。

　　④ 何一民：《中国城市史纲》，四川大学出版社1994年版，第328页。

32.02%,32 个苏区重点县由 960 万人降到 502 万人,20 年间骤减 460 万人。①

抗战时期更是整个中国城市化运动的停滞时期,大多数中国城市都在这场史无前例的日本侵略战争中遭到严重破坏。最典型的例证莫过于惨绝人寰的南京大屠杀,30 多万南京市民惨遭杀害,整座六朝古都沦为血肉炼狱。1937 年时,南京有人口 101.87 万人;到 1945 年时,只有 47.49 万人。② 重庆在抗战期间遭到日机空袭 218 次,炸死市民 11889 人,伤 14100 人,焚毁房屋 117608 幢,市区工商界直接经济损失达 500 万美元。③ 在这期间,中国军民为抵抗侵略也常常不得不作出一些重大的牺牲,如国民党为实现"焦土抗战"的指导思想,1938 年制造了长沙大火,长沙全城沦为废墟。同年,为阻挡日军进攻,国民党军队在花园口决堤,导致豫、皖、苏三省尽成泽国,893303 人死亡。湖北在 1937 年(抗战前)全省人口数为 25520000 人,1946 年冬季人口数为 21784415 人,战后全省人口比战前共减少 3735585 人,"八年抗战显为人口减少主要之因素"④。即使是上海,也处于停滞、衰落阶段。根据何一民教授的统计,在近代战争打击下绝对衰落和相对衰落或阶段性衰落的城市有:临清、吉安、泾阳、南昌、赣州、安庆、九江、长沙、扬州、镇江、嘉兴、杭州、合肥、福州、宁波、襄樊、常德、苏州、景德镇、南京、南宁、徐州等。⑤

战乱和天灾虽然可能导致某些城市人口的增加,但由于这种增加不是建立在城市工商业经济的自然发展基础之上,因此人口的剧增反而增加了城市的管理难度,并造成许多棘手的社会问题,甚至衍生出城市病。"九一八"事变后,许多难民纷纷涌向北平,一时北平人口大增,但是并没有使北平的城市规划者们感到欣喜,反而增添了无穷的压力,因为北平作为一个传统的政治中心,现代生产部门一直基础薄弱,"生之者寡,食之者众"本来就是城市大患,现在骤然又增如此之多人口,北平根本缺乏容纳、转化他们的能力,"四方逃民,逃亡来归,有如蚁聚,因是贫乏者益见增加,如此,不但为市面繁荣之障碍,抑为治安之大累也"⑥。有时候,城市外来人口的猛增,直接对城市经济的发展造成沉重打击,城市人口恰与城市经济的发展呈反比。如张家口商业繁盛时,商户数几占民户数的一半,1926 年后,"兵燹匪患,灾歉连年,摊款加捐,负担益重,商业影响,倒闭民户避难来张,所以民户日增,

---

① 温锐、廖信春等:《百年巨变与振兴之梦——20 世纪江西经济研究》,江西人民出版社 2000 年版,第57 页。
② 曹洪涛、刘金声:《中国近现代城市的发展》,中国城市出版社 1998 年版,第 72 页。
③ 潘洵、杨光彦:《论重庆大轰炸》,载《西南师范大学学报》(哲学社会科学版),1999 年第 6 期。
④ 湖北省政府民政厅:《湖北人口(民国三十五年各季户口总覆查实施纪要)》,1937 年 10 月,第 99 页。
⑤ 参见何一民:《近代中国衰落城市研究》,巴蜀书社 2007 年版。
⑥ 博庵:《平市小农业之提倡》,载《市政评论》第 1 卷,第 35 页。

而商号日减矣"①。同时，战争时期由于某些城市政治地位的提升而带来的繁荣也难以持久。随着抗日战争结束，重庆由于战时政治重心西移带来的优越条件相继丧失，西部大量资金东调，据 1946 年初统计，在重庆内迁的工厂中，就有 122 家停业和东调，其中以机器制造业为主，达 98 家；同时，大量人口流回沿海地区，仅 1946 年头 10 个月，就有 50 万人离开重庆。② 这一事实充分说明，因战争机遇而获得发展的城市始终不能走入正常的发展轨道，战争只是近代城市化的一种变态而非常态的动力机制，它在某些时期、某些城市造成发展繁荣的表象，并不能带来城市的可持续发展。

此外，匪患也是导致城市化进程不能正常发展乃至衰退的重要原因。1922年，河南 30 多个县遭到了兵匪的骚扰，豫西南 3 个重镇——宝丰、鲁山、扶沟变成一片废墟。"在被抢劫的城市中，鲁山受损失最为严重。衙门里的官宦，不论是法官、狱吏、文书和衙役，还是其他官僚一律都被土匪枪毙。所有的外国传教士也被掳掠而去。……大约二千三百名城内的居民，包括男女老少被杀害，七十辆大车的赃物被带走。土匪们放火烧了衙门，打开了监狱，释放了囚犯，整个城里无一家能幸免。"③一位权威学者何西亚指出，要精确统计民国时期的土匪活动状况和分布情况是十分困难的，因为土匪不像驻扎在固定地点的军队，他们总是行踪不定。菲尔·比林斯利对 20 世纪 20 年代的主要土匪进行过一个统计，详见表一。

表一　20 世纪 20 年代各省匪股人数和规模情况④

省	匪股数目	土匪总人数	最大匪股规模	统计资料来源	备注
吉林	24	7900	1000	何西亚 1925 年统计（1924）	仅仅是主要匪股
	17	4290	600	朱新繁 1930 年统计（1924）	
	37	21355	3500	长野郎 1938 年统计（1925）	
	48	24270	—	同上	剿匪司令部报告
内蒙古	14	10700	2000	何西亚 1925 年统计（1924）	
山西	24	19500	2000	朱新繁 1930 年统计（1924）	只包括一些确切的边界匪股
	30	24800	3000	长野郎 1938 年统计（1923）	只包括边界地区

---

① 路联达等修，任守恭等纂：《万全县志》卷三《生计志》，民国 22 年铅印本，载戴鞍钢、黄苇：《中国地方志经济资料汇编》，汉语大词典出版社 1999 年版，第 524 页。

② 隗瀛涛：《近代重庆城市史》，四川大学出版社 1991 年版，第 273 页。

③ 转引自[美]菲尔·比林斯利：《民国时期的土匪》，中国青年出版社 1991 年版，第 359 页。

④ [美]菲尔·比林斯利：《民国时期的土匪》，中国青年出版社 1991 年版，第 61～63 页。

省	匪股数目	土匪总人数	最大匪股规模	统计资料来源	备注
山东	47 47 54	18400 25760 39170	1000 3000 5000	何西亚 1925 年统计（1924） 朱新繁 1930 年统计（1924） 长野郎 1938 年统计（1924）	只包括一些出名的匪股
河南	52 40 42	51100 21850 25280	6000 3000 3000	何西亚 1925 年统计（1924） 朱新繁 1930 年统计（1924） 长野郎 1938 年统计 （1923—1924）	全部数目的四分之一
安徽	8 13 15	6500 4310 8060	3000 1240 5000	何西亚 1925 年统计（1924） 朱新繁 1930 年统计（1924） 长野郎 1938 年统计 （1923—1924）	只包括皖北地区 只包括皖北地区
湖北	5	4500	2000	何西亚 1925 年统计（1924）	
江苏	15	4080	800	同上	只包括苏州地区
湖南	6	1300	300	同上	只包括湘西各县
四川	8 18 26	4300 55200 77350	1000 10000 10000	同上 朱新繁 1930 年统计（1924） 长野郎 1938 年统计（1923）	只包括小范围 只包括川西南各县 只包括川西南各县和主要的匪股
广东	6 85 54 — 10	2000 102340 4343 26100 6700	800 10000 400 3500 1300	何西亚 1925 年统计（1924） 涉谷刚 1928 年统计（1927） 长野郎 1938 年统计（1926） 同上 同上	不包括海盗 军队调查综览 只包括主要匪股 省保安处调查

城市，是人文的生态系统与自然的生态系统共同演化的有机体。近代中国城市也同样是这样一种有机体，一种人类社会组织与天然环境互动作用而成的有机体，只不过由于历史条件的特殊性，这段时期的社会组织和天然环境都是非常态的。城市在更多时候，是由于社会组织崩坏与自然灾害肆掠交相作用而产生的畸形事物。"天"和"人"本是对立统一的，无论是天灾，还是人祸，都反映出"人"的这一环节出现了巨大缺陷。由"天灾"和"人祸"而带来的城市发展，背后体现出的是中国社会结构的失序和政治组织能力的退化，建立在这种基础上的城市化运动必

然难以为继。"由于战争、灾害等多种外部因素的作用，不能适应社会、经济的转型，从而丧失了城市发展的动力，日渐衰落。"①

三、国家与社会：自上而下展开的城市化运动

近代中国的现代城市化和城市现代化运动离不开国家和社会的互动，政府的政策推动在这一作用机制中又发挥着主导作用。政府的主导作用主要体现在以下3个方面。

其一是提高城市政治地位，鼓励城市发展，重乡治忽市制的传统得以改变。1909年，清政府颁布《城镇乡地方自治章程》，规定：城乡行政分设，以府、厅、州、县治城厢为"城"，城厢以外的市、镇、村、庄、屯、集等，人口满5万以上的为"镇"，人口不满5万的为"乡"。"该章程对中国的城市建制的设置产生了重要的影响：其一，第一次从行政管理上将城与厢区别开来，在城、镇的设置标准中包含了人口与政治的因素，成为以后市制建立的一个标准；其二，突出了京师的地位，这是中国'市'在行政地位上分为不同等级的源头。该章程的颁布标志着中国市制建制的开端。"②民国建立以后，政府继续出台政策提高城市地位。1914年，北京成立京师市政公所，为法律所承认的单体城市政治行政制度始正式出现；1918年，中华民国军政府设立广州市政公所，1920年改名为广州市政厅；1921年，北洋政府颁布了《市自治制》及其施行细则，将"市"分为"特别市"和"普通市"两种。1921年2月，孙科主持颁布了《广州市暂行条例》，广州市成为近代中国第一市。1928年，国民政府颁布中国第一部市组织法——《特别市组织法》和《普通市组织法》，以中央的名义正式将城市纳入国家行政序列，中国城市终于有了一个正式的名分，从封建行政体系附庸转变为一种独立的政治、经济社会实体，获得了地方自治和民主政治优先发展的权利。据推算，自1912年至1928年，全国城镇人口从3100万增至4100万，增加1000万左右，相当于晚清70年间增加的城镇人口数。抗战时期，由于大多数院辖市和省辖市都已沦陷，国民政府遂于1942年再颁布《市组织法》，降低了设市标准，使得省辖市数量较前增加。抗战胜利后，国民政府展开了重建光复城市市制和增加新设市制城市。到1947年，国统区的建制市共有69个，基本上近代新兴工商业城市、地区中心城市都成为一级行政区划和县以上一级地方政权，中国近代市建制基本形成。③

其二是政府实施一系列鼓励工商业发展的举措，促进城市功能转型，增强城市对农村人口的吸引力。清末新政，颁行了一系列有利于工商业发展的政策法规，如

---

① 何一民：《近代中国衰落城市研究》，四川出版集团巴蜀书社2007年版，第149~150页。
② 罗玲：《近代南京城市建设研究》，南京大学出版社1999年版，第52页。
③ 何一民：《中国城市史纲》，四川大学出版社1994年版，第367页。

商部颁行了《公司律》《破产律》《公司注册试办章程》等法规,以法律的形式承认了商人的合法地位,还颁布了若干奖励实业的政策,促进了民族企业的发展。清政府此时发展工业的主动性也大为增强,清末官办工厂和官商合办工厂共 61 家,而此前的洋务运动中只有 38 家。①

辛亥革命爆发后,湖北军政府刚成立不久,就屡次下令保护实业、维持商业秩序;1911 年 10 月 28 日至 11 月 13 日颁布的《鄂州临时约法草案》也规定:"人民自由保有财产","人民自由营业"。南京临时政府初创时即在中央设立了实业部,作为执掌实业要务的最高领导机关,实业部要求各省设立实业司,还要求各实业司将有关本省农工商矿诸要政,"凡已经创办者,或急需筹办者,或暂从缓办者,分别详细呈报本部,以便确定经济政策,统筹进行方法。"②这些措施、法令,从国家大法的层面肯定了发展工商业的必要性,保障了广大工商业者所应享有的根本权利,无疑大大有利于工商业的发展。

北洋政府时期,也继续推行发展工商业的措施。袁世凯时期就十分重视发展实业,他强调:"各省民政长有提倡工商之责,须知营业自由,载在国宪,尤应尊重。务望督饬所属,切实振兴,以裕国计。举凡路、矿、林、垦、蚕桑、畜牧,以及工艺场、厂,一切商办公司,其现办者,务须加以保护;即已停办及有应办而未办者,亦应设法维持,善为劝导。"③工商部和农商部相继颁布了《公司条例》《商人通例》等工商法规及奖励工商措施,北京政府一再宣扬"工商立国"。这些措施都直接或间接地促进了城市资本主义经济的发展。政府对城市工商业的鼓励支持,使民国初年迎来了一个工业迅速发展的黄金时期,经济发展模式的转变使得城市功能在辛亥以后开始发生本质嬗变,由单一的政治、军事中心城市发展为现代工商业复合城市。

南京国民政府时期,从 1927 年到 1937 年是中国经济建设成效较为显著的时期,工业、矿业、交通运输业、金融业、商业均有较快发展。1928 年 6 月,工商部公布了奖励工业品暂行条例,分专利及褒奖两种;1929 年 7 月,公布了特种工业奖励法。1934 年,奖励工业品暂行条例废止,实业部重订了奖励工业技术暂行条例。而且,实业部自 1931 年起起草了一个实业四年计划,部长陈公博表示:"希望能在长江流域建立一个工业中心区……要使中国工业化,实应以此做出发点。"④在该计划中,实业部也强调:"呕呕欲择扬子江流域为第一重工业之中心,是机器厂亦自应设在扬子江流域之内。扬子江流域各大埠如上海工厂林立,商务繁盛,似可认为设厂适

---

① 陈真、姚洛:《中国近代工业史资料》第 3 辑,三联书店 1957 年版,第 24~25 页。
② 中国科学院近代史研究所史料编译组:《辛亥革命资料》,第 202 页。
③ 中国第二历史档案馆:《中华民国史档案资料汇编》第 3 辑,江苏古籍出版社 1991 年版,第 15~16 页。
④ 实业部工业司:《国民政府实业部工业施政概况》,华书印务局 1934 年 1 月,第 2 页。

宜之地点；……此外则南京与汉口皆位于长江之中部，百业发达，交通畅利，设厂较宜；而南京为吾国之首都，中央政府现正力谋市面繁荣，并在下关规定工商区域，使成工业化、商业化。"①

政府鼓励工商业发展的政策措施，促进了城市工商业的发展，改善了城市的经济结构，带来城市功能的本质性嬗变。在通过发展工商业改造城市的社会结构的探索中，以城市规划者们对改造北平的探索最具代表性。北平乃传统古都，工商业不甚发达，生之者寡食之者众的现象十分严重。20 世纪 30 年代，北平产业工人不到 7000 人，商店亦仅占总户数的 1/8，市民中的 95% 都只能消费而不能生产，导致赤贫者达 18 万以上。有人提出要竭力设法保护并奖励各种小工商业，政府贷款于市民，帮助市民发展生产②；有人力图改变北平的经济结构，将其改为工业区，"香港、威海卫等地，数十年前，不过一荒村耳，今俱成为商业辐辏之区，岂有建筑伟大，市民云集之平市，反不能改为工业区者哉？"③这些规划者对北平提出的改造方案，就是力图通过改造北平的传统经济结构，将其由一个消费型传统城市变为一个奠基于现代工商业基础之上的生产城市。

其三是鼓励乡村人口向城市进行移民。这一点在清末民初东北的建设过程中体现得较为明显。20 世纪初，东北百业待兴，整个地区都有着对于关内移民的庞大需求。吉林省当局热心招募移民，奖励垦殖，落户吉林省的移民成为东北地区之最。据《浙江移民问题》一书，1927 年 1—6 月，到东三省的内地移民共 63 万人。63 万人中，到吉林省 43.5 万人，占 69%。据统计，1907 年吉林省人口总数为 4416300 人，到 1910 年增至 4840100 人，其中移民增加数为 334600 人。1911 年，吉林省总人口已达 5722639 人，已耕地 3 312 145 坰，余荒地 880830 坰。④ 到 1930 年时吉林人口已达到 885 万。⑤ 而且，在边疆危机的特定背景下，清末中央和地方政府实行的鼓励移民东北边疆的政策强有力地推动了关内民众移居东北。从 1904 年开始，清政府宣布开放东北全部土地，鼓励移民垦边。进入民国时期，北洋政府及东北地方政府仍采取鼓励和支持移民的政策。北洋时期负责东北移民的机构主要为两大部分：一是设于河北、河南、山东等移民来源地的移民局和垦民旅行社，二是设在东北各地的垦殖局、招垦局、难民救济所、收容所等组织机构。移民机构的活动主要有赈济受灾严重的移民、指导移民有计划、有目的地徙居、招集和安排交

---

① 实业部工业司：《国民政府实业部工业施政概况》，华书印务局 1934 年 1 月，第 22 页。

② 张又新：《北平市之缺点及其救济》，载《市政评论》第 1 卷，1934 年 6 月，第 6～7 页。

③ 黄子先：《繁荣平市之我见》，载《市政评论》第 1 卷，1934 年 6 月，第 11 页。

④ A. N. 鲍洛班：《调查报告》，第 231 页；范立君：《近代关内移民与中国东北社会变迁（1860—1931）》，第 70 页。

⑤ 曹明国：《中国人口分册》（吉林分册），中国财政经济出版社 1988 年版，第 45 页；范立君：《近代关内移民与中国东北社会变迁（1860—1931）》，第 128～129 页。

通工具输送移民、在东北妥善安置移民的生活等诸多内容。在设置各种移民机构的同时,各级军阀政府还制定了许多移民章程、法令及具体施行办法。1925 年 4 月,北洋政府交通部颁行的《京奉,京绥两路发售移民减价票规则》规定:"凡移民及其家属乘车,票价按规定章程减至十分之四五,至孩童年在十二岁以下者,及移民本身携带之农具,均予一律免收车费。"1929 年 6 月,东北交通委员会制定的《运送垦荒难民暂行章程》更加优惠:"凡垦户难民持有免费凭单者,无论男女老幼概行免费;持有减价凭单者,按普通三等票价核收三成,小孩在十二岁以下者免费。"在难民所经之处"由地方官绅派人在车站或入境要路,遵照省令查询指导,予以前进之便利,并以极敏速方法报告所往地方官吏预筹安插,有遇贫者、无资者并须募款救济,若募款不足时,得由公款量为补助,务令存活"。对于移民"询问投往处所,告以路径,酌加保护,其无投靠者一为之介绍刨青佣工处所在。施行拖垦办法县份,并告以抢垦办法"。①,清政府、北洋政府及东北地方政府都把移民事业放在首位,积极推动、鼓励和支持移民事业的进行,为移民大批进入东北边疆地区创造了有利的客观条件。而清末民初的关内移民在推动东北地区的城市化运动中起到了重要作用,源源不断的移民为东北城市发展提供了大量的廉价劳动力、提升了东北中北部地区城市人口总体素质和当地文化层次,而移居到农村的移民在当地的垦殖为当地工业化、城镇化奠定了坚实的基础。"东北区为新近开辟之地,移民者未变深入腹地,往往集合而居,及最近九一八事变后,又经日人努力经营,工商业已有相当发达,大都市之数较多。"②求诸其他史料,证明这里"未变深入腹地,往往集合而居"所言不虚。据何廉《东三省之内移民研究》所说,"自垦殖而论,以沈阳以南区与东省他区相较,其地位殊不重要。惟因目前是区工商业之发达,需要工人极多,以每年关内各地前往觅工者甚多。此外尚有多数新到之移民,或以缺少路费,致不能直赴东三省内部;或以缺乏引导,不知所往之故,遂多暂居南部各地。据著者之估计,1927 年,留居大连者,约 100000 人,留居营口者 27000 人,留居沈阳者 143000 人,留居抚顺者 25000 人;1928 年,留居大连者 110000 人,留居营口者 40000 人,留居沈阳者 100000 人,留居抚顺者 12000 人;1929 年,留居大连者约 150000 人,留居营口者 30000 人,留居沈阳者 90000 人,留居抚顺者 10000 人"。政府鼓励关内人口移民东北,其初衷本在于垦殖,这个目的也确乎达到了。晚清以来,东北大量荒地得以开垦,农业、林业得到开发。但研究结果表明,移居东北的关内人口,其职业分布占多数者并非农业,而是以工、矿、商业等城市职业为主。"1928 年以来,在大连登陆之移民,其职业状况均有统计可考,著者根据是项统计,

---

① 曲晓范等:《清末民初第三次关内移民浪潮与东北中、北部地区交通近代化和城市化》,载《黑河学院学报》2011 年第 4 期,第 90 页。

② 沈汝生:《中国都市之分布》,载《地理学报》第 4 卷等 1 期。

估计每年在大连登陆之移民其职业之分配,计 1928 年业农者占 24%,1929 年占 21%。""据南满铁路株式会社庶务部调查科之估计,东三省内地移民之赴鸭绿江右岸各地者,1927 年 25000 人,1928 年 15000 人,1929 年有 25000 人。经著者调查之估计,其大多数移民之赴鸭绿江右岸者,均系临时工,从事鸭绿江以浑河之森林业,及安东与其附近之野蚕丝与油坊等工业。至于从事农垦者,在 1927 年至 1929 年之三年中,不过 20000 人而已。"正是在源源不断的移民之潮的推引下,许多东北传统老镇都逐渐走向现代化,如扶余、呼兰、双城、佳木斯、汤原等地。一些新型工业城市,如大连、沈阳、抚顺、营口、安东、鞍山等城市获得飞速发展。"至论工商业之发展程度,则在东三省全部当推沈阳以南区最发达,如鞍山及本溪之铁业,抚顺及烟台之煤矿。即在全国全部亦为有数之最大企业。大连不徒为东三省制造业之中心,且亦为世界著名榨油工业之重要地。是地共有油坊 59 所,每一日夜能产豆饼 218000 枚,豆油 1090000 斤,约当东三省油业总产额 40%。其他较发达之工业,沿安奉及南满二路者,有棉麻丝等业;在大连极其临近者,有瓷器业。大连、营口、安东及沈阳,不特以制造业者,亦且为商业中心。大连一埠,在中国主要商埠之中,仅次于上海。就东三省之贸易而论,大连向占优越地位。1929 年内,大连贸易值关银 389086000 两,占东三省全部总贸易值 70%,占中国总贸易值 17%。"①

如果说政府的政策是引导着城市化运动的总体方向,来自民间的社会力量则往往承担了更多的实际事务,弥补了诸多当时政府力量无法涉及的管理空白。清末,由于新政对民族工商业的保护,客观上促进了民间商人力量的壮大,各地商会发展为一支独立的民间社会力量。他们在创办地方实业,发展城市工商业方面起到了巨大作用。如苏州商会集款筹办苏州苏经丝厂、苏纶纱厂。从 1900 年到辛亥革命前,民间办厂已经超过 400 家,资本总额超过 100 万元的有 9 家。② 与此同时,地方民族商人也开始越来越多地承担起了城市现代化建设的重任。1900 年,为抵制公共租界的扩张,上海闸北绅商祝承桂等奏准组织"闸北工程总局",在此修筑马路,建造楼房,开辟商场,实际上承担了官府无力担当的一部分地方管理和建设的职能。绅商对地方事务的参与,又反过来为民族资本主义发展提供了有利的条件。缫丝、布厂、碾米厂、制革厂、印刷厂、肥皂公司、面粉公司、风琴制造厂等纷纷在这里落户。③ 20 世纪初,各城市先后出现商会、商团,工商业者有了保护自身利益的团体。他们开展地方自治运动,为维护自身利益而积极活动,都在客观上推动了城市现代化事业的进步。从 1905 年到 1911 年,上海地方士绅主持了声势浩大

---

① 何廉:《东三省之内地移民研究》,载南开大学经济学院《经济统计季刊》,1932 年第 6 期。
② 陈真、姚洛:《中国近代工业史资料》第 1 辑,三联书店 1957 年版,第 41~52 页。
③ 章开沅、马敏、朱英:《中国近代民族资产阶级研究(1860—1919)》,华中师范大学出版社 2000 年版,第 97 页。

的地方自治运动,推动了租界之外的上海市区城市早期现代化建设。期间,他们共开辟、修筑了 100 多条道路,修理、拆建了 60 余座桥梁,新辟、改建了 9 座城门,建筑驳岸 10 个,修造码头 6 个,对于改变华界旧貌、缩小华界与租界差距、提高整个上海城市早期现代化水平,起到了重要作用。①

辛亥革命后,在联省自治浪潮中,城市自治依然是其中的重要内容。随着商人地位的提高和力量的壮大,其主体意识和制衡官府的能力与清末相比,已经有了明显提升,这必然有利于城市自治的发展。在武汉,这一现象尤其突出,清末,汉口的市政事务大致由民间所主导,前现代时期汉口的市政遗产基本是商人而非朝廷留下来的。在辛亥革命期间,维持地方秩序、筹措军费、发行货币、运粮等诸多事项皆要仰仗商民,军政府也解除了许多限制商民的陋规,武汉商人集团的地位进一步提高,辛亥首义为武汉商界积累了参与城市重大事务的政治资本。汉口地皮大王刘歆生更是直接参与了汉口重建的工作,他曾不无得意地对鄂军都督黎元洪说:“都督创造了民国,我则创造了汉口”。以汉口各团联合会、各保安会为代表的基层自治性社团组织,在民国建立后很快恢复、重建、重组;汉口商会也很快恢复活动;在辛亥首义中协助民军起到重要作用的商会会董李紫云,当选为民国建立后汉口商会的第一任总理。这些都是汉口商人制衡政府的力量壮大和自身主体意识提高的表现,也为民间资本主义势力自下而上地推动城市化运动创造了空间。

北洋政府时期对于民族资本主义发展的限制宽松,促使民间“实业救国”的热潮逐渐高涨,民族企业为解决城市失业问题,将城市过剩人口转化为生产力起到了积极作用。1915 年后,营口棉丝业“欧战期间,布价骤增,颇有赢利,销售东北及西伯利亚,俨然大宗出口货。……营埠棉织工厂,分为织布、织袜、织带、毛巾、针织线毯各种,依次为生者,几达万人。”②地方商会在协助政府进行城市现代化建设的事业中也起到了越来越大的作用,如 1919—1920 年间,天津商会成立维持市政会、街市退修研究会等组织,主动配合政府整修街道、挖河修堤、添设浮桥等,按照政府的规定,承担了诸如筹款、协调、拆迁等事务。③

1927 年南京革命政府成立后,在政府与私人经营的关系问题上,政府明确表态:“推进经济建设之原则,必依个人企业与国家企业之性质而定其趋向。凡夫产业之可以委诸个人经营,或其较国家经营为适宜者,应由个人为之,政府当予以充分之鼓励及保护,使其获得健全发展之利益。”④为了保护民间经济的发展,政府表

---

① 张仲礼:《近代上海城市研究》,上海人民出版社 1990 年版,第 13～14 页。
② 翟文选等修,王树枏等纂:《奉天通志》卷 114《实业二·工业》,1934 年铅印本;戴鞍钢、黄苇:《中国地方志经济资料汇编》,汉语大词典出版社 1999 年版,第 467 页。
③ 《天津商会档案汇编(1912—1928)》,天津人民出版社 1992 年版,第 3349 页。
④ 万仁元、方庆秋:《中华民国史料长编》第 26 册,第 345 页。

示要裁汰苛捐杂税、改善收税制度、统一货币、发展金融等。① 所以，这段时期，民族资本依然在不断扩张，民间私人企业的发展，为容纳城市外来人口、发展城市工业作出了重要贡献。据天津社会局 1929 年的调查，天津纺织业有 34264 人，占全市工人数的 72%；工人人数 47564 人中，以河北最多，山东次之。② 1931 年，中国经济统计研究所在上海调查了 2001 座厂，共有工人 212822 人。据社会局 1929 年的调查，工人以江浙人居大多数。③ 民间组织也常常主动承担、兴办当地的经济建设，推动城市化建设。如 1936 年 5 月华洋义赈会拨款 35 万元，修筑由兰州到西安间的汽车路，便利了城市之间的交通往来。民间企业的兴办，使有的地区甚至在抗战时期出现了城市化运动的趋势，如 1938 至 1948 年间，江苏南汇县鲁家汇镇"近十年来，碾米、榨油、轧花等厂，以及各式商店，时有增设，市况渐盛"④。

民间商人投资办厂、大兴农业，直接催生了一批工矿城镇。如上海川沙"文兴镇……有张炳华、曹翔青等开设南北杂货、花米线，渐见发达。于是，各商闻风咸集，至光绪三十年间，异常兴盛。文兴镇，成为川沙各镇之冠。"⑤江苏嘉定"周家桥在法华西北四里许，本一小村落，民国五年，有无锡富商荣氏傍吴淞江购地数十亩，开筑申新纺织厂；八年，欧战发生，纱价大涨，富商购地设厂者接踵而至，地价骤贵，亩值千金，百工麇集，遂成市焉"⑥。类似的情形在清末民初的江浙相当普遍。

20 世纪初，地方精英推动城市化与城市现代化运动的典范，当属张謇和卢作孚分别在长江下游的江苏南通和长江上游的重庆北碚进行的城镇化试验。南通的城镇试验始于 20 世纪初年，直至 30 年代后期。1900—1921 年间，张謇在南通及周围共开办了 30 家企业，如广生油厂、大兴面粉厂、大生轮船公司等，这些企业的启动资金均由张謇创办的大生纱厂垫付或作股本投资。张謇的大生企业集团在 30 年代以前，就是南通地区的企业支撑，"南通地区的早期工业化，就体现在大生企业集团的崛起上"⑦。并且，在南通以通州师范为起点，创办多所学校，从普通教育、职业教育到特种教育，从初等教育、中等教育到高等教育，在当地形成了多层次、多性质的现代教育体系。对当地的城镇布局和市政建设，张謇倾注大量心血，他确立

---

① 万仁元、方庆秋：《中华民国史料长编》第 26 册，第 346 页。

② 刘大钧：《中国工业调查报告》上册，载李文海主编：《民国时期社会调查丛编·近代工业卷》（上），福建教育出版社 2004 年版，第 116 页。

③ 刘大钧：《中国工业调查报告》上册，载李文海主编：《民国时期社会调查丛编·近代工业卷》（上），福建教育出版社 2004 年版，第 104 页。

④ 奉贤县文献委员会：《奉贤县志稿》，载戴鞍钢、黄苇：《中国地方志经济资料汇编》，汉语大词典出版社 1999 年版，第 588 页。

⑤ 《川沙县志》，（民国）。

⑥ 《法华乡志》卷 1《沿革》，1922 年。

⑦ 罗福惠：《长江流域的近代社会思潮》，湖北教育出版社 2004 年版，第 432 页。

了南通一城三镇的城镇布局,使生产、生活的环境适应了现代化的需要,并以现代的交通、通讯、文教事业、社会公益和慈善事业提高城市的文化品位。① 张謇的辛勤开拓,使得南通在民国成为"模范县","中外人士之履南通者,无不谓南通市政之佳,为全国之冠。"

20 世纪 20 年代中期,北碚还是一个约有 200 户人家、1000 多人口的小山村。卢作孚的"乡村城市化"试验始于 20 年代末期,直至 40 年代末。卢作孚在北碚实践 20 余年,以交通及工业化先行,创办了北川铁路公司、天府煤矿公司、三峡染织厂、民生机器厂、大明染织厂以及农村银行等,从而带动城镇化全面建设,使得当地到 1949 年,"拥有了原煤、棉纺、化工、医药、印刷、建材、电力、玻璃、陶瓷、食品、畜牧业、五金工具等十多个工业门类,拥有了中国西部地区最大的现代化采煤和棉纺织联合企业"②。在大兴实业的同时,卢作孚还着力兴办教育、文化事业,用卢作孚自己的话说,是以北碚乡为中心,"将嘉陵江三峡布置成一个生产的区域、文化的区域、游览的区域",人民"皆有职业,皆受教育,皆能为公众服务,皆无嗜好,皆无平民的习惯",自然和社会环境"皆清洁,皆美丽,皆有秩序,皆可居住,游览"③。在卢作孚的悉心经营下,北碚从"一个'一曲清溪绕几家'的小乡场,迅速变成了一座有 10 万人口,逐渐以工业经济为主体的具有现代风貌的中等城市"④。

一般而言,近代中国城市化是在政府主导下自上而下展开的。民间的非政府组织配合政府发挥了积极作用。但双方配合得并不和谐,政府在保障、扶植私人资本主义势力的同时,往往有一些限制其发展的政策,引起商人的不满;私人资本在辅助政府进行城市建设的同时,也有冲破政府束缚,为自身争取更大发展空间的要求。与此对应,城市化建设便形成自上而下的国家主导型与自下而上的社会参与型两种模式。由于近代中国特殊的历史条件,自上而下的国家主导型城市化运动模式成为主流,这种模式一直延续到 1949 年以后。这两种模式都发挥着复杂作用,国家主导模式可以最大的限度集中人力、物力推动城市化建设,一个有几千年历史的农业中国要转型为都市中国,没有国家的主导和政府的强力推动是难以想象的;但国家行为中的"政治至上"、官僚习气等作风又会导致违反科学、脱离实际、腐败、低效等弊端发生,严重干扰城市化运动的进程。社会参与中的民间力量往往比官方力量更加具有城市建设的积极性和灵活性,但是私人资本主义只顾及个体利益和短期行为,不仅常常与政府发生冲突,而且同样会损害城市化运动的大局。

---

① 罗福惠:《长江流域的近代社会思潮》,湖北教育出版社 2004 年版,第 437 页。
② 《二十年来之南通》下编,1938 年印行,第 86 页。
③ 《卢作孚文集》,北京大学出版社 2012 年版,第 782 页。
④ 张太超:《北碚工业史话》,载《北碚》,1994 年第 4 期。

四、城与乡:畸形的城乡关系,畸形的城市化

现代城市化运动作为由乡村社会向城市社会的文明转型运动,其直接表现为城市的吸引力和乡村的推力,导致大量农民离开乡村前往城市谋生,转化为城市居民。而城市吸引力的根本在于城市工商业的繁荣,为人们提供更为广阔的谋生、创业、拓展自我价值的空间。乡村的推力则在于乡村经济的现代化,而且乡村经济的现代化又为城市工业部门提供了必要的原料,使得许多农民成为农业经济部门中的过剩人口,成为城市工业部门所需的劳动力。20 世纪前期,中国的不少城市具有了这种"吸引力",吸引着源源不断的农民不远千里而来。当时,有外国学者进行调查后如是描述:

现在邻近国内各大工业都市的农村生活,正发生显著的变化。尤其是那些首先与城市经济接触的村落,因为工厂及其他工业林立,提供他们新的雇佣机会,其变动的情形极为显著。……因都市具有吸引男女职工的势力,农民离村的运动日愈增剧,家庭中因袭的团结力脆弱了,大家庭制崩溃,小家庭制起而代之。穷乡僻壤的居民相率迁居至沿都市旁的住宅内。[1]

作为工商业中心的全国第一大都市——上海是人们移居的中心,根据民国时的统计,上海的移民中,以谋事为目的的人约占 64%,"盖内地人士目光中以上海为最富华之区,有似银钱铺地、俯拾即是之想象,并以为工商业发达,谋食甚为容易,遂不惜撝挡资斧、梯山航海而来。"[2]

江苏川沙县自与上川铁路通车后,上海成为"容纳川沙羡余人口之绝大尾闾",川沙人的生计几乎完全要依赖上海城市的发展,"花边、毛巾销路之式微,则女子停工者多矣;建筑工程之锐减,则男子失业者多矣。川沙人民生计之艰难,将与上海市场之衰落为正比"[3]。

江苏宜兴,"附城乡村,颇有入城进工厂作工者,甚有往苏、沪、锡等埠在纱厂纺织者,此亦以生活所迫,使其不得不如此也。统计全县由农妇变成工人者,可达六千之数。"[4]江浙沿海沿江一带农村,"能任多量人口流入工业,而并不影响农产之减少者,亦莫非因有上海等地之工业基础,农村乃能应用相当之机械工具,以代人

① H. D. Lamson:《工业化对于农村生活之影响——上海杨树浦附近四村五十农家之调查》,何学尼译,《社会半月刊》第 1 卷第 1~5 期,1934 年载李文海主编:《民国时期社会调查丛编·人口卷》,福建教育出版社 2004 年版,第 238 页。

② 《一千四百余游民问话的结果》,上海特别市社会局《社会月刊》第 1 卷第 4 期,1929 年 4 月,载李文海主编:《民国时期社会调查丛编·人口卷》,福建教育出版社 2004 年版,第 303 页。

③ 方鸿铠等修,黄炎培等纂:《川沙县志》,卷首,导言,1937 年铅印本,载戴鞍钢、黄苇:《中国地方志经济资料汇编》,汉语大词典出版社 1999 年版,第 1118 页。

④ 徐方干,汪茂遂:《宜兴之农民状况》,载《东方杂志》第 24 卷第 16 号,1927 年 8 月。

工之所致。"①

不仅上海地区,其他地区也发生着此种现象。如武汉地区,"近来武汉工厂林立,商业繁盛,附近居民贫穷者多入工厂;附郭漍民,多从事渔业船业者。故武汉附近,多呈有田无人种之象。"②

东北地区城乡人口比率发生了显著变动,1907 年农村人口占 94%,1925 年降为 89.8%,都市人口由 6% 增加到 10.2%。③"近年以来,东三省之农工商业,均有长足之进步,客民捷足先至者每多衣锦还乡,燕齐贫瘠之民闻之,咸视东北为'流乳与密之迦南地',是以争相出关,趋之若市。窃尝以出关之动机,询诸在东省犯罪之客民,最多数之答案,皆谓家乡人多地少,生计维艰,闻归客谈东省人少物阜,易于致富,遂从而至焉。"④

但是,中国城市对于农村现代化的拉力极其有限。首先,如上海这样的城市发展在当时的中国尚属少数,绝大多数农村地区都没有川沙那样得天独厚的条件,"吾中华全国如上海者有几? 全国一千九百三十三县,其逼近大都市如我川沙者又有几?"⑤

而且,当时城市工商业发展的实际水平其实还跟不上城市人口剧增的速度。"现在工商业发达之情况,不足适应都市之人口集中。故来城之农民,不能得到相当之职业,对于社会毫无生产可言,致成为都市之寄生。"⑥当时对居住在黄浦江区域的崇明人的调查发现,有一位少女,到上海来本是为了进工厂做事,但是学习了技术以后,还是没有事可做,只好又回去为村民缝衣服为生。⑦大量农民前往城市,在推动城市工业发展方面所起到的作用也十分有限。根据湖北省 1946 年的统计结果,农民人数锐减,占全省人口的比率降到了 64.52%,但工人人数却未增加,"考诸欧美先进国家产业发展过程,当人民脱离农村,即向都市大量集中,充当产业后备军,故农民减少,则工人增加,实与由农业国转化为新兴工业国相伴随。我国

---

① 刘鸿万:《工业化与中国人口问题》,商务印书馆 1942 年版,第 34 页。

② 《鄂省农业经济状况》,《中外经济周刊》第 178 号,1926 年 9 月 4 日,第 9～10 页,载章有义:《中国近代农业史资料》第 2 辑,第 639 页。

③ 章有义:《中国近代农业史资料》第 2 辑,第 640 页。

④ 徐雍舜:《东三省之移民与犯罪》,上海特别市社会局《社会月刊》第 1 卷第 4 期,1929 年 4 月,引自李文海主编:《民国时期社会调查丛编·人口卷》,福建教育出版社 2004 年版,第 325 页。

⑤ 方鸿铠等修,黄炎培等纂:《川沙县志》,卷首,导言,民国 26 年铅印本,载戴鞍钢、黄苇:《中国地方志经济资料汇编》,汉语大词典出版社 1999 年版,第 1118 页。

⑥ 杜素民:《中国农民经济之衰落及其救济》,第 114 页,载《民国史料丛刊》第 672 册,大象出版社 2009年版,第 120 页。

⑦ H. D. Lamson:《工业化对于农村生活之影响—上海杨树浦附近四村五十农家之调查》,何学尼译,《社会半月刊》第 1 卷第 1～5 期,1934 年,载李文海主编:《民国时期社会调查丛编·人口卷》,福建教育出版社 2004 年版,第 255 页。

情形则正相反,农民不断减少,工人并不增加,显见农村破产,工业落后。"[1]时人形容:"上海、武汉、南京、天津、广州各大城市之人口一天天的增多,其最重要的原因,便是农民离村他适之结果。然而在民族工业枯萎的境况下,原来的工人,已经一批一批的被抛弃于十字街头,离村的农民,自然不容易找到工作的,结局只有拉黄包车充当牛马,只有踯躅街头过着乞丐的生活。群集沪上的贫民白天吃的是包饭作的残肴剩饭,晚上则缩于垃圾箱旁、屋檐下、房角处或弄堂口,以报纸铺地,以牛皮纸及广告盖身。"[2]正是在这样一种畸形城市化的情形下,当时也出现了大量前往城市的人员因为无法谋生而又迁回农村的现象,详情可参看表二。

表二　1929—1933 年各地区的城乡迁移率(%)[3]

区域	人口	迁移率		
		农场迁至农场	农场迁至城市	城市迁至农场
全国	206274	1.9	0.9	0.5
华北	99518	1.9	0.9	0.6
第六区	88193	1.7	0.8	0.6
第七区	11325	3.3	1.3	0.8
华南	106756	1.9	0.9	0.4
第一区	11208	1.3	0.3	0.2
第二区	7984	2.0	2.7	0.5
第三区	9471	1.4	0.2	0.2
第四区	14302	1.2	0.7	0.8
第五区	59126	2.3	0.9	0.4
第九区	4615	2.4	0.4	0.3

尤其重要的是,农村人口流向城市多是由于农村自身的衰败所致,农民全家离村以城市为迁移目标的占迁移总量的 59.1%,青年男女单身入城更多,占65.5%。[4]"我国因为内乱外侮,生产落后,农村破产的情形之下,内地不易谋生,一般人民,纷纷来沪,图谋职业。不知上海亦普遍不景气,工商业凋敝,随处觉着人

---

[1]　湖北省政府民政厅编印:《湖北人口(民国三十五年各季户口总覆查实施纪要)》,1937 年 10 月,第104 页。

[2]　许涤新:《农村破产中的农民生计问题》,《东方杂志》第 32 卷第 1 号,1935 年 1 月,第 52 页。

[3]　乔启明:《中国农村社会经济学》,第 144～145 页,载侯杨方:《中国人口史》第 6 卷《民国卷》,复旦大学出版社 2001 年版,第 492～493 页。

[4]　《农情报告》第 4 卷第 7 期,国民党中央农业研究所。

浮于事,当然不易达到目的。因无业可谋而流落,本市游民的数量遂日渐增加。"[1]根据1935年的调查,导致农民离村的各种原因里占首位的就是贫穷、生计困难,其次是几种自然灾害。[2]而在同年对农民离村去向的调查显示,前往城市谋生、打工、逃难、安家的占了绝大多数。[3]"都市工业化后,其影响与农村,亦极重大。盖都市工厂之增加,势必吸收一部分农民,充作劳工。结果农民逐渐向都市移动,使农村陷于空虚状态。盖以近年之天灾人祸,农民离村率更增加其速度。在江苏方面,仪征农民之离村率,每年为百分之一又四四,江阴为百分之二又三四,吴江为百分之四又八八,金坛(王母观村)为百分之八。浙江方面,萧山为百分之七又五八,兰山(三七七村)为十八又五。安徽宿县为百分之三又〇二,山东沾化为百分之八又七,河北方面,邯郸为百分之一又二八,遂化为二又六五,唐县四又五五,定县五又六六,盐山八又七二。湖北武昌之南湖濠沟则为百分之二十。可知多地离村率,最多竟有达百分之二十,足以表显农村若何不安!"[4]可见,由于农村的衰败,大量劳动力离开农村而集中到了城市。正如千家驹所说,中国都市的膨胀是由于农村破产的深刻化。[5]

大批破产的农民涌入城市,形成了一个极其庞大的、数量不断增长的流民阶层,中国的新兴城市和现代产业部门的低水平发展,远不能吸纳、转化这一阶层成为促进城市化的正面因素,"这一阶层不仅是1840—1949年间中国黑社会势力发展的温床,而且也是社会长期动荡、变乱的主要原因。"[6]农民大量离开农村前往城市,造成城市卫生、交通、治安、就业、居住等各种问题的错综复杂、积重难返,也加剧了城市里失业、无业、性比例失调等问题,并且使得城市劳动者工资长期维持在一个较低水平,不能享有较高的生活水平。而农村也因为青壮年劳动力大量流失,导致土地荒芜,生产停滞。城市、农村都没有能够得到合理的发展。时人曾深刻指出:

"穷困农民,因乡村中无法维持其生活,故不能不向都市中寻求新的出路,其结果促进都市人口集中,而惹起都市中居住卫生治安交通等社会问题。因农民之趋赴都市,对于都市中劳动失业之增加,为无可避免之事实。供过于求,工资之公平标准,无可维持,其结果既阻碍工资合理之上涨,而在乡村方面,因乡村之人日多,而离村者又以壮年劳动者为多,土地上缺乏适当之人工,土地生产力亦为之大减。

---

① 陈冷僧:《上海的游民问题》,《社会半月刊》第1卷第4期,1934年10月25日,载李文海主编:《民国时期社会调查丛编·人口卷》,福建教育出版社2004年版,第306页。

② 《农情报告》,第4卷第7期,国民党中央农业研究所。

③ 《农情报告》,第4卷第7期,国民党中央农业研究所。

④ 龚骏:《中国都市化工业化程度之统计分析》,商务印书馆1933年版,第13~14页。

⑤ 千家驹:《救济农村偏枯与都市膨胀问题》,载千家驹等:《农村与都市》,第25页。

⑥ 何一民:《近代中国衰落城市研究》,四川出版集团巴蜀书社2007年版,第143页。

因劳动者之缺乏,农业工资,遂为异常之腾贵,遂至加重农业生产之成本,且农村人口,男女之比,老壮之比,均不免发生畸形。故农民之逾量离村,对于都市及农村均发生极不良之影响,而固有社会之安全,遂不得不遭破坏矣。"[①]

这些现象说明,中国城市化运动基于城乡二元结构关系而畸形发展。城市化运动的健康发展必须建立在良好的城乡互动作用基础上,城市的引力与农村的推力互相作用,才能使城市化运动平稳发展。而近代中国城市的发展,如池子华所言,是由于城市引力过弱而农村推力过强,出现了畸形的发展。由于农村地区现代化发展水平的低下,使得城市化运动得不到农业部门的有力支持,也导致了自身发展的缓慢。据胡焕庸先生统计,从1893—1949年的56年间,城镇人口的比重只增加了4.6个百分点,[②]直到1949年,中国仍然是一个农业中国,与此不无关系。

五、几点启示

1900—1949年中国城市化运动的动力,既多元,又不足。毋庸置疑,现代城市化的根本动力包含对外开放、工业革命与商业革命持久深入、国家在政策层面上主动地推动、引导等诸多方面。欧美日发达国家的城市化进程启动之初,无不是由于具备这些要素而突飞猛进的。然而,近代中国城市化运动从其迈步之日起,就在一个内忧外患的环境险中求生,推动其进步的真正动力并不具备或不持久。近代城市虽是在国门大开的环境下沐浴欧美风雨而产生的,却又在被迫开放的条件下被动展开。因此,城市化运动并不是伴随着工业革命和商业革命而启动,而发展。由于工业化水平低下,城市化内在动力乏力,城市功能发生根本嬗变的城市凤毛麟角,因此,对乡村人口的吸引力不得不大打折扣。国家也同样缺乏主动推动城市化、从政策层面鼓励城市发展转型的自觉意识。从当时的资料来看,政府的政策主要局限在奖励工商业发展,有的政策甚至本来就是鼓励人们去农村地区垦荒,如东北移民,只不过由于多重因素客观上促进了东北城镇化发展。因此,其对城市化的推动作用还只是间接的。将中国由乡村社会转变为城市社会上升为国家意志,还是20世纪末期改革开放以后的事情。

因此,20世纪前半期相当长的一个时期内,无论从国家政策层面,还是人们的观念意识层面,对于现代城市化的认识和行动都是有偏差的。人们不仅对于实现由乡村社会向城市社会的转型缺乏必要的心理和理论准备,甚至对于城市和城市文明常常怀有深深的戒备乃至敌意,一度将其视为罪恶的渊薮。民国时期,对于城市的声讨之声可谓不绝于耳。有人甚至专门撰文分析城市犯罪为何多于农村,从

---

① 杜素民:《中国农民经济之衰落及其救济》,第99页,载《民国史料丛刊》第672册,大象出版社2009年版,第105页。

② 胡焕庸:《中国人口地理》,华东师范大学出版社1984年版,第261页。

"生活方式不同""职业性质不同""居住之不同""消磨闲暇之不同",以及城乡社会控制手段、方法不同等方面,指出"城市犯罪之多于乡村者,原因甚多,不胜枚举"。[①] 人们对城市的这种扭曲的看法植根于这样一种价值取向:乡村是一切传统美德的发祥地,虽然城市有现代工业文明,但却是产生罪恶的渊薮,城市必须到乡村去吸取传统道德——精神文明的营养。这一倾向或多或少影响了政府关于城市化的决策,在 1949 年以后的"上山下乡"运动、发展乡镇工业,背后都包涵着一种轻城市重乡村的倾向,使城市化长期在低水平上徘徊,更深层次的后果还在于现代工业文明与传统农业伦理畸形结合,开放的、现代的城市文化和城市文明难产。

城市化运动的本质是乡村社会向城市社会、农业文明向工业文明的转型,工业化必然会带动城市化的发展。现代城市化与现代工业化是一对孪生兄弟,两者相生相长,共进共荣。但中华人民共和国成立后相当长一段时期,工业化运动大步跃进,城市化运动却严重滞后,出现了工业化与城市化互相背离的怪象。这一教训不可谓不深刻,原因既有经济层面的,又有政治层面的,更有观念与文化层面的,值得深思。

推动城市的持续发展,国家、社会各方面应当通力合作,既需要自上而下的政府主导,也需要自下而上的社会积极参与,上下互动,方能形成推动城市化发展的健康力量。整个 20 世纪,中国城市化运动主要以政府主导为主,民间力量往往只是充当了被动的配角,城市化运动中民间导向和市场导向没有得到有效彰显,排斥民间力量参与、忽视市场的积极作用,一切由政府大包大揽,形成了僵化的体制、机制,这也是造成城市化水平滞后的重要原因。改革开放后,民间和市场逐渐走上工业化、城市化运动的前台,甚至在许多领域充当主角,中国经济重新焕发了活力,城市化运动也获得了健康持续的发展。这种转变带来了与以往截然不同的后果,作为 20 世纪中国城市化运动的一份宝贵遗产,对于当下城市化运动的启示不言而喻。

城市的发展要在一个良性的城乡关系中展开,城市化运动要建立在乡村充分的现代化发展基础之上。城市要有足够容纳来自各地农村人口的空间,要为他们提供必要的就业岗位和生存空间;乡村经济的发展,才能为城市的发展提供必要的劳动力、原料、农产品和市场,城市倘若离开乡村的发展而一路孤军突进,将成为随时可能坍塌的沙丘。而如果没有乡村的现代化,城市文明就最终将被乡村文明的习惯所吞没,城市沦为披着城市外衣的村庄。

如果说处理好工业化与城市化、国家与社会、城市与乡村这三大关系是属于中国社会内部关系的调整,那么我们还不能忽视城市化发展与外部环境及外部文明

---

① 徐雍舜:《东三省之移民与犯罪》,载《社会学界》第 5 卷,1931 年 6 月。

的关系。城市文明是开放的文明,它和封闭的农业文明有着本质的区别,中国城市只有在与世界其他国家城市文明的政治、经济、文化等的交流、沟通中才能发展、进步和繁荣。但是在这种交融中,我们既要主动吸取西方城市文明的精华,又必须警惕文化的同质化趋向,保持鲜明的个性特色,而不要在一片"中国的×××""东方的×××"口号声中丧失自我。前车之鉴,教训深刻,谨当记取。

从城乡联系史看城镇化愿景

熊月之①

摘要：中国历史上，从秦汉到明清，城乡联系一直相当密切。乡民和市民相互服务，城乡关系自然而和谐。国家实行城乡合治体制，城镇只是各级行政区域体系中的网点，不是单独的行政单位。鸦片战争以后，随着上海等通商口岸的辟设，近代工业、商业的兴起，近代中国城市才开始出现，中国先前的城乡文化一致性、城乡行政一体性的特点才逐渐消失，代之而起的是城乡对立与城乡分治；但是，城乡联系依然十分广泛而密切，人口对流渠道通畅。1958年以后出现的城乡社会二元结构，是特定时代特定政策的产物，既不是近代以前的中国传统，也不是近代中国城乡关系的自然延伸。现在中央提出新型城镇化建设构想，人们有理由期待，城乡社会二元结构问题由此可以解决。

城镇化，从本义上说就是城市化。城市化一词已久为学术界广泛接受、使用，为何要再新创"城镇化"呢？这个词，当然是学者创造于前，政府接受于后。我理解，其中至少有三个潜在的涵义：一是与通常理解的世界范围的城市化有别，突出中国特色；二是与此前已经进行的城市化有异，突出时代特点与创新内涵；三是表达与乡村的亲近，突出城乡一体的中国风格。② 镇，在中国传统语义中，本来就介于城与乡之间，既为联系城乡的中介，也兼具城乡的特点，不像城市那么繁闹、巨大、坚硬与冷漠，也不似乡村那么僻静、狭小、温柔与热情。无论是丰子恺描绘的江南小镇，还是沈从文笔下的湘西古镇，都是如此。

现在政府倡导的新型城镇化的重要特征之一，是城乡统筹、城乡一体、和谐发展，包括文化上的城乡一体性。这方面，回顾一下中国历史上的城乡联系史，也许不无裨益。

---

① 熊月之，上海市社科院历史研究所，研究员，研究方向：城市史、上海史。

② 据研究，"城镇化"一词是中国学者创造的一个新词汇。1991年，辜胜阻在《非农化与城镇化研究》中使用并拓展了"城镇化"的概念，在后来的研究中，他力推中国的城镇化概念，并获得一批颇有见解、影响较广的研究成果。1999年，中共第十五届四中全会通过的《关于制定国民经济和社会发展第十个五年计划的建议》，正式采用了"城镇化"一词。关于城镇化的概念，具有代表性的观点是：城镇化是由农业人口占很大比重的传统农业社会向非农业人口占多数的现代文明社会转变的历史过程，是衡量现代化过程的重要标志。见浦善新：《走向城镇化：新农村建设的时代背景》，中国社会出版社2006年版。

一

中国历史上,从秦汉到明清,城乡联系一直相当密切。农业是国民经济的基础,农民占人口的绝大多数,农户是生产和生活消费的统一体。城镇在总体上是消费性而非生产性的,不可能容纳大量的农业以外的生产者。城镇人口在社会总人口中占很小的比例。农民自己进行农产品的生产和加工,到城镇去交换农产品,买回制造品。在这种交换中,乡民和市民相互服务,相互得益,城市与乡村关系,自然而和谐。

城镇在国家行政体系中地位虽然重要,但在经济生活中的比重并不大。近代以前,中国城市向无独立的建制,即从来没有行政建制意义上的城市。国家一直实行城乡合治体制,城镇只是各级行政区域体系中的网点,不是单独的行政单位。城镇内的工商业,由行政区域的行政管理机构代行管理,其他各种事务由行政区划块分别管辖。无论是都府,还是一般市镇,都无一例外地实行分割管理方式。比如,唐朝首都长安,城区面积达 80 平方公里,人口近百万,但在管理方面分为两个区域,以南北走向的朱雀大街为界,东、西两侧,东面属万年县,西面属长安县。明代的南京,分属上元县与江宁县管辖。清代成都府城,由成都、华阳两县分管;苏州府城由长洲、吴县分管;杭州府城由钱塘、仁和两县分辖。浙江乌青镇,地跨湖州、嘉兴两府,便由两府下属县分治。乌青镇有一水中分,其河东部分隶桐乡县,河西部分隶乌程县。清代江苏的白蒲镇,地跨同属扬州府的通州、如皋两州县,也是两州县分治,南属通州,北属如皋。一个城镇分属不同行政单位管辖以后,其居民之司法权、科举考试归口地,均随所属机构转移。白蒲镇距泰州府治所 250 里,距扬州府治 300 里,镇内南北两个区域的居民无论是诉讼还是科举考试,都要赶赴各自所属的泰州府治所或扬州府治所,路途遥远。[①] 这种管理体制,使得每个城镇在管理权方面都不是一个完整的独立单元,这在今日看来简直匪夷所思,但在那时却是普遍原则。

在这种体制下,城镇里的居民与乡村保持着天然的、广泛的联系,四乡八里的农民来城镇交易、消费。一部分地主出于安全与享乐的考虑,居住在城镇,比如光绪年间苏州市有 4000 户地主,常熟县城有 3000 户地主,吴江县城有 300 户地主,但他们田地在乡下,与乡村有千丝万缕的联系。一些退职官员、致富商贾也生活在城镇,通常也会投资土地。管理土地、考察佃户、收取地租等事务,都使得城居地主与农村保持密切联系。正如费孝通先生所说,人们由乡村迁往城市,仍然还要"留着一个根在乡村里",并没有因这些人被吸引到城市里而与乡村脱离了关系。那些

---

① 刘君德、汪宇明:《制度与创新——中国城市制度的发展与改革新论》,东南大学出版社 2000 年版,第 21～23 页。

把老家留在乡村里,单身寄生在城市里当工匠或伙计甚至老板的人物在现代都市里,即使有,也是暂时的和少数的。但是在我们传统城市里这却是一种相当普遍的情形。① 其时,城乡文化保持高度一致性,不存在城镇优于乡村的概念,也不存在轻视农村和乡土的生活方式及文化。人们的理想世界是耕读传家、衣锦还乡。所以,中国历史上,从来没有西方历史上的城市自立地位,也没有西方意义上的城乡对立情形。

二

鸦片战争以后,随着上海、汉口、天津等通商口岸的辟设,治外法权的实行,租界的建立,西方的城市规划、司法制度、市政管理、经济管理等制度的引入,近代工业、商业的兴起,中国传统城市演化进程被打断,与西方工业化以后的城市相似的近代中国城市才开始出现,诸如上海、重庆、天津、汉口等,中国先前的城乡文化一致性、城乡行政一体性的特点这才逐渐消失,代之而起的是城乡对立与城乡分治。

中国城乡行政一体性解体的标志是1909年清政府颁布的《城镇乡自治章程》。这一章程规定:凡府、州、县治所在的城厢地方称为城,其余地方人口满五万的称镇。城和镇都可以与府、州、县等传统行政区单位一样,单独设置自治管理机构。这些自治机构的职能涉及教育、卫生、救济、市政工程、工商管理及其他城镇特有的事务。② 民国初年,各地方实力派热衷于地方自治,仿效西方的市政建制,制定了所谓的市乡制度。1921年,北京政府公布《市自治制》和《市自治制实施细则》,从国家意义上开始了中国的市制。

需要指出的是,即使到近代,即使在上海这样西化程度很高的城市,城乡联系也相当密切,城乡文化一致性的特点在某些方面也有所表现。

这主要表现在以下一些方面。

第一,城市移民与移出地保持相当密切的联系。这表现在以下3个方面:

一是各大城市同乡组织均很繁盛。近代上海的同乡组织,少的时候有56个,多的时候有256个。其功能从祭祀神明、联络乡谊、办理丧葬、迁运棺材、按照原籍习俗安排节庆活动等,扩展到兴办各种慈善事业、教育事业、对旅沪同乡实施救助、对受灾家乡实施紧急救助、沟通移民与政府之间的联系,在协助地方政府约束来沪移民方面,在税收和维持地方秩序方面,实际上起到了"半政府"的作用。山东会馆在规条中规定:"同乡之游于沪上者,或客居、或路过,如有应代理之事,必先由本帮司董为之理处,如事可了,毋庸集议。倘本帮司董不清理,再行传单齐集公议";

---

① 费孝通:《城乡联系的又一面》,载《费孝通论小城镇建设》,群言出版社2000年版。见冯贤亮《明清中国的城市、乡村及其关系的再检讨》,《华东师范大学学报》,2005年第3期。

② 见刘君德、汪宇明:《制度与创新——中国城市制度的发展与改革新论》,第27页。

同时,会馆规条还规定,同乡中若有人被欺负或无端受牵累,会馆亦会参与共同具禀保释事项。① 许多会馆都有类似功能。1902 年,耶松船厂的 4 名广东木工,因事被租界当局逮捕。有关公所董事就此进行斡旋,先后与木工首领、会审公廨、外国船厂老板接触,并向道台寻求帮助,最终使他们获释。1905 年 12 月,上海人大闹会审公堂案件中,因为被诬拐卖人口的黎黄氏是广东籍已故官员黎廷钰的妻子,所以,广肇公所、潮州会馆在联络广东人方面起了带头与关键作用。1946 年,苏北发生水灾,又发生战争,出现大批难民。上海苏北同乡会积极开展救助工作,在上海虹口、杨树浦一带设立了 5 个难民收容所,不到半年就收容苏北难民近 6 万人,收容来自其他地方的难民 2 万人。

二是有些人亦城亦乡,有些人虽然人在城里工作,但家庭重心在乡下,持续寄钱回乡。有些人频繁往返于移出地与移入地之间。他们单身进城,家在乡村,城里工作忙时入城做工,闲时回乡务农,或者农忙时回乡务农,农闲时进城打工。这种离土不离乡的人,亦工亦农,双重身份。20 世纪二三十年代的江南,不少农村家庭都是妇女在城里丝厂、棉纺厂、火柴厂或烟厂做自由工或包身工,男的扔下家到城里工作,每月寄一点钱回去。1925 年,久大盐场 500 工人中有 211 人给家寄钱,1926 年有 123 人。汇款总数相当大,1925 年平均每人每年寄 23 元,1926 年 39 元。这种将城里打工所得寄回老家的情况相当普遍。②

三是移民在城市的职业,往往与其家乡物产有一定联系。以近代上海而论,福建人经营木材、蔗糖,广东人经营洋货,江浙人经营丝茶,山东人经营豆麦,宁波人经营水产等,都是利用了其家乡的物产优势。以描写上海社会风情出名的吴趼人,曾经写过一篇《沪上百多谈》,专述上海都市风情,其中说到职业与籍贯关联的有:剃头师傅多句容人,典当朝奉多徽州人,卖土挑膏多广东人,卖薰肠薰腊多无锡人,打拳卖艺多山东人,收纸锭灰多绍兴人,酱园店多海盐人,药店多宁波人,酱肉酱鸭店多苏州人。③ 这些都与移民家乡物产或地域特点有内在关联。

第二,城市移民保持移出地民情风俗。许多移民在上海按籍贯聚集而居,广东人多住虹口,苏北人多住杨树浦、曹家渡。有时候,一条弄堂里住的可能都是同一个地方的人。广大移民依托着会馆、公所这一平台,将其原籍文化搬到上海,说家乡话,吃家乡菜,祭祀家乡神明,遵循家乡风俗。比如,徽州人供奉紫阳公朱熹,福建人供奉天后娘娘,江西供奉许真君,山东人供奉孔夫子,山西人供奉关公,粤菜、川菜、徽菜、淮扬菜各领风骚,粤剧、锡剧、淮剧、越剧、绍兴戏、黄梅戏各擅胜场。

---

① 张忠民:《清代上海会馆公所及其在地方事务中的作用》,载《史林》1999 年第 2 期。
② 刘芳:《试析农民离村对近代乡村发展的影响——以 20 世纪 20~30 年代的江苏为例》,载《南京师大学报(社会科学版)》,2004 年第 6 期。
③ 顾柄权:《上海风俗古迹考》,华东师范大学出版社 1993 年版,第 478~479 页。

广东人对盂兰盆会尤其热衷,便将这一民俗带到上海,搞得有声有色。每年中元节前后,必举行此会,梵呗之声,钟铙之响,喧阗彻夜,震耳欲聋。"茶余饭罢,散步街头,辄见旗旛旖飘拂,旃檀馥郁,门前悬挂明灯,五色相宣,触目皆是"。广肇山庄尤为巨擘,除延僧道讽经,室中陈设古玩画幅,光怪陆离,又以花草扎成各种人物鸟兽,栩栩如生。悬挂明灯万盏,上下参差。上海男女老少,摩肩接踵,香车宝马,如水如龙。[①] 在苦力为主的棚户居民中,直到20世纪40年代后期,仍然保留着乡民特有的文化习俗。沪西余姚路棚户中居民仍以"义悟堂"(土地庙)为聚会场所,当他们在共产党引导组织下反抗地头蛇欺压时,还习惯于聚集义悟堂,磕头烧香盟誓。在他们组织灾民进行求生存游行时,每人还手持一支点燃的祭神用香,燃香游行。[②] 卢汉超的研究表明,近代上海人在享受许多西方物质文明的同时,又延续了许多乡村生活的传统。大多数上海人居住的弄堂,称之为都市里的村庄也许更为合适。这里的人生活极其简朴,普通人的早餐仅是淡而无味的泡饭与咸菜。这里有发达的交通系统,但许多人仍然以步当车,一走就是好几里。这里的电灯、自来水已经问世好多年,但相当多的居民依然从河里取水、井里打水,点煤油灯。绝大部分上海人的活动范围主要是自家附近的一些街区,几乎所有的日常需求依靠步行即可解决。大多数孩子在附近街区或者就在弄堂里上学。[③]

第三,移民在城市经营的企业,多与其原籍有程度不同的联系。虞洽卿发起组织的宁绍轮船公司与三北轮船公司,主要是经营宁波与上海之间的运输业务,就有加强宁波与上海联系的意思。上海很多企业存在优先录用本乡人的潜规则。先施、永安、大新、新新四大公司,都是广东人开的,其管理层的职员几乎全是广东人。荣家企业20世纪20年代所雇佣的957名职员中,617名为无锡人。英美烟草公司买办郑伯昭的永泰和烟行,在上海本行和长江下游的一些分行雇了200多名职员,都是他从广东招募来的同乡。

第四,城市移民常有在其移出地、移入地共同创业的情况。周舜卿(1852—1923)是个典型。他生于无锡贫寒家庭,16岁进上海利昌铁号当学徒,后任升昌五金煤铁号经理,发迹后回无锡家乡创业,拓地百亩,辟街道、造桥梁、设店铺、办学堂,逐步把一个旧村落改造成为一个具有多家近代工商企业的新兴市镇。他在上海、无锡两地都有企业,相互支援,相得益彰。无锡西郊荣巷的荣氏族人,原以耕、纺、蚕、渔为生,后来由于人丁繁殖,地少人多,遂纷纷外出到上海、苏州等地。及至荣德生兄弟创办面粉、纺织工业,更带动了无锡及荣巷人在外地兴办麦行、纱号等

---

① 《论盂兰盛会之无益》,《申报》,1892年9月2日。

② 张仲礼:《近代上海城市研究》,上海文艺出版社2008年版,第631页。

③ 卢汉超:《霓虹灯外:20世纪初日常生活中的上海》,段炼等译,上海古籍出版社2004年版,第10~12页。

行业。荣氏族人利用宗族关系,相互引掖,使得 1949 年前荣巷地区在外谋生的男人占了十分之六七。荣氏资本集团的发迹,又反作用于荣巷地区,使荣巷镇一跃而成为无锡西郊的新兴集镇。

三

讨论近代城乡联系,特别要强调的一点是,城乡人口对流相当畅通,农民进城没有任何政策限制。

1843 年上海开埠时,人口不到 20 万,到 1949 年已达 546 万,其中 80% 以上是从全国各地迁移进去的。国内各地发生战争与灾荒时期,就是上海、天津、汉口等地人口增长时期。19 世纪 50 年代末,"黄河决口,江苏北境竟成泽国,人民失业无家可归者,无虑千万,咸来上海就食。"[①]上海等大城市人口涨落明显地因战争的起伏而呈潮汐现象,战争起、人口增,战争停、人口落,来的多、去的少,城市人口因此而暴增。太平天国时期,上海租界人口净增 11 万,整个上海净增 15 万。抗日战争前 5 年,上海两租界人口净增 78 万。1946 年至 1949 年的第三次国内革命战争时期,上海人口净增 208 万。[②]

近代城镇没有严格的户口管理,没有人为设置的城乡鸿沟。清末地方自治时,上海参事会下设户政科,户政科下设户籍、地产、收捐三科,但户籍管理方面没能实际发挥作用。北洋政府时期,上海先后于 1920、1924、1925 年进行过户籍调查,但不全面,也不精确。南京国民政府时期,1928 年,上海进行过比较全面、细致的调查,但户籍与经济利益没有关联。汪伪时期,1938 年进行户口复查,1939 年实行保甲制度,颁发市民证、居住证;1943 年以后,因物资供应紧张,实行粮食配给,上海户口才开始与经济利益挂钩。1946 年以后,上海重新实行保甲制度,发放国民身份证,并按证配给粮食,但是对于来沪人口仍然没有限制。

上海城市移民中,相当高的比例是难民与游民。1930 年至 1936 年,上海失业、无业人口约 70 万。据 1950 年 1 月的统计,全上海 500 万人中,就业者 206 万,占全市人口的 40% 多,其余近 60% 即 300 万人口中,除了老弱病残、小孩与家庭妇女外,存在着大量失业人口。[③] 他们是临时工、拾垃圾者、拾煤核者、乞丐,能够充当清道夫、小车夫、轿夫、杠夫、粪夫已经很不错了。其中有些人靠拆迁废旧房屋为生,成群活动,为的是拾捡一些遗弃的木材废品。"此辈百十成群,专伺居民拆迁之最后一日,任何扫除之役,并不取值。盖所谓扫除者,非对于垢秽而言,其目的所在系搬取迁出时之遗剩废件,如朽木、破器等均为搜括,相沿成例,遂有不待主人辨别

---

① 容闳:《西学东渐记》,湖南人民出版社 1981 年版,第 40 页。
② 邹依仁:《旧上海人口变迁的研究》,上海人民出版社 1980 年版,第 4~5 页。
③ 邹依仁:《旧上海人口变迁的研究》,第 31 页。

弃取彼辈已自由行动者,常至喧争不已,虽鸣捕亦无如何。……但此种人数虽众,平日尚无其他不法行为,捕房恒宽待之。"①

多年来,人们已习惯于抨击城市里两极分化,是富人的天堂、穷人的地狱。应该说,那些抨击全然在理。但是,在抨击之余,人们也该想一想,那些苦力、乞丐,为什么情愿在城市里受苦受累受欺侮,也不愿意回到乡下去? 对此,格莱泽的看法很有启发性:城市的贫困也有很多值得肯定的地方。不是城市让人们变得贫困,而是这些城市吸引来了贫困人口,是更好生活的前景吸引了这些贫困人口。有能力吸引贫困人口的城市是有活力、有优势的城市,没有能力吸引贫困人口的城市是没活力、有问题的城市。弱势人群流向里约热内卢、鹿特丹等城市,证明了这些城市的优势,而非弱势。从乡村和其他地方来到这些城市的贫民并非傻瓜,他们纷至沓来,是因为这些城市具有他们原来所在地所没有的优势。这里提供了更多的机遇、公共服务与乐趣。② 那些苦力、乞丐愿意在城里受苦受累受欺侮,正说明乡下的日子一定比城里更苦更累更不堪。上海有那么多难民、游民,其病根在出产难民、游民的乡村,在整个社会。

四

中华人民共和国建立以后,城乡联系在开始 4 年比较正常,对农民进城没有限制,城乡人口可以自然流动。1951 年实施《城市户口管理暂行条例》,开始对城市居民依属地进行户口登记和管理,但并不限制迁徙,也不限制农民进城。1953 年,由于出现粮食危机,人口迁移出现了一定的盲目流动,造成对城市稳定的冲击。为解决粮食问题,1955 年建立统购统销制度,使得乡村粮食短缺问题日益严重。1956 年,农业合作化运动与自然灾害结合在一起,很多省份粮食大量歉收,乡村开始出现饥荒,城市粮食供应也特别紧张。1958 年,国家公布户口制度,奠定了城乡分治基础,城乡自然联系被人为隔断。国家将居民区分为农业户口和非农业户口两种不同户籍,严格限制乡村人口流入城市,通过人民公社制度将农民束缚在土地上,禁止企业从乡村招工,并将自行进城的农民遣送原籍。与此同时,国家对城市居民采取从出生、入学、就业、医疗、物资供应、住房到社会保障等方面的全套保护政策,而农村居民除了少数军烈属外则被排斥在社会福利保障之外。这就形成了市民与农民两个不同的阶层,造成身份与社会地位的不平等。这种不平等,由于迁徙管制、两种户口转化的限制,得以固化并沿袭给后代,形成城乡分治、城乡隔离、城高乡低的二元社会结构。

这样做,虽然为国家工业化原始积累提供了条件,但也导致了极其严重的后

---

① 陈伯熙:《上海轶事大观》,上海书店出版社 2000 年版,第 12 页。
② 爱德华·格莱泽著、刘润泉译:《城市的胜利》,上海社会科学院出版社 2012 年版,第 65~66 页。

果。对于这方面,学术界已经有了很多很好的研究成果,兹不详述。①诸如同生不同教(同样出生,因籍贯不一样而获得的教育条件不一样)、同工不同酬(干同一工作,身份不同报酬不同)、同校不同分(报考同一学校,不同区域学生录取分数线不同)、同学不同值(同一学校毕业,因户籍不同而使得就业机会不同)、同病不同医(患同样疾病,因身份不同而医疗待遇不同)、同命不同钱(因同一事故,不同身份赔偿金不同)等久已为学术界口诛笔伐的问题,特别是那全世界唯独中国才有的"农民工",都是城乡二元社会结构的直接产物。

回顾城乡联系史,可以清楚地看到,城乡二元社会结构既不是近代以前的中国传统,也不是近代中国城乡关系的自然延伸,而是特定时期特定政策造成的。

党的十八大报告提出:"坚持走中国特色新型工业化、信息化、城镇化、农业现代化道路,推动信息化和工业化深度融合、工业化和城镇化良性互动、城镇化和农业现代化相互协调,促进工业化、信息化、城镇化、农业现代化同步发展。"这将新型城镇化提到前所未有的高度,要求城镇化与工业化、信息化、农业现代化同步发展。这是一个宏伟而美好的目标。人们有理由期待,新型城镇化将会以人口城镇化为核心,实现职业上从农业到非农业、地域上从农村到城镇、生态上从环境污染到环境保护、身份上从农民到市民的转换,待遇上将会从城乡二元向城乡一元转换。人们有理由期待,新型城镇化将是城乡优势互补、利益整合、良性互动的局面。人们也有理由期待,经过若干年的努力,"农民工"这一具有时代特征的称谓将永远从中国大地上消失,"农民工"将成为历史词汇。

---

① 李强的《农民工与中国社会分层》(社科文献出版社 2004 年版)、李培林、李炜的《农民工在中国转型中的经济地位和社会态度》(《社会学研究》,2007 年第 3 期)、温铁军的《三农问题与制度变迁》(中国经济出版社 2009 年版)、邓鸿勋、陆百甫主编的《走出二元结构——农民工市民化》(社科文献出版社 2012 年版)等,对此问题都有很好的研究。其中,郎雪云的《中国二元户籍制度与户籍歧视的伦理思考》(华东师范大学 2007 年硕士论文),对二元户籍制度造成的严重后果有相当细致的论述与评判。

科学精神和多元主义是中国新型城市化的活水源头

谯　珊①

自 2010 年中国提出"新型城市化"概念以来,学界关于新型城市化的论述层出不穷,较为一致的说法是:因国情不同,中国不能再走欧美国家的城市化道路,而应探索一条新的、适合中国国情的新型城市化道路。但这条新的道路到底是什么,学界并无统一定论,各地也处于"摸着石头过河"的状况,并不明确新型城市化的本质特征以及其要达到的目标。那种把"结构转型"作为城市化的高级形态、"人口转移"作为城市化的低级形态的说法更是在理论上分割了城市化的丰富内涵,误解了城市化的本来面目。

城市化是农村人口向城市转移的一个自然的、历史的过程,不以人的意志为转移,因而城市化必然发生在所有国家和地区。城市化的历程到底有多久? 各国各地区因历史基础不同、意识形态差异等,城市化道路或长或短。从欧美发达国家已经完成的城市化历程来看,农村人口转移至城市成为城市市民,大都经历了 100 年左右的时间。但这一数字对于中国而言,并无借鉴意义。中国作为后发展的社会主义国家,与欧美各国政治体制不同,城市化道路可否借鉴西方资本主义国家的经验、本世纪初的"新型城市化"这一提法如何在理论上和实践上引导中国的城市化进程等,都需要各界认真思索并作出解答。本文不揣浅陋,试图从世界城市化及百余年来中国城市化的漫长历程中总结一些经验教训,以此来探询这一问题,以为抛砖引玉。

一

大多数发达国家的城市化都是比较彻底的资产阶级革命和工业革命的"双重结果",实行比较典型的资本主义政治、经济制度。因此,城市化总是伴随着政治民主与经济转型,而非单纯工业化的结果。

英国是世界上最早开始工业化和城市化的国家,1761 年到 1851 年,英国用 90 年的时间,成为世界上第一个城市人口超过总人口 50% 的国家②,基本实现城市化,由此成为当时世界上最强大的国家。毫无疑问,工业革命是英国城市化的催化

---

① 谯珊,四川大学城市研究所副教授,主要研究方向为中国城市史、中国近代史。

② 邬沧萍等:《世界人口》,中国人民大学出版社 1983 年版,第 365 页。

器,它使"资产阶级在它的不到一百年的阶级统治中所创造的生产力,比过去一切世代创造的全部生产力还要多,还要大。"①但值得注意的是,英国工业革命前夜,英国议会与国王已进行了长达半个世纪的斗争。1688 年,英国资产阶级和新贵族发动宫廷政变,推翻迫害新教徒的国王詹姆斯二世,其后通过 1689 年的《权利法案》和 1701 年的《王位继承法》,初步确立了君主立宪的政治体制,为现代民主制度在英国的建立提供了法律基础。英国宪政民主制度确立的重大意义在于——崇尚王室和教会特权的价值观从此被一种新的、富有生气的多元价值观所取代,基督新教所提倡的简单、实在、上帝面前人人平等的信徒生活方式得到普遍尊敬和推行。英国民众逐渐抛弃中世纪时期教皇和王室聚敛大量财富,却在民众中倡导"财富是堕落象征"的统治阶级道德铁律,重塑了"上帝不是叫人贫穷,而要叫人拥有很多财富"的符合人性的、健康的财富观,大大提升了商人的角色意识和社会地位。如韦伯所观察到的:"一种特殊的资产阶级的经济伦理形成了。资产阶级商人意识到自己充分受到上帝的恩宠,实实在在受到上帝的祝福。他们觉得,只要他们注意外表上正确得体,只要他们的道德行为没有污点,只要财产的使用不致遭到非议,他们就尽可以随心所欲地听从自己金钱利益的支配,同时还感到自己这么做是在尽一种责任。"②新教徒成为英国工业革命时期新思想的代言人,"工商界领导人、资本占有者、近代企业中的高级技术工人,尤其受过高等技术培训和商业培训的管理人员,绝大多数都是新教徒"③。英国的民主制度则为这种人人平等的、理性的生活方式和价值观念提供了有力的政治保障。思想的禁锢一旦去除,代之而起的必然是科学的创新精神,"自然力的征服,机器的采用,化学在工业和农业中的应用,轮船的行驶,铁路的通行,电报的使用,整个大陆的开垦,河川的通航,仿佛用法术从地下呼唤出来的大量人口,——过去哪一个世纪能够料想到有这样的生产力潜伏在社会劳动里呢?"④自由劳动之理性的资本主义组织方式,理性的工业组织只与固定的市场相协调,而不是和政治的或非理性的投资盈利活动相适应,促使了资本主义生产方式的大发展,曼彻斯特、伦敦等工业城市如雨后春笋地从地上冒出来。

美国的城市化进程与英国不同,但其仍然是资本主义民主制度和工业革命的双重结果。1620 年,英国的清教徒乘坐"五月花号"船只驶往美洲大陆,将自由平等的观念、宗教的理想以及工作伦理和理性精神带到一个尚未诞生国家的新大陆。

---

① 马克思、恩格斯:《共产党宣言》,人民出版社 1964 年版,第 28 页。
② 马克斯·韦伯:《新教伦理与资本主义精神》,于晓、陈维纲等译,三联书店 1987 年版,第 138～139 页。
③ 马克斯·韦伯:《新教伦理与资本主义精神》,于晓、陈维纲等译,三联书店 1987 年版,第 23 页。
④ 马克思、恩格斯:《共产党宣言》,人民出版社 1964 年版,第 28 页。

1774 年,这群在美洲大陆艰苦创业的欧洲人的后代,为摆脱英国的殖民束缚,以独立战争的方式建立了一个新的现代民主国家——美国。美国《独立宣言》开宗明义概括了清教徒的信念:"人人生而平等,他们从他们的造物主那里被赋予了某些不可转让的权利,其中包括生命、自由和追求幸福的权利。"①美国的开国先贤虽然将人的本体价值奠定在上帝的神圣创造之上,但其倡导的对权力的约束、对自由民主精神的倡导和实践,尤其是第一任总统华盛顿在任期上所作出的表率等,都为宪政民主制度在美国的确立奠定了良好的基础。独立战争后的 1789 年,英国移民塞缪尔·斯莱特凭记忆仿制出水力纺纱机,在罗得岛建立了美国第一座棉纺厂,揭开了工业革命的序幕。在随后的西进运动中,富有开拓创新的"牛仔精神"得到提倡,各种适应西部开发的新技术、新发明被大量应用于农业、工业和交通运输业。1807 年,"富尔顿航行"成功地把蒸汽机用于航运,美国进入汽船时代,伊利运河和西部六大铁路干线的贯通大大改变了美国东西部的交通状况,使美国市场联为一体,美国城市从集中于东北部的 13 个州不断西扩至密西西比河流域。19 世纪后半期,美国城市化进入鼎盛时期,8000 人以上的城市从 1800 年的 6 个,增加到 1890 年的 448 个,其中 26 个城市的人口超过了 10 万。② 19 世纪末,美国初步形成以城市为中心的经济体系。可以说,美国城市化仍然是政治民主和工业革命的双重产物。

在欧美各国中,法国的城市化进程很值得关注。法国的意识形态深受伏尔泰、卢梭等启蒙运动领袖的无神论人文主义思想的影响,经历了反对君主专制的法国大革命;但革命过后,带来的却是雅各宾党人的专政,以及其后长达百年之久的政局动荡。1789 年 8 月 26 日,为反对路易十六的专制统治,第三等级组成的国民议会颁布《人权宣言》,宣布颁发之目的在于"组成国民议会的法国人民的代表们,认为不知人权、忽视人权或轻蔑人权是公众不幸和政府腐败的唯一原因,所以决定把自然的、不可剥夺的和神圣的人权阐明于庄严的宣言之中",并且规定:"任何政治结合的目的都在于保存人的自然的和不可动摇的权利"。③ 1793 年,革命派又以《雅各宾宪法》的形式确立了法国的民主原则。该宪法规定,法国实行三权分立、议会共和制,公民除享有《人权宣言》所规定的权利外,还享有劳动权、受教育权、获得社会救济权,以及对侵犯人权的政府的起义权。对于权利的要求还专门写上

---

① 卡尔·贝克尔:《论独立宣言——政治思想史研究》,彭刚译,江苏教育出版社 2005 年版,第 4 页。

② 金卫星:《略论宗教在美国城市化中的作用》,载王旭、黄柯可主编:《城市社会的变迁》,中国社会科学出版社 1998 年版,第 233 页。

③ 世界史资料丛刊编辑委员会:《十八世纪末法国资产阶级革命》,吴绪、杨人楩选译,商务印书馆 1989 年版,第 45 页。

一条："由于专制主义的存在或记忆犹新，故有表明这些权利的必要。"①民主虽然被载入宪法，但法国大革命后，革命党人以专横的方法来对待民主、理解民主，缺乏规则和自由的民主成为僵化的教条、暴政的工具，导致资产阶级革命失败，工业化和城市化受到极大影响。

法国工业革命开始的时间较英国晚了近60年。18世纪晚期，法国就从英国引进了蒸汽机、珍妮纺纱机等，但工业革命的萌芽状态在专制统治下难获发展。迟至19世纪40年代法兰西第二帝国时期，拿破仑三世为缓和国内矛盾，不得已实行改革，国家政策才逐渐向自由主义演变，政治上，废除禁止工人罢工和结社的《勒霞白列法》，同意组织自由主义内阁；经济上，政府主导以交通为主的基础设施建设，打破封闭的地区界限，形成统一市场。在自由主义初见端倪的情况下，法国工业革命开始起飞，城市化亦随之展开。自1853年起，奥斯曼开始主持声势浩大的巴黎改建，使巴黎城市面貌焕然一新，城市人口从1846年的百余万增长到1886年的230万，并带动了全国的城市化。第二帝国时期，法国农村人口占全国总人口的比例由74.5%下降到69.5%。②法兰西第三共和国时期，国民议会终于通过1875年宪法，共和政体最终得以确立。此后，法国城市化获得大发展，1876年到1911年，法国每年转移到城市的人口为12万左右；1919—1931年，移居城市的农民总数达100万，平均每年有8万多农村人口流入城市。1931年，法国城市人口占总数的51.2%，城市人口第一次超过农村人口，基本实现城市化。③

法国城市化属于资本主义国家中的后起典型，城市化起步比英国晚了半个多世纪。当1850年英国基本实现城市化时，法国的城市化水平仅有25%；法国城市化从1851年的25.5%到超过50%用了80年，而英国从1800年的20%到超过50%（1850年50%）只用了50年。④法国与英国毗邻，但工业化、城市化起步晚，且发展缓慢，或能从其民主宪政建构中所走的弯路找到答案。

1851—1950年，城市化在欧洲和北美等发达国家推广、普及并基本实现，其动力基本都是靠工业革命，而工业革命的背后，是以现代民主制度的建立作为其坚强后盾。欧美城市化的进程表明：宪政民主和工业革命其实是城市化能否顺利进行的两个助推器，二者是一种"镶嵌"的关系，缺一不可、相辅相成。当19世纪六七十年代以电力为标志的第二次工业革命兴起时，欧美国家大多已完成宪政民主的任务，因而能够迅速地抓住机遇，在产业结构的升级转换中再次转移其农村人口，完

---

① 世界史资料丛刊编辑委员会：《十八世纪末法国资产阶级革命》，吴绪、杨人楩选译，商务印书馆1989年版，第104页。

② 杨澜、付少平、蒋舟文：《法国城市化历程对当今中国城市化的启示》，载《法国研究》2008年第4期。

③ 杨澜、付少平、蒋舟文：《法国城市化历程对当今中国城市化的启示》，载《法国研究》2008年第4期。

④ 杨澜、付少平、蒋舟文：《法国城市化历程对当今中国城市化的启示》，载《法国研究》2008年第4期。

成工业化与城市化的同步进行,城市化达到一个较高的水平。

二

如果把与欧美发达国家城市化道路的不同作为"新"的标准,则 19 世纪中叶以来,中国的城市化道路就是一条新的、特殊的城市化道路。

中国城市化道路的特殊性与中国城市的历史特点有关。19 世纪中叶,中国仍然沿袭了秦汉以来"大一统"的政治格局。统一的帝国局面与天下中心的思想使中国的城市文明以"外溢"的方式向周围传播,礼制文明及于朝、日、越,以及本土的东北、西北、西南、南方。然而,一旦"大一统",原来促使文明萌发起来的个人、民族乃至区域的创造性被压抑下去,蓬勃奋发的精神状态被一种"统一""整齐"的观念逐渐代替掉了。

"大一统"下的中国政治体制"君主之制",虽并不一定完全构成专制,但却无法避免皇权之下中国社会崇尚权力的单一的价值观念。两千多年来,儒家"学而优则仕"的精神导向更使得社会精英将毕生精力专注于功名,遑论其他。中国城市,作为中国"大一统"精神的重要载体,在城市体系和布局方面都强烈地体现了这种皇权至上的特点。

都城是中国皇权的中心,历代统治者都将都城的建设作为一项重要任务,以都城的威严豪华体现帝国的庄严强大,以威严昭示天下。前 221 年,秦灭群雄统一中国,废掉战败的诸侯王国的城池宫殿,移 12 万户于咸阳,大兴咸阳城,"其中收罗了来自各国的美女、乐器"。[①] 为供应咸阳人口的足够粮食,秦始皇大修驰道、发展交通,将所有的资源用于强化都城。二世胡亥时,重修阿房宫,征身强力壮者 5 万人驻守咸阳,命各郡县运输粮食,咸阳三百里内不能食用这些粮食。[②] 都城成为皇室官僚集中之地、重要的消费中心。秦以后,汉之长安,唐之长安洛阳,元明清之北京,明之南京,都成为历代王朝最重要的城市,都城中奢华的宗庙宫殿则成为皇权的重要象征。

"大一统"的政治观念在历代城市等级的设置上以行政区划的方式得到加强。秦将帝国分为 36 个郡,以郡县制分割此前的封建城邦;汉唐版图扩大,以路府州县的方式统治全国;元的版图再次扩大,在州郡县之上设置行中书省,以"流动的中书省"的方式代表皇室管理地方;元以后,省府县的多级行政体制固定下来。历代以行政区划的方式划分城市等级,使不同等级官僚驻于不同等级城市,不仅进一步强化了中央集权,而且使得城市作为权力中心的特点愈益明显。

中国城市"权力中心"的这一特点在城市的人口、建筑、商业等方面极其明显

---

① 《史记》卷六《秦始皇本纪》,中华书局 1999 年版,第 170 页。

② 《史记》卷六《秦始皇本纪》,中华书局 1999 年版,第 190 页。

地反映出来。各级城市有发达的官僚机关,人数不等的衙役,他们构成城市人口的顶端,俯瞰城市;衙署、宗庙及官府倡导建设的祠寺等建筑成为城市修缮最完美的建筑,清代的衙署更是在形制上与皇宫保持一致,体现与中央政府的高度统一。这种思想文化上的统一,使中国城市保持了一种高度的整齐,即具城墙、宫殿、衙署、祠寺等共同特征(对西方世界而言,则构成了中国城市的特色)。在发达的官僚机关之下,中国城市里有若干的行会、会馆等社会中间组织,但其依附于官僚而存在、发展,并无独立性。城市里的财产,官府随时可以征伐,盐、铁等产品不能自由出售,皇室以专卖的方式将其牢牢地控制于自己之手。在这样的体制下,处于士农工商之末的商人,不仅社会地位低下,而且具有强烈的不安全感,他们很自然地将财产投入土地,以买田置地的方式而非投入扩大再生产的方式处置财产。此种具有典型性的中国商人的生存方式,实从另一侧面诠释了中国资本主义萌芽的不发展状态。以权力为中心的中国城市,并不能承担中国资本主义发展的重任。

除了中国城市历史特点的延续以外,19 世纪中叶以来中国城市化道路的特殊性亦与近代中国向西方资本主义文明学习的纠结心态相关。1840 年,西方以炮舰打开中国国门,遭到中国的强烈抵制。中国的社会精英很难接受比华夏文明更加优越的资本主义文明,因此,一百年来,在如何学习西方的道路上纠结徘徊,设想了若干理论和方案。19 世纪 60 年代,洋务官僚在"中学为体,西学为用"的理念下引进西方坚船利炮,以采用大机器生产的方式拉开了中国工业化的序幕,中国城市化亦逐渐发端。19 世纪末,以康、梁为首的改良派试图以"君主立宪"的方式改变中国的政体,以期明君而变积弱之中国为强大之中国,终因皇帝无权而败北,"戊戌六君子"血染菜市口。20 世纪初,中国小心翼翼地踏上宪政民主的道路,以"新政"的方式力图昭示国人改革帝国的决心。但宪政与君权的冲突,以及清朝统治者对宪政的虚伪等,使知识精英意识到期待明君的民主,不过是假民主。1911 年,中国掀起一场如同法国大革命式的浪潮,狂风掠过,帝制被推翻,共和建立。然而缺乏自由精神之酿造的民主,被袁世凯操弄于手,民主再次成为暴政的工具,"民主共和"的结果竟酿成民初长达二十余年的军阀割据状态。

五四以后,赛先生和德先生来到中国,但中国在逐渐党治的过程中,迎接了赛先生,却冷落了德先生,殊不知二者在现代国家建构中的合力作用。国民党建立政权后,实行一党专政,试图以史上"大一统"的方式完成对各地方割据势力的征服,而未在新的"中央与地方"的关系上注入新的思维,种种因素致使中国在宪政民主的道路上越走越远,至 1945 年时,国民党不得不为其一党专政的政治统治"埋单"。当然,如从人口迁移的角度分析,近代中国仍有大量农村人口迁移至城市,但其迁移的动因主要是灾荒、战乱等因素,大多非工业发展的良性结果。近代 110 年中国因政治体制改革的任务尚未完成,经济亦未走出一条新的发展道路,城市作为权力中心而非商业本位城市的这一历史特点又继续延续下来。

1949 年中华人民共和国成立后,中国学习苏联,走上社会主义道路,开始探索社会主义如何在中国实现和发展的问题。但因长期以来对资本主义意识形态的抵抗,城市竟在一段时间被作为资产阶级的温床遭到批判,致使城市发展迟滞,功能单一。"文化大革命"时期,权威人为的隐形哈哈镜不仅扭曲了中国的城市,也使城市遭了殃。迟至 80 年代初,在经历十年浩劫的惨痛后,中国思想界的拨乱反正,以及百花齐放、百家争鸣的状态为中国人心灵的释放提供了沃土,及时的改革开放策略使中国城市焕发生机,各类城市成为改革开放的重地。1984 年 10 月,国务院发出《国务院关于农民进入集镇落户问题的通知》,将只能由城里人居住的城市体系向农村打开一个缺口,至 1985 年底,以各种渠道进入城市的农民工人数就不少于 3000 万人。[①] 中国的城市发展开始步入正轨。1992 年,小平同志的南方谈话,从理论上及时纠正了国人把社会主义与市场经济、中国与西方对立起来的思想误区,中国城市开始在市场经济的旗帜下获得发展,市场经济开始蓬发,中国城市获得大发展。

三

总结世界城市化与 19 世纪中叶以来中国城市发展的特点,我们或许可以探寻出中国新型城市化道路的一些历史依据,而不是将视野局限于大中小城市如何发展以及产业结构如何升级等具体问题上。

中外城市化的道路都清晰地展示出城市化是包含政治民主、工业创新以及人的思想解放的全面而统一的一个过程,而不仅是单一的工业化推动的结果。在这三大因素中,政治民主不仅是工业创新、思想解放的前提,同时亦是其重要保障。离开了民主的社会土壤,人的思想受到禁锢,任何技术革命的创新都将成为无源之水、无本之木。单一的社会价值理念不仅固化了人的思维,亦使社会上升的通道越发狭窄,作为人的个体尊严和价值无法真正体现出来。

然而,中外各国在建构民主道路上的不同结果,又时刻警醒后人,民主是一种方法,而非目的。民主的目的是社会进步,是保障人人共享城市文明的机会和权力。民主在让多数人说话的同时,亦要保障少数人说话的权利,同时还须提供一种制约的机制,以免民主本身成为个别强权者玩弄的工具。在这方面,法国大革命和辛亥革命后的中国历史已经证明。因此,只有建立在科学精神上的民主,才能避免类似的悲剧发生。

中国近代以来民主建构的艰难曲折延缓了中国城市化的进程,亦使中国城市

---

① 高珮义:《城市化发展学导论》,中国财政经济出版社 2009 年版,第 18 页。

难以承担工业革命的重任。中国近代社会未完成的工业化道路,今天仍以"新型工业化"的方式继续进行;中国近代社会未完成的民主道路,亦仍需继续完成。一个国家绝非可以完全舍弃其原来的历史文化而空言改革,中国的"新型城市化"亦必然要在百年来中国城市化道路的基础上继续前行,任何另辟蹊径,或者试图以捷径的方式完成的想法都是不尊重中国城市化的历史及城市化的客观规律的主观做法,其结果不仅在理论上可能引发混乱,而且在实践上亦可能将中国城市化引入误区。中外城市化的历史已经证明,唯有三大因素的合力,中国的"新型城市化"才可能打破瓶颈性的障碍,取得突破。离开了这些因素,而以"新型工业化"方式单向推进的城市化,必将使新型城市化的道路困难重重。

中国城市发展的历史特点已被现代中国城市完全继承下来,城市发展"千篇一律""千城一面"的现象,深刻地反映了"大一统"政治格局下中国城市文化缺乏活力的表征。中国的都城仍然是全国共仰之首都,于统一精神有重要的作用,首都凝聚全国人力、物力之精华,以"营造的优势"吸引各地人群蜂拥进入,弊端已日益显现。中国的其余各级城市,因行政级别不同,发展命运各不相同,省城往往成为区域中最为繁荣的城市,如同都城在地方的代表,市县则等而下之。以等级观念打造的金字塔型的城市格局,不仅固化了中国的城市体系、极大地限制了各区域城市的自主发展,而且使得有特色的地方城市文化,在"大一统"的格局中逐渐消失。不得不说,"作为权力中心"这一中国城市的历史特点至今在中国的城市化道路中仍发挥着不可忽略的影响。

在此基础上,我们要讨论的中国新型城市化道路已不简单是一个大中小城市如何发展的问题,也不仅是人口转移和产业结构升级的问题。如以科学的精神和多元的思维思考中国城市化的可能走向和如何推进,或能打破"大一统"的思维习惯,实事求是地面对各区域因环境、人口、经济发展等不同状况,不必统一于一种模式,在各地的实践中探索前行。中国各地的城市化,并无放之四海而皆准的方法,在各地探索城市化道路的过程中,如果理解了城市化的三大必然因素,城市的生机和活力自然会喷涌而出,中国的新型城市化才能打破"与西方不同"的思维误区,真正走出一条有特色的道路。

结语

与"新型工业化"一样,中国"新型城市化"概念实质是"中国特色"概念在工业化、城市化发展道路上的投影。① 所谓新型城市化,其实就是中国特色的城市化——亦即在概念上、理论上突出中国城市化道路的个性、特殊性,并在未来的城市化道路中努力探索并试验这种"特殊"在中国发生的可能。此种思维在观念上实已为中国的城市化道路作了一种先验性的定论,即中国要走出一条"不同于欧美"的发展道路。这种力求"不同"的思维,暂且不论对错,其实质仍是中国近代以来面对西方先进文明时,力求保存固有文化的一种纠结心态。这不仅与从历史依据出发、从城市化的客观规律出发总结经验教训的科学精神相去甚远。

毋庸讳言,中国有自身的国情,中国城市有自己的特点,但这种"城市的特色"能否进而理解为"城市化道路的特色",并进而成为其立论基础,这确是需要仔细探讨的。中国的城市化道路是否是一条"新型城市化道路",实要等探索、实践的经验丰富后方能归纳、总结,将理想和现实隔离开来,无益于中国城市化问题的真正解决。

因此,中国的"新型城市化道路"应在充分总结"中国"和"世界"城市化的基础上方能比对出来,总结"旧"方能凸显"新";总结一般化方能融入特殊化。如果我们能够确信,城市化规律具有超越东西方文化普遍适应于各类文化的基本要素,我们应做的其实是"确定哪些性质是独特的、哪些性质是普遍的",又如何将那些具有普遍意义的东西与本民族的文化传统结合起来,并使得本民族的文化获得大发展。如果我们不做这样的工作,那么,韦伯的追问直至今天仍然是有价值的:"为什么资本主义利益没有在印度、在中国也做出同样的事情呢? 为什么科学的、艺术的、政治的、或经济的发展没有在印度、在中国也走上西方现今所特有的这条理性化道路呢?"②

城市化是当今中国的社会追求,在未来的历史进程中不仅具有巨大的经济意义,亦具有巨大的政治意义和文化意义。但城市化的追求不是社会中每个个体追求的简单叠加,而应该是社会文化之上的精神追求的体现。当国家的追求与个人的追求相契合,那么这种追求必然具有旺盛的生命力;如果这种追求同时又与历史的进程并行不悖,那么它必然会获得应有的历史地位。中国的新型城市化如果是社会主义道路上的城市化,中国是否也需要一种"社会主义精神"之上的"社会主

---

① 是否存在"中国模式",目前海外存三种不同看法。1. 认为中国模式存在,造就了中国 30 年稳定而高速的发展,世界银行前驻中国经济学家盖保德持此观点;2. 认为中国模式尚在形成之中,现在提出为时过早,德国杜伊斯堡 – 埃森大学教授托马斯·海贝勒持此观点;3. 认为根本就不存在中国模式,30 年的成就可归结于"实用主义",美国前副国务卿谢淑丽、美国哈佛大学教授傅高丽等持这种观点。美国布鲁金斯学会高级研究院沈大伟也认为,中国在"中国模式"的组成部分——经济、政治、社会和外交等方面都难以找到既有独特性又有可复制性的因素,因此难以判断"中国模式"是存在的。参见王新颖主编:《奇迹的建构:海外学者论中国模式·导言》,中央编译出版社 2011 年版,第 3 页。

② 马克斯·韦伯:《新教伦理与资本主义精神》,于晓、陈维纲等译,三联书店 1987 年版,第 15 页。

义利益"呢? 如果"一种要求伦理认可的确定生活准则"①在未来城市化的进程中能够得到确认和保障,那么,我们可以确信,中国的"新型城市化"必将呈现出蓬勃的生命力,能够将中国带向可以预知的未来。

---

① 马克斯·韦伯:《新教伦理与资本主义精神》,于晓、陈维纲等译,三联书店 1987 年版,第 41 页。

中国龟城营建理念探讨[*]

吴庆洲①

摘要:本文研究中国古代龟城营建的理念及其文化内涵。其营建理念可分为五种类型:以龟形为营造意匠,以龟眉、目、鼻、七窍为营建意匠,神龟八卦式,依龟迹筑城,特殊风水模式。文中还探讨了这些类型反映的文化内涵。

一、前言

笔者以前曾写过一篇《仿生像物——传统中国营造意匠探微》,里面谈到一些仿龟形的一些城市、村寨和建筑。通过进一步的研究,发现了许多龟形古城和龟形建筑。

龟为中国古代四灵之一,龟有天、地、人之象,是神圣的宇宙模型,特别是上古轩辕黄帝族以龟为图腾,龟文化与祖灵崇拜文化合而为一。更不可忽视的是,易卦起源于龟腹甲上的构纹,龟文化成为炎黄子孙哲理智慧《易》的渊源。玄龟与天文学关系密切,龟为水母。龟长寿,是古人追求长生不老的崇拜的灵物,是生命崇拜的偶像。龟崇拜、祖灵崇拜与太阳崇拜的结合,便产生了黑水神话,进而成为生命循环、太阳运行的神话。龟文化在中华文化中有着崇高的地位。

本文拟对中国龟城营建理念进行初步的探讨。

二、中国龟城的营建理念分类

中国与龟文化相关的古城,就目前所知,有三十多座,其中赣州、昆明、苏州、平遥、梅州、成都、商丘七城是国家级历史文化名城。这三十多座具有龟文化的古城,其营建理念不尽相同,形态也各不相同,很值得我们去探讨、研究。

本文拟将这些古城的营建理念分为如下 5 种类型。

---

* 本文为国家自然科学基金"中国古代城市规划、设计的哲理、学说及历史经验研究"资助项目(项目编号 50678070);国家自然科学基金资助项目"中国古城水系营建的学说及历史经验研究"(项目号:51278197)。

① 吴庆洲,华南理工大学教授,博士生导师,亚热带建筑科学国家重点实验室学术委员,华南理工大学建筑历史文化中心主任。

（一）以龟形为营建意匠

以龟形为营建意匠又可分为如下 7 种子类型：

①上水龟形；

②出水龟形；

③神龟探海形；

④灵龟掉尾形；

⑤六门龟形；

⑥龟背形；

⑦龟形。

（二）以龟眉、目、鼻、七窍为营建意匠

这一类型又可分为两种子类型：

①以龟眉、目、鼻为营造意匠；

②以龟七窍为营造意匠。

龟城营建理念还可分为神龟八卦式、依龟迹筑城、特殊风水模式。

三、以龟形为营建意匠

以龟形为营造意匠可以分为如下 7 种子类型。

（一）上水龟形

以上水龟形营建意匠的例子有赣州、九江、湖州三座古城及东莞逆水流龟寨。下面分而述之。

1. 赣州古城

据《古今图书集成·职方典·赣州府》载：

赣州府城池，"晋永和五年，郡守高琰建于章、贡二水间。唐刺史卢光稠拓广其南，又东、西、南三面凿濠。"

清道光二十八年（1848）《赣州府志》记载：

"（谢诏）又曰：旧志：赣州为通天龟形，十县为蛇形，号'十蛇聚龟'。"

天启元年（1621）谢诏纂《赣州府志》二十卷，赣州为"通天龟形"以及"十蛇聚龟"之说均引自旧志，这是比天启《赣州府志》更早的府志。

赣州府城，最早是东晋永和五年筑的土城。唐末卢光稠乘乱起兵，割据赣南后，请风水大师杨筠松为其择址建城。杨筠松选赣州城址为上水龟形，即通天龟形（图 1）。龟头筑于南门，龟尾在章、贡两江合流处，至今仍名龟尾角。东门、西门为龟的两足，均临水。从风水学来看，赣州城有 2 条来龙，一是南方九连山（离方，属火）发脉，从崆峒山起祖，宛延而至城内的贺兰山落穴聚气，结成一处立州设府的大穴位。这条龙还有一个小支落在欧潭。此外，赣州的北龙脉来自武夷山，经宁都、万安、赣县,分成数小支,落穴于储潭、汶潭。这3潭是赣州的3处水口,和赣州外的峰山、马祖岩、杨仙岭、摇篮山等山峰一起形成赣州城山环水抱的局势。赣州城遂成为一座三面临水、易守难攻的铁城。卢光稠得以拥兵一隅,面南称王30余年。①

杨筠松为一代风水大师,其建的龟城赣州也不同凡响。

推测杨筠松以龟为意匠筑赣州城,有如下理念:

①龟城会有龟的灵气,会发展成为该地域的政治中心、经济中心和文化中心。

②龟城位于章、贡两水间,为上水龟形。城三面环水,易守难攻。龟有甲可御敌,这是以龟为意匠筑城的重要理念。孔颖达云:"龟有甲,能御侮用也。"(《十三经注疏》)选址于易守难攻之地,以龟形筑城,故赣州城在军事防卫上有特别优势,因而有"铁赣"之美称。

③龟为水生动物,其形圆曲,以龟形筑城,可以减少洪水冲击,利于防洪抗冲。

④龟长寿,以龟为意匠筑城,希冀龟城会像龟一样长寿,千秋万代持续发展。

风水大师杨筠松规划营建了龟城赣州,孔宗翰护城抗洪,又创生了虔州八境,即中国较早的城市八景,刘彝建设了排涝御洪的城市水系(图2),赣州成为千里赣江第一城,成为地灵人杰、名人辈出的历史文化名城。中国的古城是军事防御与防洪工程的统一体。古城的水系是多功能的统一体,为古城的血脉,这是中国古城的重要特色。② 这一特色在赣州古城上得以充分体现。2010年夏季,中国许多大中城市在暴雨后街道成河,内涝成灾,而赣州城却安然无恙,其古城墙外御江河洪水,其城内福寿沟排水排洪系统继续发挥着重要作用,赣州百姓得以安居乐业。③ 这一成就,不禁使人们对我们祖先在龟城赣州营建上的创见和智慧肃然起敬。

2. 九江古城

①九江古城呈龟形。据《古今图书集成·方舆汇编·职方典》记载:

"九江府城池,旧筑于汉灌婴,唐司马白居易重修。宋曹翰攻不克,怒堕七尺。知军州余崇龟、元总管李黼各因圮新之。明洪武二十二年,调京军于兹,设直隶九江卫,列木为栅,引水为濠,而东北则用甓,盖缮治焉。永乐十年,知府孔复、指挥钟信环甓甃之。建五门,覆以楼,城址浚水窦六处,知府余福、苏致中、年本、指挥董纲等各再修。"④

九江古城也呈龟形(图3)。宋岳珂《桯史》载:"九江郡城……城负江面山,形势盘据,三方阻水,颇难以攻取。开宝中,曹翰讨胡,则踰年不下。或献计于翰曰:

① 胡玉春:《杨救贫与赣南客家风水文化的起源和传播》,载《南方文物》,2004年第4期,第67~70页。
② 吴庆洲:《中国古城防洪研究》,中国建筑工业出版社2009年版,第563~571。
③ 《江西赣州遇洪未涝,宋代排水系统仍发挥作用》,载《中国青年报》,2010年7月14日。
④ 李国豪:《建苑拾英》第二辑(下册),同济大学出版社1997年版,第168~168页。

'城形为上水龟，非腹胁不可攻。'从之，果得城。"①

3. 湖州古城

《古今图书集成·方舆汇编·职方典》记载：

湖州府城池，"子城，即今府治。周一里三百六十七步，东西二百三十七步，南北一百三十六步。古乌程县治，吴兴郡旧城也。按秦时为项王故城。旧志云，晋欲移郡城于东迁，郭璞女亦善地理，启璞无徙，因旧址而损益之，可以永无残破之虞，璞从之。唐初辅公祏所据，李孝恭计擒之。以其城湫隘，始于外筑罗城，以子城内为刺史厅事及掾廨。……元至正间，伪平章潘原明撤而复新。……以旧城宽而不固，难守，乃筑小之，周围一十三里一百三十八步，复建楼橹于上。"②

浙江湖州城（图4），据明徐献忠《吴兴掌故集》卷十四杂考："湖城在唐为二十四里。元季张士诚遣潘元明筑而小之。周一十二里六十步，其併省处在西门外直抵大溪入清塘一路尖地，则当时城形似上水龟，其省去即龟之首也。自元以前城中多寿考，今世鲜近百岁者。"③

（二）出水龟形

洪洞县城（图5）即属此类。

①洪洞县城为出水龟形。据民国《洪洞县志》记载：

"城池

城垣高三丈三尺，周五里二百五十步奇，垛口二千二百九十有五。门六。"④

其城池志记载，县城自明正统十四年（1449）才筑土城，隆庆二年（1568）筑成坚固的砖城。

民国《洪洞县志》记载：

"邑城，旧号出水龟，东门为首，西门为尾，南北四门为足（旧通志）。"⑤

②洪洞县城又称为莲花城。民国《洪洞县志》记载：

"县治绕郭皆植莲，故俗名莲花城。当夏月盛开，芳馨袭人。过客齐称佳境。每值科试年，池莲尝开并蒂花。占者以为邑士子获捷之兆，屡验不爽。

邑山长祁宿藻，字幼章，寿阳人，由翰林检讨，官至江宁布政，相国文端公同母弟也。道光年尝主玉峰书院讲席，文端曾寄以诗云：'莲花好城郭，槐树旧村墟。'至今人犹传颂之。盖以邑为莲花城，并大槐树古迹而言也。山长自署老籍亦

---

① 岳珂：《桯史》卷8。
② 李国豪：《建苑拾英》第二辑（下册），同济大学出版社1997年版，第256～257页。
③ 转引自孙宗文：《中国建筑与哲学》，江苏科学技术出版社2006年版，第16页。
④ 《洪洞县志·卷八·城池》（民国）。
⑤ 《洪洞县志·卷18·志余》（民国）。

洪洞。"①

洪洞为山西文物之乡,境内多名胜古迹。距洪洞县城东北17千米的霍山,有著名的广胜上寺、广胜下寺。在霍山之麓有霍泉,霍泉源头有水神庙。在洪洞县城西北2千米处,有著名的洪洞大槐树,相传为汉植。现古槐已枯,又栽新槐,高约12米。今冀、鲁、豫、苏、皖等地民间有他们的祖先是从大槐树下迁来的传说。

(三)神龟探海形

1. 神池县城

神池县城(图6,图7)为龟形。

《光绪神池县志》记载:"明正统十三年,置神池口巡检司,有土城址。成化十五年筑堡。初与利民、三岔、八角,称四堡城。嘉靖十八年,巡抚陈讲,兵使王镐,以其形势迫狭,乃展筑焉,设守备中军仓大使各一员。万历四年,城始甃,东西修而南北狭,其形象龟。城西有龟头,直抵神池,为探海之势。其上旧有海楼,今废。土人呼为龟城,取四灵之意也。城周五里七十二步,高三丈五,又基阔一丈五尺,女墙高五尺。计七百二十一堵。门三,东曰迎曦,南曰雄镇,西曰保障,上皆有楼。雍正三年,改堡为县,即以堡城为县郭,神池营在焉。"②

宫士式有《神池风土绝句》:

清流五道绕城驰,城若龟形枕海湄。

更有龟头楼望海,佳名斯号曰神池。③

2. 慈城

慈城(图8,图9)在浙东平原,是人杰地灵的江南古县城。古城北倚丘陵,南面平原,南低北高,为山南水北,"负阴抱阳"的纯阳之地。为此,古城先民将城区设计成"坤卦"街衢,以通风纳凉,平衡阴阳。方志有记:"新城堞循山而起,街衢缩三衡六,方如棋局画像,坤爻阛阓整整……"

以后在"缩三衡六"基础上,改造成"龟背"状城区,意象为一只向北俯伏的"神龟",正在汲饮慈湖"圣水"。汉儒董仲舒六世孙董黯定居古城,宋时王安石、元时罗贯中、明时祝枝山等达官贵人、文人雅士慕名而至,这就是古城的环境效应。

据《慈溪县志》记载,"自唐至清,共有进士519名",而其中的70%~80%出自慈城。其中有状元4名、武状元1名、榜眼1名、探花3名,尚书5名、御史33名,知府40名、知县41名。古慈城可谓人文荟萃的"宝地"。④

---

① 《洪洞县志·卷18·志余》(民国)。

② 《神池县志·卷三·城池》(光绪)。

③ 《神池县志·卷十·艺文,诗》(光绪)。

④ 俞义等:《地灵人杰的江南古城——析古慈城的人居环境,城市规划》,2003年第7期,第73~75页。

(四)灵龟掉尾形

1. 明昆明城

明代洪武年间建昆明城(图10,图11)拓东城时,著名阴阳家汪湛海曾为考察山龙地脉,数载惨淡经营,要将昆明筑成"龟蛇相交,产生帝王之气"的城池。

汪湛海设计构筑的昆明城像一龟形,南门是龟头,北门是龟尾,大东门、小东门和大南门、小南门是龟的四足。龟是一只灵龟,尾掉而动,所以北门瓮城的内城门向北,瓮城外门则不是朝北而朝东,是灵龟掉尾之义。大西门、小西门内门向东,小东门内门向西,外侧门则都向南,这又是寄寓龟之四足起动之意。只有大东门的内外门朝向一致,是因东方属木,取木宜伸而不宜屈之义。

把昆明城建造得像龟,是城在蛇山之麓,与蛇山之气脉相接,形成龟蛇相交的状态。①

2. 平遥古城

平遥古城(图12)历史悠久,传说筑自周宣王(公元前827—前782年在位)时,至今已有2800年的历史。平遥古城于明洪武三年(1370)重筑扩建,按照"因地制宜,用险制塞"的原则和"龟前戏水","山水朝阳","城之攸建,依此为胜"的说法,南墙"随中都河蜿蜒而筑,缩为龟状,其余三面皆直列无依";"建门六座,南北各一,东面各二",意为龟之头尾和四足②,南门外又有二井,喻为龟眼;北门瓮城外门东向,似龟尾东甩。东、西4门除亲翰门(下东门)内外门直通外,其余外门分别向头的方向弯曲,似龟脚向前爬行③,故有"龟城"之称。

(五)六门龟形

1. 乾州城

①奉天城为龟形。乾州,唐乾宁元年(894)置,治所在奉天县(今陕西乾县)。《关中胜迹图志》记载的奉天故城(图13)。《通志》:"唐德宗建中元年,术士桑道茂言:'奉天有天子气,宜高大其城池。'乃命京兆发丁夫数千,推六军之士,筑奉天城。"《名山记》:"奉天城外像龟形,内列六街。"④

②奉天以龟形筑城的原因。为何奉天以龟形筑城?这里有何玄机?历代学者有各种说法。清代刘志芬撰《龟城说》,认为术士桑道茂说:"奉天有天子气,宜高大其城池","为王者居,使可容万乘者"。乾陵在奉天县中,唐乾宁元年(894年)置乾州,治所在奉天县(今乾县),辖境相当于今陕西乾县、武功、周至、礼泉等县

---

① 昆明日报:《老昆明》,云南人民出版社1998年版,第13~14页。

② 《平遥县志·卷十一·艺文志上》(光绪)。

③ 张轸:《中华古国古都》,湖南科学技术出版社1999年版,第671页。

④ (清)毕沅撰,张沛校点:《关中胜迹·图志》,三秦出版社2004年版,第802页。

地。乾为天,天生水,水之精为玄武,故以龟为城之形,城门为6,象征龟首、尾与4足之数;又以阴阳学说解释蛇为雄,龟为雌,阴阳交合,以配天地之数。①

③光绪"乾州城池图"及释文。在光绪十七年(1891)的《光绪乾州志稿补正》中,绘有一张"乾州城池图"(图14),并详细说明绘此图的原因:

"旧图殊粗率,难以证实。兹用实测以剖面斜视形绘出,庶城池之纤亥瞭然,如移地纸上矣。惟隍面太窄,以法折算,仅及单线,乃加五信绘之。俾城楼女墙,略可仿佛,其中虚线,即测量底线,亦即其实,在形状也。街道绘法,向用双界。兹幅狭小,仍用虚线。其衙署、祠宇及大街,皆实测实量。至隐辟小巷,则约略绘入。"②

"城池图"释文如下:

"州城为唐奉天治,建中初,德宗用桑道茂言,所建子城,已无迹。今即其外城故址也。城作龟形,北其首也。通六门,惟大东门有郭,有关厢,余悉临旷垫。"③

④民国城池地图及释文。在民国30年(1941)付印的《乾县新志》中,有一"清乾州城池图"和"乾县县治图"(图15)。这两幅图均运用比例尺,有指北针,是用现代测绘方法绘成的平面图。

民国《乾县新志》对乾县治城又作最新的补充:

"治城即唐德宗时所筑。奉天故城,历代补筑,多失考。五代汉乾祐中修。明太祖洪武元年重建。"④

⑤结语。乾州城作为典型的龟城,不仅形似,而且含有象数易理,是古城仿生象物之杰作。直至1941年,城墙还保留完好。可惜现在已看不到这座著名龟城的城墙了。

2.同州城(大荔县城)

据《古今图书集成·考工典·城池》记载:

"同州城池,即古大荔地。相传始建制类龟形,至唐易为方。城九里三分,高三丈,池深九尺。明弘治十五年,知州张鼎,建楼于上。"

光绪时绘制的大荔县城图和民国时绘制的城图(图16),均为6门,象征龟之首、尾、4足,故呈龟形。

(六)龟背形

1.东魏邺城南城

以龟形规划设计的龟城还有不少。比如,东魏邺城南城(图17)为龟形。东魏孝静帝于天平元年(534)迁都邺,居邺故城。天平"二年(535)八月,发众七万八千

---

① 《乾州志稿·别录·卷二·文录》(光绪)。

② 《光绪乾州志稿补正·城池图》。

③ 《光绪乾州志稿补正·城池图》。

④ 《乾县新志·卷二·地理志·城郭》(民国)。

营新宫。元象元年(538)九月,发畿内十万人城邺,四十日罢。二年,帝徙御新宫,即南城也"(《历代宅京记·邺下》)。

《邺中记》云:

"城东西六里,南北八里六十步。高欢以北城窄隘,故令仆射高隆之更筑此城。掘得神龟,大逾方丈,其堵堞之状,咸以龟象焉。"

邺城南城近年曾进行探查,东西宽2800米,南北长3460米,城墙不呈直线而呈水波形,城门处作八字形,突出双阙,城角为圆形。[1] 城隅处为军事上攻击的重要目标。早在史前的古城中,在城隅处有特殊的处理,使其形状利于军事防御。

宋平江府城的东北、西北、西南三隅为折角形,对军事防御也是有利的。楚郢都纪南城也有三隅为折角形。

城墙呈水波形,利于城上守军观察及防御攻城之敌。城门作八字形,突出双阙,也是利于防御的。

2. 镇宁州城

①城形如龟的镇宁城(图18,图19)据民国《贵州通志》记载:

"镇宁州城:安庄卫城,洪武二十五年,指挥陆秉建,甃似石。门四……周七百八十丈(嘉靖志)。乾隆三十年,知州邬绍文请帑重修。广大之,周五里八分有寄,月城水关共长千一百三十四丈。……城形如龟,中凸起,两端低洼。"[2]

②龟背驼书。镇宁城内有"龟背骆书"的景观。

民国《镇宁县志》记载:

"钟鼓楼在城中最高处,同于建城时平地建二石台于街之两侧,各高二丈,宽三丈,长五丈,西面石台之后题曰:登瀛台。以二石台为长方形如书然。镇宁城形如龟,故俗有龟背驼书之目。上建阁楼三层,高三丈有奇,势甚雄峻。"[3]

3. 夏县城

①历史沿革。夏县位于今山西省南部,东南临黄河与河南省渑池县隔河相望。县城(图20)在中条山瑶台脚下。夏县历史悠久,为中华民族发祥地之一,是传说中的夏朝都城和战国时期的魏国都城安邑所在地。

夏朝建都于安邑(今夏县),古亦称禹都。

春秋晚期,安邑是晋国卿大夫魏氏的封邑,魏绛(晋悼公的辅佐之卿)开始徙治此地。战国时,韩、赵、魏三家分晋(前453)后,安邑成为魏国国都。到魏惠王九年(前361)因败于秦,才从安邑徙都大梁(今河南开封市)。魏都安邑共计228年,后为秦所灭。诸侯起而亡秦,故公子魏豹自立为魏王,仍居安邑,汉高祖命韩信取

---

① 傅熹年:《中国古代建筑史·三国—唐五代卷》,中国建筑工业出版社2001年版,第93页。
② 《贵州通志》(民国)。
③ 《镇宁县志·卷二·营建志·楼阁》(民国)。

而灭之。可以说魏始终以安邑为都城。①

夏县,北魏太和十八年(499)以安邑县改名,治所即今夏邑西北约7km的禹王城。战国的魏建都于此。

②龟背形城。县城,土身,砖垛,似龟背,创建于北魏神䴥元年(428)。北周建德七年(578),移治今夏县城。

据《光绪夏县志》记载:

"县城,土身,砖垛,似龟背。门五……周五里一百三十七步,高三丈五尺,池深五尺,创建于元魏神䴥元年。明景泰初,知县雷缙增筑。正德间知县杨枢重修。嘉靖间地震,城圮。知县李溥重修,高厚于旧复增崇,北楼女墙砌以砖。隆庆间,莲池水涨,西北隅时圮。知县陈世宝补筑,并修护城隄。……乾隆二十七年,知县李遵唐以城东北近河,于城下砌砖三层,高七尺,护以石隄,高四尺,厚三尺。又筑石堰于城东门外,坚厚牢固,永防水患。"②

由记载可知,夏县今城建于北周建德七年(578),明清历代均有维修。

由《光绪夏县志》之卷五"灾祥志"可知,夏县城历史上多次遭受地震之灾和洪水之灾。其城形似龟背,或许与选址于龟形山丘营建城邑,以减少洪水灾害有关。此外,黄帝族以龟为图腾,夏后氏为黄帝族的一个分支,以龟蛇为图腾,夏县为夏都所在,龟图腾崇拜文化在此地有较大影响,也是以龟背形筑城的原因之一。

(七)龟形

由于文献记载不够明确,仅知为龟形,均归入此类。

1. 唐昆明城(拓东城)

昆明城起源于唐代南诏国的拓东城。拓东城在设计上"以龟其形"(张道宗《纪古滇说集》),被称为"龟城",表示长久不衰的用意。元代以后,昆明城在城址上做了较大变动,明代又扩建为砖城,但龟城的特征仍保持下来,人们为之赋予了新的意义。

唐开元年间,南诏国王盛罗皮在晋宁修建了拓东城,"开元初,威成王(盛罗皮)册杨道清为显密圆通大义法师,塑大灵土主天神圣像曰摩诃迦罗。筑滇之城以龟其形。五年,龟城完复。塑二神,一镇龟城之顶,一镇城之南。"③显然,修建龟城、塑神像以镇神龟,目的就是使龟的灵气不外泄,永保晋宁长盛不衰。此龟城就在北面蛇山之下。蛇山之下的龟城,形成龟蛇相交,象征着生生不已、繁荣富裕。

2. 嘉峪关城

嘉峪关城(图21)位于甘肃省河西走廊中、西部结合处,是明代万里长城的西

---

① 中国军事博物馆:《中国古代名都》,北京出版社1998年版,第48~50页。

② 《夏县志·卷二·建置志·城池》(光绪)。

③ 于希贤:《法天象地——中国古代人居环境与风水》,中国电影出版社2006年版,第229~230页。

端起点,是明长城全线中规模最宏伟、保存最完整的关隘,有"天下第一雄关"之称。嘉峪关的关城由内城、罗城和拥城(外城)组成。内城城形如龟,两门设瓮城,四隅建角楼,南北城墙中部建敌楼。罗城、外城亦呈龟形,成为坚固的金城汤池。马宁邦云:"此关地势天成,建筑得法,其形如龟,六面掩护,辎重及重心皆在正方形中,良法也。"[1]

3.吉州城

①历史地理简况。吉县在山西省西南部、黄河东岸,邻接陕西省。秦为北屈县,北魏置定阳县,隋改吉昌县,五代后唐改吉乡县,元入吉州(图22),1912年改吉县。县西黄河有壶口瀑布。

②吉州城为龟形城。据光绪《吉州全志》对吉州城的记载:

"周晋公子夷吾筑。明景泰初,知州王亨修。因山为城,周一里二百九十步,高三丈五尺,无池。嘉靖初,判官包钟,以廓贼猖獗,创建外城,东筑土城二百五十丈,西筑石城二百二十丈,民赖以安。后知州蒋赐再增外城,计周四里,南临山涧,皆垒以大石。

……

嘉庆初,知州蔡国臣以城甚湫溢,拆西城,以西关城为西门。自此以后,地方渐衰,文风不振,科甲遂绝。堪舆家皆曰:城为龟蛇形。西城拆则泄龟之气,焉得不败。"[2]

从记载来看,吉州城最早由晋公子夷吾所筑。查记载,春秋周惠王十一年(前666),晋献公命公子夷吾出居屈(今山西吉县北)。[3]

但屈邑在今吉县北,与吉州城不是一地,故《光绪吉州全志》所载吉州城最早为夷吾所筑不可靠。但称为龟蛇形的小城筑于隋之前是可以肯定的。

③吉州城在军事上地位重要。顾祖禹指出吉州为军事要地:

"州控带黄河,有龙门、孟门之险。为河东之巨防,关内之津要。"[4]

4.沁水县城

沁水县在陕西省南部,其城(图23)形为龟形。

据《光绪沁水县志》记载:

"支分太行之秀,气联王屋之奇,龟蛇呈形,金水结聚,群山环拱,众壑潆洄。险出于天成,胜概收其精气(前令邱璐语)。"[5]

---

① 杨惠福、杜思平、张军武:《天下第一雄关——嘉峪关》,中国大百科全书出版社1999年版,第10页。

② 《吉州全志·卷一·城池》(光绪)。

③ 李默:《中华文明大博览》,广东旅游出版社2002年版,第130页。

④ 《读史方舆纪要》,卷四十一,山西三,吉州

⑤ 《沁水县志·卷二·方舆·形胜》(光绪)。

查县志,沁水洪水对城池有一定的威胁,推测其龟形城可以减少洪水冲击力。另外,山西龟形城较多,也与当地龟崇拜文化兴盛相关。龟甲利于防御,龟长寿,均是筑龟形城的动因。

5. 鹤庆州城

光绪《鹤庆州志》记载:

"旧城,一名龟城。

鹤庆古属要荒。汉称靡莫。历唐及元,或诏(土人谓王为诏)或路(南人多称某路总管),沿革靡常。宋段氏时,高惠筑城形如龟。元末倾圮。至明洪武初,如设府治,统以土酋,守以御所。洪武十五年,大理指挥脱列伯守御,恢郭旧址。然卑隘仅容戎伍。正统间,易以文职。然郡而未城,非大观也。嘉靖庚子,知府周集改筑新城。

新城

府治原设旧城,处非制也。嘉靖十九年,知府周集请于朝,乃于嘉靖二十四年正月鸠工,创筑新城,以旧御城为北重关焉。"①

由《光绪鹤庆州志》以上记载可知,宋代段氏统治时期,高惠所筑的城"城形如龟",为旧城。但这座龟城太小,只能容下守城的军队。

因此,明代嘉靖二十四年(1545)起筑新城,4年完成,即嘉靖二十八年(1549)城筑成。原旧城即龟城,成为新城的北门月城,新城比旧城大了许多,原来的龟城也就成为新城的一个组成部分(图24)。

关于明嘉靖筑新城的经过,施昱撰《鹤庆军民府城记》一文有详细叙述。②

6. 松山古城

孙宗文先生认为,松山古城也是一座龟城。"松山城,据记载为明代守将达云所筑,此城形像乌龟,前后两个城门为龟头和龟尾,左右两个瓮城是龟的四足,因此松山城俗呼乌龟城。"③

该城位于甘肃省天祝县松山乡松山村,由甘肃巡抚田乐于明万历二十七年(1599)监筑,城坐北向南,平面略呈正方形,分内、外城。外城城垣东西长 350 余米,南北宽 320 多米,高约 10 米。黄土版筑,四角有角墩,长 9 米,宽 8 米,残高 6.5 米。四周有护城河,河宽约 8 米。城门在南,现城垣保存完整。④

7. 永泰古城

永泰古城位于甘肃省景泰县寺滩乡老虎山北麓。西城平面略似龟,又名龟城

---

① 《鹤庆州志·卷十·城池》(光绪)。

② 《鹤庆州志·卷三十一·艺文》(光绪)。

③ 孙宗文:《中国建筑与哲学》,江苏科学技术出版社 2000 年版,第 16 页。

④ 西北师范大学古籍整理研究所:《甘肃古迹名胜辞典》,甘肃教育出版社 1992 年版,第 274 页。

（图25）。该城为云备副使邢云路于明万历三十五年（1607）始建，次年六月建成。城周长1700米、高12米，四面筑有半圆形月城。城门南向，外筑瓮城，形似龟头。城四周有护城河，宽约6米，深约2.5米。距北城墙25米处，筑大墩一座，墩东北有小墩5座，成一字形排列。城西有地下泉水串流城内五井之中，俗称"五脏"。①

永泰古城现状如何？陈淮的文章《典藏大漠腹地的城池面孔》一文有介绍：

"现在的永泰城是个自然村，它和我一路过来见到的其他几个村庄共同组成'永泰村'。城内现有100多户人家、600余口人。

永泰城的四角又各有一个与城墙一体的凸出的墩，叫'马面'，是一种便于打击攻城之敌的战术防御设施。这样，站在距永泰城稍远一点的南面的山坡上远看，永泰城就酷似一只龟。"②

永泰古城能保存至今，实在是万幸。它是一座古代龟城的博物馆，有重要的研究价值。

8. 荔波县城

据民国《贵州通志》记载：

"清顺治十七年，知县王家正详请，迁于方村峨岭，是为今城。……筑土垣，周围一百八十二丈，高五尺，厚一尺五寸。开西南，北三门。乾隆二年，题请改建石城于蒙石里，周围五百二十二丈，城门四，城楼四（乾隆通志）。同治五年城毁于兵。九年知县钱壎重修，添设东门月城。城在平地，前临荔水，后负屏山，其形如龟。"③

荔波古城（图26）选址独特，与旧县城在弯曲的呈"S"形的河流两岸，形似太极图，景观很有特色，可惜1950年后被拆毁，甚为可惜。④

四、以龟眉、目、鼻、七窍来营建意匠

这一类型又可分为以下两种子类型。

（一）以龟眉、目、鼻为营建意匠

梅州城和袁州城属于此类型。

1. 梅州城

①嘉应州（今梅州）城为龟形（图27）。

《光绪嘉应州志》卷四称州治形势：

"金山为枕，梅溪如带，诸峰环拥，众水会流，诚山水秀区也。前志称：形如奔江之龟。"

---

① 西北师范大学古籍整理研究所：《甘肃古迹名胜辞典》，甘肃教育出版社1992年版，第50页。
② 陈淮：《典藏大汉腹地的城池面孔》，载《中国国家地理》，2007年第11期，第70～71页。
③ 《贵州通志·建置志·城池》（民国）。
④ 潘一志：《民国荔波县志资料稿·名胜古迹》，1954年整理重印。

州志卷四又记载：

"龟目井，在州治前街，东西二井相对。昔人以州治形势如龟，凿井两旁为目，以疏其气，因名。明嘉靖时，知县林壿修浚。今知州王之正复修浚，以灰土筑汲道、井栏，民甚便之。"

《光绪嘉应州志》记载：

"老南门外含光楼，乾隆十一年，署知州王者辅建，又建观澜亭于楼侧。"①

《天津日报》社主办的《采风报》第 200 期有一则《一龟压在石柱下，度过二百四十一年》的报道：

"据《嘉应州志》记载，观澜亭建于清乾隆十一年（1746），当时的知州王者辅迷信风水，据州城似龟形，龟头正好在南门，便命人建亭，并在一只石柱上垫一只活龟，以保佑官运亨通，福禄永存。就这样，这只乌龟竟在地下度过 241 个春秋。"②

2. 袁州城

袁州（今江西宜春）城（图 28）为龟形。

《古今图书集成》记载：

"双清井，旧为龟鼻井，在府治东北甘棠坊。

扬清井，旧为左龟眉井，横二尺，长六尺，在府治北达里坊。

澄清井，旧为右龟眉井，横直同上，在县治前文会坊。

东明井，旧为左龟目井，阔丈余，在府治东北隅达里坊西。

西明井，旧为右龟目井，在古开元寺浴院后，即今县治前三十步，文会坊之西。世传府地形如龟，袁天罡于城内凿龟鼻、龟眉、龟目井，以全龟象，不专为民汲，亦取克制回禄之意。"③

袁州城以州治形势如龟，在州治前街凿东、西二井，称为龟目井。今袁州不仅有龟目井，且有龟鼻井、龟眉井，"以全龟象"。

袁天罡，又称袁天纲，益州成都人，仕隋（581—617）为盐官令。历唐太宗贞观年（627—649），为著名的相术士、风水大师。（《新唐书·袁天纲传》）

（二）以龟之七窍为营建意匠

宣城县城属于这一类型。

①宣城县沿革简况。宣城县，隋开皇九年（589）改宛陵县置，为宣州治。治所即今安徽宣州市，南宋为宁国府治，元为宁国路治，明为宁国府治。民国初属安徽芜湖道，1928 年直属安徽省，1987 年改设宣州市。④

---

① 《嘉应州志·卷九》（光绪）。

② 刘玉建：《中国古代龟卜文化》，广西师范大学出版社 1992 年版，第 28 页。

③ 《古今图书集成·职方典·袁州府》。

④ 史为乐：《中国历史地名大辞典》下，中国社会科学出版社 2005 年版，第 2003 页。

②五代林仁肇筑宣州城为龟形（图29）。

《光绪宣州县志》记载：

"案《嘉定志》，汉高帝六年，令天下郡邑城。时江以南犹为楚之封国。吴赤乌二年勅诸郡各治其城郭，江南郡有城始此。晋咸和初，内史桓彝遂城宛陵。今世传子城，彝所筑。乐史《寰宇记》云：昔平吴后，移郡于此，城乃彝所筑。隋开皇中，刺史王选以宛陵西北形势，别筑罗城，广轮至三十里，宛溪贯其中。唐因之，俗号旧城。……今罗城创于国朝建隆四年，伪唐刺史林仁肇，以李煜命役军夫二千为之，煜外禀正朔，实欲负险自固，韩熙载撰宣州新城碑，微旨可见。仁肇江南将，善用兵，通卜巫阴阳书，今城制盖出其所画，襟山带溪，得势之便，省龟为形，南首翔尾，为城门楼者八。"①

③宣州城为七窍龟形。岁贡生骆大攸著文考辨郡脉系属龟形，内藏七窍，故造陡门七座，以应北斗。

《光绪宣城县志》载：

"附岁贡生骆大攸郡城内龙水考辨

又查郡脉系属龟形，内藏七窍。前人制造陡门七座，以应北斗。一入，六出，合河图天一生水，地六成之之义。一进水门，在城南坤方。坤，申也。水土长生在申，水之母也。六出水门分建龙、巽、艮三方。堪舆家所谓万水悉从天上去也。余三门适在子午卯位。查四方，不利出入。遇仙桥左侧陡门，系正午方。志载开辄不利。前人闭塞水关，只存陡门泄水。东岳观侧陡门，系正子方，兼系龟粪门处。元辰水不宜直出。前人于陡门中造作银锭式，两头镶砌石坡，步高一步，中空架铁风车，激流上溉。……铁牛坊陡门，在正卯方。卯属木。……因妄拟考辨，并约同志，绘成龙水全图，以备参考云。"②

五、神龟八卦式

（一）吴大城（苏州城）

吴大城为神龟八卦模式。公元前514年，伍子胥受吴王阖闾之命建阖闾大城（今苏州城前身），"乃使相土尝水，象天法地，造筑大城，周回四十七里。陆门八，以象天八风；水门八，以法地八聪。筑小城，周十里，陡门三。不开东面者，欲以绝越明也。立阊门者，以象天门，通阊阖风也。立蛇门者，以象地户也。阖闾欲西破楚，楚在西北，故立阊门以通天气，因复名之破楚门。欲东并大越，越在东南，故立蛇门以制敌国。吴在辰，其位龙也，故小城南门上反羽为两鲵鱲，以象龙角。越在

---

① 《宣州县志·卷五·城池续增》（光绪）。

② 《宣城县志·卷四·桥梁》（光绪）。

已地,其位蛇也,故南大门上有木蛇,北向首内,示越属于吴也。"(《吴越春秋》卷四)

吴大城象天法地,以天地为规划模式,在城门的种类、数目、方位、门上龙蛇的装饰、朝向等许多方面,赋予丰富的象征意义。

由记载可知,楚人"象天法地"建造都邑的模式与周代《匠人》营国的王城形制是不同的。王城为方形,一边三门,宫城居中。吴大城并非正方形。据唐陆广微《吴地记》:"阖闾城,周敬王六年伍子胥筑。……陆门八,以象天之八风,水门八,以象地之八卦。《吴都赋》云:'通门二八,水道陆衢'是也。西阊、胥二门,南盘、蛇二门,东娄、匠二门,北齐,平二门"。可知吴大城一边二门,水陆兼备。

吴大城乃今苏州城前身。宋代苏州城虽说经历代改建(图30),与吴大城已有所不同,"但城垣的范围位置改变不大"[1]。《吴地记》又云:"罗城,作亞字形,周敬王丁亥造,……其城南北长十二里,东西九里,城中有大河,三横四直。苏州,名标十望,地号六雄,七县八门,皆通水陆。"宋朱长文《吴郡图经续记·卷上·城邑》云:"自吴亡至今仅二千载,更历秦、汉、隋、唐之间,其城洫、门名,循而不变。"《吴郡图经续记·卷下·往迹》云:"阖闾城,即今郡城也。……郡城之状,如'亞'字。唐乾符三年,刺史张傅尝修完此城。梁龙德中,钱氏又加以陶甓。"可见,宋城城池河道均与吴大城范围位置相近,城郭也呈亞字形,城的东北、西北、西南三城角均切角成折线状。

苏州所在,为水乡泽国,以神龟八卦模式进行规划设计,乃伍子胥的独到创意。苏州城自创建以来已历二千五百多个春秋,仍生机勃勃、长盛不衰,是名副其实的长寿的龟城。

(二)浑源州城

①浑源州城(图31)为负书状八卦龟城。

浑源州,治所在浑源县,即今山西浑源县。据《顺治浑源州志》记载:

"浑邑故城在州西二十里,横山左侧,峡水绕城环流。每值霍雨,泛涨为患,浸没城隍。且土性湿卤,民不堪居。迨至后唐,相今形脉,从东南来,结为立形如龟。东西高下,可奠民居,遂徒筑焉。城肖其形,雉堞屈曲,宛若负书状。"[2]

又据《乾隆浑源州志》记载:

"迨唐,相今地形胜,中有一邱,其形如龟,东西高下,可奠民居,遂徒筑之。垣高一丈五尺,阔一丈许,周围四里二百二十步。壕二丈,深七尺。"[3]

由记载可知,浑源州城原常受洪灾,后以风水思想,选址于一山丘上建城,这山

---

① 汪永泽:《姑苏纵横谈——苏州城市的历史演变》,载《南京师院学报》,1978年第3期第88页。

② 《浑源州志·上卷·城池》(顺治)。

③ 《浑源州志·卷九·艺文》(乾隆)。

丘形如龟,城中间高,四周渐低,形如龟背,故以八卦形建城,"宛若负书状"。

②浑源州城建为龟城的原因分析:

A. 为防洪水而建。

B. 为崇尚易理而建。

C. 浑源州地处北岳恒山之麓,为得到北方真武帝的庇祐而取龟形。

(三)商丘古城

1. 历史地理简况

商丘县地处河南省东部豫东平原,历史悠久,舜封契于商,居于亳(南亳即商丘);汤建商国,"从先王居";周封微子于商,建宋国。秦置睢阳县(治所在今县南),因县城在睢水之阳,故名。西汉封梁孝王于商,建梁国。北魏北海王拓跋颢在商丘县城南幸山登帝位。隋开皇十八年(598)改名宋城县,属宋州,因治所沿用宋国得名。唐天宝时属睢阳郡,乾元时改宋州。北宋为应天府治。康王赵构在商丘即帝位,建立南宋政权。金承安五年(1200)改名睢阳县。元为归德府治。明洪武二年(1369)省县,降府为州。嘉靖二十四年(1545)复置县,改名商丘。弘治时县治北移今城关镇。1913年废府留县。1950年城关镇析出设市,1951年与朱集市合并。1960年县并入商丘市,1961年复置商丘县。

归德府城(图32)即今商丘县治老城。归德府置于金天会八年(1130),治今商丘县南宋城,后改睢阳,明弘治十五年(1502)圮于水。嘉靖中于今治置商丘县,并移府治于此。古城由砖城、护城湖、土城堤三部分构成。砖城为长方形,周长4355米,高6.60米,基宽10米,顶宽3~5米,城墙内外自下向上各有收分。4门外原有4个瓮券瓮城,瓮城又各有一个扭头城门,民国年间拆除,现仅有部分残存遗迹,为全国重点文物保护单位。①

2. 阴阳五行八卦城

鸟瞰商丘古城(图32),外圆内方,犹如一枚巨大的古铜钱,镶嵌在黄河故道与济水之间。外为土筑的外郭,呈圆形,象征天;内为砖砌的城墙呈方形,象征地。古城坐落在向南微倾的龟背上,龟是长寿的动物,就是利用龟状似的地势;城南为一大湖,龟头伸入湖中,龟得水更可长寿。

古城内城为方城,四周城墙均为砖砌,置东、南、西、北4座城门,4座城门外分别构筑有半圆瓮城。4座瓮城置有4座扭头门,东城门南扭,南城门东扭,西城门北扭,北城门西扭,形成南东、北西瓮城分别为两门相间,城门"四门八开"的八卦构图格局。商丘古城的城门是按八卦原理设计的,南、东瓮城两门相向,合成阳;北、西瓮城两门相向,合成阴,是为太极所在的阴阳两极。阴阳运动所产生的四

① 彭卿云:《中国历史文化名城词典续编》,上海辞书出版社1997年版,第624~625页。

象——两阳(太阳、少阳)和两阴(太阴、少阴),即被称之为拱阳、宾阳、拱辰、堃泽的4座城门;四象运动所产生的八卦,即4座城门连同4座瓮城扭头门在内的八开之门。古城设计者对城内街道相交的隅首的设计颇具匠心。根据五行相克相生的理念,东为木,西为金,金克木伤气。为防金木相克,古城东、西两门被有意识地错开,不在同一直线上,东门偏南,西门偏北,错开一条街,出现了与中轴线分别相交的两个隅首,如此便可逢凶化吉。假如以西门大街为西北或西南隅,东门大街为东南或东北隅,而四隅街道便是以单数与双数组成的阴阳二卦。西北隅阳卦,东北隅阴卦,东南隅阴卦,西南隅阳卦,且东北、西南隅与西北、东南隅皆双双阴阳结合;同时,东北、东南隅和西北、西南隅共同组成双阴双阳卦,与城门、瓮城门"四门八开"的双阴双阳相照应。[1]

3. 防御洪水灾害是古城头等大事[2]

商丘古城墙除具有军事防卫功能之外,还有防御水患的功能。

商丘位于黄泛区,从北宋至清代约700年间,黄河南泛,夺淮入海,黄河水患给商丘一带常常带来灾难性破坏,明弘治十五年(1502)黄河水灾,冲毁了归德府城;十六年九月在被冲毁的归德府城北,以旧城北墙为南墙建新城,即我们现在看到的归德府城。为了抵御黄河水患,于明嘉靖十九年(1540)春在城湖外一里修建护城堤(外城墙),外城墙平面近圆形,近圆形城墙外壁可以分解、减缓水患对城墙的冲击,从而抵御了水患,确保了古城安全。明李嵩《护城堤记》记载,自从修建了圆形外城墙,商丘古城避免了多次黄河水患,至今安然,可见外城墙对防御水患、保护古城起到了非常大的作用。[3]

防洪乃商丘古城头等大事。事实上,龟背形、圆形的外郭,以及城门与瓮城门的"四门八开",都是利于防洪排涝的措施。同时,古城运用了阴阳、五行的哲理思想,运用了中国天人合一的哲学思想,是能防御洪涝灾害的城池体系。

六、依龟迹筑城

成都古城(图33)依龟迹筑城。

成都城形似龟。据晋干宝《搜神记》卷十三记载:"秦惠王二十七年,使张仪筑成都城,屡颓。忽有大龟浮于江,至东子城东南隅而毙。仪以问巫,巫曰:'依龟筑之'。便就。故名'龟化城'。"但一般都省称为龟城。

---

① 陈道山:《商丘古城——阴阳五行八卦城》,载《中外建筑》,2008年第12期,第58~61页。

② 苏畅:《管子城市思想研究》,中国建筑工业出版社2009年版,第231~232页。

③ 李景曾、王良田、张继红:《简论商丘古城墙的防御功能》,载杨新华主编:《但留形胜壮山河——城墙科学保护论坛文集》,凤凰出版社2008年版,第84~87页。

七、特殊风水模式

旌德县城(图34)为特殊风水模式。

①旌德县城也是龟城。据嘉庆《旌德县志》记载：

"城池

旧志云：本府所辖六县，惟宣、宁二县有城。旌德自唐宝应初置县，当时披榛辟莱，势不暇及，故县中古迹，并无城址。旧载跨徽水而城，尤为不经。

元贞间县尹王贞营建县四门。明弘治十年知县姚贞筑南北城门。嘉靖四十五年丙寅，知县赵在度地筑城，西南北负山，东濒淳溪，周廻八百九十一丈，东西径六百五十步，南北径一丁一百五十步，高二丈，厚一丈二尺。立七门。……设城楼七座，警铺十有二处。"①

②旌德县城的风水形势为"五龟出洞"。据姚秉义《重建文昌塔记》一文记载：

"文昌塔，仍文昌阁旧址也。文昌阁向建于司训署东，龟形石垅之前。旌城内外龟形有五，此为学宫左护第一关也。考阁建自明嘉靖中，万历间修。"②

顾延培、吴熙棠主编的《中国古塔鉴赏》中，有关于该文昌塔的条目：

"文昌塔，又名定龟塔、镇火塔，在安徽省旌德县城内。塔建于清乾隆十一年(1746)。建造原因，一说县城地形象'五龟出洞'，如果龟走了，就会将文财之气带走，故城中建塔，以示镇住'五龟'，故名定龟塔。又说县城西南方，有座榇山，形状似火，常使城内发生火灾，所以建塔以镇火，故名'镇火塔'。"③

《嘉庆旌德县志》记载：

"学宫，则引西山随龙之水，横绕泮池，名曰玉带，合龟沟通流。此又学宫之形势也。"④

结语

本文初步探讨了我国现已发现的三十多座龟城的营建理念，尽管各座龟城的营建意匠不尽相同，形体各异，但却有一些共同之点，即：

第一，体现了龟崇拜的传统文化及八卦，风水等哲理思想。

第二，以龟的长寿，追求城的长寿、城中居民的长寿。

第三，许多古城受洪水冲击，城呈龟形，可以更好地抵御洪水灾害。

第四，龟有甲可以御敌，龟形城往往坚固难攻，如赣州古城有"铁赣"之誉。这

---

① 《旌德县志·卷二·建置·城池》(嘉庆)。
② 《旌德县志·卷九·艺文·江》(嘉庆)。
③ 顾延培、吴熙棠：《中国古塔鉴赏》，同济大学出版社1996年版，第241页。
④ 《旌德县志·卷一·疆域·河道》(嘉庆)。

是以龟形筑城的重要原因之一。

龟文化在中华文化中有着崇高地位,龟文化中有生命崇拜、祖灵崇拜、太阳崇拜等丰富的内涵。中国先人的天人合一的思想和宇宙观,他们崇生的哲理智慧和仿生象物的规划设计的意匠,值得我们建筑师、规划师、风景园林师参考和借鉴。

图目

三大地震与明清晋南地区的城市重建

郝　平①

一、引言

山西在历史上是一个地震多发的省份，境内由大同、忻州、太原、临汾、运城等一系列断陷盆地所构成的山西断陷带，就是地震发生的主要区域，其中就强烈地震而言，今天运城、临汾二市所在的晋南地区则是最为集中的。现在追溯起来，明清时代发生在晋南地带的强烈地震凡有 3 次，分别是明嘉靖三十四年(1556)华县的8 级地震②、清康熙三十四年(1695)临汾的 8 级地震、嘉庆二十年(1815)平陆的6.75 级地震。地震之后，百姓殒命、城郭丘墟、村落陵夷，对震区造成巨大破坏，从而成为影响区域内社会发展进程的重大事件。

对历史地震的研究向来是学界关注的重要领域，对明清晋南三大地震的考察也不例外，大量成果麇集于对震级、发震构造、震源破裂区、死亡人口、次生灾害、应急对策等方面，③视野多集中于"就震言震""就灾言灾"的层次。近年来，随着社会史研究的不断进展，学界对从社会史角度开展历史灾害问题研究的呼声渐显，笔者曾撰写《从历史中的灾荒到灾荒中的历史——从社会史角度推进灾荒史研究》④一文以响应这一研究趋势。就地震来说，已有学者将震灾与地方治理问题结合起来进行考察⑤，给人以启发。但总体看来，地震社会史的研究并未很好地展开。近年

---

① 郝平，男，山西大学历史文化学院教授，现任山西大学历史文化学院院长。

② 虽然这次大地震的震中在陕西华县，但波及山西南部诸县，受灾严重，影响巨大，故将这次大地震列入本文讨论的范围，特此说明。

③ 较重要的成果有：宋立胜，《1556 年华县 8 级大震死亡人数初探》，《灾害学》1989 年第 4 期；王汝雕，《陕西华县大地震引发世界罕见的地震次生灾害链——从山西荣河蒲州、陕西朝邑三城的工程场地条件谈起》，《山西地震》2006 年第 2 期；王汝雕，《1556 年华县地震"震亡 83 万人"质疑》，《山西地震》2007 年第 2期；李昭淑、崔鹏，《1556 年华县大地震的次生灾害》，《山地学报》2007 年第 4 期；苏宗正，《1695 年临汾地震震害及有关问题》，《山西地震》1995 年第 3—4 期；王汝雕，《1695 年临汾大地震史料的研究与讨论》，《山西地震》1995 年第 3—4 期；齐书勤，《清康熙临汾大地震的应急对策》，《地震研究》1996 年第 3 期。

④ 郝平：《从历史中的灾荒到灾荒中的历史——从社会史角度推进灾害史研究》，载《山西大学学报》(哲学社会科学版)2010 年第 1 期。

⑤ 任晓兰：《论明代地震灾异与地方治理——以嘉靖乙亥陕西大地震为例》，载《长春工业大学学报》(社会科学版)2008 年第 5 期。

来大量地震碑刻、地震档案资料的整理出版,给进一步的研究提供了极好契机。

众所周知,作为政区治所的城郭都市是地方政府的统治中心和政治、文化权力的象征,往往也是一定区域内的经济中心地,地震对城郭都市的影响及震后恢复情况如何无疑是官方最为关切的所在。由此,对城市重建问题进行探讨就成为考察地震与地方社会关系的重要切入点。从上述理念出发,本文以明清晋南三次大地震中的城市为考察对象,试对相关问题加以探讨,浅陋不当之处,敬祈方家指正。

二、灭顶之灾:三大地震对晋南城市的巨大破坏

明嘉靖三十四年十二月十二日(1556 年 1 月 23 日)陕西华县发生 8 级地震,史料记载这次地震来临时说:"山西、陕西、河南同时地震,声如雷,鸡犬鸣吠。陕西渭南、华州、朝邑、三原等处,山西蒲州等处尤甚,……压死官吏军民,奏报有名者八十三万有奇。"①据现代科学推算,此次地震极震区烈度达到 11 度,是我国古代见于文献记载的伤亡最为惨重的一次大地震。

稷山县生员程士真在回忆震后晋南地区的惨景时说:"蒲州尤甚焉,民居、城廨、宗室、庙宇尽行倾毁,压死宗室一王,殿下百余名,尊官、举监、生员、人民难以数计,大约九分;解州等处则次焉。……是震也,自中夜底明而不息,至周二岁而方止。"②可见,此次地震对晋南地区的城郭都市造成了极大破坏,其中最为严重者无疑是蒲州城。有史料记载蒲州城郭受创情形称:"有声如雷,地裂水涌,城垣房舍倾圮殆尽,人民压溺死者不可胜纪"③,可见此次地震对蒲州城的冲击是毁灭性的。根据记载,蒲州城内的州公署、抚按察院行台署、分守河东兵备道署等衙门建筑亦全行倒塌;另蒲州城内外的河中书院、儒学、文庙、养济院、申明亭、舜庙、城隍庙、社稷坛、风雨雷电山川坛、惠民药局等建筑也被震毁或震塌。大地震还加剧了黄河洪水对蒲州城的威胁,"城覆于隍,堤庙尽崩坏,河流直与岸平,每涨辄入城门"④。另一处灾情严重的所在是临晋城。地震发生时临晋县内"有声如雷,初自西北来,轰轰然土气冲天,地裂成渠,井水外溢"⑤。城垣、县衙、文庙等建筑在地震中倒塌大半,"凡邑之厅事、廨舍、公馆、城垣瞬息倾圮,而庙学为甚。覆而死者几千人,虽贤愚贵贱弗分也。"⑥连保存在临晋县衙内的旧县志,因地震而"湮没十之八九"⑦。犹

① 《明世宗实录》卷 430,第 3 页。

② 《稷山县阳平村三官庙地震碑》,载王汝雕编:《山西地震碑文集》,北岳文艺出版社 2003 年版,第 268 页。

③ 光绪《永济县志·卷二十三·事纪》,光绪十二年刻本,第 29 页。

④ 《蒲州重修黄河石堤碑》,载《山西地震碑文集》,第 349 页。

⑤ 乾隆《临晋县志·卷六·杂记上》,光绪六年重印本,第 20 页。

⑥ 《临晋县重修儒学碑》,载《山西地震碑文集》,第 251 页。

⑦ 乾隆《临晋县志·卷一·上篇·旧志序》,第 3 页。

氏县城也遭到很大破坏,"官民庐舍祠宇大倾,伤人畜无算"①,城墙、县署、儒学、文坡泉、射圃、武王庙等场所,在震后倾圮无存。还有荣河县城,"坏城垣及官民庐舍万余,压死人甚多,地裂泉涌,平地水深三四尺"②,城内的布政司、文庙等建筑皆被震塌。又有河津县城,地震导致重修于嘉靖二十四年的河津城垣"仅存断壁,门楼、警铺尽坏"③。盐池周边的解州、安邑二城同样破坏严重,解州"城垣庐舍尽倾,压死人畜无算,至次年春未息"④,州学、城隍庙、关帝庙等建筑被震毁;安邑城内"衙门尽塌,城郭室庐倾十之七八"⑤,县内"压死人口万余"⑥,县学、文庙等建筑被震坏。夏县城也遭受了重创,"城催隍湮,土涌井沸,官廨民居十毁八九"⑦,"压死人民殆及千数"⑧。其他如闻喜、芮城、绛县、曲沃、稷山、襄陵、临汾、洪洞等城均有不同程度的破坏,或城墙倒塌,或官衙民舍倾颓,恕不一一胪列。

    清康熙三十四年四月六日戊时(1695年5月18日晚8时左右),山西南部的平阳府一带发生震级同样为8级的强烈地震,本次地震的受灾范围,北起平遥、汾阳,南至河南省的洛阳等地,西起永和,东抵河南省的获嘉一带,约为一个纵长约330公里、横宽约200公里的区域。⑨重度破坏区集中于平阳府所属的临汾、襄陵、洪洞、浮山四个县域。史料记载说,地震后的平阳府"东西南北九十余里,城郭、衙舍、民房靡遗半间,人塌死六分"⑩,襄陵县内呈现出一派恐怖景象:"丛丛燎火若乱烽,乍暗还明光灿灿。断胫折臂已非人,带血披发真鬼域"⑪。由于地震发生于人口稠密的地区,时间又在夜间,加之震后地裂地陷等地质灾害严重,致使人员伤亡数量较大。地震档案载称:"俱查平阳府地震原卷,当时被灾共二十八州县,内被灾较重十四州县,统计压毙民人五万二千六百余名。"⑫现择要对重灾区的城市受损情况加以论述。

    临汾作为平阳府治的所在,城内官署林立,民房比邻,人口稠密。平阳府主城

---

① 雍正《猗氏县志·卷六·祥异》,光绪六年重印本,第34页。

② 光绪《荣河县志·卷十四·祥异》,光绪七年刻本,第2页。

③ 嘉庆《河津县志·卷三·城池》,光绪七年重印本,第1页。

④ 乾隆《解州志·卷十一·祥异》,乾隆二十九年刻本,第4页。

⑤ 乾隆《解州安邑县志·卷十一·祥异》,乾隆二十九刻本,第8页。

⑥ 《碧霞元君圣母行宫记碑》,载山西地震局编:《山西省地震历史资料汇编》,地震出版社1991年版,第163页。

⑦ 《夏县大禹庙重修正殿碑》,载《山西地震碑文集》,第311页。

⑧ 乾隆《解州夏县志·卷四·学校》,乾隆二十九年刻本,第1页。

⑨ 武烈等:《山西地震》,地震出版社1993年版,第143页。

⑩ 《长巷村祠堂灾异碑》,载《山西地震碑文集》,第477页。

⑪ 雍正《襄陵县志·卷二十四·艺文》,雍正十年刻本,第41页。

⑫ 中国地震局、中国历史第一档案馆:《明清宫藏地震档案》(上卷 贰),地震出版社2005年版,第773页。

城垣、东关城墙、南北城关在地震中倾塌，城内的平阳府署、清军厅、督粮厅、理刑厅、军厅署、粮厅署、文庙、学宫、考院、预备仓等官署衙门被震毁；城内外的文昌祠、尊经阁、敬一亭、明伦堂、七贤祠、晋山书院、永利池、三太守祠等主要建筑也完全倾塌。① 震后的襄陵城也成为一片废墟，"城垣、学校、公署、民居倾覆殆尽，死者不可胜计"②，城垣"东北倾塌数十丈，城楼雉堞无存"。③ 城内的县署、察院、布政分司、按察分司、常平仓、学宫和库房等重要建筑多数被震塌，而被迫停止使用，其他如寅宾馆、申明亭、旌善亭、翔凤坊、文庙大成门、明伦堂坊牌、城隍庙和养济院等建筑也在地震中倾圮。洪洞城同样满目疮痍，"地裂涌水，衙署、庙宇、民居半为倒塌，压死人民甚众"④，城内"栋梁摧折，俱成瓦砾之堆"⑤，县署、预备仓、学宫等建筑被震塌，承流坊、宣化坊、旌善亭、敬一亭、启圣祠、名宦祠、乡贤祠、城隍庙、祝国寺和师旷庙等建筑被震毁，甚至护城的沙堤也在地震中被震坏。另一个重灾区浮山县城垣在震后倾圮，"西南隅几成沟壑"⑥；南关"房屋尽倾，仅存瓦砾遗址。其近南河一带，坡凌上下，傍崖穴居"⑦；浮山县县署、察院等官署被震塌，城内的文庙魁星楼、亚元坊等建筑被震毁。除以上四个重灾区之外，其他周边地带的城郭亦有严重损坏。如翼城县城的门楼、女墙、角楼、奎光楼等被震塌，县城北关门楼全部倒塌，⑧县城内的布政分司、按察分司等官署被震倒，⑨文庙及文庙内的尊经阁、东西厢房倒塌。⑩ 再如隰州州城，"四周倒塌甚多，西北隅尤甚"，⑪万泉县城"城堞房屋多倾坏"⑫。

嘉庆二十年九月二十一日子时（1815 年 10 月 23 日零时前后），晋南地区再次发生强烈地震，此次震中在平陆县，震级为 6.75 级左右。根据已有的资料推断，这次强震的重度破坏区包括山西省的平陆、解州、安邑、虞乡、芮城，河南省的陕县和灵宝，其中以平陆县最严重。关于此次地震的详细情况，除方志材料可作依凭之外，宫藏地震档案资料的出版也为研究提供了极大便利。地震发生后，山西巡抚衡龄汇总省内各地的灾情，从十月初八日起多次向嘉庆皇帝奏报地震灾情。从他的

① 参见康熙《临汾县志》相关卷，康熙三十五年刻本。
② 雍正《襄陵县志·卷二十三·祥异》，第 3 页。
③ 雍正《襄陵县志·卷五·城郭》，第 1 页。
④ 雍正《洪洞县志·卷八·杂撰》，雍正九年刻本，第 14 页。
⑤ 雍正《洪洞县志·卷九·艺文》，第 106 页。
⑥ 同治《浮山县志·卷五·城池》，同治十三年刻本，第 1 页。
⑦ 同治《浮山县志·卷五·城池》，第 2 页。
⑧ 乾隆《翼城县志·卷六·城池》，乾隆三十六年刻本，第 1 页。
⑨ 乾隆《翼城县志·卷七·公署》，第 1 页。
⑩ 乾隆《翼城县志·卷八·学校》，第 3 页。
⑪ 康熙《隰州志·卷七·城池》，康熙四十九年刻本，第 2 页。
⑫ 乾隆《万泉县志·卷七·祥异》，乾隆二十三年刻本，第 13 页。

奏折中我们可以清晰掌握当时的人口伤亡情况(见表一)。

表一 平陆地震伤亡人数一览

州县	档案记载伤亡人数	州县	档案记载伤亡人数
平陆县	压死男女 8676 人	猗氏县	压死男女 37 人
解州	压死男女 1101 人	荣河县	压死男女 2 人,压伤 4 人
安邑县	压死男女 273 人,压伤 33 人	夏县	压死男女 15 人
芮城县	压死男女 1885 人	永济县	压死 171 人
虞乡县	压死男女 552 人,压伤 66 人	闻喜县	压死男女 20 余人
运城	压死盐池雇工 3 人,城内压死 100 余人	临晋县	压死男妇 8 人

资料来源 中国地震局、中国第一历史档案馆:《明清宫藏地震档案》(上卷 贰),地震出版社 2005 年版,第 742～746 页。

地震除造成人员伤亡外,还使得受灾州县内的诸多建筑物被震塌或震毁。其具体分为两类:一类是州县城内城垣、仓库、衙署、寺观等公共性建筑物,另一类是广大乡村的民房民舍。笔者现将城乡的受损情况列表(表二)如下,这样无疑可以更为清晰地明了城市的破坏程度。

表二 平陆地震城乡建筑物受损情况一览

州县	城市建筑	乡村建筑
平陆	城垣、衙署、仓库、监狱倒塌	受灾村庄 120 多个,民房、窑房倒塌十之三四
解州	城垣、仓库、监狱、考棚、寺庙均有倾倒	民房倒塌无数
安邑	仓库、监狱、城墙俱有坍塌	受灾村庄 105 个,倒塌房屋 9800 多间
芮城	城关、仓库、监狱稍有坍裂	受灾村 80 个,塌房甚多
虞乡	仓库、监狱、考棚、城垣均有倾塌	受灾村庄 97 个,房屋震塌甚多
运城	署内库墙倒塌,禁墙倒 8400 余丈,三盐场城楼、城门及围墙亦有倒塌	盐池内庵厦房屋倒塌 474 间
永济	城楼、垛口坍塌约十分之一二,东北城楼稍裂,仓库倒塌一间	县内各村庄共倒塌瓦、土房 200 余间
夏县	震塌垛口数个	土房倒塌 180 余间,窑房倒塌 250 余间
临晋	北门城楼倒塌、垛口塌损约十分之一,龙王庙大殿损坏	县东南方向的村庄塌民房 12 间
猗氏	——	县内村庄倒塌民房 253 间
荣河	——	各村倒塌房屋数间至数十间不等
万泉	——	东乡部分窑房有倾颓

资料来源 中国地震局、中国第一历史档案馆:《明清宫藏地震档案》(上卷 贰),地震出版社 2005 年版,第 742～746 页。

从城市的受损情况来看,平陆、解州、安邑最为严重,城市诸多建筑均出现大面积坍塌,虞乡、运城亦较为严重;芮城、永济、临晋稍次之,城市建筑实体仅出现小部分损毁情况,而夏县、猗氏、荣河、万泉等城最轻。从城乡比较的角度看,均体现出一致性的特征。

三、筑城修廨:后地震时代的城市重建

在传统时代,代表国家权力象征的官衙廨署基本坐落于城郭都市之中,地震之后,首先恢复城郭之内的建筑实体,发挥其代表国家对地方社会正常施行权力控制的机能,无疑是震后所有重建措施的首要之选。因此,城市重建活动自然成为三次地震之后均极为重视的环节。

嘉靖三十四年地震结束之后,便很快掀起了一场涉及晋南大部分区域的筑城运动。据统计,该年山西全省共有 9 座城市有过筑城行为,其中 8 座位于晋南地区,即蒲州、曲沃、荣河、解州、夏县、平陆、河津、绛县,全系因大地震的破坏而重修。如蒲州城,"嘉靖三十四年地震城坏,河东道赵祖元、知州边像重修"[1];曲沃城,"(嘉靖)三十四年,知县张学颜因地震重修"[2];再如绛县城,"(嘉靖)三十四年,地震,楼堞倾圮,邑令陈训复加修葺"[3];又如荣河城,"(嘉靖)三十四年,地震城圮,知县侯祁重筑,雉堞俱易以砖,增三门楼,南北各连重门"[4]。现择要论述如下。

先看蒲州城。该城因靠近震中而灾情严重,震后"堂堂钜镇,一望丘墟,奸宄肆掠,河东几乱"[5],地方社会秩序出现了不稳定的局面。蒲州知州边像积极组织地方力量筹措资金,先后重建了蒲州城垣、州治公署、安抚察院行台和中分司等建筑,这对保证蒲州行政机构的正常运转起到了明显的作用。此外,边像还十分重视城市文教建筑的重建,对损毁的文庙进行重修。

再看荣河城。知县侯祁对荣河城的城市重建做出了突出贡献。该县城墙在地震中损坏严重,侯祁从荣河系晋南小县、民穷财困的实际出发,为节省民力,巧妙利用旧城遗址,"建筑雉堞,俱易以砖,增三门楼"。明代后期重臣张四维对地震后的晋南社会乱象及侯祁竭力重修荣河城池的行为有详细记述:

"乙卯岁季,秦晋地大震,邑败数十城。一时凶宄乘便剽劫,邑西则有沿河犷夫乱流而东,邑东则有藩府屯卒乘原而西,民洶洶莫必其命,则城池之守又惟此时为要。……(侯祁)始至(荣河),即练乡兵,倡勇敢,精器械,扬威武。诸盗既慴,城守

---

① 乾隆《蒲州府志・卷四・城池》,乾隆十九年刻本。
② 乾隆《新修曲沃县志・卷七・城池》,乾隆二十三刻本。
③ 乾隆《绛县志・卷三・城池》,乾隆三十年刻本。
④ 乾隆《荣河县志・卷二・城池》,乾隆三十四年刻本。
⑤ 乾隆《蒲州府志・卷七・宦绩》,第 37 页。

是先。遂略地势而相视之,辟新制、联旧基,周缭共得里九余步十三。通邑民而均役之,凡几人役一丁,得丁凡四千丁,四日一役,日役者一千丁,用以不妨农务。虑财用而委输之,凡监司给济若干金,富民愿助役者若干金,而公区办若干金,共得百余金。量难易、命徒庸、计时日、平远迩。令既具,择邑父老之良与子弟之能者分督之,奖率有术,糇待咸裕,板榦斯竖,箕锸丕作。经始于五月丙寅,越六月丙午城成,凡为日四旬有一。于是城东西南为门者三,南北为重门者二,门各冠以重楼,并西城为楼者四。崇墉造天,严扉重闭,烽橹连望,实备实美,烨若神造,屹然河汾之巨防矣。"①

从引文中我们清晰地看到了一位普通知县在震后地方社会失序、民生凋敝的情况下,勘址擘画、筹措资金、发动民力、有序实施的详细过程,这正是当时震后晋南城市重建的普遍写照。

其他数座城池也得到不同程度的修缮。夏县知县王言大先后重修了县署衙门、儒学和书院等破损建筑。平陆县知县赵重器重修县城东城楼,修葺察院、布政分司等主要建筑。临晋县公署、儒学和益抱亭等建筑被地震毁坏,由知县李世藩组织本县士绅重建。猗氏县知县韩应春则先后重修县署、儒学等被震塌的场所。稷山县知县孙㑺重修了县城城墙和文庙学宫。绛县知县陈训重修了破损的城墙。

康熙三十四年的大地震之后,晋南诸多城市同样遭受灭顶之灾,地域社会一时出现失序的现象。史料记载说"乡村无籍儿,乘机扰良善"②,揭示出脱籍群体冲击正常社会秩序的事实。城市重建迅即展开。

首先看位处震中的平阳府城的重建,地方官府采取了诸多措施。震后该城的社会秩序一度混乱,流言四起,"或云盗猝至,或传地当陷"③,这些乱象都对地方统治造成不小的冲击。基于此,平阳知府王辅设法控制城市社会秩序,其率领兵丁"日夜巡阛阓,擒其不法者置重典"④。同时,王辅还组织人力从速掩埋死者,避免疫病的产生,"死者给以棺,不足;继以席,又不足;为大冢数十,男女各以类从,俾无至暴露。"⑤王辅的措施对于安定人心、稳定社会秩序产生了良好的效果。平阳府中建筑林立、人口殷盛,城居之民担心余震来临,纷纷逃出城外,这使得平阳城内一片萧条。王辅对此发布榜文招徕民众,规定凡自愿在城中建房者,官府将给予资金补贴。此项举措效果明显,居民纷纷返城,"今城内大中楼南,居民邻次,人犹称王

---

① (明)张四维:《荣河尹望海侯君重建邑城碑》,氏撰:《条麓堂集》卷25《碑文》,载《续修四库全书》第1351册,上海古籍出版社2002年版,第673页。

② 雍正《临汾县志·卷十三·艺文》,雍正八年刻本,第23页。

③ 雍正《临汾县志·卷十三·艺文》,第24页。

④ 雍正《平阳府志·卷二十·宦绩》,乾隆元年刻本,第27页。

⑤ 雍正《平阳府志·卷二十·宦绩》,乾隆元年刻本,第27页。

公街"①。震后府城城墙全部倒塌,由工部员外郎倭伦和知府王辅负责重修,仅垛口就重筑"一千五百八十四垛"。② 府衙也塌毁,完全不能使用,后由王辅等人多次重建增补。③ 平阳府行署和试院被震毁,先由知府王辅简单修葺,后任知府又在原有的基础上再次重修。④ 平阳府府学由户部员外郎倭伦和知府王辅共同监督重修,建成后"闳敞穆邃,规制视昔有加"。⑤ 除官府加意重修之外,地方士绅群体也在城市重建中发挥了重要作用,例如,平阳府城的东关城在地震中被完全毁坏,城居士绅王名毂、贾镕和蒋统等人就主动捐资用于东关城的重建。⑥

再看襄陵、洪洞、浮山等城。襄陵城垣东北处被震塌数十丈,震后由恽东生、宋继均两任知县相继重修完成。⑦ 塌毁的襄陵县衙也得到了重修。襄陵县文庙在地震中被震坏,"正殿仅蔽风雨,外而戟门剥落,两庑荒凉",知县宋继均与士绅共商筹资重建。⑧ 洪洞县重修了震毁的城墙和县衙,城内的儒学也在震后的第三年即康熙三十六年由知县李宣进行重建,但限于地方财力而暂时无法全面修复,接着在康熙五十年(1711)由洪洞县乡绅刘志续修完成。⑨ 浮山城的重建则更多见地方士绅的身影。浮山县士绅张大纶积极捐资协助修建了被震塌的县城城墙。⑩ 还有浮山县的察院"以地震倾圮,无存",在康熙六十一年(1722)由本县士绅张垚、张大统和张嗣昌等人捐资重建完成。⑪ 震后浮山县"学宫倾圮,鞠为茂草",士绅张大统"出赀数千金独力捐修",还创建了"尊经阁以补前所未备"⑫。士绅力量的壮大及广泛参与是地震后城市重建过程中的明显特征。

嘉庆二十年的平陆地震发生后,地方社会秩序一度混乱,"灾黎露处无室可归,呼号凄楚之声哀鸣遍野"⑬。山西省府对此推出了较为细致的重建抚恤标准,"水冲民房修费之例,全塌瓦房每间给银一两二钱,土房给银八钱,半塌瓦房给银五钱,土房四钱,照旧例每户不得过三间"⑭。这对稳定地方社会秩序起到了重要作用,

---

① 雍正《平阳府志·卷二十·宦绩》,乾隆元年刻本,第27页。
② 雍正《平阳府志·卷七·城池》,第1页。
③ 雍正《平阳府志·卷八·公署》,第1页。
④ 雍正《平阳府志·卷八·公署》,第4页。
⑤ 雍正《平阳府志·卷九·学校》,第2页。
⑥ 雍正《平阳府志·卷七·城池》,第2页。
⑦ 雍正《平阳府志·卷七·城池》,第2页。
⑧ 雍正《襄陵县志·卷二十四·艺文》,第83页。
⑨ 雍正《平阳府志·卷九·学校》,第26页。
⑩ 同治《浮山县志·卷二十二·人物》,第16页。
⑪ 同治《浮山县志·卷十·公署》,第3页。
⑫ 同治《浮山县志·卷二十二·人物》,第16页。
⑬ 光绪《平陆县续志·卷上·职官·宦绩》,光绪六年刻本,第60页。
⑭ 中国地震局、中国第一历史档案馆:《明清宫藏地震档案》(上卷 贰),第745页。

"民情均极安静,地方宁谧"①,没有发生大规模的民变事件。社会秩序平稳之后,至第二年春天气候转暖时"酌分缓急,陆续兴修"②,城市重建全面铺开。至于修建资金的来源,山西巡抚衡龄在奏折中强调遵循旧例,全部为地方自行筹措,"查晋省州县城垣,如有修补工段,向系城乡居民按里捐修;其官建庙宇、书院,亦系居民捐办;贡院系各州县捐修;惟衙署、仓、狱,系地方官借款扣廉陆续粘修。"③即便是中央政府没有拨发修缮城池的银两,但嘉庆帝依旧关注受灾州县城垣衙署的重建情况,不时通过廷寄向巡抚衡龄追问工程进展。在自上而下的督促严令之下,因地震塌损的晋南城池普遍得以修缮。

四、不平衡的恢复:对重建问题的认识

大震之后,虽然晋南城市普遍得以重现震前壕深城高、睥睨蔽日的壮阔景象,但若从多个视角对城市重建加以比较的话,我们会发现一个共同的特性,即在城市重建过程中,多方面体现出明显的不平衡性特征。

首先,时段的不平衡,集中体现在嘉靖三十四年和康熙三十四年两次大地震之后的恢复重建上。与清代相比,嘉靖时期的明政权在应对地震时存在着诸多不足,譬如中央朝廷反应相对滞后,应急救灾措施实施的力度与地震灾情相比很不相称。略加考索即可发现,这种局面的出现是有一定的历史背景的。嘉靖年间正是明政权外患最为严重的时期,"北虏南倭"之患在此时最为告急,以致绝大部分国力耗费在防倭抗虏上,朝廷财力极度匮乏。嘉靖时期地震发生后,张思维的话很确切地印证了政府无力救灾重建的窘境:

"大变所摧,基址仅存,民敝不任,财匮莫出,鸠工兴务有甚难于时者,人瘝天灾于斯极矣。"④

所以,在嘉靖时期地震后的城市重建中多见地方官府自救的情况,而鲜见中央朝廷的庞大财力支援。而康熙三十四年的地震与之相比,可谓有着天壤之别。此时正是康熙王朝的鼎盛时期,三藩既定、台湾收复,国内政治安定,国库充裕,这给朝廷从容开展震后重建创造了雄厚的基础。当时,户部依据康熙二十二年(1683)峄县七级地震的赈恤标准,议定"每大口给银一两五钱,小口给银七钱五分"。康熙帝在审定时,考虑到此次晋南地震伤亡惨重,将赈恤标准调整为"每一大口增银

---

① 中国地震局、中国第一历史档案馆:《明清宫藏地震档案》(上卷 贰),第768页。
② 中国地震局、中国第一历史档案馆:《明清宫藏地震档案》(上卷 贰),第780页。
③ 中国地震局、中国第一历史档案馆:《明清宫藏地震档案》(上卷 贰),第780页。
④ (明)张四维:《荣河尹望海侯君重建邑城碑》,氏撰:《条麓堂集》卷25《碑文》,载《续修四库全书》第1351册,第673页。

五钱,给银二两",①共计支出"赈济银十二万六千九百两零"②。同时,为了缓解地震对本地区社会经济的巨大冲击,还决定停征重灾区"临汾、洪洞、浮山、襄陵四县、平阳一卫本年额赋";对于灾区范围内家贫且无力修整被震塌房屋的百姓,则每户拨银一两用于修缮;同时还"发西安捐纳银二十万",为地震中遭受严重破坏的建筑提供补修、重修资金,并派遣工部员外郎倭伦前往平阳府会同地方官员共同主持灾区州县的重建工程。③ 这其中主要就是重修和重建被震塌的城垣、官衙府署、府县学校等重要城市建筑。

其次,区域的不平衡,集中体现在康熙三十四年地震后4个重灾县恢复重建的不同步上。特征之一是,与襄陵、洪洞、浮山三城相比,平阳府城重建周期短、恢复程度高。这是因为该城是平阳府治的所在,像平阳府署、督粮厅、理刑厅、按察分司等官衙府署大量集中于此地。在地震结束后,这些被震塌或震坏的地方行政机构暂时无法正常运转,严重影响到朝廷政令的畅通和官府的权威。为了尽早结束这种不利状况,朝廷在赈济和重建资金的拨发上就有意识地向府城倾斜。其中,朝廷仅投入该城的重建资金即达白银"二万九千五百一十五两六钱七分一厘"。④ 虽然一时无法确定其余三城的重建资金的确切数目,但从其城池衙署等重要建筑的重修不断推迟,甚至部分重建工程被拖延到震后数十年后的情况来看,推测在资金上远不如平阳府城充足。为了使平阳府城、襄陵、洪洞和浮山这4城间恢复程度的比较更明显,这里特意将各城内重要建筑受损和重建的数目通过表格的形式展示出来,参见表三。

表三　四个重灾区震后城市重建情况一览

	重要建筑的受损情况	重建重修的建筑
临汾县	平阳府城(即临汾县城)、东关城、南北城关在地震中倾塌,平阳府署、清军厅、督粮厅、理刑厅、军厅署、粮厅署、府文庙、府考院、分巡道、预备仓、文昌祠、晋山书院等地震中倾塌 临汾县署、县学、察院、大中楼、关帝庙等在地震中倒塌	平阳府城(即临汾县城)、东关城、南北城关、平阳府署、军厅署、粮厅署、府文庙、分巡道、预备仓、平阳学宫、府考院等 临汾县署、县学、大中楼、关帝庙等
襄陵县	襄陵县城、县署、察院、学宫、库房、寅宾馆、申明亭、旌善亭、翔凤坊、常平仓、文庙大成门、城隍庙、养济院、尊经阁、文昌祠等在地震中倾圮	襄陵县城、县署、学宫、库房、常平仓、城隍庙、养济院等

① 《清圣祖实录》卷166,第20页。
② 《清圣祖实录》卷166,第9页。
③ 康熙《临汾县志·卷八·祥异》,第6页。
④ 康熙《临汾县志·卷八·祥异》,第6页。

	重要建筑的受损情况	重建重修的建筑
洪洞县	洪洞县城、县署、学宫、护城沙堤、预备仓、承流坊、宣化坊、旌善亭、敬一亭、申明亭、城隍庙等被震毁	洪洞县城、县署、护城沙堤、学宫、城隍庙等
浮山县	浮山县城、南关、县署、察院、文庙魁星楼、亚元坊等被震毁	浮山县城、县署等

资料来源:雍正《平阳府志》卷7、卷8、卷9;乾隆《临汾县志》卷2、卷4;雍正《襄陵县志》卷6、卷7、卷9;雍正《洪洞县志》卷3、卷5、卷8;同治《浮山县志》卷5、卷9、卷10。

通过表三中各城倒塌建筑与重修建筑数量的对比可以发现,平阳府城在震后一定时期内的恢复程度远高于襄陵、洪洞和浮山等城。由于朝廷的重视和重建资金的充沛,使得同样是"满目疮痍"的平阳城在重建速度和成果上都领先其他三城。

特征之二是,在重建中,襄陵城远远落后于其他三城。无论是史料记载还是现代地震科学测算,均认定襄陵城在地震中的损失程度仅次于临汾县。① 但是,襄陵城内重要建筑物重建开工的时间晚、重建的周期长。比如,襄陵县署在倒塌后,就先后历经诸来晟、恽东生、宋继均、吴世雍、赵懋本这5任知县主持的重建,整个县衙才得以全面修复。② 而同属重灾区的浮山县衙在震后的第二年便重修完好。③ 本次地震后,襄陵东北城垣倾塌数十丈,康熙四十六年(1707)知县宋继均仍在"加修垛口及楼并门"④。被震塌的襄陵县学宫因缺少资金,重修工程被迫拖延,一直推迟至康熙四十四年(1705)才得以修复。⑤ 康熙四十二年(1703)夏天大雨连绵,襄陵城内的南驿道泥泞不堪,往来行人难以通行。知县恽东生召集本县士绅商议尽快修复驿道,"即倡输劝募,拣达者董其役",对于道路泥泞处则"运城中地震瓦砾填其间"⑥。由此推测,直至震后的第八年,襄陵城内房屋倒塌产生的瓦砾仍没有全部清理完毕。在康熙五十七年(1718)重修襄陵县库房竣工的记事碑文中,知县周之翰专门提到本城震后重建的概况:"襄邑坤震后,岁月几移,司牧数更,而修者十之一二,缺者十之八九"⑦。由以上看出,与其他三城相比,在地震后的数十年间襄陵城的恢复重建进程是十分缓慢的。对于襄陵城重建缓慢的原因,一篇保留到公元1977年的墨书题记对此就有详细解释:"不意于初六日戌时徒遭地震,时有

---

① 王汝雕:《1695 年临汾大地震史料的研究与讨论山西地震》,《山西地震》1995 年第 3~4 期,第 163~169 页。

② 雍正《襄陵县志·卷六·公署》,第 1 页。

③ 同治《浮山县志·卷十·公署》,第 1 页。

④ 雍正《平阳府志·卷七·城池》,第 2 页。

⑤ 雍正《襄陵县志·卷十三·官师》,第 8 页。

⑥ 雍正《襄陵县志·卷二十四·艺文》,第 85 页。

⑦ 雍正《襄陵县志·卷二十四·艺文》,第 84 页。

临汾、洪洞、浮山灾有重轻……三县皆报灾七八灾异。襄陵之城关灾有十分,幸逾我县令犹影征粮,止报灾三分。……三县又发下二十万修理银两,我襄不在其内,此大灾中不幸也。"①可见,震后的襄陵知县诸来晟为了尽早完成本年度钱粮赋税的征收,向上级虚报少报了襄陵县的灾情。这样做的结果,就导致襄陵城的重建没有得到来自朝廷的资金支持,连因受灾免交赋税钱粮的政策优惠也没有享受到。随着时间的不断推移,襄陵城与其他三城在恢复程度上的差距终变得越来越大。

其三,城乡的不平衡,集中体现在乡村恢复重建的极度缓慢上。在传统时代,官方最为关注的是大量衙署建筑集中的城池之内,对乡村社会并不太关心,保证乡村地区不发生威胁其统治的重大事件,以及能够保证赋税的顺利征收,即达到了地方官府的底线。这使得地震后官方对乡村地带的重建事务通常体现出"不作为"的现象,村落重建多见村落民众"自力更生式"的自我重建。因此,地震后我们看到的是乡村社会的不断沉沦,不少村落因地震而被迫迁移就是明证。地震后,地质灾害频发,村落民众为取得继续生存的空间,不得不将村落迁移至他处。例如,现在位于浮山县城西北 5 公里处的张庄乡中村,就是在清康熙三十四年临汾大地震后形成的。据村民世代口口相传,在很久以前此村原来正西方向不远处有个村子叫高村,东边则有个村子叫宋古堡。这两个村落的建筑在临汾大震后全部毁坏,村内百姓也在地震中伤亡惨重。因此,两个村子里幸存下来的村民出于避害躲灾的目的,就选择在两村之间的地方重建家园,并取名为高中堡。这个新的村名就是村民从原来两个村庄的名称中,选择了"高"字和"堡"字而合称的。后来村民以新村重建于两村之中,又将村名改称为现在的中村。② 而多数村庄鉴于震后原有村址已经严重破坏,担忧如果选择在旧址重建的话安全性会大打折扣,所以比较倾向于异地重建。譬如,今属洪洞县大槐树镇的梗壁村,该村地势低洼,原名龙泉沟。嘉靖三十四年地震后该村地基下沉,房屋倒塌大半,村民被迫搬迁于邻近的堡寨旁边。因为新建的村庄依堡而建,而且梗阻了洪安涧河的洪水,故名梗壁村。③ 同样还有今浮山县天坛镇的河底村,该村坐落于浮山县城东北 10 公里处的蛇蚂河畔,原名为石壁村,因村民靠石崖建房定居而得名。康熙三十四年的临汾大地震使得本地石崖出现部分坍塌和滑坡现象。为了躲避大地震带来的地质灾害,村庄整体迁移至蛇蚂河旁,村名也由此改名为河底村。④ 除此之外,甚至还出现过因震后的地质灾害而导致原来的村庄一分为二,变成两个村落的情况。今临汾市尧都区内大阳镇的东堡头村和段店镇的西堡头村,从源头上讲其实都属于堡头村。出土于

---

① 《襄陵县四柱村水陆殿立柱墨书题记》,载《山西地震碑文集》,第 436 页。
② 浮山县人民政府:《浮山县地名录》(内部资料),1983 年,第 77 页。
③ 洪洞县人民政府:《洪洞县地名录》(内部资料),1987 年,第 50 页。
④ 浮山县人民政府:《浮山县地名录》(内部资料),1983 年,第 42 页。

西堡村的乾隆四十二年(1777)《王金印墓志》详细记载了堡头村是如何变成东堡头、西堡头两村的。原来堡头村在康熙三十四年的大地震中遭到严重破坏,现在东堡头和西堡头两村之间仍有巨大的沟壑作为分界,这条沟壑就是当时临汾大地震最明显的印记①。墓主王金印的祖父即王氏族长王生民,在地震后决定率领本族宗亲全部迁于堡头村的西面居住,"而村遂以西名之"②。这便是现在西堡头村名的来历,而原来的堡头村随之变成了东堡头村。

从上文的考察可以看出,明清时期的三次大地震给晋南地区的社会、经济等方面以极大打击,同时也提供了重整社会秩序的重大契机;但上述种种不平衡的恢复显示,政府并没有很好地把握住这一契机,这无疑为此后晋南地区的社会进程埋下了多种隐患。

---

① 齐书勤:《三晋地震图文大观》,山西科学技术出版社 2004 年版,第 110 页。
② 《王金印墓志》,载《山西地震碑文集》,第 589 页。

从"军城"到"商城"的轨迹

——以腾冲为例(15—20世纪中叶)

付 娟①

摘要:滇西腾冲因其特殊的地理位置,成为古代中缅边防的要塞,西南丝绸之路的要冲。被徐霞客称为"极边第一城"的腾冲,"城因军兴,市缘路起",在漫长的历史长河中,经历了从传统"军城"到近代"商城"的功能转换和社会变迁,比较典型的折射出西南丝绸之路上的边境城市发展的一般轨迹。

云南腾冲,古称滇越、腾越,在军事上地处边境,被称为"极边第一城";在商业上又扼西南丝绸之路要冲,被誉为"西南第一通商口岸",堪称西南丝绸之路边境城市的代表。自15世纪中叶明朝建石城伊始到抗战时被毁,腾冲城市历经"城因军兴,市缘路起"的500年兴衰嬗变,其城市发展轨迹在西南乃至全国135个陆地边境市县中,都具有典型代表意义。本文拟抛砖引玉对此做一探讨,以求教方家。

一、抚夷固方之枢纽:腾冲城市出现的缘起

腾冲与缅甸相邻,国境线长148.075公里,属典型的边境城市,被视为滇西门户,自元以降,历代王朝都在此驻兵屯守。腾冲城市的出现和发展皆"因军而兴",城市的主要功能也以防御、固边为主。腾冲因而是典型的边境"军城"。

腾冲筑城的历史,据《腾越州志》记载,最早见于公元8世纪唐德宗时期,南诏王为开发边疆而筑;大理国时期曾在腾冲西山坝建西源城,在东北部建罗哥城、罗妹城;元代建越甸城。这些城皆为土城②。因是兵家必争之地,所以历史上虽数次筑土城,但又多次因战争而毁几无遗迹,直到明中期始筑石城。

明中期英宗正统年间,滇西边境的麓川土司屡次犯边。为固边抚夷,明英宗三派兵部尚书王骥统率数十万大军征讨。正统十年即公元1445年,在第二次讨伐麓川之后,王骥与云南都督沐昂联名上奏:"以腾冲为云南要地,宜量置军卫以镇之",③建议筑城屯守。尽管筑城工程浩大、所费不赀,但为了加强对西南边境地区

---

① 付娟,四川大学历史文化学院(旅游学院)博士研究生,四川音乐学院副教授。联系方式:电话:13551089802,电子邮箱:fj163. happy@ 163. com。

② 谢本书:《腾冲史话》,云南人民出版社2002年版,第14～15页。

③ 中央研究院历史语言研究所校印:《明英宗实录》卷127,北平图书馆红格钞本,1962年,第1页。

的控制和防御缅甸进攻,屏护西南诸地,明英宗同意了王骥等的建议,决定筑腾冲城以安边,在元代被毁的腾冲旧城址上,以石为原料,修筑雄伟坚固的石城。石城一直沿用保持到民国抗战后期,这应该算是腾冲城市建筑的真正缘起。史载,修筑石城先后征调了1.5万名官兵,甚至开了明朝历史上的"开中"特例,即以盐换粮来解决筑城军士的粮食供应,可见明廷对修筑腾冲城的重视程度。筑城历时3年始告完工,并在规模及功能设计上体现出鲜明的军事特色。

规模上,腾冲石城"周围七里三分里之一,厚一丈八尺,高二丈五尺,筑以石。四门,各阔丈四尺,高二丈六尺,深七丈,广十二丈。门各有楼,各高四丈有奇,广六丈四尺,重檐三滴面三间转五五,垣二十八楹。城堞四面连雉有阁楼有守门,每门十三间,门扇包以铁。东曰沾化,西曰永安,南曰靖边,北曰溥润"①,为云南诸州、县城之冠。功能设计布局上,腾冲石城建有城墙,城墙上修有供士兵用作脚踩的胸墙;城墙顶端有深深的枪眼孔,可供射击;每个城墙的垛口之处,都开有一个孔,城外还有壕沟环绕②,明显是以军事功能为主。所以,腾冲城市发展首先是"因军而兴",这个特点延续到了整个明后期和清前期。1448年,腾冲城由守御千户所升格为军民指挥使司,成为明朝对缅征战的前哨。明军依托腾冲城,垦边戍边,取得了三征麓川等军事胜利,就此造就了腾冲作为滇西最具战略意义的边境军事城市的地位,被誉为"滇西第一坚城"。腾冲石城的修筑为腾冲城市发展奠定了基础,也为腾冲此后一直作为州、府、卫、厅、道、公署的治所和高黎贡山以西地区的政治、经济和文化中心城镇创造了条件。

明后期,明王朝坚决依托腾冲城逐步构建滇西乃至西南边疆的军事防御体系。隆庆新政期间(1569),由于居民日多加之军事防卫的需要,修筑了腾冲外城,"筑月城于南门,高丈六尺,广三十二丈,厚丈三尺,深于厚均;东西二巷门,高一丈一尺"③,城市规模进一步扩大。嘉靖至万历年间,随着明朝的衰落和缅甸东吁王朝的兴起,腾冲地区多次发生缅甸入侵战争,持续数十年之久,旷日持久的战争进一步加强了腾冲城市居于滇西军事战略中心的地位。万历二十二年(1594),云南巡抚陈用宾以腾冲城为中心新筑了"八关九隘"(即"神护、万仞、巨石、铜壁、铁壁、虎踞、汉龙、天马"八关和"古永隘、明光隘、滇滩隘、止那隘、大塘隘、猛豹隘、坝竹隘、杉木笼隘、石婆坡隘"九隘),后来又增加茨竹寨隘,实际隘口为10个,沿西北至西南一线分设。腾冲由此被誉为"三宣门户""八关锁钥""九隘藩篱",军事重镇地位继续加强。

---

① (清)屠述濂纂修:《腾越州志·卷四·城署》(乾隆),光绪二十三年重刻。

② [英]戴维斯:《云南:联结印度和扬子江的锁链·19世纪一个英国人眼中的云南社会状况及民族风情》,云南教育出版社1999年版,第56页.

③ (清)陈宗海修,赵瑞礼纂:《腾越厅志·卷四·城池》,光绪十三年刻本,第3页。

进入清季,腾冲"军城"地位更显突出。康熙、乾隆年间屡次修补城垣和城濠。乾隆时期,缅甸雍籍牙王朝多次入侵云南,中缅战事不断,乾隆陈兵数万征缅。腾冲成为"征缅"军事基地和"防缅"战略中心。清代腾冲城市布局有所调整,更加符合军事需要:州署等衙门居于北门内,总兵署在城西南,州判署在州署右,中军游击署在城西南,都司署在城中灵官庙前,守备署一在东门、一在城隍庙右,把总署一在西门、一在东门、一在镇台衙门前,演武厅在南门外①,显现出鲜明的军事重镇布局特色。道光三年(1823),腾越知州胡启荣又在腾冲边境地区设关卡77个,另设二十二屯甸、十八练,进一步巩固了腾冲防卫。

综合以上论之,腾冲城市从建立到发展,皆"因军而兴",历经明清而加强;抚夷固边的军事需要是腾冲这一边境城市兴起的第一因素,并不断巩固和加强其"军城"地位,提高其在云南乃至西南边境城市等级体系中的地位。清嘉庆二十四年(1819),腾冲作为云南各州中唯一例外由"州"升格为"直隶厅";光绪二十九年(1903),迤西道移驻腾冲,腾冲成为腾越厅治、迤西道署和腾越镇总兵镇署所在地,政治、军事地位再次提升。腾冲城市人口也因此而不断增长。元明时期,屯守士兵及后代是腾冲最早的城市居民。明英宗三征麓川带来了腾冲历史上第一次大规模城市人口聚集。明朝出动的35万军队、50万丁夫、1.5万筑城兵丁中留下来的将士,成为腾冲城的主要军事移民。麓川平叛和以后的历次边境战争,尤其是明万历、清乾隆年间的战争都带来了腾冲城市军事移民的增长。抚夷战争以及战后留下的戍边屯守军士,共同促进了腾冲城市的早期开发和人口的聚集。

二、西南丝绸之路之要冲:古代腾冲"边贸商城"的发展

西南丝绸之路,是近代以前连接中国西南和东南亚的国际大通道,兼具民间商道功能,其中最重要的一条,就是公元前4世纪开始的从四川——云南——缅甸——印度的"蜀身毒道"。西南边境城市的分布与发展,均与西南丝绸之路的中外贸易有关。在1889年蒙自开关前,较之滇越、滇藏等对外贸易,滇缅贸易是云南最重要的对外贸易。腾冲具有从事中缅边贸的得天独厚的地缘优势:一是与缅甸相邻,二是西南丝绸之路在中国的最后一站,滇缅商道必经之咽喉。从腾冲到缅甸的第三大城市密支那仅相距217公里,路程只需八九天;从腾冲到缅甸的八莫需时仅七八天,是当时中国到缅甸最为平坦快捷的通道,中缅陆路交通的主线和首选道路。腾冲城居于滇缅交通亦即西南丝绸之路的要冲,沐浴在繁忙的中缅贸易中,促使腾冲城在军事边关重镇的基础功能上又增添了边贸商业城市功能,并且随着中外商贸的兴盛而不断强化。至明清之季,腾冲城已发展成为云南最大的对外贸易

---

① (清)屠述濂纂修:《腾越州志·卷四·城署》(乾隆),光绪二十三年重刻。

口岸,传统的中缅商品进出口贸易中心和集散地。《腾越乡土志·商务篇》记载:"海禁未开,凡闽粤各商,贩运珠宝、玉石、琥珀、象牙、燕窝、犀角、鹿茸、爵香、熊胆,一切缅货,皆由陆路而行,必须过腾越,其时商务称繁盛。"①

古代西南丝绸之路的交通是逐步完善的,而交通的拓展带动了滇缅贸易的发展。1910年滇越铁路通车前,云南的商贸往来全靠人背马驮、艰苦异常。为使西南丝绸之路更好地发挥作用,自汉代起,中国历代王朝都着力经营、改善西南丝绸之路的交通条件,修筑官方驿道及其辅助设施,以改善舟楫不通、山路崎岖、道路险阻等交通梗阻,推动了西南丝绸之路不断拓展延伸。汉武帝时,在民间小道的基础上开通了从四川到云南保山的"博南道"官道。蒙元时期,因征服了缅甸浦甘王朝,在政治、军事上扫除了中缅通商贸易的障碍,打通了从云南沿伊洛瓦底江南下直达安达曼海的滇缅通道,设置了不少驿道、驿站,为中缅经贸文化交流的加强奠定了基础。明清时期,中缅商务因边境战争虽然时有中断,但民间的中缅商贸往来却随着贸易交通条件的改善而更加频繁,有了进一步发展,从自发的边民互市发展到了区域互补经贸的更高层次。这些都为居于交通要冲的腾冲发展商业城市功能创造了条件。

明代腾冲石城的修筑,促进了以市镇为依托的中缅民间商贸的蓬勃开展。腾越本地商人努力开拓中缅商务,对腾冲发展商业城市起了非常重要的作用。文献记载:"客商欲往缅者,必取道腾越,而缅甸商务亦几为腾商所专",腾冲人出于谋生的经商传统得以确立并传承。"穷走夷方急走厂",明末就有腾冲人离乡背井奔波在中缅的马帮道上,从事中缅进出口贸易,"办棉花,买珠宝,回家销售"②。清代,腾冲人入缅经商渐成传统和规模;道光初年,和顺人还成立了云南最早的商号——"三成号"。商人、商号、经商传统反映了腾冲城市商贸业的发展,也印证了明代腾冲城作为西南丝绸之路上的重要商贸之城的地位,以至于清代腾冲成为传统的中缅商务中心。

清乾隆末年,滇缅贸易重开,腾冲再次获得发展边贸商业的历史机遇,成为中缅物资集散的"大聚落"和跨界贸易基地,集市繁荣。史载:"商贾之捆载前来者,辐辏于道,而此邦人民亦多工计然、陶朱之术,以故市镇乡场栉比鳞次,询西南一巨区也。"③作为军事重镇,腾冲原有自发性的农村初级集市。据《腾越厅志》所载,大理时期腾冲有7个集市;而到了清代乾隆时期,腾越城乡已有20个集市,增长较快。随着滇缅贸易的发展,集市的管理也从初期边民自发性互市纳入地方政府的管理。明朝时中外交易地点在腾冲城西南的八关外,八关、九隘及各种哨卡担负商

---

① (清)寸开泰纂,马有樊校注:《腾越乡土志》,中国文联出版社2005年版。

② 《阳温墩小引》。

③ (清)陈宗海修,赵瑞礼纂:《腾越厅志·序》,成文出版社(台北)1967年版。

业管理职责。史载:"汉夷互市,则关外有市场,防弁及巡司主之"①。清代腾冲城内出现了盛极一时的百宝街等中外交易街区,此外还设有税所、税官,对外来商品货物"轻其税而留其货,为之品定诸货之价,列贾区于官场,至开场之日,群商请货于官,依定所定价与蛮为市"②,建立起比较完备的市场管理体系。康熙初年,由于商贾贸易大多在腾冲城南门外进行,故将税所移置南门外的普济寺。

明清之际经由腾冲进行的滇缅大宗贸易商品,主要是利润极高的奢侈品玉石和丝绸,另外还有逐年增长的棉花等日用生活品,此时的中缅贸易已有明显的区域经济互补性。明朝时期,中缅贸易主要以中方的食盐、缅甸的棉花为主,经腾冲的中缅交通之路因而被称为"盐棉之路"。清朝时期,滇缅贸易的主要商品转变为缅甸的棉花和中方的丝绸,被称为"丝棉之路"。1790年中缅正式建立形式上的朝贡关系,促进了政治、军事的长期稳定,使滇缅贸易获得了长足发展,商品数量和种类明显增多,大宗商品络绎于道,规模不断扩大,再次提升了腾冲"商城"的地位。到鸦片战争前,西南丝绸之路中的中缅贸易达到顶峰,腾冲的商城地位发展到历史新高点。往来腾冲的商品"上则珠宝,次则棉花,宝以璞来,棉以包载,骡驮马运,充路塞道"。据英国驻扎官克劳福德1826年的估计,当时中缅陆路贸易额高达40多万英镑③,可以想见其要冲腾冲城的商业发展水平。

在腾冲的商业发展史上,缅甸的玉石翡翠是一项特殊的重要商品,对腾冲边贸商城地位的确立有着特殊的意义,腾冲也因之被称为"翡翠城"。

据《徐霞客游记》记载,明朝时,腾冲就是缅甸翡翠交易中转站,90%的缅甸翡翠原石通过腾密路(腾冲至缅甸密支那)和腾八路(腾冲至缅甸八莫)运往腾冲加工,腾冲成为西南最大的也是唯一的缅甸玉石翡翠集散地、加工基地和交易中心,极大地提升了腾冲商城的地位。早在明清之交,腾冲边民就到密支那、八莫以及勐拱与缅甸边民交易,所谓"腾边民获玉,归售于滇粤商人,如是者有年"④。腾冲玉石业历史悠久,在玉石开采、鉴别和销售方面都有专门的渠道和方法,大部分的玉石生意几乎都被腾冲商人包揽,洪盛祥的董廷珍,张宝亭、寸如东、李寿郁、黄祯庭等都是有名的腾越玉石巨商。玉石名贵、经营获利快,吸引着全国各地商人蜂拥而至,更加推动了腾冲商业的迅速发展,使腾冲在"军事之城"基础上再添"翡翠城"的美誉。清《腾越厅志》载:"十八省之人云集焉,(腾冲)城福地也"⑤。

---

① (清)刘崑:《南中杂说》,载《丛书集成初编》(大理行记及其他五种),商务印书馆1936年版,第37~38页。

② 傅宗明:《西南通商口岸》,1992年第35页。

③ 贺圣达:《缅甸史》,人民出版社1992年版,第184页。

④ 转引自黄素芳:《对云南腾冲人出国的历史考察》,载《东南亚》,2006年第4期。

⑤ 傅宗明:《西南通商口岸》,1992年,第29页。

三、西力东侵之前哨:近代腾冲"国际商埠"的繁荣

1840年,鸦片战争爆发,中国社会步入西方侵略势力不断深入的近代。腾冲1897年开埠,1902年继蒙自、思茅之后设立海关,成为云南对外开放和"西力东侵"的前哨,这进一步促进了腾冲的进出口贸易。尽管有蒙自开关和滇越铁路开通的不利影响,但由于英国极力振兴中缅商贸以进一步侵略中国、滇缅印贸易渠道通畅和国际贸易流通体系逐步建立等原因,腾冲商城仍然继续发展,市场辐射能力大幅提升,进而至抗战时期达到鼎盛,成为著名的"国际商埠"。具体而言,其主要经历了以下几个阶段:

第一阶段,鸦片战争到腾越海关开关前,腾冲商业经历战乱和恢复。1856年—1872年,滇西杜文秀领导农民起义占领腾冲,虽未中断中缅商务,但受战争及战后流行的瘟疫影响,腾冲城人口急剧下降,几乎"十室九空"。战争平息前大批腾冲回民为避祸远走缅甸,逐渐形成了迤西商帮中有名的"腾冲帮"。王芝在《海客日谭》中记载:"1871年缅甸新街滇人居此者千余,腾越人居其九!"①这些人对战后腾冲商业的恢复发挥了重要作用。1876年,腾冲城出现了以经营滇缅进出口贸易起家的商号——"福春恒",洪盛祥、茂恒、永茂和等10余家商号开始在缅甸开设店铺、工厂,其资本与分号在缅甸不断扩展,清光绪年间已遍布八莫、曼德里、果领、密支那、孟拱、腊戍、瑞沽、格萨等地,成为推动中缅商贸继续发展的主力。

第二阶段,1902年开关到辛亥革命爆发前,腾冲国际贸易大发展,"国际商埠"之城初具雏形。1902年,腾冲成为西南最早设置海关的边境城市,进一步确立了腾冲作为四川、云南连接缅甸的西南丝绸之路的商品集散地地位,成为英国及其殖民地印度商品进入中国的转运中心。这一时期,由于英国觊觎中国西南,意图商品倾销、资本输出和势力范围,而大力推动中缅商务,使得腾冲进出口贸易迅速增长,腾越海关常年贸易量占云南对外贸易总量的10%以上。1902年开关时腾冲外贸额为66.2万海关两,1911年已达200.3万海关两②。同时期,滇缅印贸易渠道通畅拓展,腾冲边境贸易规模与层面提升;洋货大量输入,其商品种类与数量不断丰富发展,尤其是各种棉纺织品大量输入,包括各种机制布匹、印度洋纱等占领了滇西手工纺织业市场,腾冲已被纳入世界资本主义市场体系当中。从腾冲进口的商品,除一部分供应滇西手工业的原料外,川、滇、黔三省成为进口商品的主要分销地③,出口商品则以生丝和生皮为主,此外还有部分滇西的土特产品等,一个通畅、相对比较固定的国际进出口贸易流通体系建立起来。英国对这一体系的建立发挥

---

① 王芝:《海客日谭》卷一,清光绪二年精刻本,第21页。
② 董孟雄、郭亚非:《云南地区对外贸易史》,云南人民出版社1998年版,第89页。
③ 杨伟兵:《云贵高原的土地利用与生态变迁》,上海人民出版社2008年版,第115页。

了重要作用:一方面,积极改善西南丝绸之路的交通运输,1886年英据缅甸后开辟了具有战略意义的缅甸公路运输系统,加之原有的天然内河航运,使从仰光到缅北的水陆运输成为可能,从而为西南丝绸之路经缅甸到印度提供了便利的交通运输条件;另一方面,英国以武力为后盾攫取了中缅商贸的减税免税特权,根据中英1894年、1897年签订的《续议滇缅商务条款》和《中缅条约附款》,英国商品(包括缅印殖民地)在腾越海关的进口税按5%的七折完纳。

第三阶段,民国时期至抗战被毁前,腾冲经济发达、市场兴旺、人口达30万之众,迎来了"国际商埠"的空前繁荣,获得了"小上海"的称谓。这一时期,腾冲各大商号林立,市场辐射能力远超中缅传统贸易范围,国际贸易流通体系发展巩固,近代化的国际商埠建立;本地的工商业也有长足发展,腾冲成为云南近代工商业的发祥地之一。一是进出口贸易呈现出国际化、规模化特点。腾冲口岸所进口的商品来源地,从传统的缅、印、英拓展为五大洲三十多个国家和地区,品类超过160种,其中以英印棉花、棉纱、棉布为主,美国的煤油、日本的火柴也出现在腾冲市场上;出关商品达80余种,以四川的生丝和滇西的石磺为主。20世纪20年代末取消关税协定之后,腾冲的进出口贸易发展更快。二是玉石加工贸易进入了鼎盛时期。至抗战爆发前,据《腾冲县志稿》记载,腾冲仅玉石加工一项的正规作坊就有173家,工匠3000人左右[1]。腾冲商人改良了玉石加工技术,最早从欧洲购进机器到缅甸玉石厂开采玉石。三是商业资本壮大,腾越出现了众多拥有巨资的跨国商号,经营地域与范围不断扩大。民国时期,靠玉石加工和进出口贸易起家的腾冲跨国商号,见于史料记载的有"福春恒""洪盛祥""永茂祥""永茂和"等10多家,还有张宝亭、寸如东、李寿郁、黄祯庭等腾越巨商,其中资本最少的有60多万银圆,最多者达1000多万银圆。这些商家在四川控制原料价格垄断收购生丝,在东南亚,特别是在缅甸经营各种实业,形成多层次的工商集团,其分支机构延伸到缅甸20个大城市、印度的加尔各答、孟买和新加坡等地[2];经营业务范围也自20世纪20年代开始,从传统的玉石加工和滇缅进出口贸易扩展为商、工、运输一体化的跨国商业集团,并投资引进世界先进技术设备,推动了腾冲工业、手工业的发展,涉及纺织、印染、矿业、冶炼、制革、火柴、印刷、水电、化工、食品加工等70多个行业,产品近300种,确立了腾冲作为云南近代工商业发祥地之一的城市地位。

民国时期,腾冲的市场、运输、服务等相关行业空前发展与繁荣。据1937年的统计,20世纪二三十年代腾冲城内有坐商1000户以上,摊贩、行商800多户,各区乡有初级市场48个,仅城区堆栈就达9个、旅栈11个、马栈8个,各种传统的小商

---

① 李光信:《腾越文化研究》,云南教育出版社2001年版,第102页。

② 腾冲县志编纂委员会:《腾冲县志》,中华书局1995年版,第5页。

品制造及食品加工手工作坊很多①。1912 年,腾冲成立商会,十四路马帮的"马锅头"协商,组成了"腾冲县骡马运输同业公会"。商业的繁荣带动了金融繁荣,各大金融机构纷纷进驻腾冲。

开关、英人入侵推动了腾冲转型为近代城市。约在 1902 年前后,腾冲出现电话、电报、邮政等通讯方式。城市的规模扩大,城外出现了英国领事馆、海关、教堂和医院等一些重要设施与建筑。至抗战爆发前,腾冲店铺林立,商贾云集,城区总面积已达 3 平方公里,城内街道众多,形成了以城内文星楼、城外小月城及十字街三处为中心,向四周外延的城市格局,城外商业区比城内更为繁华②。

四、军事、边贸、商城:腾冲 500 年城市变迁规律的启示

从 15 世纪到 20 世纪,从腾冲建石城到被称为"小上海"的国际商埠,从早期抵御缅甸、屏护西南诸省的军事重镇,到沟通中国西南与缅甸、印度和东南亚等国的边贸商城,腾冲 500 年的城市发展变迁充满了"沧海桑田"的传奇嬗变。由于地处边境,才有军事的需要和城镇的建立以及边贸商业的可能;而商业的发展最终奠定了腾冲城市发展的鼎盛。作为典型的边境城市,腾冲城市发展变迁深受军事和商业影响,尽管二者的影响可能会有此升彼降的不同展现,但不论何时基本上都在"军"和"商"之间嬗变,这也是西南丝绸之路边境城市发展的一般规律。

第一,特殊的地理位置决定了边境城市发展的特殊性,即虽然不具备优越的自然条件,但因军事战略的需要也可能建城发展。从城市发展本身的自然条件看,古代腾冲水运不通,山高谷深,道路崎岖,偏僻荒凉,人迹罕至,同时又因山多地少、土地贫瘠,坝区面积只占总面积的 2.54%,不具备农业时代传统城市出现与发展的优越自然条件,但因处于中缅"四战之地"的边境枢纽重地,"抚夷固方"的军事需要,使得一个农业并不发达、交通并不便利、物产也不甚丰饶的边塞小地受到重视并建城为镇,逐步发展成为开发较早、人口聚集的边防军事重镇。

第二,军事及战争在边境城市发展变迁中始终起着重要的支配作用。腾冲"因军而兴"建城,"抚夷固边"的历次边境战争,为腾冲这类边境城市的发展提供了契机。从明到民国,作为滇西最具军事战略意义的边境城市,腾冲经历战乱多次,无论征缅还是反击外敌入侵,腾冲的重要军事战略地位都因之而得以巩固,在城市设置、城市功能布局、城市设施、建筑等多方面适应军事需要而兴建和扩建。腾冲城因军而兴,又因战而毁至衰,结束了腾冲的辉煌时代。1942 年至 1944 年,日军侵占腾冲,腾冲被降为昆明分关。滇西抗战使繁华的腾冲城变为废墟,农业、商业、工

---

① 《腾冲县志稿》卷十、十二,载林超民等编:《西南稀见地方志文献》,兰州大学出版社 2003 年版;另见傅宗明:《西南通商口岸》,1992 年,第 31 页、68 页。

② 谢本书:《腾冲史话》,云南人民出版社 2002 年版,第 76 页。

业、手工业遭受严重破坏。

第三，政治决定军事，军事影响商业，腾冲商业的发展深受中缅政治和军事因素的影响。500年来，两国政治、军事关系的起伏变化，对腾冲的城市变迁起着至关重要的影响，"邦交睦，边疆定，则商业旺"。尤其是清乾隆五十五年（1790），中缅形势发生重大变化，缅甸遣使入京贺乾隆八十大寿，中缅正式建立了形式上的朝贡关系，奠定了经由腾冲进行的中缅双边贸易长足发展的政治和军事保障，由此带动了腾冲进出口商业的发展，腾冲城市功能也相应发生变化，经济功能逐渐超过边境军事枢纽功能，成为西南丝绸之路上著名的滇缅边贸中心和商品集散地。进入近代，中国成为西力东侵的半殖民地半封建国家，英国侵占缅甸，势力侵入中国西南，世界资本主义体系的建立导致腾冲开埠通关，促进了对外贸易发展，城市从传统向近代转型，从过去的交通阻滞、相对封闭的边塞小城发展为通连中国西南与缅甸、印度、英国、美国、日本等的国际商贸城市，政治、军事的影响力可见一斑。

第四，边贸为主的商业是边境城市可持续发展的关键因素。正如马克思所说："商业依赖于城市的发展，而城市的发展也要以商业为条件"[①]。边境城市对商业的依赖性在腾冲则体现得尤为明显。从明、清到民国，腾冲的边贸经济和城市发展呈现出同步发展的特点，滇缅贸易成为腾冲城市进一步发展的生命线。500年时间里，腾冲积极拓展滇缅贸易、中缅贸易、中缅印英贸易，建集市、设税官，完善商业设施，大力发展玉石开采及加工业，城市经济得到了有效发展。进入近代，1897年开埠和1902年设关便利了西方列强东侵，但同时也促进了腾冲国际贸易体系的确立，进出口贸易继续发展，出现数十家跨国商业集团，城市商业繁荣、工业、手工业得以发展，人口递增，最后至抗战时期达到鼎盛，成为中国西南边境口岸城市对外贸易的成功典范。抗战后期，一方面是因为腾冲城毁于炮火，另一方面则是因为滇缅公路取代了古老的西南丝绸之路成为滇缅贸易主干道，滇缅公路不经腾冲，腾冲丧失了在传统中缅贸易中的地缘优势，被畹町所取代，从而最终导致了腾冲进出口贸易转向萧条，"出口无货，进口无物"。1945年，各大商号和银行撤出腾冲迁往保山、下关、昆明。1947年，腾冲商业、饮食服务业下降为301户，资产较大的仅2～3户，私营工业只有造纸、火柴、皮革、发电等几个小工厂。此后，腾冲陷入了长久的萧条与沉寂。总之，"边贸兴，则边境城市兴；边贸衰，则边境城市衰"。腾冲城市的发展变迁，正说明了这一边境城市发展的普遍规律。

---

① 马克思：《资本论》第3卷，人民出版社1954年版，第371页。

论抗战期间中国西部城市的发展

鲍成志[①]

城市是人类文明进步的产物,其本质是社会诸多要素如人口、资源、资金、技术、信息等在特定时空上的高度集聚,并承载着区域政治、经济、军事和文化等多重功能,是一个极其复杂的、多层次、多角度的综合体。城市内涵的综合复杂性决定其发展演变必然要受到来自社会多方面因素或力量的制约、影响,而作为城市形成的重要起因的人类战争则毫无疑问应当是其中一个十分重要的影响因素。战争作用于城市,突出的体现自然是无情的战火给战区城市造成的严重创伤,尤其是对于那些地处作战前线城市的巨大破坏,这是最主要的。除此之外,还有一种情况亦颇引人关注,那就是在某些旷日持久、战线漫长的大型战争中,与战争前线城市惨遭战火蹂躏的境遇有所不同,战争后方的一些城市则可能会因战争而获得某些较好的发展机遇,从而形成战争作用于城市发展的另类结果。本文所要讨论的抗战时期中国西部城市的发展问题,便属于这种情况的典型例证。

一、晚清及民国初期区域城市发展的基本格局

通观近代中国城市的发展,一个显著特征是区域城市发展的严重不平衡,尤其是在晚清到民国初期,东部沿海沿江城市发展比较迅速,而西部内陆城市发展十分缓慢。

据学者们研究,中国进入近代之后,在1843—1893年的半个世纪里,除了未计入统计的东北、台湾、新疆和青藏地区,中国其他主要地区包括长江下游区、岭南区、东南区、西北区、长江中游区、华北区、长江上游区和云贵区这八大区的城镇总数量从1653个增加到1779个,城镇网密度从万平方公里4.22个增加到4.54个。其中,岭南区、东南区和华北区的沿海地带城镇数量从679个增加到819个,城镇网密度从万平方公里4.30个增加到6.89个,增长十分明显;而包括西北、云贵和长江上游区域的西部地区城镇则增长迟缓,有些区域甚至还出现了下降,这三个区域的城镇数量分别从119个、52个和171个变化为114个、81个和195个,城镇网密度也分别从万平方公里1.60个、1.10个和4.01个变化为1.53个、1.72个和

---

① 鲍成志,四川大学城市研究所,副教授,历史学博士,主要研究方向:城市史、近现代史。

4.75 个。在 1893—1936 年的时间里,上述趋势更加明显。这期间,沿海地带的城市数和城市网密度分别由 40 个和万平方公里 0.25 个增加到 69 个和万平方公里 0.44 个,长江中下游区域的城市数和城市网密度也分别由 24 个和万平方公里 0.27 个增加到 63 个和万平方公里 0.71 个,而西部地区的西北、云贵和长江上游区域的城市数和城市网密度则分别由 10 个、5 个、7 个和万平方公里 0.13 个、0.15 个、1.7 个变化为 7 个、5 个、16 个和万平方公里 0.09 个、0.15 个、0.38 个。这 40 余年间西北区域的城市数量不增反降,居然还减少了 3 个。①

以上是以"八大区"分法来划定区域,如果换个角度以京广铁路干线来划分地域,得出的结论也是基本一致的。据有关史料统计,1915 年中国人口规模在 10 万人以上的城市总共有 43 个,其中京广线以东地区就达 35 个,占总数的 81.4%;京广线以西地区仅有 8 个,即西安、重庆、兰州、成都、昆明、太原、沙市、贵阳,占总数的 18.6%。如果按人口规模梯度再细分,区域城市的非均衡性则更加明显:当时规模在 10~20 万人之间的城市共有 18 个,京广线以东地区占 16 个,以西仅有 2 个;规模在 20~50 万人之间的城市共有 11 个,京广线以东地区占 8 个,以西仅有 3 个;规模在 50~100 万人之间的城市共有 12 个,京广线以东地区占 10 个,以西仅有 2 个;规模在 100 万人以上的城市共有 2 个,京广线以东、以西各占 1 个,即上海和西安。② 其实,参考其他有关资料可以发现,20 世纪初叶西安城市人口不可能有 100 万人,此时期西安正处于明显衰落状态。直到 1937 年,有统计认为西安的城市人口仅为 15.5 万人,已经只能算作是小城市了。③ 这样,如果不计算西安为 100 万人以上规模的城市,那么在 20 世纪初叶中国城市的区域分布,东、西部的不均衡则更为明显。

再从近代中国东、西部城市化率变化的情况看,西方学者曾估计认为,1843 年中国城镇人口占全国总人口的比重是 5.1%,在计入统计的八大区域中比重最高的是长江下游区达 7.4%,最低的是云贵和长江上游区为 4.0% 和 4.1%,当时最高区与最低区的差距是 3.4 个百分点。及至 1893 年,中国城镇人口占全国总人口的比重提高到 6.0%,八大区域中长江下游区仍然是全国城市化水平最高的区域,城镇人口的比重达到 10.6%;最低的也还是云贵和长江上游地区,分别仅为 4.5% 和 4.7%,而此时区域间城市化率的差距则已扩大到 6.1 个百分点。④ 不仅如此,随着时间的推移,这种非均衡发展趋势到 20 世纪初叶表现更为突出。据国外学者研

---

① 施坚雅:《中华帝国晚期的城市》,斯坦福大学出版社 1977 年英文版,第 329、330 页;施坚雅著,史建云、徐秀丽译:《中国农村的市场和社会结构》,中国社会科学出版社 1998 年版;沈汝生:《中国都市之分布》,载《地理学报》,1937 年第 1 期;戴均良:《中国城市发展史》,黑龙江人民出版社 1992 年版,第 325 页。

② 日本调查所:《最近支那经济》,日本昭和 15 年印日文版,第 360、361 页。

③ 参见沈汝生:《中国都市之地理分布》,载《地理学报》第 4 卷,1937 年。

④ 施坚雅:《十九世纪中国的区域城市化》,载《城市史研究》1989 年第 1 辑,第 110 页。

究,20 世纪初中国共有城镇人口 1464 万人,其中"满洲"、河北、上海共有 323 万人,占总数的 22% ;山东、河南、山西、陕西、甘肃、青海、新疆、苏州以及除芜湖、安庆以外的安徽共有 135 万人,占总数的 9% ;除上海和苏州以外的江苏、安徽的芜湖和安庆、四川、湖北、湖南、江西、浙江、福建和广东共有 996 万人,占总数的 68% ;广西、贵州和云南共有 100 万人,占总数的 1% 。①

另外,从个案城市比较而言,有学者统计,在进入近代时中国的首位城市北京的城市人口在百万人左右,若与当时西部内陆的较大城市成都相比,二者的差距大约 4 ~ 5 倍,当时成都城市人口有 20 余万。② 及至 20 世纪 30 年代中期,上海城市人口已从开埠时的 50 万人迅速升至 384 万人,成为全国人口规模最大的城市,约占当时全国城市总人口的 10.8% ,而此时若再与成都相比,则全国首位城市的人口规模是成都的 7 ~ 8 倍,此时成都的城市人口约 50 万人。③ 当然,如果再与 20 世纪 20 年代西北地区的甘肃和宁夏两省区城市发展状况(表一)进行对比分析,则更能说明问题。

表一　20 世纪 20 年代甘肃和宁夏主要城镇发展状况④

城市	城市状况	城市人口状况
兰州	内城周六里多,外廓周十八里多,全城中敷以石。	户约一万五千,人口约八万
天水	城壁由西而东,横列为五城,有东西一条街。	人口八万余
宁夏	城周十五里有奇,为六门,宁夏市街繁盛整齐。	人口六万
平凉	城分内城、外城,内城周十余里。	户三千,人口一万五千
庆阳	南关瓮城周三里,北关瓮城周七里,商业尚盛。	人口三千
固原	城周九里三分,有东、西、南三门,并有外城。	人口一万
中卫	城为长方形,周五里七分,街市繁整,贸易亦盛。	人口一万
灵武	城周七里多,有南、北二门,为附近农产物集散地。	人口一万
武威	城垣作纵狭横长状,周十一里,更有东关门。	人口一万
张掖	城方形,周十二里有奇,为门四,商店林立。	人口八千
酒泉	城周八里有奇,有东、南、北三门。	人口二万
成县	城为方形,周五里,有东、南、西、北四门。	人口八千
陇西	内城三里,有东、南、西、北四门,外城周五里。	户数六百,人口四千

---

① 帕金斯:《中国农业的发展》(1368—1968),上海译文出版社 1984 年版,第 203 页。

② 何一民:《中国城市史纲》,四川大学出版社 1994 年版,第 222、232 页。

③ 胡焕庸、张善余:《中国人口地理》上册,华东师范大学出版社 1986 年版,第 260 页;何一民:《变革与发展:中国内陆城市现代化研究》,四川大学出版社 2002 年版,第 192 页。

④ 参见白眉:《甘肃省志》(大概成书于 1922 年),载《中国西北文献丛书》第 33 册。

续表一

城市	城市状况	城市人口状况
静宁	城方形周五里有三门,城内屋宇栉比,商业殷盛。	人口二万
狄道	城周十五里,街市整齐,道路宽阔,商业繁盛。	人口六千
定西	北城周三里三分,南城周六里三分,商业殷阗。	人口六千
渭源	城周三里,有东、西门,大街土屋相并,极为寂寥。	人口二千
会宁	城为正方形,周计三里余,凡四门。	人口一万五千
礼县	城为方形,周三里,为四门。	人口五千
伏羌	城正方形,周三里许,东、西、南、北各一门。	人口一万
西和	城作长方形,商业基盛,主要街市有北东南街。	人口五千
武都	城周二里,有西关城,街市商务尚称繁荣。	人口五千
永昌	城周七里二百三十步,为门四,城内商市不繁盛。	人口六千
武山	北城周三里,南城方形,周约二里。	人口三千
隆得	城周九里,方形,为门三,东、南、北。	人口五千
灵台	城周约三里,南北二百四十丈,东西一百八十丈。	人口三千
平番	城周八里有奇,为门三。	人口五千
山丹	城内商店沿渠列市,势尚殷阗,街道甚宽。	人口三千
安西	城周三里三分,有外廓,城内五分之四为空地。	有户九百
玉门	城周二里三分。	人口五千

从上表可以看出,直到20世纪20年代,中国大西北的甘肃、宁夏两省区的城镇发展水平仍然非常低,城镇规模普遍偏小,城周大都仅在10公里以内,人口能够过万的还不到一半,5万人以上的仅3个,没有一个城市的人口规模达到10万人。另据学者们统计,在20世纪30年代,西藏、新疆和内蒙古的中心城市人口规模也都非常小,拉萨、迪化、归绥等城市当时的人口规模分别只有12.6万人、9.0万人、8.4万人。① 这样的城市规模基本上都无法与东部沿海城市相比较。

当然,近代中国西部地区也有一些开埠口岸城市,比如重庆和昆明等,这些城市在晚清及民国前期的发展虽也算显著,但若与沿海沿江的上海、天津、汉口等城市相比,则依然有着巨大的差距。重庆尽管属于长江沿岸城市,但事实上因川江航运的限制,直至19世纪末期,它仍然还只能算是一个缓慢发展的传统内陆城市。有统计表明,19世纪80年代,重庆每年运载进出口货物的木船大约有5000~7000

---

① 参见沈汝生:《中国都市之地理分布》,载《地理学报》第4卷,1937年。

艘,载货量约 24 万吨;到 1895 年,其进口货物总值仅为 686 万海关两。① 即使后来川江轮运兴起,民国初期,"四川省敞开商业的汽船航行,是目前这 10 年间的突出特点。对一般旅行者来说,重庆已不再像从前年间只有依赖民船作为唯一的交通工具才能达到遥远城市了"。② 但据有关资料显示,1922 年进出重庆的轮船也不过 639 艘次、货物装载量接近 28 万吨;1936 年,中外在重庆开办的轮船公司发展到 16 家,拥有轮船 77 艘,总吨位达 3 万多吨。③ 1906 年,重庆的进口货值为 1810 万海关两,出口货值为 1089 万海关两;到 1930 年,出口货值才上升至 3709 万海关两,1935 年进口货值上升到 4680 万海关两。④ 这样的贸易量在当时基本上都无法与沿海沿江的许多开埠口岸相比。上海、天津和广州自不待言,仅以汉口为例进行对比。汉口在 1903 年对外贸易直接进出口额就已突破 1200 万海关两,1905 年突破 3500 万海关两,1913 年超过 5000 万海关两,1924 年更是超过 8000 万海关两;间接对外贸易更加庞大,1904 年汉口的间接贸易进出口额就已突破 1 亿海关两大关,1932 年土货转口货值一度高达 1.26 亿海关两以上。1932 年至 1936 年间,进出汉口港的轮船由 8786 艘次增加到 11330 艘次,总吨位也由近 667 万吨上升到 811 万吨。⑤

二、抗战期间西部城市的兴盛发展

中国的抗日战争始于 1931 年"九一八"事变,1937 年"七七"事变后进入全面抗战时期。由于当时中国正面战场节节失利,国民政府被迫将其经济、政治重心逐渐西移,在大举内迁东部地区人、财、物的同时,还不断加紧了西部地区的战时各项建设,从而有力地带动了中国西部许多城市的快速兴起。

抗战期间,中国西部地区因受战争影响而崛起的城市首推重庆。抗战全面爆发后,重庆成为国民政府的陪都,一跃上升到战时全国的政治、文化和经济中心位置,城市发展非常迅速。在工商业方面,因中、东部大批商贸团体和厂矿企业等的陆续迁来,重庆的商业贸易进一步走向繁荣,工业产值也跃居后方各城市之首,成为支撑全国抗战的重要物质基地。据有关史料统计,1937 年初,重庆的商号资本

① 周勇、刘景修编译:《近代重庆经济与社会的发展(1876—1949)》,四川大学出版社 1987 年版,第 501 页。

② 《重庆海关 10 年报告》(1912—1921 年)。转引自隗瀛涛主编:《中国近代不同类型城市综合研究》,四川大学出版社 1998 年版,第 700 页。

③ 参见张肖梅:《四川经济参考资料》,上海国民经济研究所 1939 年印。

④ 周勇等编译:《近代重庆经济与社会的发展(1876—1949)》,四川大学出版社 1987 年版,第 501~506 页。

⑤ 参见历年《海关中外贸易统计年刊》。转引自姚洪卓:《近代天津对外贸易研究》,天津古籍出版社 2011 年版,第 228 页。

在2000元以上的仅有700余家,1942年即猛增至25920家;1939年,重庆商会的同业公会有39个,1943年增至116个;至1945年,重庆的商业行业多达160个,商业企业总计27481家,从业人员23万多,占当时重庆城市总人口的18.8%。① 另据学者统计,1945年,重庆工业企业增加至1690家,工厂数占当时国统区的28.3%,占西南地区的51.1%,占四川省的70.9%;企业资本总额占国统区的32.1%;工业从业人员超过10万人,占国统区的26.9%。② 在城市规模方面,1927年重庆城市人口有20.8万人,即使到抗战爆发前夕,其市区实际面积也不过十余平方公里而已。③ 而到1938年底,重庆城市建成区面积已经扩展至30平方公里,全市人口已达50余万人,加上流动人口共计60余万;1942年底,按当时居民身份证登记处的统计,重庆城市人口已至百万人;1946年达到124.5万人,城市建成区面积45万平方公里。④ 毫无疑问,战时的重庆已经发展成为全国重要的经济中心和多功能大都会,它的崛起结束了近代中国西部地区没有全国一流大都会的历史,对于改善近代中国区域城市发展严重不平衡具有标志性重大意义。

除了重庆,西南地区云、贵、川诸省会城市也在抗战期间获得了巨大发展。成都在20世纪30年代中后期,由于沦陷区的工厂、机关、学校、团体和文化界人士、难民,其中包括大批有产者及其家属等纷纷迁来,致使其城市人口激增,最多时曾达80余万人,这就迅速增加了对日用消费品的需求,使一向依靠省外输入工业品的成都顿感物资匮乏,各种商品价格随之上涨。于是,战时的成都,投资工业就成为大有利可图的事业,而内迁企业和人员又带来了不少先进设备、技术人才和管理经验,这也为成都社会经济的发展创造了许多有利条件。在客观需求与高额利润的刺激下,抗战初期不仅内迁成都的工厂以高速度边建厂边复工,投资办厂者也风起云涌,从而掀起了战时成都工业发展的热潮。以机械工业为例,从1938年起,四川省教育厅科学仪器制造所、建川股份有限公司电化工厂、振兴铁工厂、裕国机械工厂、蜀康机械厂、四川机械特种股份有限公司等先后开业。至1943年底,成都较大的机械厂已经发展到43家,从业人员1160人,机床162台。再以新兴轻工业为例,1937年初,成都有轻工工厂11家,即庆鑫皮革厂、大工玻璃厂、华洋玻璃厂、星火火柴厂、日新印刷工业社、霞光印刷社、协美印刷局、新新印刷厂、求新印刷厂、维新印刷局,而到1945年初已迅速发展到62家,即造纸工业1家、制革工业6家、火

---

① 《四川月报》第十卷,第四期,1937年;《陪都十年建设计划草案》,1946年编制,第7、48、49页。

② 周勇:《重庆通史》第三卷,重庆出版社2002年版,第1334页。

③ 隗瀛涛:《近代重庆城市史》,四川大学出版社1991年版,第398页;《重庆市一览》,重庆市政府秘书处1936年编印,第7页。

④ 隗瀛涛:《中国近代不同类型城市综合研究》,四川大学出版社1998年版,第357、372页;隗瀛涛:《近代重庆城市史》,四川大学出版社1991年版,第386、470页;曹洪涛、刘金声:《中国近现代城市的发展》,中国城市出版社1998年版,第167～168页。

柴工业 3 家、皂烛工业 7 家、日用化学工业 13 家、小五金工业 3 家、印刷出版工业 10 家、教育文具工业 4 家、陶瓷玻璃工业 8 家、食品工业 7 家。① 当然,战时成都的其他工业门类如纺织、化学、电子仪表等,也有较快速度、甚至是开创性的发展。抗战期间成都工业经济的蓬勃兴起为其城市发展提供了强大支撑,使其成为中国抗战大后方城市兴旺发展的重要代表。

昆明作为近代中国西南地区为数不多的对外开埠口岸之一,因地处滇越铁路、滇缅公路联系国际、国内的交通要道而成为抗战大后方重要的物资中转中心和物资、人员集散地,战时的城市发展亦明显提速。以滇越铁路的客、货运输量为例,1938 年该线路的客、货运输量分别达到 4200 余万人次和 37.7 万吨,1939 年货运量又增至 52.4 万吨,1940 年客运量增加到 4542 万人次,两项相比于战前都有成倍的增长。② 截至 1940 年,昆明内迁与新建的工厂企业达 80 个,矿业公司、煤业公司、昆明炼钢厂、制茶厂、云南纺织厂等都是战时建立和发展起来的;抗战前昆明有商号 2000 余家,抗战期间南来北往的商号云集昆明,至 1945 年商号多达 20000 余家。③ 在战时各种因素的促使下,昆明一举成为当时西南重要的对外贸易中心和滇省重要的商业中心。

贵阳在近代的发展也深受抗日战争各种因素的影响。抗战时期,贵阳由于地处重庆对内、对外联系的陆上交通中转环节,当时南来北往、输入运出的货物大多经此地集散和转运,从而促成了贵阳成为战时西南最大的商业转运中心。据有关资料显示,1937 年贵阳有商号 1420 户,资本 180 万元;1942 年增加到 3894 户,资本 7999.5 万元;到 1945 年,商号资本迅速增加到 2.1 亿元,较 1942 年增加 1.5 倍多。④ 在工业发展方面,战前贵阳"严格言之,机械工业,可谓绝无仅有,大致均属手工业",这种状况到抗战时期有了明显的改观,最盛时内迁与新建的工业企业多达 67 家。⑤

除了上述省域中心城市外,抗战期间西南地区的一些中小城市也同样进入了一个较好的发展时期。比如四川的乐山就是明显的例子。1941 年前后,从乐山到西昌的乐西公路和从乐山到内江的内乐公路相继建成通车,成为近代乐山城市发展的重大转折。乐西公路起自乐山城北,基本沿古建昌驿道走向修筑,向西沿青衣江,途经峨眉、龙池、金口河、汉源、石棉、冕宁、泸沽等,最后到达西昌,全程 525 公里,行车约 36 小时。乐西公路在乐山城北与成嘉公路相连通往成都,在西昌与西

① 《成都市志·机械工业志》,四川辞书出版社 2000 年版,第 4 页;《成都市志·轻工业志》,四川辞书出版社 2000 年版,第 20 页。

② 《抗战时期西南的交通》,云南人民出版社 1992 年版,第 384 页。

③ 谢本书:《近代昆明城市史》,云南大学出版社 1997 年版,第 203、214 页。

④ 《金筑丛书·民国贵阳经济》,贵州人民出版社 1993 年版,第 260 页。

⑤ 《贵州近代经济史资料选辑》(上)卷二,四川社会科学院出版社 1987 年版,第 460、478 页。

祥公路相接通往云南。由于当时国内粤汉铁路已经被日军切断,主要国际公路滇缅公路也已经通车,川滇之间须绕贵阳而行,川滇东路也须绕咸宁、毕节至泸州,乐西公路的修通无疑就使其成为四川通往滇缅国际公路的直接通道。内乐公路从内江起,经自贡、荣县、井研、五通,止于乐山,全程计 205 公里。内乐公路在内江与成渝公路相接,在乐山又与成嘉、乐西公路相接。这样,乐山除抗战前的成嘉公路外,又有了两条长途公路与外地联系,交通地位更为重要①,遂成为战时的川西、川南物资集散中心和水陆交通枢纽,担负着向重庆和成都大量供应粮食和战时必需品的重任,城市地位明显提高,工商业发展迅速。据 1944 年的《川南工商》记载,当时的乐山"川中、乐西两公路次第完成,通车已久,出产以丝蜡为大宗,商之公司,工之场厂,咸萃于斯,贸易最为兴盛。省政府特定乐山为工业据点之一。……七七事变之后,新兴的和迁来的许多工厂,已经把乐山变成了工业区。除原有的成嘉公路之外,川西、川中两公路又先后完成。丝厂、绸厂共六十一家,倍多于抗战以前,出口亦较过去进步。嘉乐、正中两纸厂的出品,代替了外国纸,解决了我们纸荒的问题。焦油、干馏、水泥、织毛、制革、纯碱、瓷器等各种有关国防民生的工业,生产日增或方兴未艾"。②

与西南地区诸多城市受抗战因素影响而获得较快发展相同,中国西北地区的许多城市也在抗战期间进步明显。抗战全面爆发后,西北地区亦作为全国抗战的大后方而备受重视,不仅有大量内迁企业、机构等落户于此,国民政府还实行多种政策倾斜,加大了对该地区各项建设的投入,从而有力地推动了当地许多城市的较快发展。在交通建设方面,继抗战全面爆发前夕国民政府出于国防备战考虑而加紧修通了至西安再至宝鸡的陇海铁路和西安至兰州、西安至汉中的公路等之后,抗战期间,为了打破日军对中国东部沿海的封锁,打通内陆国际通道,取得盟国的援助和发展对外贸易,国民政府在西北地区又进一步加强了公路及铁路建设,比如修筑了渭南至白水的轻便铁路和咸阳至同官的铁路支线,整修和新修了西兰公路、甘新公路、甘青公路、汉白公路、宝平公路、青藏公路玉树段、华双公路华天段、甘川公路兰通段等诸多公路,从而明显提升了西北地区的交通水平。③ 在工业建设方面,据史料统计,到 1942 年,陕、甘、宁、青 4 省共建成工厂 839 个,拥有动力 15 万匹马力,资本总额 16917.5 万元,工人 32857 人。其中陕西工业发展最为迅速,工厂数多达 385 家,工业综合力量仅次于当时的四川和湖南而位居全国第三。④ 到 1944

---

① 《乐山史志资料》总第 1～4 期合刊本,第 229～231 页。

② 《川南工商》1944 年 6 月 21 日特刊,乐山市档案馆藏。

③ 《文史资料选辑》第 83 辑,文史资料出版社 1982 年版,第 203 页。

④ 陈真:《中国近代工业史资料》第 4 辑,三联书店 1961 年版,第 97 页。

年,陕、甘两省各类工厂数已达 587 家,资本总额达 48305.6 万元,工人达 41605
人。① 宁夏在抗战期间建立工厂 18 家,新疆的新式工业也从无到有,共建工厂
44 家。②

战时西北地区的交通和工业建设为当地城市的兴旺发展提供了强劲动力。抗
战期间,西安、宝鸡、天水、兰州、平凉、银川、西宁和迪化等,都发展成为新的工业城
市和战时后方的货物集散地、商贸中心。西安是连接中原、西南和西北地区的商贸
中心;兰州是西北交通枢纽,是联系青海、新疆、宁夏的商贸中心;银川是连接西北
与华北的商贸中心;迪化是战时西北国际通道的连接中心,也是抗战时期中国对苏
贸易的桥头堡。据学者们统计,在 1937—1938 年间,约有 6000 吨各种物资通过新
疆;在 1938—1941 年间,中国经新疆向苏联运输的战略物资有钨砂 14664 吨、锡
7385 吨、汞 150 吨、锑 4075 吨、桐油 7768 吨、羊毛 10500 吨、猪鬃 6340 吨、生羊皮
1315000 张。③ 此外,抗战期间中国还通过地方贸易从新疆向苏联出口了 350 多万
头羊、1039 万张羊皮、29413 吨羊毛和其他产品。④ 如此大规模的货品流动对西北
各地城市发展所起的作用自然不可低估。

当然,除了上述各省域中心城市外,西北地区的一些中小城市如咸阳、宝鸡等,
亦受益于抗战内迁和战时大后方建设而获得了较好发展。咸阳在抗日战争全面爆
发后,因受迁了东部许多工厂和企业,使其使用机器的煤矿不断增多,加之当时关
中西安等地用煤量猛增,这就为咸阳的煤炭业发展提供了机遇。北部各地所产煤
炭多在咸阳集聚或扩散,由此咸阳建立了“四盛通”“同春和”“永义和”这 3 家煤
厂。不仅如此,抗战期间,山东、河南等沦陷区的部分难民西迁咸阳,多定居在火车
站、文汇路、新兴路一带。⑤ 这些人中很大一部分原是从商者,他们的到来也就促
进了咸阳手工业特别是纺织手工业的发展,“目前如西安、咸阳、宝鸡等地工场手工
业,都是以铁机为中心……较家庭手工业为进步了”。⑥ 总之,在战时各种因素的
作用下,咸阳城市各方面发展明显加快,人口迅速增多。据有关史料统计,咸阳城
市“人口在民国二十六年仅八万余口,至二十九年已增至九万五千一百六十六
名”。⑦

宝鸡在抗战之前城市发展比较落后,是一个不足万人的小县城,工商业方面仅
有一些酿酒、造纸、织布等手工业和伐木、小型采矿业,以及一些进行转手贸易的商

---

① 参见《后方工业概况统计》,国民政府经济部统计处 1943 年 5 月印。

② 陈真:《中国近代工业史资料》第 4 辑,三联书店 1961 年版,第 88 页。

③ 魏永理:《中国西北近代开发史》,甘肃人民出版社 1993 年版,第 309 页。

④ 徐万民:《八年抗战时期的中苏贸易》,载《近代史研究》1988 年第 6 期,第 203 页。

⑤ 《渭城区志》,陕西人民出版社 1996 年版,第 86 页。

⑥ 邬翰芳:《西北经济地理》,1944 年印,第 33、34 页。

⑦ 《陇海铁路潼宝段沿线经济调查》,1942 年印,第 33~35 页。

业。抗战全面爆发后，宝鸡因有陇海铁路及西汉、宝平、长益等公路交汇，遂成为战时大后方联结西南与西北地区的交通枢纽和商品物资集散地，城市工商业迅速发展起来。1941 年，陕西第九行政督察专员公署迁至宝鸡；到 1944 年，宝鸡工商业剧增到 1030 家。① 如此这般，仅在抗战期间短短的几年内，宝鸡就从一个只有数千人的小城镇，一跃发展成为令人瞩目的西北重要工业基地、陕西省的第二大工业中心。

结语

毋庸置疑，在 20 世纪 30—40 年代中国人民长达 14 年的抗日战争中，中国许多城市的发展都因身陷战火而步履蹒跚，这绝对是此一时期中国城市发展的主色调，充满了黑暗与痛苦。正如有学者指出的那样："日本帝国主义入侵中国后推行野蛮的'三光'政策，烧杀抢掠，无恶不作，使许多城市由此衰落、萎缩。"② 而上述中国西部城市因位于全国抗战的大后方，在国家实施抗战内迁和战时后方建设的过程中获得了一段较好的发展时光，这无疑是在特定历史条件下出现的城市发展现象。此种现象的形成，说明了战争作用于城市发展不仅有负向的一面，有时还会有正向的一面，总体看是极其广泛和深刻的。

---

① 何泳等：《宝鸡五千年》，西北大学出版社 1989 年版，第 286 页。
② 朱铁臻：《城市发展研究》，中国统计出版社 1996 年版，第 13 页。

近代云南城市发展与变迁

李艳林①

摘要:近代云南因西方势力渗入而开埠、通商、设立海关,传统贸易也因此受到影响,承接贸易往来的传统商道的地位不可避免地提升、下滑而起伏变动。云南重要城市都分布于商道沿线,这些城市随着商道的繁荣与衰落也相应地发展转变。

云南偏居高原,交通不便,城市主要集中于少数盆地及主要交通要道。近代西方列强叩开中国国门,中国社会也因此发生剧烈变动,而地处西南边陲的云南不可避免地受到影响。西方势力逐渐渗透云南,主要通过早期的探路活动以及开埠通商两个步骤打了云南的大门。随着近代云南门户大开,交通格局变动,云南的部分城市也相应发生转变。

一、早期探路活动与云南格局变迁

云南的自然地理条件决定了云南的道路一经形成就很难改变,交通运输方式主要是陆路运输。早期云南与中原地区的交往主要借助北上四川再经长江到达长沙、武汉、上海等中国重要城市,或向东通过贵州、广西与中国其他城市衔接的方式,早期云南城市的繁荣与兴衰也与这些主要交通干道地位的提升、下降紧密地绑定在一起。随着西方势力渗入云南,云南交通情况有所转变。以西方势力的探路活动而论,英国与法国两国分别把目光投向当时云南传统的商业繁华区域,这些区域集中在滇中、滇西。滇中有云南的省会昆明,通过昆明可以衔接滇东南的边境城市蒙自,该条商道历史上经营滇越贸易。滇中有大理、腾越等城市,是滇缅贸易的传统路线。英国与法国针对这两个区域展开角逐,分别把目光投向滇西的大理、滇中的昆明两个区域内。英国希望打通一条经由缅甸到达大理最后从滇西到达四川的道路。法国希望通过越南经蒙自到达昆明最后到四川。英、法两国的计划并没有得到彻底的贯彻实施。英国仅在滇缅边界影响较大,法国势力主要在滇越边界滇东南地区,最远到达滇中的昆明。相比较而言,法国在这场竞争中占有优势,在恶劣的自然条件下法国修筑了由蒙自到昆明的滇越铁路,其势力总的来说集中在

① 李艳林,厦门大学嘉庚学院。

铁路贯通的滇东南。

具体来说,英、法两国势力渗入云南与云南开埠通商有关。马嘉理事件后,1883 年爆发中法战争,中法双方在军事上互有胜负,但是法国还是迫使清政府签订了不平等条约《中法和约》。按照该条约规定,法国在云南设立了海关,蒙自、思茅因此开埠通商,此外还开放了若干分关和分卡,其中位于蒙自与保胜之间的水路必经之道蛮耗设为分关,云南对外门户洞开。① 英国看到法国要求开关得以实现,通过《中英缅甸条约》取得了在蛮允及盏西两条商道运货通商的权利,1901 年腾越正式开关。蒙自、思茅、腾越以及河口开关,这是基于履行中英、中法有关条约而被迫开放的,称为"约开商埠"。根据云南"约开商埠"的条约章程规定,在开关的同时,各关都派驻法国或英国的领事馆,在各分关派驻领事馆的人员,可以参与中国海关人员管理海关行政,实际上掌握了海关行政管理权。设立海关对云南城市发展影响较大。近代云南城市因战乱、瘟疫、天灾等原因大多衰落,难以恢复。海关设立后,云南商业趋于活跃,经济有所发展,城市有了一个较好的发展空间。

二、开埠通商后的滇缅商道核心城市的繁荣

腾越原来为滇缅通道上的一个重要城市,受英国势力影响,通过腾越关的货物主要经由滇缅商路进入腾冲,腾越关区辐射范围为今天保山、下关、大理等地。② 腾越设为海关之后,以往云南传统商道滇缅沿线城市也得到发展。其中发展最快的城市要数下关与腾冲。下关本为关隘,地处交通要冲,因交通便利逐渐发展为城市。"因而在光绪年间,四川、临安、鹤庆、腾冲、昆明、喜洲等地的商人和大理地区的一些官吏,都纷纷在下关设号。"③随着英、法等国势力不断渗入,"各种洋货,尤其是洋纱、洋布大宗输入下关……在光绪年间(公元 1875～1908 年),英国货有纱、布、瓦花、纸烟、洋油、洋蜡、大烟、火柴、绸缎等数十种……同时有美国的石油和泰国的少量绸缎"④。腾越设关后,滇缅贸易日益扩大,商业更为繁盛,"1880 年前后下关已经有兴盛店、全福店、正发店、福昌店、福庆店、聚昌店、复顺盐店、裕和盐店

---

①　中法战争后,1885 年 4 月法国强迫清政府签订了《中法天津条约》,英、法强迫清政府在云南开放通商口岸,并设立海关。依据 1887 年 6 月签订的《续议商务专条》的协议,1889 年 8 月蒙自开关;依据 1895 年 6 月签订的中法《续议商务专条附件》的协议,1897 年 1 月思茅开关;依据 1897 年签订的中英《续议缅甸条约附款》协议,1902 年 5 月腾越(今腾冲)开关;根据 1895 年 6 月签订的中法《续议商务专条附章》,1897 年河口由分卡升为分关;1894 年 3 月蛮允开关,依据 1897 年 2 月签订的中英《续议缅甸条约附款》,曾经是正关降为分关,事实上,蛮允关就由河口关所替代。

②　云南省地方志编纂委员会:《云南省志·铁道志》,云南人民出版社 1994 年版,第 36 页。

③　中国社科院:《云南白族社会历史调查报告》(白族调查资料之一),中国科学院民族研究所,云南民族研究所,1963 年,第 126 页。

④　中国社科院:《云南白族社会历史调查报告》(白族调查资料之一),中国科学院民族研究所,云南民族研究所,1963 年,第 126 页。

等十多家堆店,商号由杜文秀时期的四十余家发展到七八十家。商号多集中在堆店内。当时下关已经形成了四川、临安、迤西(包括腾冲、鹤庆、喜洲等迤西各地商人)三大商帮。"①英、法通过腾越关将各式各样的洋货输入下关再运销各地,各地出口的货物也集中下关,再经腾越出口,下关成为滇西的物资集散地、商业重镇和著名的中心市场。② 下关附近各县的地方产品及农副产品往往将下关作为交易中心,如丽江的酥油,鹤庆的火腿,鹤庆酒,大理的大理石、弓鱼,漾濞的核桃、香油,乔后的食盐,邓川的乳扇等。1900 年左右,迤西商帮大大发展起来,商号日益增多,"迤西帮"由一个商帮发展成 3 个帮,"下关的商号发展到百多家,堆店有十八家,大小商店由 1875 年以前的七八十家猛增到三百余家。"③在这一时期,下关商业繁荣一时,每天来往的商队驮马络绎不绝。下关商号除了过去经营农产品、土特产、山货药材、茶叶等土货外开始经营洋货,主要活动都围绕进出口贸易进行。1908年,喜洲著名的商号永昌祥在下关开办了第一家茶厂。英国驻滇省首任领事列敦(在任时间 1903—1909 年)于 1902 年旅行下关时记录:"来到这里旅游者都会发现,位于大理平原南边的下关作为内地贸易中心而重要,这里是云南西部的商业首府,如果对与缅甸之间的贸易通道稍微施加设备的话,就马上成为省内最大的市场。实际上,下关厘金收入已经在云南首位,其中仅从鸦片征收的年厘金收入高达四万两至五万两。因为市区迅猛发展,下关拥有一万二千以上人口,几乎全市民从事商业,在市内小河两边林立商店形成市区。"④

腾冲为商埠所在地,也有很大发展。腾冲地处与缅甸、印度及西亚贸易的要道,商业发达。基于腾冲对东南亚、南亚通商贸易的独特地位,腾冲的城市地位显得更为重要,其下辖的重要边境城市盈江、瑞丽、畹町、镇康,都以腾冲为进出口货物的集散地。腾冲于 1902 年 4 月开埠设关后,进出口贸易增加,市场繁盛。国内外商人以腾冲为据点,经营进出口贸易,年出口货值关平银一两百万两,年进口货值关平银三五百万两,年入超值都在关平银两百万两以上。其中玉石是比较出名的大宗进口商品之一。作为大宗进口商品,玉石在腾冲的贸易历史悠久。进口的玉石大多为没有加工过的粗糙玉石料,这些玉石大量进入腾冲后,经过或粗或细的加工后再分销各地,形成了以腾冲为玉石加工中心,缅甸——腾冲——大理——省会(昆明)——内地这样一条玉石贸易网。刘楚湘在《腾冲县志稿》中说:"昔日繁

---

① 中国科学院民族研究所、云南民族研究所:《云南白族社会历史调查报告》(白族调查资料之一),1963 年,第 126 页。

② 大理白族自治州地方志编纂委员会:《大理市商业志》,云南人民出版社 1992 年版,第 34 页。

③ 中国科学院民族研究所、云南民族研究所:《云南白族社会历史调查报告》(白族调查资料之一),1963 年,第 126~127 页。

④ 薄井由:《清末民初云南商业地理初探——以东亚同文书院大旅行调查报告为中心的研究》,复旦大学,2003 年。

华八宝街,雄商大贾挟货来"。开埠后,腾冲年进出口货物达 10 万驮,是滇西较繁华的商埠。在不断扩大的进出口贸易的推动下,以腾冲为基地的跨国商号应运而生,并不断扩展生产经营领域。著名的"洪盛祥"商号以腾冲为总部所在地,在国内的保山、昆明、嘉庆、重庆、广州、上海和国外的仰光、曼德勒、腊戌、八莫、加尔各答、噶伦堡等地设有分支机构,出口商品以国产丝、茶为主,进口以棉纱、棉布和玉石为主。腾越关所在地腾冲主要是货物集散地,货物大多销往缅甸和印度。而大宗货物基本来自滇缅商道上的下关、大理等滇西地区。[①]

三、开埠通商后滇越商道中心城市变化

腾越关设立之后滇缅贸易获得了广阔的发展空间,沿线城市也繁荣起来;同样,蒙自关的设立使原已存在的滇越贸易量大增,当时云南对外贸易的发展惊人,贸易商品种类之多、货值之巨,绝非传统贸易所能相比。外国商品的输入来势凶猛,从光绪十五年(1889)至宣统元年(1909)年的 21 年里,云南进口货物成几倍、几十倍、上百倍地增加。[②] 而蒙自关进出口货物居于三关之首。滇越贸易飞速发展,沿线城市都相当繁荣,变化最大的是蒙自。蒙自作为滇越贸易重要通道中的核心,滇越贸易的主要商品都是通过蒙自海关运输的货物。1889 年到 1910 年,海关开关是蒙自外贸的鼎盛时期。1891 年后,蒙自关在三关中的对外贸易总额居于最大,蒙自成为云南重要的对外贸易口岸。蒙自的繁荣引起了列强对云南筑路权的争夺,最终由法国人获得[③],法国在滇越商道沿线修筑了著名的滇越铁路。滇越铁路通车前,云南与越南、老挝的贸易往来虽然早已存在,却一直进展不大,从越南输入云南的商品数量很少,云南对越南的贸易始终处于出超地位。[④] 由于从蒙自经越南转运出口较为便捷,以大锡、棉货为主的蒙自关进出口贸易成为云南对外贸易中的主要部分,锡对外贸易额占蒙自关对外贸易总额的 80%[⑤]。由于战乱,滇东南的一些矿产荒废,有些地区一度萧条。铁路通车后,蒙自成为云南较大的中转市场。蒙自海关的贸易总额 1890 年为 927282 海关两,到 1911 年猛增为 11398300 海关两,增加了 11 倍;思茅海关 1897 年的贸易总额为 185976 海关两,到 1911 年增加为 235208 海关两,增加了 26%;腾越海关从 1902 年开关时的 661695 海关两,增加为 5624407.5 海关两,增加了 8.5 倍。[⑥] 蒙自、思茅、腾越三关进出口贸易额中,蒙

---

① 大理白族自治州地方志编纂委员会:《大理市商业志》,云南人民出版社 1992 年版,第 34 页。

② 吴兴南:《云南对外贸易——从传统到近代化的历程》,云南民族出版社 1997 年版,第 141 页。

③ 张轶群:《滇越铁路的历史记忆——滇越铁路沿线的近代铁路社区建筑初探》,载《小城镇建设》,2003 年第 4 期。

④ 吴兴南:《云南对外贸易》,云南民族出版社 1997 年版,第 91 页。

⑤ 李珪:《云南近代经济史》,云南民族出版社 1995 年版,第 99 页。

⑥ 云南通志馆编纂:《新纂云南通志》(卷 144,商业考),1944 年。

自关平均占80%。蒙自除了对外贸易在全省独占鳌头外,其手工业生产、商品经济的发展也日益兴旺起来,使蒙自城镇经济繁荣一时。广帮商人和云南临安帮商人以经营大锡销港为主要业务,他们几乎都在蒙自建立了自己的贸易商号。据蒙自县政协文史资料委员会撰写的《蒙自进出口贸易》一文提供的资料,自蒙自开关至滇越铁路通车以前,蒙自较大的商号共有8家,即司裕号、官商公司、广昌和、天德和、朱恒泰、福顺昌、亿昌、裕昌。司裕号和官商公司两家商行的贸易以走香港为主,出口为大锡、普洱茶、皮革等,进口为棉纱、布匹、棉花、呢绒、日用百货等。广昌和、天德和两家商号均为广帮商号,两家商号的出口商品为大锡,进口商品为白糖、海味、烟丝。朱恒泰和福顺昌两家商号为滇东南建水人经营的商号,两家商号的贸易路线亦走香港,进口为棉纱,出口为大锡、茶叶、皮革、猪鬃、火腿等。亿昌和裕昌也为广帮商号,亿昌的经营商品为进口白糖、冰糖、棉纱、布匹,出口大锡;裕昌为进口洋广杂货,出口茶叶。[①] 蒙自关对外贸易的兴盛带动了滇东南地区城市的发展。

四、开埠通商之后滇南部分城市的衰落

在云南开设的3个海关中,思茅关因其地理位置不甚理想,开关后贸易为三关中最少的一关。思茅在云南杜文秀起义以前市场繁荣,主营滇越及滇藏贸易,正因如此,英法才要求把其开辟为商埠。开埠后,因蒙自关的兴盛,商人不愿通过思茅进行滇越贸易,而经营滇藏贸易的商人也不愿在思茅停留,思茅逐渐失去昔日繁华,由一个商品集散中心变为一个不太重要的商品转运站。1902—1911年海关 Decennial Reports 记载:"思茅的贸易用几句话就可以概括,基本没有市场、没有商业交换。贸易呈萎缩趋势。"[②]这一评论充分说明了思茅经济萧条的状况。当然,因思茅是传统的茶叶产地,茶叶贸易并未衰落,思茅通大理的茶马道依然在使用,大理商人奔走于这条道路,运送茶叶到下关,但是他们也仅把思茅当作贸易的中转站[③]。

云南开埠通商使滇缅贸易与滇越贸易都获得了发展的空间。云南传统对外贸易历来以滇缅贸易为主,开埠设关后,云南的对外贸易开始转向以滇越贸易为主。云南的大部分城市多或少地受到冲击、发生变动,主要表现在滇缅商道及滇越商道沿线的城市。其中以下关、腾冲、蒙自表现最为明显,城市经济有所发展。而腾冲、蒙自两个外贸易集散地的快速发展对传统上颇为重要的云南城市思茅造成了双面夹击,传统上以思茅为集散地的外贸衰落,思茅商人进行交易不再停留思茅,思茅由原来的贸易集散中心变为一个不重要的转运站。开埠通商后,虽然在思茅设立了海关,但是思茅的对外贸易已经彻底萎缩。

---

① 《蒙自进出口贸易》,《云南文史资料选辑》第42辑,云南人民出版社1993年版,第304页。
② 中国第二历史档案馆、海关总署办公厅:《中国旧海关史料》,京华出版社2007版,第155~743页。
③ 中国第二历史档案馆、海关总署办公厅:《中国旧海关史料》京华出版社2007年版,第154~494页。

试析民国时期云南城市规模的变迁

丁小珊[①]

摘要：城市规模是城市发展变迁的一个重要衡量指标，其主要包括城市人口规模和用地规模。本文着重从人口规模和用地规模这两个角度，分析民国时期云南城市规模的变迁，并得出变迁中的四个特点，即缓慢性、层级性、不平衡性、波动性。

城市规模主要包括城市人口规模和用地规模。作为进行综合考察区域城市的基本指标，通过其统计数据可以反映出城市的发展变迁全貌。云南由于地处边地，城市规模长期以来缺乏系统的统计。民国时期云南城市规模发生了较大的变化，这些变化从一个侧面凸显了区域城市的现代化变迁历程。因此，对民国时期云南城市规模进行考察有一定的学术价值。本文将着重对城市人口规模和用地规模进行归纳比较。

一、区域人口规模变迁

自晚清始，四川盆地和湖南省人口压力日增，大量人口向地广人稀的西南地区迁移。民国时期，因滇越铁路筑通，交通便利，云南人口有一定增长。抗战时期，云南又经历了新的移民高潮，人口总量逐渐增多。据调查，1932 年云南全省人口总数为 9839180 人，省城人口为 275374 人；1937 年云南 122 个县，共 1173 万人。[②] 但总体来看，云南城市人口较少，城市规模较小。如云南建制镇共 172 个，共有人口约 53 万，平均每个镇仅 3000 余人。[③]

（一）区域人口规模

表一为 1932 年云南区域人口统计表。

---

① 丁小珊，成都信息工程学院，讲师。

② 昆明市志编纂委员会：《昆明市志长编》第 11 卷（近代 6），1984 年，第 15 页。

③ 云南省地方志编纂委员会：《云南省志·地理志》，云南人民出版社 1998 年版，第 157 页。

表一　1932 年云南区域人口统计表

人口数	城市
30 万以上	保山、宣威、镇雄
20 万～30 万	腾冲、会泽、广南、顺宁、昆明、昭通
15 万～20 万	建水、马关、蒙化、巧家、彝良、昆明县、文山、景东、陆良、西畴、沾益、澜沧、石屏、永善、泸西
10 万～15 万	楚雄、寻甸、玉溪、丽江、蒙自、云县、武定、镇康、禄劝、祥云、罗平、平彝、墨江、永胜、曲靖、弥勒、宜良、弥渡、宾川、嵩明、姚安、大关
5 万～10 万	龙陵、华宁、牟定、开远、个旧、大理、缅宁、镇南、景谷、鹤庆、盐津、绥江、永仁、云龙、大姚、路南、河西、双柏、富州、罗次、呈贡、宁洱、元江、邱北、通海、澄江、安宁、昆阳、江川、易门、峨山、新平、鲁甸、屏边、凤仪、洱源、剑川、镇沅、兰坪、双江
5 万以下	师宗、马龙、威信、禄丰、永平、广通、车里、中甸、维西、思茅、富民、晋宁、曲溪、元谋、六顺、盐兴、盐丰、金平、邓川、华坪、漾濞、江城、南峤、佛海、镇越

资料来源:《民国时期云南行政区域概况》,《云南档案史料》,1994 年。

从表一可以看到民国时期云南区域人口的分布情况。第一,行政等级越高①,城市人口越多。人口 20 万以上的区域都是第一等级城市。人口 5 万以下的全是第三等级城市。人口规模跟行政层级大致相匹配。但也有少数例外,如开远、个旧是第一等级城市,只有约 4000 平方公里,人口约 10 万,区域面积虽然较小,但城市人口较多。

第二,云南区域人口主要集中在滇东北、滇东南、滇中和滇西几大区域。滇东北以昭通为中心,形成昭通、镇雄、宣威、会泽为人口集中区;滇西形成了保山、腾冲、顺宁的人口集中带;滇中昆明坝更是形成了以昆明为核心的城市群;滇东南建水、石屏、广南亦是人口集中地。滇南和滇西北等区域由于地理因素的影响,人口多在 10 万以下。

(二)区域人口增长率

对区域人口规模的考察,增长率是一个较为重要的衡量指标。表二汇集了 1910 年至 1947 年云南城市人口的增长率。

---

① 民国时期(1929—1943 年),云南有 1 市、120 个县,其中一等县 25 个、二等县 27 个、三等县 60 个,还有 14 个设治局。

表二　1910—1947 年云南城市人口增长率

城市	1911 年户数	1932 年户数	1940 年户数	1947 年户数
会泽	40083	58413	49603	36693
曲靖	19069	24035	19824	17921
昭通	30428	46651	38966	32074
昆明县	23691	35675	37361	33567
禄丰	7158	7116	21816	6747
富民	5138	6971	6756	6755
楚雄	14544	22824	20495	
路南	15842	18099	18050	17029
广通	6298	8077	6168	6153
思茅	3257	5573	4386	3164
宁洱	12154	14044	9318	7824
宣威	38663	58467	49632	44095
腾冲	32539	52296	31917	22740
保山	29180	67054	54539	45633
大理	18022	16192	15018	12001
蒙化	22350	36884	29268	
丽江	20570	28376	18827	17378
中甸	6996	6034	6338	6438
个旧	2680	16496	14014	8876
开远	13180	19636	18373	
石屏	23231	32218	24828	
建水	45131	44150	41080	
蒙自	18318	14956	22058	17334
文山	44728	37833	20450	15798

资料来源:根据《云南省档案史料丛编·近代云南人口史料(1909—1982)》(第 2 辑上)第 33~57 页的数据整理而成。

从《近代云南人口史料》中截取部分滇东、滇中、滇西地区城市的数据,对比 1911 年、1932 年云南城市户数可知人口增长呈上升趋势。随着新云南建设的开展,政局稳定、经济兴盛,各个区域城市人口开始逐步上升,滇中及滇东南地区城市人口增长尤为迅速,昆明县从 23691 户上升到 35675 户,个旧从 2680 户上升到 16496 户,腾冲从 32539 户增加到 52296 户。而对比 1932 年、1940 年和 1947 年的数据可以发现,1940 年只有昆明、蒙自户数有所上升,其他城市人口都呈下降趋势;1947 年云南城市户数下降十分明显,主要原因是经过 10 年战争的浩劫和人口东迁,以及受各种灾害的影响,各个区域人口开始大幅度下降。下降最严重的是腾冲、保山等滇西地区和滇东北地区,资源型城市如个旧、会泽人口降幅也相对较大。就整体而言,1947 年云南区域人口规模萎缩,甚至低于 1911 年民国初年人口。这也从一个角度反映出民国时期云南区域城市发展的曲折性。

(三)城市市区人口规模

市区人口规模主要指市区人口数量,是城市化率的重要参考因素。以下是1940 年云南部分城区人口统计表。

表三　云南部分城市城区人口统计表

城市	户数及人口	城市	户数及人口
腾冲	人口 1.2 万	盐津	户数约 4000,人口约 2 万
盐津	户数 500	宣威	户数约 3000,人口约 1.5 万
昭通	户数约 6500 户,人口约 3 万	沾益	户数约 400,人口约 2000
曲靖	户数 1200 户,人口约 7000	马龙	户数 400 户,人口约 2000
富民	户数约 200,人口约 1000	禄劝	人口约 1500
罗次	户数 250 户,人口约 1000 内外	元谋	300 余户
盐兴	全市人口 4000 人	丽江	人口 5 万
玉溪	人口约 5000	昆阳	人口约 1000
开远	人口约 7000	个旧	人口约 5 万
师宗	人口约 2000	罗平	户数 800 户,人口约 5000
元江	人口约 2500	峨山	人口约 1000
禄丰	750 户,人口约 3200	广通	户数 200 户,人口约 1000
楚雄	城内户数为 700 户,城外为 200 户,人口约 5000	镇南	户数 300,人口约 1500
蒙化	人口约 1.7 万	凤仪	人口约 1 万
下关	人口约 1 万	大理	人口约 6000
保山	人口约 2 万	顺宁	户数城内约 1000 户,城外约 2000 户,人口约 7000

资料来源:《新修支那省别全志·云南》第四部分"都市",东亚同文会,1943 年。

由于方志等记载都是以县为单位,单独记载城市市区人口数量、户数的难觅踪影。表三只是云南部分城区人口的不完全统计。通过对上面部分城市城区人口统计的分析可以看出,第一,就整体而言,云南城区人口数量较少。城区人口过万的城市屈指可数,只有保山、腾冲、下关、凤仪、蒙化、昭通、盐津、宣威、个旧等几个城市;多数城市城区人口只有几千人,甚至不足千人。这说明了云南城市化水平的落后。

第二,和区域人口分布一样,滇西和滇东北城区人口最密集,这反映了民国时期传统贸易线路城市的兴盛。个旧的异军突起,正说明资源型城市在云南民国时期也占据重要地位。

第三,民国时期云南一些城市出现城外人口超过城内人口的情况。如罗平城内户数50户,城外市街繁华,户数800户,人口约5000;腾冲人口城内外相半,各约1.2万。这在一定程度上反映了城市社会、经济的发展及人口规模的扩大。

二、城市用地规模

由于城市所在地区自然条件和社会经济发展水平的差别以及城市在行政等级中的地位不同,不同城市的用地规模往往有大小之分。以昆明为例,1922年云南省政府在1919年首设市政公所的基础上,重设昆明市政公所,划定省会区域,脱离昆明县,隶属于市,并按历史地理关系正式命名为昆明市。这种设置是昆明行政机制由古代到现代的历史性转折,也在很大程度上促进了昆明城市规模的扩展。建市之时,昆明城区面积达到6平方公里。抗日战争期间,昆明在城西北面扩建大学校区,城西南开发靖国、复兴等居住区,城东南建设吴井新市区,规模进一步扩大。到抗战胜利至1949年,昆明城区面积扩大到了7.8平方公里(见表四)。

表四　各历史时期昆明城市面积

时期	隋唐	宋元	明	清	民国	1949年
面积(km²)	1.5	2	3	5	6	7.8

资料来源:根据张维翰、童振藻编纂的《昆明市志》1924年铅印本推算。

但将省会昆明与全国其他大城市做一比对可以发现,昆明城市面积相对较小。1949年,上海城市面积是82.4km²,天津50.3km²,大连45.7km²,南京42km²,广州36km²,太原19km²,杭州30km²,张家口35.36km²,武汉34.7km²,重庆30km²,成都18km²,兰州17km²,济南23.2km²,开封15km²,西安13.2km²,福州11km²,南昌8.28km²,厦门8km²,呼和浩特9km²,乌鲁木齐8km²;但高于长沙6.7km²,贵阳6.8km²,长沙6.7km²,合肥5.2km²,南宁4.5km²,西宁3km²。[①] 可见,昆明城市规模在省会城市排名靠后,在西部地区城市规模不及成都、西安。

通过表五可见,民国时期云南许多城市城周规模较小,城周5支里以上的较少,大多数城周为3支里左右。城市规模较大且城池修建较全者主要集中在滇中

---

① 大河论坛,http://bbs.dahe.cn/read-htm-tid-5625305.htm。

一带,偏远的边疆城市城周一般规模较小,甚至根本没有城墙。如滇南地区有城墙记载的城市屈指可数。车里县"既少人户,也无大宗商业。署外半里,建有新式街房,都是用砖瓦建的,中为大路,左右各三排。中央的二排成棚形,不用墙壁,这便是各种货物的陈设场。边上的四排,两面开门,隔为小间,可以住家。此外还有几十家不规则的民房"。[①] 但如果与全国同一层级的次区域其他中心城市进行比对,锦州22km²、苏州19.2km²、宁波18.3km²,徐州12km²,无锡11km²,泸州7km²、扬州6.7km²、洛阳4.5km²、遵义4km²、九江3.5km²、柳州3.2km²、宜昌3.4km²[②],可以看到云南次区域城市如大理、昭通等城市的规模并非最小。这从一个角度反映了云南区域中心城市发展状况。图一为民国时期云南禄丰县城示意图。

表五　民国云南部分城市城周表[③]

城市	城周(支里)	城市	城周(支里)
腾冲	3	昭通	5
会泽	4	沾益	3
曲靖	4	马龙	2
富民	1	武定	6
罗次	1	盐兴	2
丽江	纵4横5	呈贡	2
宜良	3	昆阳	3
晋宁	2	路南	2
弥勒	2	玉溪	3
黎县	2	建水	4
开远	4	个旧	10
陆良	9	师宗	2
罗平	1	广通	2
楚雄	5	蒙化	3
德钦设治局(阿墩子)	0.5	大理	7
景谷	1	缅宁	2
普洱	3		

资料来源:《新修支那省别全志·云南》第四部分"都市",东亚同文会,1943年。

---

① 许柱北:《云南思普区游记》,《东方杂志》1935年第9号。

② http://blog.sina.com.cn/s/blog_79ff9ef901013hip.html。

③ 支里、支那里为日文单位,一支里＝一支那里＝一里＝540米,与中国一里＝500米有一定出入。

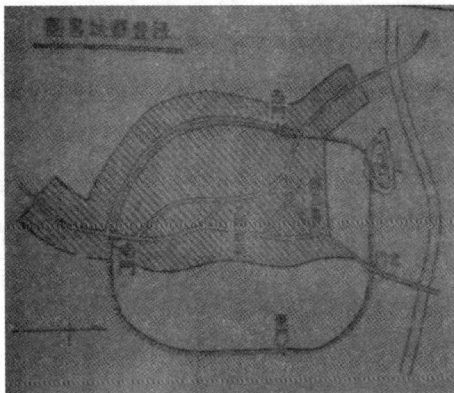

禄丰县城图

资料来源:《新修支那省别全志·云南》,东亚同文会,1943 年,第 652 页。

但用城墙代替城区规模存在问题。目前,获知城市城区面积只有通过地方志关于城墙周长的记载,民国时期的城墙基本上是沿袭清代的城墙,几乎没有新筑城墙,也就是说,如果仅凭城墙周长,反映不了民国时期城区规模的变化。另外,有的城市城墙维护较好,如民国时期宜良城东门仁育、南门文焕、西门正义、北门觐文,周 595 丈,计 3 里 3 分,高 1 丈 8 尺,城身下用石砌 6 尺,上用砖砌 6 尺,垛座、垛口各高 3 尺,脚厚 1 丈 4 尺,顶宽 8 尺,城楼 4 座,各五间一层,四角出峰,垛口共 850 有奇。[①] 但部分城市尤其是偏远城市城墙用泥土修筑,年久失修,城墙坍塌。如滇南思茅城墙全长有 3.3 里,民国时期暴发瘟疫,城墙无人维修,到处坍塌,城市人口锐减,市区长满了荒草,城市面积急剧萎缩,如果仍然按照 3 里来定义就不妥当。

此外,民国时期城市扩展已逐渐突破城墙的束缚。民国时期云南城市城区面积相较明清时期也有一定的变化,主要体现为突破城墙界限,向城外发展。如图一所示的禄丰县城图,禄丰县城发展远远超过了城墙的界限而沿公路发展,禄丰南门出去是滇缅公路,禄丰西门出去是自两汉以来就因出产井盐而成为云南盐业重镇的黑盐井。仅凭城墙来推断城区面积就不准确。因此,单一地通过城墙周长来统计城区面积有失偏颇。

通过对人口规模、城区规模的考察可见,民国时期云南城市发展呈现以下 4 个特点:

第一,城市开始了早期现代化变迁,但整体发展仍然较为缓慢。昆明和各区域中心城市人口规模、城区规模逐渐扩大,城市沿城墙界限发展的空间形态被彻底打破就是发展的明证。整体发展缓慢体现为这一时期云南城市相较过去有较大发展,但是与全国其他省区城市的发展变迁相比较,发展仍然相对落后。与同一时期

---

① 《中国地方志集成·云南府县志辑·民国宜良县志》,凤凰出版社 2009 年版,第 196 页。

其他省份相比,四川省人口 30 万以上的区域城市有 68 个,江苏省人口 30 万以上的区域城市有 48 个,安徽省人口 30 万以上的区域城市有 29 个,浙江省人口 30 万以上的区域城市有 27 个,江西省人口 30 万以上的区域城市有 16 个。[①] 云南区域城市中只有 3 个人口在 30 万以上,人口 10 万以下的区域城市居多。这在一定程度反映了云南城市化的滞后。

第二,民国时期以昆明为中心的全省城市层级网络已经形成。云南受自然地理环境影响,分为滇东北、滇西、滇中、滇南、滇东南等多个区域。清以前,大理等区域中心城市甚至可以与昆明平分秋色;民国时期,昆明毋庸置疑地成为全省的政治、经济中心,行政等级最高,成立了昆明市;城区规模最大,1949 年达到 7.8 平方公里;城市人口最多,最多时达 30 万人。

第三,云南城市发展存在不平衡性。云南城市结构比例存在失衡的问题,没有形成大、中、小城市群体,区域中心城市发展关联性不强。与昆明这样的特大城市相比,云南更多的是山间小县城,如景谷、罗平、罗次、富民等城市面积仅有 1 里,城市人口 1000 人左右。这些山间的农业都市普遍城区面积小,城市人口少,城市规模小,城内有许多农田,只有一两条商业街道,只是附近地区的物资集散地。滇西北怒江地区直到民国时期才逐渐开发,还没有能称为城市的大型聚落区,相当部分的山区可称为城市"盲区"。

第四,云南城市发展有较大波动性。从人口增长率的波动可见,抗日战争时期人口波动幅度较大,城市外部推力对云南城市发展起到至关重要的作用。随着外部推力的消失,城市人口大幅度下降就是实证。

---

① 胡焕庸:《人口地理文集·论中国人口之分布》,华东师范大学出版社 1983 年版,第 52~92 页。

略论抗战时期贵州城市体系的变迁

王肇磊①

摘要:抗战时期,贵州因成为国家战略的重要大后方而得到了重点开发,城市也因东部工矿企业、人口的迁入和省内新县制改革的开展发展较快,从而促进了贵州城市水平的提升和城市体系由战前分割体系不断向以贵阳为核心的统一城市体系的发展,并为现代贵州城市体系的最终形成奠定了基础。

城市体系是指在一定区域范围内,以中心城市为核心,各种不同性质、规模和类型的城市相互联系、相互作用的城市群体组织,是一定地域范围内,相互关联、起各种职能作用的不同等级城镇的空间布局总况。它是经济区的基本骨骼系统,是区域社会经济发展到一定阶段的产物,是城市带动区域最有效的组织形式,也是衡量一个国家或地区发达程度的重要标志。在中国城市化进程中,各省区逐渐形成了各具特色的城市体系。如何推进城市体系建设,为社会各界所关注。因此,城市体系问题也颇受学界重视,特别是以城市规划、区域经济地理等为视角对现当代中国区域城市体系加以探究,著述颇丰,但从历史学角度进行研究的不多,尤其是对地处经济落后、地理相对闭塞的贵州进行研究则更少。笔者检索"中国知网",相关学术论文很少,②在研究时段上基本没有涉及贵州现代城市体系基本形成的民国时期。这在一定程度上弱化了贵州城市问题。故笔者拟以抗战时期贵州城市体系的变迁为研究主旨进行一些探索,以期深化民国贵州城市史问题的研究。

一、抗战前贵州城市体系

任何城市都是一定时空的地理实体,它所依托的地理环境(包括自然和人文环境)从总体上促进或制约着城市的发展,并进而造就出具有区域性特征的城市。这个地理环境就是城市发展的地理基础。根据地理基础,历代城市建设者都非常注

---

① 王肇磊,江汉大学城市研究所讲师。

② 关于贵州城市体系研究的研究成果数量较少,主要有汤芸、张原、张建:《从明代贵州的卫所城镇看贵州城市体系的形成机理》,《西南民族大学学报》(人文社科版)2009年第5期;张富杰:《论贵州城市体系与城市化发展》,《岭南学刊》2007年第11期;罗天勇:《贵州城市布局及城市群研究》,《贵州社会科学》2012年第1期;王礼刚:《贵州城市体系空间结构与分形特征研究》,《六盘水师范学院学报》2012年第2期;朱士鹏、张美竹、张志英:《基于分形理论的贵州城市体系结构研究》,《六盘水师范学院学报》2012年第6期等。

重城市的选址和布局。其选址一般遵循4个原则：一是有适于建城的广阔平原；二是水陆交通便利；三是地形有利,高低适宜,且水源丰富；四是气候温和、物产丰盈①。贵州的城市布局也不例外。

总的来说,抗战以前贵州81座城市在其发展演变过程中一直秉承传统,一般都根据其所在地理单元实际情况,沿河流、交通要道进行布局。这主要是因为贵州大都为高原山地,自然地理环境影响大,适宜城市建设的空间有限,河谷平坝地带相对而言地势较为平坦,海拔较低、生产条件较山地高原优越,更适合人的生存、发展；同时,交通较为便利,商业和手工业因此能得到较快发展,故而在河谷地带聚集了贵州几乎所有的城市。如同长江流域各省区城市一样,贵州的城市大都分布于河流两岸台地上。如舞阳河流经施秉、镇远、玉屏等县城；锦江经江口、铜仁二县城,至文昌阁入湖南省境；清水江横贯都匀、麻江、凯里、黄平、台江、剑河、锦屏等城市。同时,贵州城市在整体上处于云贵高原东部。在地质运动和亚热带季风气候的共同作用下,高原因山脉、河流的分割而极为破碎,形成了众多相对封闭的小地理单元,从而阻隔了各小地理单元之间的联系；加之历史上为治理贵州的方便,主政者尽量控制县级城市的人口规模和管理区域的规模,贵州城市数量在抗战前达到了81座,城市密度为4.60座/万平方千米,高于同期湖北省的城市密度(3.87座/万平方千米)②。因此,城市密度高并不代表贵州城市化水平高,这仅仅是城市分布格局在历史地理上的客观反映。

在长期的地理环境演变过程中,贵州水系因境内山川阻隔而分为沅系水道、川系水道、西系水道③,从而为贵州城市空间分布格局奠定了地理基础,即形成沿川江、沅江、珠江三大水系分割布局的城市空间体系(见表一),而不像川、鄂、湘、赣等省那样有完整、统一的城市体系。这主要是由于贵州河流多向四周放射,通航河段分布在省区周围,且境内通航里程短,又距贵州腹地中心城市贵阳较远,加之山川的阻隔,造成航运体系分散、不成体系,致使省内城市间在历史上联系不很紧密。虽然在1912—1936年间,贵州省政府加强了省内外陆路交通建设,加强了各城市间的联系,但总的来说,贵州城市仍未形成统一的体系。

表一　战前贵州城市沿水道空间分布

水　道	分布城市
沅系水道	松桃、铜仁、江口、省溪、玉屏、岑巩、清溪、镇远、施秉、黄平、平越、麻江、镇山、天柱、台拱、邛水、剑河、锦屏、郎洞、丹江、八寨、都匀、黎平、永从(24)

① 马正林：《中国城市历史地理》,山东教育出版社1999年版,第22～27页。
② 根据《民国二十二年湖北民政厅调查》(载《中国经济周刊》第24卷,第15期)统计数据计算而得。
③ 夏鹤鸣：《贵州航运史》,人民交通出版社1993年版,第4～8页。

水　　道	分布城市
川系水道	威宁、织金、普定、毕节、平坝、广顺、修文、贵阳、龙里、清正、贵定、绥阳、瓮安、开阳、息烽、黔西、怀仁、遵义、余庆、石阡、思南、湄潭、凤岗、印江、婺川、德江、沿河、后坪、正安、桐梓、赤水、习水(32)
西系水道	卜江、榕江、都江、三合、荔波、独山、平舟、大塘、罗甸、番定、长寨、册亨、安龙、贞丰、紫云、镇宁、安顺、兴仁、关岭、安南、郎岱、普安、水城、盘县、兴义(25)

资料来源:《中华民国地图册》。

二、抗战时期贵州城市体系发展

抗战爆发后,贵州大后方的战略地位得以提升,成为中、东部西迁事业主要集中地之一,极大地促进了贵州现代交通事业的发展,提升了贵阳城市发展水平和对腹地的辐射能力,并推动了遵义、安顺、独山等区域城市的现代性发展。同时,贵州省政府按照国民政府的要求积极进行新县制改革,促进了城市经济、社会的发展,战前的城市体系便因贵阳的发展和城际交通联系的加强,迅速地改变了过去的城市体系结构,使贵州城市体系结构发生了巨大变化,其主要体现于城市规模等级和政治行政结构体系的优化与完善。

(一)城市规模体系的优化

城市规模等级结构,是指城市体系由不同规模的城市组成,并按规模的大小分成不同的等级[1]。受各种条件的制约,贵州城市发展过去一直很落后,城市规模等级结构不明显,直至抗战时期随着大批西迁事业移驻贵州城市,人口不断聚居,才促进了贵州城市规模的发展与城市规模等级结构体系的优化。

1.城市规模发展

抗战时期,在中央和地方的共同努力下,贵州城市的规模不断扩大,并促进了贵州城市规模等级结构的优化。

首先是城市人口规模。由于大批机关、学校、工厂的迁入,社会经济的发展,使贵州城市人口增长较快,"因公来黔,或因避难而来黔省者,如过江之鲫"[2],其中尤以省会贵阳及遵义、都匀三座城市最为突出。1934年,贵阳城厢人口为9.78万人,到1945年增长到28.45万人;遵义城市人口由3万增加到近10万;都匀则从战前的1万人迅速增加到9万人。由于战时社会经济发展的不平衡,致使贵阳、遵义、

---

① 张秀山、张可云:《区域经济理论》,商务印书馆2003年版,第100~102页。
② 张肖梅:《贵州经济》,中国国民经济所1939年,第k1页。

安顺等城市的人口规模迅速增大①。其他县级城市人口也有一定的增加。

其次是城市经济规模。抗战以前,贵州社会经济长期停留在传统的农业经济状态。"虽中央努力,于民国二十四年伸入该省后,即着手构通对外之交通,开发公路,改进农业,并对工商业方面,讲求同业组织,以谋自治之发展。尤自抗战军兴,国都西移,黔省辟为后方交通之中心。以致向不受人注意之处,今已一跃而为朝野经营对象。'建设贵州'声浪日高,而由战区撤退之公私机构与生产设备,黔省亦为主要站留地之一。……加以人口即亦倍增,物质消费之需要倍殷,工商业于是随之俱兴。在此经济落后之省区,竟亦入于战时景气之状态。惟就大体而论,该省之工商业目前至多尚在萌芽时代。生产方面,大部分尚赖之于血汗手工、贩卖方面,几全部赖于行卖走贩之贯通。装有机器之工厂、规模宏大之商店,迄今尚绝无仅有。且因交通设备虽已较前进步,但仍尚不足适应商业上之需要。况在战时状态之下,军运孔亟,货运更难于充分发展。职是之故,百物腾贵。幸民风朴俭,刻苦勤劳,加以商品消费市场,该省内徙未有如今日之如是巨大者。因而使生产各业,莫不大为兴奋,欣欣向荣。地方当局,既激于国难严重,咸有奋发图存之志;又因人才集中,凡百设施,亦得充分运用现代科学之利,是以对于民间产业之督促与指导,直接所营之种种经济建设工作,至少已向合理化方面迈进。"②经过努力,贵州符合"工厂法"的现代工厂,从 1937 年的 55 家、资本总额为法币 21.38 万元,增加到 1942 年的 89 家、资本额 3813 万元;1943 年末为 154 家、14048.7 万元,其中民营资本 97 家的资本合计为 4790 多万元③。除贵阳、遵义、安顺、独山等城市外,贵筑、都匀、清镇、平越、龙里、贵定、瓮安等县级城市也建立了一些现代工业,④经济规模不断扩大,从而在整体上促进了城市现代经济和传统经济的发展。

经过抗战时期城市规模的快速和差异化发展,贵阳确立了贵州省中心城市的地位,遵义、安顺等强化了区域中心城市的地位,这些城市通过政治、经济、交通、文化等不断推动其他城市的发展,从而促进了贵州城市规模等级结构的形成与优化。

2. 城市规模等级结构的优化

基于贵州城市经济规模、人口规模大小的不同与城市发展不平衡的特点,贵州省政府"自民国二十九年十月起,以各县面积、人口、经济、文化、交通之平均分数为根据",进行了县制改革,将之前"三等县制"改为"三等六级"。其标准是:"平均分数在五十分者,为一等甲级。四十分以上者,为一等乙级。三十分以上者,为二等甲级。二十分以上者,为二等乙级。十二分以上者,为三等甲级。十二分以下者,

---

① 潘治富:《中国人口》(贵州分册),中国财政经济出版社 1988 年版,第 74 页。

② 张肖梅:《贵州经济》,中国国民经济所 1939 年,第 k1 页。

③ 王培志等:《贵州经济社会发展概要》,中国计划出版社 1989 年版,第 12~13 页。

④ 潘治富:《中国人口》(贵州分册),中国财政经济出版社 1988 年版,第 77 页。

为三等乙级。照此标准，当时计有一等甲级县九，一等乙级县八，二等甲级县二十一，二等乙级县廿四，三等甲级县十六，三等乙级县四，共八十一县。"后不断根据城市规模变化做出适时调整，使贵州城市规模等级结构不断优化。如因贵州城市随现代交通、经济的变迁而在空间格局上发生了改变，4 个一等县城在 1941 年整理区域后，"因设治条件不足，均被裁并"①。抗战时期贵州城市等级结构的调整变化详见表二。

表二　抗战时期贵州城市等级结构变化表

等级	1937 年	1941 年	1943 年
市		贵阳	贵阳
一等县城	贵阳、定番、安顺、镇远、独山、黎平、榕江、平越、兴仁、兴义、盘县、安龙、毕节、大定、威宁、黔西、遵义、桐梓、正安、赤水、铜仁、松桃、思南(23)	贵筑、惠水、安顺、镇远、独山、黎平、兴义、盘县、毕节、大定、威宁、黔西、遵义、织金、桐梓、正安、湄潭、仁怀、铜仁、思南(20)	贵筑、惠水、安顺、镇远、独山、兴义、盘县、毕节、大定、威宁、黔西、遵义、桐梓、正安、仁怀、赤水、铜仁、松桃、思南(19)
二等县城	龙里、开阳、修文、息烽、贵定、清镇、平坝、黄平、岑巩、台拱、天柱、锦屏、施秉、都匀、荔波、平舟、罗甸、贞丰、关岭、镇宁、郎岱、紫云、水城、织金、绥阳、湄潭、凤岗、瓮安、婺川、仁怀、江口、玉屏、石阡、沿河、德江、后坪(36)	龙里、开阳、修文、息烽、贵定、清镇、平坝、黄平、岑巩、台江、天柱、锦屏、施秉、都匀、荔波、平塘、榕江、罗甸、平越、安龙、贞丰、关岭、镇宁、郎岱、紫云、纳雍、赫章、水城、金沙、道真、绥阳、凤岗、瓮安、婺川、赤水、江口、松桃、玉屏、石阡、沿河、德江(41)	龙里、开阳、修文、息烽、贵定、清镇、平坝、黄平、台江、天柱、余庆、锦屏、炉山、都匀、荔波、平塘、黎平、榕江、罗甸、平越、兴仁、普安、安龙、贞丰、晴隆、关岭、镇宁、郎岱、紫云、纳雍、赫章、水城、金沙、织金、道真、绥阳、湄潭、凤岗、瓮安、婺川、习水、玉屏、石阡、沿河、印江、德江(46)
三等县城	长寨、广顺、三穗、清溪、余庆、剑河、炉山、八寨、丹江、三合、都江、大塘、永从、下江、麻江、普安、册亨、安南、普定、习水、省溪、印江(22)	长寨、广顺、三穗、余庆、剑河、炉山、丹寨、三都、从江、麻江、兴仁、普安、望谟、册亨、晴隆、习水、印江(17)	长寨、广顺、三穗、岑巩、剑河、施秉、丹寨、三都、从江、麻江、望谟、册亨、江口(13)

资料来源　贵州省地方志编纂委员会：《贵州省志·地理志》(上)，贵州人民出版社1985年版，第99～101页。

　　经过抗战时期的发展，贵州城市规模等级结构发生了历史性的变化，由战前

---

① 贵州省政府：《黔政五年》，1943年，第19页。

23：36：22的城市等级结构演变成为市县两层四级城市规模等级结构,特别是城市规模等级结构的优化:1941年为1：20：41：17,1942年演变为1：19：46：13。抗战时期贵州城市规模等级结构的优化发展,使贵州城市间的联系更为紧密,城市现代性通过大、中、小城市的纽带开始不断向乡村辐射,不断促使城乡发展向现代性演变,从而促进了贵州城市与农村的发展。尽管这种现代性的辐射力还很小,但毕竟已经得到了确立,深刻地影响了20世纪后期的贵州城市发展。同时,贵州城市规模等级结构的优化也进一步确立了以贵阳为核心的城市规模等级体系结构,充分说明抗战时期贵州城市发展水平的提升。

（二）现代城市行政体系结构的完善

在中国城市发展过程中,在政治行政力量的作用下,城市地位往往按照行政级别的不同而有异,从而形成严整的城市行政结构体系。贵州作为民族聚居区,因历史原因其行政结构体系不如中原省区那么有序,虽屡经行政改革,至抗战前仍有许多县治设立不合理。为此,在抗战期间,贵州省进行了行政区划的调整,使贵州城市行政体系结构逐渐完善。

1. 行政区划的调整

在抗战以前,贵州县级城市行政区划沿袭传统,存在很多"插花"地带;同时,受铁路、公路等现代交通事业发展的影响,一些县城不可避免地因此衰落,而不能有效地承担起县域的社会经济的发展;而一些交通城镇因区域门户效应得到了较快发展,其地位不断提升,并超过了原来的县治城市。为此,贵州省针对这一变化从1938年开始着手整理县级行政区域,经过省参议会审查通过、实施,1939年完成调整,"裁废省溪等四县,合并永从等八县为四县,析置望谟等五县及贵阳一市,成为七十八县市"①,具体情况如下。

裁废者为:省溪、青溪、丹江、后坝。三十年二月省溪县裁废,并入铜仁玉屏两县。青溪县裁废,并入镇远、天柱两县。三十年六月丹江县裁废,并入八寨、台拱两县,八寨改名丹寨,台拱改名台江。三十年八月后坪县裁废,并入沿河、婺川两县。

合并者为:永从、下江、三合、都江、平舟、大塘、长寨、广顺八县。三十年六月永从、下江两县合并,改名从江县,设治于丙妹。三合、都江两县合并,改名三都县,设治于原三合县城。平舟、大塘两县合并,改名平塘县,设治于原平舟县城。三十年八月长寨、广顺两县合并,改名长顺县,设治于原长寨县城。

析置者为:贵阳市、望谟、金沙、纳雍、道真、赫章六市县。三十年七月贵阳市成立,原贵阳县改名贵筑县,移治于县属之花溪镇。三十年三月金沙县成立,设治于原黔西县属之新场。同月纳雍县成立,设治于原大定县属之大兔场。同月道真县

---

① 贵州省政府:《黔政五年》,1943年,第1,15～16页。

成立,设治于原正安县属之土溪场。望谟县则先于二十九年三月成立,设治于原贞丰县属之王母。至赫章县则于三十年十月成立,设治于原威宁县属之赫章。

将瓯脱插花调整完毕者:惠水、平越、开阳、贵定、平坝、清镇、瓮安、鑪山、麻江、铜仁、松桃、江口、岑巩、玉屏、三穗、锦屏、剑河、台江、余庆、天柱、思南、印江、石阡、镇远、黄平、施秉、沿河、黎平、榕江、都匀、安顺、兴义、安龙、盘县、郎岱、关岭、望谟、镇宁、紫云、普安、普定、水城、织金、湄潭、凤岗、德江、婺川、遵义等四十八县。

城市行政区划的调整,为抗战时期贵州城市体系的形成打下了政治行政基础。

2. 现代城市行政结构体系的完善

随着 1938—1939 年县级行政区域整理的完成,贵州城市布局得到了一定的完善,由战前的 81 县,调整归并为 78 县市。贵州省政府根据政治、军事控制的原则,仿照江西"并区先例",分为 5 区,在遵义、镇远、独山、毕节以及安顺等地位重要的城市设置了专员公署①,从而形成了以贵阳为核心的新的城市政治行政体系(见表三)。这样,通过对县级行政区划的调整,改变了贵州在战前因山川阻隔形成的条块分割发展的总体格局,使贵州城市行政体系趋于完善。

表三　抗战时期贵州城市行政体系

中心城市	次中心城市	县级中心城市
贵阳	镇远	施秉、黄平、岑巩、天柱、台江、铜仁、松桃、江口、印江、石阡、思南、沿河、三穗、剑河、余庆、锦屏、玉屏
	独山	榕江、黎平、都匀、平塘、荔波、从江、丹寨、三都、罗甸
	安顺	兴仁、兴义、安龙、盘县、贞丰、安南、普安、册亨、郎岱、关岭、普定、镇宁、紫云、望谟
	毕节	大定、黔西、威宁、水城、织金、金沙、纳雍、赫章
	遵义	桐梓、正安、赤水、仁怀、绥阳、湄潭、习水、凤岗、务川、德江、道真
	直辖省府	龙里、贵定、炉山、麻江、瓮安、平越、开阳、息烽、修文、清镇、平坝、长顺、惠水

资料来源　贵州省政府:《黔政五年》,1943 年,第 18 页。

三、战时贵州城市体系变化的特点

贵州城市体系经过抗战时期的发展、演变,较之战前发生了深刻的变化,并表现出了贵州城市发展的地域、时代特征。

(一)城市首位度过大

城市首位度是指马克・杰斐逊(M. Jefferson)于 1939 年提出的城市首位律

---

① 潘治富:《中国人口》(贵州分册),中国财政经济出版社 1988 年版,第 77 页。

(Law of the Primate City),作为对国家城市规模分布规律的概括。其衡量指标一般为城市人口规模比较,即是指一国或地区最大城市的人口数与第二大城市的人口数之比值,通常用它来反映该国或地区的城市规模结构和人口集中程度。一般认为,城市首位度小于2表明结构正常、集中适当;大于2则有结构失衡、过度集中的趋势。经过抗战时期的发展,贵州城市人口增长较快,但差别很大,城市人口主要集中在贵阳、遵义等少数大中城市。贵阳作为省会城市,人口集中度远高于其他城市。据统计,贵阳人口在抗战期间最高时为28.45万人①,而居于第二位的遵义则只近10万人,第三位的都匀为9万人②。据此数据,贵阳城市的首位度达到了2.845以上。这充分说明贵州城市发展已严重失衡。同时,贵阳、遵义、都匀的城市人口规模约占当时贵州城市人口总数的58.5%③。而数量众多的民族地区城市人口规模一般为数千人,如罗甸县老城城区面积为0.5平方公里,居民350余户,1500多人;龙坪新城城区面积为1平方公里,居民300余户,1500多人④;桐梓县城更是"荒城寥廓,城中居民不过百户"⑤,均为贵州边陲小镇。因此,贵阳、遵义、都匀这三座城市人口规模远大于贵州其他城市人口规模。这样就形成了贵州城市省域内和次级区域内的首位度过大的特点。这在西南诸省城市体系中是很少见的。城市首位度过大,就意味着首位城市在发展过程中过多地挤占原本发展中小城市所急需的物力、财力、人力等各类资源,从而加剧了贵州城市体系发展的不平衡,使抗战时期贵州城市发展的非均衡性益发突出,并影响了贵州城市的整体发展。

(二)县级城市规模小

与贵阳城市规模过大形成鲜明对比的是,作为贵州城市体系中最基层的县级城市普遍规模很小(见表四),甚至还比不上中国中、东部省份的市镇,也远赶不上邻省四川。1942年,记者曾对綦江与松坎进行了对比:"那却与松坎有些不同了,一个是古朴的,一个是比较现代化的;一个是贵州的,一个是四川的"⑥。

---

① 潘治富:《中国人口》(贵州分册),中国财政经济出版社1988年版,第74页。

② 蓝东兴:《我们都是贵州人》,贵州民族出版社2000年版,第51页。

③ 据侯杨方研究(《中国人口史》第6卷,复旦大学出版社2001年版,第468页),贵州城市人口比例在20世纪40年代末为7.49%。而贵州在抗战时期人口最多的1944年为1082.72万人,据此可推断出在抗战时期贵州城市人口规模大致在81.1万人左右(《中国人口贵州分册》,第70页)。

④ 贵州省罗甸县志编纂委员会:《罗甸县志》,贵州人民出版社1994年版,第70页。

⑤ 朱偰:《黔游日记》,《东方杂志》卷40,第12期,1944年。

⑥ 刘磊:《抗战期间黔境印象》,贵州人民出版社2008年版,第188页。

表四　贵州部分县级城市规模表

县城名	规模情形
威远	"镇上有四百多家"
长寨	"全城不过百余家,全县人口也不过三万多,街道是短短的";一说长寨城"住着两百多户人家"
龙里	"全城的户口有四百左右"
麻江	"城内不过三百余家,一条短短的街道"
炉山	"城内只有一条弯成六十度的街道,居民不过二百余家"
湄潭	"县城不大,全城约千户人家"
德江	"城区共有六百多户"
后坪	"县城所在地毛天口只有二十多户"
务川	"县城内有千多户人家,共五千余人口"
道真	"县府所在地是一二十家人户的污旧小街,县府办公地点是一破庙,不逢场期,油盐柴米均不能买的地方"
道真	"县府所在地——土溪,无城,经常约一百户人家"
松坎	"街道是一字形的,说简单点,那就是紧紧地一条街道"
赫章	"无城,有小街一道,住户亦不过二百余"
郎岱	"城里只有一条大街,由东到西,不及半里,短且狭"
平坝	"异常巧小,西北两城门相距不过六百公尺"
水城	"城内居民不及千户"
册亨	"顺着山腰二百户矮屋,凑成一个小小的城市"
望谟	县城住民三百余户;一说"县城总共二百多家,人口仅三千人";一说"共居四百余家"
紫云	"县城居千户"

资料来源　刘磊:《抗战期间黔境印象》,贵州人民出版社2008年版,第3～397页。

县级城市规模小,意味着贵州的城市体系虽经过抗战时期的发展,但城市化水平仍很低,并造成了贵州城市体系的基础因其规模(包括人口规模、经济规模)太小而太薄弱,这不仅制约了县级城市的发展,而且还不能为贵阳等大中城市的发展提供市场、资源、人力等方面的支持,从而使贵州城市体系发展缺乏强有力的动力来源,最终制约了贵州城市体系健康发展。

(三)暂时性

经过抗战八年的建设发展,贵州城市体系比战前有了很大的变化,城市体系一改过去分割发展的局面而向以贵阳为核心的完整的、初具现代性的城市体系演进。但贵州城市体系的发展是与抗战时局的变化密切相关的。在抗战时期,由于中、东部地区的沦陷,迫使国民政府不得不将各项事业西迁至包括贵州在内的大后方地区,不得不在大后方进行大规模建设以图持久抗战。抗战胜利后,由于贵州城市地理封闭、经济落后,中东部城市因政治、经济优势再次成为国家重点发展区域,原西迁事业因各种原因纷纷东还故地而使贵州城市陷入萧条境地,城市体系的现代性发展便因此停顿下来,直至 20 世纪中叶。这样,便赋予了贵州城市体系发展的暂时性特征。

(四)政府和"西迁运动"是贵州城市体系变化的主要推动力

战前,贵州由于政治、经济、文化的落后,建立在封闭地理单元与传统经济基础上的城市体系呈现出区域分立发展的格局。抗战爆发后,部分政府机关与中东部各项事业西迁至贵州,极大地促进了城市工矿业、商业、文教、市政基础设施等各项事业的发展,提升了贵州城市发展水平,初步改变了城市发展落后的状况。这都是以政府和"西迁运动"为主要推动力的。如国民政府资源委员会在抗战时期不仅对贵州矿产资源进行了普查,得到了翔实而科学的考察资料,而且还利用这些资料进行矿产开发和工业建设。从 1938 年开始,资源委员会先后在贵州以合办、独办、投资等形式建立了近 20 个现代工矿企业,著名的有贵州电厂、修水河水力发电工程、贵州矿务局所属五大砂厂和八个直属厂矿、遵义酒精厂、贵阳汽车修理厂等[①]。资源委员会所创办的现代事业与西迁至贵州的现代工矿企业一道共同促进了贵州城市工业、交通、市政发展和以贵阳为核心的城市体系的形成。

与外部力量推动贵州城市发展相比,贵州本省因条件制约和社会经济的落后而内生动力严重不足。如联系贵州城市的现代交通,因投资额巨大,建设几乎完全依靠国家。贵州本省因经济基础薄弱,其所创办的工矿企业数量不多,资本额也不充裕。据统计,1943 年贵州本省资本创建的现代企业数仅为 97 家,资本额为 4790多万元,仅占贵州全省现代企业资本总额的 34.1%[②]。即便由贵州省主席吴鼎昌发起、组建的贵州企业公司也因本省资本不足,筹集不到 600 万元的成立资本,不得不采取合资的办法,其中经济部资源委员会占 20.8%,中国银行、交通银行和农业银行占 58.33%,而贵州省政府占 20.5%,贵州地方商股仅占 0.37%,贵州本省资本所占比例不足 21%。1943 年,贵州企业公司资本增加到 3000 万元,三大银行和资源委员会占资本总额的 84.15%,而贵州本省所占比例则下降为 15.85%[③]。作为推动现代城市发展与城市体系完善标志的现代工业,因贵州内生力的不足,致使发展现代工业的力量几乎都来自外部。这也印证了时人的一个观点:"贵州的进

---

① 孔玲:《资源委员会在贵州的活动》,《贵州社会科学》,1997 年第 5 期。
② 王培志等:《贵州经济社会发展概要》,中国计划出版社 1989 年版,第 12~13 页。
③ 顾朴光:《抗战时期贵州工矿业的发展》,《贵州民族学院学报》(社会科学版),1999 年第 3 期。

化不得不靠着外面的军事和政治的侵略,求与界外有接触的机会为唯一途径"①。抗战时期,贵州因外部环境的变化,成为战时国家重点建设的区域,城市发展也因中东部工矿企业的迁入、大量人口的移居和以资源委员会为代表的国家资本在黔大力举办各项现代事业,促进了贵州城市快速发展,使之成为贵州城市发展的一个黄金时期。但这种发展在城市发展内生力缺失的条件下是不健康的,也不可能长久,一旦外部推力因政治、经济因素变化撤离或减小后,城市发展便会因外部推力消失或减弱而停顿下来,并因此衰落下去,历史时期的衰落城市莫不如此。因此,贵州城市内生力不足严重地制约了贵州城市及其体系的发展。

综上所述,贵州城市体系经过历史时期的发展,到抗日战争时期,因国家政治和抗战的需要,贵州进行了县政改革,在"西迁运动"的推动下,贵州城市发展取得了历史性的进步,初步形成并巩固了以贵阳为核心的统一的区域城市体系,并为后世贵州城市现代体系的进一步完善奠定了较好的基础。当然,由于贵州省域的落后,特别是城市体系发展的内生动力的缺乏,严重地制约了贵州城市体系的发展,其影响直至今日。因此,只有加强城市内生动力的培育,才能进一步推进以贵阳为核心的贵州城市群健康、快速地发展。

---

① 曹鑑庭:《黔行纪略》(2),《旅行杂志》1933年第2期,第37页。

近代保定与北京城市关系初探

张慧芝[1]

摘要:保定是近代化过程呈衰落态势的内陆城市之一,本文鉴于中国传统城市发展的政治性资源聚集特征,主要从保定和北京之间的关系变迁进行了分析。其中,保定渐失京师"南大门"军事职能;保定城市行政地位降级,与北京政治联系趋弱;铁路枢纽南移,保定渐失北京经贸卫星职能等,是保定自身难以克服的客观原因。与此同时,保定近代产业发展未能坚守辅助北京的定位,也折射出保定自身近代化路径选择上的一些缺失——盲目模仿天津等开埠城市,转向国际市场,放弃了北京超大型优势消费市场。

保定位于海河支流清苑河流域,因地势低洼、河湖纵横,城市兴起较晚。公元5世纪初始设清苑县[2],后有撤并;隋初重设,9世纪前期升泰州,反映出期间保定地区的发展。宋辽之际军事功能提升,更因"以县为祖宗三陵及家属所在,改析易州、满城南境入之,升为保州,附郭保塞县"[3]。10世纪末,"州、县治所迁至今保定城区"[4],城市建设由此开始。

至于"保定"之称谓则起自元至元十二年(1275),取意"永保安定",彰显的便是保定和京师之关系。在传统京畿时代,保定是京南第一巨镇,是"北京的战略门户",是"北京的文化辅助城市",保定地区则是"北京农副物资和手工业产品补给地"[5]。得益于地缘位置优势,在京师庞大需求的拉动下,保定得到了较快发展。近代以来,保定城市继续发展,但是区域中心城市之地位却逐步下降,迄今依然。

究其因,本文认为近代以来保定与北京城市关系渐远是重要因素,表现在军事、政治、经济这几方面。

一、海洋门户趋重,保定渐失京师"南大门"军事职能

1840年之前,保定对于京师举足轻重之战略地位,方志称之"北控三关,南通

---

① 张慧芝,河北工业大学京津冀发展中心,副研究员。
② 《清苑县志》(民国)卷1,成文出版社影印本,第26页。
③ 《清苑县志》(民国)卷1,成文出版社影印本,第26页。
④ 《清苑县志》(民国)卷1,成文出版社影印本,第27页。
⑤ 王玲:《北京与周边城市关系史》,北京燕山出版社1988年版,第122~151页。

九省,重山西峙,群川东汇"①。究其因则是由国际地缘政治结构和地理形势两方面决定的。

首先,1840年之前中国一直拥有亚洲传统"陆权"、"海权"的话语权,来自国境之外的军事压力并不大。当时,包括日本在内的海洋邻国仍被纳入"华夷秩序"之中,俄国的主要精力则放在与欧洲诸国海权的争夺上。所以,顺治四年(1647)的诏书中依然写道:"东南海外琉球、安南、暹罗、日本诸国,附近浙、闽,有慕投诚、纳款来朝者,地方官即为奏达,与朝鲜等国一体优待,用普怀柔。"②这一时期,大清帝国的外交体系依然保持传统的藩属理念,期间,来自国外的军事威胁确也微乎其微。就连宋明时期来自漠北游牧民族的军事威胁,也在帝国前期得到了较好解决,因为清帝国是外族入侵后建立的政权,来自南方腹地汉民族的防抗一直存在,京师作为国家政治中心,其之安全对于大清帝国举足轻重。这就决定了控制京师南下通道的保定城——"京师南大门"的特殊地位。

其次,从以北京为核心的道路体系分析,保定的门户位置更是一目了然,位于北京南下的中原地区、再及南方地区的唯一通道上。北京北出东北、塞外有多条路线,南下华北平原却只有沿太行山东麓一条——由于华北平原地势低洼,东部平原地区在依然成为"悬河"的黄河河道的围逼下,来自西部太行山的洪潦因宣泄不畅而聚集成淀泊沼泽,特别是易水、涞水等河流汇聚河北中部,形成所谓的"涞易巨浸",根本不可能形成陆路通道。保定地理位置十分特殊——它位于太行山东北的犄角之地与冀中白洋淀之间的束腰地带,而且就微观地理形势分析,保定西部有一亩泉、鸡距泉等,东部是"涞易巨浸",只有保定城一带地势较高,这就使保定成为京师南下通道的孔道咽喉。此外,西部穿越太行山的八陉中的飞狐陉、蒲阴陉皆在保定控制之下,而这两个陉口又是漠北力量或国内反对力量通过张家口或经由晋北进逼京师的主要关隘。所以,国内腹地或漠北外族力量攻击京师时,保定是最后的防御线。清代直隶巡抚移驻,保定城升为一级行政区划治所,"拱卫神京,为天下第一要镇"③,"保定"更加名副其实。

1840年,由英国人带头、西方人终以坚船利炮打开了中国的海疆大门,随之,英、法、美、俄等西方工业国家逐步通过不平等条约,将中国变为其产品倾销地、原材料输出地。通过工业革命后日渐强盛的沙皇俄国成为侵略主力,日本也通过明治维新迅速资本主义化,加入了殖民掠夺中国的行列。这样,沦为半殖民地的中国内政外交发生很大变化,不仅丧失了曾经的地缘权利,且开始丧失主权,沦为西方的半殖民地,在地缘结构中的地位日渐边缘化。危及帝国政权的除了国内的反对

---

① 《保定府志》(光绪)卷17。
② 《清世祖实录》卷3,中华书局1985年版。
③ 张才编:《重修保定郡志》,明弘治刻本,卷24,第50页。

势力,更大的隐患来自国际殖民实力,包括毗邻的日本、沙俄。于是,在国家安全防御体系中水陆口岸城市的作用陡然提升,具体到直隶地区,天津、张家口等口岸城市在近代的政治、军事、经济地位皆迅速提升。

与之相应,近代保定的衰落也就不可避免了,京师门户逐步由陆地南大门向东部海洋门户转移。如近代史上的三次重大战争——1858 年的第二次鸦片战争、1895 年的甲午战争、1900 年的八国联军侵华战争,外国侵略者均在天津港登陆,进逼北京,就是明证。对于近代天津与北京的门户地位,西方国家早有认识,如雍正八年(1730),曾到过中国的俄国使臣向沙皇献策:"看来有一条海道——不必怀疑——可以进入中国的著名海港天津。从天津到北京只有七十俄里,通过此路难免发生战争,因此需要一支坚强的船队。"①第二次鸦片战争中,俄使从海上首先涉足天津的事实,似乎就在实践这一建议②。再如道光十五年(1835),英国间谍向英国外交大臣建议:"敌对行动开始时,单纯地只对沿海进行封锁,在广州、厦门、上海、天津四个主要港口附近各驻以小型舰队";"天津商务不及福建的繁盛,但天津距北京不足五十英里,我们在天津所造成的惊恐大可逼迫满清政府早日结束战争"③。可见,西方殖民者的海上入侵,使京师南大门——保定的军事地位渐失,京师东大门——天津的军事价值不断提升。

二、直隶总督游移天津,保定城市行政地位降级,与北京政治联系趋弱

1840 年以前,保定作为直隶总督治所所在,一直担负着拱卫京师的政治角色;鸦片战争之后,这一切都发生了变化。随着直隶省会"轮住制"的实施,保定城市的行政地位逐步下降,与京师的政治联系逐步趋弱。

1870 年 11 月,清廷决定裁撤三口通商大臣,"所有洋务海防事宜"归属直隶总督,同时谕令"将通商大臣衙署改为直隶行馆,每年海口春融开冻后,移驻天津,至冬令封河,再回省城,如天津遇有要件,亦不必拘定封河回省之制"④。至此,朝廷明确规定了直隶总督由保定、天津轮住制,直隶双省会制是全国首例,也是唯一的特例;而且如果天津需要,直隶总督可以优先居住天津。实际上,直隶总督很快就以洋务日繁、海防渐重为由,"遂终岁驻此,不复回驻保定"⑤。第二次鸦片战争以后,"海防洋务,都成为重要的课题,最初设立通商大臣,不过是因为总督常驻保定,难于兼顾,才设了这个职位。但是随着时间的推移,天津成了直隶省的政治、经济

①　[法]葛斯顿·加思:《早期中俄关系史》,江载华译,商务印书馆 1961 年版,第 199 页。译者原注:"原著文中北京、天津之间的距离里程有误"。

②　来新夏:《天津近代史》,南开大学出版社 1987 年版,第 11 页。

③　列岛:《鸦片战争史论文专集》,上海三联书店 1958 年版,第 40、41 页。

④　《清穆宗毅皇帝实录》卷 293,第 1052 页。

⑤　高凌雯纂修:《天津县新志》卷 17,1931 年刻本。

中心，大权集中在直隶总督手里，标志着天津不但逐渐成为华北的经济中心而且成为华北的政治中心。从三口通商大臣的设置到直隶总督移驻天津，说明了第二次鸦片战争后，天津这个城市在政治上已成为华北的中心。保定逐渐退居次要地位"①。由于政治地位降低，官僚集团随衙门迁移京津，为官僚及家属服务的杂役、工匠、奴仆、军队等皆随之迁走，于是保定城内人数降低，到 1900 年只有 10 万人②。

中国封建社会的城市是封建统治机构的一个重组成部分，作为"人君之葆守"，是否修筑、空间规模的大小等问题是皇帝的特权，不仅由朝廷决定，并且要符合封建礼制所规定的等级标准，要与封建政治专制体制相一致。所以，在整个封建时期，中国的城市与欧洲城市的发展轨迹不同，不仅没有摆脱封建政权的控制，反而与封建政治日渐紧密地结合在一起，成为封建专制国家机器的一个重要构成部分，成为全国及各级地方统治机构治所所在、政治中心所在。而城市的发展动力也就和欧洲城市不同，不是社会经济力量，而是来自政治资源力量。所以，中国传统城市主要依据其行政级别，在城市空间规模、城市人口规模上得到政府许可，再依靠与行政级别相一致的政治地位、政治力量获得相应的社会资源聚集。

1870 年以后，直隶施行"双省会制"，真实的情况是总督常驻天津，渐空保定；1913 年，直隶省会由保定直接迁往天津，保定城内先是裁清苑县治留保定府治，后又裁府留县，"昔日大都会遂为寻常县治矣"③。随着直隶总督由保定移驻天津，保定城市的行政级别就成为一个难题，因为城市的行政级别主要由其政治治所的机构行政级别决定，直隶总督办公地点移走，那么决定保定城政治级别的因素就不存在了，随着官僚集团及其家属、扈从、服务人员的搬移，保定城内寄生性人口锐减，城市消费力陡降，依靠行政力量保证的各种供给由之锐减，于是城市人口规模、经济规模等的下降就不可避免了。失去直隶总督政治身份的保定城，与京师之间的关系也随之变化，原本是中央政权与一级行政建制之间的密切的上下级关系，变为中央政权与二级行政建制——保定府，与三级行政建制——清苑县之间的上下级关系。由此，保定城与京师北京城之间的政治关联日渐趋弱、疏远。在等级分明的古代城市体系中，城市政治地位降低，与京师差距拉大、联系疏远，就意味着依靠政治地位聚集物质资源推进城市发展的动力减弱，城市发展随之减速、滞后甚至衰败，就成为不可避免的事情。

①　林树慧：《第二次战争后天津地位的变化》，《明清史国际学术讨论会论文集》，天津人民出版社 1982 年版，第 748~749 页。

②　张利民等：《近代环渤海地区经济与社会研究》，天津社会科学院出版社 2003 年版，第 438 页。

③　《清苑县志》（民国）卷 1。

三、铁路枢纽南移石家庄,保定渐失北京经贸卫星职能

近代保定的衰落还有一个原因,就是随着传统驿站交通体系逐步被近代新型交通网络所取代,交通枢纽作用逐步被天津、石家庄等分离,随着海洋运输对传统驿站交通的分解,京师所需物质很大一部分经由天津港口输入;同时,随着近代铁路运输体系的建立,在河北省境内逐步形成的铁路体系中,除北京、天津因其政治、经济地位自然是铁路枢纽之外,另一个地域性铁路交通枢纽南移至131公里之外的石家庄。交通条件是一个城市发展的重要保证,对于拱卫京师的城市,往往要分担京师的军事、物流等某种职能,成为与其共荣共存的卫星城。

在传统的驿站交通体系中,保定不仅是连接北京和中原腹地的枢纽咽喉,而且是穿过华北平原太行陉口连接山西高原中北部的咽喉要道,还是东向通往渤海湾、山东半岛的交通要地。此外,保定城南的大清河水道航运可以直达天津,在近代铁路体系被人们认可之前,保定地区运往天津销售的甘蔗、棉花等农产品,晋、豫、冀三省运往天津的农牧产品、加工品,一直在保定沿大清河水运而去;此外,由京、津、沪等地输入华北内地的物质及国外进口商品也多由保定转输。在传统驿站交通体系中,北京是全国交通总枢纽,驿站交通网络以北京为中心辐射全国,保定与北京之间距离约150公里,是北京南部距离最近的水陆交通枢纽,于是在军事职能之外,保定还成为分担北京物质分流职能的经贸卫星城。这也是保定繁荣的一个重要因素。

所以,晚清总督渐移天津,保定失去了区域政治中心地位之后,因为次级交通、北京经贸卫星城的职能,城市依然具有发展动力,纵是在京汉铁路初通时,煤炭、棉花等从石家庄用铁路运往天津的大宗货物,还是按照习惯到保定后多改为船运,"集于清苑的棉花,由铁路运津者约占十分之三,由水路运津者约占十分之七"[1]。

20世纪前期,随着华北地区铁路交通体系的逐步畅达,加之铁路运输速度快、成本低、运量大、运输周期有保证等优势条件,保定作为传统驿站交通体系下的北京经贸卫星城、物质转运站的职能逐步趋弱。在近代铁路体系中,保定只有京汉铁路通过,石家庄则是京汉铁路、石太铁路、石德铁路等枢纽中心,便利、低成本的铁路运输网络,使石家庄逐步取代了保定的地位,成为北京南部距离最近的物质转运中心。1933年,由石家庄经铁路运出近62万吨煤,仅有约17万吨运至保定改船运,由铁路直运丰台23万吨。1934年,天津所消费的井陉、正丰、阳泉煤,多由石家庄经正太、京汉、北宁铁路运输;1931年后,山西棉花运津时也多以铁路代替

---

① 曲直生:《河北棉花之出产及贩运》,第141页。

船运①。

保定在失去区域政治中心地位之后，又失去了冀中交通中心、华北贸易转运中心、京师商贸卫星城的城市职能，城市的衰落也就不可避免了。

四、近代产业发展，保定地区未能坚守辅助北京的定位

近代以来保定城市发展相对滞后，其中因素诸多，具体到近代产业的发展，未能很好地利用保定和北京之间的空间距离优势，未能向辅助北京、供给北京、服务北京的职能定位靠拢，也是值得反思的一个问题。

作为京畿南大门，保定的军事拱卫职能是第一的，此外，在经济、文化等领域还有辅助京师、服务京师的职责。王玲在《北京与周边城市关系史》一书中就提出，在传统上保定一直是"北京的战略门户""北京的文化辅助城市"，保定地区则是"北京农副物资和手工业产品补给地"②。中国古代城市与西方城市不同，城市作为各级政治中心，城市发展动力主要依靠政治地位、政治力量进行资源聚集。北京作为全国政治中心，政治地位最高，它可以利用政治优势对全国资源进行优先聚集，因而也就成为中国古代人口规模、空间规模最大的城市。随着大运河的开通，北京所需物质可以通过漕运从南方源源不断地输入，但是总有一些物质，或者因为体积庞大，或者因为重量过重，或者因为不能长时间贮存等，不便于从远方运至，只能就近供给，如做燃料的煤炭、木炭，食用的蔬菜、蛋类、水果、花卉、鲜肉类、河鲜类等。北京作为文化中心，包括大量书籍的印刷等，都需要就近地区供给。保定地区距离北京较近，交通便捷，辖区内水利发展、农田肥饶，白洋淀等河湖众多、西部山地还有各种林产品，可以从农业、渔业、林牧业，以及药材业、印刷业、服务业等多角度、多层面供给北京。

但是，在保定地区近代化的过程中，在产业定位上，却渐有偏离服务北京的主旨目标，在某种程度上以天津为模版，向天津看齐，努力成为天津那样的北方近代化经济中心。如 1905 年保定设立艺习所及清苑实习工厂，主要生产近代纺织品，后来不断扩大，民国初年发展多家③。1909 年，保定、京津等地的商人合伙在保定西关建立了保定庆兴蛋厂，生产蛋白片、蛋黄粉、蛋青，主要销往欧美各国。再如到1921 年，清苑县有玩具制造工厂 12 家，球拍制造工厂 5 家，铁球制造工厂 52 家，毛笔制造工厂 20 家，其中经营体育运动器材的步云工厂，生产的羽毛球拍主要出口

---

① 雨初：《国有铁路各站民国二十三年商煤运输之研究》，《铁道半月刊》，1936 年；李洛之、聂汤谷：《天津的经济地位》，南开大学出版社 1994 年版，第 172、192 页。

② 王玲：《北京与周边城市关系史》，第 122～151 页。

③ 《保定市志》第二册，第 339～340 页。

欧美等国①。

再如传统皮毛中心邢台、辛集,也开始面向国际市场,主要通过天津港出口欧美市场。国外市场对皮毛原料的巨大需求,使得皮毛成为中国出口贸易中的大宗。"近代天津及其腹地的皮毛运销系统,是随着其出口量和品种的不断增加和运输条件的不断改善,而逐步延伸、扩大和完善起来的"②。与天津港之间有着较为便利的水运条件的直隶南部地区,自然成为这一销售系统的一个环节。《邢台县志》(光绪)记载:"土人习攻皮技者制为裘,鬻之齐、豫、吴、皖诸省,只牟十一利。近十数年来,津沽之人贩走海舶,鬻于泰西诸国,岁恒致百余万金。毛毳堆积如丘山……"③辛集作为传统皮毛中心,和邢台城市近代发展的历程一样,天津开埠后皮毛出口数量大幅增加。1901 年,聚泰皮庄老板李长谦七赴日本,将皮货销往东京、大阪等地;同年,外国在辛集设庄收购皮毛的洋行达 24 家,后增加到 26 家,其中德国洋庄 6 座、英国洋庄 6 座、日本洋庄 6 座、荷兰洋庄 3 座、美国洋庄 3 座、比利时洋庄 1 座、法国洋庄 1 座,收买当地皮毛皮革产品运往国外市场④。

保定近代化滞缓原因诸多,本文主要从保定与北京之间的关系变迁进行了论述。其中一些变化,诸如海洋门户——天津在京师安全中的作用日渐重要,逐步取代保定;直隶总督移治天津,保定渐失区域政治中心地位;铁路枢纽南移石家庄,保定作为北京商贸卫星城职能被分离等,是保定自身难以克服的客观原因。但是,从保定地区产业近代发展的方向定位上,也可以看出,保定自身近代化路径选择上的一些缺失——偏离服务北京的传统定位,盲目模仿天津等开埠城市,转向国际市场,逐步放弃了北京这一距离最近的超大型消费市场。

① 《保定市志》第二册,第 423 页。

② 樊如森:《天津开埠后皮毛运销系统》,《中国历史地理论丛》,2001 年第 1 期,第 59～68 页。

③ 《邢台县志》(光绪)卷 1,成文出版社影印本,第 167 页。

④ 参见董文强、张建辉:《辛集市皮毛业今昔》,《档案天地》,2001 年第 6 期,第 45～47 页;王登普:《辛集皮毛志》,中国书籍出版社 1996 年版。

近代蚌埠城市发展中的政治性因素
——兼与石家庄的比较

马陵合①

清末,蚌埠还是一个仅有 500 户居民的小渔村。1911 年津浦铁路通车后,它迅速发展为区域性中心城市。1914 年,安徽省咨陈内务部,要求在大通、蚌埠改设警察专局。咨文称:"惟铜陵之大通,凤阳之蚌埠,虽非通商口岸,实为皖南、北著名巨镇,商贾巨集。"②由此可见,蚌埠城市发展起步之迅速。一般认为,蚌埠城市的形成原因是铁路通车而使其成为水陆交通中心。但是,若用铁路因素去解释蚌埠迅速兴起的原因并不充分。实际上,蚌埠的发展与民国初年倪嗣冲将其作为自己的政治、军事基地这种政治性因素有关。所谓政治性因素,主要是指它的行政中心地位和政府对城市发展的直接推动力。在蚌埠城市形成与发展中,这种政治性因素与交通条件的改变相比较,后者的作用则是基础性的;但是,政府权力的深度介入有助于蚌埠发展速度加快,在短期内迅速成为区域经济中心③。与之不同的是,石家庄虽然也是火车带来的城市,但其早期发展速度显然要慢于蚌埠,其重要原因则在于行政推动力的缺失。

一、蚌埠作为督皖的实际行政中心

1913 年,倪嗣冲奉命驻军蚌埠,继而作安徽督军兼长江逼巡阅使。之后近 10 年,蚌埠成为事实上的安徽省会所在地④。

---

① 马陵合,安徽师范大学经济管理学院,教授,现任安徽师范大学经济管理学院院长。

② 李良玉等:《倪嗣冲年谱》,黄山书社 2010 年版,第 81 页。

③ 实际上,一个城市控制权的构成与运行状况,决定其城市化的深度。权力如何能够有效地在各种不同幅度的城市空间中运行,城市运行的权力的合法性、现代性程度以及稳定性状况,均是有待于基于基本史实进行深化探究的问题。杨宇振的《权力、资本与空间:中国城市化 1908—2008——写在〈城镇乡地方自治章程〉颁布百年》(《城市规划学刊》2009 年第 1 期)从宏观的视角作了有价值的思考,颇有借鉴意义。本文不拟在理论上作过多的评判,而是从权力与城市化的角度做好个案研究的前期准备工作。

④ 辛亥革命后,倪嗣冲任河南布政使帮办军务。"二次革命"爆发后,他于 1913 年 7 月 22 日被袁世凯任命为皖北镇守使,率兵镇压安徽讨袁军;同年 7 月 27 日,被擢升为安徽都督兼民政长;8 月 28 日,倪嗣冲率军攻入安庆,镇压了安徽"二次革命",并建立了对安徽的统治。自 1914 年 5 月 23 日起,改称都督兼巡按使;同年 6 月 30 日起,改称将军兼巡按使;7 月 15 日,卸巡按使职,任安徽督军;至 1916 年 4 月 22 日由督军改任巡按使,同年 7 月 6 日改称省长;1917 年 7 月 8 日起,任督军兼省长,同年 9 月 8 日免去省长职,仍任督军;至 1920 年 9 月 16 日被免职。

倪嗣冲之所以重视蚌埠，主要原因在于以下几点：

第一，蚌埠为津浦线和淮河交会点，南接沪宁、北接鲁冀，具有重要的军事意义。民国以还，蚌埠为兵家必争之地。因有津浦铁路，蚌埠与天津、北京、南京联系便利。而省会安庆则不具备这种交通条件，即便是从安庆到蚌埠，要先坐轮到南京，从南京过江到浦口，经过津浦线才能到，非常不便。

第二，蚌埠的交通优势，使其存在着巨大的经济发展潜力，尤其成为物资集散地后，在经济上的价值要远大于省会安庆。交通的汇聚和随之而来的经济、军事、政治资源，使蚌埠形成了对人员、资本的吸附力。

第三，坐镇蚌埠，便于控制皖北的局势。清末民初，皖北政局不稳，匪患严重。倪嗣冲曾电请中央将淮泗道列为"一等繁要"之职，因为"自津浦铁路开车以后，控引吴越，绾毂燕齐……临淮凤阳尤为苏皖两省门户"，同时这一带"民风强悍，狱讼繁兴，盗贼滋多"①。

驻军蚌埠后，倪嗣冲总是以各种理由拒绝将安庆作为真正意义上的行政中心。1916年，袁世凯去世后，倪嗣冲任安徽巡按使，但其"移公署于蚌埠，而不驻省城，皆为非正当之防务，政府曾迭电促倪将公署移回省城，以谋行政进行，而倪迟缓观望如故，且一再辞巡抚职，以表示其不肯离蚌之决心"②。是年7月，应各方面要求，倪嗣冲本拟将行署由蚌移回省城安庆，但随后又强调，"安庆已派有军队数营驻扎，足资镇摄。因河工正在进行，督促未可稍缓，兼之连日大雨，河水陡涨，未便迁离。后因其弟倪毓芬由鄂归来，颇不以回省城为然。"③于是移回省城之举遂又打消。张勋复辟失败后，倪嗣冲趁机吞并了定武军四十营，改番号为"新安武军"，使自己的实力更加雄厚，一时成为冠于东南各省的风云人物④。倪嗣冲督皖近10年，蚌埠一直为安徽的实际政治中心。

蚌埠城市的发展，一开始即这位军阀紧紧联系在一起了。"蚌埠者，绾毂津浦铁道，为南北之要冲。自公(倪嗣冲)移节之后，遂成重镇。"⑤

（一）形成以督军府为中心的军政管理体制

为便于在蚌督皖，倪嗣冲在津浦铁路路东先购王姓地40余亩，后购高姓地30亩，分别建都督府及皖北镇守使署，同时于小南山一带设立营房、讲武堂、长江巡阅公署、炮兵学校。1916年，时任安徽巡按使的倪嗣冲将蚌埠将军行署改为巡按使署，命令安徽省各机关一律迁蚌，形成实际上的省会所在地。倪嗣冲以建造长江巡

① 李良玉等：《倪嗣冲年谱》，黄山书社2010年版，第90页。
② 李良玉等：《倪嗣冲年谱》，黄山书社2010年版，第124页。
③ 李良玉等：《倪嗣冲年谱》，黄山书社2010年版，第125页。
④ 夏侯叙五：《倪嗣冲缘何迁移督军署》，《团结报》，2002年3月9日。
⑤ 柯劭忞：《安武上将军、勋一位、长江巡阅使、安徽督军兼省长倪公家传》。

阅使署为名,强购民地 54 余亩,每亩价值千元者仅给百余元,值百元者给 20 元。当时还有大量的军队驻扎于此,蚌埠地名中的南营房、柳树营、陆军医院(现 123 医院址)等均与此有关。这样就形成了以"将军府"(后改为安徽督军公署)、阅兵场、皖北镇守使署等军政机关为中心的军政区。蚌埠政治中心地位的确立对城市早期快速发展起到了至关重要的作用。蚌埠一直为凤阳县所属的镇,但实际上其完全在凤阳县的管辖之外。尽管没有设置完整的行政管理机构,但由于早期的军事管制色彩浓厚,其区域行政管辖权的完整可以从其逐步完善的警察机构得到体现。

1912 年津浦路通车后,蚌埠三县司废,改属凤阳县治,置二区保卫团,设正副团长各一人,团部设于中正街(现青年街),后改为二区公署,依然以席家沟为界,沟西为怀远,沟东为凤阳。淮河北岸的小蚌埠除止街属于凤阳外,出正街向西归怀远,向东、向北为灵璧辖界,实际仍是一个镇的建制。

随着政治地位的提升,政务、商务往来增多,人事日趋复杂,对蚌埠的管理已非一般警察署所能胜任。1914 年 6 月,倪嗣冲向内务部要求升格为警察专局。内务总长咨复倪嗣冲,批准其要求:"查大通、蚌埠两处既系著名巨镇,且为匪徒出没之区,自可援照本部本年五月八日通电,于各该处改设警察专局委员办理,局中一切组织应就各地地方事务繁简妥为支配,以期各适其宜,至大通、蚌埠距省较远,倘直隶行政公署不特指导非易,且恐遥制为难,现在道官制既已公布,各道尹为一道行政长官,本有执行一道行政之职务,各该处警察机关即分隶芜湖、淮泗两道听其指挥监督,俾便统率进行。"[1]从此,蚌埠正式建立警察专局,隶属淮泗道尹,职权因之提高,可直接处理民事、刑事案件。此外,专局内部设有总务、行政、司法科和勤务警察处、捐务处以及消防队,从多方面对蚌埠进行城市管理。警察专局在东、中、西片分设第一、二、三区,并在铁路站台附近设有路警护卫队,军队中设军警督察处。警察的主要职责是维持市面秩序,捉拿盗匪;还时常与驻军配合,检查客栈、旅馆和往来的旅客、商人。自此,近代蚌埠警察制度初步形成。

1919 年,倪嗣冲的安武军第二旅长马祥斌任警察局长。他以筹措警察经费、修筑马路、建设市政、筹备消防为名,摊派数十种附加捐[2]。因为有经费来源,警察部门开始承担了更多的市政管理职能,包括城市卫生、消防,甚至在早期还负责市政建设。蚌埠开埠后,各项公共设施、公用事业即由警察机构管理。

1921 年 7 月 12 日,蚌埠警察专局改称蚌埠警察厅,隶属省警务处管辖。1923 年 3 月 12 日,经安徽省省长吕调元批准,并转呈北京政府内务部备案,设置厅长 1 人,警政 6 人,警佐 12 人,技士 1 人,督理分掌各项事务。厅内机构与专局时期基本相同,外设 4 个警察署。1926 年后,厅内又设卫生科和侦缉队、消防队。当时将

---

① 蚌埠市地方志编纂委员会:《蚌埠市志》,方志出版社 1995 年版,第 915 页。
② 蚌埠市公安局编志组:《蚌埠市旧警察机构的沿革》,《蚌埠市志资料》第 2 辑,第 106 页。

城区划为5个区:自火车站至国安街口为第一区,从国安街以西到华昌街一带为第二区,从华昌街以西的二马路及中兴街、中山街、中正街(今青年街)一带划为第三区,自天桥向西南,包括中荣街、华丰街、中和街(今国货路)、华利街一带为第四区,西南为第五区。

1927年北伐战争胜利后,警察厅改称蚌埠公安局。局内设总务科、行政科、司法科、卫生科、督察处、捐务处和侦缉队、消防队,辖4个分局。1928年7月,增设第五分局,并在该分局内设消防队。

1930年,蚌埠公安局改称蚌埠警察局,至1938年2月蚌埠沦陷,该局隶属省政府管辖。局内设总务、行政、司法科和督察处、秘书处、会计室、户籍室,辖2个保安警察队、1个侦缉队、1个巡查队,分设5个分局,任用警官200余名、警士500余名。

1930年,安徽省公安局曾颁布《整顿市面规则》,蚌埠警察机构依照执行,并进行了一些整顿工作。1946年后,工务局和警察局曾就公用事业管理制定了一些管理章程,其中包括饮用水管理、下水道管理、行道树保护等方面的规则和布告,但因人力有限,多实施不力。

抗战期间,在蚌埠设立安徽省警务处和安徽省会警察局两个警察机构。抗日战争胜利后,国民党政府接收日伪蚌埠警察局,至1947年1月蚌埠设市,成立市警察局。局址在二马路,设局长1人、秘书2人,下设督察处、司法科、行政科、总务科、户籍室、会计室、刑警队(原名侦缉队)、保警队(2个中队)、消防队、清洁队、盘查哨等。局辖4个分局,一分局驻国治街,二分局驻国庆街,三分局驻二马路(后移华盛街),四分局驻中正街。一分局下设太平里、小蚌埠派出所,二分局下设二马路、天桥派出所,三分局下设公园路、福寿里、中山街派出所,四分局下设蚌寿路、经三路、黄庄、老船塘派出所。

1945年9月,设立长淮水上警察局,局址在国货路;1946年4月至8月,因经费困难一度撤销;恢复后改设于二马路,直至1949年。该局下设秘书室、总务科、司法科、行政科、督察室、人事室、水巡队、刑警队,并在淮河上分设正阳关分局、田家庵分局、五河分局、盱眙分局及怀远、高家庵、老船塘直属所。

由于警察局设有捐务处,有一定的收入来源,市政建设在早期主要是由警察部门承担,即由警察局代行部分城建管理职能,主要是负责修建城市道路,规定沿街房屋建筑的分布。1925年,蚌埠警察局内设卫生科,对城市道路进行清洁管理。1929年至翌年春,蚌埠一度设市政筹备处,成立市工务局,负责城市建设管理工作;同时,警察局内设卫生警察队,管理市容卫生及道路清洁工作。市政筹备处及工务局撤销后,城市建设管理工作仍由警察局兼管。日伪统治期间,蚌埠是伪省政府所在地,设伪省建设厅蚌埠工务局,负责城市建设管理;伪警察局下设清洁大队,负责城市街道卫生。1946 年 3 月，市政筹备处成立工务局，负责城市规划、市政设施、河道堤防管理等①。

倪嗣冲对蚌埠的"偏爱"，使得蚌埠的政治地位大大提高，并一度在事实上替代了省城安庆，成为安徽省的军事重镇和行政中心。1946 年前，蚌埠虽没有实现独立建市，仍属凤阳管辖，但却通过完整的警察管理体制使其形成独立的地方管辖权②。这一方面是由于早期警察的功能并不限于社会治安，而明显负责市政建设和管理等；另一方面，直辖性的行政地位既避免了各级地方政府的影响，也可获得更多的政策支持。尽管倪嗣冲之后，蚌埠的政治中心地位有所下降，但其城市管理体制一直在趋于完备。

(二) 军政中心对城市发展的拉动

倪嗣冲在蚌埠督皖后，军队屯集，僚属云从，刺激消费性商业迅速发展，几年间，大小旅馆、南北菜馆、清洁浴池先后开设。倪嗣冲夫妇每年寿期两次，祝寿者千人，市面上绸缎布庄、古董铺、海味庄、鲜花店、南方纸店等因此兴盛。"民国十八年达极盛时期。盖以倪氏主皖，权倾一时，各省代表，络绎于途；知事局长，足不旋踵，除接洽、候差、谒见种种外，多消耗于酬酢往还，酒食征逐，花天酒地，纸醉金迷中。"③

由于军政机构的增加，一些公用企业开始出现。1914 年，倪嗣冲在"督军公署"安装一台容量为 40 千瓦的柴油发电机，1915 年发电，实际输出功率为 25 千瓦，专供署内及附近高级军政官员照明之用。督军府的大门上端安装一盏 100 瓦的电灯，人们称之为"穿马褂的开洋荤，将军府里挂电灯"。2 月，倪嗣冲亲信、凤阳关蚌埠分关总办唐少侯承领督军公署电灯厂，邀股集资在仁寿里建成私资民营光华电灯公司，并新装发电机发电，极少数市民开始用上电灯，路灯亦有 18 盏。公司首任经理吴岫云，聘德国人傅赫德为工程师。公司装机 50 千瓦，输电线路 540 米。旋因倪嗣冲感到署内供电不足，遂令蚌埠税务总办唐少侯创办蚌埠最早的电灯公司光华电灯公司，由安庆电厂厂长吴帕云任第一任经理，集资 3000 股共 30 万元，向

---

① 蚌埠市地方志编纂委员会：《蚌埠市志》，方志出版社 1995 年版，第 263 页。

② 实际上，蚌埠建市过程颇为曲折。1914 年至 1928 年，蚌埠河南岸是安徽省淮泗道凤阳县的一个镇；1928 年，撤销道台级建制，仍然属于凤阳县所辖。北伐战争胜利后，国民政府决定在蚌埠筹设市政。1929 年，蚌埠成立市政筹备处，裴益祥任处长。由于战乱，1930 年，市政筹备处就被撤销，蚌埠历史上第一次设市就此匆匆收场。

1932 年，凤阳县办自治区，蚌埠是其一个区（第七区）。1935 年，蚌埠与三铺合为凤阳第二区。1938 年 10 月，日伪在蚌埠组建伪安徽省维新政府，凤阳县直属伪省维新政府管辖。1945 年 8 月，抗战胜利，国民党军队李品仙部到蚌埠接防；11 月，成立蚌埠市政筹备处，翌年接管市区行政。1947 年 1 月 1 日，蚌埠正式设市，为安徽省直辖市。

③ 《皖北日报》，1946 年 7 月 9 日。

上海慎昌洋行订购 50 千瓦发电机一套,在仁寿里东端建盖厂房,聘请德国人傅赫德任工程师。光华电灯公司是倪嗣冲令蚌埠税务总办唐少侯集资 20 万元创办的。1919 年正式投产发电,每晚供电 6 小时,日发电量约 400 度,有职工 20 余人。1921 年,光华电灯公司易名为蚌埠耀淮电灯股份有限公司,装机容量增加到 100 千瓦,职工人数发展到 40 余人①。蚌埠耀淮电力公司由于管理得当,企业一度得到较快发展。电厂先后添置 3 台发电机,一台是瑞典制造的 250 千瓦汽轮锅炉发电机,一台是德国制造的 250 千瓦柴油发电机,另有一台是英国制造的 150 马力柴油机,并架设两条 2200 伏特的高压线顺着大马路、二马路伸展开来,西面达到米坊街,东面越过火车站。随着用电量的增加,超载负荷十分严重;加之管理不严,偷电现象屡禁不绝,公司亏损愈益严重。1928 年,麦建之辞去经理,史补山继任经理。他对制止窃电、追收欠费和整理内部等一系列棘手问题也是一筹莫展。直至 1933 年顾松林接任电灯厂经理后,局面才稍有好转。顾松林大刀阔斧革除弊病,严肃厂纪,加强管理。电厂特请上海会计师协会派员整顿财务,按时查账,又聘请军警人士担任电灯公司检查员,协助职员取缔私灯,追收电费,使多年欠费状况得以改善。电厂推行表灯制,取消包灯,组织工人整修用电线路,增添发电设备,购买了两台发电机,使电厂装机容量增为 650 千瓦,保证电灯公司有足够的电力供给全市。电厂终于在危难之中得以生存②。随着该厂供电量扩大、用户增多,也带动相关五金行业的发展。1937 年前,在二马路、大马路、经一路一带聚集了 20 余家经营五金、玻璃、车料、电料、铁货的商店③。

(三)蚌埠成为治淮的中心

倪嗣冲比较重视皖北的水利问题。他督皖后,"皖北锐兴工赈,治风、颖、泗诸河,于蚌埠立督办公所,倪公亲往规划。又得部拨北盐巨款,足资进行云云。"④ 1914 年,倪嗣冲下令修筑皖境淮堤,上自南照集曹台子,下讫正阳关鲁台子,连同沿淮之秋稼湖、戴家湖、唐家湖、垛子湖等湖堤共 260 余里,历时 4 年告竣。当时参与制定导淮计划的宗受于先生评价道:"时皖北以淮久不导,频年受害,采受于议,辟睢河故道至青阳镇,又改道直东入洪泽湖,河道直捷,泄水大畅,皖省汴堤以北几无水患,合计直接受益田不下七百余万亩,此为导淮实施史中仅有之成绩也。"⑤ 这

① 《安徽全省电灯公司一览表》,《建设季刊》第 1 期,1932 年。刘学海:《蚌埠烟草业和东海烟厂》,《蚌埠古》(内部刊)第 1 辑,1982 年,第 79 页。

② 顾松龄:《蚌埠耀淮电灯公司半年业整理之经过》(全国民营电业联合会第五届年会论文),《电业季刊》,1933 年第 2 期。

③ 《安徽省志·商业志》,安徽人民出版社 1995 年版,第 31 页。

④ 张謇研究中心、南通市图书馆:《张謇全集》第 2 卷,江苏古籍出版社 1994 年版,第 308 页。

⑤ 宗受于:《淮河流域地理与导淮问题》,钟山书局,1935 年,第 51 页。

是对倪嗣冲导淮成绩的充分肯定。1916年，倪嗣冲在蚌埠设立督办皖北工赈处。后召集宿县、泗县、灵璧、五河等县知事，以及皖北水利测量事务所主任、省水利局蚌埠办事处处长，会同地方士绅协商，决定以征工方式开挖旧河道，修治濉河。该年3月正式开工。修治工程上自濉溪口、下至洪泽湖，全长300余里，至1918年底全部竣工①。1917年5月，皖淮水利协会成立，18个县（凤、宿、寿、怀、定、台、灵、阜、颍、霍、太、亳、蒙、涡、泗、盱、临、五）知事并各县省议员、地方士绅共49人集于蚌埠，经投票选出会长裴景福，副会长柳汝士、张百诚，并通过协会简章。蚌埠成为当时的治淮中心，也是其城市发展的一个推动因素。30年代初期，商务印书馆出版的《安徽省一瞥》中称，蚌埠"现在市面有六里之长，人口达五万以上，有日进无疆之慨，假使导淮之举，能彻底实现，此地的发达，当要超过芜湖以上"。

二、行政权力对城市经济的推动

蚌埠地处淮河南岸，居民多以农耕为主，是重要的产粮区。蚌埠盐业历史悠久，蚌埠开埠前，就有木帆船从江苏淮阴运盐至蚌埠，再销往沿淮临近县城。但是，其地位远不及其上游的正阳关、下游的临淮关。倪嗣冲驻蚌后，通过行政权力，利用蚌埠交通便利的优势，逐渐使其取代皖北地区的其他商贸中心，并以盐粮互市为特征，形成区域商贸中心的发展模式。

（一）蚌埠取代正阳关、临淮关成为常关所在地

皖北主要商业城镇大多是沿水路分布的，逐渐形成以淮河干支流水运为主导、陆路驿道为补充的交通格局。由于凤阳府在明初所具有的特殊政治地位，带动了当地经济的繁荣，凤阳府成为皖北的政治和经济中心，正阳关、临淮关逐渐成为淮河流域重要的商品集散地和水陆交通中心。

正阳关位于淮、淠、颍三河交汇处，距离寿州（今寿县）城六十里，素有"七十二水归正阳"之称，明清时期属于凤阳府寿州。其陆路东通府城（凤阳），南通六安州，西南通霍邱县，西北通颍上县，水路上通汝颍，下通洪泽湖②。临淮关古称濠州，为历史通衢要地，是安徽省四大历史名镇之一。明成化元年（1465）设立凤阳钞关，包括正阳、临淮二关，正阳关设在正阳镇，临淮关在临淮镇。清沿袭明制设凤阳钞关，或称凤阳榷关，仍由户部主管。清顺治八年（1651），凤阳关归凤阳仓差监管。凤阳仓关设于明初，征收苏、松、常、镇、安、宁、太、凤、庐、淮、扬十一府，凤阳右八卫一所及河南八府一州的所折钱粮。康熙三十三年（1695），凤阳钞关官署移驻正阳镇。凤阳仓关亦于康熙三十四年移驻正阳镇，与正阳关、临淮关合并为凤阳关，于

---

① 李良玉等：《倪嗣冲年谱》，黄山书社2010年版，第145～146页。
② 《寿州志》（光绪）卷四。

寿州西南 60 里设立关署，专管正阳、临淮二关。同年，凤阳关由清政府从中央直接委派官员管理，康熙五十五年(1716)交给安徽巡抚委地方官管理，这种体制一直维持到清末。

1912 年，凤阳关设蚌埠分关，下辖符离集、固镇、宿县、门台孜 4 个查验卡，负责征收和检查辖境内的常关税。1915 年，将凤阳常税关移于蚌埠。1914 年，凤阳关关署由正阳关移驻蚌埠，辖蚌埠、正阳、临淮、亳县、盱眙、明光等 7 个分关，倪道烺任凤阳关监督，唐少侯任蚌埠分关总办。期间，凤阳关关税也逐年大幅度增加，1913 年 32.3 万元，1919 年 50.2 万元，1929 年 83.6 万元，1930 年 84.2 万元①。1931 年裁厘改统，常关税随同裁撤，凤阳关及蚌埠分关等均撤销。

在津浦铁路未修通之前，皖北地区形成了以淮河干支流水运为主、陆路驿道为辅的交通格局。随着津浦铁路通车，冲击着皖北水运主导的传统交通运输模式。作为豫、皖、苏三省水运通道的淮河运输地位下降，"货运大半舍河道而改由铁路。淮河在运输上的价值减少到只是对铁路起些辅助作用而已"②。铁路以其速度和运力优势改变了皖北传统交通运输格局，将大量货物吸引到铁路沿线，这使皖北贸易路线发生了根本的变化。铁路运输兴起，加上"近年以还，因淮河淤塞日甚，运输困难，各该地物产，或西出平汉，或东就长江，致正阳关商业衰落"③。正阳关、临淮关的主要功能是服务于转运贸易。转运贸易对凤阳府城及周围城镇商业的发展有一定作用，但对整个淮河区域的经济影响仍然有限。一般认为，乾隆之后，淮河流域人口开始迅速增长，经济发展出现了内敛化，可供流通的商品粮食大为减少。清代以来，淮河屡次出现的水灾，不仅使粮食减少，也严重影响了航运的畅通④。当新式交通方式兴起，传统交通中心的缺陷进一步显现，迟迟不能与新的交通方式接轨，它们被新的交通中心取代也是十分自然的。

清末民初，蚌埠人口不足两万，正阳关人口在 2 万至 2 万 5 千之间。到了 1928 年，蚌埠人口据调查已达 8 万余。1934 年蚌埠公安局的调查结果，蚌埠人口为 165237 人，临淮关只有 21130 人，正阳关为 29981 人，较之清末民初，仍无太大增长⑤。

当然，1931 年裁厘后，税制的变革对蚌埠的影响非常直接，"国府裁厘，凤阳关取消，千里长淮，畅行无阻，淮河上游食粮，舍陆运而就水运，转运业受大打击，蚌埠

---

① 《安徽省志·财政志》，第 90 页。

② 宓汝成：《帝国主义与中国铁路(1847—1949)》，上海人民出版社 1980 年版，第 599 页。

③ 《一月来之铁路》，《平汉铁路月刊》，1935 年第 10 期。

④ 张崇旺：《试论明清江淮地区的农业垦殖和生态环境的变迁》，《中国社会经济史研究》，2004 年第 3 期。

⑤ 谢国兴：《中国近代化的区域研究——安徽省》，(台北)中央研究院近代史研究所，1991 年，第 503 页。

变为过路商场,来往货物,多过而不停。"①"转运业乃一落千丈,加之去冬(1932)津浦铁路实行负责运输,转运公司等相率倒闭。"②

(二)通过行政权力使得蚌埠成为盐粮交易的集中地

津浦铁路全线贯通以后,蚌埠成为南京到徐州的"宿站",商旅必须在蚌埠过渡中转,因而商业和旅馆业等服务行业很快繁荣起来。加上横贯鲁、苏、豫、皖四省的淮河水运,农副产品和各种物资都纷纷在蚌埠集散;同时,倪嗣冲在蚌督皖的政治影响又进一步推动了商贸的发展,于是蚌埠的贸易往来日趋繁盛,并以盐粮交易为大宗,逐渐发展成为皖北最大的盐粮市场。

1913 年,倪嗣冲攫取安徽政权后,委倪道烺为芦盐运销总局督办。当时,倪嗣冲正在扩充安武军,为了筹措军费,致电北京政府,称自开战以来,河道梗阻,致盐船不得上运,颍属一带民间几至淡食,"拟请饬长芦运司暂拨盐五万包,运至漯河,由冲派员运赴颍属销售。俟售出后,除将盐价照缴运司外,余利尚可济军饷,于国课民食均有裨益"③。后来,他直接要求军咨府、陆军部电饬长芦盐运司由周口盐淮局借拨白银 3 万两,以解燃眉之急④。倪嗣冲想利用盐税收入充当军费。倪道烺在税、价、转、运各方面进行重利盘剥,并规定每包食盐加收 4 角。盐价暴涨,由此引起"盐荒",民众不满,"要求地方绅董代禀官长,痛陈困苦"。翌年秋,倪嗣冲下令撤销芦盐运销总局,停运芦盐。

1915 年,倪氏变更淮盐引岸,将宿县盐局移到蚌埠,课收盐税。江苏、山东、河北运销皖北、豫东的食盐,都必须经蚌埠转口。皖北盐商必须携货来蚌纳税、定价,由阜安盐栈转运⑤。不久,淮北盐运副署又在蚌设稽查局,盐务稽核总所淮北分所在蚌设收税局,前者掌管盐务行政,后者掌管盐款收入及放盐事项。根据盐务署的要求,3 月撤销正阳关、宿县的官盐局,并请示财政部"宿县向食东盐,近因局委舞弊,盐价高抬,民怨沸腾,迭经电控在案。应请将宿县地方盐务并归皖北商运公司办理"⑥;同时,设立阜安盐栈负责转运,商人也纷纷组织盐业公司,如同益、裕源等公司。当时,食盐"由板浦出海,遵津浦铁路运至蚌埠卸载,以减运费而轻成本"⑦,规定皖北 21 县、豫东 19 县的食盐运至蚌埠后,到盐务局登记、纳税、折价、存入官盐仓库备售;盐务局根据地方需要,再批发给有资质的盐商到指定地点销售。

---

① 《去年蚌埠商业回顾》,《中行月刊》,1932 年第 3 期。

② 《蚌埠各业近况》,《国际贸易导报》,第 5 卷第 8 号。

③ 《军机处电报档》,第一历史档案馆档案,档案号:2 - 02 - 13 - 003 - 0526。

④ 李良玉等:《倪嗣冲年谱》,黄山书社 2010 年版,第 33 页。

⑤ 蚌埠市地方志编纂委员会:《蚌埠市志》,方志出版社 1995 年版,第 427 页。

⑥ 《安徽公报》第 71 期,1914 年 1 月 8 日。

⑦ 南开大学经济研究所经济史研究室:《中国近代盐务史资料选辑》第 1 册,南开大学出版社 1985 年版,第 235 页。

由于倪嗣冲将蚌埠作为皖盐销售的中转站,蚌埠由原私盐集散地迅速变为官盐集散地,淮盐、海州盐的行销大都汇集于此。是时,蚌埠盐仓数量之多、规模之大,为豫皖一带之首。同时,食盐的贸易带动粮食贸易的发展。当时,淮河上游的粮商舟运粮食、土产来蚌埠,售出后再购盐回返;淮河下游的盐商则来时带盐,返回时带粮,盐粮一并交易①。伴随着盐粮贸易的发展,皖北地区大宗货物的往来交易皆以蚌埠为转运点。过去行销豫皖的淮盐,在江苏省两坝集中,经淮河分运各岸。现在,淮盐和海州盐经陇海、津浦铁路运抵蚌埠后,再经水路,上游转运到怀远、寿县、阜阳、太和、颍上、六安,下游转运到五河、临淮关,再分运到凤阳、泗县、滁县、天长、来安等处。1913 年,蚌埠仅有盐粮行六七家;1929 年,有盐号 30 多家、盐粮行 80 多家,运量达 5 万吨,盐的购销量占各类商品购销量的首位。淮河蚌埠段运盐船只帆樯林立,绵延数华里,甚为壮观②。各家盐粮行都派船划子活动于各地来船之间,争做生意,形成水上市场。是时,蚌埠盐仓数量之多、规模之大,为豫皖一带之首。在城中,有五记堆栈、大陆仓库、聚安仓库、裕民仓库、华东仓库等,均主要用于储盐。此外,倪嗣冲还在蚌埠设立淮盐工务处和官盐店,使蚌埠的盐业中心的地位更为巩固。

到 1919 年,据《申报》载,蚌埠"最热闹的街市为二马路、头道街、二道街等处,各大银行、转运公司、绸缎庄、大旅社及各种大商店,遍设林立,故虽地面不广而精华荟萃。俨若一小上海"③。到 20 世纪 20 年代末,昔日仅有一二千人口的蚌埠,人口已激增到 15 万,为千里淮河第一大港,往来货物都聚集于此,商埠完全形成,成为皖北地区重要的货物集散地和商贸重镇(如图一所示)。这一时期,蚌埠发展如此之快,不能不说与行政推动力有关。

抗日战争前的蚌埠市场,有盐粮,糖纸、茶麻、牲畜、转运、绸布、饮食、京广杂货等 48 个行业,1934 年商户达 4443 家,占总户数的 17.7%,商业人员也多于其他各业。其市场繁荣程度超过了安庆,芜湖,居当时全省之首。在不长时间内,蚌埠由盐粮集散地一跃成为皖北农副产品和津沪一带工业品的转销市场。

---

①　蚌埠市地方志编纂委员会:《蚌埠市志》,方志出版社 1995 年版,第 5 页。

②　王鹤鸣:《安徽近代经济探讨》,中国展望出版社 1987 年版,第 80 页。

③　《申报》,1919 年 4 月 17 日。

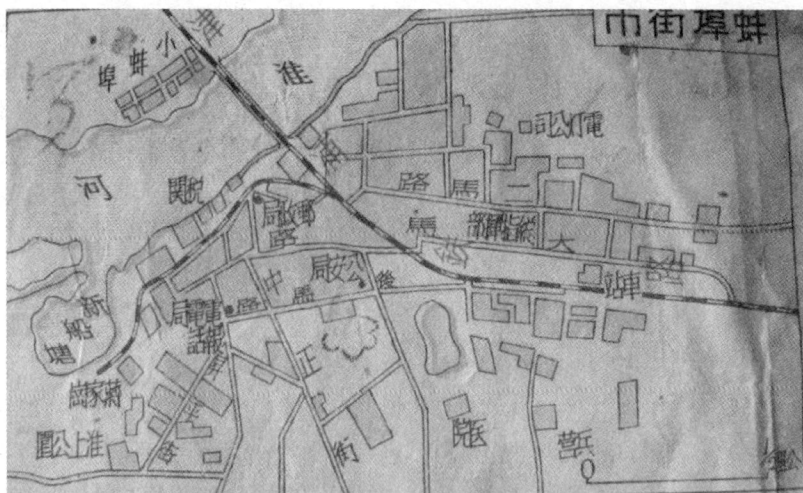

图一 蚌埠街市示意图

(三)由政治力量推动新式金融业的发展

民国初年,随着商贸的发展,钱庄、银行也随之发展起来。它们吸进游资,放出贷款,办理汇兑结算,调节、供应货币。蚌埠不仅是一个物资集散中心,也是信贷投放和现金回笼的集中地,是淮河流域的金融中心。民国初期,开设的钱庄主要有益丰、裕民、志庄、万泰长、信昌、晋康等。1914年元月,中国银行蚌埠汇兑所开业,是为蚌埠第一家银行。1913年,安徽督军公署设于蚌埠,督军倪嗣冲指使下属沈厚甫成立益丰银号,代省公署金库。20年代初,蚌埠开业的银行、钱庄有20多家(见表一),对蚌埠工商业的繁荣起到了一定的推动作用。

表一 1912—1924年蚌埠主要金融机构情况一览表①

银行名称	地址	开设时间	分支机构	主要业务
中国银行蚌埠支行	蚌埠二马路(今凤阳路)	1915年1月	下设经一路办事处	汇兑
交通银行蚌埠支行	中山街	1915年11月	设淮南煤矿、田家庵两办事处	收取关税,汇解金库
上海商业储蓄银行蚌埠分行	在华昌街(后迁至经一路)	1916年5月	下设明光、板浦、临淮关、正阳关等10个分理处	押汇、盐业
江苏银行蚌埠支行	华昌街	1916年5月		汇兑

① 此表根据蚌埠市地方志编纂委员会编《蚌埠市志》第663页的数据整理而成。

银行名称	地址	开设时间	分支机构	主要业务
金城银行蚌埠寄庄	经一路	1918 年 5 月		一般商业银行信贷和储蓄、信托、仓库、外汇、盐业
安徽省银行总行		1921 年	下设芜湖、安庆两个分行	

由上表可以看出,民国初年蚌埠的银行金融机构设置较多、业务范围较广,能较好地为工商业服务,甚至安徽省银行总行也设在蚌埠,足见当时蚌埠的金融地位在全省的重要性。1921 年后,南北战事迭起,蚌埠屡遭骚扰,农业歉收、工业凋敝,军政机关因财政枯竭强行向银行"借款"、摊派,险象环生,迫使银行、钱庄纷纷停业。时至 1927 年五省联军占蚌,仅有中国银行维持门面业务。

除银行外,民国初期蚌埠的金融机构还有钱庄、银号、当铺、银团、储金会等。1913 年,倪嗣冲指示下属沈厚甫成立益丰银号,是为蚌埠第一家钱庄①。次年,谦益银号开业,代倪嗣冲管理财政②。后继开业的,还有万泰长钱庄、万成钱庄、志成钱庄、巨昶银号、晋康钱庄、信昌钱庄等。至 1937 年,全蚌已有银行 7 家、钱庄 10 余户。据统计,蚌埠正常年份的存放款约为 500 万银圆,成为皖北早期的金融活动中心。

三、行政力量对市政交通建设的推动

(一)运用行政力量,改善蚌埠的航运条件

在津浦铁路未通之前,淮河北岸的小蚌埠是主要商业区,因为此处的淮河北岸港口条件较好,而南岸则因多有山丘余脉潜入水中,成为船家所讲的"暗山",南岸的水较浅。此外,淮河从荆涂山自东北向下,至蚌埠后转向偏北,使南岸的蚌埠只在河湾外侧发展。开埠后的蚌埠虽号称千里淮河第一港,其自身却没有良好的港口条件。

由于蚌埠火车站在南岸地区,商业区由北岸移至南岸。为了解决港口条件不佳的问题,1912 年,在淮河铁路桥西河南岸开挖船塘(后称老船塘),至 1919 年竣工,水域面积 1.8 万平方米,供泊船使用,抗战胜利后填平。由于老船塘可停泊的船只数量有限,1919 年,倪道烺以凤阳关监督的名义拟建设新船塘。在席家沟、朱家沟、蒋家岗强圈农田 800 亩,耗资 72 万银圆,在三号码头处开挖新船塘,至 1923

---

① 李良玉等:《倪嗣冲年谱》,黄山书社 2010 年版,第 59 页。

② 李良玉等:《倪嗣冲年谱》,黄山书社 2010 年版,第 101 页。

年竣工,水域面积16万平方米。该工程至1923年才竣工。1923年竣工时,正值蚌埠市场萧条、江浙军阀混战,这个工程并没有带来当时预想的效益,船塘四周依然一片荒凉①。

但是,这个船塘逐渐显示出其作用。因为这个工程拓宽了蚌埠港区,为30年代蚌埠走向皖北商贸重镇的鼎盛期奠定了重要基础。蚌埠码头港区早期是从老大街北首,沿顺河街到人通码头,经老船塘渡口西侧中兴码头、亚细亚码头,继续伸长至新船塘,大大提高了港口的停泊能力和安全性。铁路专用线从老船塘向西,通向新船塘南沿,继续绕西铺成。新船塘建成后,港口通航条件大为改善,克服了淮河南岸港口差的局限。新船塘泊船达1000艘以上,多时可达3000艘。新、老船塘离米坊街都很近,因此,新、老船塘的修建,促使了盐粮集散地的形成,使米坊街的生意迅速发展起来。两个船塘建成后,蚌埠港由原来的淮河岸边的漫滩扩展到新、老船塘港池装卸,两个船塘的周围还开设了诸多商号、货栈,客货船只来往停泊、装卸、仓储、运输货物都十分方便②。淮河水运与津浦铁路陆运在新船塘周围形成连接点,全面发挥了交通优势作用。

由于铁路、水运的便捷,蚌埠成为皖北地区大宗货物往来交易的转运点。由蚌埠输出的货物主要有小麦、高粱、芝麻、药材、鸡鸭、牛皮、酒等,"合计每月约有三四百万吨,皆由淮河上游之怀远、涡阳、亳州、颍上、六安、正阳关以及河南等地运来,在蚌埠换火车南下转运浦口。"③输入的货物主要是洋布、煤油、木材、杂货等,每月大约两三千吨,皆由浦口运来,然后经由蚌埠分运淮河沿岸。同时,仓库、旅店骤然增加。据30年代初统计,蚌埠的堆栈有32家,可堆货7万吨,其中银行合组堆栈,实力雄厚,建筑巩固,可堆货近3万吨,其余为转运公司及铁路栈房④。其中,建于1920年的"公记堆栈",为当时省内最大的专营性仓库。公记堆栈由中国、交通、上海、金城银行和益丰银号合资创建,投资24万元,其中中国银行800股,上海550股,交通550股,金城350股,益丰150股。到1935年已建成仓库21幢,近2万平方米,储存量近万吨,并有铁路专用线。其旺季时每天进出货物达5000吨以上,常年储量为淡季16~35万包件,旺季60~80万包件。1930—1937年,平均每年栈租收入6.47万元。1929—1936年,平均每年获纯益2.11万元,号称"安徽第一货栈"⑤。五行仓库地理位置优越,东西两端水路近靠淮河新老两个船塘口岸,陆路自设内外两条铁路专用线,四门直通市内,各种运输车辆可以同时进出,交通四通

---

① 郭学东:《蚌埠城市史话》,新华出版社1999年版,第56~57页。

② 蚌埠港务局管理处:《蚌埠港口史》(油印本),1983年,第8~9页。

③ 王鹤鸣:《安徽近代经济探讨》,中国展望出版社1987年版,第80页。

④ 《蚌埠商业调查》,《中行月刊》,1931年第1期。

⑤ 张仪宾:《蚌埠市金融志(1912—1987)》(内部),1988年,第35页。

八达,货物装卸集散迅速,一天的吞吐量可高达5000吨以上。五行仓库以堆放物资、收取仓租为主要业务,并藉以保障实物押放贷款辅助五家银行业务之开展。因仓库地势有利,牌子名声大,所开出的仓单信用高,一般工商户为了争向银行借贷,竟自把货物堆放该库。故抗战前后,该仓库业务一直比较兴旺。五行仓库设立有董事会,由五家股东银行的经理轮流值年担任董事长,下设经理、副理、襄理、主任,一般办事人员分业务员、保管员、练习生、栈司(工人)等。五行仓库除了储藏、运输、消防等设备较为齐全外,一般进出仓库制度、堆货管理制度、会计制度、门卫安全制度以及职工守则等也很健全。由于五行仓库管理水平高、服务周到,赢得客户的信任①。

此外,1937年,铁道部还计划实行津浦路、沪宁路、沪杭甬路与淮河的联运,联运总站设置在蚌埠。"津浦铁路总管理局,为发展该路业务计,前曾派员至蚌,与长淮轮业公票处商洽,组织津浦、京(指南京——引者)沪、沪杭甬、淮河负责联运,现上方接洽,已见成熟,公票处已将航线、船只、运价及各种草拟章程,送陈总管理局核阅,闻甚满意,将由该局分送京沪、沪杭甬两路局同意后,即可正式签定合同。开办日期,原定明年元月一日,因时间匆促,决定改期至二月一日,名称方面暂定为津浦京沪沪杭甬长淮轮业公票处,联运总站设蚌埠,并在淮颍两河之怀远、田家庵、凤台、寿县、正阳关、颍上、阜阳等县镇设立七分处。"②但因蚌埠1938年2月沦陷,此计划也告流产。

(二)邮政电信的发展

1909年,津浦铁路淮河铁桥动工兴建,为便于筑桥工人通信,凤阳县邮政局在淮河北岸小蚌埠设一邮票代售处。翌年,南京邮政总局在蚌埠设邮政局,日收寄函件200件。1911年,蚌埠邮政局上升为一等乙级局,月营业额平均达5000银圆。1926年,设华昌街和升平街两个邮政支局,刘府及长淮卫两个邮政代办厅。1932年,江苏、安徽两邮区合并,蚌埠邮区隶属苏皖邮区。1936年,苏皖邮区分设,蚌埠邮局复归安徽邮区管辖。同年,在华昌街中国旅行社设置邮政代办所1个。至抗战前,蚌埠邮区辖临淮关、炉桥、田家庵、正阳关等局所。邮政通信除旱班邮路外,还使用津浦铁路火车邮路。

津浦铁路通车不久,军阀倪嗣冲在蚌督皖,商务活动也明显增多。为适应其需要,于1915年由安徽电政管理局在升平街设立电报局,为二等乙级。电报业务开办之初,官商使用者居多,线路南可通南京,北可达宿县。1922年,电报局内又附设电话局,经营市内电话业务,为交通部承办。之后因军阀混战,蚌埠屡遭骚扰,加

---

① 人民银行编写组:《蚌埠金融琐谈》,载蚌埠市志编纂委员会办公室:《蚌埠市志资料》第2辑,第151~152页。

② 安徽省国民经济建设委员会:《经济建设》第7期,1937年1月26日。

之经常发生水患,电信业发展缓慢,到1927年,电话只有百门交换机两座。

北伐胜利后,电信业发展较快。安徽省"建设厅以本省各县设有电报者即居少数,政令之宣达,军情之传递深感困难,因自1931年始先后设立各处短波无线电台以灵消息"。1931年,省建设厅始在蚌埠架设特等短波无线电台,呼号为XPP,电机为直流式,电力15瓦,电台等级为特级。1933年5月,蚌埠首开长途电话,有英制磁石交换机2座,交换机容量为40门,电路8条。初达凤阳,后发展至南京、宿县、明光、怀远等地①。至抗日战争爆发前,明光、固镇、怀远3个电报支局(营业处)均划归蚌埠电报局管辖。电信通信不仅有明线,还有无线电与外地联络。邮政网路与电信网路的形成与电信通信手段的不断增加,以及邮电辖区内的活动,标志着蚌埠邮电业务已经健全,并具备了一定规模。这一时期,蚌埠邮电业务量主要是依附于蚌埠集散中转的各种土特产交易、军政机关的活动。蚌埠成为皖北地区早期的邮电指挥调度中心②。

(三)政府进行城市改造与规划

蚌埠最初以蚌埠集老大街为基础,以淮河码头与火车站间的连接区域为主干,形成东西向与南北向为主的城市道路网,城市最初都是沿着铁路线分布,铁路线两侧都发展,随着城市的进一步发展,城市空间逐步扩大。

1912年,新辟头道街(今华昌街)、二道街(今凤阳路)、车站后街(今交通路)等街道。1916年,新增大马路、华盛街、国庆街、国安街、国富街、国治街、国强路等街道,头道街更名华昌街,二道街更名二马路。

1917年,清末寿县状元孙家鼐孙媳进京转乘火车时,在蚌埠死于大马路的铁道口。在处理善后事宜时,应丧主要求修建了跨截止铁路的过街天桥。这是蚌埠最早的一项市政建设工程,它也是中国最早的城市立交桥③。该桥系津浦铁路局在八亩园(私人花园)附近购地40余亩所建,桥面为钢木结构,全长17.35米、宽6米,桥下净空5.15米,载重负荷8吨,桥两端与路面成"S"形衔接。

1919年,蚌埠街市突发大火。火灾后,倪嗣冲认为此次火灾"实在缘因由于草屋过多,消防办理不善"④。警察局长马祥斌下令要求马路、街道两旁原有草房一律拆除,规定兴建房舍一律要为砖瓦结构。按当时蚌埠的实际状况,以铁路为界,将城市的规划定为向东西方向发展。对于大马路、二马路等原有的主要道路的路

---

① 谢国兴:《中国近代化的区域研究——安徽省》,(台北)台湾研究院近代史研究所,1991年6月,第318页。

② 蚌埠市邮电局:《蚌埠邮电志》(内部资料),蚌埠市档案馆藏,第2页。

③ 郭学东:《蚌埠城市史话》,第42页。

④ 李良玉等:《倪嗣冲年谱》,黄山书社2010年版,第225页。

面加以修整,原先狭窄、坎坷、曲曲弯弯的街道,被拓宽、拉直①。当时还以"中华民国"四字命名一批街道,如中兴街、华盛街、民安里、国安街等,从此,街市面貌一新。

为了解决城市防火问题,马祥斌要求市民多开水井或联户开井,市内所有新建房屋均需经警察局批准,如系建造草屋,需用白灰将篱笆墙内外填实,并禁止在街道两旁搭盖席棚②。

津浦铁路的开通给蚌埠城市社会、经济的发展带来了千载难逢的历史机遇,地方绅商感到有进一步开放的必要,于是纷纷吁请自开蚌埠为商埠。1923年,安徽督军马联甲在蚌埠筹备自行开埠,任命程沅泉为商埠局督办。次年9月1日,蚌埠正式开埠。从蚌埠商埠局的组织章程来看,比较有地方特色的有两项,一是对于警务,商埠内警察暂行成立一署,就地筹费,但仍隶属于蚌埠警察厅,而由商埠督办节制;二是商埠区域划定,拟向南部发展,因蚌埠地势,北有淮河,西有席家沟,东有车站,仅向南一隅可以扩充③。由于时局变化,这一机构并没有发挥实际作用。

1929年,安徽省政府在蚌埠、安庆、芜湖三地设建市筹备处。蚌埠市政筹备处制定《十八年度蚌埠之建设方案》。该方案对市政建设、公用事业、教育文化、市容卫生、社会福利等方面,均作出详尽规划,并提出了实施措施。该方案针对蚌埠现状,特别注重城市功能划分,将蚌埠分为行政、商业、工业、园林、住宅、农业六个功能区。行政区为津浦铁路以东的大马路与二马路之间的中心区。津浦铁路以西,新船塘以东的二马路、大马路、太平街一带为商业区。工业区设立在西郊席家沟、宋家滩一带,这一带地势宽阔,有铁路专用线连接车站和港口。该方案甚至考虑了工业污染问题,工业区处于风向之下,以免烟尘吹入市内。该方案对城市道路系统也进行了统一的规划。由于方振武与蒋介石产生矛盾,被押南京。该计划中只有包括中山公园在内的部分项目得以实施④。

四、城市化过程中政治性因素的思考:兼与石家庄比较

在近代,城市仍然是权力和意识形态的中心,政治权力仍然是城市发展的先导因素之一。蚌埠在城市化初期与其成为安徽的行政中心有关,但是,这种城市化道路往往会存在明显的局限性,甚至与个人关系过于紧密。据《申报》报载:"倪省长赴蚌后,安庆市面冷淡,日前商务总会电请倪省长来省维持。"⑤1916年,则因"倪省长驻省(安庆)数月,市景更觉岑寂耳"⑥。

---

① 史正礼:《马祥斌在蚌埠》,载政协蚌埠市委员会文史办公室:《文史资料选辑》第3辑,第167页。

② 郭学东:《蚌埠城市史话》,第45页。

③ 《蚌埠商埠局组织近讯》,《申报》,1924年2月28日。

④ 《十八年度蚌埠之建设方案》,《安徽建设》,1929年第6期。

⑤ 李良玉等:《倪嗣冲年谱》,黄山书社2010年版,第149页。

⑥ 《蚌号民国五年下期营业情形报告》,《中国银行业务会计通信录》第25期,1917年1月15日。

实际上,蚌埠作为安徽行政中心的时间有限。除了倪嗣冲之外,方振武曾一度将蚌埠作为省会所在地;抗战时期,伪安徽省政府也设在蚌埠。但是,蚌埠终究不能成为长期的、稳定的安徽省政治中心,更不用说成为经济中心。30 年代初期,蚌埠的经济呈现衰败之势。1932 年,由于上年水灾、九一八事变、政府实行裁厘政策等的影响,使蚌埠转运业与盐粮业迅速走向衰落,转运公司倒闭 20 余家,盐粮行倒闭十余家。其次因抵制日货使得各种商店"来源缺乏,门市冷淡,表面既难维持,更无现款可进"。最终导致金融枯竭,"银行钱庄,停止放款押汇,金融呆滞,商人愈窘。"①1935 年,金融业已显萧条之势,银行因"以往各户拖账关系,放款异常慎重。押汇亦不及往年之多,出货之款,在总结账期间,大多未能收回,故去年(1935)下半年,一律停止放款,年底虽经商会整理委员要求通融,救济市面,因行章关系,迄未实现"②。1936 年,一位游客曾这样评价蚌埠:"这偶然间所起的一个新兴商埠,好像命运决定它就不能向更繁荣的路上再进一步了。淮南铁路的通车,已减少它商业上的活动范围,以后能维持着它最高繁荣的饱和点,已经是非常幸运了,不然,就只有将安徽的政治中心移到蚌埠来,或者还可挽回它的衰势。"③1937 年,安徽地方银行经济研究室的朱一鹗经过调研后,认为蚌埠离省城太远,"颇有鞭长莫及之叹。似应在淮河流域之中枢,水陆交通均称便利之蚌埠,设一皖北经济指导委员会。以建设厅厅长,皖北各行政督察专员各县县长,为当然委员⋯⋯"通过该会负责皖北地区的各种经济事业,"如此则皖北经济问题,方能得圆满之解决"④。

与蚌埠不同的是,石家庄虽然也是交通枢纽型的新兴城市,但是,其发展初期城市规模扩张是比较缓慢的。1905 年和 1907 年,随着京汉铁路全线竣工和正太铁路通车,石家庄一跃成为华北两大铁路的交汇点和华北、东北区域与山西能源、经济沟通上的重要枢纽。正是铁路运输业这一近代经济发展的强势推动力,把以农业经济为主的小村庄石家庄,强行拉入了近代工业化和城市化进程,石家庄迅速完成了由农村向城市的结构性转型。但是,至抗战前,石家庄只有 6 万余人,人口规模不及比其通车晚七八年的蚌埠的一半。蚌埠在津浦铁路通车后,逐渐成为安徽的政治中心和区域经济中心,逐渐成为人口密集的中型城市。蚌埠人口的增长主要源于移民,既包括留在本地的修桥和筑路民工,也包括省内周边地区和来自河北、河南、山东、江苏的移民。1919 年前,市区人口已达 10 余万人,成为皖北第一都会和商贸中心;1926 年,全市人口已达 15 万⑤。

---

① 《蚌埠商业调查》,《中行月刊》,1931 年第 3 卷第 1 期。

② 《蚌埠去年商业概况》,《国际贸易导报》第 8 卷第 2 号,1936 年 2 月。

③ 翰孙:《三十年前一渔村》,《青年中国》,1936 年第 13～14 期。

④ 朱一鹗:《皖北经济调查报告》,《安徽地方银行专刊》第 5 号。

⑤ 傅华昌:《蚌埠的商业与商会》,载安徽省政治协商会议文史资料研究委员会:《江淮工商》,安徽人民出版社 1988 年版,第 41 页。

对于石家庄城市早期发展迟滞的原因,李惠民教授认为,进入民国以后,已经发生了巨变的石家庄,随着工商业迅猛发展,地方社会管理问题日益突出,迫切需要新的行政控制和管理来适应新兴城镇的发展。尽管当时石家庄的经济基础明显发生了变化,而惯用的乡治地方机构却没有改变,依然延续城乡合一的传统地方行政体制,仍归属获鹿县管辖,并没有形成独立的行政管理体制①。石家庄城市化初期,由于其城市行政中心地位未得及时确认,以及区位优势迅速提升的趋势被忽视,缺乏对城市体系和空间环境作整体构思、安排,导致城市规划缺位,城市自发拓展蔓延,空间分工杂乱无章,商业居住混杂不堪,街市密集却交通不畅,城市空间结构半城半乡的特性非常明显②。1917 年 7 月,石家庄发生特大水灾,整个市区被洪水淹漫,损失惨重。但是,由于城市行政职责含混不清,城区防洪事宜始终未得落实,水旱灾害依然频繁发生③。蚌埠在 1919 年大火后,因政府的积极整治,使城市面貌发生了根本性的变化。

但是,也应看到,当石家庄的行政地位明确后,其发展速度即明显加快。就城市发展基础而言,蚌埠显然要劣于石家庄。蚌埠的迅速发展虽得有交通形势之变迁,及"人力之推动"的优势,但是蚌埠不过是商贸"联络站,而无左右各方操之自我之坚固基础","故蚌埠之商业码头,质言之,为粮食码头,如无粮食即等于死码头。……由此可知,皖北商业中心之转移,不能谓为全因交通形势之变化也明矣。"④石家庄有着更大的发展空间和潜力。蚌埠的经济发展完全依托商贸,而石家庄不仅与周边煤炭产地联系密切,经济腹地广大,陆上交通网渐趋完备,而且也具有明显的制造业优势,其工业在全国及河北省占有极重要之地位。近代石家庄机器工业主要集中在铁路交通、纺织、煤炭化工,小型机械制造等方面,形成了远比蚌埠完备的工业体系。蚌埠城市发展动力的单一性和不稳定性,使其难以持续发展。

蚌埠、石家庄都是以交通枢纽为基础,以转运业为先导产业发展起来的新兴城市,随着交通运输产业链的延伸,刺激商业和服务业的兴起与发展。但是,行政力的介入程度不同使得这两座城市的发展轨迹存在着差异。比较这两座城市的早期历史,可以为研究政治性因素在近代中国城市化道路中的作用提供较为充分的佐证。

---

① 李惠民:《近代石家庄城市化研究 1901—1949》,中华书局 2010 年版,第 220～221 页。
② 李惠民:《近代石家庄城市化研究 1901—1949》,中华书局 2010 年版,第 319 页。
③ 李惠民:《近代石家庄城市化研究 1901—1949》,中华书局 2010 年版,第 270～271 页。
④ 朱一鹗:《皖北经济调查报告》,《安徽地方银行专刊》第 5 号。

民国时期西康枢纽城市昌都的兴起及盛衰

王　川[①]

　　包括民国在内的近代城市史的研究,近些年在中国得到了蓬勃发展,涌现出了多位学者及研究专著,如张仲礼主编的《东南沿海城市与中国近代化》、隗瀛涛主编的《中国近代不同类型城市综合研究》、熊月之所著《近代上海城市研究》、杨天宏所著《口岸开放与社会变革:近代中国自开商埠研究》、谢放所著《孙中山与中国城市近代化》、何一民所著《中国城市史纲》、曹洪涛等著《中国近现代城市的发展》等[②],可谓新的研究领域不断拓展,研究理论模式不断出新。可以说,具有中国特色的近代城市史研究全面开花,不断深入。相比之下,学界对于民族地区城市史的研究则较为滞后。事实上,类似谭其骧、侯仁之、史念海诸先生视民族历史地理研究为历史地理学的重要分支一样,民族地区城市史的研究是中国城市史的重要分支,理应受到理论界的关注,而且在重视民族文化的现今尤具现实意义,更应受到广泛重视。

　　美国学者施坚雅(W. Skinner)按照城市建设地理,把中国分为长江上游、长江中游、长江下游、西北、华北、岭南、东南沿海、云贵和满洲(即东北)九大地区,其中,晚清时期城市化较低的是长江上游、华北和云贵三个地区,东北则最低;而且,施坚雅的九大地区划分未包括中国藏区,也没有研究东北地区[③];施坚雅主编的《中华帝国晚期的城市》(*The City in Late Imperial China*)并未对于中国藏区城市进行讨论[④];中国学者或限于篇幅、体例,如张驭寰的《中国城池史》等几乎都未予论

　　①　王川,四川师范大学历史文华学院,教授、博导、院长,研究方向:康藏史,城市史。

　　②　杨天宏:《口岸开放与社会变革——近代中国自开商埠研究》(北京:中华书局,2002 年版);谢放:《孙中山与中国城市近代化》(《河北学刊》1997 年第 6 期,第 88—94 页)、《工业投资与城市发展》、《不同类型城市的工业化道路》、《工业布局与城市发展》(载隗瀛涛先生主编:《中国近代不同类型城市综合研究》一书,成都:四川大学出版社,1998 年版)等相关城市发展史的研究论文。

　　③　李润等:《施坚雅教授中国城市史研究评介》,载王旭等译:《中国封建社会晚期城市研究——施坚雅模式》,吉林教育出版社 1991 年版,第 1 ~ 13 页。

　　④　[美]施坚雅(W. Skinner):《中华帝国晚期的城市》(*The City in Late Imperial China*),叶光庭等译、陈桥驿校,三联书店,2000 年。[英]托马斯·阿罗姆(T. Allom)、李天纲等编著绘画的《大清帝国城市印象——19 世纪英国铜版画》(上海古籍出版社 2002 年版)一书亦未选用中国藏区城市。

述①。最近几年,新见有汉藏学者对于民族地区近代城市史研究的成果问世,②亦涉及了西藏、西康等藏区城市。

有鉴于此,笔者在采纳学术界相关研究成果的基础上,试从民国时期西藏地区大城市之一的昌都的地理位置分析着手,论述了昌都城镇的形成与演变历程,着重论述了民国时期昌都城的公署、城垣、街道、桥梁、河堤与城街路巷名的变更,房屋与寺院建筑,以及人口构成、职业及社区组织。作为"历史的地理枢纽",昌都城在民国时期的发展历史,不仅为中华民国史的研究增添了新的内容,而且为学术界了解西藏尤其是西康地区城市发展的规律提供了个案,为现今藏区城市化的发展提供了历史借鉴。

一、昌都城在西康地区的"枢纽"地位

(一)昌都沿革

昌都在明清史籍中被称为"察木多""查木多""槎木多""叉木多""洽木多""叉木道""察(木多粮)台""羌木多""昌多""昌都"等,英文音译一般作 Chamdo,也有作 Chab-mdo,法文音译为 Chamiton③,均系藏语对该城称谓的音译。任乃强先生说:"'羌'即羌塘之义,'多'作两水会合处解","位于杂曲、昂曲会流处","解荒野为'羌塘'",昌都的"标准译名"为"昌多"④。"杂曲"藏语意为"岩缝流水",系澜沧江正源,源于青海省杂多县夏茸山麓,被昌都人视为圣洁的喇嘛河水;"昂曲"源于西藏自治区巴青县万马拉山,被昌都人视为皮匠浸泡牛皮的水⑤。杂曲、昂曲

① 张驭寰:《中国城池史》,百花文艺出版社 2003 年版。

② 例如,何一民:《国家战略与民族政策——清代蒙古地区城市之变迁》(上)(《学术月刊》2010 年第 3 期,第 137~144 页)、《国家战略与民族政策——清代蒙古地区城市之变迁》(下)(《学术月刊》2010 年第 4 期)、《清代藏、新、蒙地区城市的发展变迁》(《民族学刊》2011 年第 6 期);《清代藏新蒙边疆城市发展滞后原因探析》(《民族学刊》2012 年第 1 期);美郎宗真、阿旺成林、米玛次仁:《近代西藏城市与商业研究——兼论近代昌都城市发展与商业和商人资本结合》(《西藏大学学报》2008 年第 12 期)等。

③ [英]孔贝(G. A. Combe):《藏人言藏:孔贝康藏闻见录》(A Tibet on Tibet),邓小咏译,四川民族出版社、中国社会科学出版社 2002 年版,第 173 页;[美]皮德罗·卡拉斯科(P. Carrasco):《西藏的土地与政体》(Land And Polity In Tibet),陈永国译、周秋有校,西藏社科院西藏学汉文文献室编印,1985 年,第 148 页;[法]古伯察(R-E. Huc):《鞑靼西藏旅行记》,耿升译,中国藏学出版社 1991 年版,第 682 页。

④ 任乃强:《西康图经·地文篇》,西藏古籍出版社 2000 年版,第 646、653、682 页。

⑤ 马丽华:《藏东红山脉》,中国社会科学出版社 2002 年版,第 32 页。

合流后仍称杂曲（即澜沧江，东南亚国际河流湄公河的上游）。①

晚清《康藏路程·附录自成都府至后藏路程》载：昌都"设粮务塘汛，有居民番夷，有土城，为西藏门户，水土较他处淳厚"。清朝时的驻藏大臣，设正、副二职。清末，昌都是联豫等两任驻藏大臣的驻地，且有建设西康省会于此之议。宣统三年（1911）春，川滇边务大臣赵尔丰奏设察木多理事官；八月，在察木多改土归流，设官治理，拟设昌都府，改县名为昌都，设县知事。

民国时期，昌都一度仍沿旧称"察木多"，是三次"康藏纠纷"必争之地，中央政府、"噶厦"（西藏地方政府）及毗邻四川、西康、青海、云南等各方争斗频繁，英印势力趁机介入。民国初期，昌都由晚清以来的边军控制，设置有知事，实施行政管理；1918年"民七"事件后，由争斗的获胜方噶厦控制，噶厦并在此设立了"昌都总管"（藏语"朵麦基巧"）②，"所有一切行政措施，如军事，财务，司法，均秉承拉萨噶厦意旨办理"③。1950年10月，进藏的中国人民解放军进入昌都④。

民国时期昌都城的历史图片、示意图，可参民国时期出版的法尊的《现代西藏》、蒙藏委员会调查室编印的《昌都调查报告》，以及李光文、杨松、格勒主编的《西藏昌都——历史·传统·现代化》等书⑤。

（二）昌都城在西康地区的"枢纽"地位

昌都城是西康地区的最重要的城市之一，而且昌都是藏民族起源及藏族悠久历史文化产生、形成的重要地区，在藏族历史上具有极其重要的地位，历来就是藏东政治、经济、文化、交通的中心；兼之，昌都在地理上位于成都、拉萨之中点，故历来亦是川藏之间的交通孔道，位置十分重要；城市背负高山，地处山间平原之中，怒江、澜沧江交汇之处，气势十分重要，向为兵家必争之地，战略地位更是重要。

---

① 昌都现为西藏自治区的七大地区（市）之一（拉萨、林芝、阿里、那曲、山南、日喀则、昌都），地理位置处于北纬28度至33度之间，东经95度至99度。作为西藏自治区东部的最大城市卡若区（Chamdo County）为藏东重镇，位于西藏东部横断山脉之中，海拔3170米，地理位置处于北纬30度6分至32度3分，东经96度7分至97度9分，3月气温在摄氏零下3度至0度之间，5月在1至30度之间，11月在零下9度至1度之间。卡若区东与江达、贡觉两县相邻，南与察雅、八宿两县接壤，西与类乌齐县交界，南与青海省玉树、囊谦两县毗邻，面积13200平方公里。参见土旺（土呷、王岚）：〈昌都县简志〉，《西藏日报》1985年3月16日；《西藏日报》1985年3月19日；西藏社会历史调查资料丛刊编辑组：《藏族社会历史调查》，第4辑，西藏人民出版社1989年版，第4页。

② 土呷：《"朵麦基巧"沿革考》，《中国藏学》2009年第1期，第161～170页。

③ 蒙藏委员会调查室编印：《昌都形势略图》，载《昌都调查报告》（"边情调查之七"），蒙藏委员会调查室，1942年，第4页。

④ 王川：《民国时期的昌都》，载李光文、杨松、格勒主编：《西藏昌都——历史·传统·现代化》，重庆出版社2000年版，第134～170页。

⑤ 法尊：《现代西藏》，汉藏教理院，1937年6月，第12～13页；蒙藏委员会调查室编印：《昌都调查报告》第1页；格勒等：《西藏昌都——历史·传统·现代化》。

藏汉史籍对昌都城市地位之重要性,已有很多的记载及论述,兹举数例以说明之。

第一类,清代以至民国时期国人的"西藏之门户""入藏通衢"论述。

清朝驻藏大臣的认识。清朝中叶驻藏大臣松筠说,昌都"乃川、滇、西藏三界之中最为重地",为"扼要之区","东走四川,南达云南,西通西藏,北通青海","为西藏门户"[①];清中期驻藏大臣和宁《西藏赋》注,昌都"乃西藏之门户";清季驻藏大臣联豫在 1906 年上书光绪帝,说昌都"为入藏通衢"[②]。

乾隆十七年(1752),蜀人李其昌指出:"察木多东达西益,南扼南诏,西控三藏,北跨青海,称雄镇焉。国家边防威肃,例遣大员统领官兵,分置台站。一以慑夷人之胆,一以递内外文折,使之声息相闻。"[③]晚清王我师《藏炉总记》说,昌都"实为西藏之门户","察木多形势甚雄","乃滇川藏三界之中,最为重地。两山环抱,左右有大木桥。东走四川,南达云南,西通西藏,北通青海,乃扼要之区"[④]。

民国时期国人的"唯一枢纽"等认识。20 世纪 30 年代,翁之藏的《西康之实况》一书称:昌都"川、滇、康、藏之孔道,而横断山脉之第一重镇也"[⑤]。而任乃强在 30 年代也指出:"昌都为通隆庆、玉树,东通德格、甘孜,东南通巴安及云南各地之唯一枢纽"[⑥]。徐位则认为,昌都"为康地旧时都会"及"军事重镇"[⑦]。1940 年 11 月,蒙藏委员会驻西藏昌都特派员左仁极报告说:"昌都为康、青、滇、藏交通枢纽,虽在藏政府闭关政策下,而滇、陕各大山货商号,仍在此设有分庄,各处茶商则以此为聚散之点,在商业上占极重要地位。""其在商业上之需要如此,至政治、军事各方面之重要性,更不待言。"又说:"昌都为拉萨以东唯一之大城市"。1941 年 6 月,左仁极又报告说:"昌都位居全康中心,东通康定,南通云南,西通拉萨,北通青海,

① (清)松筠:《卫藏志》卷 3、卷 4。

② 联豫:《详陈藏中情形及拟办各事折》,载吴丰培编:《联豫驻藏奏稿》卷 3,西藏人民出版社 1979 年版,第 15 页。

③ (清)萧腾麟:《西藏见闻录》卷首〈"李其昌序"〉,吴丰培整理本,载中央民族学院图书馆编:《中国民族史地资料丛刊之二》,1978 年,第 1 页。

④ 黄沛翘:《西藏图考》卷 8 下、卷 6。类似的说法又有晚清张其勤《炉藏道里最新考》说,昌都"要地也。北连青海,南通滇省,东拱四川,西接西藏,诚居中扼要之区也。四面万山环绕,左右两水交萦,天生形胜,殆不多见";并特别指出了昌都强巴林寺的重要性:"此处有大喇嘛寺,金碧辉煌,广大罕与伦比,居高御下,俯视阛阓如儿曹"。见(清)张其勤:《炉藏道里最新考》,载吴丰培辑:《川藏游踪汇编》,四川民族出版社 1985 年版,第 397～398 页。

⑤ 翁之藏:《西康之实况》,民智书局,1930 年,第 42 页。

⑥ 任乃强:《西藏自治与康藏划界》,《边政公论》第 5 卷第 2 期,1946 年 2 月,第 12 页。

⑦ 徐位:《西藏问题之解剖与今后解决之途径》,载外交评论社主编:《中国今日之边疆问题》,正中书局,1939 年 4 月第三版(1934 年 10 月初版),第 44～46 页。

为川、滇、青、藏四区交通枢纽,商业值总汇"①。同时,蒙藏委员会调查室编印的《昌都调查报告》称:"昌都扼川藏之中心,大道四达,实西康□□之第一重镇也",又说"昌都地处全康中心,四通八达,为青康、康滇藏交通之枢纽"②。20世纪50年代初期进入昌都的人民解放军,在《昌都地区社会调查资料》中说:"昌都是川、青、滇、藏四地区的货物集散地。各地商人在昌都设有分庄,各地山货都先集中到这里,然后再运往别处"③。

第二类,外国人的看法。

晚清、民国日本学、僧界的看法。光绪末年,太田保一郎纂述《西藏》一书称:"康区之首府察木多(ムセムド,chamdo),东南皆原野,有巴塘(Bat'ang)、理塘(Litang)两邑"④。民国初年,混入西藏的日本僧人青木文教在其《西藏游记》中称:"康区地方有察木多(昌都)大城。此外,里塘和巴塘也是著名的大邑"⑤。

"民七"事件后,英国殖民主义者见有机可乘,就令英国驻北京大使馆副领事台克曼(E. Teichman,又译为台克满、台支满、赵锡孟、窦锡孟、邓西曼)前往调停。台克满于1918年3月从打箭炉出发,到甘青一带进行所谓的"调查烟苗",接令后马上赶至昌都,一路上还利用其装有三棱镜的罗盘,非法进行测绘等活动,画出了当时最详细的昌都地区地图;5月进入昌都城,他认为昌都"为东藏之重地"。⑥ 他所谓的"东藏"(Eastern Tibet)就是西康。

当代意大利学者L.伯戴克(Luciano Petech,又译毕达克)在《十八世纪前期的中原和西藏》中指出,"昌都是西藏东部交通的枢纽"⑦。

由以上国人、外国人的记载及论述,可以看到昌都城市枢纽地位的战略重要性。列举的众多史料,来自不同社会阶层,但是无一不肯定了昌都战略地位之重要。此外,多则史料明确指出了昌都城的"枢纽"位置。从前面的论述可见,昌都

---

① 左仁极:《关于康藏邮政等情致蒙藏委员会报告(节录)》《关于昌都至拉萨玉树阿礅子三线通邮计划致蒙藏委员会报告》等,载中国藏学研究中心、中国第二历史档案馆合编:《民国时期西藏及藏区经济开发建设档案选编》,中国藏学出版社2005年版,第216~218、219页。

② 蒙藏委员会调查室编印:《昌都调查报告》,第5、24页。

③ 中共西藏农村工作组、西藏少数民族社会历史调查组、昌都地区人民解放委员会等:《昌都地区社会历史调查资料》(1957年),载西藏社会历史调查资料丛刊编辑组:《藏族社会历史调查》第4辑,西藏人民出版社1989年版,第21页。

④ [日]太田保一郎:《西藏》,四川西藏调查会译,四川西藏调查会印刷本,光绪三十三年九月十五日印刷,十七日(1907年10月23日)发行,第83页。

⑤ [日]青木文教:《西藏游记》,唐开斌译,商务印书馆1931年版,第100页。

⑥ [英]台克曼(E. Teichman):《西藏东部旅行记》(续,*Travels of a consular officer in Eastern Tibet*,Cambridge University Press,1922),高上佑译,《康藏前锋》第2卷第8期,1935年4月,第44页。

⑦ [意]L.伯戴克(L. Petech):《十八世纪前期的中原和西藏》,周秋有译,西藏人民出版社1987年版,第118页。

城是西康地区的中心城市,川藏之间的交通孔道,战略地位十分重要。尤其是明代以来,昌都成为川藏道南、北两线交汇的中心,也是滇藏、青藏交通的交汇处①,因而是历史上所谓"丝绸之路""唐蕃古道""茶马古道""麝香之路"的必经之地。种种"道""路",成为条条"纽带",其重要影响之一便是带来了昌都重要的地理位置,使得昌都成了蒙藏委员会等心目中的"枢纽",也堪称英国地缘政治学者哈·麦金德(Halford. J. Mackinder)所谓的"历史的地理枢纽"(The geographical hub of history)②。

二、民国时期昌都城市的发展

(一)土城的出现与昌都城的形成

城市的产生是人类社会的巨大进步,城市的发展过程又是文明积累、整合、传承的过程。正如论者所说:"城市是经济、政治和人民精神生活的中心,是前进的动力"③。民国时期的昌都城,是由古代城镇继承、发展而来的。

早在四五千年前,这里就存在着大型的农业聚邑,其遗址就是上世纪发掘的卡若文化遗址(广义而言包括了小恩达遗址)。卡若遗址是我国发现的海拔最高、经度最西的一处新石器时代遗址。但直到五百多年前,昌都镇还是片片荒坝,到了冬季才有数户牧民搬来过冬④,仅是零散人家的季节性居所。

昌都从零散人家发展到人烟繁庶的历程中,康区格鲁派第一寺——昌都强巴林寺的建立起到了关键作用。公元1373年,宗喀巴大师入藏途经昌都时预言,昌都将来定能兴寺弘教;公元1444年,格鲁派高僧麦·协绕松布主持创建了昌都强巴林寺,同时在河面上架起索桥,沟通各台地(坝子)之间的交通,由此使昌都逐渐发展为藏东政教中心。之后,帕巴拉大活佛驻锡昌都强巴林寺,并受封为"呼图克图"。康熙五十八年(1719),康熙帝派遣定西将军噶尔弼率军入藏,经过昌都时,代表康熙帝将刻成藏、满等文字的印信颁发给帕巴拉呼图克图。此后,清廷于昌都地区设置文武官员与营汛台站,分封僧俗领主,如以俗而言,即强化对昌都一带土司、头人的管束;以僧而言,除授予昌都帕巴拉呼图克图称号外,察雅切仓罗登协绕呼图克图、类乌齐帕曲呼图克图、八宿达察济咙呼图克图均被授予封号,成为清代昌都地区著名的四大呼图克图。受到了明清中央王朝的支持,帕巴拉呼图克图的影响越来越大,一些外国著作甚至以为帕巴拉呼图克图"控制着一万名农民",是

① 参见任新建:《论川藏茶马古道的形成与历史作用》,茶马古道研讨会论文,2002年6月,西藏昌都。

② [英]哈·麦金德(H. J. Mackinder):《历史的地理枢纽》,林尔蔚、陈江译,商务印书馆1985年版,第44~63页。

③ 《列宁全集》第19卷,第264页。

④ 土旺(土呷、王岚):《昌都县简志》。

西藏"最大的贵族(实际上是转世喇嘛)"①。以帕巴拉呼图克图为首的昌都宗教势力的兴盛,使得附寺而居的人也越来越多,昌都城市的轮廓逐渐明显。

可见,昌都城镇的形成,实与宗教势力的发展密不可分,这也是康区乃至整个藏区城市形成的一般规律。民国时期,西康省参议员、立法委员杨仲华(抗战胜利后当选为"国大"代表)在其著《西康纪要》中早已总结②:

西康既为喇嘛教支配之地,无论士庶,均加敬信,故虽村落乡区,莫不有共建之寺庙;而牛厂游牧之民,迁徙无常,生活靡定,对于喇嘛兰若之建立,亦不遗余力。往往有一部落,即有一寺庙,而此寺庙,即为该族人民聚集之中心;天幕连延,环寺而居,商贾骈集,交易货物,又俨以寺庙为市肆。

昌都成为城镇至今应该只有近300年的历史,其标志是土城的出现。雍正八年(1730),清政府下令在两河交汇的台地上修建了一座土城,由此以昌都强巴林寺、土城为中心向四周扩展。从乾隆二年(1737)起,"统领川军驻镇察木多,督理西藏台站"达6年之久的萧腾麟在《西藏见闻录》中记录了他的见闻:"察木多有土城,驻扎官兵,督理台站,游击一员,粮务一员,行营中军守备一员,把总一员"③。道光十一年三月壬戌(1831年4月21日),道光皇帝下令赏给"捐修察木多台汛城垣、兵房"的通判翟长清以同知衔④,可见,当时昌都城又经过了修缮。公元1846年(道光二十六年)1月底,法国遣使会会士古伯察(Régis-Evariste Huc,1813—1860)⑤,与另一会士秦神父(Joseph Gabet,1808—1853)潜至拉萨。不久,他们被驻藏大臣琦善驱逐、由清军押解回四川省。1846年5月左右,古伯察一行到达了察木多(昌都),古伯察描述说⑥:

(昌都强巴林寺是)一座庞大而又豪华的喇嘛庙,位于西部一个俯瞰全城的高台上……点缀这一寺庙的豪华装饰使它被视作西藏最漂亮和最富有的喇嘛寺之一……清朝政府在察木多设立了供应给养的兵站,其管理工作交给了一名粮台。兵站共由300名左右的士兵、4名军官组成……察木多是康省的首府,建于被高山环抱的一个山谷中。从前,该城由一道土城墙环绕,城墙现在到处都已坍塌,每天都有人于那里取土以修房子的平屋顶。

此外,察木多根本不需要人工的防御工事,它已由两条江河充分地保护起来……察木多具有一种已弃废的古城之面貌,那里以一种令人看起来不太舒服的和不太规则性建筑的大屋混乱地分布在一片辽阔的地界内,各处都有大片空荡或被

---

① ［美］皮德罗·卡拉斯科:《西藏的土地与政体》,第109页。
② 杨仲华:《西康纪要》下册,上海商务印书馆1937年版,第424页。
③ (清)萧腾麟:《西藏见闻录》卷下〈吴丰培跋〉吴丰培整理本,第25、16页。
④ 《清宣宗实录》卷185,第14页下~15页上。
⑤ ［瑞士］泰勒(M. Taylor):《发现西藏》,耿升译,中国藏学出版社1999年版,第38页。
⑥ 古伯察:(R-E. Huc)《鞑靼西藏旅行记》,第640~641、682页。

瓦砾覆盖的地盘。除了几处近期的建筑外,剩余的全部都具有极其陈旧的标志。
……(察木多)可以说几乎没有农业。城市郊区一般只有一些沙滩地,很不适宜种
植粮食作物。

古伯察一行进出西藏时昌都土城仍存,古伯察一行的西藏之行不久在欧洲引
起了轰动,被称为"发现了西藏"①,他的记述直观地描绘出道光末年昌都城的
面貌。

昌都土城修建 100 年之后犹存。民国初年,刘赞廷在《昌都县志略》中说:

本县据杂楮河、鄂穆楚河二水合流之处,中现平原一隅。于雍正八年建土城一
座,内为粮台、游击及千把、外委各衙门,自设治以粮台为县署。南门外为万寿宫,
有观音阁,南北一街,人民二百余户环城而居。

齐城以东为一平台,上为江巴林寺,倚山而垒,僧舍千余;有大殿三座,高皆数
层,金瓦宝顶,宏丽庄严。寺前跨杂楮河一桥,因通四川名"四川桥";城西鄂穆楚
河一桥,因通云南名"云南桥"。城北为狮子山,形势扼要,向为川滇进藏之咽喉,
西南一重镇也。②

1918 年 5 月进入昌都城的英国副领事台克曼,目睹了昌都土城,入住了昌都
"治所",并非法绘制了当时最详细的昌都地区地图:

察木多为一泥土建筑之市镇,有寺院及一二衙门,镇居于一窄岈,恰在结楚河
与杂楚河之交点,高出水面约一〇六〇〇(注:此指英尺,合 3230.88 米)。其大寺
为康地诸寺中最富庶者。……刚楚河(注:即结楚河)与杂楚河上,皆有最大之胲
桿桥,一名云南桥,一名四川桥,因一通云南,一通四川。数年前,为云南及四川商
人集资所建造。余等住于已颓废之旧衙门内。此衙门在清时为清朝常川驻察木多
之军需官(注:粮员)之驻所。近年来中国兵之副统领(注:应指改编边军第七营营
长兼昌都知县张南山,实投河自尽)居之。此副统领系云南之将军,彼于藏兵围攻
察木多时,主张妥协,为彭统领(注:指改编边军正统领彭日升)处死。中国人多传
说此副统领之冤魂,常来呼冤,此处实常有鼠之惊扰。③

至于民国时期昌都土城的四川桥与云南桥,系修有门楼和桥头堡的大型三跨
藏式木桥④,早在清代中期以来进藏人士的记载中屡有记载。清中期驻藏大臣瑞
元 100《重到昌都》诗有"风尘潦倒十年中,重到昌都气尚雄。一疏飞陈追往日,双
桥依旧亘长虹"之句⑤;晚清随驻藏大臣有泰入藏的吴崇光,在其著《川藏哲印水陆

① [法]米盖尔(P. Miquel):《法国史》,蔡鸿滨等译、张芝联等校,商务出版社 1985 年版,第 348 页。

② 刘赞廷:《昌都县志略》,载《西藏地方志资料集成》第三集,中国藏学出版社 2001 年版,第 4~5 页。

③ [英]台克曼(E. Teichman)著,高上佑译:《西藏东部旅行记》(续,*Travels of a consular officer in Eastern Tibet*, Cambridge University Press, 1922),《康藏前锋》第 2 卷第 8 期,1935 年 4 月,第 44 页。

④ 谈鸿渊:《初到昌都的岁月》,载土呷主编《在昌都的日子》,天津教育出版社 2000 年版,第 110 页。

⑤ (清)何日愈著、覃召文点校:《退庵诗话》卷 11,广东高教出版社 1996 年版,第 241 页。

记异》一书中,如是记载了昌都的双桥:(昌都)"系川、藏、云南交界处。北桥通四川,名'四川桥';南桥通云南,名'云南桥'"①。1942 年的昌都调查报告说:"四川桥,在昌都城东北,桥长十丈,凡四节","云南桥,在城南昂曲河上,长约八丈余"。②

"四川桥""云南桥"等重要桥梁在民国时期乃至现在仍然存在,只是由于年久,经过一段时间后需要维修,因此台克曼有"数年前,为云南及四川商人集资所建造"之说。

(二)民国时期昌都城市的整体布局及街道

民国时期,昌都县城旧有的三桥仍存,云南桥、四川桥外又有昂曲河上的俄洛桥;城区不大,但"城则扼三桥之中心",城建无甚规划,时人看来大体是:"水草甘肥,树木森密,地土亦异常肥沃。山谷间之萝卜、番薯、白菜,重者达百余斤;番族依山筑碉,洞宇纡回,坡下有营垒,列市廛,俨如都会。"③这是当时藏区城市的共同特征。

就昌都而言,其中心为昌都古城,即今昌都镇,坐落于昂曲、杂曲合流处的河畔,高处台地雄踞着藏东最大的格鲁派寺庙强巴林寺。当地人说强巴林寺背后的山叫朱日山,即龙山,寺院所处地为龙首,俯瞰着合流后的澜沧江。飞架于昂曲、杂曲河上的四川桥与云南桥,把新区与老城连接到了一起。老城原有"四川坝"与"云南坝"(当地人称"司托塘",1948 年西藏地方政府的昌都总管府就从昌都强巴林寺科金扎仓,迁至此办公)两块平地,传为清朝川、滇二军驻扎之地。昌都又有"马草坝""野猪坝""中心坝"等大块平地为居民聚居之地。

昌都城中的街道、河堤、街路巷道,原系自然形成,本无什么名称,后因人、事而命名。如昌都马草坝对面的"邦达街",即因民国时期康巴巨商、地方实力派邦达多吉而得名。

民国时期,昌都城有数条街道,即曲次卡[现名齐齿(丁)街]、色仓省(现名幸福街)、卧龙卡(现名卧龙街)、达拉通卡(现名聚盛街)。这些昌都老街系自然形成,在现代化改造前基本为土质路面,少量地段铺有石板,宽处 3~4 米、窄处仅 2~3 米,道路狭窄而且曲折。1940 年的一篇调查报告说:④

昌都城市,即在两水环抱之交叉中。地势广阔平坦,高处为九家喇嘛寺,平处即为街市。由滇、川到昌,均有河流之隔,故建桥以通来往。……

昌都街市,建于喇嘛寺坡下之广大平原中,房屋错综罗列,有街市之名,无有街

---

① (清)吴崇光:《川藏哲印水陆记异》,见吴丰培编《川藏游踪汇编》,四川民族出版社 1985 年版,第 345 页。

② 蒙藏委员会调查室编印:《昌都调查报告》:第 30 页。

③ 翁之藏:《西康之实况》,第 42 页。

④ 陈文涵:《昌都调查》,《康导月刊》第 1 卷第 7 期,1939 年 3 月 25 日,第 47 页。

市之实。房屋悉系平房，通只一屋，矮小旧烂，极不美观，远不及道（指道孚）、炉（指打箭炉，今康定）、甘（指甘孜）各县之壮丽。汉式房屋二十余处，现已易瓦敷泥，形成汉藏化之房屋矣，市容污秽不堪，便溺随地，人畜之粪、牛马骸骨、污秽垃圾，触目皆是。……（道路）泥泞难行。市容之坏，不堪言状，与金沙江东岸各县比较，真有天涯之别矣。

剔除上述史料的内地中心主义视角，可以看到民国昌都城市景象之一斑。

当时的昌都，居民聚居于"马草坝""野猪坝""中心坝"等城中平坦之地。城区面积较为狭小，建筑面积则只有 1 万多平方米①；至 1950 年，"旧城面积不到一平方公里，城内到处是乞丐，满地是污水坑"②；除了寺院外，还有几十家大商人、领主和官家拥有的高楼深院。总的来说，昌都城区建设较为落后。因此，看惯了内地城市的解放军战士于 1950 年进入昌都城，"看看周围破烂不堪的矮小的房屋和狭窄的街道，真不敢相信这就是地图上划成一个大圈的昌都。在我们想象中的昌都一定是个像样的中等城市，各种建筑鳞次栉比，谁知它竟是这个模样"。③ 少见藏区城市的解放军战士自然多怪，但它却从一个侧面说明了近代藏区与内地城市发展处于不同阶段的事实。

（三）民国时期昌都城市的公署、河堤、葬场与坟地及其他城市公共设施

民国时期昌都城中的公署建设，包括了昌都总管府（藏语称"多麦基巧"，俗称"萨旺""萨王"）、昌都粮台等。

昌都总管府建立于 1918 年"民七事变"西藏地方政府占领昌都之时，位于云南坝，是一座两层楼藏式建筑。④ 昌都总管府建立后，虽然统辖有藏军，派驻有官员进行收税等行政管理，但昌都的实际统治权仍然掌握在帕巴拉呼图克图的行政机构——昌都拉让手里。

当时昌都商店的样式，1953 年秋季采访昌都的新华社记者如是描述：

商店的建筑与内地完全不同，商店临街的一面，设一个门和一个窗，窗口是空的，这就相当于内地商店的柜台。人们要买东西的时候，可以在窗口，也可以让主

---

① 赤列曲扎：《藏东重镇昌都》，载土呷主编《在昌都的日子》，天津教育出版社 2000 年版，第 158 页。

② 土旺（土呷、王岚）：《昌都县简志》。

③ 庆祝昌都解放 50 周年书系编委会：《为和平解放西藏而战——昌都战役回忆录》，四川民族出版社 2000 年版，第 335 页。

④ 1950 年昌都解放时，阿沛·阿旺晋美、谭冠三、平措旺杰、惠毅然等人均在此居住过。此后，降央白姆、王其梅、张国华、李觉、格桑旺堆、李本信等人亦曾入住。见王川：《李本信访谈录》，1999 年 9 月 1 日上午 9—10 时，成都高升桥昌都宾馆 719 室。李本信，男，1922 年出生，山东商河人，1950 年进藏后一直在昌都地区工作，1959 年任中共西藏工委昌都分工委副秘书长，以后历任副书记及西藏自治区卫生厅长、书记，退休后定居成都干休所；曾在《西藏研究》发表《昌都地区藏胞衷心拥护十七条协议》《一个过渡性的地方政权机构——谈谈昌都地区解放委员会》等文章。

人开开门到柜台里面去选择东西。①

至于葬场与坟地,民国时期昌都城外存在有藏族的天葬台、汉人墓地、回族墓园。这是民国时期昌都多元文化的体现之一。

在昌都县,较有名气的墓地有:位于昌都城东茶园子的王氏两块墓地;城南面澜沧江汇合处的一块墓地;城北杂宏坝上以回族为主的墓地等。②

民国时期,昌都地区有多块汉族人坟地。汉人死后全部皆以棺材在墓地中土葬,如"民七"事件(1918年)之后,边军彭日升部兵败投降,藏军既入昌都,"并有以坟墓藏银密告于藏方者,于是昌都附近汉人之坟墓,尽被发掘,战争之祸,殃及枯骨"③。

其中,在昌都县昌都镇东南面扎曲河西畔的达拉通卡(现名聚盛街)菜地里,原有大小墓地两块,大者约250平方米,小者约150平方米,墓主系民国时期昌都总管府汉文秘书王廷选(任芝)家族。王家为近代入藏的陕西汉人,遂婚于当地。王氏墓地原有几十个墓葬,立有汉文墓碑,"文化大革命"中被毁。④ 口述史调查表明,当地汉族人每年都要到墓地进行扫墓活动,以缅怀逝去的亲人;而且,近代以来当地汉族人的土葬习俗一直得到传承,现存的汉族人坟地就是证明。

回族"归真"("归于真主阙下"的简称,意即去世)后则土葬于回族墓园,初在昌都城北郊杂宏坝,"文化大革命"时期受到一定破坏。该墓园由昌都清真寺管理,至今仍在使用。

(四)民国时期昌都城市的寺庙之类的公共建筑

庙宇建筑直接与当地人的精神生活相关,是满足信仰等精神需求的重要场所;同时,人们在此相聚,进行社会交际、沟通感情、交流信息,以满足人类社会交际、互相关怀的心理需求。所以,庙宇建筑是城市最重要的公共建筑之一。

---

① 杨居人:《访康藏高原》,作家出版社1955年版,第121页。
② 土呷:《鲜为人知的昌都旧时帮会——孝义会》,《中国西藏》2003年第1期。
③ 杨仲华:《西康纪要》上册,上海商务印书馆1937年版,第39页。
④ 此外,在昌都地区的洛隆县仍然存在一块汉族人墓地。该墓地位于硕督镇南约200米的觉贡登台地上,东西长约150米,南北宽约80米,占地面积12000米。近几年来,由于当地村民建房,该墓地已被分割成东西两部分,现有墓葬169座。其中东面有墓葬139处,西面有墓葬30处。由于建房被坏,西面墓葬绝大多数已被铲平,仅在地面遗有凹垦痕迹,坟丘及墓碑已不复存在。东面墓葬保存相对较好,均残存有石块垒成的墓丘,墓丘后方还以石块砌成半圆形的茔域,个别墓葬前还立有墓碑。墓葬结构的特点是在地表向下挖建1米左右的长方形土坑,土坑之壁以石块或石板砌成,石块间抹有泥浆。有的墓丘后方还以石块砌成半圆形的茔域,所有的墓葬均为南北向。在169座墓葬中共发现墓碑39块,多系扁平砾石刻制,高约30~50厘米、宽20~30厘米,碑文为汉字,均为右起竖书,写明了墓主的官职、籍贯;从碑文内容看,死者均为清光绪、宣统年间(1975—1911)至民国30年(1941)间去世于当地的汉族及其后裔,绝大部分系清末民初军人。从葬式、中文碑文内容等来看,清光绪宣统年间至民国30年间(1875—1949)在当地的汉族人有一定数量。这一考古发现,与文献记载是相吻合的。

在藏区,藏传佛教寺庙往往是当地最为雄伟、规模最大的建筑,在以前的昌都尤其如此,以强巴林寺、噶玛寺为代表。1959 年民主改革之前的昌都县内拥有众多寺庙,"既有佛教寺院,也有伊斯兰教的教堂;既有喇嘛庙,又有尼姑庙;既有房屋庙,又有帐篷庙"①;既有代表藏文化的藏式寺院,又有代表汉文化的多种坛庙。当然,作为康区最重要的城市之一,昌都的寺庙以藏传佛教寺庙最多。民主改革前在昌都县城的 48 座寺庙中,藏传佛教拥有 41 座,其中格鲁派 24 座(如拉登寺)、萨迦派 2 座(如向达寺)、宁玛派 1 座;本波教寺庙 1 座,清真寺 1 座,汉人的坛庙 5 座。

明清以来,随着中央政府官员出入藏区,尤其是自清康熙五十九年(1720)始中央政府所任命的文武官员入驻,藏区各地城市逐渐建立了台站、县衙、哨所等,而相关的庙宇也先后被建立起来。一般来说,当时所建的相关庙宇至少包括三大庙建筑,即文庙(孔子庙)、武庙(关帝庙)、城隍庙,稍大一点的城市所建的庙宇建筑还包括文昌帝君庙、观音庙(阁)、土地祠(即土地庙)、火神庙、龙王庙、三官庙、川主庙、万寿宫等。以昌都而言,由于粮务、游击、千总、把总等官员的设立,军队的派驻,上述这些寺庙在 1959 年以前的昌都城大多存在。

晚清入藏的驻藏大臣有泰路经昌都,1907 年 6 月 20 日在昌都"敬赴文昌宫,因来时梦先兄在帝君旁行装未冠,示以如意一柄,到藏均为平安,洋人竟未毁庙宇人户",于是将此前所"书匾额一方",曰:"帝恩显示","敬谨悬挂"。此外,有泰还至昌都观音阁、关帝庙、城隍庙、龙王庙等处"瞻仰"。②

民国初年时人记录,当时昌都县"汉人寺庙有观音阁、龙王庙、土地祠、万寿宫等,悉在本城,有寺无僧"③。观音阁又称观音庙,民国时期有汉族血缘的妇女每年均在此修行半个月,其中 7 天禁食。龙王庙又称"龙王堂",设有庙宇之类的建筑物④,以及设于两河相汇处的祭坛"宗那措",每年初夏时举行盛大的祭祀仪式,之后进行泼水祈福活动。土地祠又称土地庙,祭祀土(地)神之所,古称土地之神为社神,后世称为土地,内地各县均有土地祠,有的县还不止一处,稍发达的乡镇也设有;昌都的土地祠是当地"诸汉庙中最大最有名望者",也是藏汉人民抽签打卦的地方,举行的诸种祭祀活动也"最为生动"。这种一年一度的祭祀活动到了 1958 年才停止。万寿宫在"民七事件"中毁于战火。

此外,近代的昌都城内还有川主庙(主要供奉蜀汉的刘备、诸葛亮、关羽、张飞、赵云等人)、灵官庙(灵官即仙官,灵官庙不详其所供何神及功能)、丹达庙(本来供

---

① 土旺(土呷、王岚):《昌都县简志》。
② 有泰:《有泰驻藏日记》,吴丰培抄校,西藏自治区社会科学院主编《西藏学汉文文献汇刊》第二辑,全国图书馆文献缩微复制中心,1992 年,第 268、274、299 ~ 314 页。
③ 刘赞廷:《昌都县志略》,第 7 页。
④ 王贵、黄道群:《十八军先遣侦察科进藏纪实》,中国藏学出版社 2001 年版,第 96 页。

奉关帝，后来供奉丹达神，故也被称为"关帝庙"①，当地藏族人则认为供奉的是格萨尔②）、城隍庙、川主庙、城隍庙等坛庙建筑。

城隍庙是祭城隍神的坛庙，《礼记·郊特牲》中所说"天子大蜡八"，即蜡祭八神，其七为"水庸"，相传就是后来的城隍，历代王朝均将祀城隍列入祀典，主要目的是祈雨祈晴、禳灾、保佑风调雨顺等事③。民国时期，昌都县城隍庙有多幅楹联，见载的有以下二幅：其一曰："奸深似海神能察，法重如山汝怎跳"，横批"善赏罚恶"；其二曰："为善不昌先人有余殃殃尽则昌，作恶不灭先人有余德德尽则灭"④。惜此楹联现已不存。

城隍庙、川主庙等坛庙建筑，在民国时期不少借用为其他公共社会设施的办公地点，如1940年川主庙在蒙藏委员会驻藏办事处分驻昌都的特派员左仁极支持下由"孝义会"出面借用创办了一所小学。

由于时代的变迁，昌都县城的汉人坛庙在民主改革前只保留下来了5座：川主庙1座、观音庙1座、灵官庙1座、土地祠1座、城隍庙1座。此后，这5座坛庙纷纷拆掉另建教育等用途的建筑，如1951年在当时昌都城西北角的一座城隍庙（一说观音庙）内建立了昌都地区第一所小学——昌都小学。历经60年代的"文化大革命"后，昌都县城的汉人坛庙至今已无一存留者。

至于昌都的民房住宅等建筑，实与藏区其他地方的大同小异，大多数昌都民房住宅是采用片石木架结构建成的平顶房屋，少数为碉房，大多数为一二层，少数为三四层，因山地、平原不同而略有变化，但与藏区其他地方无异。⑤

三、民国时期昌都城市经济的繁衰起伏

（一）民国时期昌都城市经济发展的概况

晚清时期，西藏地区与内地的经济交流频繁，商贸往来不断。民国时的调查报告说："昌都为西康西部都市，亦为本区之商业中心。内地人势力盛时，曾有陕西大字号十四家，滇商七八家，凡茶叶香茸药材，皆以此为聚散之点。"⑥可见，处于枢纽地位的昌都担负起西康地区"商"都的角色。

随着从清季被迫开放亚东商埠，西藏地区被动卷入西方殖民体系，开始了半殖

---

① 夏川：《雪域放歌——两次进藏诗文集》，西藏人民出版社2000年版，第65页；林田：《进军西藏日记》，中国藏学出版社1994年版，第377页。

② 马丽华：《藏东红山脉》，中国社会科学出版社，2002年，第51~54页。

③ 赵翼：《陔余丛考》卷35。

④ 西藏昌都地区方志办：《昌都地区志》下册，（初审稿），2003年，第1567页。

⑤ 陈立明：《西藏民居文化研究》，《西藏民族学院学报》2002年第1期，第8~14页。

⑥ 左仁极：《今日之康西》（上），载国民政府蒙藏委员会编辑《边疆通讯》月刊第1卷，第2期，1942年12月，第6页。

民地化以来,这一历程至民国时期得以继续;同时,西藏与内地间的经济交流持续不断,这样,西藏与内地、英印等邻国的贸易交互发展。在这一形势下,西藏地方的商业与贸易格局延续了晚清以来与英印的商贸关系,对于英印的依赖性进一步增强。因此,昌都城市经济在这一时期也局部呈现出畸形的"繁盛"景象。同时,由于西方列强对西藏事务的插手与阻挠,及一小撮分裂分子企图实现其"西藏独立"的迷梦,上述两股势力对汉藏关系挑拨离间,中央政府与西藏地方政府的关系一直处于起伏状态。因此,中央政府与西藏地方的关系时战时和,时好时坏。民国时期,中央与西藏地方的这一军事、政治关系的变化,影响到了昌都城市经济的发展,在昌都城市经济发展过程中得到了充分体现。

大致而言,民国时期的 38 年中,在"民七"事件(即 1918 年的第二次康藏纠纷)之前,昌都多数时间由川边地区边军直接控制,因而聚集在昌都的陕西、四川、云南等内地商人不少,如上所述,仅内地的大商号就有 22 家,"凡康定县及云南阿墩子巨商均于此设有分号,如陕邦之'毛盛福'、'广和盛'、'春发源',云南之李洪兴等,皆数十万成本。购诸川茶、绸缎、糖、布以及各种杂货运此,分销类伍齐、三十九族、波密以及野人地方,调换土产输至康定县出,行以为常"①。这一时段,昌都与内地的商贸联系密切,双方互通有无,经济互补,商贸繁荣。而内地商人的原籍及在昌都地区的分布,亦由此可见。

"民七"事件后,经过边军、西藏地方军队的简单战事,藏军于 1918 年 4 月占领了昌都。边军因枪械不良、孤单无援,接连败绩,几经激战,两军最终隔雅砻江对峙。昌都由西藏地方政府占据,直到 1950 年 10 月。此后,两军在 1930 年由于"大白事件"还爆发了一次军事冲突。② 这些军事冲突史称"康藏纠纷",都影响了昌都与内地的经济联系。对政治影响商贸往来在昌都的表现,1934 年 7 月入藏的致祭专使黄慕松,通过在昌都的亲自考察,给予了形象揭示:

昌都(藏名察木多)地当金沙江,扼青海、云南、西康、西藏等地之要道,为军事上一大重镇。溯自民国七年,(自)陈遐龄失守,被藏军占据以后,年来入寇西康东境、青海南部,均以昌都为大本营,而该地建设,日无进步,向之宏大壮丽之昌都喇嘛寺,今已残破不堪,而商业素著茂盛,为滇、青、川、康、藏五处贸易之中心地,现因驻军风纪废弛,军饷无着,军事当局苛政结果,已日渐萧条,而人民迁徙他所者亦多,现人口仅有七百户。如长此不图挽救,则昌都之不景气恐有甚于今日也。③

---

① 刘赞廷:《昌都县志略》,载《西藏地方志资料集成》第三集,第 8 页。

② 王川:《西康史上的"大白事件"及其解决》,载《西康近代社会研究》,人民出版社 2009 年版,第 31 ~ 49 页。

③ 黄慕松:《黄慕松奉使入藏册封并致祭达赖大师报告书》,载中国第二历史档案馆、中国藏学研究中心:《黄慕松吴忠信赵守钰戴传贤奉使办理藏事报告书》,中国藏学出版社 1993 年版,第 15 页。

这一描述，既指出了昌都在军事、商贸上的重要地位，勾勒了民国以来昌都商贸的变迁，又归纳了政治、军事对于昌都商贸的影响。

由于"民七"事件后连绵战事的影响，昌都与内地的商贸联系一落千丈，减弱明显，并影响到昌都本地生产关系等，决定了民国时期昌都城市经济的发展步伐缓慢。① 20 世纪 40 年代的调查显示，"民七事件"后，昌都"商业情势遂一落千丈"。② 同时，昌都与英印的商贸往来不仅没有下降，反而大为增加，局部呈现出畸形"繁盛"的景象。

20 世纪 30 年代初，随着康藏战事的停顿，尤其是西藏地方军队在 1932 年康藏纠纷中的康北失利，内地与昌都的贸易开始恢复，内地商人又进入昌都，昌都的商业逐渐出现了"滇商、大金僧、藏官三大势力所垄断"的局面：

此时的商业情势，乃因局面有所变更而趋于好转。云南巨商"仁和昌"号，于民二十四年首在昌都设立分号，以后汉商相率而来者日见增多；同时，又有退入昌都的大金寺喇嘛，亦从事经商，且因在藏方获得支用乌拉与免税之特殊待遇，扩展商业，资本日益雄厚，而昌都拉萨间现有之商务，亦几为其独占。此外，复有藏官亦纷纷经商从而谋利。此等藏官各派管家，分赴康区各县，贱价收购山货，运回昌都，分由大金寺僧或滇商承销转售。如此，昌都之市场遂为滇商、大金僧、藏官三大势力所垄断矣。③

可见。1932 年以后，昌都商业出现"汉商"（内地商人，分为滇商、陕商、川商等类型，有时来自青海的回族商人亦划归于其中）、"藏商"（昌都本土商人，又可细分为官商、民商两类）、"喇嘛商"（又可分为本地寺庙商、外来寺庙商两类）三大势力垄断的新特点。

1937 年抗日战争全面爆发后，西康地区作为战略通道的地位再次凸显。随着中国大陆东部对外联系的通道、西南滇缅公路等被日本侵略军所阻断，传统"茶马古道"作为抗战大后方的主要运输通道得以再度复兴。具有战略枢纽地位的昌都，再次迎来了城市、商业等发展的黄金时代。

1939 年，到西藏求法的内地僧人邢肃芝，在昌都地区见到了多位汉族人，他估

---

① 王川：《西藏昌都地区近现代经济发展缓慢原因试析》，《贵州民族研究》2006 年第 2 期。

② 蒙藏委员会调查室：《昌都调查报告》，第 24 页；左仁极：《今日之康西》（上），《边疆通讯》月刊第 1 卷，第 2 期，第 6 页。

③ 驻藏办事处驻昌都特派员左仁极的《今日之康西》（上）一文（载国民政府蒙藏委员会编《边疆通讯》月刊第 1 卷，第 2 期，1942 年 12 月，第 6 页）如是报道；而同年 9 月蒙藏委员会调查室编印的《昌都调查报告》（《边情调查报告之七》，第 4 页）报道相同，语句、语气基本一致，可以说，蒙藏委员会调查室编印的《昌都调查报告》应由左仁极执笔完成。

计"昌都此时有居民约六百多户,川、滇、陕三省的汉商,有许多在此地经商"①。7月,邢肃芝到达昌都地区的硕督(即硕般多,今洛隆县),"当地的许多汉人前来探望问候",其中仍然有商人。② 可见,虽然有战事的影响,但是,民国时期昌都与内地的经济联系并未因此而减弱、断绝。同时进藏求法路过昌都的汉僧邢肃芝的耳闻目睹,能够证实上述报告。

1939 年的一篇昌都调查报告说:

此地商业,除藏商外,有滇商六家,陕商三家。滇商则专运烟土为业,陕商则专运康省(指 1939 年成立的西康省)之茶包、绸缎、杂货,汉藏商人资本既小,营业亦不发达。汉商不愿扩充营业……藏商营业主要货品为英印货物,滇商货物以烟为大宗,余则虫草、贝母、鹿茸、麝香、皮张等等……每年六月为滇商大批贩运货物之时。陕商货物以茶为主要,余系皮张、麝香、虫草等……利息甚厚。城市杂货,英印货品充斥,国货几乎绝迹。③

可见,昌都的内地商人,由于采购渠道的不同,经营商品也各有地域特色。而且,来自陕西、四川、云南等地的商人,在清朝就多次随着清军的戍守而迁入昌都,他们的经营范围既有新的变化,也有一定的历史传承性,他们与西藏本土商人的共同努力,使昌都成为西康茶叶、药材、畜产品、丝绸、烟叶等的集散地。

进入 40 年代,昌都城的枢纽地位再次凸显,重新成为西康西部贸易中心,商业逐渐振兴,作为川、青、滇、藏四省区物资集散地的角色,重新发挥作用。来自内地的"边茶"(实际产地以四川为主,间及云南出产的"云南茶")、草烟、绸缎(包括哈达等)、糖、粉条、锅碗瓢盆等生活用品,由驮队络绎运入;而产自西藏的氆氇、硼砂,以及产自英印的医药、棉布、文具、香烟、毛纺织制品、肥皂、马掌、马钉、电筒、电池、牙膏、牙刷等,亦由"邦达昌""三都昌"等"藏商"贩运到内地。

40 年代,昌都商业贸易的货物种类、规模等情况,当时的调查报告归纳如下:

昌都畅销之商品,以茶布为大宗。每年由岗托(地名,金沙江边,由四川到昌都的必经口岸)入口之茶约万余驮。所用布匹,自二十九年起,皆由拉萨运来。益以近年来海道梗塞,舶来品大多经由印度、拉萨转运昌都,且有以昌都为转运地点,将舶来品分路运销康、滇两省者,例如三十年度由印度、拉萨运昌转销康滇各省之布匹,意(误,应作"竟")达一千三百余驮,其他日用必需品,如红糖、□条由滇运销昌都者,为数亦颇可观。余如番人镀佛像所用之赤金,销路亦不弱,每年约计千余两。之昌都出口之货物,则亦麝香为大宗。盖康西各地所产麝香均集中于此,经由滇康

---

① 邢肃芝口述、张健飞等笔录:《雪域求法记:一个汉人喇嘛的口述史》,三联书店出版社 2003 年版,第114 页。

② 邢肃芝口述、张健飞等笔录:《雪域求法记:一个汉人喇嘛的口述史》,第 128 页。

③ 陈文涵:《昌都调查》,《康导月刊》第 1 卷第 7 期,第 47 页。

商人运往炉城(指打箭炉,即康定)转售,惟自海口阻塞后,香价大跌。余如药材之虫草、贝母、鹿茸,亦颇滞销。因此,昌都商场逐渐衰落而至无法挽回之入超现象。近年来出口货物中其售价较高者,则为猞猁、岩貂、藏狐、水獭等皮货而已。①

1943年6月的一份报告说,根据"最近由昌都来康(指国民政府治理下的西康省)之中央气象局昌都测候所所长董毓钟"的反映,"昌都有汉人一三一户(约一千五百余口),有云南商二家(义合祥、茂恒),作茶叶(入口)药材(出口)生意"。②

1951年初,进藏的中国人民解放军曾根据昌都地区有关部门的有关资料(如税率、税收银等),对民国时期昌都的税收情况进行了估算(详见表一、表二),③大致与这一调查报告相吻合。

表一　民国时期从内地输入昌都地区商品的估计

商品名	输入数量(驮)	税率(%或藏银两)	税收总额(两)	备注
四川茶	12000	5%	600驮	
草烟	500	每驮30两	15000两	
哈达	200	每驮30两	6000两	三分之二西运
绸缎	200	每驮300两	60000两	十分之九西运
木碗	50	每驮30两	1500两	
糖、粉条	500	每驮30两	15000两	
云南茶	1000	5%	50驮	
大烟	100	每驮55两	5500两	由云南运来,经昌都运往康定
水烟	20	每驮30两	600两	出现于1939—1944年
其他	10	每驮30两	300两	

表二　民国时期从西藏其他地区输入昌都商品的估计

商品名	输入数量(驮)	税率(%或藏银两)	税收总额(两)	备注
布匹	50	140	7000	
香烟	400	30	12000	
氆氇	300	170	51000	

---

① 蒙藏委员会调查室编印:《昌都调查报告》,第27页。

② 郑义琛:《西川邮政管理局关于办理康藏通邮情形致邮政总局呈》,载《民国时期西藏及藏区经济开发建设档案选编》,第235页。

③ 昌都地区财政委员会:《昌都财政贸易概况估计》,西藏昌都地区档案,中共西藏昌都地区分工委1951年第2卷。

续表二

商品名	输入数量 (驮)	税率 (% 或藏银两)	税收总额 (两)	备注
毛、织制品	10	300	3000	
肥皂	20	30	600	
马掌、马钉	50	30	1500	
电筒、电池	10	110	1100	
牙膏、牙刷	10	30	300	
硼砂	1000	300	300000	此项一般在黑河上税,昌都不予统计
其他	50	30	1500	指化妆品、火柴、颜料及其他日用品

　　从以上对民国时期昌都的税收的估算,可以想见当时的昌都城市经济的大致状况,商品种类,如四川茶、云南茶等商品名称可见是产自内地;氆氇、木碗等商品产自西藏无疑;而电筒、电池、牙膏、牙刷等商品则应该产自英印。

　　可见,民国时期的 38 年中,昌都与内地的商贸联系密切,随着国内、国际形势的变化,而表现出盛衰起伏的状况。

　　此外,一位当时亲历昌都者,如是报道了当时昌都"城区有一种特征,为康区别县所无":

　　康藏人民迷信成俗,是为普通风俗。昌都为西康所辖县治,其风俗习惯,当然与金沙江以东各县相同,并无特殊风俗,恕不赘述。此外,城区有一种特征,为康区别县所无,可以五多代表之:(1)臭虫多,(2)操神女生活者多,(3)金子多(即杨梅疮),(4)乞丐多,(5)扯格娃多。这"五多"足可代表城市现社会一般现象。[①]

　　其实,"乞丐多"并非昌都的独有现象,而在藏区城市比较普遍地存在,当时非法造访拉萨的英国人贝尔(Sir C. A. Bell)"谓拉萨有三多,即喇嘛多,乞丐多,犬多是也"。[②] 剔除上述"五多"观察的跨文化隔阂部分,可以看到昌都城市的某些丑陋现象,而这种为康区别县所无"城区特征",也可以视为当时昌都城市经济的某种表现。至于"扯格娃"(即康汉通婚)多,则是西康地区民族关系融洽的表现之一。

　　(二)昌都本土藏族商人群体的崛起

　　随着对外经济联系的不断增强,一些抓住契机的民族工商业在西藏各地崛起,著名的"三昌",即"擦绒昌"、"桑都昌"(或译"桑堆昌")、"邦达昌"就是其中规模

---

①　陈文涵:《昌都调查》,《康导月刊》第 1 卷第 7 期,第 49 页。

②　黄慕松:《黄慕松奉使入藏册封并致祭达赖大师报告书》,第 29 页。英人贝尔(C. A. Bell)的原话为:"西藏乞丐,固遍国皆有,但多糜集城市,尤以拉萨为甚。严刻批评家,竟谓拉萨只有三种居民,即妇女、乞丐、犬是也。此则未免谑而虐矣。"见董之学、傅勤家汉译《西藏志》,商务印书馆 1936 年版,第 161 页。

宏大、资金雄厚、经营范围广的三大商业企业。其中,以邦达家族命名的"邦达昌"商号的活动,与昌都地区关系密切。①

"邦达昌"的创始人为邦达家族的尼江(或译"不尼江""不疑江""能江"),他原是昌都芒康地方的富商,早在十三世达赖喇嘛执政初期便在拉萨建立了商号。由于与十三世达赖喇嘛关系密切,尼江曾多次被派遣去完成许多非官方的使命。此后,邦达家族在西藏地方政府中为官者渐多,而"邦达昌"依靠权力的支持逐渐发展起来。到1933年十三世达赖喇嘛圆寂时,"邦达昌"已成为西藏政府在区内外羊毛贸易的唯一代理人,因而获利丰厚,商业活动遍及北京、上海、南京、重庆、西宁、成都、香港,印度的加尔各答、噶伦堡等地。

邦达家族中,最为有名的是邦达三兄弟。三兄弟中最有名的是邦达多吉(又译"邦达多杰")②。邦达多吉曾被任命为如本(本当于营长),拥有英式马枪500支,部下数百人,防守芒康一带。1940年,邦达多吉在康定设立"邦达昌"分号。1941前后,他又在康定参加了蒙藏委员会委员格桑悦西(巴塘藏族)创设的"康藏贸易公司",并伙同大夏克刀登发起组织"东藏自治同盟",号召康区各土司、头人团结一致,共谋"康人治康"。1946年,由中荣公司荣经茶厂经理徐世度的介绍,他入股中茶公司1000万元,扩大了"邦达昌"的业务范围。

民国时期,"邦达昌"与十三世达赖、摄政热振呼图克图以及噶厦政府高官桑色拉寺麦札仓堪布、活佛、噶伦赤门等僧俗上层关系密切。1945年抗战胜利后,在拉萨经商的北京等地汉族商人就在邦达昌的院子中表演了两天的节目,如京剧、滇剧、小魔术等③以示庆祝。这种广泛的联系,使邦达昌在藏区、内地以及英印等地的商品贸易发展获得了有力的支持,在某些领域(如羊毛贸易)甚至带有垄断的性质,使得邦达昌在几十年中生意越做越大,长盛不衰。因此,将邦达昌作为"西藏的大商人且权势显赫而具有远见的官员"④的典型加以剖析,有助于认识民国昌都城市经济的发展。

对于毗邻印度的察隅等西藏地区领土,昌都噶厦府进行了有效的税收管理。1938年,昌都噶厦派遣官员在察隅的竹瓦根、日卡渡口(溜索畔)、拨底筒等地设立了关卡,每年春、秋二季收取关税。当地经察隅到印度萨地亚(Sydia)等地的藏族商人渐多,而且尤以昌都地区的商人为多。在抗日战争后期的1943—1945年,这

---

① 梅・戈尔斯坦:《喇嘛王国的覆灭》,杜永彬译,时事出版社1994年版,第180~188、462~477、578、712、830~832页。

② 关于邦达多杰的资料,参见中共昌都分工委检查组:《对邦达多吉一般材料的整理》,昌都地区档案馆藏,分工委1959年第8卷;西康省人民政府公安厅:《邦达多吉小传》,昌都地区档案,解委1959年第37卷。

③ 韩修君:《北京商人在拉萨经商略记》,《西藏文史资料选辑》第三辑,1984年,第97页。

④ 梅・戈尔斯坦:《喇嘛王国的覆灭》,第578页。

条商路进入了鼎盛时期,抗战胜利后从 1946 年起逐渐衰落①。除收商税外,噶厦的宗本、协敖(藏军低级军官)还在察隅河谷等地征收税粮,包括稻谷、青稞、杂粮及麝香、熊胆等实物。随着征收的增加,当地米依人(即米斯米族)渐觉沉重,因而藏历火狗年(1945)桑昂曲宗僧俗宗本及察隅协敖,先后两次上报昌都总管,要求废除"补缴米依人(即米斯米族)欠缴的差役"的命令。②

四、民国时期昌都城的人口、职业及社区组织

(一)昌都城区人口总数的变化及非藏族占人口的比例

昌都城区人口总数,在清、民国以来的汉文史料中均有记载。乾隆时期的人口数,在乾隆二年(1737)"以川督幕府统领川兵驻镇"昌都多年的萧腾麟所著《西藏见闻录》中已有记载:"书中记述原委具备,尤详于驻军额数人口柴草等项"③;傅嵩炑的《西康建省记》论西康首邑曰:"察木多险则险矣,而可为城邑之地,过于狭隘,仅可容八十户,仍须运购粮食"。④

清朝驻军在昌都等藏区的长期屯种、居住、生活中与当地藏族人民交往增多,由于清朝官兵与当地藏族妇女"私相往来",双方的相互了解日益加深,于是,官兵在当地通婚生子,渐成潮流⑤。

民国史料记载,昌都县"风俗,在未设治前凡临城附近及大路一带半为同化,盖因此地历为商场,汉人居多,而驻防绿营于此安家者,生有子女半蛮半汉混合,成人喜供关公灶王,凡有此者,不问而知为汉人。故游此沿途不用翻译,可知言事,系由此也"。⑥

民国时期昌都总管府汉文秘书王廷选(任芝)已经指出:"现今之昌都八十余家汉人,皆为前清制营之遗种也"⑦。同时代的《拉萨见闻记》记载:"川帮,人数最多,在一千以上,但其生活亦最苦,屠牛、收尸,无所不有。彼等多系清末驻藏戍兵之流落藏境者。"⑧二人的说法不约而同。

民国时期亲历昌都的内地人,如是报道所见到的当地汉藏通婚,指出"扯格娃"是入康内地民众包括军人与当地妇女通婚的后代:

扯格娃,是康藏混合血种之一,康中下层劳动生活的汉人,恒多娶康妇,所生子

---

① 西藏昌都地区档案,分工委 1960 年第 119 卷。
② 西藏昌都地区档案,分工委 1960 年第 90 卷。
③ 《边政公论》第 1 卷第 2 期,1940 年 9 月,第 95 页。
④ 转引自贺觉非:《西康纪事诗本事注》,林超校本,西藏人民出版社 1988 年版,第 122 页。
⑤ 道光二十四年七月,琦善等奏。见《清宣宗实录》卷 407,第 1~2 页。
⑥ 刘赞廷:《昌都县志略》,载《西藏地方志资料集成》第三集,第 8 页。
⑦ 王廷选:《昌都历史述》(手稿),1938 年 9 月 5 日撰述,西藏昌都地区档案馆藏。
⑧ 朱少逸:《拉萨见闻记》,第 125 页。

女，康中俗称扯格娃。昌都在未失陷以前，汉人极多，娶康妇者不少，此外边军兵士娶康妇者尤多，所以扯格娃之多，要为全康之冠。①

可见，晚清民初驻藏川军及官员与藏族妇女通婚生子，留于藏地，或本人任满仍留居藏地②，逐步定居，成为民国时期昌都本地居民的一分子。

清末民初史料说，20 世纪初期，昌都有"居民六七百户，大小喇嘛寺甚多。汉人居此者亦不少。设有军粮府治理之"③。

1930 年，内地出版的翁之藏《西康之实况》估计，昌都城有"居民二千余人"，其中藏族占多数；1931 年春，名僧法尊至昌都，说昌都"为康地交通之中枢"，"闻昔日昌都之繁盛，较打箭炉有过无不及"④。

1934 年 7 月入藏致祭十三世达赖的黄慕松路过昌都，后来留下关于昌都人口数的两种说法："藏军占据以后，年来入寇西康东境"；又说"闻昌都有五百余家，汉人不及十之二，惟其中五方杂居，匪类潜藏，游民占多数，正式商家不达四五，余皆手工业"。⑤

1939 年，路过昌都的汉僧邢肃芝（法号碧松、藏名洛桑珍珠），与当地社会各界均有较密切的往来，他估计"昌都此时有居民约六百多户，川、滇、陕三省的汉商，有许多在此地经商"⑥；同年的《昌都调查》报道说：

昌都城市，汉藏杂处，户口约五百余家，其中汉人约五六十家，回民约三十余户，男女丁口总计约二千左右，女多于男约一倍，殆为康藏普遍现象。最早汉民一百数十家，年代稍久，多被土著之民同化，忘其姓氏，故纯粹汉民能汉语有姓氏者，现仅三四十户矣。⑦

1942 年蒙藏委员会的调查，显示了民国时期在昌都的"汉民"的总体状况：

清代征藏在昌留置戍兵，以关外易娶家室之故，汉人多有在此落籍者。清末，汉民在昌约有三百余户。陕滇两省商人，且设有大字号二十余家。汉人势力既厚，于是建造寺院，创立会馆，组织社团俨与内地无异。寺院有关岳庙、川主宫、清真寺、观音寺、玉皇阁、城皇【隍】庙、土地庙、丹达寺、万寿宫之【等】九宫；会馆有云贵会馆、陕西会馆两处，皆规模宏大，组织有序。民元以后，设有男女小学七所，商务教育均有蒸蒸日上之势。惜民七沦陷，富裕商号相率撤退，当时留昌汉民，仅为落

---

① 陈文涵：《昌都调查》，《康导月刊》第 1 卷第 7 期，第 49 页。
② 杨嘉铭：《清代西藏军事制度》，唐山出版社（台北）1996 年版，第 66、104～105 页。
③ 陈渠珍：《艽野尘梦》，西藏人民出版社 1999 年版，第 16 页。
④ 翁之藏：《西康之实况》，第 137 页；法尊：《现代西藏》，汉藏教理院，1937 年，第 12～13 页。
⑤ 黄慕松：《使藏纪程》，载《西藏学汉文文献丛书第二辑》，全国图书馆文献缩微复制中心，1991 年，第 130 页。
⑥ 邢肃芝口述：《雪域求法记：一个汉人喇嘛的口述史》，第 114 页。
⑦ 陈文涵：《昌都调查》，《康导月刊》第 1 卷第 7 期，第 47 页。

籍已久与无力内返之一百三十余户。因第十世帕克巴拉表示亲汉。生命安全尚保无虞。惟此辈汉民当汉军驻昌时,大抵经营商业,且可在军政机关里服务,故谋生尚易。及至汉军撤退,遂纷纷失业,以后乃有改习制靴业解衣糊口。

现在有业之汉民凡三十家,回民凡三十三家,其余七十家,以无业故,所有男子皆入寺充当喇嘛。目前汉民之在昌都者,备受藏人歧视,亦复苛派种种差徭,其最难堪者,即藏官宴客,往往逼令青年妇女侑酒,汉民因不堪其凌辱,乃议定凡十岁以上之女子,皆令其削发,伪为出家,迨满结婚年龄,复将头发蓄长,择配汉民子弟。如此用心,可谓良苦。我当局因鉴汉胞在昌之痛苦,曾多方设法救济。现已将汉民社区之"孝义会"予以恢复,该会存有公积金约合藏银八千两,专做救济贫苦之用云。①

从以上调查报告得以窥见民国中期昌都汉民的总体规模、社会地位、谋生方式、社会生活等基本情况。

1946 年,任乃强先生在论文中说"昌都汉人颇多"②。1948 年,国民政府蒙藏委员会认为"西藏全境所有汉人之目数尚无法确实调查",但估计在拉萨有汉人二千人,昌都约为百人③。

1950 年,昌都解放时,城区人口 500 户、2000 余人,当地人称"莫堆阿加"——五百户。其中汉人 80 余户,有"徐家十八家"之谓,可见徐姓是昌都汉人的大姓,此外的姓氏还有王、李、张、包、铁、马、彭、毕、刘、童、蔡、程、罗等④。昌都解放前,旅居昌都的汉、回族名流有王廷选(任芝)、李子芳、蔡嘉溶、铁宝兴、王永兴、宋乍巴等人⑤。

根据上述民国时期昌都城的多种史料记载,可以说,昌都城大致有居民 500 到 700 户,大约 2000 余人。其中,本地藏族占多数,汉族与回族 80 余户。汉族、回族80 余户中,汉族为 50 多户。

(二)昌都城居民的职业

有识者说:"商业依赖于城市的发展,而城市的发展也要以商业为条件"⑥。就昌都而言亦如此。早在 1846 年前后,到达昌都的法国传教士就记载说,昌都生产的粮食"远不足以使当地居民食用","现在,察木多的贸易已达到了年 8 万英镑,

---

① 蒙藏委员会调查室编印:《昌都调查报告》,第 11～12 页。

② 任乃强:《西藏自治与康藏划界》,《边政公论》第 5 卷第 2 期,1946 年 2 月,第 12 页。

③ 据蒙藏委员会《边疆通讯》"边政简政"第 5 卷第 2、3 期合刊,1948 年 3 月,第 30 页。

④ 马丽华:《藏东红山脉》,第 47 页。

⑤ 陈竞波:《西藏高原上第一个民主政权》,载《为和平解放西藏而战——昌都战役回忆录》,第 506～524 页。

⑥ 马克思:《资本论》第 3 卷,人民出版社 1972 年版,第 371 页。

主要是用鹿茸、麝香、黄金和白银来交换丝绸、棉纺品和家庭日用品"①。因此，近代以来"聚居于城市为工商业者"②。如晚清宣统年间(1909—1911)，城中"陕西商铺十数，无货卖，常四乡以茶、茸、麝、猞狸、狐皮交易"③。

在民国时期的昌都城，居民从事的三百六十行职业中，主要是商业与小手工业。据1951年1月中共西藏昌都分工委的《昌都地区情况调查》，当时昌都各业的情况是：

大小商店45家(行商摊贩等不在内)，其中资本最大者为松松、谢娃拉之父拉汪、李子芳、柴洛、纪索、朱古仓、亚仓等。裁缝20多家，仅有脚蹬机2架，手摇机1架，余为手工。银匠3家(察雅银匠在此落户的不算)，木匠9家，铁匠4家，石匠4家，种菜园者7家，磨房7家，作蜡烛者2家，烧酒的7家，屠户7家，缝毛皮的2家，作豆腐的1家，作豆麦面粉的1家，酒馆(即妓院)30余家，漆匠1家，皮匠32家，开鸦片馆1家，其余还有其他职业。④

"其他职业"是指铁匠、木匠、皮匠、裁缝等，从事制作毛毯、氆氇、马垫、陶瓷、木业、雕刻，以及磨面、裁缝、做牛油蜡烛、酿醋等。《昌都地区经济情况调查材料(初稿)》由此说："昌都手工业在藏区来说是比较发达的"⑤，兹略述之。

昌都的藏、汉、回等各族居民，其社会职业除了商业、小手工业之外，还有种植蔬菜、从事农牧业等。

民国之初，昌都县城郊有旅居昌都的汉人开辟的农田，尤其是种植蔬菜的园圃：本县"产菜蔬，因此汉人居多临城附近辟地为圃，数十家瓜棚豆架，形同内地"⑥。这一园圃目前是昌都百货公司一带。

此外，昌都本地藏族登珠、洛松曲珍(1934—)等数家开辟并经营蔬菜种植，如"世居昌都"的登珠一家，大小人口十余人，"以种菜养家"，"解放前种菜因品种少，价钱低"，入不敷出，须靠借贷等⑦。洛松曲珍讲述道："从奶奶那一辈开始，全家人成了昌都强巴林寺第三大活佛喜瓦拉的佃农，靠租来的三亩地经营蔬菜维持生计。小时候，她和两个小弟弟都跟着大人在菜地里忙碌。她记得，他们种出的菜一部分要交给寺庙。还有一部分要交给当地官府，自己辛辛苦苦种的菜常常所剩无几，家

① 古伯察(R-E. Huc)：《鞑靼西藏旅行记》，第641、683页。
② 翁之藏：《西康之实况》，第137页。
③ 傅崇矩：《成都通览》下册，巴蜀书社1987年版，第406页。
④ 二科：《昌都地区情况调查》，1951年1月23日，西藏昌都地区档案馆藏。
⑤ 《昌都地区经济情况调查材料(初稿)》，1951年，西藏昌都地区档案馆藏。
⑥ 刘赞廷：《昌都县志略》，载《西藏地方志资料集成》第三集，第8页。
⑦ 昌都地区税务局：《关于昌都人民生活改善情况的调查报告》，1954年11月，西藏昌都地区档案馆藏。

里的光景甚是艰难。"①可见,洛松曲珍一家在当地从事蔬菜生产,已经历三代;所佃租的三亩地生产的蔬菜,除了"交给寺庙""交给当地官府",还能够自己食用少部分。

上述各行业中,史料记载,当地汉族从事有以下数种:

此地汉民,生计甚为舒适,每户最少均有藏洋千元以上积蓄。因生活之低廉,而汉民又勤苦操作,及善于手工艺术,如硝皮、制鞋、皮衣、理发、泥木工等等,务农、经商亦有为之。②

需要指出,民国时期昌都藏汉关系比较融洽,其中原因之一就在于藏汉族群经济活动的互补性:藏族从事粮食生产、牧业生产;汉人就职为军人、匠人、菜农,能够生产藏区不出产的蔬菜,从事藏区社会地位不高、一般群众不太愿意进行的某些手工业生产。可以说藏汉族群各自从事不同的职业,大致互补、互相需要,这为彼此和平共处、共同进行生产生活提供了一定的前提。

(三)昌都城居民的社会组织与民众精神生活

如上所述,民国时期昌都城居民以藏族为主,此外,还有汉、回等族。各族民间自发形成有十多种社会组织,其知名者有"邦达兄弟会""白拉提""孝义会""妇女结拜会"等。

"邦达兄弟会"是昌都藏族最为知名的社会组织。

"邦达兄弟会",也称"邦达朋友会",成立于1955年,是由西康巨商邦达多吉亲自组织,成立的目的在于"为使地方上不发生大的械斗,确保团结与平安,同时在无辜蒙难受害时能互相帮助"。朋友会的领头人称为"四大兄弟","四大兄弟"的证印为"和气四瑞图"(来自佛教故事,寓意和睦相处,地方安宁),其中大哥的证印为凤凰,二哥的证印为兔子,三哥的证印为猴子,四弟的证印为大象。

"邦达兄弟会"的入会仪式颇具特色,凡新参加本会的人员,均要虔诚地宣誓。宣誓完毕后,要签字盖章并按手印。各宗和各商会的全体兄弟,均在每年藏历五月十五日"世界焚香日"这一佛教节日,在各自的住区举行集会,亦可筹资聚餐和欢度夏令节日。③

"白拉提"是昌都回族最为知名的社会组织。

"白拉提"是昌都回族的民间组织。1923年创办,有会员20余人。凡参加该会组织的人,遇到婚丧嫁娶时,由会友们出资帮忙。其主要活动有:每年3月1

① 尼玛泽西:《菜家洛松曲珍的生活变迁》,《中国西藏》2000年第5期《昌都专号》,第9页。洛松曲珍之长弟洛松仁青,先后担任公安干警、昌都地区检察分院检察长、昌都地区政协副主席;幼弟曲加曾任拉萨市委书记,现任西藏自治区人大常委会副主任;女儿仁青群措现任昌都地区检察分院检察长。

② 陈文涵:《昌都调查》,《康导月刊》第1卷第7期,第48页。

③ 土呷:《昌都历史文化的特点及其成因》,《中国藏学》2004年第3期。

日—17 日的集体礼拜;4 月为斋期;7 月 13 日为聚餐日;8 月 13 日念经聚餐。①

"孝义会"是世居或者旅居昌都汉族、回族自发而生的组织中影响最大的一个,系定居昌都的汉回民众共同建立的组织。

"孝义会",当地藏话称为"甲西法"(或"甲基巴"),"甲"为汉民之意,意为"汉族公共的帮会",这一被视为汉族公共的"帮会",但是事实上是昌都的汉、回两个民族公共的社会组织②。"孝义会"何年成立,已无原始档案可查,早年入会须办何手续不知。这一清末民初已经存在的昌都社会组织,在"民七事件"后由当地汉族人王勋志、王廷选、王运新等人重新改组。

"孝义会"的入会者为旅居昌都的所有汉、回族,共有会员 90 多家,数百人之众。由于有昌都强巴林寺第二大呼图克图谢瓦拉之父为后台,该会具有较大的社会影响。该会的组织管理形式分为正副会长负责制和会首管年制,设有会长 1 人,由有文化、有口才、德高望重者担任;副会长 1 人,会首 6 人,任职时间一般为 8 年。正、副会长大都在当地汉、回族中有势力和德高望重的人中推举。会首 6 人,每年一换,轮流坐庄,其工作是管理会内一切事务,如筹措会务基金、维护会员利益、帮助料理红白喜事、放债、组织有关活动等联谊事项,以及为昌都噶厦政府派汉民支差。

1934 年 7 月 7 日,黄慕松入藏致祭十三世达赖路过昌都,昌都僧俗官员、寺院总管前往途中迎接,迎接队伍里,就有昌都镇"孝义会领袖王匡选(疑为"王廷选"之误)、马树勋、王永兴(疑为"王运新"之误)、程万里、杨如冈、罗光升、徐宝山等"。次日,"华人孝义会"再次往拜谒黄慕松,并敬献哈达;云南商人亦来求见。③

1939 年出版的《康导月刊》如是报道当时亲历昌都者,所见到的"孝友会"(即"孝义会"):

自民七昌都初失陷后,汉民不免受其虐待,最后逐渐减少。而此地汉人,为团结力量互助起见,组织有孝友会,积有基金大洋数千元,董其事者均为地方上有力之汉人。凡汉民有被虐待情事,有孝友会当事人,或书面或口头报请核办,颇能发生效力。会之组织性质,颇类"哥老会",但亦在此特殊环境下之应有组织。④

至于昌都"孝义会"的性质,上述史料推断"颇类'哥老会',但亦在此特殊环境下之应有组织"。"孝义会"等汉、回联谊组织,是否有"哥老会"等民间秘密会党的内幕背景,今限于史料太少,不能断言。只是在近代内地的四川省、湖北省等地,以"孝义会"命名者不少属于民间会党。此外,昌都县的"孝义会"等汉、回联谊组织,

---

① 土呷:《昌都历史文化的特点及其成因》,《中国藏学》2004 年第 3 期。
② 土呷:《鲜为人知的昌都旧时帮会——孝义会》,《中国西藏》2003 年第 1 期,第 58 页。
③ 黄慕松:《使藏纪程》,载《西藏学汉文文献丛书》第二辑,第 131 ~ 133 页。
④ 陈文涵:《昌都调查》,《康导月刊》第 1 卷第 7 期,第 48 页。

在民国时期昌都城东南的邻近城市盐井县等地亦存在,该县为"哥老会""兄弟会",也是当地汉族社区的著名互助性民间组织。盐井县的"哥老会""兄弟会"属于民间会党,"文化大革命"时被认定为"反动组织"。若然,则盐井县"哥老会""兄弟会"属于民间秘密会党。①

至1950年前后,"孝义会"有会员58家,若连招的女婿在内则有80多家,其中回族16户。会长为王永兴,副会长为斐文秀,会首为毕永胜、毕永兴、蔡相尧、胡林、王人之、徐久林6人。"孝义会"敬奉的神灵为比干丞相,每年两次游街赛神。1950年底,蔡嘉溶、铁宝兴当选为昌都地区第一届人民解放委员会代表后,他们又被换为新会首。

"妇女结拜会",又称"妇女会",也是昌都汉、回族的民间组织之一,它是昌都镇部分汉族后裔妇女进行社交的民间组织,成立于20世纪30年代。该组织在未成立时,由情投意合的成年女性组成,一旦组合后,一般就不再接纳新成员。结拜会所有成员之间是平等的,无固定的负责人。每年轮流由称之为"涅巴"的两位管事人负责。每年的主要活动有:一是盛夏时到野外"耍坝子"(即郊游);二是冬季时到某个会员家中聚会一次。其目的是通过活动达到相互倾吐甘苦、巩固友情的目的。②

此外,还有"三圣会""葬会""至义会"等十余个组织,这些组织或以行业为名(如皮匠组织"孙膑会",会员全为皮匠职业者,1945年曾分为"大孙膑会""小孙膑会",解放之初分别有会员13人、9人;又如商人组织"仁和会",解放之初有会员9人),或以地域为名(如"陕西〔回〕会馆"),或以年龄段为名(如青年组织"青年会",1947年成立,解放之初有会员13人),此外,还有"三圣会"(1918年成立)、"葬会"(直属于"孝义会",负责汉、回移民的丧事处理)、"仁和会"(商人组织,解放之初有会员9人)、"至义会"(1918年前成立)等。③

上述汉、回族民间组织,大多成立于民国7年(1918年)"民七事件"后。其产生大多出于团结、互助的目的。民国时期昌都城的社会组织情况详见表三。

---

① 马丽华:《藏东红山脉》,中国藏学出版社2007年版,第125页。
② 土呷:《昌都历史文化的特点及其成因》,《中国藏学》2004年第3期。
③ 西藏昌都地区地方志编纂委员会:《昌都地方志》下册,第1104~1107页。

表三　民国时期昌都社会组织一览表

组织名称	参与成员之结构、来源	性质与影响
"孝义会"（"甲西法"）	清末民初已存，"民七事件"后当地汉人王勋志、王运新、王廷选等重新改组，入会者为昌都的所有汉、回族会员90多家、数百人之众，有昌都强巴林寺第二大呼图克图谢瓦拉之父为后台。至1950年昌都解放之初，该会仍有80多家会员（包括招婿上门者）	该会具有较大的社会影响
"葬会"	负责汉、回民的丧事处理	"孝义会"的下属组织
"孙腈会"	会员全为皮匠，1945年曾分为"大孙腈会""小孙腈会"。解放之初分别有会员13人、9人	行业组织
"仁和会"	解放之初有会员9人	行业组织
"青年会"	1947年成立，解放之初有会员13人	青年组织
"妇女会"	即"妇女结拜会"	妇女组织
"三圣会"	1918年成立	不详
"至义会"	1918年前成立	不详

昌都"孝义会""葬会""孝义会"为汉族人组织，仍然传承着内地的习俗，突出表现在葬礼、葬俗等方面。

此外，清代以来，内地进藏的各族人民不断迁入昌都各地戍边、经商、务农，由于语言、习俗等的差异，初到一个异地的移民群体与土著及内地不同省份的移民间存在一定的隔阂，使得各省和各地区的移民内部需要有一种内聚的集体组织，增强同籍间的互相帮助，以慰乡思，而对乡土的眷念和本土共同的民间信仰等，使得同乡之间组织的民间组织纷纷产生。这些民间组织往往以同乡捐资而建的"会馆"为依托平台，以会馆定期召开的庙会为表现形式，以此联络感情[①]。会馆开展的庙会活动，大多与民间信仰有关，而且会馆往往以原籍乡绅闻人为祭祀对象，形成会馆、坛庙合一。

在民国时期，旅居昌都的汉人、回族主要来自陕西、四川、云南三地，因而他们在昌都城建立了数个"会馆"（详见表四），以此作为同乡、行业的议事所和联谊组织。这些组织以地域（原籍）划分，有"陕西会馆"、"云贵会馆"、"川主庙"（相当于"四川会馆"），大多成立于民国7年（1918）"民七事件"后。会馆这一公共空间的建立，能够满足当地汉族人的精神生活需要，在以乡缘、乡谊等宗法观念为前提的会馆交流中，于不自觉之中在尝试着沟通藏、汉两个民族之间的联系，部分地发挥

---

① 来作中：《解放前康区商业简述》，载四川省甘孜州政协委员会主编：《甘孜州文史资料》第7辑，1988年，第109页。

了打通藏、汉民族隔阂的历史作用。

表四　民国时期昌都"会馆"一览表

会馆名称	成员来源	备注
"陕西会馆"	原籍陕西省的当地汉人王廷选等人	该会影响最大
"云贵会馆"		
"川主宫"（即"川主庙"）		相当于"四川会馆"

五、结语

在清代初期、中期，由于清朝统治权威达于各边疆地区，昌都与中央政府一直保持着密切联系，这就增强了民族团结，巩固了祖国边防。在这种和平稳定的局势下，昌都地区获得了较好发展，故民国时期昌都总管府汉文秘书王廷选在《昌都历史述》中称赞当时昌都"地方颇称安谧，物阜民安，有'小成都'之号"。清及民国时期，巴蜀、藏区凡县城、场镇贸易繁盛，皆号为"小成都"，如中江县，"百物流通，贩买稍易，故列肆而居者，盈街满巷，远近目为'小成都'"；江油县的中坝场"凡山之珍，海之错，陆之土药"，罔不毕集，"人皆呼为'小成都'"①。随着清朝统治的分崩离析以及外国势力的插手，昌都与中央政府的联系开始起伏。进入中华民国时期，随着三次"康藏纠纷"的川藏战火，影响了内地与昌都等藏区城市的正常联系，使得昌都城的发展也受到了严重制约，在城市经济一度有所繁盛之后，出现了市面萧条、城市人口增长缓慢、城市经济发展迟滞等现象。到了30年代，"康藏纠纷"有所缓和，昌都商业随之再次恢复，并在抗日战争时期到达了繁荣的状况。抗战胜利后，昌都城商业有所回落，这种情况一直持续到1950年年底。

作为"历史的地理枢纽"，昌都城是藏区尤其是康区具有典型意义的代表性城市；民国时期是近代中国社会的转型期，城市、经济、文化等社会领域都不同程度地迈入这一历史进程。研究昌都城在民国时期的发展史，不仅为学界了解民国时期藏区城市发展的规律提供了个案，而且从这一发展历程中，可以加深对民国时期汉藏文化交流史的认识。

---

① 参见《中江县新志》（道光）卷1、《江油县志》（道光）卷4等书；王川：《晚清民国川康地区城镇的"小成都"现象及原因》（待刊稿）。

清代西藏商业网络初步建构与城镇发展

付志刚①

摘要：西藏城镇作为交通要道的节点和枢纽,通过其巨大的聚集效应和中转功能,在商业网络的形成中起到了不可或缺的作用。而沟通城镇间商业贸易的途径是区间贸易和区内贸易,商人因其在商业中举足轻重的地位尤其值得重视。文中将围绕以上几个问题,探讨清代西藏地区的商业网络的初步建构与城镇发展及其关系。

有清一代,虽然道路依然艰险,但牟取商业利润的动力刺激着西藏商路的完善与贸易的开展,以茶马贸易为首的商业活动增多,贸易量逐步增大,带动了转运贸易的兴盛与交通网络的扩展,作为区间贸易起点与终点的城镇以及沿线商贸城镇都出现了不同程度的发展。

一、商业贸易活动与西藏城镇商业网络的初步建构

西藏与各地通商市场旧所指定者,东则有四川省之打箭炉及云南省之大理府,北则为甘肃省西宁府,西则为罗多克,克什米尔等地,南则为不丹、尼泊尔及锡金。② 以上几处商贸城镇构成了清代西藏跨区间贸易的起点,而终点直至西藏内部的各中心城镇,再经过转运贸易流通到其腹地及次级城镇。西藏商路纵横交错,颇能适合于藏民爱好经商之本性。在各级城镇之间,沿着商路,构成了西藏繁复的商业网络,而主导着该网络的力量就是众多的商人及商人团体。

（一）内地与西藏互市贸易促进了城镇商业网络的形成

茶马古道起源于唐宋时期的"茶马互市",兴盛于明代,清中期因不缺马匹,茶马互市终至停止。清朝廷为振兴边贸重修茶法,引岸商茶制,即官督商销制,商专卖的制度,以商人为主体,官府只管发行课税,茶商纳税买引,按引额、行引路线自行采购贩运茶叶,改变往日官茶马司对"茶马互市"的独揽招商业资本介入,由茶商直接与藏区互市,从而演变成茶叶与土特产品的一般性商品交换和流通。

① 付志刚,四川大学历史文化学院（旅游学院）博生研究生。研究方向:中国城市发展研究,中国边疆城市史研究。

② ［日］山县初男:《西藏通览·贸易》,四川西藏研究会,清宣统元年铅印本,1909 年。

首先,清政府对西藏地区贸易政策的改变,激发了川藏贸易的活动,内地商人的活动更加频繁和深入,促进了城镇商业的发展。

西藏属高寒地区,海拔都在三四千米以上,需要摄入含热量高的脂肪,糌粑、奶类、酥油、牛羊肉成为藏民的主食。但糌粑、肉类较为燥热,过多的脂肪在人体内不易分解,又缺乏蔬菜,而茶叶既能够分解脂肪,又防止燥热,故藏民在长期的生活实践中养成了喝酥油茶的生活习惯,茶叶成为藏区人民生活的必需品。"茶之为物,西戎吐蕃,古今皆仰治之,以其腥肉之食非茶不消,青稞之热、非茶不解,其熬茶食,或以斤计。"①西藏对茶的需要量非常之大。而当地地处高寒,不宜树茶生长,唯赖内地供应。然而,藏区不产茶却多马匹,而内地产茶,但民间役使和军队征战需要的大量骡马供不应求。于是,具有互补性的"茶马互市"便应运而生。因此,藏区和川、滇边地出产的骡马、毛皮、药材等和从打箭炉与大理府输入的茶叶、布匹、盐和日用器皿等物资,在横断山区的高山深谷间南来北往,流动不息,并随着社会经济的发展而日趋繁荣,形成一条延续数千年的"茶马古道"。

清前期,中央政府一直限制内地人到边疆地区包括经商、移民等在内的行为,大大阻止了内地商人进入西藏,也影响了西藏地区商业网的发展。清中叶以后,清政府逐渐放宽了对西藏地区商业贸易的控制,内地商人大量进藏设立店铺经营商品零售业,在客观上促进了藏汉等民族间感情的交融,又进一步导致了商品流通结构的变化。内地输入西藏的贸易已由单一的茶叶而扩展为"针、棉线、茧、油、风帕、布匹、菸叶、水烟之属,皆畅销夷人者,至绸缎食品器具等,则售与旅边之汉人,夷人亦兼购之"。②活跃在川藏贸易活动中的内地商人,主要有川商、陕商、滇商、晋商等。

茶叶是西藏川藏贸易中最为突出的贸易品。清初援引明代的茶引制度,在打箭炉置茶关,促进了城镇商业的繁荣。到清晚期,茶叶贸易更是发展到顶峰。川督刘秉璋提及边茶贸易对于政治、国防、经济乃至民生的关系时称:"查川茶销藏,岁约一千四百余万斤,征银十数万两。……华商虽仅运至打箭炉,卖与藏商接运,实无异华商入藏。盖藏师借用番钞,给子印票,赴炉厅领茶,以抵藏饷,是藏饷须借商力接运,不仅茶也。藏帅及兵丁生机,实系于此。"③

茶叶贸易的发展也维持了相当数量的非农就业人口:"川省载茶之国户、运茶之商贩、负茶之脚夫,多至数十万人,悉赖此为生活。""藏番运川者不下数万人,藏中穷番借脚力以谋生,川藏通界处所,借以安谧。上年瞻对闹事,不旋踵而即定者,亦借茶商往来,互通消息之力也。故各商虽夷贩,而较华夷尤为得力。致茶价交

① 《清高宗实录》卷1137,中华书局影印本,1985年。
② 徐珂:《清稗类钞·道符商务》第5册,中华书局1984年版。
③ 《咸丰天金册志》卷5,嘉庆二十五年川督蒋攸铦奏。

易,每岁几近百万,川省栽茶之园户,运茶之商贩。负茶之脚夫,多至数十万人,悉赖此为生活。"①这部分非农业人口需要大量的各类商品以支持其生活,也对商业贸易的发展起到一定作用。

茶马古道以川藏道、滇藏道与青藏道(甘青道)三条大道为主线,辅以众多的支线、附线构成交通网络系统。除以上主干线外,茶马古道还包括了若干支线,如由雅安通向松潘乃至连通甘南的支线;由川藏道北部支线经登科府通向青海玉树、西宁乃至旁通洮州(临潭)的支线;由昌都向北经类伍齐、丁青通往藏北地区的支线等。

四川销往藏区的茶引称"边引"。川藏道则以雅州一带产茶区为起点,首先进入康定,自康定起,川藏道又分成南、北两条支线:北线是从康定向北,经道孚、炉霍、甘孜、德格、江达、抵达昌都,再由昌都通往卫藏地区;南线则是从康定向南,经雅江、理塘、巴塘、芒康、左贡至昌都,再由昌都通向卫藏地区。打箭炉本是一个不毛之地,明末清初才取代碉门市、岩州市后成为川藏茶叶贸易的重地。因当川滇茶商进藏要冲,"故茶商聚于打箭炉。藏民往来交易,遂为通衢也。自康熙五十八年安设塘站,以炉为姑、而里塘、巴塘、乍雅、昌都……以抵前藏"。② 其是随着茶叶贸易发展起来的重要商贸城镇。松潘全省"行于藏卫及松潘地边岸者即十之八九,腹地州县不过一二"。边引中又以"行藏卫为大宗,松潘地及之",③松潘由此成为边茶运往川西北、甘南、青海及蒙古各地的集散地,松潘城镇也因此更加发展。

其次,藏族商人直接参与购运茶叶的长距离贸易活动,带动了贩运起点和终点城镇的商业贸易及相关的服务。西藏地区的商人虽未自成为阶层,西藏商人本无太大权势,但因为长期从事商业贸易,逐渐形成居于贵族和平民两者之间的商人群体。

滇藏道起自云南西部洱海一带产茶区,经丽江、中甸、德钦、芒康、察雅至昌都,再由昌都通往卫藏地区。清代云南销往西藏的茶叶,运经大理、丽江、木里至打箭炉(康定),有的就在此转卖给西藏商帮,有的再由此进拉萨销售。藏族马帮在每年春、秋两季,络绎不绝、成群结队地从西藏主要的城镇前往云南恩茅、勐海地区贩运茶叶,最多时一年有马匹四五千。他们卖掉从西藏运来的山货、药材、皮毛等土特产品,又购入茶叶、手工艺品等货物驮运回西藏变卖获利。另外,西藏马帮每年都会参加在滇西定期举行的大型物资交流会,如大理的三月街,丽江的骡马会等,来时驮来西藏的特产、回时运去云南茶叶。西藏为滇茶主要销售地,据统计,滇茶每年销藏约 3 万担。

---

① 《咸丰天金册志》卷 5,嘉庆二十五年川督蒋攸铦奏。

② 许公武:《边疆述闻》,《新亚细亚》月刊,正中书局,1943 年。

③ 吴慧:《中国商业通史》第 4 卷,中国财政经济出版社 2008 年版,第 277 页。

除专门从事商业的藏族商贩外,西藏的官府和寺院也广泛参与商贸活动。西藏政府就设置了若干各类经理人分驻西藏全境、内地、蒙古地区、印度等地,为政府专门采购必要的用品。贵族家中多设有专门的商务经理人,长期往来于北京、上海、蒙古、印度等各地,采买贵族日常所需的物品。西藏大寺院基本都从事大规模的商业活动,设有专门的部门"拉浪",掌管寺产,兼营商业。私人商贩经由打箭炉路线,须缴纳各种杂税,但西藏政府的商务代表则可免税。商务代表一般为僧官,其下设置若干经理人。该官吏有时会把这种免税贸易的权利卖与他人,因其在晋升的过程中花费了大量的财物,倒卖国家权力来换回付出被认为是合理之举。一般牧民在秋季与初冬时,在谷物已经成熟后,也参与到商业贸易的活动中来。牧民携带盐、羊毛等物品,自高地牧场至农村,将部分羊毛零售与普通采买商人,将食盐等物与农民的谷物交换,以备一年之用。

(二)藏印、藏尼商贸促进了西藏城镇商业网络的完善

西藏地处中国西南边疆,自然条件较为恶劣,物产匮乏,手工业欠发达,为满足藏族贵族的高层次需要,满足人民的日常生活的需要,除了与内地各区域有着密切的联系外,西藏地区与境外的商业贸易逐步增加也成为该地区商业网络形成和发展的重要环节,丰富和完善了西藏的商业网络。印度自古就与西藏地区有着密切的贸易往来,包括货物、文化、宗教都在这条商道上传播、发展。清代也是西藏与邻近国家贸易逐步活跃的时期。与西藏存在着长期、大宗商贸联系的主要有尼泊尔、印度、不丹等国。

清乾隆十五年,清政府与廓尔喀(尼泊尔)交恶,双方激战不断,藏印之间的山道中断不通,"商旅束足,印度贸易因此大生顿挫,及至日后兵争息商道通,藏印贸易乃不仅恢复旧观,印度所产砖茶每岁更攘逐支那所产,夺其销路"。除了茶以外,英印政府还大量在西藏倾销羊毛、黄金、硼砂及其他生产生活用品,"中国人在此地所营商业则将日赴衰颓"。[①]

此后,战争停止,印度及尼泊尔商人又打通商道,重新操持了与西藏的贸易,英印度政府更以总握藏中商权,奖励人民殖产兴业,贸易量大增。时人指出,其原因在于"四川、云南二省虽与藏地毗连,然中国输入藏中物品之原产地率多在南部支那诸省,距离既远转运为艰,印度至藏羊肠山道固称绝险第仅逾喜马拉亚一大山脉,即可直抵拉萨"。[②]

不丹、尼泊尔、哲孟雄(锡金)都属清朝的外藩,清政府对其同西藏的直接贸易限制并不严密,收税也少,"凡巴勒布商民运来米在边界售卖者,每米一包,抽取一

---

① [日]山县初男:《西藏通览·贸易》,四川西藏研究会,清宣统元年铅印本,1909 年。

② [日]山县初男:《西藏通览·贸易》,四川西藏研究会,清宣统元年铅印本,1909 年。

木碗,每年约收税米一百数十石,俱运交大昭(寺),以备攒昭念经之用。……向巴勒布易换制办藏香之料,及纸张果品等物,运交商上。"①

克什米尔商人在西藏跨区域贸易中占据着重要地位,也是拉萨最富有的商人群体,主要垄断经营布匹和生活日用品。每年他们从印度贩运各种铁器、剪刀、棉织品,从中国采买丝绸,从俄国带来麻织品。克商也大量活动于阿里地区,从事羊毛与克什米尔特产的交易活动。

尼泊尔商人在西藏的活动,起初并不及克什米尔商人活跃。1792 年在拉萨的尼泊尔商人只有 40 名,较克什米尔商人 197 名为少。② 但是,清朝为了安定边防,曾采取限制外商活动的措施,规定:"每年巴勒布止准贸易三次,克什米尔止准贸易一次"。③ 此政策限制了克什米尔商人,而有利于尼泊尔商人,从而推动了尼泊尔商人在西藏的发展。清中期,尼泊尔商人的人数增加,经营的商品种类增多,在他们经营的各种物品中,大米占大宗。此外,中尼边界西藏居民与尼泊尔人以盐易米、易布的商业活动也十分普遍,影响亦大。尼泊尔商人多侨居拉萨,以聚居为主,人数不断增加,他们的商贸活动遍及西藏境内,从事生皮、麝香、硬币等物的贩运。在日喀则、江孜、拉孜以及工布江达等地也有尼泊尔商人,但为数较少。1865 年,西藏与尼泊尔签订协议,授予尼泊尔人的特殊权利:"自今以往,西藏对尼泊尔商人或其他尼泊尔人,不得征收通商税,或道路税,或者任何税"。④ 此条约的签订要追溯到 1855 年尼泊尔入侵西藏阿里时,西藏地方坚决抵抗。而当时清政府正集中全力镇压太平天国,因而急于息事宁人以结束战事,遂命驻藏大臣出面调解,与尼方议和。1856 年,在驻藏大臣赫特贺主持调解下签订了《西藏尼泊尔条约》共 10 条。条约虽肯定"对中国皇帝,一如历来,加以尊重",⑤但却规定西藏政府每年向尼方付一万尼币的"馈赠",尼人在藏享有治外法权,尼人在藏经商有免除商税、路税及其他各税之权。该条约是 19 世纪清政府直接导演的有关西藏地方的第一个不平等条约,同时也是清朝在西藏执行妥协退让政策的一个开端。该条约签订以后,在西藏地区从事商贸的尼泊尔人越来越多,其所占的市场也愈加广阔。

中国与印度的贸易历史悠久,清前期印度商人主要通过尼泊尔和不丹向西藏输往印度的商品。后来,由于印度与尼泊尔交恶,通过尼泊尔向西藏输入商品的渠道被阻断,印度与西藏的商品往来受到干扰。直到清晚期,英国迫使西藏的亚东、江孜等城镇开埠通商,大肆倾销商品,掠夺原料。印度与西藏的贸易,"以羊毛牛皮

---

① (清)松筠:《卫藏通志·贸易》卷 11,西藏人民出版社 1982 年版。
② (清)松筠:《卫藏通志·贸易》卷 11,西藏人民出版社 1982 年版。
③ (清)松筠:《卫藏通志·贸易》卷 11,西藏人民出版社 1982 年版。
④ [英]查尔斯·贝尔:《西藏志》,商务印书馆 1936 年版,第 142 页。
⑤ 王光祈译:《西藏外交文件》,中华书局 1930 年版,第 53 页。

为大宗,前藏商人贩货由江孜运至帕克里而止,将货售与上下卓木土人,再由卓木脚夫转运忘噶伦绷、大吉岭等处",①接着便由商人贩运销售到印度全境,甚至出口。由印度运入西藏之货物,以棉织品为大宗,其次为毛货、五金、家具、珊瑚、宝石、烟草、干果、白糖、冰糖及家庭用品,如火柴、针、肥皂。"输入品总额以价值与容量论,远不及出口之多,商务差数,咸由印度卢比补足,最近卢比流入西藏者,为数甚巨,卢布价格稳定,颇为藏人所欢迎,加以西藏货币,在印度不能行使,故卢比更为藏人所乐于接受。"②这更加剧了西藏地区卷入资本主义世界市场。

此外,不丹商人一般在帕里作为西藏商人与在巴基斯坦(现孟加拉国)的中间商,承担着一些零星的贸易,主要从西藏输出沙金、茶、羊毛制品等,并将英国和印度制造的烟、布匹、纸张等物输入西藏。

综上所述,来自各地、种属各异、操持不同语言的商人,在构建西藏城镇商业网络的过程中发挥着各自不同的作用,无论其初衷是盈利还是掠夺,都从客观上共同促进了西藏城镇商业网络的构建,推动了西藏城镇商业贸易的发展。

二、清代西藏商业贸易与城镇发展的关系

(一)清代西藏商业贸易活动促进了中心城镇拉萨的发展

清时期,西藏地区政教合一的体制相对稳定,经济贸易有一定发展,社会逐渐安宁,摆脱前代的宗教及教派之争,整个社会呈现出向上的趋势。中心城镇拉萨的地位日益稳固,这种稳固又加强了经济中心的功能,反过来促进了拉萨城镇商业贸易的扩大和城镇的发展。

拉萨作为西藏地区首屈一指的城市,整个西藏地区都是其广大腹地。一方面,拉萨作为西藏地区最为重要的商品集散中心,西藏各地都是其广大的腹地,通过西藏内部的交通网络,由各类商人群体深入农牧区将各处的农牧产品集中贩运到拉萨再转卖给中间商,或直接倚靠对外交通道路输出到内地或国外。拉萨集中了西藏大部分手工业者和主要手工业行业,主要有纺织、缝纫、鞋帽、制革、金银、铜铁、木石、造纸、印刷、雕塑、磨面、造酒、屠宰等数十个行业,尤以与宗教活动相关的金银铜器制作业兴盛,镯子、鼻烟壶、藏刀等为拉萨名特产品,精雕细镂,极富特色。③另一方面,拉萨又是西藏地区最主要的输入商品分销地。国内外的商品物质都汇聚到拉萨,在拉萨被中间商贩卖后,商人们运载着输入的商品去往西藏各处,转卖或兜售,从而满足普通农牧民的生产、生活需要,繁盛了商业。拉萨商业主要是以西藏地区的羊毛、氆氇及藏红花、贝母、鹿茸、虫草等各类土特产,交换从内地输入

---

① 何藻翔:《藏语》,广智书局1910年版,第32页。
② [英]查尔斯·贝尔:《西藏志》,商务印书馆1936年版,第145页。
③ (清)许光世、蔡晋成:《西藏新志·商务》,上海自治编辑社,1911年。

的茶叶、棉布、哈达、糖、毛料等,或者交换从尼泊尔运入的金花、缎匹、珊瑚、珍珠等,或从印度输入的铁器、剪刀、棉织品等手工业品。

康雍乾时期,内地和邻国商人在拉萨城人数甚多,于大、小昭寺之间形成了繁华的商品市场。① 大昭寺位于城区中心,为万民朝拜之地,每日人流环绕,万头攒动。大昭寺四周分布旅店、住宅、商店、寺庙等建筑,由此而形成八廓街,为内地汉族商人、尼泊尔商人、回族商人以及藏族手工业者的聚集地,国内外商人多沿街设摊,招徕朝圣的信徒。据达斯观察,拉萨的"街道两旁全是本地人和汉人开的商店,丝绸、瓷器、砖茶都摆出来卖",②出售商品多是西藏本地出产的,也有从印度的加尔各答和孟买等地进口的,主要为日用品、衣服和食品。③

(二)西藏地区与邻国的贸易往来促进了边贸城镇的兴起和发展

西藏地区与邻国的贸易往来促进了边贸城镇的兴起和发展,尤其是晚清开埠通商使得亚东、江孜等城镇迅速发展起来。

西藏与印度、尼泊尔等国相邻,有着悠久的边贸往来历史,形成了向南通往印度、锡金、尼泊尔的商道,但这些商道地处偏僻,人口稀少,贸易量较小,缺乏规模化的城镇。清中期以来,英国在印度势力大增,并设法通过印度向中国渗透,农产品、廉价工业品等不断进入西藏,西藏与印度之间的商道客观上得到进一步开拓,由此推动边境商贸城镇的兴起,沿着交通线主要形成了亚东、江孜、噶大克、聂拉木等城镇。

聂拉木是西藏通向尼泊尔商道上的重镇。"聂拉木去扎什伦布西南七百八十里,有三百余户之市镇。由尼泊尔通西藏,以此为第一要冲,且系边境咽喉军事重地,故西藏官吏对于出入行旅必严查行李,细诘名氏,然后许其通行。其营商此地者,以尼泊尔之落巴勒布一部人为最多。盖彼俗驯良,与西藏交通虽早,悉克守分,从无构衅之事。由此市至尼泊尔首府加德满都,约五日可达。"④

晚清时期,中国的西藏边疆一直遭到外国势力的入侵,其妄图打通与西藏的贸易通道,扩大在西藏地区的权益。光绪三十二年(1906),根据《中英会议藏印条款》《拉萨条约》的规定,清政府在西藏亚东、江孜、噶大克开埠通商,设立了税关。⑤各关设监督和商务委员。这三关的职责主要是稽查进出口货物、征税、裁判、巡警、

---

① (清)许光世、蔡晋成:《西藏新志·商务》,上海自治编辑社,1911年。
② [印]达斯:《拉萨及西藏中部旅行记》,中国藏学出版社2004年版,第150页。
③ [日]河口惠海:《西藏秘行》,新疆人民出版社1998年版,第222页。
④ [日]山县初男:《西藏通览·都邑》,四川西藏研究会,1909年版,第307页。
⑤ 关于该三处是否开埠、是否设关等问题学术界一直存在较大的争议。刘武坤认为亚东开埠设关,但未有关税主权,江孜和噶大克一直未设关。赵云田认为,光绪十六年(1890),清政府代表和英国驻印度总督签订了不平等的《中英藏印续约》,规定把亚东开为商埠。英国侵略者迫使西藏地方政府签订了《拉萨条约》,规定增设江孜、噶大克为通商关市。

工程、外事及其他。开埠通商推动了江孜、亚东、噶大克等城镇的发展,中外商人云集。[①]

西藏的亚东口岸,在清末成为西藏进出口贸易的重要商埠。其踞藏地南境突出之一角,介于不丹、锡金之间,为西藏南端之门户、通印之咽喉。同时,亚东坐落在喜马拉雅山脉中段南麓,西邻锡金,东邻不丹,离印度噶伦堡 160 里,为西藏南面门户,曾是丝绸之路南线的主要通道,也是中印陆路贸易的主要通道。1894 年,亚东辟为商埠,按条约规定,5 年内对经由亚东的进口货物概不征税。清季曾设亚东关与靖西关于此,亚东关属于北京总税务司监督,靖西关乃隶四川总督管理。[②] 由于边贸的发展,其贸易额的增长也十分明显。据研究,从 1893 年到 1894 年,贸易额就由 69 万多卢比增加到 114.9 万多卢比,增加了近 1 倍。其中经亚东输入西藏的贸易量由 35.8 万卢比增加到 70.1 万卢比,也增加约 1 倍,输入的大部分是英国的商品。[③]

表一　1896—1899 年亚东关进出口值统计　(单位:卢比)

年代	进出口总值	出口总值	进口总值
1896 年	1342664	781269	561395
1897 年	1494439	820300	674139
1898 年	1536326	817851	714475
1899 年	1335397	822760	962637

资料来源　黄万纶:《英俄对西藏经济侵略的历史考察》,《西藏研究》,1982 年第 3 期。

从表一可以看出,到 19 世纪末,亚东关的进出口总值基本上已经趋于稳定增长趋势。而这种趋势还在不断发展,到光绪三十一年至三十二年间,"藏印贸易总额,达二百九十余万元,当时江孜与噶大克尚未开放,商场仅亚东一处,其盛况可想矣"。[④]

江孜,其为晚清开埠的西藏重要城镇,"东至拉萨约五百里,西去日喀则城约三百里,南达亚东约三百六十里,扼藏境交通之要冲,印人入藏,亦多取道于此,故为西藏南部之要隘"。[⑤] 光绪三十二年(1906),江孜与噶大克同时开为商埠,在江孜

---

①　张世明:《清代西藏社会经济的产业结构》,《西藏研究》,1991 年第 1 期。

②　靖西关在西藏札什伦布南春丕峡中,东南距亚东关十里,土名吉玛,清光绪二十年与亚东同时置,并由"四川委员理事同知驻此,监督亚东关系,兼裁判藏番与英商互市交涉"。

③　黄万纶:《西藏经济概论》,西藏人民出版社 1986 年版,第 143 页。

④　西藏社会科学院西藏学汉文文献编辑室:《西藏地方志资料集成》(第 1 集),中国藏学出版社 1999 年版,第 18 页。

⑤　西藏社会科学院西藏学汉文文献编辑室:《西藏地方志资料集成》(第 1 集),中国藏学出版社,1999 年版,第 19 页。

南大门附近每天都进行集市贸易，其"贸易以不丹为主，商业地位亚于拉萨、日喀则，而甲于亚东、噶大克，为西藏第三大都会，输出品多金沙、藏香、麝香等，制造业亦盛，如织物、毛毡、马鞍等，颇称有名"。①

随着清末西藏与邻国贸易的频繁往来，来自邻国的商人也成了城市的长久居住者，"侨居在西藏的尼泊尔人约有三千，散处拉萨、江孜及日喀则、拉达克一带"，"在孜塘、日喀则、江孜、拉孜以及工布各地也有尼泊尔人之足迹"。②

这些边贸城镇的开埠虽然在形式上带有强烈的被动色彩，但其客观上直接地促成了各城镇及其腹地与国际市场的接轨，带动了腹地农、牧、工、商业结构的变迁，促进了经济市场化与外向化的发展，在很大程度上改善了广大农、牧民的职业结构和收入状况。据史料记载，亚东开放后，该地区附近1/3的居民开始放弃农业生产转而从事运输、旅馆、堆栈等与商业贸易密切相关的行业，有资金者自行投资从事，无资金者则成为这些行业的雇工或佣仆。亚东地区每年用于商业转运的骡马大约有两三千匹之多，以致出现了草比粮贵的奇特现象，所需要的人畜口粮多从国外进口，反映出英国的侵略已经触及西藏的农奴制经济结构。

从消极方面看，由于外国的进口工业品和西藏各开埠城镇的出口农副产品之间在价格上存在着剪刀差，结果导致白银大量外流，从而阻碍了城镇经济近代化的进展；此外，外国产品大量进口甚至小规模的资本输入，在一定程度上阻碍了民族资本主义在城镇的正常发育成长。

(三)西藏商业贸易带动了与内地贸易的城镇发展

清王朝积极经营康藏，实施轻税政策，康雍乾之时，边茶贸易迅速增长。茶引行销入藏数量按较晚时候的统计，"岁约一千四百余万斤，征银十数万两"。康藏道上一时"番客云集"，出现了"藏茶渐旺，引不敷销"的盛况。

交通的便利有助于茶马互市，互市贸易又促进城镇的兴起，打箭炉因此成为川藏商道上最重要的城镇。

明代，此地仅有住民十余户。随着川藏贸易的兴盛，打箭炉始建黄寺，住民增至三十余户，③"旧无城垣，国朝既定藏番，设立文武衙署、仓库税关"。④ 康熙四十一年，清廷命喇嘛达木巴色尔济、郎中舒图、员外郎铁图等驻打箭炉，监督贸易。⑤

---

① 西藏社会科学院西藏学汉文文献编辑室：《西藏地方志资料集成》(第1集)，中国藏学出版社，1999年版，第19页。

② [英]埃德蒙·坎德勒：《拉萨真面目》，西藏人民出版社1996年版，第186页。

③ 任乃强：《西康图经·境域篇》，新亚细亚学会，1935年，第71页。

④ 中央民族学院图书馆：《中国民族史地资料丛刊·打箭炉志略·城垣》中央民族学院图书馆，1979年。

⑤ 《清圣祖实录》卷二百零七，中华书局1985年版。

雍正七年,置打箭炉厅,其城"周一百四十五丈",①"雍正八年,始建东南北三门",东门系进省通衢,南门系赴藏大道,北门系通各土司小路。城垣坚固,直至光绪二十七年才进行了大规模整修。② 设置打箭炉厅后,派兵戍守其地,"番汉咸集,交相贸易,称为闹市焉"。从此"汉不入番,番不入汉"的壁垒打破,大批藏商进入康区,陕商和川商亦涌入康区,内外汉藏,俱集市茶。清末改流,置康定府。③ 这样,康定因茶叶集市而兴起为城镇。藏汉贸易通过"锅庄"为媒介,雍乾时,锅庄由 13 家发展到 48 家,商业相当繁荣,康定城为西藏地区与内地交通之门户,"凡藏番入贡及市茶者,皆取道"。④其后,汉人来此经商屯垦者日众,市场勃兴,住民增至百余户,乾隆时更增至数百户。在此基础上,以茶马互市为中心的城镇经济迅速发展,由此带动了其他行业的兴起、人口的聚集,城镇规模不断扩大。康熙三十九年,打箭炉每年的茶叶贸易已达"茶八十余万包(两篓为一包,每篓十斤)"。⑤ 到光绪时,打箭炉城"人烟辐辏,市亦繁华,凡珠宝等物,为中国本部所无者,每于此地见之","百货完备,商务称盛,在关外可首屈一指。指常年交易,不下数千金,俗以'小成都'名之",⑥市场盛况可知。

川藏要道上的另一个重要城镇为昌都。意大利学者伯戴克认为昌都是"西藏东部交通的枢纽"。⑦ 昌都位于成都与拉萨交通线的中途的一个重要节点,是川藏交通要道上重要的屏障、枢纽,以及康藏地区的政治、经济、文化、交通中心。雍正八年,建土城一座,内为粮台、游击及千把、外委各衙门。清中叶,驻藏大臣松筠谈及昌都,认为此"乃川、滇、西藏三界之中最为重地",为"扼要之区","东走四川,南达云南,西通西藏,北通青海","为西藏门户"。⑧ 驻藏大臣联豫在上书光绪帝时也奏称昌都"为入藏通衢"。⑨ 昌都交通枢纽的地位与清廷对西藏的控制加强密切相关。明、清以来,随着中央政府官员出入藏区,尤其是康熙五十九年(1720)中央政府开始任命文武官员入驻藏区,藏区各地逐渐建立台站、县衙、哨所等,这些官方驿站的设立,带动了人口的聚集、商贸的出现,促进了城镇的兴起。道光年间,昌都城

---

① (清)穆彰阿、潘锡恩等:《嘉庆大清一统志·四川统部·城垣》,上海古籍出版社 2007 年版。

② 中央民族学院图书馆:《中国民族史地资料丛刊·打箭炉志略·城垣》,中央民族学院图书馆,1979 年。

③ 任乃强:《西康图经·境域篇》,新亚细亚学会,1935 年,第 71 页。

④ 中央民族学院图书馆:《中国民族史地资料丛刊·打箭炉志略·山川》,中央民族学院图书馆,1979 年。

⑤ 刘仕权:《康定四十八家锅庄》,载中国人民政治协商会议甘孜藏族自治州康定县委员会编《康定县文史资料选辑》第二辑,1982 年,第 1 页。

⑥ 徐珂:《清稗类钞·打箭炉商务》,第 5 册,中华书局 1984 年版。

⑦ [意]伯戴克:《十八世纪前期的中原和西藏》,西藏人民出版社 1987 年版,第 118 页。

⑧ (清)松筠:《卫藏通志》卷3、卷4,西藏人民出版社 1982 年版。

⑨ 中央民族学院图书馆:《联豫驻藏奏稿》,西藏人民出版社 1979 年版。

后山上有喇嘛数千,山下土城为游击、戍兵及粮务驻所,城外藏民四五百户,汉人贸易者数十家,与藏民杂处。[①] 20世纪初,昌都"居民六七百户,大小喇嘛寺甚多。汉人居此者亦不少。设有军粮府治理之"。[②] 人口的集聚带来与其相联系的商业的发展,清季昌都的"贸易已达到了年8万英镑,主要是用鹿茸、麝香、黄金和白银来交换丝绸、棉纺品和家庭日用品"。[③]

此外,四川通往西藏南、北二路上的城镇还有甘孜、里塘、巴塘、道孚、炉霍、松潘等,都是在清代茶叶贸易兴盛时期发展为重要商业城镇。松潘于乾隆初重修城池,其城"有附廓,人烟稠密,商贾辐辏,为西陲一大都会"[④]。其主要承担着销往西藏、川西北、甘南、青海及至蒙古的边茶集散中心的职能。松潘一时"番民集聚",争贩边茶转售于西北茶马市。松潘边茶,以灌县"札刀茶销场最巨,松茂各处居民及草地汉夷多嗜此种"。边商办茶,"岁可得利万金,而出关茶课税亦约数万",[⑤]灌县以制砖茶为生活者约万余家。再如巴塘,"蛮民数百户,有街市,皆陕西家民贸易于此⋯⋯行馆颇高洁,可时眺望,全塘在目,俨如内地"。[⑥] 又如道孚城内,"汉商颇多饶裕,皆陕人",藏商"惟贩牛、羊、毛革与买换茶叶之商贾为巨"。城区百物充足,"且有开设大餐馆、酒饭与卫生茶馆者"。[⑦]

但是,西藏与内地的贸易也因西藏的对外开放,以英印为主的经济入侵而受到影响。陶思曾在其《藏輶随记》中感叹道:"窃闻藏印未通商以前,番商之贸易川省者,多愿预缴息金,向粮台划兑官款,今日时势则大相反矣。"[⑧]

① (清)魏源:《圣武记》,中华书局1984年版。
② 陈渠珍:《艽野尘梦》,西藏人民出版社1999年版,第16页。
③ 傅崇矩:《成都通览》,巴蜀书社1987年版,第406页。
④ 张典:《松潘县志》卷1,1921年。
⑤ 《广益丛报》,1884年3月30日。
⑥ (清)魏源:《圣武记》卷5,中华书局1984年版。
⑦ 徐珂:《清稗类钞》第5册,中华书局1984年版。
⑧ 陶思曾:《藏輶随记》,中央民族学院图书馆,1981年,第33页。

凝固与流动:清至民国西藏城市社会流动初探

赵淑亮①

摘要:清至民国时期作为传统西藏与现代西藏的联结点和转折点,是西藏历史发展的重要阶段。受到自然、人口、社会等诸多因素的影响,西藏城市的社会流动呈现出自己的特点,一方面,西藏人口与区域外部流动较弱,但区域内部流动较频繁;另一方面,城市社会的垂直流动趋于凝固,出现板结性特征。

西藏城市文明出现较早,但由于自然地理条件和民族特性的影响,西藏地方相对封闭,城市发展较为迟缓。清至民国时期是西藏城市发展的一个重要时期,是传统西藏与现代西藏的联结点和转折点,它被同时赋予了传统和现代的双重因素,是西藏历史发展的重要阶段。

一方面,政局的相对稳定密切了西藏地方与中央政府及内地城市的联系,促进了区域间人口的水平流动,西藏城市人口在数量上有所增长,城市内部出现了更多的阶层,类型更加多样化;另一方面,政教合一下的根深蒂固的等级制度,下层民众上升渠道单一,又使得西藏城市社会结构趋于凝固,社会的垂直流动出现"板结性"特征。同时,区域间的社会流动和多样化的阶层结构还反作用于经济。驻藏大臣、达赖喇嘛以及中央政府作了诸多改革和尝试,通过对社会成员构成的改善和调整,在一定程度上对西藏城市的经济和社会发展起到了推动性作用。

一、关于社会分层与社会流动

"社会结构是社会部分领域之间的相对稳定关系的总和"②,是结构"要素的有序排列"③。传统的社会分层理论历来是社会学研究的主题。德国社会学家马克斯·韦伯在西方社会学史上最早提出了社会分层理论,他最早确定了社会分层的三个因素,即财富和收入、权力与声望,从经济地位、政治地位、社会地位三个角度划分社会阶级和阶层。该理论在社会学发展中产生了较大的影响。马克思也十分关注社会分层现象,他在《共产党宣言》中曾指出:"在过去的各个历史时代,我们

---

① 赵淑亮,四川大学历史文化学院,博士,研究方向:城市史,近现代史。
② 《马克思列宁主义社会学词典》1984 年修订版,载《国外社会学》1987 年第 2 期,第 1 页。
③ 约翰·威尔逊:《结构社会学概述》,《国外社会学》,1987 年第 3 期,第 51 页。

几乎到处都可以看到社会完全划分为各个不同的等级,看到由各种社会地位构成的多级的阶梯。"①他主要根据对生产资料的占有来划分,建立了系统的社会阶级、阶层理论。当前,在中国的社会学研究中,"社会分层"是一个比较宽泛的概念,是反映成员或群体社会地位差别(包括阶级差别、阶层差别以及层界差别等)的一般性概念。

中国封建社会具有明显的封闭性,城市各社会阶层的构成与分工也较为简单,城市社会结构变化微弱,城市社会阶层主要分为贵族、官僚、平民阶层,形成了稳定的官民社会结构。官的构成包括皇帝、宗室、大臣。民分为一般平民与贱民两种,城市的一般平民包括士、农、工、商和游民;贱民处于社会的最底层,法律上没有独立的人格,包括奴婢、世仆、堕民、丐户等。

对于"社会流动"的研究,则以美国人索罗金所著的《社会流动》一书为首创,主要是指"社会成员在社会关系的空间中由某个社会位置向其他社会位置的移动,它既表现为个人社会地位的变更,也表现为个人社会角色的转换,实质上是个人社会关系的改变"②。也有学者认为,社会流动是"指人们的地位、位置的变化。更准确地说,它包括个人或群体在社会分层结构中位置的变化和在地理空间结构中位置的变化两个方面"③。

根据流动的方向、原因和参照点不同,社会流动主要可以分为水平流动和垂直流动、自由性流动和结构性流动、一生的流动和代际流动等类型。水平流动强调在地理空间结构中的变化,它多半是地区间的流动,也包含在同一地区不同的工作群体间的流动;垂直流动则是指一个人的地位和职业自上而下或自下而上的流动;自由性流动是指个人的原因造成的地位等的改变;而结构性流动则是因自然环境和社会环境的突变引起的流动;一生中的流动;指个人在职业和地位方面的水平的或垂直的流动;代际流动则是两代人之间的职业和社会地位的流动。以上几种类型的社会流动在清至民国的西藏城市社会都有诸多体现,区域间的水平流动和阶层间的垂直流动对社会发展具有重要意义,是一个地方社会进步或衰退的晴雨表,因此本文将之作为重点进行考察。

社会分层与社会流动之间联系密切,是一个问题的两个方面,社会分层的结果必然导致社会流动,而社会流动的结果又促进社会分层。目前,国内这方面的大部分研究成果主要集中在汉族地区,针对少数民族地区尤其是藏区的社会分层与社会流动的研究,虽然近年来有所涉及,却仍然显得薄弱。

---

① 《马克思恩格斯选集》第1卷,人民出版社1995年版,第251页。
② 吴铎、文军:《社会学》,高等教育出版社1992年版,第300页。
③ 李强:《社会分层十讲》,社会科学出版社2008年版,第2页。

二、西藏城市的社会流动状况

(一)阶层间的垂直流动:城市社会的垂直流动趋于凝固,出现板结性特征

1.“三级九等”的城市社会

清季至民国,中国城市社会进入了工业化和城市化的阶段,经过半个多世纪的社会变迁,传统的城市社会阶层结构发生了巨大变化,新的社会阶层不断产生。相对而言,这一时期的西藏城市由于深居内陆,加之落后的生产力和根深蒂固的农奴制度,西藏城市的社会阶层尽管也出现了新的组成,但是总体上变化微弱。

西藏的等级制度由来已久。公元 7 世纪初,松赞干布统一青藏高原,建立吐蕃王朝后,在设官建政的过程中,内设“论、尚”以辅佐,外划“四如”,分置长官、元帅统理全境,各级官员以金、银、铜等为章饰,来区别品位的高低,已经开始利用等级制度进行严格管理。17 世纪后期到 18 世纪,西藏严密的封建等级制度最终形成,格鲁派掌握的西藏地方政权在清王朝的支持下,完成了卫藏阿里范围内政权和土地占有制的统一,最终建成了稳定的政教合一政权体系。[1]直到 20 世纪 50 年代,民主改革之前的西藏城市社会,依然是一个森严的等级社会。

根据藏人的家庭出身和社会地位不同,清代至民国时期的西藏城市社会阶层系统可以划分为 3 级 9 等。对,此《西藏志》中有相关记载:

西藏阶级,大别之可分为三等九级,曰上等上级,达赖,摄政王,达赖之家属等属之;曰上等中级,司伦,噶伦,掌教喇嘛及各大寺之活佛格西等属之;曰上等下级,秘书,代本,营官及普通喇嘛属之;曰中等上级,地主,英雄,世家之后裔及拥有资产能效力国家者属之;曰中等中级,书记及小吏等属之;曰中等下级,兵卒及一般贫民属之。曰下等上级,官吏之奴婢及雇人属之;下等中级,无妻无家,女无夫自为生活者,乞丐,无籍者属之;曰下等下级,屠牛者,扫除者,收尸者及铁工,铜工等属之。各级界限极严,彼此不相往还,不通庆吊,低级者遇高级者,执礼甚恭于自身遭遇,认为系前生作孽,今生应得惩罚,毫无怨望之意。[2]

在西藏城市社会的等级阶梯的具体构成中,王、贵族、达赖喇嘛、班禅活佛居于最上级,摄政、呼图克图、政府各部长官及各事务官(如噶厦中之四噶伦与二十四局主任官)、研究学问之喇嘛或堪布,各大寺院之教授等属上、中级;政府低级官吏、代本、宗本、低级喇嘛或修行者等属上、下级,他们共同统治着整个西藏,并占有几乎西藏社会的全部财富。

西藏城市社会居民的中等阶层主要由一般僧人、职官(书记、小吏、侍从、司小

---

① 多杰才旦:《西藏封建农奴制社会形态》,中国藏学出版社 2005 年版,第 252 页。
② 允礼撰:《西藏志》卷 33,清乾隆五十七年和宁刻本影印。

事者)、兵卒及后裔、商人以及差巴、堆穷等一般平民组成,他们具有一定的经济能力或政治权力,能够在城市里勉强地生存下来。

西藏城市的下等阶层包括上级阶层的家内奴隶——朗生、手工业者、贫而无定居者、屠夫、乞丐、背尸人等。而最低贱的等级要数乞丐、背尸人,他们都是贫苦农奴,挣扎在城市社会的最底层,受到领主的绝对支配,根本谈不上丝毫的人身权利。

值得注意的是,民国时期西藏手工业及手工业者是从传统的农牧业中分离出来的,手工业者的地位和身份,虽然从最下层的"贱民"地位有所上升,但实质上与从事农牧业的农奴地位相当,甚至更低,仍然没有摆脱三大领主的控制,并非自由的手工业者。据 20 世纪 50 年代初的统计,西藏从事手工业者大概有 8250 户、25000 人,占西藏总人口的 2.5% 左右。① 此外,娼妓群体在西藏也被归于下等阶层,藏人认为他们所从事的职业是下贱和污秽的。

2. 凝固的流动

农奴制下的西藏城市社会被划分为"三级九等",全社会每个人都有自己明确的等级归属,每个阶层之间都有明确的界限,西藏的各等级是世袭的,一般很难发生改变。"西藏社会阶级甚严,官之子恒为官,民之子恒为民,故城市之人,虽稍丰裕,而乡农则贫困异常,征服一切,如牛粪之微,亦均取之于民。"②底层民众缺乏上升的渠道,流动性极弱,具有很强的稳定性,社会的垂直流动儿乎趋于凝固。

西藏等级的稳固性,我们可以以西藏贵族阶层为例考察。在西藏,成为贵族必须具备以下三大基本要素:"一为历代中央政府与西藏地方政府加封的名号;二为拥有世袭传承的贵族庄园及其附属的农奴或奴隶;三为跻身于政教统治集团的入仕官员。名号为家族正名的要件,庄园为家族生息的经济基础,职官为家族势力的标志。"③因此,除非具备以上要素,在农奴制度的桎梏和剥削下,其他阶层要晋升为贵族几乎是不可能的。在西藏贵族内部,同样有等级的区分,可以分为 3 个阶层:亚谿家族、第本家族和噶厦家族。

亚谿家族即指历世达赖喇嘛和班禅额尔德尼两大政教集团领袖的家族,到民国末期,共有朗顿、彭康、宇妥、桑珠颇章、拉鲁、达拉这六家贵族属于亚谿家族;第本家族是指达赖喇嘛以外的高等贵族,或为古代贵族的后裔,或出于清代的加封,至民国时期尚有噶勒、朵喀、帕拉、通巴、拉家里这五家;噶伦家族,泛指西藏的新贵族,即噶厦中的高级官员家族,从七世达赖至民国时期,这类新贵族约有 200 多家,至民国时期,仍然显赫于政治舞台的约有 20 家左右,其中重要的有凯墨、噶雪、赤门、锵清、郎穷、安沛、擦绒等家族。

---

① 周伟洲、周源:《西藏通史(民国卷)》下册,中国藏学出版社 2008 年版,第 516 页。
② 《西藏社会情形的一般》,《新青海》,1935 年第 3 卷,第 6 期,第 49~51 页。
③ 郭卿友:《民国藏事通鉴·西藏贵族、爵号志》,中国藏学出版社 2008 年版,第 343 页。

亚谿家族是西藏贵族社会中最为尊荣显贵者,第本家族则因为他们的血统被社会公认为高贵,并高出旧贵族一等,他们拥有许多稳固的政治特权,因此而经常成为贵族们攀附的对象;噶伦贵族的地位则低于前面两类。第本家族作为特殊的贵族等级,在西藏贵族社会群体中没有进退之虑、升降之说。他们所世袭而来的权威在贵族社会中非常稳定,可以说,第本家族是西藏贵族势力中最没有变化的一种势力。这种代代相传的权威在贵族官僚统治网中具有非常的持久力,不会因外力的影响而变化太大。

西藏城市的贵族在对农奴人身和生产资料的占有、任职官员、节日礼节、服饰、色彩等各个方面都享有特权,在物质生活相对贫乏的农业时代,西藏贵族的生活相对于贫民是非常优越和舒适的。"谈到他们那种生活,不要说没有看过,就是听也没有听过,他们住的是三楼上雕梁画栋的大楼,穿的是绫罗绸缎,吃的是山珍海味,用的是金银器皿,甚至连茶碗、饭碗,也是黄金白银制造的,府里是奴仆成群,出门的时候是高车驷马,前呼后拥。"[①]贵族的子女从小开始就被灌输着等级间的差别。正是因为从小就接受等级差别的教育,使得贵族等级制度在西藏城市社会异常牢固。

值得注意的是,在西藏,活佛的产生既不是家族式的继承,也不是通过现代意义上的选举产生,而是通过活佛转世这一宗教手段实现的。活佛转世制度使得西藏城市的社会流动存留了一丝活力,每一个新的亚谿家庭的产生都是社会上的一件重大的事件。从大贵族,到普通平民百姓都会关心这件事情。每一世达赖喇嘛的圆寂都会给西藏停滞的政治生活带来生气。尽管有许多因素促使或抑制每一个亚谿家庭的发展,但每个亚谿家庭都必须面对"突然拥有和失去、显赫和衰落"两种极端的现象,这在亚谿家庭中常常出现。表一是历世达赖喇嘛出身表。

表一　历代达赖喇嘛出身

世系	姓名	出身	死亡	年龄
一世	根敦朱巴	1391年生于后藏萨迦斯附近霞堆牧场的牧民家庭	1474年在扎什伦布寺圆寂	84岁
二世	根敦嘉措	1475年生于后藏达纳的农民家庭	1542年在哲蚌寺圆寂	67岁
三世	索朗嘉措	1543年生于拉萨附近堆龙地方的小贵族家庭	1588年在内蒙古圆寂	46岁

---

① 海萍:《西藏的贵族与平民》,《沪卫月刊》,1946年创刊号,第29页。

续表一

世系	姓名	出身	死亡	年龄
四世	云丹嘉措	1589 年生于蒙古大贵族家庭,是俺答汗曾孙	1616 年在哲蚌寺圆寂	28 岁
五世	罗桑嘉措	1617 年生于山南琼结地方的小贵族家庭	1682 年在布达拉宫圆寂	66 岁
六世	仓央嘉措	1683 年生于西藏南部宇松地区的农奴家庭	1705 年被废黜,死亡时间不详	不详
七世	格桑嘉措	1708 年生于理塘寺所属的洛雪村贵族家庭	1757 年在布达拉宫圆寂	50 岁
八世	强白嘉措	1758 年生于后藏托布加拉日岗贵族家庭	1804 年在布达拉宫圆寂	47 岁
九世	隆朵嘉措	1805 年生于西康邓柯土司家庭	1815 年在布达拉宫圆寂	11 岁
十世	楚臣嘉措	1816 年生于四川理塘地区头人家庭	1837 年在布达拉宫圆寂	22 岁
十一世	凯珠嘉措	1838 年生于西康的康定地区一富裕家庭	1855 年在布达拉宫圆寂	18 岁
十二世	成烈嘉措	1856 年出生于西藏山南地区贵族家庭	1875 年在布达拉宫圆寂	20 岁
十三世	土登嘉措	1876 年出生于下达布地区一户普通农民家庭	1933 年在布达拉宫圆寂	58 岁
十四世	丹增嘉措	1934 年出生于青海湟中县一藏族普通农民家庭		

资料来源:据牙含章《达赖喇嘛传》,人民出版社 1984 年版整理。

纵观 14 位达赖喇嘛的出身状况,有 6 位出生在农民或牧民家庭,当他们因活佛转世而被选为达赖喇嘛后,不仅他们本人的身份地位突然发生天壤之别的巨变,拥有了至高无上的地位、权力和土地、财富,而且他们的家属也因此而跻身于贵族之列,拥有高贵的地位、特权和奴隶、土地、财富。一世达赖喇嘛、二世达赖喇嘛、十三世达赖喇嘛等,都是因此而家世显贵。但历史上也出现过这样一种情况,即因政局的变化,达赖喇嘛被废黜,因而他的族人也就会面对突然失去原有的特权和财富的可能,六世达赖喇嘛的例子恰恰印证了这点。1683 年,仓央嘉措生于西藏南部宇松地区的农奴家庭,转世成为达赖后,家族显赫起来;但清康熙四十四年(1705

年)，阴谋、行贿、争权构成了这一年西藏表面的历史。在此背景下，六世达赖喇嘛被废黜，而他所属的家庭也因此而成为平民。①

除了活佛转世，西藏城市里的平民还寄希望于通过出家做喇嘛来改变自己的身份。西藏城市社会是一个政教合一的社会，在城市里，僧人的地位普遍要高于平民。然而，西藏的寺院几乎同世俗社会一样，等级分明，阶级结构错综复杂，一些大活佛和住持掌握着统治权，控制着地方经济，剥削和压迫着下层僧人与寺属庄园的农奴。僧人在寺庙中的地位大多与本人家庭的阶级地位是一致的。一般情况下，出身于贵族的僧人，在寺庙中处于僧侣贵族的地位，农奴出身的"札巴"和他们未出家时一样，仍然处于受剥削、受奴役的境地。实际上，就连出家做喇嘛也不太容易，在西藏政府直接统治下的平民能有机会去做喇嘛的都不太多，拉萨三大寺的喇嘛，青康籍的占了一大半。

在封闭的西藏城市社会里，一个人从出生就注定要在他父辈所属的阶级、阶层里终其一生，子继父业，代际流动很少。相对而言，在每个阶级的内部流动性比较大些，但也有种种限制，一个小世家是很难变成大世家的；一个普通的喇嘛也很难变成一个活佛或者有地位的喇嘛，因为这些变更都是依赖于他们的经济条件的。而在农奴制度的层层剥削下，普通平民是很难改变其经济条件的，而这在很大程度上限制着阶级与阶层间的垂直流动。

(二)区域间的水平流动：西藏人口与区域外部流动较弱，但区域内部流动较频繁。

1. 区域外的流动

历史上的西藏城市与毗邻的四川、云南、青海、甘肃等地，在政治、经济、文化等各方面保持着广泛的联系。除了清政府为了加强统治而设的驻军以外，还有一些汉族商人、外国人、工匠、菜农等常住拉萨和西藏的其他城镇，他们学习藏语、购置房产、与当地贵族平民交友、与当地藏族通婚并世代居住下去。对此，马戎曾有相关分析，他认为西藏的城市里主要包括以下几部分外来人口：(1)中央政府的官员和驻军；(2)城镇中的商人；(3)手艺人和园丁；(4)佛教僧侣。②

清至民国时期，西藏城市的汉族人大部分来自四川省，主要是从打箭炉迁来的，大部分都是当地驻防军人，领有军饷。瑞士人米歇尔·泰勒在《发现西藏》中就提道："拉萨也有很多汉人，他们是商人、官吏和士兵"③。英国人古伯察在《鞑靼西藏旅行记》中也写道："大家在拉萨见到的中原人大部分都是士兵或衙门中的职

---

① 陈庆英，高淑芬：《西藏通史》，中州古籍出版社2003年版，第652～657页。
② 马戎：《西藏的人口与社会》，同心出版社1996年版，第57页。
③ 〔瑞士〕米歇尔·泰勒著，耿昇译：《发现西藏》，中国藏学出版社2005年版，第451页。

员。"①据英国医生托马斯·曼宁在日记中的描述:"在每一座城市里都有一名清政府的官吏和一个不大的清军兵营,在驿路沿途每隔一段距离便有清政府的驿站。当时与藏族女子共同生活并且生下孩子的清朝士兵很多。"②这些士兵慢慢适应了高原生活,并且有些人留下定居,成为城市居民的组成部分。

清末民初,随着川藏贸易兴盛,四川和云南等地的汉人开始到西藏经商或移居西藏地方。清季,在拉萨的汉人约有两千余人,这些汉人主要从事着各类贸易,并且形成了一些行会组织,拉萨就形成了平帮、川帮、滇帮等汉商组织。据1935年黄慕松的入藏报告书所载,汉商"往昔营业状况甚好,金融地位巩固"。③伴随着西藏与内地经济交往的日益密切,到西藏城市经商的汉人也越来越多。但这一情况在民国时期发生了改变,随着1912年和1949年两次驱汉事件的爆发,西藏的汉人急剧减少。

这一时期还有一定数量的回族人口居住在西藏城市。据统计,"在20世纪50年代,内地回族系统的穆斯林在拉萨共有约150余户,千余人"④。朱少逸在《拉萨见闻记》中也提到了拉萨回民的情况:"回帮,即回教商人,约二三百人,多经营杂货业"⑤。西藏地方和平解放前,"拉萨穆斯林(含内地回族和克什米尔系统的穆斯林)总共约有200余户,2000人左右"。⑥位于西藏的东部昌都,也很早开始就有回族居民入居。1702年,陕西籍的回民在昌都地区修建了一座礼拜殿,并命名为"陕西回馆"。

西藏地处中国的西南边疆,与印度、尼泊尔、巴基斯坦、缅甸、锡金、不丹、克什米尔等许多国家和地区接壤,在清末民国时期,西藏地区与周边一些国家和地区商贸活动频繁,许多外国商人来到西藏,并长期居住于拉萨等城市中。这些外国商人的经商地主要是拉萨、日喀则、昌都等规模较大的城市,拉萨市大昭寺八角街,是国内外商人活动最为集中的区域,被视作西藏的一个小国际市场。

尼泊尔商人在西藏城市较多,主要在拉萨。贝尔在《西藏志》中写道:"在西藏的尼泊尔人侨居拉萨,都是集族而居,为数颇众。"⑦在日喀则、江孜、孜塘、拉孜以及工布等地也有尼泊尔人的足迹出现。据吴忠信记载:"拉萨市有尼泊尔人千余,均业杂货商,商店共约150家,资本百余万,此外江孜、日喀则等各大埠,均有尼泊

---

① [英]古伯察:《鞑靼西藏旅行记》,中国藏学出版社1991年版,第116页。
② 编委会:《国外藏学研究译文集》第九辑,西藏人民出版社1986年版,第451页。
③ 中国第二历史档案馆、中国藏学研究中心:《黄慕松、吴忠信、赵守钰、戴传贤奉使办理藏事报告书》,中国藏学出版社1993年版,第184页。
④ 周传斌:《伊斯兰教传入西藏考》,《青海民族研究》,2000年第2期。
⑤ 朱少逸:《拉萨见闻记》,商务印书馆1947年版,第34页。
⑥ 马瑛富:《穆斯林的旗帜飘扬在拉萨》,《清真铎报》,1947年,第2期。
⑦ 吴忠信:《西藏纪要》,《边疆丛书》,1942年,第113页。

尔人经商,全藏尼人总数约在三千之谱。"①移居西藏的尼泊尔人大多为尼瓦尔人,他们的职业多半以五金制作为业,主要制作庙宇塑像。除此之外,他们还兼营银行及其他各种商务。

克什米尔人、不丹人、俄籍布里亚特蒙古人等在西藏城市也有一定数量。"乾隆五十七年(1792年),在拉萨经商的克什米尔商人约有197名。噶厦政府任命克什米尔头人管理这类商人的经商活动";②也有来自不丹一带的商人。"在已经形成拉萨定居居民的外来人中,游牧人数最多。这些来自不丹一带的印度商人,是翻越了喜马拉雅山而来的。他们身材矮小而精力充沛,具有充满活力的仪表。他们的脸庞比藏族人要圆,其肤色严重晒黑。这些人额头有一个深红色的美人痣,每天早上要重新画一下。他们始终穿紫色氆氇外套,头戴一顶稍深一些的同样颜色的小帽。"③另外,19世纪末,沙皇政府对西藏采取阴谋渗透办法,俄籍布里亚特蒙古人、卡尔木克蒙古人以入藏朝佛、进香、学经等为由进入拉萨。"当时经常逗留在大昭寺、哲蚌寺、色拉寺等处的俄籍布里亚特人和卡尔木克人约150~200人。"④

除了外国商人入藏外,还有一批外国的探险家、僧侣和传教士来到西藏,比较著名的有英国人塞缪尔·特纳、斯潘塞·查普曼、孔贝、亨利·海登、西泽·考森,法国传教士古伯察、大卫·妮尔,印度人萨拉特·钱得拉·达斯,瑞士探险家米歇尔·泰勒,捷克斯洛伐克人高马士,日本僧人河口慧海、青木文教等,虽然数量不多,但他们撰写了若干游记、书信、遗稿、著作等,记录了当时西藏地区的人文自然环境、社会生活、民族民俗状况,他们在一定程度上对于西藏文化的发展起到了促进作用。

清至民国时期,西藏对于藏民出藏有着严格的限制,人口的外向流动较弱,但也并非完全凝固,也有少量的人口外流现象。这主要表现在藏商向周边印度、尼泊尔等邻国及四川、云南、甘肃、青海等邻省的流动,这一数量总体上是较少的;战乱、自然灾害也引起了一定规模的人口外流;另外,十三世达赖喇嘛新政期间还派了部分留学生到英国、印度留学,学习英文、军事、政治、电报电话和电力等。据《边疆教育》1934年的统计,西藏留英学生已达50余人,在印度学习的有10余人,在法国留学的有30余人(详见表二)。

---

① [英]古伯察:《鞑靼西藏旅行记》,中国藏学出版社1991年版,第114页。
② 张世明:《清代西藏社会经济的产业结构》,《西藏研究》,1991年第1期。
③ 王维强等:《十九世纪初至二十世纪初西藏的社会生活》,载《西藏通史》丛书(内部资料11),中国藏学研究中心历史所,2004年,第345页。
④ [日]河口慧海:《西藏旅行记》,台湾马可波罗出版社2003年版。

表二　1947年西藏部分留学人员情况表

姓名	籍贯	留学地点	科目	现任职务
降威巴	拉萨	英伦	电机	电机局长
门中	拉萨山南	英伦	矿	曾任雪第巴
郭嘎拉	拉萨	英伦	军事	无职
稽卜	后藏	英伦	矿	朗了辖米本
虞多	拉萨	印度归札	炮科	台吉
图丹桑批	拉萨	印度嘎林堡	电报	电报局长
定江	后藏	印度归札	炮科	日喀则吉总
桑坡色	朵	印度归札	炮科	代本
满白	江孜	印度	电机	无职
索康	江孜	印度	机枪	扎萨
罗嘉伦巴	拉萨	印度归札	炮科	代本
察绒	拉萨	曾到印度游历	炮科	扎什城督办
龙厦	后藏	曾送学生至英伦	炮科	前任马基
译仁	江孜	大吉岭	炮科	

资料来源　朱少逸:《拉萨见闻记》,商务印书馆1947年版,第45页。

总体上考察,清至民国时期西藏城市的人口对外流动量较小,尽管他们人数不多,但正是这些人长期以来维系着西藏城市与内地的政治、经济和文化联系,打破了区域和人群的封闭。从中国城市的整体考察,农业时代的城市发展在很大程度上要受到城市行政等级高低的影响,城市经济在资源聚集方面处于附属地位,从而形成了城市人口与城市行政等级成正比的特征。西藏尽管地处偏远地区,但是在城市人口等级规模上,仍然出现了与行政等级成正比的现象。从全区来看,外来流入人口主要集中在拉萨、日喀则、昌都等较大城市。这些流动既有自由性流动,如内地及外国商人、手艺人、探险家、传教士及佛教信徒;也有自然环境变化、清政府及地方政府影响下的结构性流动,如难(灾)民、驻军、驱汉事件、移民、留学生等。

2.区域内部的流动

就区域内部的人口流动状况看,被冰川雪峰、天堑沟壑层层封锁的西藏,其社会并非完全封闭、死水一潭,相反,其区域内部的流动性、开放性令人吃惊。

藏族是全民信教的民族,普通信众的宗教行为和宗教活动主要是前往各寺庙进行朝拜活动。从城市内部空间布局结构来看,不论是否在城市的中心地区,宗教场所始终是藏民心中的圣地,是其一切经济、文化、社会生活的重心所在。

喇嘛教著名的宗教仪式,如晒佛、转经、转山以及各种朝圣活动,带来教徒的聚集,人口的流动性增加。拉萨的祈祷大法会是西藏地区规模最大和影响最广的宗教节日。每年此时,在拉萨城内都会聚集四面八方赶来观看的上万僧俗信徒。此外,各教派举行的大型宗教活动也会吸引大量信众前来,如嘎玛嘎举派在楚普寺举行的跳神节,格鲁派的各寺庙怀念宗喀巴大师而举行的燃灯节,藏历四月十五日的"萨嘎达瓦节"都会举行狂热的宗教活动。①

居住在任何偏远地区的藏族人一生最大的愿望莫过于朝圣,圣城拉萨、圣山冈底斯、圣湖羊卓雍等,都是诱发藏族内部人口流动的重要原因。传统的宗教节日为藏族民众提供了众多的聚集时空,"每年秋收后或结队朝山,或聚资诵经,或往柳林观剧,或往郊外赛马,至于平时,遇有喜庆及迎神赛会,男女老幼,皆盛服参加,大啖大饮,夜以继昼"。② 每逢重大节日或宗教活动,西藏各地信徒便往返于朝圣地与居住地之间,区域内部的人口流动自然频繁起来,原本较为固定的生活区域被打破,暂时性突破了农奴主庄园的范围。从一定程度上讲,这扩大了西藏地区城市的公共空间。

这种开放性与流动性还表现在城市的游民阶层,藏民族乐施好舍的天性,更为区域内的社会流动创造了良好的环境,任何人靠着乞讨就可以走遍藏区。

清至民国的西藏城市里生活着一批既不经营商业,也不从事农业、手工业生产,整日混迹于城市与乡村之间,没有固定职业的游民。西藏城市里的乞丐群体,主要有三类:"一喇嘛乞丐,二普通乞丐,三行侣乞丐"③。他们或是苦行僧侣因宗教缘由外出朝圣、自修而乞讨者;或是农牧民不堪差役重负导致破产,来到城市里靠乞讨维持生计者;或是"远道朝佛盘川不具,临时哀讨以为资助"④者;也有一些是曾经的上等阶层,但因各种变故破产而沦为乞丐者。

这一时期,西藏的乞丐人数众多,几乎到处都有,但大多聚集在城市里,尤以拉萨、日喀则、亚东、江孜等大城市居多,是城市居民的重要组成部分。据载,"西藏乞丐,固遍国皆有,但多麇集城市,尤以拉萨为甚。"⑤"昔英人贝尔著书,谓拉萨市有三多,即喇嘛多、乞丐多、犬多是也"⑥。"凡曾至拉萨者,盖无不惊讶于乞丐之众多,而留一深刻印象也,统计全拉萨之乞丐,为数不下数千人,几估全体市民三分之一。"⑦民主改革前,仅拉萨住在贫民窟破烂帐篷里的乞丐就达三四千人,日喀则城

---

① 西部开发课题组:《中国西部大开发指南》(上卷),吉林文史出版社2000年版,第662页。
② 洪涤尘:《西藏史地大纲》,正中书局,1936年,第66页。
③ 马大正:《国民政府女密使赴藏纪实》,民族出版社1998年版,第119页。
④ 马大正:《国民政府女密使赴藏纪实》,民族出版社1998年版,第119页。
⑤ 黄慕松等:《奉使办理藏事报告书》,中国第二历史档案馆、中国藏学研究中心,1993年,第116页。
⑥ 黄慕松等:《奉使办理藏事报告书》,中国第二历史档案馆、中国藏学研究中心,1993年,第29页。
⑦ 朱少逸:《拉萨见闻记》,商务印书馆1947年版,第65页。

镇也有乞丐两三千人。①

在旧西藏黑暗的农奴制度下，农牧民承受着繁重的乌拉差役，加之频繁的自然灾害影响，使得原本贫困的民众更加雪上加霜，而西藏的乞丐是不需要支付差税的，许多农牧民不堪重负而破产，被迫流入城镇，选择过上行乞的生活，成为游离在各城市间的游民阶层。这一群体得到了藏族社会的认可，并且数量众多，具有很强的流动性。

三、制约西藏城市社会流动的因素分析

（一）自然因素

自然环境的变化是引起社会流动的一个重要因素，调节着人口和资源的重新分配，受到这种因素影响的多半是空间上的流动。城市的兴起和发展离不开地理环境的制约，"无论对哪一发展阶段的人类文明进行研究，都不能忽视人、地关系的考察"②。

1. 高原地貌的阻断

严酷的地形地貌阻断了西藏对外交通，使得西藏形成了一个较为封闭的地理空间。清人对西藏的内部地形构造曾有记载："藏地高下不一，寒暄各异，平壤则热，高平则冷，有十里不同天之语，晴雨常靡风霾无定。"③历史上，西藏与内地以及南亚各国都有着不同程度的联系，但由于内部复杂多样的地形地貌，使西藏内部各地之间的相互交流，西藏与内地的交流，西藏与境外的交流，都因交通不便而受到制约。清人曾对西藏对外交通状况有过生动的描述："山环树接乱云铺，水尽云飞山亦孤。遥望云烟山色里，崎岖无路可奔趋。"④"四面雪山围绕，高原山岳重叠，人烟稀疏，道路难行。"⑤

"深沟重壑天险治国，不患其不能守，而患其不能通。通则富，不通则贫；通则强，不通则弱。"⑥高山峡谷、高原雪地等天然阻隔成为制约清至民国时期西藏城市对外流动的瓶颈，造成了区域间的流动性极弱。

2. 突发性的自然灾害

突发性的自然灾害，如地震、水灾、雪灾、雹灾以及其他自然灾害等，也会导致西藏城市人口在短期内大量流动。青藏高原受到南亚板块强烈推挤，地震活动十

---

① 编委会：《西藏自治区概况》，民族出版社 2009 年版，第 249 页。
② 冯天瑜、何晓明、周积明：《中华文化史》，上海人民出版社 2005 年版，第 23 页。
③ 焦应旂：《西藏志》，台北成文出版社 1967 年版，第 23 页。
④ 黄沛翘：《西藏图考》，西藏人民出版社 1982 年版，第 88 页。
⑤ 李梦皋：《拉萨厅志》卷上，载《西藏地方志资料集成》第 1 集，中国藏学出版社 1999 年版，第 47 页。
⑥ 钟广生等：《新疆志稿》卷 3。

分频繁。目前的资料记载:"公元642年至1980年的1300多年间,就共发生地震624次。"①例如1806年发生在错那宗的地震,"贫富百姓房屋几近荡然;并有百余人死亡;山绵羊、毛驴、黄牛损失甚多"②。1833年8月,绒辖宗也频繁发生地震,"地震二十一次,宗府及民房倒塌二十二幢,百姓伤亡甚众,马匹牲畜死亡尤多……"③地震带来的影响是异常强大的,"每遇强震时,必山岳尽皆奔驰……湖池崩裂、村庄被埋、平地裂缝、众多人畜死亡,损失惊人"。④ 另外,雪灾、水灾等其他类型的灾害给西藏带来的影响也不容忽视。雪灾对畜牧业的威胁最大,往往造成牲畜死绝,常常给牧区带来毁灭性的打击。水灾则时常因其泥石流等造成次生灾害,波及地区也十分广泛,往往导致房倒屋塌、庄稼被冲、桥梁损毁,百姓流离失所,客死他乡。根据《灾异志》记载,"从1803年到1959年的150年间,西藏境内共遭到严重的水灾约60起,其中有确切年份记载的有47起。1824年到1927年100余年间共发生50多次雪灾。"⑤

藏区属于传统的农牧社会,生产方式落后、工具简陋、耕作粗放。20世纪50年代初,西藏粮食平均亩产仅160余斤,年人均粮食250斤。⑥ 传统的畜牧业仍处于逐水草而居的靠天养畜状态,遇到各种类型的天灾、疫情,基本没有抵御能力,大量人口死亡,少量的幸存者被迫背井离乡,迁移别处,或流入城镇沦为乞丐。"逃荒"成为影响这一时期区域内部人口流动的重要因素。

(二)人口因素

当某一地区的人口自然增长率过高或过低,就会产生人口的压力或吸引力,于是就会出现人口流动。清至民国时期的西藏城市,在人口发展上表现为"低生育率、高死亡率、低增长或负增长"的特点,人口的再生产能力较低;同时,西藏城市数量少、规模小,城市功能发展不完善,区域辐射力弱,对外来人口的吸引力不足,严重制约着西藏城市人口区域间的水平流动。

1. 人口的再生产能力较低

严峻的气候环境中,农作物的种植品种、作物生长周期受到极大限制,这直接导致了粮食产量低,牧草因气候寒冷得不到充分发育,牲畜的繁殖、育肥受到饲料不足的限制,加之虫灾、鼠害,使高原上的农、牧业发展都受到了自然条件的限制。因此,有限的粮食产量和牲畜数量,使得西藏地区难以维持大量人口。

---

① 西藏档案馆:《西藏地震史料汇编》西藏人民出版社1982年版,第4页。
② 西藏档案馆:《西藏地震史料汇编》西藏人民出版社1982年版,第29页。
③ 西藏档案馆:《西藏地震史料汇编》西藏人民出版社1982年版,第39页。
④ 西藏史籍:《达隆白教传》。
⑤ 周晶:《20世纪上半叶西藏地方政府的自然灾害应对策略研究》,《西藏大学学报》,2004年第2期。
⑥ 牙含章:《西藏历史的新篇章》,四川民族出版社1979年版,第159页。

西藏的高寒环境对人体生长发育也有一定的不良影响，表现为"青春期发育推迟，妇女的月经初潮延后，一般比内地平原地区晚两年，但城镇比农牧区要好些"①。低氧环境使西藏地区的妇女流产、早产发生率较内地平原地区要高。据卫生部门的调查，无论是世居藏族人或移居汉族人，其身高、体重、坐高、胸围的平均值均低于内地平原或海拔较低地区，且随着海拔高度的增加，差距也越大。②

在政教合一制度下，身为统治集团的黄教要求信众严守戒律，禁止僧尼生儿育女。据乾隆二年(1737)理藩院的统计，其时西藏人口约95.7万人，其中男性有40万～50万人左右，而各寺院喇嘛就有31.6万人，占总人数的1/3，占男性总人数的2/3。按格鲁派的规定，至少1/3的西藏人不能结婚生子，大约2/3的西藏男性失去结婚生育的机会，从而直接导致藏族社会人口的生殖权利出现了抑制和缺失。

黄教规定僧人不问俗务，不从事社会生产劳动，大量男性人口离家入寺，加大了女性的劳动程度。由于劳动强度大、营养不良及缺少医药，致使孕妇早产及婴儿早亡的现象普遍存在。民主改革前，西藏的婴儿死亡率和孕产妇死亡率分别是43%和5%③，而在新中国建立初期，全国平均的婴儿死亡率和孕产妇死亡率分别是20%和1.5%④。超负荷的生产劳动，加上极其艰苦的生存环境，使一些青年女性不愿再步母亲的后尘，终身不婚或放弃生殖的现象并不鲜见。加上农奴主阶级的残酷剥削，许多农奴以身抵债，连最基本的生存都难以维系，毫无生育动力可言。这些因素导致了西藏城市人口"高死亡率、低出生率"的出现，民国时期甚至出现了人口负增长的现象。这直接影响了西藏人口的繁衍和再生产能力。

2. 对外来人口的吸引力不足

西藏城市虽然号称数十个、上百个，但真正功能较完善，具有一定规模的只有拉萨、日喀则、江孜、昌都等寥寥数个，其余皆为小城镇，有些小城镇人口仅数十户。清季，拉萨全城人口除居民2万外，有各大寺之僧侣共4万～5万人⑤。拉萨的人口规模只与新疆省会乌鲁木齐、甘肃省会兰州相接近，而与东、中部的大多数省会城市人口规模相比都有甚大的差距。同期长江下游的江苏省除省会江宁府城和苏州府城人口在20万以上外，另有5万～20万人口的城市达6个，而上海因为开埠通商已经发展成为百万人口的大城市。与西藏相邻的四川省省会成都城市人口在30万人左右，重庆府城的人口也达30万人。因此，西藏在清至民国时期缺乏大城

---

① 《中国人口年鉴·西藏自治区人口》，中国人口年鉴杂志社，2010年，第552页。

② 《中国人口年鉴·西藏自治区人口》，中国人口年鉴杂志社，2010年，第550页。

③ 《西藏的民族区域自治》，《人民日报》，2004年5月24日；西藏自治区人民政府新闻办公室：《西藏自治区妇女境况》，1995年。

④ 《中国妇女的状况》，载《中国人权事业的进展——中国人权白皮书汇编》，新世界出版社2003年版，第147页。

⑤ 《西藏地方资料集成》第1辑，中国藏学出版社1999年版。

市,首府拉萨的城市中心性仍然不突出,政治、宗教功能远远强于经济功能,城市对区域的聚集力和辐射力不够强大,对区域发展的带动性也严重不足①,而对于人口的吸引更多的是表现在佛教信徒上,总体上对外来人口的吸引力明显不足。

(三)社会因素

1.社会价值观:全民信教与等级内婚

恩格斯说:"宗教是在最原始时代从人们关于自身和周围的外部自然的极愚昧、极模糊、极原始的观念中产生的。"②高寒缺氧和周边多山的地理环境特点,使西藏城市与其他地区相对隔绝,这对生产力和生产关系的发展有不利的影响,生产力水平的低下和相对封闭的环境为宗教的迅速发展提供了土壤。宗教在西藏城市社会具有极其重要的地位,"西藏为世界上一宗教地,喇嘛教者,即西藏之生命也。"③

清至民国,西藏是一个全民信教的地区。"西藏者,现代佛教最发达之区也。其地无论名都僻邑,村落山谷间,莫不有佛寺神祠之建筑。"④西藏的各类寺庙在宗教、政治、经济等方面都拥有相当的实力,喇嘛的地位高于俗人,入寺为僧是改善社会地位的重要途径。"喇嘛者,即如内地之和尚,在藏青康各地,势力最大,俨如内地上流社会之人物,有参与政治之权,其对于民众,尤惧无限之威严,举动俨若天使,言语视同神明,康藏民众,极信仰之,恰似受术者之被催眠,随术者之魔力以遵行一切。"⑤因此,西藏城市的下等民众寄希望于通过成为喇嘛来改变其社会地位。但是僧人的等级也是由其经济条件决定的,这对于平民来讲要实现其身份、地位的真正提升是十分困难的。

西藏城市社会中阶级的严峻程度问题表现在婚姻上就是"等级内婚制"。民主改革以前,西藏城市社会基本上属于阶级内婚媾,领主阶级和农奴阶级之间禁止通婚,领主阶级内部为了保持血统的纯正,也要论"门当户对"。在一般情况下,大领主只能和大领主联姻,小贵族也只能和小贵族通婚。正如次仁央宗在《西藏贵族世家:1900—1951》中所说:"近代西藏,贵族家庭的婚姻,不仅遵循因袭的制度和礼仪,更重要的是,它是一桩需要以谨慎的态度进行昂贵投资的行为,特别是为政治和经济利益。正因为如此,当时的西藏贵族社会流行着等级内婚制。这种内婚制,杜绝了个人的感情冲动。……在贵族婚姻中极少或者基本上没有跨阶级的婚

① 何一民:《中国城市史》,武汉大学出版社 2012 年版。
② 恩格斯:1888 年,第 45 页。
③ 陈观浔:《西藏志·西藏寺庙考》,巴蜀书社 1986 年版,第 95 页。
④ 李旭华:《西藏民族之研究》,《河北博物院画刊》,民国 25 年 6 月 10 日,第 114 期。
⑤ 丹增曲孔:《西藏之政治组织与风情概况》,《明耻》,1935 年,第 9 期。

姻。"①贵族阶级认为娶农奴女子为正式妻子，有伤官家等级的"尊严"；差巴阶层一般只愿和差巴结婚，而不愿和堆穷结婚，除非木已成舟，他们才勉强接受。不论娶妻、嫁女或招赘都是这样，讲究门当户对。在封建迷信和等级观念影响下，铁匠、屠夫、猎人、丧尸者和印经人等属于最下贱者，就是和一般平民婚配也要受到社会歧视和严格限制。他们认为与之结婚就降低了身份。因此，西藏城市里的手工业者，夫妻双方家庭往往都是同行。"等级内婚制度"深刻地影响着阶层的垂直流动，堵塞了传统社会中通过婚姻改变身份的这条路径，使得原本就根深蒂固的等级制度更加难以撼动。

2. 垄断的寺院教育：上升渠道凝固

恩格斯在谈到中世纪欧洲的文化特征时提道："中世纪是从粗野的原始状态发展而来的。僧侣们获得了知识教育的垄断地位，因而，教育本身也渗透了神学的性质。"②西藏与中世纪的欧洲非常相似，寺院垄断教育，寺院在培养神职人员的同时，也为政府培养精英分子。

在中央政府的扶植下，政教合一更加巩固，决定了这一时期的西藏社会教育必然"也就更加依附于宗教，几乎为宗教所垄断"③。20世纪中叶之前，西藏的世俗教育所占比例很小，寺院是唯一的官办教育机构。

西藏城市教育在很大程度上是贵族和富裕阶层的权利。旧西藏的教育大权长期被僧俗农奴主阶级所把持，教育目的带有鲜明的阶级性和浓烈的宗教色彩。一个小孩想进学校接受教育，他只能是两种人：要么出身贵族家庭，要么出家当喇嘛。学校以僧人、贵族、官员子弟为招生对象，以培养西藏地方政府所需的各级僧俗官员为目标。学习课程除领主贵族的道德规范外，还要学一些做统治者必备的知识技能。政府明文规定，不准铁匠、屠户子女入校，平民子弟即使有幸陪读，也不得和贵族子弟坐在一起，毕业后也只能回家劳动。

传统中国主要是通过科举考试来实现社会的垂直流动，接受教育、参加科举是庶民向上流动的一条重要途径，而科举制在西藏城市并未实行，西藏民众欲识字读书、学习藏语文，除了投师僧侣外别无他途。"僧人以寺庙为据点逐渐垄断了当地的文化生活和教育事业"。④ 西藏教育鲜明的等级性，直接导致了绝大多数民众受教育权的丧失，1949年以前，"全区儿童入学率不足2%，文盲率高达95%"⑤。此种情况无疑造成了城市社会垂直流动通道趋于凝固。

---

① 次仁央宗：《西藏贵族世家：1900—1951》，中国藏学出版社2005年版，第276页。
② 马戎：《西藏教育事业的发展》，《西北民族研究》，1996年第2期。
③ 多杰才旦：《西藏的教育》，中国藏学出版社1991年版，第44页。
④ 王森：《西藏佛教发展史略》，中国社会科学出版社1987年版。
⑤ 尚俊娥：《西藏教育今昔》，五洲传播出版社1996年版，第58页。

3.中央及地方政府的政策

清至民国时期中央政府与地方政府之间的关系,是西藏对外联系的晴雨表,二者关系密切,人口的流动即愈发频繁;二者关系对立,人口的流动即走向停滞。

清朝建立后,西藏地区被纳入到了清政府的统治之下,清统治者对待各个民族采用分而治之的政策,故而严厉禁止汉族迁移到西藏或其他内陆边疆地区。西藏地方当局也排斥外人入藏,曾有入藏探险家如此描述:"藏人甚恶外人入境,非有神助之探险家,决不能横行藏地。鄙人当第二次藏地旅行,半途回国,岂易易哉? 缘藏人拒斥入藏,监视甚严,鄙人进退维谷。于是为免藏人猜视起见,遂扬言黑廷博士此次越喀拉哥尔木坡,出新疆省和阗地方。遂入北京,以避藏人注意,且便于再由列市启程,为迢迢万里之长征也。"①对此,民国时期入藏女密使在《康藏轺征》中也有记述:"住拉萨之日,予因服汉装,出外时常惹行人驻足围观,至以为苦。故为避嫌远人计,出行多卜以夜,虽云乔装减从,徒步而行,省却许多人之追随,然因面庞异色,头饰及步法不同,终引起他人之注意,而发生若干之麻烦。"②可见,藏人对于外人入藏是十分排斥的。另一方面,西藏地方对于本地居民的外出也有诸多限制,"西藏人民,非有奉准,不得擅离本国,据云,定例准假至多以三个月为限,倘有过期,或逾限数日,则必永远不准回国。以故商民,大为所窘。"③这些限制严重阻碍了西藏与内地间的人口流动

19 世纪中叶,清政府在西藏的权威因为未能帮助西藏地方抵御英国的武装入侵而一落千丈,达赖政府对于汉族的迁入始终持反对态度,加之社会、政治、经济制度的巨大差异和西藏严酷的自然环境,使得清朝末年进入西藏的汉族移民为数极少。

民国前期,由于清末西藏兵变所带来的负面影响,十三世达赖喇嘛和西藏上层统治者受到英国的拉拢,一方面"亲英"与"排汉",另一方面也表示倾向共和,接受中央政府的领导,因而直到1933 年十三世达赖喇嘛圆寂,西藏与内地的关系处于一种若即若离的特殊状态。西藏与中央政府的关系、西藏城市与内地相邻省区的关系都处于不正常状态,因而严重地影响了西藏政治、经济与社会的发展;西藏与内地的商道受阻,与周边各省区贸易大幅减少,人口流动也减弱,因而严重地制约了西藏城市的发展。

4.战乱、民族歧视与民族压迫

战争、民族歧视与民族压迫是引起社会流动的一个常见因素。由战争和民族压迫引起的社会流动被称为"逃难"。清代至民国时期,西藏社会统一、相对安定,

---

① 《西藏探险》,《地学杂志》,1913 年 7 月。
② 刘曼卿:《康藏轺征》,民族出版社 1998 年版,第 41 页。
③ 沈君锡:《中国近事:西藏风俗》,《清议报》,1901 年,第 76 期。

但也经历了多次战争、上层贵族的权力之争、外部势力的武装骚扰、外来的侵略等，影响了社会的安定，危害着人民的生产和生活。例如，乾隆末年，就连续发生了两次廓尔喀（尼泊尔）侵藏的战争；民国期间的康藏冲突、驱汉事件都曾影响到区域间的人口流动。

在此两次驱汉事件期间，驻藏汉官、汉商和汉族人民有的惨遭杀害，有的被驱逐出藏区。加拿大人谭·戈伦夫在《近代西藏的产生》中描述："1912年秋……除了驻藏大臣私人卫队外，所有汉族士兵经印度离开了西藏。至1913年4月，剩下的汉人也都离开了。这样西藏在多少世纪以来第一次没有汉人。"①"没有汉人"的结论明显绝对了，但无疑"驱汉事件"极大地减少了西藏城市里的汉人数量。

昌都位于川、青、滇三省入藏的咽喉要道，是西藏东部的商业中心。据载："昌都盛时仅内地大商号就有22家"②。宣统年间，昌都人口已达万余人，成为颇具规模的商贸中心城市。但民国以后，由于康藏冲突不断，"耗帑巨万，而人民之损失，官兵之伤亡，更无论矣"③，西藏与内地的商贸交往逐渐减少，昌都的人口也随之而减少。到20世纪30年代，昌都大约仅有五六百户人家，2000余人。

此外，农奴制度下农奴主阶级对农奴进行残酷的压迫和超经济剥削，大量的农奴走向破产，甚至以身抵债，在不同的庄园间也出现了较多的逃亡现象，许多人逃至别的城镇沦为乞丐。

5. 社会改革与尝试

在晚清社会大变革的背景下，中央政府及西藏地方政府在西藏也进行了早期现代化的尝试，尽管步履蹒跚、进程迟滞，但总算为凝固的西藏城市社会注入了一股新鲜血液。

清末新政期间，张荫堂和联豫做了诸多改革的努力，兴办新学，以启民智。1904年，设立了西藏第一蒙养院等新式教育机构，实行藏、汉学生同校，培养藏、汉两种语言文字翻译人才。1907年设立汉文传习所、藏文传习所各一区，选派汉人子弟10余名，专学藏文；选派藏人子弟30名，专学汉文；并派藏人到四川等地学习先进技术。"1908年，联豫设立陈列所……送藏族子弟20人到四川劝工局学习农业、林业等产品加工技艺。"④到辛亥革命前夕，西藏已设立蒙养院、小学堂、藏文传习所等多种形式的学堂16所，分布在拉萨、日喀则、靖西、达木、山南等地。

十三世达赖喇嘛改革期间，注重开展世俗教育，一方面派留学生，学习先进的

---

① ［加拿大］谭·戈伦夫著，伍昆明、王宝玉译：《现代西藏的产生》，中国藏学出版社1990年版，第90页。

② 左仁极：《今日之康西》，《边疆通讯》，民国31年。

③ 四川省档案馆：《近代康区档案资料选编》，四川大学出版社1990年版，第455页。

④ 郭卿友：《民国藏事通鉴》（下卷），中国藏学出版社2008年版，第544～545页。

技术；另一方面，兴办藏文小学。为实现教育的普及，他要求打破等级观念，不论贵贱，不问贫富，只要愿学，皆可进校读书。1918 年前后，他下令在西藏各宗建立藏文小学，教师工资由地方政府发放。"然所收者多汉人子弟及少数之藏人子弟，至西藏之世家贵族则犹未肯送子弟入学，此亦宗教及阶级观念为之梗也。"①当时，有的宗由于宗本热心办学，加上学生自身的努力，使得一些在宗办小学读过书的人藏文程度明显提高。西藏其他地方也陆续办起了一批藏文小学。这一措施对打破教育官方垄断的局面，为西藏扫盲和普及藏文，发挥了重要作用。但由于地方政府的极端腐败和社会上保守势力的反对，学校不久即半途而废。

尽管民国前期西藏所创办的新式教育有"洋化""奴化"之弊，但毕竟在西藏教育史上具有破天荒的开拓意义，为古老封闭的西藏高原迎来了人类近代文明的曙光，为打破凝固的等级社会提供了可能。

四、结语

王先明在《近代绅士——一个封建阶层的历史命运》中指出："在中国封建社会阶级结构中，社会流动模式是混合型的。这是一种适度型的（而不是极度封闭）的社会流动，它既严格限制垂直流动在任何阶级、阶层间自由发生，如贵族以血亲和特殊功勋形成世袭的等级特权等级，不轻易允许较低阶层向贵族流动；贱民的上升流动也从法律上加以限制。同时，它又保证在一定范围内的上升性流动。如在平民阶层和绅士阶层之间，既有水平流动，也有垂直流动。"②

清至民国时期，西藏城市社会流动也符合这一规律，但在政教合一制度的影响下又有自身的特点：一方面，西藏城市人口与区域外部流动较弱，但区域内部流动较频繁；另一方面，城市社会的垂直流动趋于凝固，出现板结性特征。造成这些特点的原因既有自然因素、人口因素的影响，也有价值观等社会因素的影响。但归根结底，社会流动的根源是社会生产力的发展，生产力水平不断提高，整个社会向上流动的比率也会提高；反之，就会出现众人的向下流动。极度落后的生产力使得清至民国时期西藏城市社会流动趋于凝固，社会结构十分稳固。

"观今宜鉴古"。在当代中国，重新考察清代至民国时期西藏城市的社会流动还是具有一定的现实意义的。西藏从黑暗的封建农奴制社会跨越为人民民主的新西藏。改革开放以来，西藏城市社会的阶层结构出现了新的变化，现代化的社会阶层结构雏形已经出现，但仍需要向更加合理的形式转变。

---

① 朱少逸：《拉萨见闻录》，商务印书馆 1947 年版。
② 王先明：《近代绅士——一个封建阶层的历史命运》，天津人民出版社 1997 年版。

清代西江水道与华南边疆城市的文化交汇

侯宣杰①

摘要:西江是中国南方重要的河流,西江水道是历史时期中国华南区域交往的主要通道。随着华南边疆开发在清代达到历史高峰,大规模经济性移民从广东经西江水道进入地处华南边疆广西地区。广东文化、西方文化借助西江水道入传桂南、桂东城市,与经由湘桂走廊入传桂北城市的中原文化交汇融通,使清代广西城市中呈现文化多元交汇的景象,广西城市区域文化的复合型、多样性特征进一步凸显。

人是文化的创造者和传播者。作为多种变量的聚集体,城市文化势必随着城市社会内外交往的发展、城市人口的增长、移民来源区域的扩大而发生变动。因此,从某种程度而言,人口迁移实际上也就是经济交往、文化交汇的过程。人口迁移路线实质上也就构成了经济要素流动和文化传播的通道。作为华南经济、文化欠发达的边疆地区,清代广西大规模持续地承接周边省份经济、文化扩张的辐射,周边区域文化借助西江水道等文化通道入传广西城市,使广西城市中出现文化多元交汇的景象。

一、西江水道与广东文化的西进传播

西江水系为广西主要水系,在广西部分的集雨面积为 20.76 万平方公里,占广西总面积的 85.8%。流入西江水系的河流有 784 条,其中郁江、柳江、桂江、贺江等都是西江水系的主要支流。西江水系全长 1595 公里,其主源是南流江,发源于云南东部,流至贵州和北盆江汇合后成为红水河,红水河流至象州县汇合柳江成为黔江,至桂平汇合郁江成为浔江,至梧州汇合桂江称为西江。

自古以来,西江水道即为中国西南、华南地区与东南亚地区和国家进行经济文化交往的主要通道。坐拥西南、华南双重地理便利的广西自秦汉以来更是以西江水系为与云南、贵州、广东,乃至东南亚地区进行经济、文化交往的通道。然而,由于云南、贵州的经济发展水平几与广西共处相同的级差水平,因此,难以对广西形成强大的经济、文化辐射;相反,随着广东商业经济的快速发展,明清时期海商性质

---

① 侯宣杰,现任广西师范学院政法学院副院长,教授、博士,主要研究中国边疆城市史。

的广东商帮迅速崛起为中国著名的地域商帮,频繁的海内外贸易往来使广东成为中国商业经济最为发达的省份之一。一个强大的经济、文化辐射中心源与广西有西江水道之便、区位毗邻之近,以广州、佛山为中心的珠江三角洲不断发展壮大。因此,大批广东商人在商业利润的驱动下,纷纷循西江进广西大小城市进行商贸活动,或定居经营,或游走贩贸,形成明清时期广东商人垄断广西城市商业经济的"无东不成市"的经济格局。借助西江水道,广东商人在将广东先进的经济要素移植到广西城市的同时,也将广东文化因子撒向广西大小城市,在广西城市营建起浓厚的广东粤式文化氛围。

(一)粤语流行于广西众多的大小城市,成为当地的交际通用语言

桂东南地区因地接广东,有西江之近便,"东人货于市者,禅镇扬帆,往返才数日,盖虽客省,东人视之,不啻桑梓也"①。梧州,"城郭街市多杂粤东人,亦多粤东语"②。藤县,县城及所属圩镇全操粤语。岑溪,全县22个大小圩镇全操粤语。蒙山,纯操粤语者有8座圩镇,主操粤语夹用西南官话的有1座圩镇。贺县的24座圩镇中,全部主操粤语者20座。昭平17座圩镇中,主操粤语者12座。钟山14座圩镇中有11座主操粤语兼官、客家话者11座。③平南县38座圩镇全部纯操粤语,"居民多为广东商人后代,故说话较近广州方言"④。桂平县47座圩镇全部操粤语,贵县48座圩镇全操粤语,北流所有圩镇全部纯操粤语。容县因与广东接壤,"东人经商更众"⑤,该县所有圩镇均讲粤语。此外,陆川21座圩镇中有16座纯操粤语,以粤语为主、辅以客家话者6座,纯操客家话者1座。博白县14座圩镇州官,纯操粤语者7座,粤语为多、辅以客家话者6座,纯操客家话者1座。玉林,有清一代城市商业经济为广东商人所掌控,城区和圩镇全部讲粤语。⑥

桂西南地区有西江支流邕江、郁江等与广东直通,清代广东商人势力极大,粤语方言在该区大小城市皆为通用语言。南宁,位于邕江、左右江交汇地区,向西可经左右江入龙州、百色等桂西南城市,南面与广东钦廉地区接壤,向东顺江而下,中经梧州,直泄广州。大批广东商人西来经商,清末,南宁及其近郊圩镇纯操粤语。邕宁虽为壮民聚集地,然受南宁粤商活动的影响,30座圩镇中即有11座纯操粤语,主操粤语兼操壮语者15座,壮语为主、粤语为辅和纯操壮语者各2座。武鸣县,在

①　温汝适:《重建戎墟粤东会馆碑记》,乾隆五十三年仲冬。见广西壮族自治区通志馆编:《太平天国革命在广西调查资料汇编》,广西人民出版社1962年版,第253页。

②　罗勋等原纂、王栋续纂:《苍梧县志》卷五,清同治十三年(1874)续修刻本。

③　吕孟禧、蔡武中等:《广西圩镇手册·梧州地区部分》,广西人民出版社1987年版。

④　平南县志办:《平南县志》,1988年内部编印。

⑤　封祝唐、黄玉年纂:《容县志·舆地志·风俗》,清光绪二十三年(1897)刻本。

⑥　吕孟禧、蔡武中等:《广西圩镇手册·玉林地区部分》,广西人民出版社1987年版。

28座圩镇中,壮语为主者28座,兼操粤语者有12座圩镇。横县,广东商人是当地主要的商业力量,32座圩镇中有31座纯操粤语。宾阳是清代广西手工业较为发达的城市,广东商人进入该地区从事土产收购,33座圩镇全部以粤语为通用语言①。此外,雷平土司内的"通衢圩市,客商贸易,多操粤语"②。百色,粤语是其城区流行的主要语言,与广州话基本相近③。龙州,在中法战争前后广东商人大量迁居此地,粤语随之成为该地区流行通用语言。

综上所述,清代广东商业经济的发展对广西城市形成强势辐射,广东商人以西江为通道大规模进入广西城市,粤语取代了土著方言,逐渐成为西江沿岸主要城市和桂东南、桂西南大小城市最具影响的通用交际语言。语言是区域文化最重要的外在表征,粤语流行、通用,表明清代广西城市文化深受粤式文化的巨大影响,同时也反映出广东文化的强大辐射力。

(二)广东日常生活习俗随着广东商人溯西江进入广西大小城市,逐渐演化为当地的文化风俗

建筑风格能深刻反映出区域文化特色。众多广东商人进入广西城市经商,也把广东建筑文化传播至广西大小城市。中国古代商人外出从商,出于联络乡情、自我保护的需要,通常会不惜重金建同乡会馆。如前文所述,清代广东商人在广西城镇广建会馆,有证可查者达91座,分布在清代广西的12个府州、50多个县份。④广东商人会馆在修筑伊始,多不远万里,从原籍运来原料,聘请原籍工匠,按乡土风格修建会所,目的是力求以会馆显示自己的经济实力和家乡特色,扩大社会影响,从而在客地创造与当地人或其他商帮对等的文化氛围,在土客之争中改变文化上的劣势。如贵县粤东会馆,正座一连三大进里外的石柱、横梁、护栏和大小石狮等,俱是在佛山澜石各地选用优质花岗岩石,雇请名工巧匠刻凿而成。大门外所有墙壁全用过水磨青砖和大中型的白阶石,这些均购自东莞县产品……在广东订购各种建材,重量数字十分庞大,历时数年方能调运完毕。这座建筑物集石刻、石凿、砖雕、木雕、彩釉、陶塑艺术精品之大成,也是佛山石湾名工巧匠的杰作。⑤ 广东商人百色粤东会馆,"凡木石夫工,多置自乡土"⑥,整个建筑沿袭了广东佛山祖庙的设计风格。再如北流广东商人仿照原籍建筑布局起造会馆,"粤东会馆建筑占地面积1400平方米,门前为市场,东端设置戏台,以前座、中座、神楼为主轴……雕深画

① 吕孟禧、蔡武中等:《广西圩镇手册·南宁地区部分》,广西人民出版社1987年版。
② 梁明伦等:《雷平县志·人口》,民国35年(1946年)油印本。
③ 百色市志编纂委员会:《百色市志·民族风情宗教帮会》广西人民出版社1993年版,第831页。
④ 参见拙文:《清代以来广西城镇会馆分布考析》,《中国地方志》2005年第7期。
⑤ 区础超:《贵县粤东会馆敬恭堂、广东义山广福堂史话》《贵县文史资料》第八辑,1987年6月。
⑥ 《重建晃建百色粤东省馆碑记》,百色起义纪念馆资料室存。

栋,玲珑精致"①。除会馆以外,不少城市广东商人还聚居在一起,建立骑楼建筑风格的"广东街"。广东会馆和广东商民铺宅按照其本土家乡的建筑风格进行建造,实际是乡土建筑风格在广西侨居地的移植和复制。

广东的宗教信仰也随着广东商人的入迁而成为广西城市宗教文化的重要组成部分。一般而言,同乡会馆都建有供奉神祇的殿堂,而且是会馆的主体建筑,这些殿堂供奉着本土习惯尊奉的神祇或乡先贤。广东会馆供奉的是广东人尊奉的六祖慧能、关公。② 玉林粤东会馆"雕梁画栋、精工细致。过去后座塑造有三国时代的关羽及宋代的岳飞两个英雄偶像……经常设待香者,每逢诞期将全副家当铺设齐全,参加祭祀者,必须郑重其事,穿戴袍挂靴帽焚香行礼,所谓祭关岳"③。其他如龙母、妈祖天妃、真武北帝等神灵信仰也扩散至广西沿江城市。久而久之,这些宗教文化逐渐熔化为当地文化的组成部分。

大批广东商人借助西江水道进入广西城市,使广东的饮食文化和娱乐文化随之流行于广西的许多城市,成为当地重要的文化习俗。

广东商人主要来自以广州、佛山为中心的珠江三角洲,素有广府人之称。特殊的地理气候条件,加上对外贸易的长时期繁荣发展使该地区社会阶层获取社会财富相对较为容易。因此,广东人的饮食消费较为讲究,经长期演化形成了闻名全国的粤式饮食习俗。粤系菜式讲究清淡,喜欢喝汤、喝粥,注重酱料调味,喜食槟榔等岭南佳果。受广东商人的影响,西江沿岸城市充斥着广东粤式饮食习俗。南宁,"早粥夜饭,每日三餐,乡间各地皆同"④。粤式饮食好用酱料调味,粤商进入广西城市后,这些城市酱料制作业较为发达。南宁府城,"清同治以前有粤商李忆万、梁迪臣开设的大盛酱园,生产的生抽、酱油等十分畅销,当地流行有'大盛豉油万利酱'之说。"⑤酱园业是玉林著名的行业,清代咸丰年间,主要商家有又珍、裕聚、常兴等,皆是此时玉林著名的粤商⑥。广东人喜吃槟榔的习俗流行于广西城市,集中体现为槟榔在婚姻礼仪中占有很重要的地位。梧州,婚礼"用槟榔、椰、麻、枣、猪、羊之属,其义各有所取,而尤以槟榔为重礼迎"⑦。粤式娱乐文化流行于广西城市,主要表现为粤剧在桂东南、桂西南城市广泛流传。粤剧在广东形成的时间众说纷纭,曾有笨蛋班、广南戏、广府大戏等称谓,传入广西后在桂东南、桂西及柳州一带

---

① 陈卫:《粤东会馆》,载《北流文史资料》第九辑,1993年8月。

② 参见掘文:《明清商人会馆中的封建宗族文化探微》,《安庆师范学院学报(哲学社会科学版)》2003年第1期。

③ 周擎天:《粤商在玉林与粤东会馆的建立》,载《玉林文史资料》商业局专辑,总25辑。

④ 莫炳奎纂:《邕宁县志·社会志一·风俗》,民国26年(1937)铅印本。

⑤ 邓德建:《南宁百年老店——万利酱》,载《南宁文史资料》第1辑,1987年。

⑥ 周践谟:《民国时期玉林商业和各行业摆卖的散布情形》,载《玉林文史资料》第13辑。

⑦ 史鸣皋等纂:《梧州府志·风俗》,清乾隆三十五年(1770)刻本。

讲白话(即粤语)的城乡皆有流行①。梧州是粤剧最为流行的广西城市,城中广东会馆、茶楼酒肆均有粤剧表演。清光绪三十三年(1907),梧州第一家戏院梧州众乐戏院建成,著名粤剧演员薛觉先、红线女、马师等曾先后到梧州演出。②

总而言之,清代西江水道是广东商人进入广西城市的主要通道,它既是经济通道,也是文化通道,广东文化借助其强大的经济辐射力通过西江水道在桂东南、桂西南等城市广为传播,并使这些城市的文化风俗迅速完成了"广东化"进程。

二、西江水道与近代西方文明在广西城市的传播

与中国传统农耕文明植根内陆不同的是,近代资本主义文明是通过海上贸易逐渐兴起、发展起来的,相对内敛的传统农耕文化,西方资本主义文明是一种开放性的海洋文化,其既发迹于海道,亦通过海道、水道向全球进行扩张性传播。晚清中国沿海城市最先感应、接受西方资本主义文明。紧接着,西方资本主义文明又以中国沿海城市为基地,沿着内河航道向中国内陆地区渗透扩张。近代时期,广州开埠、香港和澳门被强租使之成为深受西方资本主义文明影响的"西方化"城市,也演化为西方资本主义势力在华南的大本营。西江水道贯通滇东、黔东南及两广地区,在广州附近流入南海,自然成为西方资本主义国家以穗、港、澳为基地,向广西等西南地区进行经济、文化扩张的便捷通道。

控制西江航运是西方资本主义国家对广西等进行经济、文化扩张的第一步。第二次鸦片战争后,英国首先窥视广西西江内河航运权。咸丰九年(1859),"有英佛各国火轮等船只多艘,共载兵1000余名,由广东省城驶至肇庆,并分出船只,于一月二十二日,驶至梧州城外"③。光绪二十二年(1896),英国借口发展中英商务,向清政府提出"请开西江"④的侵略要求。光绪二十四年(1898),清政府"许外轮行驶"⑤广西西江,英国从此如愿以偿地控制了西江航运权。此后,西方资本主义文化势力以西江为主要通道,从广州、香港、澳门等地向广西城市进行扩张。这主要表现在如下两方面:

首先,借助便捷的西江航运,大量的洋布、洋纱、洋油等西方工业品运销广西城市,促使晚清广西城市居民衣、食、住、行等日常消费明显出现"洋化"趋势,城市上层社会生活方式受西方生活方式的影响更为深刻。

其次,传教士顺西江而上,将西式宗教、教育、医疗等文化事业传入广西城市。

①　广西壮族自治区地方志编纂委员会:《广西通志·文化志》,广西人民出版社1999年版,第13页。

②　梧州市地方志编纂委员会:《梧州市志·总述》,广西人民出版社2000年版,第15页。

③　宝鋆:《咸丰朝筹办夷务始末》第36卷,第34~35页,故宫博物院民国19年(1930年)影印本。

④　龚照瑗:《致总署猛地不能挽回英认改缅约商务界务二事须允其一电》,载王彦威、王亮辑:《清季外交史料》卷一一八,民国21年(1932年)。

⑤　《清史稿》卷105,志80,中华书局1977年版,第4459页。

第一次鸦片战争后,法国亟需以天主教为武器,扩大对中国西南地区的侵略。1848年,罗马教廷将两广教区划分给巴黎外方传教会作为传教范围。1852年,该会任命派驻香港的总会计师、神甫李播为两广教区主教。李播即派教士肋诺从香港非法潜入广西,了解到"广西境内还有几个广东籍的天主教徒,他们分散在几个大城市经商……至于广西本地人,则找不到一个教徒了"[①]。咸丰四年(1854年),法国传教士马赖从香港经西江潜入贵州,沿途考察教务传播条件,之后获悉广西泗城府已有受洗教民,再从贵州进入泗城府,随之转向西林进行布道活动,最终酿成"西林教案"。同治八年(1869年),在广东传教多年的法国传教士富于道溯西江至梧州租房建立传教据点。虽经多次挫折,法国天主教士的活动仍取得一定成效,至1911年,在广西城乡地区发展了 4 524 名教徒[②]。基督教是活跃在晚清广西的另一西方教派。同治元年(1862年),美国浸信会牧师纪好弼从广东肇庆沿江进入梧州,以西江船只为住所,成为从事基督教在广西传播活动的第一人。由于梧州官民的反对,教务进展缓慢,至同治五年(1866年)方发展两名信徒。而在同治四年(1865年),此人在梧州"沿抚河上桂林",企图在省城桂林发展教务,但因商民反对无功而返[③]。随后,美国浸信会于光绪八年(1882年)先后派遣汤杰卿、仕文两名牧师从广州抵达梧州从事传教布道活动。基督教在广西城市的传教活动几经挫折,到1894年甲午战争以后方取得明显成效,梧州、贵县、桂平、玉林、南宁、平乐、平南等城市逐渐建立起基督教传教基地,发展数千名教徒。

纵观晚清西方宗教在广西城市的传播过程,不难发现,从香港、广州、肇庆出发,沿西江到达广西梧州,然后向位于西江干支流的广西城市扩展,是天主教和基督教在广西传播的主要线路。其中,西江水道无疑成为西方宗教文化传入广西城市的主要通道。与此相适应的是,西方传教士所举办的教育、出版、医疗事业实质上也是沿着同样的路线入传至广西位于西江干支流上的各城市。这可以从教会学校在广西的地理分布状况得到有力佐证(详见表一)。

---

① 钟文典:《广西通史》第二卷,广西人民出版社 1999 年版,第 241 页。
② 钟文典:《广西通史》第二卷,广西人民出版社 1999 年版,第 241 页。
③ 刘粤声:《两广浸信会史略》,1934 年。

表一　清代广西天主教会和基督教会创办的学校、学习班一览表

类别	名称	校址	创办人	创办时间
天主教会	贵县教义学习班	贵县横山村	(法)富于道	光绪二年(1867)
	象州中平村小学	象州中平村	(法)司立修	光绪十五年(1889)
	苏安宁法文学校	南宁明德街	(法)罗惠良	光绪二十五年(1899)
	桂林法义学校	桂林西化门	法国神甫	光绪三十二年(1906)
	龙州法文学习班	龙州城内	(法)彭钧谷	光绪三十二年(1906)
	崇善法文学习班	太平府治崇善城	(法)柯式德	光绪三十二年(1906)
	百色法文学习班	百色城	(法)江神甫	光绪三十二年(1906)
基督教会	宣道会小学	桂林	(美)孔道宏	光绪二十四年(1898)
	浸信女校	梧州	嘉女士	光绪二十七年(1901)
	培正男校	富川大田寨	苇葆卿	光绪二十七年(1901)
	嘉南小学	桂平		光绪二十八年(1902)
	培德学校	平南石塘		光绪二十九年(1903)
	马村小学	修仁马村	覃美斋	光绪二十九年(1903)
	民新男校	钟山黄宝		光绪三十年(1904)
	培真女校	钟山黄宝		光绪三十年(1904)
	建道小学	梧州府巷	(美)希乃锡	光绪三十年(1904)
	建道幼稚园	梧州府巷	(美)希乃锡	光绪三十年(1904)
	开明学校	梧州赤脚街	(美)帖威林	光绪三十二年(1906)
	培真小学	柳州	(美)花友兰	光绪三十二年(1906)
	圣保罗小学	南宁	曾纪岳	光绪三十二年(1906)
	道育小学	南宁	(英)祁理扶	光绪三十二年(1906)
	宏道女子学校	梧州高地街	美姑娘	光绪三十二年(1906)
	振育小学	藤县蒙江	余秀廷	光绪三十三年(1907)
	浸信女校	藤县蒙江	罗洁泉	光绪三十三年(1907)
	培英男校	桂平	允子琴	光绪三十四年(1908)
	道基小学	梧州三角咀	(英)宴夏理	宣统二年(1910)

　　资料来源　广西壮族自治区地方志编纂委员会:《广西通志·宗教志》,广西人民出版社1995年版,第60、126、127页。

　　从表一可看出,清代西方教会在广西建立的学校主要沿西江干支流走向分布,显示出西江水道实质上成为清代资本主义文明向广西城市传播的主要通道。可以说,西江水道不仅是清代广西城市经济的通道,也是城市文化的通道。中外文化通

过西江传入广西城市,引发了城市文化的交汇融合。

结语

总体来看,西江水道无疑是清代经济发展水平较广西为高的省份进行经济辐射的主要通道。同时,人口跨区域的迁移也带来了文化的传播与交汇。相对而言,地缘因素使西江水道更多成为带有浓重海洋文化特性的广东文化和西方资本主义文化传入广西城市的文化通道;而湘桂走廊则明显充当了中原文化、湖湘文化等内陆性文化传入广西城市的文化通道。这在事实上促使清代广西城市文化的形态明显呈现复合型、多样性的区域性特征。

清代汉江交通与流域城镇兴衰

张笃勤①

摘要：清代康熙以后，随着汉江流域的人口增加，经济开发程度提高，商品交换日趋活跃，从而促成汉江航运与流域城镇经济的空前繁荣。汉江沿岸及重要支流的汉中、兴安、白河、老河口、襄樊、龙驹寨、南阳、赊旗店，以及汉江龙头城市汉口逐步发展起来。在同一背景下，汉江流域市镇也有新的发展。清末新式交通方式的出现与新交通格局的形成，给汉江流域城镇发展提出新的挑战，除汉口凭借对外开放与轮船、铁路交通迅速崛起外，多数城镇则盛极转衰。

三千里汉江，自古就是西北与东南联系的重要水上通道。清代康熙以后，随着汉江流域的人口大幅增加，经济开发程度提高，商品交换日趋活跃，促成汉江航运与流域城镇经济的空前繁荣。清末新式交通方式的出现与新交通格局的形成，导致汉江流域传统交通优势丧失，也让汉江流域城镇发展面临新的挑战。历史发展表明，清末除汉口凭借对外开放与轮船、铁路交通迅速崛起外，汉江流域多数城镇则盛极转衰。

一、清代汉江流域的港口城镇

古老的汉江及支流不仅滋润着流域广袤的土地，同时也是历代漕运及信使往返的通道。元、明、清建都北京，江南漕粮经大运河或海运北上，汉水漕运较前代衰退，但每遇关中歉收缺食，朝廷官府便调荆襄仓储或采买市粮，溯汉水入丹江运抵关中赈济灾荒。同时，汉江更是我国南北商旅往来的天然通衢，自楚鄂君启率领经商船队开辟长江、汉水连通航线，进行南北贸易运输以后，历经二千年一直延续未断。直至清末京汉铁路开通之前，汉江水系一直是其流域及其毗邻地区盐粮百货运销的黄金水道。

明末清初80年间，受战乱和人口锐减的影响，汉江航运一度比较冷清。这种情况随着康熙中期社会秩序的恢复，汉江上游人口的大幅度增长，农业商品化的提高，以及秦巴山区手工工场的兴办，到乾隆年间有了明显变化，嘉庆、道光两朝形成

① 张笃勤，武汉市社科院历史文化研究所所长，研究员，主要研究方向为中国近代史、长江中游历史文化，武汉历史文化与城市文化。

汉江航运繁荣时期。与此相应，汉江干支流一批城镇逐渐兴盛起来。

汉中

清代汉中府城周长九里有余，在所领1州8县2厅中规模最大，既是陕南、川北、陇东、鄂西毗邻地区的交通要道，也是该区域的物资交易中心，输入物资有食盐、药材、漆油、日用杂货等，输出有大米、姜黄、橘柑、药材、姜片、木耳及丝织品，转口主要有茶叶、棉花、桐油、食糖、纸张、铜铁等。湖北、河南及江南货物，由船载溯汉江而来。陇南货物以秦州为总汇，用骆驼、马、驴、骡等驮运，分三路东趋汉中，一路由秦州东南行，经徽县、两当县至双石铺，沿连云栈道经留坝、出鸡头关至褒城；二路由秦州东至宝鸡，继而南折至褒城；三路自秦州经成县、略阳、沔县从长寨进入汉中。前二路到褒城后开始分销，然后分三路继续向前行：一路经范家坪、马王庙、武乡达城固文川镇与原公镇，销售后换装姜黄原路返回陇南；一路经宗营达汉中东关交易，换回日杂百货返程；还有一路经宗营、拐拐店、留马山、皮家坟达十八里铺。清代汉中府城附近码头、渡口甚多，较大的有十八里铺、过街楼、下水渡、桃园子四个固定码头。过街楼码头在府城东南五里的过街楼南端，由于过街楼经常有船只装卸物资，商贩运夫不断，旅店、饭铺、茶馆、酒肆林立，因而取名兴隆街。十八里铺，即今铺镇，为清代汉中城东第一大码头，通过汉江运来的汉口日用百货，如布匹、绸缎、成衣、鞋袜、染料、瓷器等，均在此装卸转销。陕南特产如药材、木耳，城固的姜黄、姜片、橘子和紫阳、镇巴的茶叶，四川的钢铁、白糖，除在汉中销售外，大部驮运转销西北各地。烟叶则一部分供汉中民众消费，大多数东运襄阳、武汉："汉中郡城，商贾所集，烟铺十居三四。城固湑水以北，沃土腴田尽植烟苗。盛夏晴霁，弥望野绿，皆此物也。当其收时，连云充栋，大商贾一年之计，夏丝秋烟。……南郑、城固大商重载此物，历金州以抵襄樊、鄂渚者，舳舻相接，岁靡数千万金。"[①]。此外，每年夏秋后，从汉江上游沔县、褒河、濂水均有大量木排至汉中城南关和十八里铺销售。

兴安

今日安康市在明清时期称为兴安，清乾隆四十八年由兴安州升为兴安府。设府前后，由于人口增加，手工工场兴起，农业商品经济发展，外地商人前来进行贸易活动日渐增多，汉江的民间航运业随之兴盛起来。据说乾隆时每年进出兴安的船舶约有一千三百艘左右。到嘉庆、道光年间，兴安城市逐渐成为汉江上游最大的物资集散中心。

兴安四面山区，以药材为大宗的山货土产名闻遐迩，素有"药材摇篮""漆麻耳棓之乡"的誉称。兴安输出之货，主要有生漆、木耳、桐油、蚕丝、苎麻、檀香、皮纸、

---

① 严如熤:《三省边防备览》卷十八。

木橼、药材、槲皮等。嘉庆、道光之际的安康学者张鹏翮说:"十年来,山农种谷者皆改艺麻、漆、木耳、烟叶、大蓝等物"。① 其中"安康人人种落花生,每秋冬舟运两湖、三江,获利以亿万计"。② 兴安集散货物,除本地各厅县所产外,还有湖北竹溪、四川城口及汉中地区各县运来的药材、山货,甚至甘肃所产的药材也远道而来。由汉口、老河口运来的京广杂货及舶来品,也经由兴安散销于陕南及川北、陇东南各地。大宗、远途货物的出进,带来了兴安城市的繁荣兴旺。③

清中叶以后,各省商人纷纷来兴安经营贸易,在河街建造住宿房屋。至光绪年间,河街面貌已大为改观,西从陈公台,东至魏家台,沿着城堤脚盖起平房和楼房,形成一条单面的正式街道。水西门以西称上河街,小北门以西称为中河街,小北门以东称为下河街。在河街开设商号的有永义成、瑞升恒、陈义和、魁星德、富兴荣等十几家,经营湖南、江西瓷器和陶土窑货。有廖家码头的张金品、蓝金巷开设的竹木行,李、周、刘三家的纤担铺,有马必乃、来吉善、胡长江等十多家炭厂,经营大道河、小道河运来的石炭。有张家火纸行,经销洵阳运来的火纸。还有几家编售油篓的油篓铺,更有几家酒铺和茶馆,供人们来此解乏解渴,洽谈生意。④

白河

白河县城位于汉江与金钱河交汇处,明代成化年间设县时,港口初具规模。乾隆以后,大量客民前来垦殖秦巴山区,地方手工工场及农副业产品得到发展,汉江航运恢复了生机。据仇徕之编《陕西境内汉江流域贸易稽核比较表》,⑤在光绪二十九年十月至三十二年八月(1903 年 11 月—1906 年 9 月)近 3 年中,由汉江经白河厘金局查验入境的大宗货物就有大布、中布、棉花、洋线、白糖、红糖、青红瓷、南瓷、南铁、苏木、蓝靛、洋颜料、洋油、洋火、烟草、草帽、明矾、石膏、食盐、药材等 20 类之多。其中仅大布、中布两项,每年进口 7 万余卷,价值白银一百多万两。白河厘金局"为入陕第一门户,上游汉中、石泉、任河、兴安、蜀河各局所经收,至此一切验放而后出境,则考白河一局而陕省南境各地之商务皆在焉"⑥。1908 年,白河征收厘金 60696 两,占当年陕西全省厘金 458224 两的 13.5%,为陕西第二大厘卡。⑦

---

① 张鹏翮:《来鹿堂文集》卷二。
② 张鹏翮:《来鹿堂文集》卷二。
③ 王开:《陕西航运志》,陕西人民出版社 1996 年版,第 250 ~ 251 页。
④ 安康市政协文史资料委员会:《安康汉江航运史》,第 28 页。
⑤ 此文最早连载于陕甘留学生 1908 年 2 月在东京创刊的《关陇》杂志第 1 ~ 4 号,仅为进口货物部分,编者署名仇徕之。20 世纪 80 年代初,我在兰州大学工作时,曾在甘肃省图书馆西北文献部摘录过此文。全文后署名仇继恒,收入宋联奎等辑《关中丛书》,1936 年陕西通志馆印行。
⑥ 仇徕之:《陕西境内汉江流域贸易稽核比较表》,《关陇》杂志第 1 号,第 91 页。
⑦ 杨绳信:《清末陕甘概况》,三秦出版社 1997 年版,第 203 ~ 205 页。

老河口

老河口居汉水中游,属于湖北光化县,溯江而上可达陕西兴安、汉中等地,顺流而下可抵襄樊、汉口。老河口在清初形成码头、农贸市场,四方商贾云集,有鄂、豫、川、陕四省通衢、小汉口之称。老河口建镇之初,沿汉水由望江楼到新街码头兴修了一条长街,乾隆年间垒有土堤,由于汉水泛滥,埠岸常遭冲刷。为固定港岸起见,道光元年至咸丰十一年,历 40 年建成上大街至水西门的石砌堤岸,沿岸修建 20 个斜式梯级码头。汉水流域物产丰富,汉江上游下来的棉、漆、桴子、桐油、药材、龙须草,豫鄂边区之淅川、邓县、内乡、南阳所产杂粮、棉麻等土特产,四川经九道梁运出的药材、盐、灯草,都聚集于老河口,与长江流域所产物资相交换。雍正三年后,来老河口经商的外籍商人,从行商逐渐变为坐贾,设店成街,相继形成下仁义街、南街、谭家街。伴随商店铺户的增多和业务竞争的激烈,老河口因此结成一批同乡同业商帮,如陕西帮、武昌帮、汉阳帮、江浙帮、黄州帮、山西帮、湖南帮、怀庆帮、福建帮、河南帮、杭州帮、四川帮、江西帮,各帮商号在业务上形成自然分工,如山西帮以经营钱庄、当铺、银楼为主;陕西帮以经营布匹、杂货为主;江西帮以经营瓷器、铸铁器为主;湖南帮以经营木材、竹子、陶器为主;江浙帮则经营绸缎、生丝、刺绣;河南帮经营皮革、粮食。在著名店铺中,有布匹商号 12 家,药房 4 家,银楼 6 家,酱制品厂 4 家,各种行栈 374 家。[①] 以陕西帮在新码头建立会馆为开端,各帮先后在老河口建立 13 个同乡会馆,作为联络乡谊、沟通商情、协商维护本帮利益的场所。20 世纪初为老河口商业鼎盛时期,号称有七十二街、八十二巷,常住人口 2 万余人,商户520 多家,行业包括猪、木、油、山货、糟坊、匹头、棉花及日用百货等 20 多种,桅如林立,夜若星河,繁华直追府城襄阳。

襄樊

湖北襄阳,处于汉江南岸,汉唐以来,因扼汉水漕运咽喉,又处四方陆路要冲,舟联三湘吴会,车驰宛洛关陇,一直是全国性战略要地,清代号称七省通衢,也是鄂陕豫毗邻地区的政治、经济和文化中心。与襄阳隔江遥望的樊城,是清代汉江中游著名的水陆码头,也是襄阳的外港,被商界习称襄樊。襄樊港埠众多,襄樊经济辐射范围包括四川达县以北,大任河以东,汉中以南,南阳西南,腹地十分广阔。上行可达汉中,贩运大米、盐、纸张、棉布、纸烟、火柴、京广杂货;下行直达汉口,装载芝麻、黄豆、小麦、杂粮、木耳、桐油、桴子、药材、牲猪、牛皮、猪鬃、草绳等。乾隆年间,陕西鼓铸钱币,每年到湖北采备白铅、黑铅、点铅 30 万斤,自汉口运至襄阳,换鳅子船运至龙驹寨雇骡驮运西安。樊城以东的新打洪(今清河口),唐白河、滚河、清河在此交汇注入汉水,清朝中叶一度吸引众多商船来此停泊交易。樊城街市依汉水

---

① 王继一:《襄樊交通志》,中国城市经济社会出版社 1990 年版,第 24～25 页。

而建，长约 0.25 公里、宽约 0.5 公里，闹市则集中于前街和后街，有 21 条小街巷可直通河岸码头，大小船行 20 多家。码头岸坡有茶馆、饭庄、戏班、杂耍及各类摊点，仿若街市。近代长江对外开放后，汉水商路融入长江轮船运输网络，成为汉口、上海等城市推销洋货、交换农副产品的重要渠道，运输较前更为繁忙。在 19 世纪六七十年代，平均每年经汉水运往西北及俄国的茶叶即达十几万担。清末京汉铁路通车后，襄樊水运优势削弱，但因临近武汉，又有洋行入驻，仍不失为鄂西北商货集散中心。当时，襄樊设有粮行 70 多家，棉花行 60 多家，杂货、药材行 30 多家。河南、江西、湖南、江苏、浙江、四川、山西、陕西、福建及省内黄州、武昌、汉阳等地在樊城建立同乡会馆 19 所。①

汉口

汉口江汉交汇，水运十分畅达，素称九省通衢。顺长江东下，可达皖、赣、江、浙，溯长江西上，可通湖南、四川、贵州、云南，浮汉江西北行，可前往襄阳、南阳、郧阳、兴安、汉中，转丹江可连通关中乃至西北各省。得天独厚的交通优势，使汉口尽管经历明末清初的战乱，可"兵燹过后转繁华"。康熙前期，学者刘献廷游历武汉后赞赏说："汉口不特为楚省咽喉，而云、贵、四川、湖南、广西、陕西、河南、江西之货，皆于此焉转输，虽欲不雄于天下，而不可得也。天下有四聚，北则京师，南则佛山，东则苏州，西则汉口。然东海之滨，苏州而外，更有芜湖、扬州、江宁、杭州以分其势，西则唯汉口耳。"②他不仅介绍了汉口市场商品的来源地，同时也指出了得天独厚的地理位置对汉口崛起的作用。到了乾隆时代，著名历史学者章学诚赞叹当时汉口的繁华情形称：

上自硚口，下自接官厅，计一十五里，五方之人杂居，灶突重沓，嘈杂喧呶之声，夜分未靖。其外滨江，舳舻相引数十里，帆樯林立，舟中为市。盖十府一州商贾所需于外部之物，无不取给于汉镇，而外部所需于湖北者，如山陕需武昌之茶，苏湖仰荆襄之米，桐油、墨烟下资江浙，杉木、烟叶远行北直，亦皆于此取给焉。③

章学诚同时指出：

国家休养生息，百五十年来，群生休和，品物畅茂。居奇贸化之贾，比廛而居，转输搬运，肩相摩，踵相望者，五都之市，震心眩目，四海九州之物，不踵而走，殊形异物来自远方者，旁溢露积，至于汉镇而繁盛极矣。④

这是对清代前期汉口的传神描绘。近代长江沿岸港口城市被迫对外国列强开放，汉口于 1861 年开埠，先后有英、俄、法、德、日五国在汉口开辟租界，15 个国家设

---

① 王继一：《襄樊交通志》，中国城市经济社会出版社 1990 年版，第 16～18 页。
② 《广阳杂记》，中华书局 1957 年版，第 193 页。
③ 章学诚：《湖北通志检存稿》卷一，湖北教育出版社 2002 年版，第 37 页。
④ 章学诚：《湖北通志检存稿》卷一，湖北教育出版社 2002 年版，第 34 页。

立领事馆。外国列强的阑入和西洋经济、文化的引进,使汉口迈入现代化转型时期。到清朝末年,汉口的国际轮船航线可直达英国伦敦,德国汉堡、不来梅,荷兰鹿特丹,埃及塞得港,法国马赛,比利时安特卫普,意大利热诺瓦,俄国黑海敖德萨港,以及日本的神户、大阪、横滨等地。汉口与日本及遥远的欧美市场连通起来,从国内名镇成为国际知名港城。汉口在清末的贸易货值最高达到白银一亿三千万两,所谓"凤超津门,近凌广东,近将摩上海之垒",被外国人士称作"东方芝加哥"。同时,随着城市的功能、性质发生重大改变,晚清汉口成为汉江沿岸城市中唯一一座现代化多功能城市。

汉江除干流外,南北支流众多,如上游有襄河、牧马河、子午河、任河、岚河、黄洋河、乾佑河、洵河、金钱河、堵河、丹江,中游有唐白河、南河、蛮河、滚河等,下游则有涢水,这些河流在清代都能行船载货,只不过航道有长有短、运量有多有少而已。在其中一些支流上孕育了一批沿河著名市镇。

龙驹寨

丹江古名丹水,发源于陕西省商州西北秦岭南麓,南流约一千里到达湖北均州小江口(今丹江口市)汇入汉江。丹江早在汉唐时期就是东南地区漕运关中的水道,清代也是陕西采买滇铜、洋铜、铅等铸钱原料以及湖广米粮接济陕西民食的捷径。位于丹江中游的龙驹寨,清代开始繁荣起来,成为著名水陆码头,一座小小的城寨,竟有十大商帮的会馆及与之密切联系的 18 座庙宇。[①] 由于物流量大,聚集了很多商业人口,使龙驹寨成为日夜喧闹的不夜港。《直隶商州志·田赋·税银》记载:"以承平日久,虎盗潜藏,店廛络绎,而龙驹一镇,康衢数里,巨室千家,鸡鸣多未寝之人,午夜有可求之市。是以百艇联樯,千蹄接踵,熙熙攘攘。商税所由渐增,税额所由日益也。"民国《续修商县志稿》记述清末及民国初期龙驹寨水陆交通称:"龙驹寨为水旱码头,商贾水陆转运各货,均在此换载,其堆栈曰过载行。东南各省入陕、甘货物,概自汉口装载帆船运至老河口,换载小鳅子船入小江口(今丹江口市),至荆子关换载寨河用篙小船运至龙驹寨卸货,再用骡马驮运至西安。其由本港出口各货,概用驴骡驮运而来。自西安来者经蓝田七盘坡、蓝桥至牧护关入本县境,逾秦岭至黑龙口站。由渭南来者,经渭南塬许家庙入流峪(又称刘峪),逾秦岭入县境至黑龙口站。由黑龙口八十里至县城西关站;县城东六十里至夜村站;又六十里至龙驹寨。本县及洛南各山货,则由人力肩挑至龙驹寨打包装船,运往老河口,递运汉口。"[②]据仇继恒《汉江流域陕西境内商货贸易稽核表》,清末龙驹寨每年

---

① 十大帮的会馆为:商於帮会馆、湖北帮会馆、关中帮会馆、河南帮会馆、山西帮会馆、青瓷帮会馆、盐帮会馆、北马帮会馆、西马帮会馆、船帮会馆。其中船帮会馆位于丹江左岸,占地面积 5460 平方米,上部全以彩瓷镶嵌,耀眼夺目,在龙驹寨十大会馆中独占鳌头。

② 转引自王开:《陕西省志·航运志》,陕西人民出版社 1996 年版,第 264~265 页。

征收百货厘金 9 万多两,数额居陕西全省厘卡第一。

南阳

南阳历史悠久,曾经长期是豫西南地区的军事要隘和政治、文化中心。清顺治十八年,北京通往四川、云贵的官马驿道从南阳通过,加上白河自北而南绕城东而过,利于行舟,使南阳再次成为水路交通要津,吸引四方货物前来交易。清朝中叶,南阳市场曾被赊旗店所夺,晚清再度复兴。当时,南阳城关的装卸码头,大寨门是装卸食盐、竹木及笨重货物为主的码头;小寨门是以装卸糖和煤油为主的码头,永庆门是以装卸小件百货为主的码头;琉璃桥是以装卸粮、煤、木柴为主的码头。这些码头逆水北来载运南方杂货、布匹、竹木、茶叶和煤油,下水货运为粮、棉、烟、牲猪等大宗货物。南阳南面的瓦店,清代也是白河沿岸的较大港口,当地的兴合德、兴合仁、兴合义三大商号,承包的木帆船达 200 多只。因生意兴隆、市面繁华,瓦店被誉为小长安。新野县城在清末民国之际,港区在今城南张营村上下,当时称为水府庙码头或南河码头,上起南寨门外,下至穆庙村一段约一华里长的停泊区,经常停船数百只。新野县城南的临河大镇新甸铺,有良好的自然码头,既是往来船只的避风港,也是新野、邓县南部的农贸市场和货物运输的集散点,常有汉口、襄樊等地商贩到此坐庄采购,生意兴隆。[①]

赊旗店

赊旗店属河南方城县,位于赵河与潘河交汇处,南下入唐河可达湖北襄阳、汉口。赊旗店于康熙年间成集,雍正、乾隆年间形成长三里、宽四里的繁华街市,有较大商铺 400 余家,曾与豫东的朱仙镇齐名。嘉庆至同治年间,为赊旗店鼎盛阶段,人口最多时达到 14 万,形成山货街、木厂街、铜器街、瓷器街、豆腐街、骡店街等,号称 72 道街。行业分为大十行和小十行,大十行包括棉业、粮业、油业、盐业、药业、酒业、杂货业、京货业、木业、纸业;小十行包括银业、铜业、烟业、丝绸业、鞋业、帽业、染纺业、铁业、食品业,以及竹业、皮货业、粉业、山货业、鞭炮业、理发业等,市场网络涉及河南、湖北、陕西、山西、四川、安徽、湖南、广东、广西等十余省。赊旗店沿河有双庙、毛庄、大王庙、河口、相庄、三棵树 6 个码头,河中停船数百只。赊旗店中心的山陕会馆,从乾隆二十年开建,到光绪十八年落成,历时 137 年。它坐北面南,分照壁、悬鉴楼、大拜殿、春秋楼 4 个主体建筑,共有殿堂楼阁及各种附属建筑 132 间,占地面积 5467 平方米,是清代山陕商帮实力的表现,也是赊旗店繁荣的历史见证。

二、清代汉江流域的农村集镇

在漫长的中国封建社会里,尽管农业与手工业相结合的自然经济占据主导地

---

① 张圣城:《河南航运史》,人民交通出版社 1989 年版,第 190～191 页。

位,但以互通有无、满足生活需要、贱买贵卖、牟利赚钱为目的的商品经济,一直是自给自足自然经济的补充,或者说就是其不可缺少的组成部分。"盖年岁歉收,民有艰食之虞,谓之谷荒;年岁丰登,粟谷太贱,民间缺于使用,谓之钱荒。谷荒赖有公私积贮,钱荒则赖山原自出之财用,所以济其穷也。"[①]这还指的是山民出售山货以维持日常开支的情景,至于那些城镇集市上的行商坐贾、手工产品专业户,更是以贱买贵卖或出卖自己的产品为生。那位"昨日入城市,归来泪满巾。遍身罗绮者,不是养蚕人"的伤心蚕妇,那位"淘尽门前土,屋上无片瓦。十指不沾泥,鳞鳞居大厦"的制陶者,还有那个"可怜身上衣正单,心忧炭贱愿天寒"的南山卖炭翁,更有弃官经商、三掷千金,与美女西施泛舟五湖的陶朱公范蠡,都是封建社会商品生产者与商品经济的文学典型。明清两代是中国封建商品经济发展的鼎盛时期,随着人口的增加、农业商品化程度的提高、手工业的发达、货币经济的活跃以及交通运输的便利,城乡之间、各区域之间的交换需求增加,进入流通领域里的商品种类、数量及贩运距离都有明显增长。章学诚说:"国家生齿浩繁,田畴日辟,农桑本业,人馀于地,其不能耕种者,不得不逐末谋生,所谓农末相资,古今一也。"[②]这是从人多地少的角度解释清代商品经济活跃的现象。

清代,汉江流域社会秩序稳定、人口迅速增长,秦巴山区大面积开发,兴办水利工程设施、耕地及亩产增加、经济作物扩种,农业的商品化程度明显提高。商业资本的聚集、扩大和商帮的形成,加上畅达的水上交通,促成了大批量、远距离的商货流通。这不但为沿河城镇的繁荣提供了经济支撑,也为农村集镇的活跃增添了助力。而城市繁荣与集镇活跃相互烘托,又反过来为商品流通开浚源头活水。

陕西安康县"恒口距郡七十里,为县境北山及汉、石往来之冲,其地恒水、月河两川交汇,田畴沃衍,饶粳稻桑柘之利,人烟辐辏,商民杂沓,书院旅馆咸在其中,实为安康首镇"[③]。陕西紫阳县瓦房店,清末成为"任、渚(楮)两河之通衢,商贾云集之要处,各色山货靡不历其境"[④]。洵阳县蜀河口,清中叶已经成为当地有名的商货码头,"上溯兴汉,下达襄樊,北通商洛,骡马驮运,估客云集,为汉江中小都会"[⑤]。即使僻处秦岭巴山之中,商品交换活动依然不可或缺。商州城"东为豫省荆子关,扼秦豫之冲,东南至龙驹寨,小河一道,可通舟楫,直达襄阳之老河口。估

---

① 严如熤:《三省边防备览》卷九。

② 章学诚:《湖北通志检存稿·食货考》,湖北教育出版社2002年版,第39页。

③ 童兆蓉:《请添设汉阴安康各厅县分司以资弹压禀》,载李厚之、张会鉴:《安康金石佚文点校》,远方出版社2006年版,第289页。

④ 光绪三十四年《严禁奸商漆油掺假碑》,载李启良等:《安康碑版钩沉》,陕西人民出版社1998年版,第154页。

⑤ 严如熤:《三省边防备览》卷九。

客上下觅舟雇骡,人烟稠密,亦小都会也"①。宁陕厅的集市有老关口、贾家营、太山庙、汤坪河、太白庙、闻凰坪、皇冠峪、柴家关、梁家庄(四亩地城)、洵阳坝、新场、八斗坪、东江口等二十余处。砖坪厅的集市则有化鲤墟、洋溪河、瓦溪沟、构枰、漆机街、头道桥、明珠坝、铁炉坝、大道河、铁佛寺、斑鸠关、回水湾、佐龙沟等十多处。

如果说地处汉江上游的陕南,市镇数量尚有如此之多,那么地当汉江下游的湖北更是市镇密集地带。"湖北地连七部,襟带江汉,号称泽国,民居多濒水,资舟楫之利,通商贾之财,东西上下,绵亘千八百里,随山川形势而成都会,随都会聚落而大小镇市启焉。"②章学诚经过考察,指出:"汉水之西,郧县有黄龙镇,郧西有上津堡,房县有九道梁,上接关陕。光化有李官桥,有老河口,下瞰襄阳。襄阳巨镇,有樊城,又有东青湾,宜城有茅草洲。东下钟祥有石牌,荆门有沙阳,京山有宋河、多宝湾,天门有岳家口、黑牛渡,沔阳有仙桃镇,汉阳有蔡店,皆濒汉。由汉水溯山溪而上,有乾镇驿(隶天门)、田儿河、小里潭(隶汉川)。又由汉水溯涢口而上,有刘家隔(隶汉川)、皂市(隶天门),随州有厉山、安居、高城、梅丘等镇,孝感有阳店、小河司、三里城,其最大者莫如汉镇。"③张氏在这里只是毛举大概,与当时湖北省实际市镇相差甚远。据宣统《湖北通志·建置志·乡镇》所录市镇,属于汉江流域者数目如下:

汉阳县十七,夏口厅七,汉川县三十一,孝感县三十五,黄陂县二十三,沔阳州二十四,安陆县四十二,云梦县十六,应城三十七,随州七十五,应山县五十二,钟祥县六十三,京山县七十三,潜江县五十七,天门县六十七,襄阳县五十四,宜城县二十五,南漳县三十一,枣阳县五十七,谷城县三十二,光化县三十二,均州二十一,郧县二十九,房县三十,竹山县二十二,竹溪县二十四,郧西县十二,保康县四十八,荆门直隶州一百一十六,当阳县五十六,远安县四十九,江陵县二十五。

这一数目即便比章学诚罗列的增加数十倍,仍然不能当作湖北市镇的准确统计。④

---

① 严如熤:《三省边防备览》卷九。

② 章学诚:《湖北通志检存稿·食货考》,湖北教育出版社 2002 年版,第 34 页。

③ 章学诚:《湖北通志检存稿·食货考》,湖北教育出版社 2002 年版,第 34 页。

④ 湖北镇市在地方志中记载悬殊,宣统《湖北通志》早已察觉,其在《建置志·乡镇》中,特加按语称:"清一统志不列乡镇一门,嘉庆志、府州县各志,所载或详或略,迄无标准,而市镇尤甚。有大县镇市数不及十,中小县镇市有四五十至八九十者。如应城镇市四十四,襄阳七十三,宜城六十九,枣阳五十三,谷城八十七,江夏、汉阳皆止镇市三,何多寡悬殊,为例不一如此?又郧施二府属县往往不言镇市。山陬僻壤无镇可也,岂得无市?亦太缺略矣。欲求繁简适当、可以依用之书,猝不能得。光绪中会典馆征求舆图,湖北设局从事,以新化人邹代钧董之,分遣测绘学生前往各州县,测量绘图。邹氏自纂《光绪湖北舆地记》一书,于乡镇仍本州县各志汇辑之,较嘉庆志加增,亦未划一其例,特言道里远近颇为详晰,今姑据以斠录焉。"《同治重修郧阳府志》记载所属各县市镇,郧西县 24 处,郧县 44 处,房县 110 处,竹山县 33 处,竹溪县 52 处,保康县 51 处。另据道光《安陆县志·疆里》"乡会",根据省府县志记载的清代不同时期以店会命名的市镇有 108 处。

在汉江流域城镇和集市的流通货物品种,除了汉口江汉关占有一定份额的工业产品外,其他基本上都是日常用品。依据清末仇继恒的《陕境汉江流域贸易稽核表》,进出陕南的货物有以下特征:输入货物以手工业乃至近代工业品为多,如棉布、棉花、洋线、颜料、瓷器、药材、盐、铁、洋油、洋火、石膏、烟叶等,其中大多数产自湖北、河南、江西、湖南、广东,也有部分货物如洋线、洋油、洋颜料产自外国;输出货物中则以土特产为大宗,如牛羊皮、桐油、桐油饼、漆油、生漆、生丝、麻、茶叶、鸦片、木耳、姜黄、纸张、草绳、构皮构瓤、竹排木排、煤、药材,以及核桃、柿饼、梨、柑橘等干鲜果品。此外,养猪出售也是一宗大生意:"山民饘粥之外,盐布零星杂用,不能不借资商贾。负粮贸易,道路辽远,故喂畜猪只,多者至数十头,或生驱出山,或腌肉作脯,转卖以资日用"①。由于苞谷不能作隔年陈粮保存,价钱又十分低廉,背负肩挑去市镇出粜,价格不足抵偿路费,山民就"取苞谷煮酒,其糟喂猪。一户中喂猪十余口,卖之客贩,或赶赴市集,所得青蚨以为山家盐布庆吊终岁之用,猪至市集,盈千累万,船运至襄阳、汉口售之,亦山中大贸易,与平坝之烟草、姜黄、药材等同济日用。"②可能是因为牲猪买卖与其他出口货物相比,仍然难称大宗,所以在仇继恒的《陕境汉江流域贸易稽核表》里,虽然提到牲猪和猪鬃、猪毛的出口,但未列入二十三种主要出境货物统计表之中。

这些农村集镇按交易货物品种分类,大体有二种:一种是专业性的集镇,其中药市、茶市比较普遍,如陕西兴安的八仙街、洞河口、百家湾、砖坪厅等是药材和漆的集散之地;紫阳县瓦房店,则以出口茶叶为大宗;洵阳县构元铺,更是因出口造纸原料构穰而得名。这些专业集镇往往依托某种山货特产地而形成。另一种是遍及乡村的综合性集市,它们的名称各异,有的称集称场,有的称店称铺,还有称市称会的,交易日期一般以一四七、二五八、三六九为期。这些定期集市,多数位于水陆交通便畅、人烟稠密之地,也有设在区位适中却无人居住的地方,谓之荒场,估计其市场半径当不会很大。除了以上集市活动外,还有另一种农村常见的交易活动,即庙会。与全国一样,庙会在汉江流域老少皆知,如安康县就有龙冈庙会、简池紫云宫庙会、恒口麻衣庙会及五里的龙头庙会。③ 由于庙会都是以神庙及其所在集镇为依托,所以,有的商帮或同业会所为了活跃市场、促进贸易,就自行筹款建庙。如兴安府汉阴县蒲溪铺商人,于道光年间建财神庙,兴场开集,议定每月一、四、七日为集日,提供中介服务,收取佣钱。④

---

① 严如熤:《三省边防备览》卷十二。
② 严如熤:《三省边防备览》卷九。
③ 张会鉴、李厚之:《安康经济钩沉》,远方出版社 2006 年版,第 34～35 页。
④ 同治元年《蒲溪铺场集记碑》,载李厚之、张会鉴:《安康金石佚文点校》,远方出版社 2006 年版,第 119 页。

清代汉江流域的集镇，按规模与功能来分，可以分成两个级层。第一级层是初级市场，即乡村集市，基本上满足农户消费及再生产的需要，其交易主要是农民之间、农民与手工业者之间的互通有无，只有一部分是商贩的逐利行为。因此，不能仅仅以集市数量的多少来衡量当地的经济发展、商品流通的程度。第二级层是较大集镇，虽然也有乡民买卖农副产品的身影，但主要功能是集散商货，为估客商帮头贱卖贵提供平台，从而形成长距离、大批量的商品流通，为更高·级的流通市场提供货源。它在行政上虽然属于县治管辖，但作为市场，镇与县城没有从属关系，镇的商业渠道往往与许多城镇相连结。如前面介绍的汉口镇，近代以前就是全国四大名镇之首，近代以后更成为国际知名港城，其市场网络与知名度远远超过府治汉阳和省会武昌。

三、交通变革与汉江流域城镇兴衰

考察清代汉江交通与流域城镇的兴衰变化，不可忽视轮船、火车等近代交通工具出现带来的深刻影响。

以汉口茶输出俄国路线为例，19 世纪 60 年代以前，山西商人贩运湖北羊楼洞茶前往俄国，主要走汉江一路，他们先将茶叶运来汉口，再由汉口溯汉水至樊城，然后舍舟登陆，改用畜驮车运，前往西西伯利亚或恰克图。汉口开埠后，在汉俄国茶商使用轮船运输，更多的是走江海水路，即先由汉口东出上海，然后或直接海运海参崴、再转输俄国内地，或北上天津、溯白河而至通州，再改用驮运，横穿 800 里戈壁沙漠，经张家口前往恰克图。此间，在羊楼洞设庄的山西茶商，在继续利用汉水运输的同时，也走长江一路，他们的帆船东下镇江，北转京杭运河，至通州后起旱，用畜力驮运张家口、恰克图。此外，1861 年俄国废除华茶不得经海路历西欧诸港入俄的禁令，接着，1869 年苏伊士运河通航，为华茶输入欧俄提供了极大便利。19 世纪 90 年代，俄商更开设汉口与敖得萨之间的定期航班，每年茶季，俄国运茶汽船、轮船前后踵接，相望于途。1896 年，由汉口直接运往敖德萨的茶达 124566 担，到 1902 年，增加到 126889 担，价值白银 1942588 两。随着海运的扩大，汉水一线输俄茶路逐渐萎缩。1906 年前后，京汉、京绥铁路通车，羊楼洞及汉口所产砖茶，又有一部分装火车北输于俄，往昔十分繁忙的汉水输俄茶路，从此成为历史陈迹。与此同时，汉江流域的城镇也伴随汉江商路的萎缩而衰落。如隔汉江相望的襄阳与樊城，"昔为南北通衢，商务繁盛，洎京汉铁路成，而一落千丈矣"[①]。位于汉江支流涢水之畔的湖北安陆县，出产府布向来经山陕来安陆庄客之手，经汉江行销西北陕甘新三省，每年销售价值达白银一二百万两。京汉铁路通车后，山陕庄客迁驻花

---

① 陈石琴：《襄游记事诗草》，第 20～21 页。

园、孝感、汉口车站,收取布匹从铁路装运,安陆府布立现萧条。再如清末民初的丹江名镇龙驹寨,"在昔龙驹寨码头盛时,驮骡船只络绎不绝,今则驮骡绝迹,船只偶或一至豫鄂。"①与上述城镇衰落恰成对照,作为汉江龙头城市的武汉,不仅没有衰落下去,反而因长江轮船航线与京汉铁路的开通而迅速崛起,清末以后渐次形成中国内地的交通枢纽、工业基地和商贸中心!

交通方式的变革和交通路线的改变,之所以能引起汉江流域城镇发展的两极分化,是由交通在城镇经济发展中的多重作用决定的。首先,经济地理位置与城镇发展有着普遍的因果联系,而交通地理位置则是经济地理位置最重要的组成部分。城镇无论作为区域的政治中心还是经济中心,都必须与外部进行频繁的不间断的联系,都必须是人与物的交往集散地,因此也都离不开方便的运输条件。如果说判断城市存在价值的重要标志是城市的中心作用,那么城市中心作用的显现则是以城市交通为前提的。一个城镇占据了优越的交通位置,实际上就等于拥有了较大的人流、物流的支撑,纵然遭战争、洪水、地震等天灾人祸的打击,仍会仆而复起,继续发展。相反,如果一个城镇因交通变化丧失了原来的地理优势,实际上就意味着人流、物流的减少,即使没有发生任何天灾人祸的牵累,仍会衰落乃至湮没无闻。清代汉江流域城镇的兴衰,一个直接的重要原因,就是新的交通线路改变了中国传统的交通格局,使汉江流域沦为偏僻之区,城市经济地理相对恶化。其二,城镇与所在区域是相互依存、相互促进的,城镇是区域的核心,区域是城镇的基础。由于腹地不仅为城市提供农副产品原料、矿产品及劳动力,同时又是城市服务的对象,所以,腹地的范围大小、人口多寡、经济发展水平高低,对城镇有多大的政治、经济需求,是决定城镇发展的主要因素。交通则是城镇与腹地联系的纽带和桥梁,直接影响腹地的范围和经济发展程度,从而最终会加速或迟滞城镇的发展步幅。第三,交通方式不仅决定城镇本身的规模与地域结构,也关系城镇的地理分布及中心作用的发挥。清末铁路对旧式运输的挤压,导致传统商路改变与沿线城镇兴衰变化,证明交通方式的先进与落后,对沿线区域内城镇经济的发展至关重要。

---

① 转引自张圣城:《河南航运史》,人民交通出版社 1989 年版,第 192 页。

安奉铁路与近代安东城市兴起(1904—1931)

江　沛　程斯宇①

　　摘要:始建于日俄战争中的安奉铁路,是日本势力西进欧亚大陆、与俄国争夺在中国东北经济利益和殖民扩张的重要工具之一,具有重要的政治和军事功能。安奉铁路的开通,大大改善了安东的交通运输条件,使之成为联结中国、朝鲜和日本的重要交通枢纽,工商业和进出口贸易迅速发展。与此同时,劳动力需求、工厂店铺增多促进了安东城市的人口增长及街市扩展,边境小城安东以此为契机成长为东北东南部的重要都市和边贸口岸。

　　百余年来,作为象征工业文明的新式交通运输方式——铁路深刻影响着转型期的中国社会和经济。本文选取安奉铁路与安东城市为个案,以近代日本殖民侵略中国东北为历史背景②,围绕铁路与安东的运输业、工商业及进出口贸易、人口增长及街市扩展等内容展开论述,旨在分析铁路与近代安东城市兴起间的重要关联,力求把握铁路与城市区域经济变动间互动的复杂关系。③

一、安奉铁路与近代安东城市概况

　　安奉铁路是铺设于安东(今丹东)与奉天(今沈阳)间的铁路。④ 1904 年,日俄战争爆发,日本为运输军需品,派临时铁道大队修筑安东至奉天的窄轨(762 毫米)

---

　　① 江沛,南开大学历史学院教授;程斯宇,南开大学历史学院硕士研究生。

　　② 当时中国东北多被称作"满洲",又分为"南满"和"北满"。本文统称"中国东北",下文简作"东北"。

　　③ 关于安奉铁路与近代安东城市发展的关系,目前国内尚无专门著述。在相关研究中,宓汝成所著《帝国主义与中国铁路:1847—1949》(经济管理出版社 2007 年版)一书,也注意到了铁路运输对于安东城市发展特别是进出口贸易增长的促进作用。吴松弟等合著的《港口——腹地与北方的经济变迁(1840—1949)》(浙江大学出版社 2011 年版)以及其主编的《中国百年经济拼图:港口城市及其腹地与中国现代化》(山东画报出版社 2006 年版)中,均简要提及了安奉铁路运输和安东城市、安东港贸易发展之间的关联性。但上述著作限于形式和主题,均没有系统地论及安奉铁路对近代安东城市发展的影响。本文考察时间止于 1931 年,在于九一八事变后东北三省沦为日本殖民地,安奉铁路与安东城市发展的关系在中日战争大背景下进入特殊时期,需要专文论述。

　　④ 1929 年和 1945 年,奉天两度更名为沈阳。1965 年,安东改称丹东。随着两地相继更名,该路又被称作沈安铁路、沈丹铁路。

轻便军用铁路。1905 年 12 月 15 日,全长 303.7 公里的安奉轻便铁路首次通车,先后由日本临时军用铁道监部和野战铁道提理部管理。日俄战后,清政府与战胜国日本当局就安奉铁路归属及改筑问题展开交涉,清政府被迫承允该路继续由日本经营改良。1907 年 4 月 1 日,南满洲铁道株式会社(以下简称"满铁")正式接管此路。1909 年,日本向清政府提出安奉铁路改筑标准轨(1435 毫米)的要求,不顾清廷反对强行施工[1],同时在"不知会我国"的情况下在中朝界河鸭绿江上架设铁桥[2]。迫于日本要挟,清政府与其先后签订了《安奉铁路节略》(1909 年 8 月 19 日)和《鸭绿江架设铁桥协定》(1910 年 4 月 4 日)[3],追认了日本修路架桥行为的合法性。1911 年 11 月 1 日,改筑后的安奉路全线开通(里程 296.3 公里),并经鸭绿江铁桥与日占朝鲜[4]铁路接轨。1918 至 1919 年间,该路经线路调整,里程缩短为261.1 公里。[5] 南满铁路与中东铁路线路如图一所示。

图一　清末南满铁路(含安奉线)与中东铁路示意图

资料来源　程维荣:《近代东北铁路附属地》,上海社会科学院出版社 2008 年版,第 2 页。

日本之所以不遗余力地修建、改筑安奉铁路并使之与朝鲜铁路相连,目的就是要借此在东北扩张势力。一方面,安奉铁路的修筑及中日铁路联运的实现有军事

① 按照中日《会议东三省事宜正约》及副约之规定,日本应于 1907 年向清政府提出安奉铁路的改建问题。然因为选线争议和战后日本元气初复,直至 1909 年 1 月 31 日,日使伊集院才照会清政府外务部要求派员会商安奉铁路改良办法。日本违反了条约中关于日军撤离后二年为改良竣工之期的规定。对此,清政府本已允许通融商办。然而是年 3 月,当得知日人所定新线与前全异并拟加宽轨距时,清政府便以日人要求不符原约为由予以拒绝。在交涉未达目的后,日本采取了强硬手段。1909 年 8 月 6 日,日使伊集院向清政府发出最后通牒,声称"自行改筑"。满铁于次日在日本军警保护下强行施工。

② 《锡良程德全致外部日人欲于鸭绿江造桥有无附约乞复电》(宣统元年七月二十日),王彦威纂辑,王亮编,王敬立校:《清季外交史料》,书目文献出版社 1987 年版,第 3553 页。

③ 两条约内容参见王铁崖编:《中外旧约章汇编》第 2 册,三联书店 1959 年版,第 596、656~657 页。

④ 由于此时朝鲜已被日本通过《日韩合并条约》(1910 年 8 月 22 日)正式吞并,故称"日占朝鲜"较为准确,下文统一简称"朝鲜"。

⑤ 金士宣、徐文述:《中国铁路发展史:1876-1949》,中国铁道出版社 1986 年版,第 194~195 页。

上的必然性。早在 1894 年,日本陆军大将山县有朋就提出要将纵贯朝鲜的铁路与中国铁路网联接。① 日俄战前,日本向俄国表明有意延长朝鲜铁路到东北腹地②,遭到俄国拒绝③。以战争为契机,日本修筑了安东至奉天的轻便铁路。日俄战后,为防止俄国卷土重来,日本认为有必要利用铁路确定一条从其本土到东北的最短通道④,以保障军事运输。这条通道的重要组成部分就是几经线路争议而确定的安奉标准轨铁路。⑤ 中日铁路联运后,军部对该运输动脉十分重视。1920 年 7 月,日本陆军参谋长上原勇作在致满铁新任社长野村龙太郎的《对满铁社长的希望事项》中指出,一旦将来出兵东北,日军需要以朝鲜纵贯铁路和安奉铁路为输送主线,并要求釜山至长春间铁路达到日运输量 60 列(约 36000 吨)以上。⑥ 显然,安奉铁路对日本而言绝非仅是一条"转运各国工商货物"的民用铁路⑦。

另一方面,从经济与政治角度考虑,安奉铁路对日本亦有重大意义。日俄战后,控制港口和铁路运输以渗透经济势力成为双方争夺东北的主要手段。安奉铁路的开通,使日本在东北南部控制的交通线由"一港一线"(即大连港和长春大连间的南满铁路本线)发展为"双港双线"。1912 年 5 月南满、中东两路联运后,大量北方物资南下经安奉铁路运至朝鲜、日本,或在安东转由水路运出,对俄国控制的中东路和海参崴港形成强有力的竞争。另外,安奉铁路作为朝鲜铁路接通南满、中东二路的线路,"有助于改善朝鲜铁路"⑧,进而巩固日本在朝鲜的殖民统治。

本文所讨论的安东(今丹东)是安奉铁路的起点,位于辽东半岛、鸭绿江畔,与

---

① [日]井上勇一:《关于安奉铁路的日清交涉——"满·韩"一体化政策和日英同盟性质的变化》,孙玉玲摘译,《国外社会科学情报》第 66 期(1984 年 4 月),第 56 页。

② 《日俄战争期间日军擅自修筑安奉轻便铁路经过》,载吉林省社会科学院《满铁史资料》编辑组编:《满铁史资料》第 2 卷,中华书局 1979 年版,第 373 页。

③ 刘彦:《帝国主义压迫中国史》上卷,太平洋书店,1931 年,第 302 页。

④ [日]井上勇一:《关于安奉铁路的日清交涉——"满·韩"一体化政策和日英同盟性质的变化》,孙玉玲摘译,《国外社会科学情报》第 66 期(1984 年 4 月),第 56 页。

⑤ 关于该路走向,日本内部争议不止一次。早在轻便铁路修筑之初,时任日本满洲军参谋总长的儿玉源太郎主张把轻便铁路从安东修建到大石桥。"满铁"负责筹划改筑标准轨后,在选线问题上与军部发生分歧。1908 年 1 月,满铁总裁后藤新平在《日前呈交陆军大臣的备忘录要点》中,以"此线永远不能避免巨大亏损"为由,极力坚持从安东到大石桥的路线变更;但军方从战略目的出发,希望铁路往吉林方向伸延,认为修建安东至奉天间的铁路是"最起码的条件"。最后,"满铁"服从日本军事战略的需要,与军部达成一致。参见吉林省社会科学院《满铁史资料》编辑组编:《满铁史资料》第 2 卷,中华书局 1979 年版,第 374~375、379~380 页;[日]井上勇一:《关于安奉铁路的日清交涉——"满·韩"一体化政策和日英同盟性质的变化》,孙玉玲摘译,《国外社会科学情报》第 66 期,1984 年 4 月,第 58 页。

⑥ 苏崇民:《满铁史》,中华书局 1990 年版,第 71 页。

⑦ 《会议东三省事宜正约》之《附约》(1905 年 12 月 22 日),王铁崖编:《中外旧约章汇编》第 2 册,第 340 页。

⑧ 《日本内阁决定》(1909 年 6 月 22 日),载吉林省社会科学院《满铁史资料》编辑组编:《满铁史资料》第 2 卷,第 386 页。

朝鲜隔江相望。由于地处边陲,安东地区历史上长期未有大规模开发。清道光、咸丰年间,随着东北地区逐步开禁,关内移民纷纷来到森林资源丰富的鸭绿江流域进行采伐,大江下游的小村沙河子依靠水运之便逐渐发展为木材集散地。1876 年,清政府在此设安东县,全县人口不足 2000 人。① 日俄战后,日本人在安东开始了长达 40 年的殖民经营。由于安奉铁路带来的便利交通,加上安东于 1906 年开埠通商(据 1903 年 10 月 8 日中美签订的《通商行船续订条约》),安东迅速发展为东北东南部的商贸重镇和政治中心②。到 1930 年前后,安东已成为人口愈 15 万、仅次于奉天和大连的东北南部第三大城市。③

二、以安奉铁路为骨架的运输业成长

按发展先后而言,近代安东的运输方式可分水路、铁路、公路三种。水运是清末安东初兴的主要动力,客观地讲,鸭绿江的行船条件并不理想,江水较浅且常有淤塞,500 吨左右的汽船需按江水涨落时段出入港口,千吨以上的远洋轮船仅能停泊离港较远之处。④ 不仅如此,冬季封冻还导致鸭绿江航运停歇。1912—1922 年间,鸭绿江平均每年 3 月 23 日初航,11 月 29 日终航⑤,全年约 1/3 的时间无法通航。⑥ 公路运输在安东起步很晚,汽车数量少,路况差,所占运输份额较少。1926 年,安东最早的长途汽车行开始营业,仅有汽车两辆,往来于安东至大连间。由于没有公路,长途汽车只能在冬季道路结冻时行驶。1931 年,安东已登记汽车仅 60 辆,8 家汽车行共经营长途汽车 16 辆,短途汽车 4 辆。⑦

相对水路、公路运输而言,安奉铁路运输的优势明显,既运量大、速度快、易形成规模运输,又不存在像鸭绿江航运那样因封江而周期性停运的现象。随着安奉铁路的修建与改筑,安东的交通条件逐步改善。轻便铁路修筑后,安东向北的陆路

---

① 丹东市地方志办公室:《丹东市志》(1),辽宁科学技术出版社 1993 年版,第 5 页。

② 1906 年,随着安东开埠,清政府将东边道道署迁至安东,安东从此成为辽东地区的政治中心。北洋政府时期,安东仍为东边道道尹驻地。

③ 张利民:《近代辽宁的城镇发展模式与特征》,载朱荫贵、戴鞍钢主编:《近代中国:经济与社会研究》,复旦大学出版社 2006 年版,第 221 页。

④ 徐曦:《东三省纪略》,商务印书馆,1915 年,第 36 页;武堉干:《中国国际贸易概论》,商务印书馆,1930 年,第 426 页。

⑤ [日]南满洲铁道株式会社兴业部商工课:《南满洲主要都市与其背后地》,1927 年,第 14 页。

⑥ 不同文献对鸭绿江轮船航运期的记载不一。有文献称鸭绿江上轮船在 11 月上旬或 10 月下旬即行停开,第二年 4 月 20 日前后始能航行。考察《中国旧海关史料》记载个别年份的轮船航行期(如 1919 年,鸭绿江水 3 月中旬解冻,第一次轮船驶至安东港在 3 月 25 日),可见本文所引满铁的调查统计较为准确。

⑦ 《民国十一年至二十年各埠海关报告》,载《中国旧海关史料》编辑委员会编:《中国旧海关史料》(157),京华出版社 2001 年版,第 380、393 页。(为节省篇幅,以下简称《中国旧海关史料》)

交通线被打通,但运输条件有限,小型车辆"速度慢、载货少、行车危险"[①]。"迄轻便铁路时期之末,因线路状态之不良,夜间停止行驶。安东奉天间直达之混合列车在中间草河口站停留一夜。"[②]即便如此,仍时发事故。安奉铁路改铺标准轨后,全线行车时间较原来缩短 8 小时,往复于安东奉天间的客货列车畅行运转[③],安东的交通条件得到重大提升。1912 年,"满铁"开通了长春至釜山间联运列车,并通过轮渡衔接日本内地铁路。[④] 当时由长春至釜山,每周快车往返 3 次,需 34 个半小时。[⑤]

安奉铁路改铺标轨后,安东站客货运量持续增长。1911 年,安东站发送旅客86899 人次,共运送货物 102913 吨;到 1928 年,旅客达 166758 人次,发到货物增至368577 吨,比 1911 年的客货运量分别增长约 91.9% 和 258.1%,[⑥]货运较客运的增长更多。影响安东铁路运量的因素很多,除旅客票价有部分优惠外[⑦],直接因素则是日本主导下制定的关税和货物运费优惠政策。

1913 年 5 月,中日商定"凡应税货物装火车由东三省运往朝鲜新义州以东各地方及由新义州以东各地方运入东三省者,均应分别完纳海关进出口税三分之二"[⑧],即减税 1/3。由于安东铁路货运中进出口货物的比重较大,自 1913 年起,安东海关的年度报告时常强调减税政策对铁路运量及进出口贸易增长的显著影响。1930 年 9 月,该减税办法取消,安东铁路运输业受到重挫。1930 年,安东站的客运收入为日金 8608093 元,货运收入明显下降,为日金 2399127 元;1931 年,客货运输收入更是分别降至日金 613164 元和 891185 元。[⑨] 在货运运费方面,三线(日本铁路、朝鲜铁路和满铁安奉线)联运运费制度于 1914 年 4 月 1 日起试行,经日本铁道

---

① 《南满铁道公司副总裁国泽新兵卫在安奉轻便铁路告别式上告别词》(1911 年 1 月 11 日),载宓汝成编:《中国近代铁路史资料(1863—1911)》,中华书局 1963 年版,第 561 页。

② 交通部、铁道部交通史编纂委员会编:《交通史路政编》第 18 册,1935 年,第 102 页。

③ 交通部、铁道部交通史编纂委员会编:《交通史路政编》第 18 册,1935 年,第 102 页。

④ 《南满铁路株式会社之事业》,《中外经济周刊》第 82 号,1924 年 10 月 4 日,第 29 页。

⑤ 徐曦:《东三省纪略》,商务印书馆,1915 年,第 437 页。

⑥ 增长幅度系作者计算而得。数据来源:丹东市地方志办公室编《丹东市志》(2),1996 年,第 304 ~ 305 页。

⑦ 据《安奉铁路通车减价章程》规定,如持有学校的证明,"各学堂学生年假、暑假及旅行来往该路应减收半价"。日本铁道院也"为便于游历东北及华北者起见,设有减价之来还票"。参见王铁崖编:《中外旧约章汇编》第 2 册(第 767 页)和《中日铁路之新交通》(载《中国实业杂志》1913 年第 10 期,第 79 页)。

⑧ 《朝鲜南满往来运货减税试行办法》(1913 年 5 月 29 日),载王铁崖编:《中外旧约章汇编》第 2 册,第 893 ~ 894 页。

⑨ 《民国十一年至二十年各埠海关报告》,《中国旧海关史料》(157),第 392 页。

院、朝鲜铁路局和满铁三方长达两年半的协商①,于 1916 年 10 月最终确定。该制度对以棉纺织品为主的多种日货收取不同比率的折扣运费,促使日本棉织品"输入东北的主要经路由大连移向安东"。②

显然,中日共商减轻关税和日本下调三线运费的政策,目的在于刺激中日间的经贸往来,大大刺激了安奉铁路运量的快速增长。

值得注意的是,尽管修筑安奉铁路的初衷在于政治势力扩张及军事需求,在军品运费上亦有优惠③,但在非战争状态下,该路运输的军品数量十分有限④。除 1918 年日本出兵西伯利亚时征用大量车皮输送军需品、造成铁路运力紧张外⑤,日本更多的是把该路当作汲取东北资源并倾销本国产品的工具。这一点从经安东进出国境的货物(含通过货物)种类及流向便可看出。由铁路输往日本、朝鲜的货物主要为东北各地的矿物(以本溪湖、抚顺地区的煤炭居多)、农产品(大豆、小米等)和以安东为主要输出地的木材、柞蚕丝、豆饼、豆油等初级产品,而自日本、朝鲜输入的多是工业制成品和各类杂货,尤以从三线联运运费中获利极大的日本棉纺织品为最。⑥

随着铁路运量的增长,作为辽东门户的安东迅速发展为基础设施较完备的国际交通枢纽。安奉标准轨铁路通车之始,满铁和朝鲜铁路局就对安东站进行了整顿修建。⑦ 到 1921 年底,安东站的站区和货场内已铺设各类线路 67 股。⑧ 1928 年起,安东站又先后在客车场扩建一、二站台,新建三、四站台,增铺线路 7 股。在二、三货车场扩建和新筑货物站台,增铺线路 10 股,还扩充和新建机车车辆的整备检

---

① 在此之前,"满铁"曾贯彻"大连中心主义",推行"海港到货发货特定运费",突出大连港的中心地位,致使安东的铁路运输业和商贸业处于不利地位。对于"三线联运",日本铁道院、朝鲜总督府、日本军部均表支持,满铁却表示反对,因为"三线联运"会促进安东线运量及安东港吞吐量的增长,不符合其一贯奉行的"大连中心主义"。不过,"满铁"最终还是服从了日本在南满的全局利益,与其他各方达成了一致。

② 苏崇民:《满铁史》,第 103 ~ 104 页。

③ 中日《安奉铁路通车减价章程》(1911 年 10 月 30 日)规定,对于"军用制造机器"的运费"临时商酌减价",运送"军用枪炮、子弹、饷械及兵士军装、军服、马匹"时"减收半价"。参观王铁崖编:《中外旧约章汇编》第 2 册,第 767 页。

④ 这一点,从 1916 年和 1917 年安东、奉天间的铁路货运分类统计中便可看出。参见[日]萩原昌彦:《奉天经济十年誌》,奉天商业会议所,1918 年,"统计",第 29 ~ 31、36 ~ 38、92 ~ 94、99 ~ 103 页。

⑤ 武堉干:《中国国际贸易概论》,商务印书馆,1930 年,第 424 页。

⑥ 上述经铁路在安东进出口的物资细目参见 1916－1919 年间安东海关报告中 1913－1919 年间铁路进出口货物专项统计。参见《中国旧海关史料》第 72、76、80、84 册。

⑦ 《中华民国二年安东口华洋贸易情形论略》,《中国旧海关史料》(61),第 227 ~ 228 页。

⑧ Decennial Reports on the Trade, Industries, etc., of the Ports Open to Foreign Commerce, and on the Condition and Development of the Treaty Port Provinces,1912－1921,《中国旧海关史料》(156),第 85 页。

修设备。① 在仓储方面，"满铁"经营的仓库办理火灾保险并实行混合保管②。1921年，安东站已有此类仓库9栋（其中一栋为船舶货物专用），共占地9159平方米，最多可存货物8085吨。③ 1931年，仓库增至11栋。④ 由于安东港"无特设之码头仓库"⑤，因此这些仓库不仅便利了安东的铁路货运，还为铁路与港口的联运提供了中转存货之所，促进安东水陆运输业的成长。不过，铁路的开通改变了安东以水运为主的传统运输格局。仅就安东的贸易额而言，1912年，铁路运输和轮船运输所承担的份额分别为23%和77%；1919年，两者的份额完全颠倒，分别是76%和24%⑥。这表明安东以水运为主体的传统运输体系逐步过渡到以铁路为核心、港口为辅助的近代化交通体系。在推动安东运输业发展的同时，这一体系也成为日本势力渗透安东的重要工具。

三、工商业及进出口贸易的发展

铁路拥有的大批量、长距离的运输能力，在扩大区域市场的同时，形成规模效应的物资交换和商业贸易，也极大地刺激了近代工业的产能。如孙中山所言："交通为实业之母，铁道又为交通之母。"⑦这一特征，在安奉铁路对安东三大支柱行业木材、柞蚕丝绸和油坊发展的促进中表现明显。

第一，木业。鸭绿江流域森林资源丰富，所产之原木称"鸭绿江材"。19世纪后期，安东已是东北南部最大的木材市场，木业亦成为近代安东的第一大行业。铁路开通前，安东木材主要依靠帆船和轮船运至以天津为中心的环渤海诸港口⑧，但运量有限，并因江水封冻而季节性停歇。安奉铁路开通后，鸭绿江材的运销条件大为改善。安东当时最著名的中日合资鸭绿江采木公司⑨在冬季仍采办各类木材，

---

① 丹东市地方志办公室：《丹东市志》(2)，1996年，第304~305页。

② 所谓混合保管，即按寄托人意愿，将其委托的特定货物与种类品质相同的他人货物混合保管，出库时由总混合保管物中分给同种类同品质同数量的该种货物，为存货人提供了便利。参见苏崇民：《满铁史》，中华书局1990年版，第116页。

③ 占地总面积和存放货物总量，系作者依据［日］南满洲鉄道株式会社興業部商工課所编《南满洲主要都市と其背後地》(1927年，第27、256页)计算得出。

④ 《民国十一年至二十年各埠海关报告》，《中国旧海关史料》(157)，第391页。

⑤ 王华隆：《东北地理总论》，最新地学社，1933年，第369页。

⑥ Decennial Reports on the Trade, Industries, etc. of the Ports Open to Foreign Commerce, and on the Condition and Development of the Treaty Port Provinces, 1912—1921, 载《中国旧海关史料》(156)，第85页。

⑦ 《在上海与〈民立报〉记者的谈话》(1912年6月25日)，中国社会科学院近代史研究所中华民国研究室等编：《孙中山全集》第2卷，中华书局1982年版，第383页。

⑧ 王长富编著：《东北近代林业经济史》，中国林业出版社，1991年，第248页。

⑨ 该公司根据1905年(清光绪三十一年)签订的中日《会议东三省事宜条约》第十款之规定而成立，资金为北洋银圆300万元，中、日两国各出一半，中国政府承担的一半实际上也是日本政府借给的。

由火车装运天津等地。① 为便利木材运输,该公司在贮木场内敷设铁轨数条,直通安东火车站。② 一战期间,各国船舶因集中用于军运导致运力紧张,水运费用暴涨,铁路更显运价优势。因有安奉铁路运输之便,鸭绿江材颇受市场欢迎。③ 1910年前后,随着东北及朝鲜等地铁路和城市建设的兴起,各类制材的需求量日增,安东的木业结构也由较单一的原木采运转为采运、加工并重,所产各类制材多依靠铁路运出,销路"以大连旅顺及朝鲜各地为最,抚顺次之","其余东三省一带,为数均不相上下"。④ 安东制材工厂最盛时有40余家,1930年前后受世界经济危机和日本提高进口税等因素影响,减至20家左右。⑤ 1929年末,安东有华商料栈49家,专营原木采伐和贩卖;日本木商18家,均兼营原木、制材事业。⑥ 整体而言,安东木业仍保持着较大的规模和影响力。

第二,柞蚕丝绸业。近代以来,安东地区一直是东北最大的柞蚕饲育地和集散地。安奉铁路的修筑,使得沿线汤山城、高丽门、凤凰城、鸡冠山等重要柞蚕产地的蚕茧可以大量运至安东⑦,作为缫丝原料经安东港运销山东烟台等地的缫丝工厂收购加工。作为贸易中介的丝茧栈随安东丝茧集散量与买卖主雇的增加而日益兴旺⑧,一些山东丝茧商、杂货商、粮油批发商来安东专营或兼营丝茧代理业务。铁路通车后最初几年,安东的丝茧运销以茧为主,丝的销量不多。⑨ 一战爆发后,日本织绸业对中国柞蚕丝的需求大增。由于靠近原料产地且有铁路通达及运费低廉的优势,一些烟台商人也来安东创设丝厂。⑩ 由表一可见,1916年后安东新建丝厂明显增多。1919年,安东柞蚕茧的出口数量比1918年减少52600担,主要原因就是安东本地制丝对于蚕茧的需求加大。⑪ 1923年前后,安东缫丝业达到最盛时期,

① 《鸭绿江采木公司之事业概况》(续),《中外经济周刊》第67号,1924年6月21日,第12页。

② 《中华民国三年安东口华洋贸易情形论略》,载《中国旧海关史料》(64),第229页。

③ 《鸭绿江采木公司之事业概况》(续),《中外经济周刊》第67号,1924年6月21日,第12页。

④ 《鸭绿江采木公司之事业概况》(续),《中外经济周刊》第67号,1924年6月21日,第12页。

⑤ [日]工业化学会满洲支部编:《东三省物产资源与化学工业》,沈学源译,载《民国与伪满洲时期东北经济史料丛书》(4),全国图书馆文献缩微复制中心,2006年,第63~64页。

⑥ 王长富:《东北近代林业经济史》,第93、249页。

⑦ 汤山城、高丽门、凤凰城、鸡冠山均为安东以北安奉铁路的沿线车站,高丽门即今天的一面山。

⑧ 丝茧栈是一种买卖双方的中间商,只要买卖双方达成交易,就可从茧价总价值中,各提取2%的佣金。

⑨ 安东市工商联:《安东柞蚕丝绸业发展简史》,载中国人民政治协商会议辽宁省暨沈阳市委员会文史资料研究委员会编:《文史资料选辑》第1辑,辽宁人民出版社1962年版,第112页。

⑩ 《中华民国六年安东口华洋贸易情形论略》,载《中国旧海关史料》(76),第218~219页。

⑪ 《中华民国八年安东口华洋贸易情形论略》,载《中国旧海关史料》(84),第232页。

丝厂数量达五六十家。① 此后虽有回落,但至 1931 年,丝厂仍有 40 余家,工人约 12000 名。② 1918—1922 年间,安东通过铁路发送的蚕丝共 4176 吨,其中发往日本 3006 吨,约占 72%。③ 正因产品多半售于海外,各厂制丝"精益求精,以期外商之欢迎"。④ 1930 年前后,安东出现了诸如金魁星、牡丹花、八仙等牌号的"招牌丝"。⑤

表一　安东 31 家缫丝工厂⑥创立年份统计表(1928 年)

年份	1913—1915	1916—1918	1919—1921	1922—1924	1925—1927
新建工厂数量	2	7	8	7	7

资料来源:本表数据系作者根据资料统计而得。参见王树楠、吴廷燮、金毓黻等纂,东北文史丛书编辑委员会点校:《奉天通志》,东北文史丛书编辑委员会,1983 年,第 2774 ~ 2775 页。

缫丝业发展的同时,安东的织绸业初步兴起。1913 年,安东最早的织绸厂东兴昌丝绸厂开业。此后 10 年间,安东织绸业渐具规模,织造的大小茧绸、府绸行销欧美。⑦ 1920 - 1930 年间,随着缫丝、织绸业的发展以及日本棉织品的大量涌入,安东出现了专营纺织品的商号,由 18 家发展到 25 家,从业人员达 1240 余人,还有部分杂货铺也兼营纺织品。⑧

第三,油坊业。大豆的榨油工场称为油坊(亦作"油房")。安东油坊所需豆类的输送最初主要依靠水运,铁路运输只是"补沿江来豆之不足"⑨。由于时有"沿江艚载及本地车载之大豆供不给求"的情况⑩,铁路运输的重要性日益显现。1922年,安东总商会向满铁提出大豆运费减价的要求,并请求省财政厅批准吉林、黑龙江两省粮豆运至安东免征出产税。自此,安东大豆之供应充足。⑪ 除原料输运外,影响安东油坊业发展最重要的因素就是朝鲜对其产品之一——豆饼的需求。由于铁路输运便利,朝鲜当局鼓励农民用豆饼作稻田肥料,对安东油坊所产豆饼的需求

---

① 安东市工商联:《安东柞蚕丝绸业发展简史》,载中国人民政治协商会议辽宁省暨沈阳市委员会文史资料研究委员会编:《文史资料选辑》第 1 辑,辽宁人民出版社 1962 年版,第 113 页;《民国十一年至二十年各埠海关报告》,载《中国旧海关史料》(157),第 386 ~ 387 页。

② 《民国十一年至二十年各埠海关报告》,载《中国旧海关史料》(157),第 389 页。

③ 据[日]南满洲铁道株式会社庶务部调查课所编《满洲に於ける柞蚕製糸業》(1923 年版,第 434 页)数据而成。

④ 王树楠、吴廷燮、金毓黻等纂,东北文史丛书编辑委员会点校:《奉天通志》,东北文史丛书编辑委员会,1983 年,第 2775 页。

⑤ 丹东市地方志办公室:《丹东市志》(4),沈阳出版社 1996 年版,第 30 页。

⑥ 20 世纪 20 年代初,安东的缫丝工厂有五六十家之多,1930 年前后亦有 40 余家。故而推测 1928 年安东缫丝工厂的数目应不止 31 家。

⑦ 丹东市地方志办公室:《丹东市志》(4),1996 年,第 25 ~ 26 页。

⑧ 丹东市地方志办公室:《丹东市志》(6),辽宁人民出版社 1996 年版,第 20 页。

⑨ 《中华民国二年安东口华洋贸易情形论略》,载《中国旧海关史料》(61),第 230 页。

⑩ 关定保等修,于云峰等纂:《安东县志·人事·工业》(民国),第 16 页。

⑪ 关定保等修,于云峰等纂:《安东县志·人事·工业》(民国),第 16 ~ 17 页。

量与年俱增。① 安东油坊业由此保持了持续发展态势。② 1907 年时,安东油坊只有 8 家,年产豆饼不过 30 万枚;在 20 年代大连、营口等地油坊业不太景气的同时,安东油坊 1921 年增至 25 家,豆饼产量达到 500 万枚。③ 1923—1929 年间,安东油坊保持在 25 家左右,每个油坊一昼夜能生产豆饼约 1800～2100 块。④ 除豆饼外,安东出产之豆油,"皆提炼清洁,号曰精油,装篓封固,畅销上海、汕头、山东、朝鲜、日本各地"。⑤

　　在促进工商业发展的同时,安奉铁路对于安东进出口贸易的带动更为明显。国内外大量商品均可便利地经铁路由安东出入国境,使安东作为边贸口岸的城市职能得到充分发挥。由于大宗出口货物,如原木及制材、柞蚕丝、豆饼和豆油等,均为前述三大行业的主要产品,因而安东的工商业和进出口贸易呈相互促进之势。需注意的是,安奉铁路运费和关税政策对安东的进出口贸易影响巨大。一方面,1914—1922 年间实行的三线联运运费制度,促使以棉纺织品为主的日货经安东大量涌入东北内地,造成安东关在 1923 年以前出现较大的贸易逆差,显著区别于营口、大连;另一方面,1913 年陆境关税三分减一之后,安东的进出口值和关税收入迅速上升,两项数值分别在 1914 年和 1916 年超过营口,安东跃升为仅次于大连的东北第二大港口。⑥ 在铁路运费和关税的优惠下,安东一些重要产品的输出地由国内转向日本。比如,以海关两计算安东每百斤柞蚕丝的运费,由轮船运至上海需 8 两 7 钱 1 分,由铁路运至日本横滨只要 3 两 1 钱 6 分,安东丝的出口自然"舍上海而直赴横滨"。⑦ 1922 年,三线联运运费制度废止,但关税下调政策仍刺激着安东贸易的持续增长。1928 年,安东的关税收入和进出口总值分别为 2310678 和 86719684 海关两,比 1907 年增长近 18 倍和 41 倍多。⑧ 不过,与铁路运输业的境遇一样,1930 年 9 月陆境减税办法的取消亦给安东外贸业以沉重打击。"大宗进口货物,如棉花、棉纱等,率皆取道大连转运。"⑨1931 年,安东的进出口值分别比前一

　　① 《中华民国八年安东口华洋贸易情形论略》,载《中国旧海关史料》(84),第 231～232 页。

　　② [日]工业化学会满洲支部编:《东三省物产资源与化学工业》,沈学源译,载《民国与伪满洲时期东北经济史料丛书》(3),第 178 页。

　　③ [日]工业化学会满洲支部编:《东三省物产资源与化学工业》,沈学源译,载《民国与伪满洲时期东北经济史料丛书》(3),第 176～177 页。

　　④ 油坊生产能力系由作者依据[日]满史会所著《满洲开发四十年史》下卷(《东北沦陷十四年史》辽宁编写组译,1988 年,第 61 页)计算得出。

　　⑤ 关定保等修,于云峰等纂:《安东县志·人事·工业》(民国),第 17 页。

　　⑥ 参见杨端六、侯厚培等编:《六十五年来中国国际贸易统计》,1931 年,第 94、130 页。

　　⑦ 《中华民国六年安东口华洋贸易情形论略》,载《中国旧海关史料》(76),第 218～219 页。

　　⑧ 倍数系作者依据杨端六、侯厚培等编《六十五年来中国国际贸易统计》(第 94、130 页)计算得出。

　　⑨ 《民国十一年至二十年各埠海关报告》,载《中国旧海关史料》(157),第 392 页。

年下降了六成和三成。①

1931 年底东北沦陷前,安东工商业及进出口贸易之发展堪称迅速,尽管推动因素复杂多样,但安奉铁路所发挥的支柱性作用是明显的。到 20 世纪 20 年代中期,安东已发展为拥有各类店铺、商行、工厂 80 余种、2800 余家的东北东南部商贸重镇。② 铁路的开通使安东与日本、朝鲜的经济联系日趋紧密,1922 年前后,华商在日本大阪、神户等处已组织商会或开设旅馆,办理或兼代商贸事项。③ 与此同时,日本在安东的经济势力亦同步扩张。安东的木业尤其是木材加工业主要为日商经营④,受经营传统与生产方式的影响,丝厂和油坊多为华商经营⑤,不过规模较小,多兼营杂货⑥。1919 年时,安东的 26 家丝厂只有两家为日商经营。⑦ 1931 年以前,日本人长期经营的油坊只有日陞油坊一家(开设于 1912 年)。⑧ 日商虽无法垄断安东主要工商业的经营权,却仍可通过掌握产品销售来间接影响华商的经营。1908 年,由日本人掌控的中日合资鸭绿江采木公司成立后,主导了安东木材市场的贸易权。该公司向各商号收购木材,再一体销售,享有实际的专利权。⑨ 安东油坊业的交易必须在银市进行,但当时只有日本的三井、三菱、日陞等公司和洋行能直接参加银市交易。⑩ 此外,资金流通量的增大使日本横滨正金银行⑪、朝鲜银行、中国银行、东三省官银号和边业银行等均在安东设立分行⑫,日元大量流入更强化了日本对安东金融市场的控制能力。

---

① 《民国二十年海关中外贸易报告》,载《中国旧海关史料》(110),第 302 页。

② 本数字根据民国《安东县志》所记载的安东诸业的户数统计而成。数据来源:关定保等修,于云峰等纂:《安东县志・人事・商业》(民国),第 35～39 页。

③ 《民国十一年至二十年各埠海关报告》,载《中国旧海关史料》(157),第 381 页。

④ 参见[日]工业化学会满洲支部编:《东三省物产资源与化学工业》,沈学源译,载《民国与伪满洲时期东北经济史料丛书》(4),全国图书馆文献缩微复制中心,2006 年,第 71～72 页。

⑤ 当时日本人综合考察了东北油坊业状况,已经意识到了中国人比日本人更适宜经营油坊,并对其原因进行了分析。参见[日]工业化学会满洲支部:《东三省物产资源与化学工业》,沈学源译,载《民国与伪满洲时期东北经济史料丛书》(3),第 201～203 页。

⑥ 中国银行总管理处:《中华民国八年东三省经济调查录》,载《民国与伪满洲时期东北经济史料丛书》(1),第 153 页。

⑦ [日]满史会:《满洲开发四十年史》下卷,《东北沦陷十四年史》辽宁编写组译,1988 年,第 53 页。

⑧ 《民国十一年至二十年各埠海关报告》,载《中国旧海关史料》(157),第 388 页。

⑨ 王长富:《东北近代林业经济史》,中国林业出版社 1991 年版,第 81、249 页。

⑩ 宋瑞宸:《解放前安东的油业》,载辽宁省政协文史资料研究委员会编:《辽宁文史资料》第 8 辑,辽宁人民出版社 1984 年版,第 124 页。

⑪ 横滨正金银行于 1917 年停业。

⑫ 《民国十一年至二十年各埠海关报告》,载《中国旧海关史料》(157),第 384 页。

四、人口增长及街市扩展

近代以来日本在东北进行的殖民经营,深刻影响了包括安东在内的一些主要城市的空间拓展及城市功能分工。

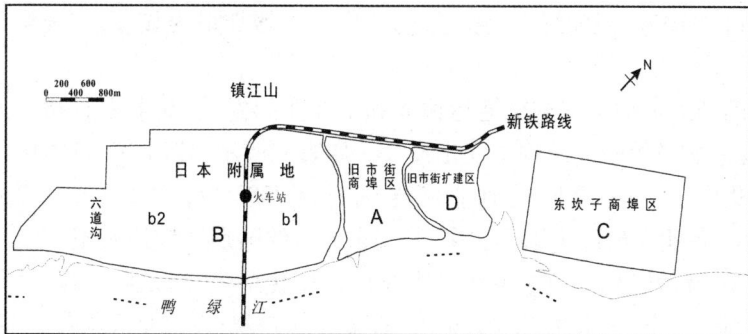

图二　1930 年代初期安东街市布局图

资料来源:根据 1930 年和 1931 年日本人绘制的《安东近傍图》整理绘制,转引自梁江、李蕾萌:《丹东近代城市规划与形态解析》,《华中建筑》2010 年第 3 期,第 95 页。

自 1905 年日本军政署强划民田 320 多万坪[①](约 10.6 平方千米)为其附属地后,安东街市就被分为中、日两区。如图二所示,1930 年时中国区包括旧市街商埠区(A 区)及其扩建区(D 区)和东坎子商埠区(C 区);日本区(B 区)根据其规划建设的先后又分为新市街(b1 区)和满铁附属地(b2 区)。上述区域构成了安东城市的主体,而日本区由于设施完备发展为城区的中心地带。

表二　1924 年、1931 年安东居民国别、性别统计表

年份	中国人		日本人		朝鲜人		其他外国人		合计
	男	女	男	女	男	女	男	女	
1924	72938	24177	5609	5611	2671	2234	19	22	113281
1931	92913	44666	5695	5473	4850	4333	34	16	157980

资料来源:1924 年的人口数据见[日]南满洲铁道株式会社興业部商工課:《南满洲主要都市と其背後地》,1927 年,第 15~16 页;1931 年的人口数据见[日]安东商工会议所:《安东经济事情》,1937 年,第 2 页。此外,1931 年的人口数据在 1936 年 3 月的《安东经济时报》([日]安东商工会议所发行)中亦有相同的记载。

日俄战后,日本开始向东北大量移民。作为东北东南部门户的安东,亦有大批日本人涌入,至 1912 年已有 6497 名日本人和 308 名朝鲜人居住[②]。随着安东工

---

①　坪为日本面积单位,1 坪等于一日亩的三十分之一,合 3.3057 平方米。

②　[日]南满洲铁道株式会社興业部商工課:《南满洲主要都市と其背後地》,1927 年,第 14,15~16 页。朝鲜由于沦为日本殖民地,当时相当一部分日文文献将内地人(日本国人)、朝鲜人统称为"日本人"。

商、外贸业之发展,中外人员纷纷涌入。1917 年,安东城市人口约 57426 人[1],1931 年增至 157980 人,年均增速约 7.5%。需要注意的是,安东人口增长虽有日本移民政策影响的因素,但主要还是由于本身经济发展而吸引中国劳动力及商人所致。如表二所示,1924 年、1931 年的统计,日本人都是 11000 多人,数量相对稳定,不超过安东人口的 10%;但朝鲜人仍持续增长,中国人增加最为显著,占安东总人口的绝大多数。

铁路的开通带动了安东交通运输业和工商业的发展,从业者日增。人口增长的同时,安东居民的职业结构也变化较大。如表三所示,1924 年,日本区内居民的职业主要集中于工业、商业、交通业三类,合计达 7093 户,约占全区总户数(10588户)的 3/4。各业人员以中国人居多,与安东人口的国别结构特征相一致。1929 年日本区的职业统计显示,由于安东城市在近代化转型中对管理、法律、文化、教育、医疗等方面的需求,公务员、律师、记者、教员、医师等新兴职业从业者达 4438 人。[2]

表三　1924 年安东日本区居民职业统计表(单位:户)

业别	中国人	日本人	朝鲜人	其他外国人	合计
农业	134	35	26	0	195
水产业	2	4	0	0	6
矿业	38	8	0	0	46
工业	1576	775	309	0	2660
商业	2252	496	194	1	2943
交通业	781	674	34	1	1490

资料来源:[日]南満洲鉄道株式会社興業部商工課:《南満洲主要都市と其背後地》,1927年,第 16~17 页。

与中国近代许多经济发展迅速的城市一样,安东城市的人口也出现了性比例失衡的现象,国别不同,其人口性别结构亦有差异。如表二所示,日本人的性比例基本平衡,而中国人失衡最为严重。其原因有二:第一,中国的外来务工、经商人员以青壮年男性居多且流动频繁[3]、较少携带家室,此为主因[4];第二,日本人的性比例基本平衡,表明其多是携带眷属移民安东的。

日本人在规划附属地时,最先确定了安奉铁路的走向及安东火车站的位置,所

---

① 1917 年的人口数据来源:[日]安東県商業会議所:《安東誌》,1920 年,第 29~37 页。该年日本区的人口数据以 12 月份的统计结果为准。

② 数据来源:[日]安東地方事務所:《安東付属地概況》,1930 年,第 37~41 页。

③ 以缫丝、油坊两业为例,其所雇工人主要为山东人。这些雇工多是"冬令来此佣工,至农忙之际,则返乡从事耕耨"。参见《民国十一年至二十年各埠海关报告》,载《中国旧海关史料》(157),第 389 页。

④ 《民国十一年至二十年各埠海关报告》,载《中国旧海关史料》(157),第 407 页。

以二者的方位直接影响到近代安东的城区格局。由于改铺标准轨后的安奉铁路需通过鸭绿江铁桥与朝鲜铁路接轨，因此日本人决定将铁路从鸭绿江边沿垂直于江岸的方向修至镇江山（今锦江山）麓，然后沿山麓转向奉天方向，并在江岸与山麓间铁路的中点处修建火车站（如图二所示）。车站东北侧为日本人和中国上层人士的居住区，西南侧是日本管辖的工业区①，垂直于江岸的铁路自然成为安东最早的城市功能区分界线之一。

随着铁路开通后工厂、店铺与居民数量的增加，安东原有的城区空间不敷使用。在华界内，1918 年安东县知事、警察厅长协同总商会长等人筹议拓展东坎子为商埠区，同时把东至大沙河、西至七道沟、南起鸭绿江、北至盘道岭的广阔区域辟为市场。② 新商业区开辟后，"资本家争往购地，建筑市房，地价骤增十倍"。③ 日本区的满铁附属地也由 1925 年的 1353419 坪扩展到 1929 年的 2778243 坪。④ 街市扩展的同时，大规模的城市规划与建设在日、华两区先后进行。日本人在区内规划方格状路网，对沿街建筑造型提出严格要求以保持街道整齐⑤，还进行了电力、消防、上下水、煤气、江堤、公园等公共设施的建设。受日本区带动，华界的规划与市政建设也逐渐展开，东坎子商埠区的路网规划便是日本区规划的发展和移植。⑥ 1920 年前后，华界的主要桥梁、道路多有翻修，排水及防洪设施也相继建设。不过，由于安东民风保守，生活习惯等方面受日本人的影响有限⑦，故华界的建筑基本保持传统的中式风格。

经过日、华两区分别的规划整治，19 世纪 20 年代中期，安东市各区域的建设大致成型，城市面貌与设置之初的荒凉景象已是天壤之别。不过，华界的建设、管理、卫生水平仍落后于日本区。仅举一例，1919 年 8 月霍乱由奉天传入安东并迅速蔓延，持续一月有余。此间感染者华界共 1221 人，而日本区仅为 303 人⑧，从一个侧面反映出日、华两区卫生防疫条件之差距，亦体现了殖民环境下安东城区发展的非均衡性。

---

① 梁江、李蕾萌：《丹东近代城市规划与形态解析》，《华中建筑》2010 年第 3 期，第 97 页。
② 丹东市地方志办公室：《丹东市志》(2)，第 3～4 页。
③ 关定保等修，于云峰等纂：《安东县志·疆域·商埠》（民国），第 19 页。
④ 《日本与东三省铁道之关系》，《工商半月刊》第 3 卷第 22 号，1931 年 11 月 15 日。
⑤ 比如"必须建筑砖瓦结构房屋"，"各主要街道必须建筑房檐在 7.5 米以上的二层楼以上的房屋"，等等。
⑥ 汤士安：《东北城市规划史》，辽宁大学出版社 1995 年版，第 139 页。
⑦ 《民国十一年至二十年各埠海关报告》，载《中国旧海关史料》(157)，第 380 页。
⑧ 《中华民国八年安东口华洋贸易情形论略》，载《中国旧海关史料》(84)，第 233～234 页。

结语

作为新式交通运输方式的铁路,其所承载的技术含量、到达时间的大幅缩减、超大量的运输能力及安全性,决定了其在经贸往来、刺激产能、人员流动方面可以发挥重要作用,更可以通过大幅缩小地域空间,强化超远距离间地域的行政、经济及文化联系,通过军事运输还可以实现国防、军事战略及强固边防的重要功能。在近代中国列强环伺、内政混乱的背景下,铁路的引入实际上是政治、经济、军事、外交等诸多因素博弈的结果而非纯粹的经济考量,日俄战争中修筑的安奉铁路充分说明了这一点。安奉铁路是日本进入亚欧大陆、抵御沙俄势力南下、掠夺中国东北资源的重要工具。就其经济价值而言,由于该路沟通了中国东北、朝鲜半岛与日本本土间的区域经济联系,是东北亚国际陆路交通线的重要线路,这使得处于中国东北通商口岸并相邻日占朝鲜的安东市,具有了迅速兴起必备的战略意义及经贸价值。

安奉铁路的修筑,使安东传统的地缘劣势转化为城市近代化发展中的区位优势。"城市地理位置的核心是城市交通地理位置"[1]。安东地处国家疆域的边界,自然地理环境相对闭塞。铁路修筑前,其交通范围"以东边一带(通化、桓仁、辑安、凤凰城等处)为主要","与他方之交通,尚不甚广"。[2] 这使得安东处于传统经济区域的边缘地带,与区域中心的经济联系较少。由于鸭绿江水运条件并不理想,安东对于周边地方的经济辐射能力亦十分有限。铁路开通后,开埠通商使得小城安东成为中朝边境上的重要交通枢纽和边贸口岸。安奉铁路沟通了北达东北内地乃至西伯利亚,南及朝鲜半岛和日本的相互联系,安东因此融入了以奉天等地为中心的东北内地经济带,也被纳入日本的经济辐射范围,工商业和进出口贸易随之兴起。

近代安东并没有大连、奉天那样令人瞩目,但安奉铁路功能的多样性及其扩张性在与安东产业的互动发展过程中彰显出来。安奉铁路的开通,不仅使安东初步形成以铁路为主、港口为辅的近代交通体系,其本身对安东兴起的带动也基本遵循铁路促进城市发展的"连锁模式":铁路的修筑改善了城市的交通运输条件,人员、物资的规模运输成为可能,运输业因此获得发展。在铁路巨大运输能力及其带来的经济效应影响下,工商业因其发展所需之劳动力、原料的充足供应以及商品运销地域范围的扩大而勃兴,人气聚集、工商业和服务行业的发展,促使城市人口增长及街市扩展。上述变化的综合效果便是安东城市的整体繁荣。

毋庸置疑,在近代中国政治、经济无力摆脱世界列强的干预与渗透背景下,近

---

① 周一星:《城市地理学》,商务印书馆1995年版,第160页。

② 徐曦:《东三省纪略》,商务印书馆1915年版,第369页。

代安东在安奉铁路发展的推动下迅速兴起,但殖民地程度也日益加深。九一八事变前,铁路一直是日本在东北推行殖民扩张的核心工具。从满铁首任总裁后藤新平提出的"文装的武备"①,再到后来的"满蒙方针"②,都须依托铁路的经济功能来实现。作为满铁经营的重要线路的安奉铁路,不仅使安东变成了日本控制东北经济的桥头堡,日商对于安东工商业的控制力愈益增强,也使安东成为满铁直接经营的重要附属地,大规模的城市规划和建设相继展开。安东工商业的增长及中日两区的非均衡发展,在将安东逐步推上近代化轨道的同时,其殖民地特性也表露无遗。铁路与城市发展之间的类似特点,在百余年来近代中国东部、中部开埠城市的发展史中具有典型性。

① "文装的武备"是后藤新平殖民政策的核心,就是以经营铁路为中心发展各种产业,实行大规模移民,培养在东北的日本人势力,构成潜在的军备,通过发展经济力量而达到增强军事力量之目的。参见苏崇民:《满铁史》,第45页。

② 1912年,针对当时军部、浪人提出立即吞并东北的要求,日本外务大臣内田康哉在《关于对中国外交政策的纲领》中作了批驳,将"关于满蒙的方针"规定为"以我现有的地位为基础,在经济方面确保和平的发展",也就是要"在南满完全以和平的手段和通过取得权利等方法扩大我们的经济利益,谋求我国人的企业发展,增加中日合办企业,使贸易关系扩大、居留日侨增多,在这方面的帝国地位愈益巩固"。参见苏崇民:《满铁史》,第57页。

中东铁路(滨洲线)的修建与沿线地区的早期城市化

曲晓范①

摘要:中东铁路是 19 世纪末 20 世纪初由沙俄主导、以中俄两国合作形式修建的一条纵贯和横穿东北全境的丁字型铁路,它以一次性建成距离之长(总长 2500 公里)、从开工到通车时间之短(不满 6 年)、通车后对区域发展影响之大,在中国铁路发展史和近现代东北史上占有突出地位。本文试从新式交通运输与区域社会变迁的视角,集中从正面考察中东铁路三大部分之一的滨洲线在建成后带来的社会经济深刻变化和区域城市化进程的启动,以为更全面地研究和评价中东铁路史提供参考。

中东铁路是 19 世纪末 20 世纪初由沙俄主导、以中俄两国合作形式修建的一条纵贯和横穿东北全境的丁字型铁路,它以一次性建成距离之长(总长 2500 公里)、从开工到通车时间之短(不满 6 年)、通车后对区域发展影响之大,在中国铁路发展史和近现代东北史上占有突出地位。但因其与近代中国的许多铁路一样,中东铁路也是以列强侵略产物的形式出现的,所以半个世纪以来,国内学者对其研究一直偏少,已有的一些研究亦多从负面定性研究为主。本文试从新式交通运输与区域社会变迁的视角,集中从正面考察中东铁路滨洲线建成后带来的社会经济深刻变化和区域城市化进程的启动,以为更全面地研究和评价中东铁路史提供参考。

一、中东铁路的策划和建设过程

关于中东铁路的规划和建设史最早可以追溯到 1880 年。是年,已经夺取了中国黑龙江以北和乌苏里江以东地区中国领土的沙皇俄国为争取东北亚地区的战略优势,开始研究兴建一条从车里雅宾斯克到海参崴(符拉迪沃斯托克)的西伯利亚大铁路的计划。主张对外侵略的俄海军少将库皮托夫(Kupitoff)提出,在铁路线经过伊尔库茨克后,转向南方,从恰克图进入中国外蒙、内蒙;在穿过北京后,再转向中国东北,纵向延伸至黑龙江齐齐哈尔;再由此横穿东北,通过宁古塔、绥芬河进入

---

① 曲晓范,东北师大历史文化学院教授,博导,主要研究方向为区域城市史和交通社会史,近代中外关系史和辛亥革命史等。

俄国乌苏里的双城子①。库皮托夫的计划是想利用这一铁路的修建一举打开中国北部和东北的经济市场。但是,俄国担心遭到中国的拒绝和其他列强的反对,所以这个计划当时并没有在俄国内部获得通过。因此,1891年5月西伯利亚大铁路开工后,其规划的线路走向是穿越伊尔库茨克后继续向东,在经过赤塔以后,转向东南,沿中俄边境的黑龙江北岸修筑,到达哈巴罗夫斯克后再转南沿乌苏里江东岸修至符拉迪沃斯托克。但当1895年初该铁路修至上乌金斯克(乌兰乌德)时,沙俄政府内对赤塔以东地段的铁路走向问题产生了分歧。② 负责铁路拨款的财政大臣维特认为,如按原计划进行,绕道太远,并且沿途气候恶劣、人烟稀少、人力不足,将延长工期,筑路费用太高。因此,他主张由赤塔转向东南方向,横穿中国北满地区,就近直达海参崴。这既可使铁路缩短700俄里的里程,并因线路南移600俄里将使铁路避开可能来自黑龙江航运的竞争,并可节省资金1.34亿卢布。当然更重要的是,通过铁路线,可以一举把战略地位十分重要的满洲纳入俄国手中。维特的这一主张表达了长久以来沙俄在远东地区的扩张愿望,所以沙俄政府采纳了维特的这一计划③。而中日甲午战争的结局又恰好为沙俄提供了一个难得的实施其计划的机遇。

由于1894—1895年的甲午战争使清政府一败涂地,1895年4月清政府被迫同日本签订了丧权辱国的《马关条约》。根据这一条约,清政府不仅要向日本赔偿白银二亿两,还要割让在整个东北亚地区处于战略中心地位的台湾岛、澎湖列岛和辽东半岛等领土。因此,《马关条约》的订立使清政府及中华民族遭遇到了前所未有的存亡危机。一直对中国领土抱有强烈瓜分欲望的沙皇俄国见有机可乘,先是秘密构划了一个"借地接路"的计划,随后立即在外交上展开行动,即对《马关条约》表示公开反对。接着,沙俄又打出帮助清政府维护领土主权的幌子,联合德国、法国一同向日本施加压力,最后迫使日本作出部分妥协,暂时放弃割让辽东半岛。沙俄通过导演"三国干涉还辽"事件取得了清政府的好感之后,遂于1896年6月引诱清政府与之订立在外交上带有军事同盟性质的《中俄密约》。该约第四款规定:中国允许俄国华俄道胜银行在中国建造一条穿越吉林、黑龙江地方,连接俄国西伯利亚大铁路的中东铁路。俄国从此正式获得了在东北修筑铁路的特权。由于《中俄密约》只对修造铁路问题作了框架性规定,所以随后双方谈判代表(清朝方面为驻德公使许景澄、俄国方面为华俄道胜银行董事长乌赫托姆斯基)于同年9月8日在

---

① [俄]尼鲁斯:《东省铁路沿革史》,中东铁路公司1923年英文本,第5页。另参见陈秋杰:《西伯利亚大铁路修建及其影响研究》,东北师范大学,2011年,第24页。

② Colquhoun Archibld R:"The Trans-Sibrian-Manchurian Railway",*Monthly Review*,1:2(1900,Nov.)p.40.

③ 参见李华耕:《风雨飘萍——俄国侨民在中国(1917—1945)》,中央编译出版社1997年版,第251页。

柏林又订立了《中俄合办东省铁路公司章程》。该章程的第一条规定:"中国政府以库平银五百万两与华俄道胜银行伙作生意,所有赔赚照股摊认"。但实际上,以后发行的所有股票都由道胜银行一家独揽,完全排除了中国方面对这一铁路的控制。

华俄道胜银行获得了中东铁路(又称东省铁路)的专营修筑权后,于1896年12月27日在海参崴成立了"中东铁路公司",任命毕业于英国皇家工程学院的俄国人尤格维奇博士为铁路总工程师。翌年8月29日,铁路公司在中国境内小绥芬河附近的三岔口举行试开工典礼,随后,一边勘察一边进行全面开工准备。1898年4月,铁路工程局在完成了勘测之后,派遣先遣队到达哈尔滨"田家烧锅"大车店(香坊),正式将这里确定为铁路工程局的驻地。由于在此之前的3月27日和随后的5月7日,沙俄与清政府又签订了《旅大租地条约》《旅大租地续约》,沙俄获得了在大连设立租借地、修筑由哈尔滨到大连的中东铁路南线的特权,[①]所以在同年6月9日,当俄国中东铁路局由海参崴迁到哈尔滨后,中东铁路就以哈尔滨为中心,分成东、西、南3条线6处相向施工(东线哈尔滨对乌苏里斯克,西线哈尔滨对后贝加尔,南线哈尔滨对旅顺)。1898年5月28日这一天,被定为"成立哈尔滨基础并东省铁路开工建筑之纪念日"[②]。

作为西线的滨洲线总里程为945公里(从满洲里车站到中俄铁路分界点间的10公里路轨为非营运里程,所以滨洲线的营运里程为934.8公里),本段开工后,因所需木材、沙砾、砖石均由铁路施工部门组建的森林采伐队、砂石运输队就地提供,所以进展较快,至1899年春完成哈尔滨江北船坞往西20公里的铺轨工程;1900年4月,铺轨到距哈尔滨269公里的昂昂溪站;1901年4月,铺轨到距哈尔滨415.4公里的扎兰屯;同年4月15日,由哈尔滨开出的第一趟列车到达扎兰屯站。1901年5月末,铺轨到距哈尔滨538.7公里的博克图站;9月,利用临时越岭线翻越大兴安岭山脊至距哈尔滨602.7公里的乌尔奴站。该线的另一端由满洲里向东

---

① 关于中东铁路南满段(从哈尔滨到旅顺段)的定名问题历史记载是不同的。确定修建南满段初期,俄国规划者的确是将该段定名为支线,将哈尔滨到绥芬河段与哈尔滨至满洲里段定为主线;但在俄国人于1899年进入大连以后,实地考察证明,大连确为一不冻深水良港,港口条件明显优于海参崴,遂决定将南满线改为正线,以集中培育大连港的空间发展环境。但是在1905年日俄战争结束后,战败的俄国被迫将长春以南的中东铁路利益全部交给了日本,失去了包括大连海港在内的东北南部铁路的俄国人从此在中国活动的空间迅速被压缩到长春以北地区。在这一背景下,俄国人先前制定的大连港水运与东北铁路的连线计划被迫放弃了,重新将滨绥线定为主线。

② 参见东省铁路历史委员会编:《东省铁路二十五年成绩报告书》,载[俄]尼罗斯撰、朱舆忱译:《东省铁路沿革史》,1923年版,第1页。另据凌鸿勋所著:《中国铁路志》一书273页的记载,"东省铁路开工日为1898年5月28日(公历)";还有,哈尔滨市曾在1938年5月28日举行过"建城40周年"庆典。据此,笔者认为,近年部分学者认定的"1898年5月28日为俄历,公历6月9日为哈市建城日"是错误的。

铺轨,至1901年11月3日在乌尔奴举行接轨仪式①;1902年1月14日开始临时营业。② 在中东路西线正式通车之前的1901年3月3日,哈尔滨至绥芬河的滨绥线(全长544.5千米)部分已首先完成铺轨,并于是年11月14日开始试行营业。在西线通车的同一个月,哈尔滨至旅顺的中东铁路南部线也完成铺轨,1903年3月8日,南部线开始试运营。1903年7月14日,中东铁路全线竣工并正式通车营业。该路全长2489.2千米③(不包括随后俄国加修的大石桥至营口牛家屯支线21.4千米、灯塔至煤矿支线15.6千米、抚顺至苏家屯52.9千米这三条支线铁路)。

二、滨洲线的开通与沿线地区经济和社会结构的突变

由于中东铁路是作为资本主义列强侵略产物的形式出现的,它的建成使俄国从此有了一条攫取东北物产资源的运输通道,这无疑进一步加深了近代东北地区的半殖民地化。事实上,俄国也正是利用这一铁路在一段时间里将东北特别是北满地区的经济命脉牢牢地控制在自己手中。俄国还曾依托它运送军队和战略物资,组织日俄战争。据统计,在1904年2月至1905年10月的日俄战争期间,俄方85%以上的军需物资都是通过该路运送的④。此外,在修建铁路期间,由于占地和采集枕木,又使东北的大面积森林资源遭到毁灭性的破坏。

然而,铁路作为一种近代化的机械动力交通工具和运输机制必然有推动区域社会进步的自然属性,这是不依修建者的主观意志为转移的。中东铁路一经试营运,立刻就显示出东北传统的以自然力为主的旧式运输模式根本无法与之相比的先进性。首先,铁路运输有较好的对外接续能力。中东铁路南北纵贯、东西横穿东北三省,它有大连、满洲里、绥芬河三个方向的外接口岸,一次转运即可完成与大连的路海联运或与俄罗斯的国际联运。东北封闭的腹地与沿海口岸(大连、营口、海参崴)第一次连接到一起成为有机的整体,正式结束了东北内陆城市和乡村与外部世界以及它们之间相互隔绝的历史。

其次,铁路运输速度快,预定时间准确。无论是客运还是货运,都有一个运输速度问题,自然是越快越好,火车不受气候和季节影响,可提供全天候的长年服务。

第三,铁路运输一次性运量大、成本低。东北传统的辽河和松花江航运,载重

① 此时大兴安岭隧道尚未开通,为保证全线尽快通车,继续使用此前在大兴安岭上修筑的一条Z字形临时越岭线过车。

② 玛世明:《黑龙江省志·铁路志》,黑龙江人民出版社1992年版,第80页。

③ 1905年日俄战争结束后,俄国被迫将长春至旅顺之间的762千米铁路无条件地转让给了日本,被日本改称为南满铁路。所以自1906年起,中东路作为一个特定概念只包含原来的长春以北部分,总里程缩短为1727千米。因此,本文对1905年后的中东路表述只限定在长春以北部分。

④ 参见《明治43年日本驻哈尔滨总领事馆调查报告》,载1925年日本外务省通商局编:《满洲事情》第4辑,第3卷,第5章。

船只分为两大类，一类是载重 20~60 石的中型牛船，另一类是载重 80~120 石的大型槽船。也就是说，最大的航运木船一次只能载重 30 吨。而火车运输，一列车可载重 2000 吨，载重量是木船的 60~70 倍。由于运量大，运输成本当然降低。

正是中东铁路自身拥有这种特殊的交通运输优势，所以在其全面通车之后，其客、货运输量直线上升，迅速超过辽河航运成为东北交通运输的第一大动脉。1903年全面通车当年，由中东铁路输出输入的货物已占东北全境外贸货运量的 40%以上，其客货运输收入达到 1599 万卢布①。至 1908 年，这条铁路的货物输出输入额接近同年东北货物总量的 60%。以北满货物运输为例，是年该区域农产品总输出额为 2250 万卢布（5282000 担），其中中东铁路承担了 1400 万卢布的货物运输量，占总数的 56%②。与此同时，该路仅在 1903—1905 年的 4 年时间里，就往东北运送了大约 150 万人的关内移民③，这一数字相当于此间进入东北中北部地区移民总量的 70%。仅在滨洲线沿线地带就增加了约 70 万人④。进入民初以后，中东铁路运送关内移民来东北定居的数量更大，以靠近呼伦贝尔盟的黑龙江省甘南县为例，1922 年时，该县总共有 21 个自然屯，有农民 823 户、7782 人，平均每平方公里定居人口为 2.26；但到了 1929 年，该县接纳了河南难民 1984 户、20683 人，人口总量一下子升到 44856 人，每平方公里人口量达到 12.87。⑤ 以火车为交通工具的移民的大量涌入，在满洲里—哈尔滨的铁路区间及其临近地段迅速形成了连绵的人口密集带，⑥区域人口的大量增长使昔日荒无人烟的北满草原沼泽地上有了众多村落，这就为以后中东路沿线近代城市群的出现创造了条件。

滨洲线沿线地带之所以能迅速成为大规模外来移民集结的地区，除了具有现代化的铁路作为新式运载工具外，当然也与本区特殊的区位环境以及东北地方当

---

① 《黑龙江省志·铁路志》，黑龙江人民出版社 1992 年版，第 28 页。

② 《明治 43 年日本驻哈尔滨总领事馆调查报告》，载 1925 年日本外务省通商局编：《满洲事情》第 4 辑，第 3 卷，第 5 章。

③ 据《黑龙江省志·铁路志》引述的资料，中东路在 1903—1905 年间共运送旅客约 280 万人次，其中 1903 年为 175.5 万、1904 年为 45.5 万、1905 年为 62 万，扣除短途和其他旅客人数，并参考其他材料，此间中东路运送的关内移民约 150 万。

④ 据汤尔和译、中东铁路局 1930 年出版的《东省丛刊之一：黑龙江》一书载，1903 年 7 月即中东铁路开通时，黑龙江省人口为 40.8 万人，到 1908 年该省人口已增加到 1 455 657 人，其中增加者大部分为铁路输送并居住在铁路沿线的移民。

⑤ 甘南县史志编委会：《甘南县志》，黄山书社 1992 年版，第 77 页。

⑥ 中东路开通之际，距离人口稠密的双城、肇州较近的安达总人口只有 1000 人，其总面积至少为 5000 平方公里，即每平方公里人口大约为 0.2 人，相邻的杜尔伯特每平方公里也是在 0.18 上下。沿线人口密度只有肇州和齐齐哈尔一带超过这个水平，但每平方公里亦不会超过 20 人。但是到了 1930 年，满洲里至必集良之间沿途 380 公里，已有 23491 人，每平方公里达到 61.9 人；博克图至庙台子 551 公里，有 78643 人，每平方公里达到 142.7 人，如果加上哈尔滨附近的 16 万人，人口密度就更高了。其基本数据引自《杜尔伯蒙古族县志》《安达县志》《东省经济月刊》1930 年 6 卷 8 期的《最近中东铁路沿线一带之人口》一文。

局从挽救边疆危机出发积极倡导和协助关内移民前来定居地区直接相关。

根据当时的隶属管辖关系,中东路滨洲线经过地带在清末时期也应划为两大部分,基本以今天大庆市所辖区为界,东、西两面分属于内蒙古哲里木盟杜尔伯特旗固山贝子游牧地和黑龙江将军辖区。在这两大绵长的地理空间内,除了肇州、齐齐哈尔、海拉尔等几个地方具备城市形态,肇州、齐齐哈尔周围临近地带有一定的农业垦殖规模外,其他地区普遍是自然蛮荒地带,其中薄克图以西为大兴安岭山地和丘陵草地,以东至扎兰屯为大兴安岭山地向嫩江冲积平原过渡带,这一地区植被以森林和坡地草原为主;以东为嫩江流域的湿地和平原沙地和草地为主,植被基本上是羊草、芦苇和灌木群落。① 生活在这里的人大都为汉、蒙、回以及锡伯、达斡尔、鄂伦春、鄂温克等土著民族,生产方式以游牧和特产采集为中心。由于气候寒冷,外来移民少,人口增长缓慢。例如,1904 年时,位于嫩江流域的杜尔伯特旗(今杜尔伯特蒙古族自治县)境人口密度仅有 018 人;两年后的 1906 年,与之相邻的拥有 15000 平方公里的土地大县(厅)安达全厅人口也只有区区可数的 916 人。翌年,该县人口升至 1837 人。② 黑龙江青冈县 1831 年始有关内移民,1899 年县境大面积对外开放,到 1911 年土地开放面积达 37 万公顷,其中可耕地 29 万公顷,潜在开发地 7 万公顷,但当年既耕地只有 152000 公顷,但人均土地面积已达 2.6 公顷(1914 年,青冈人口 9417 户、57919 人),人均占有粮食 1991 千克。黑龙江省拜泉县自 1904 年起对汉民开放(当年开放、开垦 351 公顷土地),到 1906 年,共开放 90 万公顷土地,其中可耕地 41 万公顷;然至 1914 年,仅开垦了 22 万公顷,尚有 47% 的可耕地没有开发,但其人均土地面积竟高达 2.2 公顷(是年全县人口为 14869 户、98849 人),几乎是山东省缺少土地地区的 10 倍。在这一背景下,以汉族人口为主体的关内移民自然期待前来定居。

与此同时,在边疆危机的特定背景下,清末中央和地方政府实行的鼓励移民东北边疆的政策亦强有力地推动了关内民众向嫩江流域和大兴安岭山地移居。为实现永久侵占东北,自 1898 年中东路修筑以来,俄国方面即制定和实施了移民 60 万至中东路沿线的计划;到 1902 年,俄国"移民数十万布满沿边"。面对沙俄的移民侵略活动,一直试图与之在东北亚抗衡,妄图变"日本海为亚洲之地中海,实现其独霸满蒙、征服中国、称霸世界"的日本自然不甘示弱,此时一面暗中对东北进行分散、渗透式移民,一面提出 10 年内"向满洲移入 50 万国民"的计划,所以进入 20 世纪后东北的外侨日渐增多。到 1906 年,东北日侨为 5025 人,1907 年更达 16163 人,东北边疆的形势已到十分险恶的地步。而处于日俄两大侵略势力之间的清政

---

① 参阅呼伦贝尔盟史志编委会:《呼伦贝尔盟志》,内蒙古文化出版社 1991 年版,第 117 页。

② 杜尔伯特蒙古族自治县史志编委会:《杜尔伯特蒙古族自治县志》,黑龙江人民出版社 1996 年版,第 133 页。

府既没有相应对策与之抗争，又无军事实力进行反击，惟"赖有此多数移民，移植关东"，通过"移民实边"，"以固边圉"。所以从 1905 年开始，清政府一改过去传统的局部放荒弛禁政策，宣布开放东北全部土地，允许各民族人口进入包括中东铁路西线穿越的哲里木盟杜尔伯特旗地领荒垦殖。清政府除采取招民开垦的奖励措施外，还采取了催垦、抢垦、自由垦殖等实质性的促进措施；同时，在具体措施上给予移民种种优待，如黑龙江省在汉口、上海、天津、烟台、长春、营口等移民中转地设立边垦招待处，对垦户妥为照料，减免车船费，贷予牛具、种子、化肥，遇有青黄不接由官立银行酌予贷助、妥为安置，等等。进入民国时期，北洋政府及东北地方政府仍采取鼓励和支持移民的政策，积极推动移民事业的进行。北洋时期，负责东北移民的机构主要为两大部分，一是设于河北、河南、山东等移民来源地的移民局和垦民旅行社，二是设在东北各地的垦殖局、招垦局、难民救济所、收容所等组织机构。移民机构的活动主要有赈济受灾严重的移民，指导移民有计划有目的地徙居、招集和安排交通工具输送移民，在东北妥善安置移民的生活等诸多内容。在设置各种移民机构的同时，各级军阀政府还制订了许多移民章程、法令及具体施行办法。东北边疆各级政府为移民提供的上述优惠政策，解决了移民迁移中的困难，保证了移民活动的顺利进行，为移民大批进入东北提供了便利。在安置方面，规定"对于大（型）工程要雇用移民，以资援助"；"造林开垦，完全雇用移民"；"设立民生工厂，以安置移民"；"给予土地，令其开垦"；"满五年后，再升科"。"凡灾民在垦荒县分，应与土著居民同等待遇。"黑龙江省还规定了安置移民的具体办法："每难民五人，盖窝棚一间；集五百口掘井一眼，均官料民工。另安碾磨各一，以备公用，数愈千口，得别立一村。"许多村屯聚落由此而形成。凡此种种措施，扩大了移民的就业途径，减轻了移民的负担，不仅吸引了大批移民来到东北，而且使他们迅速安居下来，促进了移民事业的顺利开展。总之，在清末边疆危机的特定历史背景下，清政府、北洋政府及东北地方政府都把移民事业放在首位，积极推动、鼓励和支持移民事业的进行，为移民大批进入东北边疆地区创造了有利的客观条件，推动了移垦事业的大规模展开。[①]

还有，此间中原和华北异常艰难的生存环境则是迫使大批农民驱逐性离开故土的主要原因。近代以降，中原的河南和华北的河北与山东两省人口飞速增长，人口增殖量超过土地供养力，双方矛盾日益突出。到 1910 年，山东、河北、河南三省人口约占全国总人口的 20% 以上，其中山东省人口密度每平方千米高达 528 人、河北 281 人；同年，全国的人口密度为 1 平方千米 174 人，东北三省平均值为 41 人（奉天 80 人、吉林 33 人、黑龙江 8 人），内蒙古的人口更低。按照罗尔纲对 1949 年

---

① 曲晓范：《近代东北城市的历史变迁》，东北师大出版社 2001 年版，第 228～230 页。

以前南北生产力所作的估计，近代北方农村人均耕地至少要占有 3 亩才可勉强维生，可见华北人民已处在生存线的边缘。此间，华北地区出现异乎寻常的自然灾害，受灾面大、灾次频繁，其普遍性、连续性为世界所罕见，其中尤以黄河沿岸各县最为突出。1927 年，山东发生蝗灾，灾区面积广达 56 县 24 万平方千米，灾民 2 000 万人。翌年的水旱和蝗灾又蹂躏了 82 县，灾民达 700 万人；同年的水、旱、蝗、雹等灾害使河南三十几县作物收成不及一成，河北的 600 余万人生活受到严重威胁。多灾并发、灾害连年，农民简直是无以为生。所以，此间中原和华北人口移民东北实质是挣扎在死亡线上的贫苦农民自发地、不可遏止地保求生存运动。

在新式的铁路交通和上述其他主客观环境引导下，中东路西线各站从 1906 年起，几乎成了外来移民和难民的天下。根据民国 18 年（1929）的一项统计，是年 1 至 10 月末，到昂昂溪和齐齐哈尔两站的移民人数高达 45000 人，其中难民为 24360 人。这些难民在这两站下车后，陆续被接待部门分送到龙江（4671 人）、拜泉（3000）、讷河（600 人）、甘南（400 人）、肇州（1990 人）、绥化（862 人）、肇东（2655 人）、泰来（2200 人）、布西（350 人）、呼兰（504 人）、明水（1924 人）、安达（600 人）等地安置定居。[①] 当然，清末民初前往滨洲线一带定居的外来移民也并非都是从关内迁入的，他们中的许多人是由邻省吉林和奉天移入的，是区域内的二次、三次迁徙流动。在近代早期，由于东北的开放地区相对集中于辽河流域和松花江流域的中部，并且这两个地区当时人口也比较少，所以关内移民在进入东北后，普遍是一次性扎根于移民区，不再进行二次迁徙。但是进入 20 世纪以后，随着东北西部内蒙古草原和北部的嫩江流域、松花江下游及牡丹江流域的开放，可供移民选择的移民地区更加广阔；同时，由于移民的不断流入，辽河流域和松花江中游地区的人口密度已经很高。在这种情况下，为了进一步改善自己的生存状况，一些移民在东北南部和中部居住了一段时间之后，初步适应了东北的气候及环境，接着就进行东北大区域内的二次或三次迁移。如 1914 年，农业经济相对繁荣的吉林省农安县有移民 1421 户、19 685 人移居到邻近的黑龙江省肇东县。当然，也有一定量的滨洲线地区内的二次迁徙活动。据中东路局调查员鲍罗班统计，1912 年绥化人口为 224749 人，到了 1914 年，该县人口已降为 27490 户、176278 人，减少的人口流向了人口更少的拜泉、通北和龙江。从表面上看，移民在东北的二次、三次移居并不增加移民的总体数量，但是，通过这种有理性的迁徙活动，它使东北地区人口分布的不均衡状态得以优化和调整，有助于边疆地区人口质量和经济环境的改善。并且，因二次移居使东北中部地区人口密度下降，这就必然在一定程度上进一步刺激了关内移民向东北移居。

---

① 仲铭译：《民国十八年东北移民运动状况》（续），《东省经济月刊》六卷十二号（1931 年）。

在区域内铁路运输稳步发展、人口总量持续扩大的情况下，滨洲线一带的社会经济开始发生突变。

首先是农业经济得到迅速壮大，多层次的农产品市场得以发育和成熟。前已述及，中东铁路修建前，本区人口少、运输条件差，农牧业经济产品无法走向市场，所以农牧业经济整体上规模弱小，属于完全的自然经济形态。由于铁路开通，从事商业活动的人口可以进行长距离的流动，直接带动了农牧产品市场得到快速发育。在昂昂溪站，仅粮商就有 15 家至 20 家，交易金达四五万元。甚至已有欧洲粮商在此常驻购粮，[①]火车站成了粮食外运码头。粮食贸易的扩大，引发了铁路沿线一带民初的垦荒高潮。至 20 世纪 20 年代末，齐齐哈尔车站附近地区的荒地"已开垦净尽"。[②] 在距齐市 53 公里的土尔池哈站，到 1929 年当地人已用"火犁开出之荒地达四千晌"。[③] 农业经济逐渐跃居为区域经济的首位。

其次是林业经济、牧业经济商品化。历史上，本区的林业经济主要是以自用为主、以狩猎为重心的特产品采集。铁路开通后，从事林业经济活动的人开始从事木材采伐，他们将规格统一的成品木材运到铁路沿线卖给铁路公司供其建筑房屋和桥梁；将木桦卖给俄国侨民供其生火取暖；将猎取的旱獭皮卖给从事远程贸易的皮货商人，运往欧洲。如博克图站，民国 18 年（1929）外运货物为 34370 吨，其中原木 27076 吨，桦子 6408 吨，炭 296 吨；巴林站民国 18 年（1929）外运货物 2690 吨，其中木桦 2059 吨、木材 334 吨。而满洲里站，每年从事猎取旱獭皮的人就有 300。再如扎兰屯，原来牧民饲养奶牛基本用于自家食用。民初，随着火车旅行之风尚的兴起，扎兰屯成为避暑地。适应旅游业的需要，该镇俄侨养奶牛业亦随之形成产业化。1929 年，该镇有奶牛 300 头，牛奶大都卖给避暑疗养所。站内还有砖窑和酒厂各一处，酒除当地饮用外，还贩卖沿途各站。

第三，促进了东北地区煤炭生产的工业化。还在 19 世纪晚期，东北北部和西部煤炭的开掘就有了一定的规模。中东铁路开通，铁路机车牵引动力主要依靠煤炭燃烧，大量的煤炭消耗和出口煤炭使小煤窑不断倒闭，为大型企业的兼并、重组创造了条件，同时更为煤炭生产的合理、科学发展提供了重要的前提条件。

第四，铁路为沿线地区多元性的异质化人口的形成发挥了重要作用。传统的东北北部，社会环境非常落后，就业岗位设置少，导致青年人的职业选择非常艰难。铁路开通后，围绕铁路运行和运营，铁路局非常需要专门人才。在这一背景下，大批有专长的俄侨和国内铁路学校毕业生入境寻找岗位，很快就在各车站出现了为数众多的异质化人口。如扎兰屯，民国 18 年（1929）时，该镇人口 1800 多人，其中

---

① 可行：《中东铁路西线村站之今昔观》（续），《东省经济月刊》六卷十二号（1931 年），第 38 页。
② 可行：《中东铁路西线村站之今昔观》（续），《东省经济月刊》六卷十二号（1931 年）。
③ 可行：《中东铁路西线村站之今昔观》（续），《东省经济月刊》六卷十二号（1931 年），第 37 页。

华人只有400多人,而有籍和无籍的苏联人就达1200多人,这些苏联人大都在铁路局工作。异质化人口的积聚,对于沿线城市化的启动和发展至关重要。

三、滨洲线铁路附属地的建立与沿线早期城市化的启动

中东铁路开通后产生的最大影响还是区域的城市化。铁路开通前,沿线只有满沟、安达、齐齐哈尔、海拉尔等3~4个具备城市形态的地方。中东铁路滨州线开始营运时,共设置了95个车站,其中办理客运、货运营业的车站33个,旅客乘降站31个。至1931年,滨州线办理客货车站数量达到40个。在不到30年的时间里,滨州线沿线一下子就涌现出20多个新城镇,已有近10个市镇出现了近代意义的新城区,使沿线城市密度大大提高,滨州路沿线地带由此进入城市化的初期阶段。导致中东路沿线迅速出现城市化的具体原因除了铁路自身的巨大推进作用之外,还与俄国在沿线设立并推广铁路附属地制度有一定关系。

所谓的铁路附属地,是指沙俄在修筑中东路的过程中,为推行其殖民统治的需要,利用《东省铁路章程》中文本第六款中有关允许中东铁路公司为"建造、经理、防护铁路之必需",可在沿线设立"自行经理"用于兴建房屋工程、设立电线等铁路附属设施的铁路附属地的条款规定,蓄意曲解其含义,在铁路沿线采取无偿获得、低价收购等逐步蚕食的方式建立的排斥中国统治权由俄国人独占、供俄国人定居的类似于租界的一种特殊地区。按照俄方的私自扩大性解释,他们在附属地拥有包括司法、警察、课税等各种国家主权。从这里就可以看出,这种附属地实际上是俄国依托中东铁路在东北设置的一个面积广大的、带状形的殖民统治区,它与同期建立的大连租借地一起构成了近代俄国对我国东北殖民统治的全部内容。[①]

中东铁路附属地主要包括两大部分,一是路基和车站占地,二是在重要站点和城市中规划的城区用地。根据《中东半月刊》1卷第6期的一项统计,滨州线铁路和附属地总占地面积为113213晌地,其中铁路占17652晌,其余均为铁路附属地面积。各站间的具体占地面积详见表一。

表一　中东铁路各站的具体占地面积统计表

海拉尔	4363 晌	免渡河	2592 晌
哈克	876.884 晌	博克图	3285 晌
扎兰屯	3537.027 晌	碾子山	1598 晌
兴安	525 晌	土尔哈池	1545 晌
富拉尔基	1749 晌	昂昂溪	6137 晌

① 曲晓范:《近代东北城市的历史变迁》,东北师大出版社2001年版,第47页。

续表一

喇嘛甸	1594 晌	烟筒屯	2057 晌
萨尔图	1592 晌	满沟	1529 晌
安达	6000 晌	对青山	1813 晌
松北	8334 晌	满洲里	6000 晌

依具体的宏观规划面积,滨州线可分为 3 个等级,一级市街面积在 5 平方公里左右,以哈尔滨附属地为典型;二级市街面积为 2~3 平方公里,以满洲里、昂昂溪为典型;三级市街在 1~2 平方公里左右,以海拉尔为典型。

为了保证由俄国人独占中东铁路附属地,早在 1897 年即附属地市街地点和面积尚未完全确定之时,俄国人即开始组织来华移民。于是从 1898 年起,大批的俄国侨民(亦包括一些波兰侨民)陆续来到中东路附属地定居。这其中有筑路工程技术人员、铁路管理人员及其家属,也有商人、手工业者、医生、文化娱乐人员等自由职业者。到 1899 年末,仅在满洲里至哈尔滨就至少有 5000 名以上的俄国侨民了[①]。1901 年中东路干线试通车后,俄国的移民速度逐步加快;至 1903 年,在滨州线俄国移民已突破 1.5 万人(不包括哈尔滨的俄侨)。

大量俄侨的到来使各站和铁路附属地迅速成为人口聚居区,这是中东路附属地走向城市化和殖民地化的第一步。附属地向城市化演变的第二步是中东路重点火车站及其相关配套设施和水运码头的建设。修建高标准的火车站和水运码头是争取最大限度地发挥中东铁路的效能、保证沿线城市与外部世界紧密衔接的关键所在,所以附属地当局将两者放在优先发展的位置。具体对城市化产生直接影响的是其重点车站和普通车站。这些车站的基本设施包括站台、货场、售票厅、行政办公楼、上水塔、站前广场,以及为旅客提供食宿服务的饭店、旅馆。哈尔滨的车站包括香坊火车站中心区和配套的松花江航运码头两部分,其面积更大。滨州线铁路附属地走向城市化的第三步是中东铁路局主导的近代化市政建设。随着来华侨民的不断增加,从 1899 年起,中东铁路总局在哈尔滨、满洲里等部分附属地和租借地的俄侨聚集区内展开大规模的城区市政规划和建设。与传统的以自然形成为主、布局单一的东北城市形象迥然不同,中东铁路局按照城市的分区职能原则对附属地的街区进行了严格规划[②]。其建设项目主要包括以下几个方面:(1)修筑道

---

① 参见李华耕等著:《风雨浮萍——俄国侨民在中国》,第 9~10 页;《黑龙江省志・人口志》,黑龙江人民出版社 1996 年版,第 122 页;Alexander Humeford, "The Chinese Eastern Railway", *McChures's Magazine* (1893—1926);Nov. 1899;Vol. XIV. , No. 1;American Periodicals Series Online.

② 中东铁路哈尔滨附属地的首席规划设计者为中东铁路建筑工程局首任总工程师俄国人 A. K 列夫捷耶夫。中东铁路大连新城的首席规划者为俄国人沙哈罗夫(海参崴城市的最初设计者)和德国人盖尔贝茨。参见《(哈尔滨)南岗区志》和《大连港口纪事》。

路;(2)公用、民用房地产开发。其中,公用建筑主要是以中东铁路局和1902年后俄国在哈尔滨、满洲里、海拉尔等地非法成立的"市政局"为中心的官署房舍修筑,民用建筑包括住宅、商店、工厂、教堂和墓地。墓地和教堂建筑最典型的是哈尔滨东正教尼古拉大教堂(俗称喇嘛台)和大直街最东端的外侨公墓。此外,附属地还建有满足外侨生活的啤酒厂、面粉工厂等。

上述近代城区马路、建筑及工商企业的出现,使中东路附属地的市街规划地区在1905—1930年陆续完成或接近于由乡村向城市化的过渡,形成了包括区域首位城市、地区中心城市、铁路枢纽和站点城镇等多种性质的带状城镇群或城市走廊。其中的区域首位城市是哈尔滨(到1903年2月,哈尔滨市内人口已达到4.4万,同年底增至6万[1]),其他铁路枢纽和铁路站点城市或城镇主要有:

满洲里:位于北纬49°35′、东经117°26′,滨洲线终点站(一等站)、西线护路军司令部所在地,市街兴起于1900年,到1905年人口达到6000。该城分为两部分,即北部商业区、南部铁路居民村和车站。1910年,该城常住人口超过8000人,其中俄国移民为7 000人[2]。1929年中东路事件前统计,满洲里居民为12954人,中国居民856户、5053人,苏联人681户、2937人,无籍俄人1201户、4708人,日本人33户、154人,朝鲜人3户、23人,欧洲其他国家人26户、79人。该城的主要功能是国际货物转运和边境贸易,因此经济增长很快,从而带动城市的空间规模迅速扩容。至清朝末年,仅满洲里商业区就有纵横5条大街,成为中东铁路西线上最大的城市[3]。满洲里居民主要从事商业经营,每年冬季,他们成群结队前往呼伦贝尔各地,采购牛羊和旱獭毛皮,购买呼伦湖渔产,转至车站,外运贩卖。巨大的商业利益使该城经济发展迅速。少量的人从事割草业,每年该地产草1600万公斤。[4]

扎来诺尔:距满洲里29公里,距哈尔滨906公里。中东铁路开工后,为解决火车燃料问题,铁路局于1897年在铁路预计经过地带勘察煤田,在此发现煤矿。随着煤矿规模扩大,人口迅速增长,至1929年,该城人口达3691人,其中华人1321人,苏联人127人,无籍俄人2190人,日本人28人,欧洲其他国家人25人。这里的居民主要在矿上工作,矿区中有1000人,1928年产煤45926斤。还有一些人从事旱獭狩猎和毛皮收购。也有贩鱼和种菜人,当地每年产鱼3000公斤,奶油5000公斤。客运规模为民国18年(1929年)在此登车15000人,下车的2万人。[5]

磋岗:距哈尔滨874公里,距满洲里61公里。1929年,该镇居民236人。因其

---

① 《俄国经营哈尔滨之现状》,《大公报》1904年9月7日。

② 《北满洲报》,1911年2月21日(原件存于大连图书馆)。

③ 《满蒙丛书》,1920年日文本,第七卷,第310页。

④ 可人:《中东路西线村站之今昔观(续)》,《东省经济月刊》6卷8期(1930年)。

⑤ 可人:《中东路西线村站之今昔观(续)》,《东省经济月刊》6卷9期(1930年)。

靠近甘珠尔庙,来往游客较多,每年在此上下车的人数为 3600 人(1928 年统计)。

海拉尔:位于北纬 49°、东经 119°44′。该城是本线沿途呼伦贝尔境内唯一的历史古城,创立于 1734 年,原名蒙语为"阿穆班霍托"。当时该城筑有土城,分南、北两门,城内店铺林立,旧式手工工场很多,与外部的联系是一条通往草原深处的大路。1900 年前,这里为呼伦贝尔蒙古王公驻地,中东铁路通车后在此设立二等车站,所以积聚施工人员较多。筑路人员最初使用帐篷,后改为简易木房。1902 年后,东铁地亩处划拨地段,建设固定式住房,到 1906 年建筑固定房屋 300 余处,居民达 5000 人。海拉尔市街逐步兴起、繁荣,是整个中东路沿线最大的羊毛、皮货交易市场和外销口岸。民初为呼伦县城。1929 年,这里的人口为 1 万人,其中中国居民 5804 人,苏联人 1385 人,无籍俄国人 2700 人,日本人 57 人,朝鲜人 44 人,蒙古国人 200 人,其他欧洲国家人 57 人。[1] 民国时期,其规划面积为 31 平方公里。

牙克石:距哈尔滨 665 公里,中东路在此设站后,人口逐年增多,至民国 8 年(1919)始现村屯。临近的乌尔吉赤汗斯林场经营扩大后,该站人口在民国 12 年(1923)达到 534 人,民国 15 年(1926)为 681 人,初具市镇形貌。[2]

免渡河:距哈尔滨 633 公里,1917 年俄国十月革命后,一大批流亡者到此定居。到 1923 年,这里的人口达 979 人。

博克图:距满洲里 396 公里,距哈尔滨 539 公里。滨州线修建前,这里只是一个蒙古族牧民的游牧点。1902 年,中东铁路在此设立二等车站,规划占地 23.72 平方千米[3];以后人口逐渐增多,到 1905 年已有常住人口 3000 人,形成市镇规模。至民初,沿站村屯林立,人烟稠密。周围主要村屯有 6,其中最大者为切列毕洛夫卡。1905 年,博克图有华人 1330 人,苏联人 1219 人,无籍俄人 494 人,日本人 11 人,朝鲜人 9 人,欧洲人 17 人,共计 3080 人。民初,这里为黑龙江省雅鲁县辖境,车站附近设东省特别区市政分局,镇内有高中、初中学校。居民主要从事林业,当地有林场 2800 平方公里,有伐木、砍木桦、烧木炭,木炭外运至宽城子(今长春)、满沟(肇东)等地,木桦运至哈尔滨。农业上种菜、种小麦(春麦、大麦为主,每公顷 1300~1600 公斤),民初开地 500 公顷。镇内大商铺为兴义茂、永昌德、永发升、德顺成等,大商号年营业额在 25000 哈大洋。民国 18 年(1929)该站外运货物为 34370吨,其中原木 27076 吨,桦子 6408 吨,炭 296 吨,粮 370 吨。工厂有徐鹏志酒精厂、俄商齐德曼电灯厂[4]。1929 年,到站旅客 13475 人,出站人 13758 人。

雅鲁:距博克图 30 公里、哈尔滨 509 公里。1929 年,居民 169 人,其中中国居

---

① 可人:《中东路西线村站之今昔观(续)》,《东省经济月刊》6 卷 9 期(1930 年)
② 秋山:《中东铁路沿线一带之人口》,《东省经济月刊》6 卷 9 期。
③ 《东省特别区市政月刊》六卷一号(1931 年 1 期)。
④ 可人:《中东路西线村站之今昔观(续)》,《东省经济月刊》6 卷 9 期(1930 年),第 22 页。

民 101 人。居民职业是木材砍伐和采金。1929 年起运物资 11974 吨,其中木桦 8978 吨,木材 1145 吨,木炭 1774 吨;到站货物主要是粮食,1929 年到站粮食 835 吨,上、下旅客分别为 2481 人、2710 人。

巴林:距博克图 61 公里,距哈尔滨 478 公里。1929 年居民 362 人,其中中国居民为 74 人,苏联人 236 人,无籍俄人 52 人,主要从事林业。民国 17 年(1928),该站外运货 2376 吨,其中木桦 1848 吨;民国 18 年(1929)外运货物 2690 吨,其中木桦 2059 吨、木材 334 吨;运到该地粮食 206 吨,干草 125 吨。离境旅客,1927 年 896 人,1928 年 1179 人,1929 年 1682 人;到达旅客 1927 年 935 人,1928 年 1278 人,1929 年 1756 人。

扎兰屯:距哈尔滨 416 公里,中东铁路二等站。该地位于大兴安岭支脉之麓,雅鲁河从这里流过,河水淤积平原,土质肥沃,适于农耕;境内草木茂盛,山鸡、野鸭、山羊等动物资源丰富。1930 年,这里的居民共 1843 名,中国居民 478 人,苏联人 947 名,无籍俄人 374 人,朝鲜人 28 人,欧洲人 16 人,主要职业是务农种菜。中国人种植的农作物中,玉米占 55%,黍及糜子 30%,大豆 10%。苏联人种植的农作物小麦占 40%,黍占 30%。1 公顷小麦收获 1600 公斤。蔬菜主要有白菜、西红柿、马铃薯。蔬菜价格便宜,马铃薯每百斤哈大洋一角至二角,白菜每普特二角,西红柿每枚 5 分,输往博克图、海拉尔。所产木桦输往齐齐哈尔、安达、哈尔滨。民初,俄侨养奶牛业兴起,该镇有奶牛 300 头,牛奶卖给避暑疗养所。站内有砖窑和酒厂各一处,酒除当地饮用,还贩卖沿途各站。外运货物额,民国 16 年(1927)为 3335 吨,其中木桦 1434 吨,木炭 875 吨,菜 294 吨;民国 17 年(1928)3047 吨,木桦 1715 吨,炭 540 吨,菜 403 吨;民国 18 年(1929)3275 吨,木桦 1179 吨,炭 400 吨。到站货物量:民国 16 年(1927)为 1986 吨,其中粮食 851 吨、干草 776 吨;民国 17 年(1928)2685 吨,其中粮食 1363 吨、干草 629 吨;民国 18 年(1929)2787 吨,粮食 1200 吨、干草 671 吨。客运民国 16 年(1927)离境旅客 7167 人,民国 17 年(1928)9433 人,民国 18 年(1929)增至 13811 人。到达旅客:民国 16 年(1927)9229 人,民国 17 年(1928)12382 人,民国 18 年(1929)16337 人。[①]

成吉思汗:距哈尔滨 384 公里。1929 年居民 118 人,中国居民 88 人,苏联人 30 人,主要职业是砍伐木桦、烧炭。外运物资:民国 16 年(1927)4123 吨,其中木桦 3629 吨,炭 336 吨;民国 17 年(1928)3238 吨,其中木桦 2902 吨、炭 262 吨;民国 18 年(1929)3296 吨,其中木桦 2667 吨、木炭 194 吨。每年运入粮食 70 吨。民国 17 年(1928)到达旅客 4960 人。[②]

碾子山:距哈尔滨 354 公里。本地气候温和,适宜农耕。中东路设站后大量移

---

① 可行:《中东路西线村站之今昔观(续)》,《东省经济月刊》6 卷 12 期,第 26 页。

② 可行:《中东路西线村站之今昔观(续)》,《东省经济月刊》6 卷 12 期,第 35 页。

民携带家眷来此垦荒,仅1928年来此移民就不下万人。20年代中期,周围森林已砍伐殆尽,半径50公里已无大森林,该地变为农业区,"耕种产粮颇为发达"。其中梨山甸最先成为一商业市场。1929年,全镇居民超过千人,大商号17家,中小商铺18家。车站附近居民608人,其中中国居民576人。该镇出产建筑用石和小粒花岗岩,生产石磄、石碾和马路条石,300人从事炸石。年外运最高额是民国17年(1928)9859吨,粮食5384吨,石3853吨,木桦347吨。乘车外出旅客民国16年6016人,民国17年(1928)7932人,民国18年9844人。到达旅客民国16年(1927)7648人,民国17年(1928)10541人,民国18年(1929)13031人。该地适于农作物,出产:民国16年(1927),输出粮食5716吨、石4738吨;民国17年(1928)输出粮5384吨、石3856吨;民国18年(1929),输出粮食6541吨、石头4178吨。[1]

富拉尔基:嫩江上游的讷河、布西、干井等地出产集散地,几地货物先由水路运此,然后经该站运往他处。20世纪20年代,本区已开垦熟地9万晌,待开荒地20万晌。民国13年(1924),经本站输出粮食15649吨;到民国18年(1929),达到68404吨。粮食品种有谷子、高粱、苞米。站内有广记油坊,德昌信火磨及电灯厂等实业;有居民4031人(1929年统计),其中中国人3639人,苏联人329人,无籍俄人55人。[2] 民国16年(1927),登车旅客21832人,下车旅客25136人;民国18年(1929),登车旅客36108人,下车40608人。[3]

昂昂溪:距哈尔滨270公里,初名齐齐哈尔站,后改是名。这里原来是一个普通村落,基于此地是沿线各站点中距离当时不通火车的黑龙江省省城齐齐哈尔最近的一个地方,被确定为重点车站、早期滨州线的中部中枢,距富拉尔基14公里。昂昂溪站附近土壤沙地居多,不宜大量开垦。但临近的克山等地的荒地已开垦70%,拜泉县的荒地均已变为熟地,两地的大量农产品经嫩江帆船运往此地加工或外销。到1908年前后,这里初具市镇面貌,人口超过2000人。站内各种商号百余家,粮商20余家。粮食加工业发达,以豆饼为例,每年出产2万吨。增昌火磨一家每昼夜出面粉25吨,全年生产1700吨,全部输往满洲里。广信公司广吉油坊,每昼夜制饼600块,折合为12吨。另有较大规模的烟厂伊里斯烟厂,每昼夜制烟丝18箱。该地于民国18年(1929)成立期货交易所,收买大豆610车,收买小麦305车。[4] 原来在该地建立的新泰兴商号设总号于长春,在昂昂溪、营口、沈阳、哈尔滨设分号。该站转运货物:民国15年(1926)为烟叶8190普特,布匹32760普特,烧

---

① 安瑞:《中东路西线农作区及其产量》,《东省经济月刊》7卷2期,第27页。可行:《中东路西线村站之今昔观(续)》,《东省经济月刊》6卷12期,第36页。

② 安瑞:《中东路西线农作区及其产量》,《东省经济月刊》7卷2期,27页。

③ 安瑞:《中东路西线农作区及其产量》,《东省经济月刊》7卷2期,29页。

④ 可行:《中东路西线村站之今昔观(续)》,《东省经济月刊》7卷1期,第19页。

酒、豆油 476671 普特。外运物资:粮食类,民国 16 年(1927)129410 吨,民国 17 年(1928)粮食 132527 吨,民国 18 年(1929)184530 吨;蔬菜类民国 16 年(1927)656吨,民国 17 年(1928)142 吨,民国 18 年(1929)235 吨;鱼品类民国 16 年(1927)155吨,民国 17 年(1928)48 吨,民国 18 年(1929)136 吨。运出总额:民国 16 年(1927)134274 吨,民国 17 年(1928)138275 吨,民国 18 年(1929)188367 吨。登车乘客:民国 16 年(1927)95483 人,民国 17 年(1928)126082 人,民国 18 年(1929)170336 人。城市规划面积为 44.21 平方公里。

烟筒屯:距昂昂西站 32 公里,为滨州线之羊草产区,民国 16 年(1927)运出羊草 497 吨,民国 17 年(1928)598 吨,民国 18 年(1929)为 1544 吨。[1] 20 世纪 20 年代中,与该站相连地区已开熟地十一二万晌。

小蒿子:现名泰康,在黑龙江省杜尔伯特自治县境内。该地主要接纳来自林甸、依安、明水等地商品,民国 14 年(1925)时,仅有车店 35 家,居民 300 多人;1929年增至 2236 人,其中华人 2152 人,无国籍 70 余人;商号已达百家,其中粮商 24家,日商韩商合办粮行 11 家,镇泰号、永聚成、增泰祥等林商公兴厚等 7 家,转运公司 3 家。民国 16 年(1927)外运货 68763 吨,民国 17 年(1928)94943 吨,民国 18 年(1929)123498 吨。其中外运粮食民国 16 年(1927)为 65001 吨,民国 17 年(1928)90234 吨,民国 18 年(1929)118140 吨;3 年间干草外运量分别为 3224 吨、3995 吨、4144 吨。到货分别为 13005 吨、20628 吨、21995 吨。其中 60% 的货物由大兴安岭方面转来,东面哈尔滨方向为 40%。外运总额:民国 16 年(1927)为 68763 吨,民国 17 年(1928)为 94943 吨,民国 18 年(1929)为 123498 吨。客运:在此登车的旅客民国 16 年(1927)为 29457 人,民国 17 年(1928)39615 人,民国 18 年(1929)40464人;到达旅客数,民国 16 年(1927)33959 人,民国 17 年(1928)45306 人,民国 18 年(1929)45815 人。

喇嘛甸子:距满洲里 754 公里,哈尔滨 180 公里。1929 年这里的人口为 309人,中国居民 264 人。该站输出以干草为主,民国 16 年(1927)起运货 2613 吨,其中干草 1865 吨、粮食 524 吨;民国 17 年(1928),起运 3479 吨,1803 吨为干草,1482吨为粮食;民国 18 年(1929)为 5749 吨,干草为 3887 吨,粮食为 1346 吨,药材为200 吨。民国 18 年(1929)往来旅客入为 7370 人,出为 6585 人。

萨尔图,距满洲里 785 公里,距哈尔滨 159 公里,今名大庆站。1929 年,这里的居民 193 人,其中华人 156 人。运出以干草和曹达为最多。民国 16 年(1927)起运4294 吨,其中干草 4219 吨、曹达 55 吨;民国 17 年(1928)6833 吨,干草 6805 吨、曹达 14 吨;民国 18 年(1929)10478 吨,干草 10007 吨、曹达 62 吨。[2] 民国 18 年

---

[1]　可行:《中东路西线村站之今昔观(续)》,《东省经济月刊》7 卷 2 期,第 114 页。

[2]　可行:《中东路西线村站之今昔观(续)》,《东省经济月刊》7 卷 2 期,第 117 页。

（1929）旅客登车 6626 人，下车 6104 人。

安达：地处昂昂溪与哈尔滨间，为滨州线一等车站，规划面积 43.22 平方公里，又因靠近省城齐齐哈尔，地理位置重要，人口集聚迅速，到 1906 已超过 1 万人。1929 年人口为 35053 人，其中中国人 34269 人，苏联人 391 人，无籍 221 人，朝鲜 76 人，欧洲人 24 人。安达、明水、克山、依安、青冈、海伦、肇州，循安达、明水、克山、拜泉旱路运抵，安达到克山 257 公里旱路。沿路村屯 50 个，著名者有安达中和镇、明水中兴镇。安达城内有各种商铺 300 家，举凡欧洲名商号在此有住在员，有转运公司 5 家。民国 18 年（1929）运货 15000 吨。本站外运货：民国 16 年（1927）605524 吨，民国 17 年（1928）524681 吨，民国 18 年（1929）132794 吨；粮食出境量：民国 16 年（1927）599110 吨，民国 18 年（1929）度为 496000 吨。① 另，民国 16 年（1927）外运豆油 8087 吨、麻袋 1064 吨；民国 17 年（1928）外运豆油 6751 吨、麻袋 564 吨；民国 18 年（1929）外运豆油 6687 吨、麻袋 983 吨。② 运入商品多是燃料木桦、建筑材料、杂货布匹，一年运入煤 26980 吨，木桦 7414 吨，布匹 2304 吨（1929 年统计）。出境旅客：民国 16 年（1927）172372 人，民国 17 年（1928）186783 人，民国 18 年（1929）178150 人；下车旅客：民国 16 年（1927）203732 人，民国 17 年（1928）206154 人，民国 18 年（1929）186737 人。民国 16 年（1927）一年入境人超过出境的高达 3 万人。

宋站：距安达 32 公里，距哈尔滨 94 公里。1929 年，这里有居民 2140 人，其中华人 2100 人，苏联人 40 人。商号有和顺兴、丰泰顺 5 家，商业额在哈洋 2000 至 15000 不等。输出品以粮食、干草为大宗，粮食民国 16 年（1927）为 19593 吨，民国 17 年（1928）20377 吨，民国 18 年（1929）8912 吨；干草民国 16 年（1927）12583 吨，民国 17 年（1928）17883 吨，民国 18 年（1929）12442 吨。运货总量为：民国 15 年（1926）22735 吨，民国 17 年（1928）21447 吨，民国 18 年（1929）17200 吨。运出旅客：民国 16 年（1927）20632 人，民国 17 年（1928）22770 人；运入旅客：民国 16 年（1927）20521 人，民国 17 年（1928）22101 人。

郭尔罗斯小站：距宋站 21 公里，距哈尔滨 73 公里，今名尚家。1929 年，这里有居民 269 人，以割草占大多数。民国 16 年（1927）运货 5034 吨，其中干草 5032 吨；民国 17 年（1928）8642 吨，干草 8636 吨；民国 18 年（1929）6966，干草 6962 吨。③

满沟：距哈尔滨 62 公里，今名肇东。1929 年，这里居民总数为 13132 人，中国居民为 12965 人，无国籍俄国人 85 人，苏联籍 48 人。这里主要集聚兰西、青冈、绥化、肇州的外运物资，周边农业发达，已有集约化经营倾向。城内商号 75 家，主要

---

① 可行：《中东路西线村站之今昔观（续）》，《东省经济月刊》7 卷 2 期，第 118 页。
② 可行：《中东路西线村站之今昔观（续）》，《东省经济月刊》7 卷 4 - 5 期合刊，第 132 页。
③ 可行：《中东路西线村站之今昔观（续）》，《东省经济月刊》7 卷 4 - 5 期合刊，第 136 页。

是粮商和木材商。粮食加工业规模庞大,恒东号油坊有榨机 32 架,每昼夜加工豆饼 900 块、25 吨,豆油 3 吨。民国 15 年(1926)外运粮食 288091 吨,民国 16 年(1927)289712 吨,民国 17 年(1928)269120 吨,民国 18 年(1929)为 250200 吨。①

对青山:距哈尔滨 30 公里。1929 年,这里有居民 1651 人,其中中国人 1596 人,白俄人 25 人。该站主要集聚呼兰、望奎、海伦、肇州和肇东等县粮食,其中接纳呼兰产粮最多,品种以大豆为最多,其次是高粱、谷子等。外运粮食 1927 年 108433 吨,1928 年 77127 吨,1929 年 69594 吨。以粮食居多,1927 年为 107126 吨。

庙台子站:距对青山 21 公里,当时距哈尔滨 9 公里。民国 16 年(1927)运货 26524 吨,民国 17 年(1928)100893 吨,民国 18 年(1929)73619 吨,民国 19 年(1930)运 83000 吨。年发运旅客 5 万人,到站 46000 人。

以上这些特征无疑是近代东北区域城市化发展的最重要标志。因此,笔者以为,不论当时俄国殖民主义者的主观愿望如何,中东铁路及其附属地的城市建设的确起到了促进近代东北地区城市化历史进程的正面作用。这一事实也再一次证明了交通运输是城市化兴起的原动力论点的正确性。

需要指出的是,虽然俄国殖民者在客观上充当了上述城市建设的启动者、规划者,但其建城所需的绝大部分经费却并非来自俄国,它是俄国殖民者利用侵略特权掠夺、榨取东北物产资源的就地转化。具体地说,其主要来自以下两个方面:一个来源是非法的土地投机、拍卖所得。中东铁路公司利用《中俄密约》中有关"铁路公司在 80 年经营期内,附属地由公司自行经理,所获利益全归该公司专得"等条款,从 1901 年起,在预定的各附属地街区对外大规模地拍卖土地使用权。据中东铁路局地亩处档案记载,从 1902 年到 1905 年,中东铁路局在哈尔滨以拍卖形式出租土地 1060 块,面积 258700 方沙绳。依据契约要求,租地者从签订契约之日起,在不迟于两年的期限内进行建房或整理土地,并且必须为 1 平方沙绳支付 6 卢布的年度建设费用②。所以,仅在日俄战争前的短短几年时间里,中东铁路局在哈尔滨就获得了大约 650 万卢布的"市政建设费"。与此同时,中东铁路局于 1902 年 11 月 14 日、1903 年 3 月 14 日、1903 年 5 月 14 日在大连先后 3 次以每亩 28 卢布或 34 卢布的价格共拍卖其欧洲区的 50700 俄亩土地,获得拍卖款 150 万卢布③。中东铁路局城建经费的另一个来源是采伐、出卖东北森林资源所得。早在 1903 年,俄国方面通过诱骗方式与清政府哈尔滨铁路交涉局负责人周冕私订《伐木协议》,非法获得了陆路自中东铁路成吉思汗站至雅克山站铁路两旁长 600 华里、宽 60 华里的森林采伐权;水路一为呼兰、讷敏两河至水源头长 300 里、宽 100 里,二为

---

① 可行:《中东路西线村站之今昔观(续)》,《东省经济月刊》7 卷 4－5 期合刊,第 138 页。

② 《哈尔滨市志·土地志》,黑龙江人民出版社 1998 年版,第 430 页。

③ 日本南满铁道株式会社调查课编:《露(俄)国占领前后的大连及旅顺》,1911 年日文本,第 12 页。

枚林、浓浓雨两河至水源长 170 华里、宽 70 华里的森林开采权。尽管 1906 年后黑龙江将军程德全和吉林将军达桂认定这一协议为"私撰""无效",将其废弃,但随后由滨江道杜学瀛代表吉、江两省将军与俄方在 1908 年 4 月 5 日补签的《东省铁路伐木合同》仍然使俄国获得了大面积的森林采伐权。依照《东省铁路伐木合同》,中东铁路公司在吉林省的石头河子、高岭子的森林开采面积是长 85 里、宽 25 里,在一面坡的采集面积是长、宽各为 25 华里;在黑龙江省的森林开采面积是 384 号岔道的火燎沟和皮路两地各长 30 华里、宽 10 华里,在枚林河流域的开采面积为长 50 华里、宽 35 华里①。上述地段当时处于原始自然状态,森林极为茂密,木材总蕴藏量为 75 亿立方米,中东铁路公司每年即使控制开采量也能从中获取至少 1 亿元(银圆)的赢利②。此外,1910 年后,随着中东铁路经营利润的逐步增长,其中的一部分运输收益也被用于附属地的城市建设。

正是由于这些城市的基本建设资金主要来自东北、其主体建设者(劳工)也是中国人(据保守估计,日俄战争前每年在中东铁路沿线城市里参与城建的中国劳工不少于 15 万人,其中仅哈尔滨一地 1902 年就有中国建筑工人 2 万人),所以,中东铁路附属地城市的兴起和发展处处渗透着中国人的血汗,它在空间上的每一项发展成就都是东北人民物质财富的直接转化。

---

① 《东省铁路伐木合同》(抄本),原件收藏于辽宁省档案馆"盛京军督部堂档案全宗"第 2028 号卷。
② 参见《帝国主义与中国铁路》,第 407 页。

华北铁路沿线地区市镇管理体制的变迁(1902—1937)

熊亚平①

清末以来,随着社会经济和铁路运输的发展,华北铁路沿线地区②市镇在发展过程中发生了急剧分化:驻马店、唐山、石家庄等迅速发展,并向新兴城市迈进;秦皇岛、廊坊、泊头、焦作等少数市镇发展成为工商业大镇;安山、周口店、坨里等一批市镇成长为各县重要市镇;其他大多数市镇除设有集市外,与村庄无异。与此同时,随着警政、商会、自治(包括1928年以后的区、乡、镇等,下同)③等机构和组织的创建与推行,县级以下地方包括市镇在内的管理体制开始发生重大变革。鉴于与江南相比,华北市镇研究尤其是市镇管理体制研究较为薄弱,因此本文将以警政、商会和自治为中心,从制度设计其执行两个层面考察1902—1937年间华北铁路沿线地区市镇管理体制变迁,总结这一时期市镇管理体制模式④的共性与影响,阐明其在清末以来县级以下地方管理体制变迁中的地位,并从一个方面揭示制度变迁与市镇发展之间的关系。

一、制度设计中的市镇管理体制模式

所谓管理体制,一般是指规定中央、地方、部门、企业等的各自的管理范围、权限职责、利益及其相互关系的准则,其核心为管理机构的设置、职权分配以及各机构间的相互协调。由于清末至1937年前县以下地方的管理体制主要由具有治安职能的警政机构、具有市场管理职能的商会组织和具有行政职能的自治机构等构成,与这些机构和组织相对应的警察所(警察分驻所、公安局、公安分局、特种公安

---

① 熊亚平,天津社会科学院历史研究所,主要研究方向:中国近代史,华北区域史。

② 本文所谓的铁路沿线地区,是指铁路通过和设站的县所管辖的区域。

③ 魏光奇认为,清末至民国时期,区、乡、镇经历了由"自治"向"官治"的演变,但这一演变始于1934年,故本文将区、乡、镇制视为自治组织。与此同时,魏氏还认为,警政的性质也有类似的演变。但由于警政与区、乡、镇在机构设置及职权方面存在较大差异,故本文将分别对警政与自治进行考察。魏氏所论参见《官治与自治:20世纪上半期的中国县制》,第86~199页。

④ 费孝通曾指出:"模式这个概念是从发展方式上说的。因为各地所具备的地理、历史、社会、文化等条件不同,所以在向现代经济发展过程中采取了不同的路子,这是可以在实际中看到的。不同的发展路子,就是我所提出的不同发展模式。"因此,本文所谓的模式,是指市政管理体制在建立过程中所形成的不同发展路径和路子。费氏观点参见《费孝通文集》第13卷,第204页。

局)、商会(总商会、商会、商务分会)、区公所(乡公所、镇公所、市政公所)等机构也多以市镇为驻地,因此本文将着重考察警政、商会和自治及其相互关系。

1902—1937年间,清政府、北洋政府、南京国民政府先后制定和公布了一批关于警政、商会和自治的章程与法规,河北、河南、山东等省地方政府也相应制定了一批地方性的章程和法规,从中可以总结出制度设计层面上的华北铁路沿线地区市镇管理体制的模式。

在警政、商会和自治这三种机构和组织中,警政推行最早。1902年,袁世凯在保定设立警务总局,在天津设立保甲巡警各局。其中天津南段巡警总局下设4乡警察科,大沽海防巡警局下辖大沽、北塘、塘沽、歧口4个巡警分署①。1905年拟定的《天津四乡巡警现行章程》规定,天津四乡按东西南北分为4路,每路设1局,其中东局划为3区,西局、南局、北局各划为2区;海河一带分为4段,每段设1局,第一局划为1区,第二局划为3区,第三局划为两区,小站改为第四局,共计8局15区,每局约万户上下,每区约三千户左右;巡警由各村董在本村挑选,负有查户口、重巡逻、慎访查、防灾害、维风化、联绅董等职责,"凡有妨害治安干犯违警者,警官可以讯办,即行政警察应有之权,如命、盗、户、婚、天土案情重大者,仍归地方官办理。本属地方官固有之权,如事出仓促、迫不及待时,若捕凶拿贼搜赃检证之类,警官亦应力任其责,以补地方官之不及。"巡警由巡官、巡弁、巡长、巡兵等组成②。此后,直隶(1928年改称河北)各县亦仿照制定了类似的章程,如《赵州四乡巡警办法》规定:"四乡设立东西南北四局,每局兼管两区,贤门楼巡警东局,新寨店巡警西局,沙河店巡警南局,中帐村巡警北局,其各区警务公所应称为某一区巡警分局,某三区巡警分局";"东西南北四局区长各管一乡巡警事宜,各区分局区长专管一区巡警事宜,凡巡逻、训练、清查户口等事,各归区长派办,应先商明局长,议定划一办法。"③民国成立以后,北洋政府内务部于1914年间颁布了多部与警政相关的法规,其中与市镇相关的条款有:"地方警察厅设于省会或商埠地方,管理商埠之警察卫生消防事项";"县城内之繁盛地方得设警察分所","警察分所置分所长一人,以警佐充之,承所长之命管理警察事务";"县佐以设于该县辖境内之要津地方为限,……县佐驻在地方之警察,由该县佐承县知事之命就近指挥监督之"等。1928年10月,南京国民政府颁布的《各级公安局编制大纲》中与市镇警政相关的条款有:"公安局就其管辖境内得依自治区划分为若干区,每区设公安分局一所。""公安分局得因必要情形于其管辖区内分设警察分驻所。"各省会、特别市、市县政府所在地及其他工商业繁盛地方"采守望之岗位巡逻之分区等事项由公安局因地方必要情

---

① 《河东区志》,第643页;《塘沽区志》,第609页。

② 《袁世凯奏议》,第1172~1176页。

③ 《北洋公牍类纂》(二),第680页。

形核定之"。"公安局得因必要情形设警察派出所辅助公安分局或警察分驻所办理警察事务。"①与之相应,河北省制定的《河北省各县公安局组织暂行条例》规定,县公安局分设 1 课至 3 课不等,主要职责为征收捐税、会计、取缔集会结社及出版物、户籍、消防、交通、卫生、风化、审理违警、取缔妨碍公安、侦察、逮捕、管理拘留所等。"各县得因必要情形于其繁盛之乡镇得设公安分局或分驻所派出所"②。同时,河北省还针对唐山、石家庄等地的特殊情形制定了关于省辖公安局(后称特种公安局)的组织章程。其中《河北省政府直辖公安局组织暂行条例》规定:"直辖公安局指石门唐山临榆大沽等处以旧警察厅局范围为管辖区域。""直辖公安局之辖境应分区设置公安分局或分驻所、派出所。"其下设 4 科,职责与各县公安局相比,增加了警卫营业及建筑、道路沟渠清洁、防疫、医术化验等③。《修正河北省特种公安局组织章程》(1934 年)规定,山海关、唐山、塘大、保定、石门各公安局为特种公安局,直隶于民政厅。其他关于其四科职责及公安分局、分驻所、派出所设置方面的规定,亦较《河北省政府直辖公安局组织暂行条例》更具体④。

继警政之后,清政府于 1904 年颁布了《奏定商会简明章程》,并推行于全国。此后,北洋政府和南京国民政府又陆续颁布了《商会法》《〈商会法〉施行细则》等法规,从中大致可以看出关于这一时期商会组织系统、会员构成、职员组成、商会职责的制度规定。其中,商会组织系统先由清末的商务总会、商务分会两级演变为民国 3 年(1914 年)的省商会联合会、商会、商会分事务所三级,再于民国 4 年(1915 年)变为全国商会联合会、总商会、商会、商会分事务所四级,1929 年又变为全国商会联合会、全省商会联合会、商会、商会分事务所四级。会员由职员代表一种演变为公会会员和店员会员两种;职员组成先由总理、会董演变为会长、副会长、会董、特别会董,再演变为主席、常务委员、执行委员和监察委员。职责由保商、振商扩展到筹议工商业之改良及发展事项、关于工商业之征询及通报事项等 9 项⑤。在作出一般性规定的同时,以上章程和《商会法》《〈商会法〉施行细则》也针对各地实际情况,特别是市镇工商业发展状况作了一些特殊规定。《奏定商会简明章程》规定:

---

① 《中华民国法规大全》第 1 册,第 828 页。

② 《河北民政汇刊》第 1 期。

③ 《河北民政汇刊》第 3 期。

④ 《河北省通志稿》,第 2913 ~ 2915 页。

⑤ 《奏定商会简明章程》,《东方杂志》第 1 卷第 1 期,1904 年。《商会法》(民国 3 年)、《〈商会法〉施行细则》《商会法》(民国 4 年),载赵宁渌主编:《中华民国商业档案资料汇编第一卷(1912—1928)》(上册),中国商业出版社 1991 年版,第 38 ~ 52 页。《商会法》,《国民政府公报》第 244 号,1929 年 8 月。《工商同业公会法》,《国民政府公报》第 246 号,1929 年 8 月。《〈商会法〉施行细则》《〈工商同业公会法〉施行细则》,《工商半月刊》第 2 卷第 3 期,1931。洪振强认为,清末商会组织系统分为商务总会、分会、商务分所,但查《奏定简明商会章程》和《商会章程附则六条》似乎并未有商务分所之设置。另,1929 年的《商会法》虽未将总商会列为一级商会组织,但其事实上仍存在。

"商会既就地分设,各处商情不同,各商会总理应就地与各会董议订便宜章程,禀呈本部(商部)核夺。"《商会章程附则》①一方面规定一个州县只准设立一处分会,另一方面也允许变通,"往往一州县中,商务繁盛之区不止一处,彼此相同,无可轩轾,自应量予变通,两处准设立分会。惟须实系水陆通衢,为轮船铁路所经,商贾辐辏之处,方得援照办理。"1914 年的《〈商会法〉施行细则》规定:"如一县原有数商会者,应由该管地方长官查明区域内商务最繁之地设立商会,其余体察情形,或裁撤或改为该县商会分事务所,商由该商会组织之。""如地方较为繁盛,应改为该县商会分事务所,商由该县商会公同协议改组。"1915 年的《商会法》规定:"总商会、商会于其区域内,因有特别情形,认为必要时,得设分事务所。"1929 年的《商会法》规定:"但繁盛之区镇亦得单独或联合设立商会。"其第 8 条则规定:"商会因有特殊情形认为必要时,得经会员会议之议决设置分事务所。"这些规定成为市镇商会制订章程的法律依据。如 1915 年的石家庄商务分会《便宜章程》和 1935 年前后的《石门商会章程》②中关于组织系统、会员构成、职员组成、会议、职责的规定,分别与 1915 年的《商会法》和 1929 年的《商会法》的规定相一致。

自治倡议和试行于 1906—1907 年间③。在相关章程和法规中,最早公布的是 1907 年的《试办天津县地方自治章程》,但其中并无专门针对市镇的条款。1909 年颁布的《城镇乡地方自治章程》除明确规定"凡府厅州县治城厢地方为城,其余市镇村庄屯集等各地方,人口满五万以上者为镇,人口不满五万者为乡"外,还对自治事宜、自治机构及职权等作了详细规定。由于人口调查尚有待时日,因而《直隶自治总局拟定城镇乡地方自治章程施行细则》中又特别规定:"应暂以商务繁盛之处为镇,余则为乡。"此后公布的《江苏省暂行市乡制》虽然是一部地方性法规,但其中关于市、乡区分、自治事宜、自治机构及职权的规定,与《城镇乡地方自治章程》等基本一致,因此应是清末与民国时期市、乡自治法规中承上启下的一环。1921 年颁布的《市自治制》和《乡自治制》是两部极为重要的法规,前者明确市为自治团体,"以固有之城镇区域为其区域,但人口不满一万者,得依乡自治制办理";"市为法人,承监督官署之监督,于法令范围内办理自治各项事务"。后者规定"乡自治团体,以固有之区域,为其区域";"乡为法人,承县知事之监督,于法令所定范围

---

① 《商埠为上海商会总理曾铸请拟定各地设立商务分会划一办法事札饬津商会并附章则六条》(光绪三十二年三月九日、九月二十九日(1906 年 4 月 2 日、11 月 15 日),载天津市档案馆等编:《天津商会档案汇编(1903—1911)》(上册),载天津人民出版社 1989 年版,第 58～59 页。

② 《获鹿县石家庄商会拟具便宜简章》,《饬知城石商会遵照法令改组具报以凭详转卷》(1915 年),档号:656—1—280;《石门商会章程》,《两商会呈送各项章册存查卷》,档号:656—3—1095(以上档案均藏于河北省档案馆)

③ 参见《出使俄国大臣胡惟德奏请颁行地方自治制度折》(光绪三十二年七月十八日),《北洋大臣袁世凯奏天津试办地方自治情形折》(光绪三十三年七月二十二日)。

内,办理自治各项事务"。两者关于自治事宜、自治机构及职权等各项规定中,议决市乡公约、市乡内应兴与应革及整理事宜、以市乡经费筹办之自治事务等大体承袭了《城镇乡地方自治章程》等,而议决市乡不动产买卖及其他处分、市乡财产营造物公共设备之经营及处分等则为此前的章程中所无。1921—1927年间,浙江、福建、河南、湖南等省先后公布了省宪法。其中《浙江省宪法》规定:"县治所在地或商工荟萃之区而人口满一万以上者为市,其余为乡。""市、乡为自治团体,受县之监督。"《湖南省宪法》规定:"县治所在地域或商工荟萃之区,有人口满一万以上者为市,其余为乡或村,均为自治团体。""省以内之都会商埠人口满二十万以上者为一等市,人口满五万以上不及二十万者为二等市,人口满五千以上不及五万人者为三等市,不及五千人者属于乡。"《福建省宪法》规定:"县公署所在地或其他都会,人口满五千以上者为市,其余为乡。但工商荟萃之区,人口不满五千者,亦得为市。"《河南省宪法草案》规定:"县治所在地或商工荟萃之区,人口满一万以上者为市,其余为乡。"南京国民政府成立后,于1928年宣布停止施行《市自治制》和《乡自治制》等法规,相继公布《特别市组织法》《市组织法》《县自治法》《区自治施行法》等一系列自治法令,其中不少条文与市镇自治直接相关。如1928年9月的《县组织法》规定:"凡县内百户以上之乡村地方为村,其不满百户者得联合数村编为一村;百户以上之市镇地方为里,其不满百户者编入村区域;但因地方习惯或受地方限制及其他特殊情形之地方,虽不满百户,亦得成为村里"①。1930年7月公布的修正《县组织法》则规定:"凡县内百户以上之村庄地方为乡,其不满百户者得联合各村庄编为一乡;百户以上之街市地方为镇,其不满百户者编入乡。乡镇均不得超过千户"②1930年修正公布的《区自治施行法》除规定了区自治事宜、机构及职权外,还规定:"区公所应设于区内适中或交通便利地点。"《乡镇自治施行法》也规定:"乡公所或镇公所,应设于该乡镇适中地点。"以上法规中的诸多规定在华北铁路沿线市镇管理体制的建立中得到执行或有所体现。

综上可知,一方面,警政、商会、自治等章程和法规在制定过程中,均对工商业繁盛的市镇给予特别关注,均体现出一定的层级性,如警政系统中的特种公安局、公安局、公安分局、分驻所、派出所等,商会组织中的总商会、商会、商务分会等,自治组织中的市、区、乡、镇等,表明这一时期相关章程和法规的继承性和延续性;另一方面,不同时期的章程和法规也各有其创新之处,如北洋政府时期的《市自治制》《乡自治制》,南京国民政府时期的特种公安局和《县自治法》中关于村、里、乡、镇的规定等。从这些章程和法规中可以看到,制度设计层面的市镇管理体制可以归结为4种模式:一是由直辖于省的特种公安局和层次较高的总商会(商会)等共

---

① 《县组织法》,载《中华民国档案史料汇编》第5辑第1编,江苏古籍出版社1994年版,第88页。

② 《县组织法》,载《国民党政治制度档案史料选编》下册,安徽教育出版社1994年版,第524~525页。

行使管理权,同时又曾成立过"自治市";二是由公安局(分局、分驻所、派出所)、商会(商务分会)、区公所(乡公所、镇公所)三者共同行使管理权;三是由公安局(分局、警察所)、商会(商务分会)、区公所(乡公所、镇公所)三种机构和组织中的一种或两种行使管理权;四是上述机构和组织均未设置,市镇管理体制与普通村庄相同。

二、制度执行中的市镇管理体制模式

1902—1937 年间,在中央政府和华北各省地方政府公布的相关章程和法规中,大都含有专门针对"工商业繁盛地方"的条例和条款。这些条例和条款在执行中又针对市镇急剧分化的局面作了相应的调整。加之这一时期政局动荡、政权更迭频繁,各种章程和法规时行时废,因此,制度执行中建立起来的市镇管理体制模式更趋多元化。

在这一时期的华北铁路沿线地区市镇中,石家庄和唐山的发展历程和管理体制颇引人注目[①]。石家庄原是获鹿县管辖的一个"街道六,庙宇六,井泉四",仅有村民 93 户、532 人的小村庄[②]。1905 年京汉铁路全线竣工,1907 年正太铁路全线通车,石家庄由此成为两条铁路的交汇点。山西保晋,河北井陉、正丰等大型近代煤矿所产之煤均需由此转运,山西南部及附近各县的粮食、棉花等物产亦多由此转销。铁路运输业的发展和商业的繁荣为近代工业的兴起提供了良好的原料、运输及销售环境。随着 1922 年大兴纺织公司的创办,1923 年井陉矿务局石家庄炼焦厂的正式成立,石家庄有了两家大型近代企业,工商业和人口规模均不断扩张。1937年前,石家庄已经成为一个人口 6 万余(其中工商业者约占 70% ~ 80%),市区面积 10 余平方公里的工商业大镇[③]。唐山是因近代煤矿创办和铁路修筑而兴起的工矿业市镇。此地原是滦县开平镇管辖下的一个小村庄,开平矿务局创办后开始脱离村庄的发展轨道,向市镇演变。1881 年后,随着唐胥铁路的通车、胥各庄修车厂

---

① 关于这一时期石家庄、唐山以及下文将要涉及的驻马店、秦皇岛、泊头、周村、张店等市镇工商业发展、人口增长和街市扩充的更详细讨论可参见江沛、熊亚平:《铁路与石家庄城市的崛起:1905—1937》,《近代史研究》2005 年第 3 期;王先明、熊亚平:《铁路与华北内陆新兴市镇的发展(1905—1937)》,《中国经济史研究》2006 年第 3 期;熊亚平:《铁路与华北内陆地区市镇形态的演变(1905—1937)》,《中国历史地理论丛》2007 年第 1 期;熊亚平:《铁路与华北内陆传统工商业市镇的兴衰(1905—1937)》,《河北大学学报》(哲学社会科学版)2006 年第 5 期。

② 《获鹿县志》卷二,光绪三年刻本;李惠民:《近代石家庄城市化起点的人口规模研究》,《河北广播电视大学学报》2006 年第 6 期。

③ 陈佩:《河北省石门市事情调查》,新民会中央总会 1940 年,第 10 ~ 11 页。《河北省获鹿县商业调查表》《河北省正定县商业调查表》《河北省石家庄县商业调查表》,载河北省政府建设厅编:《调查报告第四编(工商)》,1928 年,第 216 ~ 218 页,第 238 ~ 241 页。《河北省石门义务教育进行现况——一个城市义务教育实验之调查》,《河北月刊》1936 年第 4 卷第 7 期。

的迁入和启新洋灰公司等工矿企业的创办,唐山更加繁荣。1898 年后,唐山步入新兴市镇行列①。1924 年前,唐山人口已达 27000 余人,1926 年秋人口又达到47623 人,1931 年曾一度突破 15 万人。直到 1937 年前,唐山仍是一个有 100 家左右著名工商行号,人口约 77800 余的工矿业大镇②。

面对石家庄和唐山的迅速崛起,各级政府在管理体制建立方面也做了大量的工作。石家庄在清末已被获鹿县另列为一区,"石家庄系京汉铁路过往大站,正太铁路开首之处,华洋杂居商贾辐辏,因地方繁盛,操练巡警专管本村事务,拟另列一区"。同时,驻有警士数人,设立了商务分会;民国成立后设立警察分所,1921 年改为警察局,1924 年改为特种警察厅,1926 年在推行"市自治"中成立市政公所,"市自治"取消后又制定了《石门特种公安局组织暂行章程》,规定"石门特种公安局以原来石家庄、休门为其管辖区域"。特种公安局除维持辖区内社会秩序外,还具有处理宗教、劳工、出版、捐税、卫生、户籍、工商、注册、邮电等事务的权力,其余人口、财政、土地、税收等则归获鹿县第八区统计。唐山在清末也设立了巡警总局和商务分会。巡警总局于 1914 年改称唐山警察局,1928 年易名为唐山警察厅,内设 4 个警察分局。同年国民革命军进驻唐山后,将警察厅改称唐山特种公安局,下辖市区各分局、分驻所。公安局除治安外,还兼管其他事务,如设卫生科"专管理市面之卫生行政的事宜"。商务分会于 1915 年以后易名为"丰滦两县唐山镇商会"。1929年,商会改组,更名为"河北省唐山商会",隶属于唐山特种公安局;1931 年 12 月改由河北省领导,唐山特种公安局指导。同时,唐山于 1926—1928 年间亦成为为河北省 11 个"自治市"之一。"市自治"取消后,唐山的行政事务分别由特种公安局和丰润、滦县管辖。

两相比较之下,可以看到这一时期唐山和石家庄的管理体制有多个共同点:两者均在清末成立了警察机构和商会组织;均于 1926—1928 年间推行了"市自治";均于"市自治"取消后设立特种公安局,除维持社会秩序,均兼管卫生等其他事务,实际上成为介于省府与县署之间的一级地方行政机关;特种公安局职权以外的行政事务分别由获鹿县和丰润县、滦县管理;均设有商会组织,在地方事务尤其是发展工商业方面发挥重要作用。这些共同点使石家庄和唐山的管理体制成为华北铁路沿线市镇管理体制中的重要模式之一。

---

① (清)杨文鼎、王大本等纂修:《滦州志》,(台北)成文出版社 1969 年影印本。

② 梁秉锟:《调查滦县报告》,《直隶自治周刊》第 52 期(1924 年 1 月 20 日);《唐山之经济状况》,《中外经济周刊》第 213 期(1927 年 5 月 28 日);程昌志:《唐山市镇简述》,《市政评论》第 3 卷第 14 期(1935 年 7 月16 日);《唐山人口较去年减少四万余人》,《大公报》,1935 年 6 月 21 日;交通部邮政总局编:《中国通邮地方物产志》(下册)(河北编),第 47～48 页;北宁铁路经济调查队编:《北宁铁路沿线经济调查报告书》,第 1247页;(日)伊藤武雄:《冀東地區十六箇縣縣勢概況調查報告書》,冀東地區農村實態調查班昭和十一年,第 261页。

　　驻马店是铁路开通后得以迅速发展的一个传统市镇，其管理体制既与石家庄和唐山有相似之处，又有一定区别。该镇在清朝乾隆年间已跻身镇店行列，但其后发展极为缓慢。1906年京汉铁路通车后，驻马店成为京汉线上的重要宿站所在地，车站附近商业由此迅速发展，蛋粉制造业等近代工业相继兴起，新兴街市日益扩充。1931年时，驻马店已有48800余人口、36条街道，成为一个以商业和近代工业为主要产业，以工商业者为主要居民的工商业大镇[①]。随着驻马店工商业的迅速发展，警察机构、商会组织等也相继设立。其中警察机构创立于1906年，称为巡警分局，1913年改称警察事务所，1927奉令改为公安局，1932年改建特别公安局，直属于省警务处。同一时期，驻马店商会发展相对滞后，到1937年前仅设有若干同业公会，其中驻马店转运业同业公会约有会员66家，煤炭业公会有会员8家，杂粮业公会有会员80余家，杂货业公会有会员近80家[②]。与石家庄和唐山相似，驻马店也曾一度被称为"驻马店市"，依据为"凡县治所在地或商务繁盛之区，人口满五千以上者为市，其商务不甚繁盛人口不满五千者因定为街村等名"。不同的是，这一依据既非出自《市自治制》《乡自治制》和《县组织法》，亦与《河南省宪法草案》中"人口满一万以上者为市"的规定不符，而与《福建省宪法》等法规一致。这一情形在华北铁路沿线市镇中并不多见，因此可以视为华北铁路沿线市镇管理体制的模式之一。

　　秦皇岛是在开埠通商和铁路运输发展等因素共同作用下兴起的一个港口市镇，在管理体制上曾推行"特别区"制度，同时又设有警察机构和商会组织。该镇在清同治年间以前为一片荒凉之地。1860年天津开埠后，因冬季封冻，交易不便，货物多改由秦皇岛出入，其商业由此渐兴。京奉铁路通车和商埠开辟后，秦皇岛成为开滦煤炭输出要地，商业更趋繁荣。其到清末时已有私商40家，1933年前后商

　　① 李景堂纂、张绪璜修：《确山县志》，第353页，载实业部中国经济年鉴编纂委员会：《中国经济年鉴》第11章，1934年，第161页；《遂平与驻马店》，《大公报》1931年10月28日第5版。

　　② 《河南确山县驻马店转运业同业公会会员登记册》，载《河南驻马店转运同业公会卷》，中国第二历史档案馆藏，档号：422(4)—8043；《河南确山县驻马店镇煤炭业同业公会会员名册》(二十四年三月填报)，载《河南驻马店煤炭业同业公会卷》，中国第二历史档案馆藏，档号：422(4)—8049；《河南驻马店杂粮号业同业公会卷》(1933)，中国第二历史档案馆藏，档号：422(4)—8044；《河南驻马店杂货同业公会会员登记册》，载《河南确山县驻马店杂货业同业公会卷》(1933)，档号：422(4)—8040；《河南确山驻马店商会卷》，中国第二历史档案馆藏，档号：422(4)—8787。

店约有数百家[①]。到 1937 年以前,秦皇岛已成为人口达 6200 余户、33900 人[②]的大市镇。在各管理机构和组织中,其巡警局设立于 1902 年。1914 年,临榆全县划分为 6 个警区,设区长管理本区警务,后秦皇岛被单独划为一区,称为第七区。1915 年,秦皇岛巡警局改为警察分局,1919 年改设为警察总局第三署。1928 年,临榆县警察厅改称"临榆县特种公安局",下辖山海关、秦皇岛两城区,局内设 4 科,外设 3 个分局。秦皇岛商会组织创立于 1907 年,称为秦皇岛商务分会,1910 年并入山海关商务总会,秦皇岛各商号由"地方公益会"管理。1930 年,"公益会"又改组为"临榆县秦皇岛商会"。这一时期,秦皇岛管理体制的一个重要变化,在于"特别区"的设置,即临榆县"第七区为特别区,无所属堡村",只管辖秦皇岛(又包括秦皇岛本街和铁道南商埠)。因此,"特别区"应是单独成区的第七警区的延续,后又沿用于人口和学校统计等事项中。"特别区"除在秦皇岛有设置外,还曾设置于驻马店、胜芳(河北省文安县属)等市镇。如胜芳镇为"直隶六镇之一,户口众多,商务繁盛,距县治尤远,故特设一区,以便警政易于施行"[③]。又如河南安阳于 1930 年前后曾在第一区下置"车站特别镇"。由此可见,"特别区"应是针对具有特殊情形的地方而制定的一项特殊的制度。这项制度成为秦皇岛等市镇管理体制的一个重要组成部分,使之成为华北铁路沿线市镇管理体制的又一种模式。

除以上几处较为特殊的工商业大镇外,同时设有警察局、商会和区、乡、镇等机构及组织者,多为各县中工商业较为兴盛的重要市镇。津浦沿线的杨柳青、独流、泊头,胶济铁路沿线的周村、张店,陇海铁路沿线的会兴镇等均属于此类市镇。天津杨柳青镇到清嘉庆年间(1796—1820)已成为有 962 家商户的工商业大镇。此后由于距天津较近,战乱频仍致使富户逃离等原因,杨柳青工商业总体上处于缓慢发展状态。1917 年前后,其工业以织布业较为重要,有小工厂两家;1928 年时共有商号 150 家左右,工业以电灯公司、油坊和磨坊较为重要;到 1937 年前,商号数量变化不大,工业仍以电灯公司、油坊、磨坊等较为重要。虽然工商业处于缓慢发展状态,但杨柳青作为天津县最为重要的市镇,仍成为警察、商会及自治组织和机构的驻地。在各管理机构和组织中,警察局创办于 1904 年,由四乡巡警总局委派张祖保接管石元仕等人组建的"全盛保甲局"。1913 年,天津警察厅在区、乡设警察署,杨柳青为第三分署,1928 年后改称警察所。杨柳青商会成立于 1923 年,到 1937 年

① 秦皇岛市地方志编纂委员会:《秦皇岛市志》第 5 卷,天津人民出版社 1994 年版,第 10 页;北宁铁路经济调查队编:《北宁铁路沿线经济调查报告书》,1679~1680 页。

② 高锡畴等纂、高灵霄等重修:《临榆县志》,第 356~357 页、785 页;秦皇岛市地方志编纂委员会:《秦皇岛市志》第 1 卷,天津人民出版社 1994 年版,第 107 页;《秦皇岛之近况》,《中外经济周刊》第 212 期(1927 年 5 月 21 日);[日]伊藤武雄:《冀东地区十六箇县县势概况调查报告书》,冀东地区农村实态调查班昭和十一年,第 344 页。

③ 《文安县志》,(台北)成文出版社影印本,第 159 页。

前商会设有榨油、杂货、饭馆、肉行、点心、医药、米面等同业公会,由主席 1 人、常委 2 人、监委 4 人、执委 5 人,综理商会一切事务。在自治组织方面,1910 年天津县被划分为东、西、南、北、中 5 个大区,杨柳青属于西乡。1925 年推行"县自治法"时,将全县划分为 8 个区,杨柳青为第三区区公所驻地。1930 年实行区、乡、镇制,1934 年杨柳青被编为第三区第一乡,同时为区公所驻地。

天津静海县独流镇在清同治年间在本县市镇中的商业发展水平仅次于唐官屯。津浦铁路通车后,因交通更加便利,工商业更趋繁荣。1917 年前后,其主要工业有烧酒、醋、织布等行业,1928 年前后有商号 101 家,其中酒醋酱园铺 12 家、油店 5 家、杂货干鲜货铺 6 家、米面杂粮铺 11 家、布铺 6 家、酒店 6 家①。到 1931 年前后,独流全镇有人口 2954 户、13263 人,交通便利,商业繁荣,已取代唐官屯成为本县首镇。在各管理机构和组织中,其商会成立于宣统二年三月,民国 4 年(1915)4 月改组,民国 15 年(1926)7 月改选,在繁荣商业、规范商务秩序、维护商民利益、沟通商情、联络同业等方面发挥了重要作用。警察机构正式设立于 1923 年,当时有巡官 1 人、警察若干人,1929 年设正巡官 1 人、书记 1 人、长警 16 人,1934 年改称独流公安分科,1935 年又改称独流警察分所,设有所长、警长和若干警士。其自治组织始于 1923 年,当时静海全县依据《县自治法》划分为 6 个区,独流为第五区区公所驻地。1930 年 5 月,静海全县划分为 6 个区、281 个编乡,独流镇被编为第五区第一乡,同时仍为第五区区公所驻地。

泊头镇是由河北省南皮、交河两县分辖的一个大市镇。该镇清朝初年已是商贾辏集之地。宣统年间,其更成为津南一大商埠,运河两岸殷实商号不下千余家②。1920 年前,其成为南皮、交河及沧县以南,德州以北地区的工商业中心③。1928 年前,其商贸范围北至冯家口(距沧州 30 里,泊头 40 里),南至连镇,西至交河县郝村(距泊头 50 里),东至山东乐陵及无棣之埞子口(在无棣县城东北 90 里)④。直到 1937 年前,泊头仍是南皮、交河两县境内的工商业大镇。在各管理机构和组织中,其警察机构出现于清末。1905 年,交河县在运河以西设立巡警局,后改为分局,有巡官 1 人,1925 年时改设分驻所。与此同时,1910 年南皮县将原有 13 个警区并为 6 个,在运河以东设"泊镇区官";1928 年改警察所为公安局后,将泊头警务区改为公安分局;1930 年 7 月又将泊头划为第三警区。泊头的自治组织和机

---

① 《调查报告第四编·工商》,第 344 ~ 346 页。

② (明)郜相、樊深纂修:《嘉靖河间府志》,载《四部丛刊存目》史(192),第 403 页,第 535 页;《读史方舆纪要》第 13 卷,载《续修四库全书》史(599),上海古籍出版社 1995 年版,第 531 页;《嘉庆重修一统志》第 1 册(直隶省),中华书局 1986 年版,第 888 ~ 889 页;王德乾等修、刘树鑫等纂:《南皮县志》,(台北)成文出版社 1968 年影印本,第 106 ~ 108 页。

③ 林传甲:《大中华直隶省地理志》,武学书馆 1920 年版,第 94 页、第 108 页。

④ 《泊头之近况》,《经济半月刊》第 2 卷第 10 期(1928 年 5 月 15 日)。

构也始设于清末,由于泊头工商业发达,交通便利,因此虽然并非南皮县第二乡中的"适中之地",但仍然成为相关机构的驻地。1929 年,全县改划 6 个区后,泊头被编为第五区第一乡,同时为第五区区公所驻地,由公安分局兼办所务;1930 年 1 月筹办乡治分区时,公所与公安局分立。与此同时,属于交河县管辖的部分于 1928 年成为交河县第二区区公所驻地,区长亦由公安分局长兼任;1930 年设区长 1 人,处理地方行政和自治事项。同时,泊头于 1912 年前设立商会,称交河泊镇商务分会,1919 时改为泊头镇商会。

　　山东长山县周村镇在明代嘉靖年间已有居民 300 家,设巡逻官防守①。清康熙年间,青州、济南两府间干路改道后,周村一跃成为工商业繁荣之区。光绪三十年(1904)前后,其商业甚至"驾乎省垣而上之"②,成为山东省首屈一指的工商业重镇③。胶济铁路通车后,周村受到极为明显的双重影响。一方面,该镇进出货物多借此路转运,出入商人多乘火车往返于青岛、胶州、章丘、济南等地;另一方面,随着青岛、济南、张店等工商业中心的兴起,周村的市场大部被侵夺,工商业发展大受影响。但直到 1937 年前,周村仍为长山县的第一大镇,人口有近 6 万。在各管理机构和组织中,其商会成立于 1904 年,是华北铁路沿线地区第一家市镇商会,1929 年又成立了 23 个同业公会。周村警察机构的设置与商会有密切的关系。1906 年,长山县巡警局在周村利用商会义勇队管理治安。1912 年,周村设警察署,有警察 30 人。1916 年,吴大洲部占领周村后,责令商会建立了周村警察局,不久撤散。1919 年,张宗昌部进驻周村,又成立了周村警察所。1928 年,长山县公安局迁至周村,一直持续到 1937 年。周村的区、乡、镇组织建立较晚,直到 1931 年才依据修正后的《县组织法》成立长山县第二区,下辖周村及周边部分村庄,设有区公所,由区长 1 人管理全区事务,同时将周村分为周村、人和、永安三镇,设镇长管理全镇政务。

　　山东桓台县的张店在明清时期已发展成为一个小规模的乡镇。1904 年胶济铁路和张(店)博(山)支线通车时,在张店设立了车站。由于交通条件便利,其工商业随着兴盛。1920 年美种棉花被日本人引种到张店后,张店逐渐成为鲁北棉花的重要集散市场④。随着商业的迅速发展和人口的不断增长,车站附近逐渐形成一个新的市镇,1933 年时,人口已达 750 户、3500 余人。距车站 2 里之遥的原张店镇仍然停留在原有的小乡镇水平⑤。在各管理机构和组织中,其行政区划在1912—1927 年间沿用了清朝的"约",1928 年时废"约",改置区、乡和镇,张店和张

① 《嘉靖青州府志》,载《天一阁明代方志选刊》(42),上海书店 1982 年影印本,第 15 页。

② 胶济铁路管理局车务处:《胶济铁路经济调查报告》(分编五长山县),第 7 页。

③ 清代周村工商业发展可参见许檀:《明清时期山东商品经济的发展》,第 201～205 页。

④ 吴知:《山东省棉花之生产与运销》,第 35～36 页。

⑤ 胶济铁路管理局车务处:《胶济铁路经济调查报告》(分编四桓台县),第 14 页。

店车站均为桓台县第二区下辖的镇。张店镇又辖张店、张辛庄、王辛庄、一里庄和太平庄,车站镇辖车站和杏园两个商业区。其商会组织创立于 20 世纪 30 年代初,有棉业、炭业、粮食业等同业公会;警察机构在 1937 年前也已设置,称为桓台县公安局张店分局,有警官、警士近 200 人。

河南陕县(州)会兴镇在晚清筑成具有自卫功能的墙垣之后逐渐发展成为陕县首镇,陇海铁路通车后成为水陆码头,商业一度颇为兴盛,到 1932 年时仍有人口 1000 余户、5000 余人。其商业以运销潞盐为主,有盐店 10 余家,"每号各有引商与发商五至十家不等,每家资本少则数千元,多者数万元";其他商业虽然种类齐全,但多为小本经营。在各管理机构和组织中,其商会在商业兴盛时曾有设置,商会取消后则由盐商组织了一个联合机关,即豫灵公局和盐业公会①。其警察机构设置于 1907 年,时称陕县巡警局会兴镇分局,有警佐 1 人、事务员 3 人、警士 28 名、清道夫 4 名。1935 年以后会兴镇警察机构取消。在自治组织方面,会兴镇在 1930—1935 年间曾为陕县第二区区公所驻地。

与石家庄、唐山、驻马店、秦皇岛等市镇相比,上述市镇的管理体制有两个较为明显的特征:一方面,随着区、乡、镇在清末以后逐渐由自治单位向介于县与村庄之间的政制演变②,区、乡、镇及与之相应的区公所、乡公所和镇公所成为设于这些市镇上的重要管理机构,与警察、商会等共同行使管理职权;另一方面,警察、商会和区、乡、镇等机构与组织之间的职权曾一度出现交叉以至替代,如泊头曾一度由公安分局局长兼任区长,而周村商会义勇队亦曾负责管理社会治安等。这就表明,杨柳青、独流、泊头、周村、张店、会兴镇等市镇的管理体制应为华北铁路沿线地区市镇管理体制的又一模式。

在华北铁路沿线地区市镇中,由公安局(分局、警察所)、商会(商务分会)、区公所(乡公所、镇公所)三种机构和组织中的一种或两种行使管理权的市镇,以及在管理体制上与普通村庄相同的市镇的数量相当多,这里仅以昌黎、房山、静海、南皮、信阳等县所属市镇为例,对这两类市镇的管理体制进行考察。昌黎县境内的重要市镇在清末有蛤泊、赤崖、静安、施各庄、新集、姜各庄、团林、石门、会里、安山等,1937 年前,集市有裴家堡街、两山、安山街、靖安街等 30 个,重要市镇则有安山、施各庄、蛤泊、姜各庄、靖安等。在这些集市和市镇中,除蛤泊、靖安分别设有公安分局(分驻所)、商会分事务所、区公所外,商业最为繁盛的安山仅仅设有商务分会和警察分驻所,新集、姜各庄、泥井等设有公安分局和区公所,裴家堡设有公安分驻所和区公所,会里、石门、木井、施各庄、赤崖等设有公安分驻所,其余近 20 个市镇和

<hr>

① 《陇海全线调查》,第 266~269 页。
② 参见魏光奇:《官治与自治:20 世纪上半期的中国县制》,第 86~199 页;魏本权:《基层政制与乡村社会结构的错离:以近代华北区制的变动为中心》,《中国农史》2008 年第 2 期。

集市均无此类机构和组织。房山县 1928 年前后的重要市镇有石梯、灰厂、长沟镇、石窝镇、张坊镇、周口店、坨里、南窑、长沟峪等,其中仅张坊和石窝为区公所驻地,周口店和坨里设有商会分事务所。静海县 1934 年前后的市镇和集市有独流镇、唐官屯、子牙、中旺、瓦子头、惠丰桥、陈官屯、管铺头 8 处,其中仅独流镇设有警政机构、商会和区公所,惠丰桥、唐官屯、瓦子头 3 处设有警政机构和区公所,其余 4 处并未设立此类机构和组织。南皮县 1931 年前后有泊头、董村、马村、砥桥、半壁店、王木匠等 18 处市镇和集市,其中仅泊头 1 处设有警政、商会和区公所等组织机构,董村、马村、王木匠、半壁店设有区公所和警察分驻所,砥桥曾设警察区官,其余 12 处未设置此类机构组织。河南信阳 1936 年前有市镇 30 余处,其中仅柳林、明港、吴家店 3 处较大市镇为警察机构及区公所和镇公所驻地,并设有商会,中山、平昌、龙井 3 处为警察机构及区公所和镇公所驻地,长台、杨柳河、游河、谭家等 7 处设有警察机构。其余约 20 处未设立此类机构组织。

通过以上 5 县所属市镇和集市的考察可以看到,除少数较大的市镇设有警政、商会、区公所等机构外,仅有部分市镇设有这三类机构和组织中的一种或两种;其余大多数市镇和集市并未设立这些机构和组织,尤其是能够反映市镇商业发展状况的商会组织,更是很少出现在这两类市镇中。由此可知,在这两类市镇的管理体制中,前者代表了那些商业发展水平不高而具有一定区位优势及政治地位的市镇,后者代表了那些商业水平、区位优势及政治地位均不突出,与普通村庄区别不大的小市镇和集市,并由此形成了华北铁路沿线市镇管理体制中的另外两种模式。

总之,与市镇管理体制相关的各种章程和法规在具体执行时,由于所面临的政治、经济形势和社会环境不同,形成了不同的管理体制模式。石家庄、唐山等极少数工商业极为发达的大镇建立了介于省府和县署之间的特种公安局与商会组织及相关的县政府共同行使管理权;驻马店也建立了直辖于省警务处的特别公安局,但商会组织并不完善;秦皇岛以警区为基础设立了"特别区",同时设有警察机构和商会组织;杨柳青、独流等市镇由警察、商会和区、乡、镇公所等共同行使管理权,区、乡、镇公所地位比较突出;安山等大批市镇仅设有警察、商会和区、乡、镇公所三种组织机构中的一种或两种;数量更多的小市镇和集市的管理体制则与普通村庄相同。这就使制度执行中建立起来的市政管理体制模式更趋多元化。

三、华北铁路沿线市镇管理体制模式的共性与影响

长期以来,华北与全国其他地区一样,并未建立起专门针对市镇的管理体制,而是设置巡检、县丞、主簿、州同等官管理相关事务,如巡检在明清时期设于距县城较远的重要市镇,"俗称县丞,又称二衙"。清末以后,随着警政的推行、商会章程及商会法的实施,县以下地方自治的开展,尤其是警区、学区与自治区的合流,以及

区、乡、镇组织由自治单位向介于县与村庄之间的政制演变,县以下地方管理体制开始发生重大变革。在此过程中,华北铁路沿线地区市镇的管理体制也开始形成。由于市镇在发展过程中因交通状况、工商业发展水平的不同而发生了极为明显的分化,因此其管理体制也形成不同的模式。这些模式既各具特点,又有一些共性,并对市镇发展具有重要影响。就管见所及,其共性与影响主要体现在以下几个方面:

其一,这一时期的市镇管理体制具有明显的层级性。一方面,在制度设计层面作出的警政方面的特种公安局、公安局、公安分局、分驻所,商会方面的总商会、商会、商务分会,自治方面的"市自治"和"乡自治",以及区公所、乡公所、镇公所等规定,使其在各自的体系内已具有一定的层级性;另一方面,在这些章程和法规的执行过程中,主要依据工商业发展水平和人口数量的多少进行调整,比较普遍的做法是在工商业发达的市镇建立较高一级的机构和组织,在工商业次发达的市镇建立低一级的机构和组织乃至于分支机构,由此使实际建立起来的市镇管理体制也具有明显的层级性。又由于这一时期华北铁路沿线地区市镇在工商业发展水平上的差异与铁路运输之间有密切的关系,尤其是商会组织大都设立于建有铁路车站、工商业较为兴盛的大市镇,因此,铁路应是市镇管理体制的层级性形成的重要影响因素之一。

其二,这一时期的市镇管理具有明显的不统一性。一方面,在制度设计层面,尽管警政、商会、自治以及区、乡、镇的相关条款中具有针对"工商业繁盛地方"的规定,但并未明确界定这几种不同机构和组织之间的关系,亦未将其纳入一个统一的制度框架之中,由此造成"自治行政与政府行政混乱不清",从而为相关机构和组织的各自为政以至于相互冲突埋下了伏笔;另一方面,在制度执行层面,由于没有统一的框架和明确的职权划分,警政、商会、自治以及区、乡、镇等组织之间的兼管和侵权现象时有发生。典型者如石家庄、唐山两地的特种公安局除维持社会治安外,还兼管很多行政性事务,泊头等市镇一度出现公安分局长兼任区长的情况,周村则一度出现了商会组织兼管社会治安的情形。同时,由于修正《县组织法》一方面明确规定"乡镇均不得超过千户",另一方面又未关照到分属两个以上县份管辖的市镇,由此使某些大镇在相关机构和组织建立过程中被分割为几个市镇,如桓台县张店一度分设张店镇和张店车站镇;河南郾城县漯河镇一度分设车站和寨内两个市镇,建有两个商会;河北泊头由于分属南皮和交河分辖,一度建两个区公所和两个警察机构。即便是唐山这样的大镇,除特种公安局兼管的事务外,其他事务由丰润和滦县分管,实际上形成了三足鼎立的局面。由此可见,市镇管理体制的不统一性在石家庄、唐山、周村、张店等受铁路运输影响较大的市镇表现得更为明显,这就体现了铁路运输的间接影响。

其三,这一时期的市镇管理体制对市镇发展具有较为明显的双重影响。一方面,警察机构的设立有利于改善社会治安,为市镇工商业发展创造了条件,商会的建立有助于推动市镇商业的发展,自治的推行有助于调动广大工商业者参与市镇建设的积极性。典型者如石家庄在1923—1928年推行"市自治"期间,不仅实现了石家庄与休门的合并,拓展了发展空间,而且成立了以周维新为市长的"市政公所",在市镇建设方面取得了诸多成绩。另一方面,在警政、商会以及自治的推行中,出现了一些弊端,除各机构职权划分不清、各自为政时常引发侵权外,由于经费缺乏,相关人员时常借机盘剥商民。以警察为例,1928年时河北正定县城南二十里铺巡警官黄某,到任没有两个月,已罚款2000元。1937年前,河南信阳各市镇警察"皆因毫无底款,专以罚金充饷,地方视为大蠹"。这种以罚金充饷的行为无疑会挫伤广大商民的积极性,从而不利于市镇商业的发展。

其四,这一时期的市镇管理体制具有明显的过渡性。一方面,虽然建立了警政、商会、区、乡、镇公所等近代机构和组织,但也长期保留了大量的传统因素。例如,商会仅设于少数较大市镇,绝大多数市镇仍由牙人和牙行参与市场管理。又如长山县周村镇1912—1927年间仍沿袭清代的"约",等等。另一方面,尽管这一时期的市镇管理体制仍处于形成过程之中,但其所设立的部分机构和组织在抗战期间被日伪接受和沿用,在战后得以恢复,并在中华人民共和国成立初期继续被沿用,从而为以后市镇管理体制不断完善奠定了一定的基础。正如《张店区志》所指出的:"上述两镇(张店镇、张店车站镇——引者)、两乡(贾庄乡,王舍乡——引者),是后来建立张店区的基础。"①

总之,将1902—1937年间的华北铁路沿线市镇管理体制置于清末以来县级以下地方管理体制发生重大变革的这一背景下进行考察时,至少可以得出3个基本结论:一是这一时期的市镇管理体制是传统的县级以下地方管理体制与1937年以后至中华人民共和国成立初期的市镇管理体制之间的一个过渡形态;二是这一时期市镇管理体制的层级性和不统一性,与部分市镇在铁路运输影响下的迅速发展有着直接或间接的关系;三是这一时期市镇管理体制对市镇发展的双重影响表明,制度与市镇发展之间有着极强的互动关系,因此,应在注重市镇社会经济发展的同时,重视管理体制的创新,适时地建立或调整市镇的管理体制,以更好地促进市镇的可持续发展。

---

① 《张店区志》,第32页。

警察与近代城市交通管理
——以北京①为例

李自典　李海滨②

摘要：城市交通是市民的出行保障，与市民生活紧密相连。如何保证城市交通有序运转，为市民出行提供便利？这成为影响近代城市发展的一个重要问题。现代北京警察出现后，承担起管理城市交通的重任，先宣传交通规则后依法处置违警事件的管理模式，为今天城市交通管理提供了参考经验，也直接促进了近代城市管理的科学发展，推动了城市近代化的演进历程。

城市交通直接关系着市民的出行，与市民生活紧密相连。近代城市交通的发展是城市建设的一项重要内容，也影响着市民生活方式和社会观念的嬗变过程。有关近代城市交通问题的研究，目前学界取得了一些成果③，既有成果中探讨的问题大多是近代城市交通工具尤其是公共汽车、人力车等的出现对城市交通体系建设以及市民生活的影响等方面，而对城市交通的管理问题则少有论及。这是城市管理的一项重要内容，也是了解近代城市变迁的一个窗口。因此，本文拟以北京为例，对此作一尝试，不足之处，恳请方家指正。

一、近代北京城市交通状况与管理机构的设置

交通可以说是一个城市运行的命脉，交通状况如何直接影响着城市的发展速度。交通状况概括来讲主要包括交通道路的建设、交通工具的种类与数量、交通秩序的管理等方面。交通状况的好坏直接受到交通管理机构的建置与运转的制约。

---

① 关于北京的称谓，在清朝和北洋政府时期，"北京"与"京师"互通；1928 年 6 月南京国民政府开始统治全国后，改"北京"为"北平"，故本文采北京、京师、北平混用，专指国民政府统治时期称北平，泛指称北京。

② 李自典，北京联合大学应用文理学院历史文博系；李海滨，中国铁道博物馆。

③ 参考著作：千叶正史：《近代交通体系と清帝国の変貌：电信·铁道ネットワークの形成と中国国家统合の変容》，（东京）日本经济评论社 2006 年版；林辛：《贵州近代交通史略：1840—1949》，贵州人民出版社 1985 年版，等等。参考论文：邱国盛：《人力车与近代城市公共交通的演变》，《中国社会经济史研究》2004 年第 4 期；何益忠：《近代中国早期的城市交通与社会冲突——以上海为例》，《史林》2005 年第 4 期；陈文彬：《近代城市公共交通与市民生活：1908—1937 年的上海》，《江西社会科学》2008 年第 3 期；蔡亮：《近代东京、上海铁路交通发展比较》，《都市文化研究》2007 年第 2 期；艾智科：《公共汽车：近代城市交通演变的一个标尺——以 1929 年到 1931 年的汉口为例》，四川大学 2007 年；余晓峰：《传统与变革：从公共汽车的出现看成都近代城市公共交通的变迁》，四川师范大学 2007 年，等等。

自清末到民国时期,负责北京城市交通管理事务的机构基本依附在现代警察制度的建构中。1902 年 4 月,清政府在京师成立了内城工巡局,掌理京师内城警察事务,兼管道路工程设施,并以"告示"方式发布《马路章程十条》,开始管理道路交通。① 1905 年,清政府设置巡警部,京师原内、外城工巡局更名为内、外城巡警总厅,两总厅各设总务处、警务处、卫生处,其中警务处下设交通股,专门负责管理道路交通事宜。在人员配备上,巡警总厅以下各区设巡警、巡捕长、巡捕,统管辖区内的治安和交通事务,共计 5000 人。其中在京城最为繁华地区前门大街每间隔 18 米左右即设一名巡捕,站立街道中央,每隔约 50 米设一名巡捕长。其他街道通常每百米设巡捕一人。② 1909 年,内、外城巡警总厅行政处二科下设交通组,主要负责道路、桥梁、沟渠及公共交通设施的督察整顿,审查各种车辆的容积、重量及有关通行,道路照明的管理,电信、电话标杆的安设及迁移等事务。③ 1913 年,北洋政府将京师内、外城巡警总厅合并为京师警察厅,下设行政处第二科主管交通、外事、户籍等事务。此外,京师警察厅还组建了交通巡逻队,共 27 人,每日分 6 班值勤,每班 4 人,昼夜各出巡一次,主要负责前门、大栅栏一带的交通秩序管理。④ 1914 年京都市政公所成立,自此到 1928 年间北京的交通管理体制由京都市政公所和京师警察厅共同负责,其中市政公所主要负责城市的总体规划和基础设施,如道路和沟渠的建造、维修,京师警察厅集中负责维持秩序、消防管理等方面。1928 年南京国民政府开始统治后,京师警察厅改为北平特别市公安局,其下第二科设交通股;1937 年 2 月,北平特别市公安局改为北平特别市警察局,其行政科下设交通股。7 月北平沦陷后,北平特别市警察局改为伪北京特别市公署警察局,在保安科内设交通股,主管交通、外事警察,核发车辆牌照等。1945 年日本投降后,国民政府接管北京,仍改称北平。接管后的北平市警察局对日伪时期的警察机构进行调整,交通股仍设在行政科内,同时在警察局管辖的内城一、二、三、七分局,外城一、三、四分局,郊区五、七等分局的分驻所内设有交通派出所,负责交通管理事务。

城市道路建设工作是城市交通管理的一个重要组成部分。在近代北京,负责城市道路建设的管理机构虽然经历了一些变化,但道路修筑工作总体是不断发展的。比如,兴修马路始由工巡局管理,后改为巡警总厅负责。据报载,1904 年 12 月,工巡局修铺石路,将在棋盘街开工,之前,那大金吾派德文翻译景介卿君带同捕勇前往勘量。⑤ 1905 年 2 月,西安门外至西直门一带经工巡局丈量地势后,由西安

---

① 北京市地方志编纂委员会:《北京志·市政卷·道路交通管理志》,北京出版社 2000 年版,第 11 页。
② 北京市地方志编纂委员会:《北京志·市政卷·道路交通管理志》,北京出版社 2000 年版,第 33 页。
③ 北京市地方志编纂委员会:《北京志·市政卷·道路交通管理志》,北京出版社 2000 年版,第 12 页。
④ 北京市地方志编纂委员会:《北京志·市政卷·道路交通管理志》,北京出版社 2000 年版,第 33 页。
⑤ 《中外近事——勘丈地界》,《大公报》(天津版),1904 年 12 月 6 日。

门起首兴工先修便道，以备往来车马行走，便道修妥后即修筑马路。① 1906 年，北京议兴石子路，由巡警总厅派员按段测量，凡大街铺修石子、小巷铺垫灰土，改挖明沟，以期整齐。② 1914 年，京都市政公所成立后，负责修建了南长街碎石路面，以及北长街、前门大街、天桥南大街、永定门内大街等处的沥青路面，并制定了各路工程规格和养路章程等。1921 年，京都市政公所代表北洋政府与中法实业银行签订了《北京电车合同》，到 1924 年 12 月，由前门至西直门，经司法部街、西单、西四、新街口，全长 7 公里，配 10 辆运营车的第一条有轨电车线路正式运营，这是北京市第一条供城市居民乘用的公共交通线路，此后又渐次开通了第二、三、四、五路车。③ 南京国民政府统治开始后，北平市政府进行了大幅度重组，成立了财政、土地、社会、公安、卫生、教育、工务、公用 8 个局，交通道路修建工作归工务局负责，但是道路秩序维护仍由警察负责管理。1936 年，在南长街、景山东街、景山西街、地安门内大街、地安门外大街由工务局修筑了沥青路面。④ 到 1937 年 2 月，北京可通车的公路共有 52 条，长 1167.9 公里。⑤ 在修筑铁路方面，北京市内的环城铁路工程于 1915 年 6 月动工，1916 年 1 月 1 日通车，有西便门、德胜门、安定门、东直门、朝阳门、东便门这 6 个车站，长 15.05 公里。⑥ 公路和铁路的修建为北京现代交通的发展奠定了基础。

随着城市的发展和社会的进步，北京市内的交通工具逐步变化。清末，北京城内马路尚未修筑时，人们出门代步主要乘坐轿车，而载重主要用骡马拉的大车。马路修筑后，人力车、马车相继而起，并逐步成为主要公共交通工具。据载，1917 年，北京共有 20674 辆人力车，其中 2286 辆属私人拥有，17988 辆作为商业化的交通工具。⑦ 另据北京交通行业协会的调查显示，至 1932 年，长期在北京城居主宰地位的交通工具轿子的数量减少到不足 400 抬，而商用公共马车则有 9400 多辆，由大约 15 家运输公司进行经营。⑧ 小汽车、电车等新兴的交通工具后来也开始在北京出现，并逐渐获得发展。至 1932 年，北京城的小汽车已经多达 2200 辆，其中 1700 辆属于私人用车，500 辆属于商业用车。⑨ 随着新式交通工具的增加，旧的交通工具诸如轿车、骡车等逐步受到排挤，数量急剧减少。据 1933 年的统计，北平的主要

---

① 《中外近事——马路兴工》，《大公报》（天津版），1905 年 2 月 14 日。
② 《时事——整顿路政》，《大公报》（天津版），1906 年 9 月 29 日。
③ 刘牧：《当代北京公共交通史话》，当代中国出版社 2007 年版，第 17~18 页。
④ 北京市地方志编纂委员会：《北京志·市政卷·道桥志、排水志》，北京出版社 2002 年版，第 24 页。
⑤ 北京市公路交通史编委会：《北京交通史》，北京出版社 1989 年版，第 149 页。
⑥ 北京市公路交通史编委会：《北京交通史》，北京出版社 1989 年版，第 131 页。
⑦ 刘牧：《当代北京公共交通史话》，当代中国出版社 2007 年版，第 9 页。
⑧ 北京市公路交通史编委会：《北京交通史》，北京出版社 1989 年版，第 83 页。
⑨ 北平市社会局：《北平市工商业概况》，1932 年，第 638 页。

交通工具有:汽车 2710 辆,机器脚踏车 43 辆,马车 422 辆,人力车 5928 辆(私人所有),自行车 115000 辆,轿车 460 辆,大车 12050 辆,手车 17243 辆,排子车 1053 辆,电车 94 辆,各种车辆共计 155003 辆。① 很明显,自行车、手车、大车、人力车等占据主要地位。北平市内交通工具种类繁多、数量庞大,现代化的以机械为动力的交通工具与以人力、畜力为动力的交通工具并存。交通道路、工具的不断变化,使得京城的交通状况逐渐复杂化。

二、交通法规的制定与警察对交规的宣传

对交通进行管理是保障社会有序运转的重要前提,这一重任落在了警察身上。为了对交通工具进行有效监控和维持市内的交通秩序,政府机关首先制定了一系列的法规条文以为警察执法的保障。清末时期,1906 年,内城巡警总厅订立了《马路规则》和《交通规则》《交通暂行规则》,规定:"凡往来行人及车马人力车等均须靠左以利交通;凡车马繁杂之地均宜以次徐行不得超前拥挤;违犯条规者,巡兵得按例劝止,不服劝止时,巡兵得以立即送交总局上官按章理处。"②同年 7 月,巡警部制定《管理地排车专则》,规定"车辆须呈报警厅盖用火印,其无火印者不得使用"。③ 9 月,西直门外马路巡警规则制定,专门就警察如何管理马路交通订立规则,规定:"马路巡警专管照料马路上车马行人不准拥挤,及车遇有道差,不拘何项车马,有碍跸路,即加意指挥;……站岗须著意公事,不准向闲散人谈话,如遇问路者详细指示。"④1908 年 4 月,《违警律》公布,其中第四章为关于交通管理方面的专门规定;9 月 15 日,外城总厅订立《管理大车规则》和《管理人力车规则》等单行法规;11 月,警厅为便利交通起见,又拟定骆驼入城规则,大略只准以骆驼 3 头牵连一串,每日 11 点后不准入城,定于 15 日为实行之期。⑤ 1909 年 12 月 24 日,内外城总厅会订《车辆夜不燃灯处罚章程》,民政部批准。北洋政府时期制定的交通法规主要有:1915 年 10 月,内务部奉大总统面谕,订立《取缔汽车章程》,以减少汽车肇事,规范纳捐;⑥11 月公布的《违警罚法》中,专列第六章为管理交通方面的规定;

---

① 北平市政府秘书处第一科统计股:《北平市政府二十二年度行政统计》,第 139 页。载沈云龙主编:《近代中国史料丛刊》第三编第七十四辑,(台北)文海出版社,1992 年。

② 《内外城总厅申送违警罪章程及有关文书》(1906 年)、《巡警部拟定交通暂行规则》(抄件),中国第一历史档案馆藏巡警部档案,全宗 37 - 1,案卷 107、案卷 18。

③ 田涛、郭成伟整理:《清末北京城市管理法规》(1906—1910),北京燕山出版社 1996 年版,第 35 页。

④ 《核办修筑京师内外城各段道路沟渠工程及拆让官民房事项有关文件》(1906 年),中国第一历史档案馆藏巡警部档案,全宗 37 - 1,案卷 224。

⑤ 《限制骆驼入城》,《大公报》(天津版),1908 年 11 月 9 日。

⑥ 《内务部遵谕取缔汽车》,《大公报》(天津版),1915 年 10 月 9 日。

1916年3月,警察厅为维持人道交通便利起见,拟定限缩人力车办法①;1920年10月,内务部为保护人民生命起见,拟定惩治汽车司机伤毙人命的一种暂行条例。②

南京国民政府时期,1928年7月,国民政府公布的《违警罚法》中,专列第六章为管理交通方面的规定。1930年3月4日,内政部公布的《警长警士服务规程》中也有一些关于交通管理的条文。1934年12月21日,内政部公布《陆上交通管理规则》,对陆上车辆、道路、车辆驾驶人等均作了规定。为维持交通的正常运转,此时期北平地方当局制定的规范交通工具行驶、加强交通秩序管理的法规非常多。如针对汽车行驶,1928年11月,市政当局制定了《北平特别市汽车管理规则》,其后于1933年12月23日加以修正,更名为《北平市汽车管理规则》,此外还有《北平市公安局巡守长警指挥汽车规则》。为规范马车行驶,1929年11月公布了《北平特别市马车管理规则》;1931年10月修正该规则,颁布了《北平市马车管理规则》。对人力车行驶进行管理的法规为1928年11月公布的《北平特别市人力车管理规则》,1931年10月27日修正公布为《北平市人力车管理规则》。在脚踏车管理方面,1928年11月公布了《北平特别市脚踏车管理规则》,1931年10月27日修正公布《北平市脚踏车管理规则》。在电车管理方面的法规有《北平市公安局巡守长警指挥电车规则》。在其他车辆、行人管理方面,制定的法规还有《北平市行人车马行走马路规则》《北平市管理重载大车规则》《北平市车马管理规则》《北平市轿车大车排车手车管理规则》,以及1934年6月公布的《北平市公安局管理交通规则》和1937年公布的《北京特别市公署警察局修正管理交通规则》,后两者对市内各种车辆的行驶和行人提出了统一的规范。诸如以上各类法规条文,均是警察管理交通的法律根据,法律如何执行,则依赖于交通警察与民众的配合行动了。

在北京的警察机关中,负责管理交通的除专门的交通岗警外,一般的守望警及巡逻警均有此责任。他们在对京城交通实施管理的过程中,第一步的工作是将交通知识向公众进行宣传,以期民众懂得交通法规,自觉遵守交通秩序。在对一般民众进行宣传时,警察机关将一般道路常识,主要依照下述几种方式宣传于民众:(1)公告;(2)揭载于报纸;(3)张贴整齐划一的标语于通衢;(4)派员讲演;(5)委托中小学校代为宣传;(6)制成简明节要,委托本地电影院映放;(7)编印小册分散民众阅览;(8)由交通警察随时指导讲解;(9)举行交通安全周;(10)摄制道路交通影片向社会宣传。对于小学生而言,宣传工作由学校负责。对于车辆驾驶人,警察机关选派人员切实训练,凡在各都市主管官署登记的公私营业各种车马夫,无论服务时间长短,均须参加受训,主要训练课目有《交通警察大意》《交通警察指挥手

---

① 《警察厅拟限缩人力车》,《大公报》(天津版),1916年3月14日。
② 《取缔汽车司机人》,《大公报》(天津版),1920年10月22日。

势》等。① 可见,当时的交通管理工作是较为细致的,在工作方法上也比较灵活、多样。

关于警察向民众进行交通知识宣传的事例在报纸上时见报道。例如,1906 年 2 月,"工巡局以京师道路往来拥挤,毫无定章,现拟定章程四条,并中外军队行走之法均书缮横牌,竖于通衢道左。"②11 月,崇文门至北新桥马路修筑完竣,所有停放车马各区已由警厅建立标识,又粘贴白话告示于各街衢,特申明违犯定章的罚律,以免车马拥挤致碍交通。③ 1916 年 9 月,京师警察厅总监特发布告,厉行马路警章,如再有违犯情事,定即一律惩办。④ 1925 年,又有新闻报道:"警察总监朱深因正阳门外大街大栅栏、珠宝市、观音寺、煤市街、廊房二条及鲜鱼口等处,车马行人甚为杂乱,兹为整顺车路政,便利交通起见,特规定车辆取缔办法,每日上午十一点钟后不准车,准手推货车在以上地点通行;下午四时后,禁止空人力车往来盘旋,致碍交通。如有不遵者,立即扭交警厅,依法罚办,决不姑宽,并已通令该管外左一外右一两区长警,随时注意取缔。"⑤各种布告将警察机关对交通管制的范围及内容传达给了广大民众,其中有浅显言语的以理劝谕,也有严厉的违规惩罚警告。

通过宣传,民众知晓了一些交通常识,秩序有了一定好转。如 1906 年 7 月,报载:"珠市口一带所有行人照章分左右行走,甚为齐整。"⑥然而,视宣传为具文的情形也不可避免,由于经验不足或者本身素质的限制,有的警察没有认真负起管理的责任,结果影响甚坏。如 1905 年 12 月,报纸报道:"巡警局以前门外大街等处车马云集,拥挤非常,拟定禁止各事十条,大意不准车马横停,以及逆道开车驱跑各事,以致有碍行人,是以近日出谕,并将警章十条分晰写清,粘贴各处,以便众人恪遵。按前门外车马拥塞,每有数点钟不能前移寸步者,巡警傍立,若无闻见,最为野蛮之现象,可耻实甚。"⑦无论如何,诸多的交通管理法规奠定了警察执法和市民守法的基础,但将法律与现实衔接起来,达到良好的交通秩序效果需要警察与民众的共同努力。市民养成遵守交通规则的习惯需要一定时间的培养,警察完全恪尽职守也需要制度建设的进一步完善;但不管社会效果怎样,近代北京警察注重先向市民宣传交通规则再行实施违警处置的做法仍具有积极意义。

---

① 刘垚、谈凤池:《中国都市交通警察》,商务印书馆 1935 年版,第 128～129 页。
② 《时事——宣示交通道路章程》,《大公报》(天津版),1906 年 2 月 3 日。
③ 《时事——停车规则》,《大公报》(天津版),1906 年 11 月 3 日。
④ 《吴总监厉行马路警章》,《大公报》(天津版),1916 年 9 月 9 日。
⑤ 《社会新闻——取缔车辆之办法》,《京兆日报》,1925 年 10 月 31 日。
⑥ 《时事——行路须知》,《大公报》(天津版),1906 年 7 月 13 日。
⑦ 《时事——警局章程》,《大公报》(天津版),1905 年 12 月 6 日。

三、北京警察对城市交通的实际指挥

警察机关在对交通秩序的管理中,除向广大市民宣传交通规则外,对警察人员也注重培训,以保证执法的统一。1934 年 6 月,《北平市公安局管理交通规则》公布,该规则为统一交通指挥,制定了新的交通法规和进一步规范化的交通指挥手势,之后在全市范围内展开基本教育,对交通警士进行训练,有利于他们更好地执行职务。这一切为保证警察对城市交通进行有效管理作了准备。

在具体的实际工作中,管理车辆登记、指挥来往车辆有序通行、保证道路畅通、取缔不法的车辆、处理违警事件,以及解决交通事故等均是警察的主要职责。对交通工具进行登记、发照等管理,是警察机关对车辆交通进行管制的第一项内容。这项工作自清末至北洋政府时期一直由警察机关负责,进入民国政府时期,1928 年改由公用局负责,1930 年 4 月改由工务局负责,1931 年 5 月则改由社会局负责。对不按规章登记、办理牌照的车辆,警察有责任实施查究。如据报载,1927 年 12 月 30 日午后,正阳门大街有汽车一辆,车后安钉黄铜腰圆式车牌,上书红字一号,这种杂色车牌不合规定,应不准通行街市。京师警察厅得报后,训令内外二十、四郊区警察署,"令仰该署转饬各路及一体注意查察,务应查明该项车辆驻在何区,饬其即日一律悬挂厅制号牌,以符定章,而免盘阻。"[1]1933 年,针对本市各种汽车往往不挂号牌或沿用外埠号牌及本市旧号牌,又有仅于车前悬挂号牌而车后则付阙如,及于夜间行驶而车后号牌并不燃灯等情形,总局通令各区署饬段随时注意查察,对于上项违章行驶的汽车认真取缔,其有滋事伤人者,即予截获送究。[2]

对来往车辆进行指挥,指导其有序通行,及对不法车辆违警进行处置,这是警察管理京城交通工作的重要内容。这方面的案例很多,如 1902 年 11 月 11 日,天桥地方有一大车重载而行,不慎将电杆撞折一根,该地巡捕即将骡子扣住,并将车夫扭去理论。[3] 1904 年 10 月 24 日,扎街巡捕增祥因推车人孙富长误将路灯碰坏,令其赶紧赔修。[4] 1906 年二月初四日,推小车人刘恒玉行走马路不服拦阻,被禀解到内城巡捕西局,经讯明将刘恒玉按照不应轻笞四十律罚金二两结案。[5] 1907 年六月初五日,娄永顺拉洋车在正阳门洞停放等坐,经巡警驱逐不服,还将巡警殴打两掌,后按照不应重律杖八十应罚娄永顺银十两,因无力完纳,折作工四十日,移送

---

① 《京师警察厅训令》,《京师警察公报》,1928 年 1 月 8 日。

② 《北平市政府公安局业务报告(计划及工作)》(1933 年 7 月至 1934 年 6 月止),第 2 页。

③ 《中外近事——车撞电杆》,《大公报》(天津版),1902 年 11 月 14 日。

④ 《分巡处报告每日巡查所辖界内有无事故情况的禀单》(1904 – 1906 年),中国第一历史档案馆藏巡警部档案,全宗 37 –2,案卷 102。

⑤ 《内外城总厅工巡局报解各项违警罚金及提充奖赏有关文书》(1906 年),中国第一历史档案馆藏巡警部档案,全宗 37 –1,案卷 101。

教养局工作限满释放。① 1916 年《大公报》又载，西长安街石碑胡同以及新市街北口地方，售卖食物各摊上常有人力车夫等喧闹作践，且将车辆当道停放，致与交通安宁两有妨碍，后经该管区署长查见，当令守望巡警立将该摊一律驱逐，以利交通。② 1922 年 5 月，外右五区警察对不守法的自动车实行取缔，一日捕获不安铃者六十余辆，对乘车者罚以二角，并令其马上安铃始能放行，各乘车者均遵命履行。③ 可见，交通违警的现象常见、种类多样，警察的管理职责细微琐碎。

对违警的涉外交通事件，一般要上报警察主管机关函达外务部、外国使馆协商办理。如 1904 年报纸曾报道："工巡局与各国公使就中国车马经过交民巷及长安街一带使馆界街道常被外国扎道兵任意阻拦甚至殴辱的情形，议商华人行路妥善规则。"④ 又据载，1905 年 11 月 12 日，巡兵冯起林在正阳门外大街第十岗地方遇有外国马兵数人、兵官一员在路中行走，岗兵按照警章举手相示，令其向左行走，外国马兵不但不听，反以马鞭挥打岗兵。适有巡长王书魁巡逻至此，向外国兵官以理辩论，彼此言语虽不甚解，外国兵官已默认其兵所为已甚，礼接巡长，巡长以礼相答各散。此事呈报巡警部，经复核确实，巡警部拟定凡有兵队经过街道均应一律靠左以利交通的规定，相应咨呈外务部知照各国公使转饬均应一律遵守，并由本部转饬内外城监督暨协巡队统领，嗣后遇有各国官兵经过街道，各巡捕巡兵务须以礼接待，勿得稍涉轻率，以重警政，而维公安。⑤ 1906 年正月初四，长安牌楼西有法兵 2 名酒醉在马路骚扰，用枪刺向站岗巡捕恩联，并乘巡捕不防将军帽抢去，追索不给。此事禀报巡警部，后由部函达外务部、法领事，法使馆卫兵司令官拉里勃经详查后，复函称已将滋事兵丁查出，进行严加惩罚，并致歉忱。⑥

此外，北京权贵云集，倚势不遵交通警章之事时有发生。这种情况加剧了北京警察管理交通的难度，处理方式上也不得不特殊化。如 1905 年 6 月 20 日，赶马车人刘任庆在交民巷东口外马路冲要之地横停马车，经巡捕才旺向前拦阻，不料该马夫口出不逊，将巡捕玉奎踢伤，巡捕等当即鸣笛求援，后将刘任庆及所带之马一并解送到案。经讯知，该马夫在伦贝子府充当马夫，因横停马车不服巡捕拦阻，将巡捕踢伤，实属一时糊涂，经请示长官处理办法，除取具实供暂在分巡处存留外，该

① 《内城巡警左分厅报告每日收发事件、收审案件的日报（之一）》（1907 年 2 月至 1908 年正月止），中国第一历史档案馆藏巡警部档案，全宗 37－2，案卷 37。
② 《清理冲要交通》，《大公报》（天津版），1916 年 11 月 1 日。
③ 《警察取缔自动车》，《大公报》（天津版），1922 年 5 月 25 日。
④ 《中外近事——议灯行路规则》，《大公报》（天津版），1904 年 12 月 19 日。
⑤ 《关于法德俄葡英各国使馆官兵违犯交通规章与京城巡警冲突事件有关文书》（1905－1906 年），中国第一历史档案馆藏巡警部档案，全宗 37－1，案卷 154。
⑥ 《关于法日德奥等国兵员在京师内外城违警滋事案件转咨交涉有关文书》（1906 年），中国第一历史档案馆藏巡警部档案，全宗 37－1，案卷 155。

车夫刘任庆并所带马匹一并送回本府自行惩办。① 1906 年正月十三日,琉璃厂火神庙地方户部员外郎袁世勋因空车久停要道,经岗兵劝阻不服,还殴打岗兵,滋意肆闹,并挈带眷属亲戚仆从到营寻衅。协巡营将此事上报巡警部后,由部咨行户部,转饬该员遵守警章勿再滋扰。户部后咨复巡警部称,本部员外郎袁世勋违背警章一切情形,除当即转饬该员嗣后遵守警章外,至此次违背情形应如何查照警章办理之处,贵部自行酌核办理可也。② 可见,北京交通情况至为复杂,警察除按照警章对一般违警行为进行管理外,在特殊情况下还必须考虑多重复杂的社会关系而量情给予特殊处理。

北京车马云集、人员众多,不遵交通规章之徒大有人在,于是交通事故的发生也就不可避免。对交通事故进行调解处理,是交通警察的又一重要任务。此方面的事例举不胜举,如 1905 年 11 月,在崇文门地方有荷兰国之车将人力车轮碰伤,巡捕金山当据情函致荷兰使署核办,后该使署函复估妥赔修价值,交来二元五角,巡捕当传该人力车夫臧得顺,具结将洋元照数领去,以便修缮。③ 1925 年 10 月 6 日下午,西四牌楼地方有一辆敞篷汽车由北往南疾驰,该车之司机生视线不明,几乎驶入便道,致将路旁停放之洋车撞翻,车把折断。该司机生余得才不知自责,反倒归罪于洋车夫,当即停机,扭住车夫痛殴不已。后经岗警排解无效,当即一并带往内右二区质讯。④ 1928 年 1 月 28 日下午,东长安街京汉铁路局门前,有该局警务处处长温瓒玉乘汽车出局往南,适由西往东开来电车一辆,两车互撞,汽车损坏多处,坐车人及司机人均各受伤。内左一区警署查知,遂即一面将受伤人送往医院,一面将第九号电车司机人送署备讯,并觅将照相馆将当时形状拍照存案。⑤ 交通事故在北京这样的大都市社会中难以避免,事故发生后,警察能尽职协调各方解决问题,疏通道路障碍,体现了警察在城市交通管理中的重要作用。

交通警察在街头巡视、处理交通案件,其自身被伤情况也不可避免,工作中存在着一定的危险。如据报纸记载,1915 年 6 月,打磨厂中间翟家口外站岗巡警在指挥人力车之际,不防由身后驰来汽车一辆撞倒,轧伤胸胁,该警口喷白沫,立失知觉,后由他岗巡警赶至,将司机人拘住,随经巡逻长警将受伤巡警抬往医院救治,幸

---

① 《分巡处报告每日巡查所辖界内有无事故情况的禀单》(1904—1906 年),中国第一历史档案馆藏巡警部档案,全宗 37 - 2,案卷 102。
② 《协巡营报告户部员外郎袁世勋违背交通警章有关文书》(1906 年),中国第一历史档案馆藏巡警部档案,全宗 37 - 1,案卷 52。
③ 《分巡处报告每日巡查所辖界内有无事故情况的禀单》(1904—1906 年),中国第一历史档案馆藏巡警部档案,全宗 37 - 2,案卷 102。
④ 《社会新闻——司机生蛮不讲理》,《京兆日报》,1925 年 10 月 7 日。
⑤ 《地方新闻——电车碰坏汽车》,《京师警察公报》,1928 年 2 月 2 日。

不致危及生命。① 1925 年 10 月,在西长安街西头地方,内务龚总长的司机以内右二区交通队巡长鄂德山指挥过慢,有误前进,因而发生口角,司机人喝令跟车人一拥上前,将巡长扭倒在地,拳足交加,一阵饱打。结果巡长头破血出,不能起立。此事后经报告警察厅总监,饬令将司机与跟车人一并逮捕送厅惩办。② 北京的交通状况复杂无比,这使得警察的交通管制任务很是繁重,警察工作不仅辛苦而且还有危险性,这也从一个侧面反映了城市交通管理工作的不易。

警察在对北京城市交通进行管理的过程中,大多能依照警章办事,工作较为认真负责,在维持北京交通秩序有序发展方面取得了一定成绩。对此报界时有报道,如 1906 年六月初六日《中华报》载:"南分厅第一区警兵赵得胜前值十六岗,见有大车陷入泥中,即率该段水夫相助,大车始得出险。该巡警能尽其职,已由本厅记功一次,以示鼓励。"③1907 年 2 月《大公报》载:"北京琉璃厂甸向于新正元旦至十八日陈列各种玩意及东西洋各式赌摊,往游者车马塞途,甚至终日不能开行,诚属不便交通。本年外城总厅于年前迭次开议交通办法,始将厂甸之东琉璃窑内辟一隙地,所有各货摊均迁于内,车马由前门入,须出后门,于是连日以来绝无拥挤之弊,并于厂内设弹压公所,遇有事故当时究办,所有厅区各员均轮流带同警兵前往稽查,十分严谨。"④另外,警察工作不力,甚至滥用职权、作风腐败,致使交通市面混乱的情况也是实际中不可忽视的现象。比如在民国政府统治时期,虽然北平市各繁盛区域及各娱乐场所关于车辆往来及停放地点都早有规定,但由于岗警执行指挥日久玩生,各种车辆多不遵循规则,造成"填塞纷扰,滋事无穷"。⑤ 又据载:"大栅栏有个外号叫'瘟神'的交通警,他碰上空车,总是赶来赶去,赶不动,就抢扣车垫子。"⑥1933 年,《北平市汽车管理规则》颁布后,事实上汽车所有人数驾驶汽车人多半就不奉行,有取缔不法车辆之责的交通警察也往往熟视无睹,其结果造成可以不发生之危险及可以避免的市面之混乱的交通。⑦ 由上可见,警察在对京城交通进行管理的过程中,往往扮演了一种双重的角色,既有认真执法的一面,也不免有玩忽职守现象的存在。

① 《汽车撞伤巡警》,《大公报》(天津版),1915 年 6 月 10 日。
② 《社会新闻——总长司机殴警察》,《社会新闻——殴伤巡长案续志》,《京兆日报》,1925 年 10 月 14、17 日。
③ 《探访局等侦查京师车站来往乘客及外国官兵动态逐日报告——附有关文书》(1906 年),中国第一历史档案馆藏巡警部档案,全宗 37-1,案卷 284。
④ 《时事——厂甸新例》,《大公报》(天津版),1907 年 2 月 19 日。
⑤ 《北平市政府公安局业务报告(计划及工作)》(1933 年 7 月至 1934 年 6 月止),第 4 页。
⑥ 中国人民政治协商会议、北京市委员会文史资料研究委员会:《北京往事谈》,北京出版社 1988 年版,第 64 页。
⑦ 姜春华:《北平警政概观》,1934 年,第 37~38 页。

综上,警察对近代北京城市交通进行管理的几十年中,积累了一定的经验,比如注重采取多种方式向民众宣传交通知识,从积极的角度引导民众遵守交通规章,维持交通有序发展,等等。一方面,经过警察的努力,北京的交通局面取得了不错的成绩,市面比较有条理;但另一方面,交通管理中还存在着一定的不足,这是多种因素共同作用的结果,其中有警察自身工作失职的原因,也有民众不知守法的因素,北京社会环境的复杂情况也是窒碍其交通管理顺利、有序进行的另一个主要背景。无论如何,近代北京城市交通管理工作积累了一定的经验与教训,这为当今城市交通治理提供了参考借鉴。

自开商埠与济南近代经济发展的特点

庄维民[①]

一、开埠前后济南城市经济发展的对比

在 19 世纪中叶,济南基本还只是一个地区政治、文化中心和消费城市,而非商业贸易和手工业中心,城市中除手工纺织业外,没有其他大规模的手工业。对于同治年间的济南,清代学者何家琪在所著《天根文钞》中曾说:"其地民惟力田,日用皆南产"。在产业和消费结构的制约下,清朝咸、同年间,济南市场输入的大宗商品以绸缎、南货、茶叶、皮毡各货等庄为大,每年贸易额约一百七八十万两,而对外输出的商品大部分为贩运关东的标布,每年七八十万两;另外,兖州、登州来的丝茧客商,每年约五六十万两,大宗商品流通的特点为输入大于输出。[②]

开埠前,济南商业集中在消费服务性领域,基本为传统店铺经营。城区内的商号店铺集中于芙蓉街、西关大街、东关大街,如"洋广货铺多在芙蓉街,以裕聚为最,裕昌次之。新泰厚票号在西门大街,其右路北为瑞林祥,瑞生祥在芙蓉街,谦吉升在芙蓉巷,袁风九在布政司大街,其余钱肆散见于各街"。[③]

受传统经济和观念习俗的影响,古老的济南一向是"其人多文秀,其俗喜诗书,好利而乏远谋,故富商大贾往往无土著者"。[④] 本省在济南经商者以章丘、胶东及运河沿岸城镇商人为主,外省商人则以山西晋帮、河南豫帮为主。客居济南的外省官绅或商人,按地籍先后在济南建立了山陕会馆(布政司街)、江南会馆(宽厚所街)、八旗奉直会馆(院后街)、福德会馆(高都司巷)、中州会馆(榜棚街)、浙闽会馆(宽厚所街)、湖广会馆(小布政司街)、集云会馆(估衣街)、江西会馆(万寿宫)、浙绍会馆(院西大街)。在各帮商人中山西晋商实力最强,他们在银钱业、典当业以及铁货、粮食等行业拥有很大的经营势力。[⑤]

1904 年,济南自开商埠既有当时政治、经济形势的宏观背景,同时也是城市自

---

① 庄维民,山东社会科学院。

② 佚名:《鲁政辑要》,清代抄本,北京大学图书馆藏。

③ 孙点:《历下志游》,载《小方壶舆地丛钞》第六帙。

④ 叶春墀:《济南指南》,1914 年。

⑤ 庄维民:《近代山东市场经济的变迁》,中华书局 2000 年版,第 307 页。

身发展的结果。烟台开埠通商后，济南通过烟潍商路延长线，开辟了与烟台进出口市场间的商品流通，市场由此开始转型。当时，济南经由烟潍商路，每年输入各类洋货200余万银两。由于当时烟台大部分洋货由上海转口输入，故济南输入的洋货实际上大部分以上海为货源地。青岛开港与胶济铁路的修筑，加速了济南城市经济转型的进程。此时，城市商业已由东关和城里转移至西关，与周邻地区的商品交流也日趋活跃。单就开埠前的1903年来说，就是一个不同寻常的年份，这一年所发生的各种事情，似乎已经预示着这座古老的城市即将迎来一场前所未有的重大转变。

这一年，胶济铁路修至距济南只有一步之遥的周村；这一年，德国瑞记洋行、礼和洋行开始在济南"承办大小机器和一切粗细货物"的买卖，德国德基洋行甚至"携带各种洋货"，在济南南城根租赁房屋，发卖各种钟表、西洋乐器、留声机等洋货；英国商人柯德士则向山东商务局提出承办小清河轮运这样咄咄逼人的要求；这年春，日本商人开始陆续到济南筹划商贸经营，"商务人员往来络绎，不下十余人"，并有日商"拟在大布政司街开铺，专售东洋杂货"，其购货也托日商办理；这一年，在原有的宜宾馆、克本馆两家西餐馆之外，在济南司家码头又开设了一家新的西餐馆——天德茶楼，开业后"生意颇旺，日有西人前往饮啜"；过去济南的大洋货铺只有屈臣氏、鹤林堂两家，到1903年又新增富兰堂、化劫堂、复兴隆三家，照相馆也增至5家；这一年，济南发行的各种报刊已达38种，发行总量达1619份，通过《京报》《北洋官报》《政艺通报》《胶州报》《外交报》等报刊，济南的绅商学子逐渐对外界有了越来越多的了解，同时，要求开放改革的愿望和呼声越来越高涨。①

接下来便是1904年的自开商埠，而这一举措与胶济铁路的全线修通以及1912年津浦铁路与胶济铁路的汇接，彻底改变了济南的历史发展进程。1906年1月10日，济南正式开设"华洋公共通商之埠"。开埠后，济南的城市化水平有了很大提高，当时就有报道称："刻下东省人烟凑集，非常之多，即闲街僻巷，亦如闹市，西关外之十王店，本系荒野，今已修成马路，列肆而居。有多年离东者见之，无不惊讶，大有沧桑之感云。"②1914年，济南人口已达246000人，其中商埠人口共2675户、14601人。北洋政府时期，随着城市商贸和机器工业的发展，外来迁入人口大量增加，到1929年，全市人口达到38万人，比1914年增长了近65%。国民党南京政府时期，城市人口的增长虽有所放缓，但仍保持着平均每年2.3%的增长速度。迄于抗日战争前的1936年，济南城市人口达到99934户、442250人。③ 城市从事商业

---

① 《济南汇报》第4期、14期、24期、28期、42期，1903年7—10月，《海岱丛谈》。

② 《盛京时报》1906年12月29日。

③ 天城生：《济南》，1915年，第5页；沈国梁：《济南开埠以来人口问题初探》，《山东史志资料》1982年第1辑。

活动的人口比例也呈上升之势,1934 年,据公民登记法登记的公民计 169794 人,其中经商者 46095 人,约占 1/3 弱。[①]

商埠设立后,外国商人纷纷到济南开设商行,经营各种土洋货贸易。1915 年,商埠区内已有外国人修建的楼房 26 栋,商埠区的洋行发展到 25 家。其中著名的外商有德国的哈利、瑞记、美最时、礼和、捷成、禅臣、礼丰、义利、万顺、华丰等洋行,法国的振兴洋行、立兴洋行,英国的仁得利洋行、英美烟草公司、亚细亚石油公司等,美国的美孚石油公司,日本的三井、汤浅、大仓、大文等洋行,俄国的滋美、开治、永昌等洋行。[②]

与此同时,华商资本也有了明显的增长。1918 年前后,济南登记在册的华商业户已有 2000 余户;1927 年,城埠两地大小工商业户达 9100 余户,其中商业 6500 余家,不到 10 年增加了近 2 倍。1915 年,商埠区内华商开设的商家店铺住宅五六百家;1927 年商埠的商号店铺总数已发展到 1500 家,比 10 年前同样增加了近 2 倍。[③]

开埠后,随着交通条件的改善和商人资本的汇聚,济南不仅成为全省最大的棉花市场、粮食市场、花生市场和畜产品市场,而且也是内地最大的洋货分销市场,从而增强了城市对周边地区的辐射影响力。1914 年,济南的市场商品流通总量为 1200 万两;1918 年,济南市场的交易规模已跃增至 1 亿元,大致 4 倍于同期的周村。20 年代初,省内历城、章丘、长山、长清、济阳等 46 个县的农副产品以济南为主要的销售市场。1927 年,济南的商品流通量达到 2.3 亿元。[④]

在产业改进方面,面粉、纺织、火柴、化工等现代机器工业相继兴起并获得一定发展。1927 年,济南全市大小工厂已有 240 余家,其中 29 家大工厂的资本总额为 75457500 元。产业工人约 1 万余人,男工 5600 余人,女工 3500 人,童工 1000 余人。尤其是面粉、火柴、机械、纺织工业在华北地区占有非常重要的地位,成为华北地区乃至全国的面粉、火柴工业重镇。[⑤] 如 1918—1921 年的 4 年中,新开设的面粉厂达 8 家,年产量约 800 万袋(最高达 1000 万袋)。[⑥]

---

① 刘云楼:《济南大观》,1934 年。

② 田原天南:《胶州湾》,1915 年,第 102 ~ 103 页;天城生:《济南》,1915 年,第 19 ~ 20 页;[日]山东研究会《山东の研究》,1915 年,第 168 页。按:开埠初期,日商在济南尚无大的商行,开设店铺的大部分为药材商和杂货,如日华公司、东南公司书药局、东亚分公司、华和公司、三好堂等。

③ 林修竹:《山东各县乡土调查录》,1920 年;孙宝生:《历城县乡土调查录》,1927 年。

④ 山东农业调查会:《山东之农业概观》,1922 年;庄维民:《近代山东市场经济的变迁》,第 173 ~ 174 页。

⑤ 周传铭:《济南快览》,1927 年,第 224 ~ 226 页。

⑥ 济南市志编纂委员会:《济南史志资料》第 2 辑(内部发行),1982 年,第 5 页。

二、开埠后城市经济发展的原因

自开商埠是济南由传统城市走向现代化的开端。市场经济和产业的发展,标志着济南已从一个开埠前的消费城市逐步转变为近代工商业城市。无论与本省同时开埠的周村、潍县相比,还是与外省的长沙等自开商埠城市相比,济南城市经济的发展都是相对较成功的。民国初期,周村市场的年贸易额已增至 2500 万银两,而当时济南只有 1500 万元,以致当时有"驾乎省垣而上之"的说法。但是到 1918年,济南市场的商品流通总量已达到 1 亿元,是同期周村的 4 倍。商埠及整个城市之所以能够比较快的发展,自然有其政治、经济等多方面的原因。

(一)政治方面

从政治上看,首先得益于政府有效的政策支持,具体表现在以下三个方面:

1. 设立了专门管理商埠的行政管理机构——商埠总局

商埠总局仿照外国市政厅办法("总其整理之任者,为商埠总局,盖仿外国市政厅办法也"),负责管理商埠的日常行政、土木建筑、道路兴修、居民管理等事务。而商埠开发建设中所有应办事项,具体由以下三个部门负责管理,即:"一为工程局,专管筑路、建厂及一切修造之事;一为巡警局,专司巡查街道,并稽查透漏等事;一为发审局,专理中外一切词讼之事"。①

2. 商埠的街区规划有一套完整完备的方案和方法,市区规划专门聘请德国人担任

在开发前,对城区采取科学的功能划分,将商埠新区划分为不同的城市功能区,按照德国工程师的规划,以东西为经,分为 7 条马路;以南北为纬,分成 11 条马路。这样,市区道路按经纬有规则的分布,使城区形成了棋盘格式的框架结构,并最终在商埠区形成了新的商业中心。20 世纪 20 年代中期以后,济南的银行业、钱庄业、棉花业、油业、蛋业、五金业及洋行洋商等 40 多个行业,大约 1200 多家店铺,大部分开设在商埠区。相比之下,在宣布开埠后,周村和潍县虽然也划出了 1000 ~2000 亩地的商埠区,但并没有对商埠区的开发进行认真的规划,更没有具体的发展措施。例如周村,从清末到民国时期只不过为长山县所属的一个城镇,在政治上一直处于被"边缘化"的状况,地方政府因能力有限,对商埠根本缺乏系统完善的政策支持措施,结果直到 1918 年,商埠区基本仍是一片空地,并无新兴工商业在区内兴起。

3. 商埠区的开发得到了清政府有力的财政支持

为了促使商埠区的发展,清政府曾专门拨出 40 万银两的开办费,并于开埠后

---

① 《东方杂志》第 2 年第 7 期,1905 年 8 月 25 日,第 65 ~ 69 页。

每年拨付商埠总局24000元的经常费,加上商埠区的土地租让费、商户税捐等,商埠的开发建设与行政管理便有了较为可靠的经费保障。商埠区原先只有五里沟、三里庄两个不足百户人家的小村庄,其余地方俱是荒郊野坟,单是坟墓就有1万余处。清政府为了迁出这些旧坟,投入的花费估计就在5万银两以上。[①] 1906年,商埠区内最长的一条马路——经一路修竣,整个工程投资共约2万两。以此作比较,政府拨付的开办费和常年经费在当时应是一笔不小的数额。

(二)经济方面

从经济上看,济南区位经济优势的确立还得益于交通条件的改善和新兴商人资本的发展。

1.胶济铁路与津浦铁路在济南的汇接,改变了济南的市场功能,大大提高了其在区位经济中的优势地位

开埠之前,济南与省内外市场的商品流通主要靠传统的陆运和河运,陆运以烟潍商路、济铜(山)商路等为主,河运码头分黄河与小清河两区。黄河码头洛口镇商船云集,为最发达,此外还有市北的邢家渡、河套圈等码头;小清河码头以黄台桥为商运要区,其次为东坝子、唐王道口、张家林、五柳闸、边庄闸。传统运输方式因运程短、运量小、运送周期长,显然难以适应近代市场经济发展的要求。

1904年胶济铁路全线通车后,济南的商品流通模式便开始发生巨大的变化。1912年津浦铁路即将全线通车之际,日本在华商业调查机构就在当年11月的英文周刊 *Weekly China Tribune* 上发表报告,指出济南不久将因两条铁路的汇接成为全省的商业中心。而德国驻济南领事在仔细研究了这份报告后,也得出了同样的看法。历史的发展不久便证实了这一点。津浦与胶济两条铁路的汇接,使济南的商品流通北可与天津相通,南可与江浙城市及上海相接。在商业贸易活动中,大凡山东西部以及山西、河南等省的土特产品输出海外者,都要在济南集中,再运往青岛。这样,济南便成为鲁、豫、晋三省出口货物最初集中的市场,而运往内地省份的外国货物,也是先集中于青岛,然后转运济南,由济南向内地疏散。

不仅如此,通过铁路联运,人员与外界的联系也得以增强。自1914年4月1日起,旅居济南的人可以买到京汉、津浦、沪宁、京张、京奉5条铁路的直达客票,直接乘火车去石家庄、郑州、徐州、汉口、南京、无锡、苏州、上海、大同、营口、沈阳等大城市,这无疑方便了济南与外地的人员往来,从而扩大了城市的开放程度。

2.新商人资本的崛起,给市场流通和工商经营活动增添了活力

开埠之前,经营传统银钱业和商业的山西帮、章丘帮商人资金最多,实力也最强。1882—1891年,济南共有5家山西商人开设的汇兑庄分号,总号设在北京。而

---

① [日]外务省通商局:《清国事情》,1907年,第434页。

到 1901 年时,山西帮票号(汇兑庄)减少到 3 家,即大德通、大德恒与晋逢祥。[1] 开埠之后,旧的传统商帮因不能适应近代市场流通的变化,经营手段和方式陈旧落后,逐渐趋于衰落。相比之下,以近代银行资本和行栈商人资本为代表的新兴商人资本则获得了空前的发展。

在金融业,1912—1921 年的 10 年间,在济南设立总行的银行有山东银行、工商银行、齐鲁银行、企业银行、周村商业银行、泰东银行、通惠银行等。其中,山东银行资本金 500 万元,在省内设有很多分支机构,其他华商银行资本在 100~200 万元之间。[2] 同一时期,山西帮票号资本则因缺乏变化和竞争能力来因应新形势,只能在苟延中勉强维持,最终于 20 世纪 20 年代全部歇闭停业。近代新式金融业的兴起,为城市商业贸易和工业的发展提供可观的资金,使近代工业与大宗贸易的产供销成为可能。

在贸易领域,开埠后来自青岛、烟台等沿海城市的周锐记、复诚、立诚、天诚、协成春等十几家有实力的贸易商,纷纷在商埠置地建房,开设行栈,经营土洋货贸易。此外,省内的桓台帮、寿光帮、周村帮、潍县帮、即墨帮、沙河帮商人,省外的广东帮、上海帮、天津帮商人也陆续在济南商埠开设行号,经营粮食、花生、棉花、草辫、皮货、土洋布、洋广杂货等商品贸易。各地商人在济南的汇聚集中,极大地改变了原先商人资本的分布格局,以新兴商帮为核心,形成了由济南辐射周边地区的商业购销网,同时也促使商业内部的分工不断扩延,产生新的商业行业和门类,广货、百货、西药、五金、钟表、染料等新兴行业和业态,便是在这种背景下产生的。

1908 年,行栈商人在济设立了花行、皮行、绸缎梭布行;到民国初年,行栈已发展到 300 余家,控制着 20 余个大宗贸易行业的商品流通。行栈资本的贸易和投资活动,代表着近代市场经济发展的一种新趋势。首先,行栈贸易经营范围的扩大,使得大量商品得以进入市场,提升了市场的商品流通水平;其次,由行栈参与的商品双向流通,改变了城市商品物流的面貌,形成一种新的交易模式,从而降低了市场交易成本;另外,行栈资本的经营与积累,不仅为近代工业的发展提供了必需的商业条件,同时也为其提供必要的创业资金,而这一切又恰恰是其他自开商埠城市所欠缺的。在其他城市,新兴商人资本的发展较为缓慢,传统的商人资本仍占据相当的优势,经营模式和业态过于保守,因而无法给予市场以活力,使商品流通的规模与范围发生质的变化。

---

[1] Deccenial Reports,1882—1891,第 72 页,载青岛市档案馆编:《帝国主义与胶海关》,档案出版社 1986 年版,第 86 页。

[2] 青岛市档案馆:《帝国主义与胶海关》,档案出版社 1986 年版,第 203 页。

三、开埠后城市发展的特点

济南开埠后,由于自身特殊的发展条件和背景,其发展呈现出不同于其他自开埠城市的特点,其特点归纳起来最突出的有以下3点。

(一)现代化与传统的关系比较和谐

开埠后,商埠新区的开发范围完全建立在老城之外的荒郊,老城区没有受到影响破坏,于是在城市形态上便形成了老城区与商埠区东西并列的格局——既保留了一个具有传统文化风格的老城,又发展了一个具有某些现代西方建筑风格的商埠新区。从开埠到20年代中期,新式建筑集中在商埠,大宗批发贸易集中于商埠新区,洋行和按照新经营模式运营的华商公司、行栈、百货店、玻璃行、五金行也集中于商埠区,经一路(一大马路)、经二路(二大马路)、纬三路、纬四路和纬五路作为最为繁富的商业新区,成为济南新的商业贸易中心。与此同时,老城区的店铺经营与服务业也获得了发展,银号、金店、绸布店、海产杂货店、纸店、药店、皮货店、估衣铺、蜡烛铺、古玩店、漆店、黄酒烧酒行等传统商家,不仅业户有所增加,而且经营规模也有所扩大,城市居民的消费大部分仍是依靠老城区的商业。1926年商埠区扩大,开辟了北商埠区;到30年代前期,该区已成为新式纺织、面粉、化工企业的集中地,而手工业则在老城区获得发展,手工织布业、卷烟业以及其他手工制作行业呈现出兴旺的景象。

在文化方面,老城和商埠也呈现出传统文化与现代文化并存的景象。商埠公园可以看作现代文化的典型,公园内设有西餐茶园、俱乐部、电影院、茶座、广场、运动场、弹子房、音乐厅,每逢周日,都有音乐团在园内演奏各种西洋音乐,处处体现了与传统迥异的文化风貌。商埠所体现的这种现代西方文化,对济南近代城市文化具有广泛的影响。但是传统文化的传延却并未因此而终止,老城内的传统文化娱乐设施同样有所发展,城内的传统戏园、书场和饭馆,仍是市民聚集的娱乐消闲场所。由于传统文化与现代文明不是割裂,而是并存与融合,这座古老而年轻的城市在涵纳现代文明的同时仍旧保留着非常厚实的文化底蕴。

(二)城市经济的发展主要是靠民族资本自身的力量。

按照《济南商埠租建章程》规定,"凡有约各国正经殷实商民,均可在此界内照章租地,建造屋宇栈房";"所有洋商在此划定界内,可任便往来,携眷居住贸易"。①开辟商埠为外商经营工商业提供了便利,清末民初,各国商人在商埠设立了众多的商行,经营触角伸到了贸易的诸多领域。后来,以日本资本为主的外国资本又开始在济南兴设工厂,向工业领域扩张。但是,由于民族工商资本的不断发展,尤其是

---

① 毛乘霖等纂修:《续修历城县志》,1916年。

新兴商业资本的力量成长壮大,外国资本始终未能完全压倒华商势力。直到抗日战争前,华商在诸多关系到城市经济命脉的商业和工业领域,基本居于优势地位,城市商品流通额的增长与工业生产规模的扩大,主要来自民族资本的发展。尽管在 30 年代,日本资本在若干土洋货贸易领域逐渐占据优势,但并没能对整个城市经济形成控制和垄断。

以工业为例,1920 年日商在济南开设了满洲磨房,但并工不久,即遭到抵制日货的打击,无法达到产能;1923 年被迫改组为三吉磨房后,仍是勉强维持经营。20 年代末期,济南虽然有 2 家日资开设的火柴厂,但是在与华商企业的竞争中并未能占据上风。1925 年,日商在济南设立祥阳燐寸株式会社;1928 年,又成立鲁兴火柴公司(资本 3 万元),但是其生产规模始终难以扩大,产品销售也受到限制。30 年代,华商相继在济南增开了 4 家火柴厂,在竞争中逐渐占据优势。

开埠之后,民族资本尽管经历了种种倾轧和挫折,却始终进行着顽强的竞争与奋斗,借助各种民族运动和自身经营管理上的改进,一些优秀的华商企业在经营上取得了成功,发展成为大企业集团。正是自身力量的不断壮大,民族工商资本才成为推动城市经济发展的主导力量。

(三)商会作为商人组织,在城市治理中发挥着重要作用

作为资产阶级的社会组织,商会在推进城市现代化进程、推动城市工业化转型与市场繁荣等方面发挥着不可替代的作用。济南商会成立于 1905 年,它的前身是济南商务总会。当时,济南总商会所属的工商行业计有 24 个行业。1911 年 3 月,商埠华商又成立了济南商埠商会。济南商会本身随着社会的发展而不断演进和嬗变。民国成立后,商会改变了原先官办或官督商办的性质,成为具有法人性质的商人自己的"合群组织"。

商会改组后,成为维护工商界利益的代言人、政府与工商业者及城市居民之间的中间组织,代表商界要求政府减免捐税、减轻经营负担起了一定作用。20 年代初,济南总商会和商埠商会相继成立了商事公断处,负责处理商务纠纷,起到了维护市场秩序的作用,同时也使商人资本的经营活动交易成本有所减轻。通常纠纷都是先由公断处受理平议,在无法调解解决时,再由政府部门或审判机构处理。

商会还参与了城市市政和公益事业的管理,如消防、卫生、道路、教育等。随着城市工商业的日益繁兴、各种货物集散规模的扩大,举办消防事业成为各商家的共同的迫切要求。1913 年,由商埠商会发起,组织各商号出资成立水会,负责城市防火。在商会的组织参与下,城市消防有了很大的改善。

总之,商会通过各种途径对济南城埠两地工商业者进行了有效的组织整合,商会广泛的社会联系加上经济上的优势,使商会在城市事务中的威望和地位越来越高,参与治理的内容与范围也越来越广。

抗战时期重庆的商业网络与对外贸易

艾智科①

重庆地处川东,长江、嘉陵江在此汇合,位置险要,清中叶以后,依托两江水路运输的商业贸易逐渐兴盛,川江航运所展现出的优越的地理条件使得重庆成为长江上游的一个区域商业中心。② 抗战爆发后,国民政府西迁,重庆成为战时首都,其城市地位和影响迅速增强。以往不少学者据此认为,抗战时期的重庆是大后方的经济中心,其商业、贸易亦理所当然的是整个大后方的中心,并未作具体而深入的分析。事实上,战时重庆的商业发展在表现出整体繁荣的同时,也曲折多变、样态纷呈。因此,我们需要思考:一方面,作为战时大后方的商业中心,重庆的商业网络如何构建? 其商业流通的环节、方式有怎样的新旧特征? 另外一方面,外贸业的兴盛程度则反映了商业的外部联系及其发展水平,那么战时重庆的外贸业又是如何发展? 它在大后方的贸易体系中处于什么位置?

一、战时重庆的商业地理空间

商业地理空间是商业地理学意义上的概念,这里主要是为探讨商业网络、明确商业布局而提出的。抗战时期,重庆的商业较之以前更为繁荣,商路更加发达;无论是本地赴周边城市的商人,还是外埠来到本地的商人,都更多,货源也更广。不仅如此,战时商业的不断发展,逐渐形成了以重庆为中心、以不同层级城市为次中心或边缘核心,共同构成的大后方商业场域。

纺织业是抗战时期大后方的一项主要产业,对军需民用都有着重要影响。抗战时期,重庆的纺织业发展较战前有了飞速发展,可谓"一日千里,大非昔日可比"③。棉花是纺织业的重要原料,重庆并不产棉,因此,重庆的棉花输入基本仰赖外埠。据民国时期经济学者杨蔚等人的研究,战前四川交通不便,运输费用浩大,"重庆所需之棉花,反须仰赖于鄂西棉花之集中市场如沙市、宜昌等地"。"沙市、

---

① 艾智科,历史学博士,重庆中国三峡博物馆研究部。

② 王笛曾专门论述了清代重庆商业与城市的发展,认为重庆是当时长江上游重要的商业和货物集散中心。参看王笛:《跨出封闭的世界——长江上游区域社会研究(1644—1911)》,中华书局2001年版,第254~255页。

③ 傅润华、汤约生:《陪都工商年鉴·民生工商业》第5编,文信书局,1945年,第2页。

宜昌沦陷后,鄂西之棉花改由宜昌上游之三斗坪集中,更与湖南津市一带之产棉汇集,输入重庆。"同时,杨蔚等人还指出,陕西棉花此时也丰收,但出口停滞,增加了对重庆的输入。比较而言,"鄂陕两地棉花输入之数量,鄂花约占十分之六、七,陕花只占十分之三、四。"①随着战事的发展,鄂西与陕西的棉花输入也比较困难,重庆对四川棉花的需求增长,致使四川棉花种植范围不断扩展。1940 年年底,四川有 57 个县推广了棉花种植,产量迅速增加,这些地区成为重庆纺织业的一个重要原料供应地。② 但棉花生产对气候与地质条件有一定要求,四川适合大面积种植棉花的地区并不多,故四川产棉区域实际上主要集中在涪江流域之遂宁、蓬溪、射洪、三台、中江,沱江流域之简阳、荣县、威远,岷江流域之仁寿、井研,嘉陵江流域之南部、南充,巴水流域之仪陇、巴中、宁江等县,也有棉花供应重庆。③

棉纱的输入区域与棉花有较大差别。战前,重庆的棉纱输入主要来源于上海、武汉,这两地沦陷后,其来源地也更加多元。"根据经济部平价购销处之登记,自三十年四月以至十二月之九个月中,各地输入重庆之棉纱,其数量,上海占百分之七,香港占百分之八,仰光占百分之二,共计由沦陷区或国外直接输入者,占百分之十七。而间接由后方各省输入者,则占百分之六十一,其中以贵阳为最多,占百分之二十八;昆明稍次,占百分之二十,其余衡阳、长沙、柳州、桂林等地共占百分之十三。此外由本省泸县、宜宾输入者,亦占有百分之二十二。"④棉纱到重庆后,很大一部分供应给重庆本地纺织工厂或纱商。从中国纺织企业公司 1945 年编制的《大后方纱厂一览表》来看,重庆当时有纱厂 19 家,占四川的 73%,整个大后方的 35%。⑤ 可以说,重庆成为战时大后方棉纱纺织业的重要生产中心。除了满足本地生产需求外,进入重庆的棉纱还通过纱商在各节点城市销售。例如,位于重庆下游几十公里的长寿在抗战之初共有纱商 10 家,年供销 4000 余包,价值超过百万元;但其进货地均为重庆,购妥即用木船延长江载运至长寿,除了供长寿县本地居民织布外,还多畅销垫江、邻水、大竹等多处。⑥ 事实上,类似于长寿的节点城市广泛地分布在重庆周边和长江、嘉陵江、涪江、沱江等江河沿线。总的来看,其供应和销售网络大致分为:"(1)重庆附近各县;(2)大河即泸州、叙府、嘉定、成都各区属之;(3)小河即合川、南充、阆中、遂宁、绵阳各区属之;(4)中路即成渝公路沿线各区,

---

① 杨蔚、陈敬先:《重庆棉货市场及市价之研究》,中央银行经济研究处,1944 年,第 28 ~ 29 页。

② 《自由中国的纺织工业》,《纺织染季刊》,1941 年第 4 期,第 130 页。

③ 孙虎臣、杨晓钟:《四川省粮食肉类及棉花供需之再估计》,《川农所简报》,1945 年第 9 - 12 期合刊,第 103 页。

④ 杨蔚、陈敬先:《重庆棉货市场及市价之研究》,中央银行经济研究处,1944 年,第 46 ~ 47 页。

⑤ 中国纺织企业公司:《大后方纱厂一览表》,1945 年。转引自隗瀛涛主编:《近代重庆城市史》,四川大学出版社 1991 年版,第 246 页。

⑥ 《长寿县经济调查》,《四川经济月刊》,第 9 卷,第 1 - 2 期合刊,1938 年,第 9 页。

如荣昌、隆昌、资中、内江等地属之。兹据棉纱业公会中人估计,销往大河者约占总数百分之四十,销往小河者约占百分之三十,销往中路者约占百分之二十,销于重庆及附近各县者仅百分之十耳。销售各路之棉纱盖由水客自行购运。"①所谓"大河",即指通过长江运输至泸州、宜宾,再通过岷江到达乐山、成都;"小河"是指通过嘉陵江、涪江、沱江运输至沿线主要城市。

在桐油市场方面,重庆的这种商业中心地位也十分明显。抗战之前,四川的桐油产区分布很广,其运销中心有重庆和万县两个。据我国近代著名地理学家胡焕庸所记载:"四川产桐之区域遍及全省。北至广元、江油,西至乐山、屏山,南至秀山、酉阳,东至巫山、奉节,无不产之。维产量特丰者,实位于重庆以下大江沿岸之下东各县,如云阳、万县、邻水、忠县、长寿、涪陵、丰都、石柱是也。……四川桐油之集散地,大都位于产区中心及交通便利之商埠。在川东者为合川、涪陵、重庆、万县。在川南者为宜宾、泸县。在川北者为南充。惟合川、涪陵、宜宾、泸县、南充诸县集中之桐油,均系由各产桐县分直接运来到达以后,再行转运于重庆或万县,而不直接输出于省外。"②另外,当时国民经济研究所的张肖梅等人在对四川桐油贸易作调查后也认为:"四川桐产区多在长江、岷江、沱江、嘉陵江、乌江各流域附近,故各就近输入商务较繁荣之城市集中后,再运万县、重庆两大油市出口,其距万、渝较近或有河道可资运输者,则直由产区运往万、渝二油市。"③不过,"抗战时期,万县由于时局的影响逐渐衰退,整个四川的桐油贸易重心转向西南,重庆仍然成为川内尤其是川东北一带桐油的中心集散地,同时泸县、宜宾这两个川南的二级市场功能突出。……在长江流域市场网中,以重庆为前哨的广大四川内地成为上海终端出口贸易的腹地市场。"④据傅润华等人的记载:输入重庆之桐油,大致可分为川北、川江上游、川江下游三区:川北区包括万源、宣汉、达县之一部,及渠县、南部、阆中、江油、盐亭、蓬溪、遂宁等县,藉巴河、渠河、涪江之便,而汇集于嘉陵江口之合川,再入重庆市场。川江上游区,包括井研、荣县、乐山、屏山、宜宾、泸县、庆符、高县、筠连、珙县、江安、长宁、兴文、叙永、合江、江津、綦江等县,藉黔边綦江、合江间之赤水河、綦江河、叙永、古宋间之永宁河,犍为、乐山之岷江,井研、富顺之沱江,为运输道,而汇集于宜宾、江津、泸州三地,再转汇于重庆市场。川江下游区,包括南川及涪陵、酉阳、秀山、黔江、彭水五县,藉乌江之运输,集中于涪陵,再由长江上溯,运入重庆市场;南川则旱运至长江之木洞镇,上溯运入重庆;惟集中涪陵之油,每年

---

① 《重庆市之棉纱业》,《经济动员》,1939 年第 10 期,第 577 页。
② 胡焕庸:《四川地理》,正中书局,1938 年,第 46 页。
③ 张肖梅、赵循伯:《四川省之桐油》,商务印书馆,1937 年,第 33 页。
④ 张丽蓉:《长江流域桐油贸易格局与市场整合——以四川为中心》,《中国社会经济史研究》,2003 年第 2 期,第 62 页。

尚有三分之二运万县。除上述各产区外，尚有乡镇数处，亦为内地县与县间之桐油聚汇处，一为江油之中坝，聚汇阆中及江油之油；二为射洪、蓬溪间之太和镇，聚汇盐亭、蓬溪、遂宁之油；三为渠县、蓬安间之三汇，聚汇万源、宣汉、达县、渠县、南部之油；四为江津之白沙，聚汇綦江、合江之油；五为巴县之木洞，聚汇南川、巴县、江北之油，所有油铺及油庄，即分布于上述各地。①

就居民日常食用的米粮而言，抗战时期重庆本埠并不量产，反而是一个十足的米粮销售区，其米粮的原产地多在紧邻重庆的沿江上下游城镇。时人记载说："如甲年大河（长江）流域丰收，则叙府、泸州、江津一带有米运来；乙年小河（嘉陵江）流域丰收，则保宁、顺庆、渠县、达县一带有米运来；有时下川东丰收，则长寿以上的小码头，亦有米运渝。然近来只有下傲，鲜有逆运。统计渝市每年销米约一百万石左右，而以江巴两县所产不及十分之一。"②可见，长江、嘉陵江沿线城镇多为重庆米粮市场的供应地。对于重庆米粮的供给市场，曾主管国民政府粮食储备的胡昌龄在抗战时期有比较详细的描述，他说："重庆市食米之供给，除一部给诸附近江、巴、璧山、綦江等地外，其大部分之输入来源，遍及长江、岷江、嘉陵江、涪江、渠河各区域产米县份。长江方面之输入来源，远至乐山、眉山。嘉陵江方面，则南充、武胜，历年当对重庆输出，甚至再上之阆中、苍溪，在丰收年份，亦有米运来重庆。涪江方面，远至最上之江油中坝。渠河方面，如三汇、渠县、广安、岳池、达县，以至宣汉、通江、南江、巴中，均有食米运渝接济。"③这再次证明，重庆对长江上游米粮市场的带动作用是十分明显的。

在其他方面，如煤炭、药材等商品的运销，重庆在市场体系中也居于中心地位。当时，国民政府经济部矿冶研究所的马浚之在对重庆的焦煤业调查后认为："渝市售煤大部来自嘉陵江两岸，最北可到合川，沿大江两岸，江津、永川之煤小部亦可运到渝市。焦炭来自南川万盛场、贵州桐梓桃子荡綦江一带，而嘉陵江岸白庙子及其他各厂亦有一小部焦炭来渝。"④就药材市场来看，四川是中国传统的药材产区和集散地。对此，曾任国民政府主计处统计局专员的蒋君章就认为："川省产药虽富，而由川出口的药材实不限于川省所产：凡云南、甘肃、陕西、青海、西藏等地一部分的药材，以及西康省的药材，多经陆路，前来川省集中。因此，四川实在是西南药材的生产名区，又兼集散中心。"⑤来川的药材以及本地种植的药材，多先集中于灌县、雅安、宜宾、江油、万县等城市，之后又运至重庆。因此，重庆实际上成为大后方

---

① 傅润华、汤约生：《陪都工商年鉴・物产》第9编，文信书局，1945年，第32~33页。
② 王蕴琪：《联营专卖研究与实践》，正中书局，1941年，第6页。
③ 胡昌龄：《重庆市食米供需与米市场之检讨》，《农本》，第43期，1940年，第4页。
④ 马浚之：《重庆市煤焦运销概况》，《矿冶半月刊》，1938年第4期，第6页。
⑤ 蒋君章：《西南经济地理》，商务印书馆，1945年，第104页。

药材贸易重要的港口城市。傅润华等人在《陪都工商年鉴》中就指出："四川药材输出,大都集中重庆,由重庆运往南洋群岛、关外、甘肃、宁夏、两广、浙豫等地。"①由此亦不难看出,从抗战时期的药材贸易来看,重庆在链接大后方城市之间以及大后方城市与外界城市之间发挥着枢纽作用;如果依据商业贸易在区域城镇中的影响,将大后方药材业的贸易体系分为多个层级,重庆无疑居于最核心的层级。

然而,重庆的这种中心市场地位,在抗战时期夏布的运销方面表现得并不十分突出。夏布是一种以未经脱胶或轻度脱胶的苎麻韧皮为原料,用土法手工纺织而成的布,因适于作夏令服装和蚊帐,故自明清时代起称"夏布"。抗战之前,江西、四川、湖南等地均盛产夏布。抗战爆发后,江西、湖南等地逐渐沦为敌我攻防区域,四川成为当时全国夏布生产最集中、产量最多的地区。而四川夏布生产又以荣昌、隆昌和内江三地最负盛名(抗战时期,荣昌、隆昌和内江均归属四川管辖,今荣昌为重庆所辖县,隆昌和内江仍归四川管辖)。据胡焕庸先生的记载:"白麻因各地土壤、气候、培植之不同,亦有优劣之分。荣昌、隆昌、内江之麻品质最佳,通称家麻,为千四以上细夏布之唯一原料。他处白麻称为山货,稍逊。其来自南路者,有珙县、高县、筠连、江安、叙永、长宁各县;其来自下河者有江津、南川、合江、江北各县;更有邻水、綦江、荣威一带所产之山麻。荣隆内各县为川产夏布之中心。"②而荣昌、隆昌、内江夏布之产量,"以隆昌为最多,荣昌次之,尚有与荣隆两县接壤,如内江县所属之东部各乡,亦有少量之夏布。"就夏布的运销而言,隆昌、内江之夏布必经过荣昌,"因出省之布必需经过浆摺手术,尤其是荣昌河水漂出之布,光泽较佳。"③夏布到荣昌后,一般通过重庆码头运往外省。1936年,荣昌邮局统一承包夏布运输,重庆码头在夏布运销网络中的地位开始下降。对此,抗战时期旅渝的吴济生在《新都见闻录》中描写到:"凡著名产区如隆昌、荣昌、内江、江津、中江、邻水、大竹各处出口的夏布,经销国内市场和国外朝鲜等处的,均以此为集中转输地点。后因捐税繁重,各地希图避免,均改邮递,渝地输入数量,逐以大减,但实际上仍不失为一重要市场。"④由此可以推断,在抗战时期夏布的生产与运销方面,重庆在整个商业网络中并不处于最中心的层级,至多发挥着将部分荣昌所汇集之夏布作转口运输的作用。

总体而言,重庆作为大后方的重要商业地理中心,在沿长江、嘉陵江、涪江、沱江、乌江等江河沿线城市与上海、汉口、香港等城市之间的商业贸易上,起着十分关键的链接作用。民国《巴县志》就曾描绘了重庆开埠后在西南地区的商业地位,说

---

① 傅润华、汤约生:《陪都工商年鉴·物产》第9编,文信书局,1945年,第36页。
② 胡焕庸:《四川地理》,正中书局,1938年,第41页。
③ 罗自成:《四川荣隆内三县之夏布业》,《农村合作》,1936年第5期,第97页。
④ 吴济生:《新都见闻录》,光明书局,1940年,第231页。

重庆"有舟航转运之利,蜀西南北,旁及康藏,以至滇黔之一隅,商货出入输会,必于重庆。故重庆者,蜀物所萃,亦四方商贾辐辏地也"[①]。抗战时期,重庆在大后方商业贸易网络中的中心地位进一步加强,各路物资多汇集于此。从日常大宗商品与货源的集中和运销上来看,重庆位于大后方市场网络中的最核心层级,是大后方商业地理空间的重心,成都、宜宾、乐山、泸县、万县、内江、江津以及云南、贵州、陕西、西康的部分城市均处于从属地位。不过,仍然需要指出的是,不同的商品形成了不同的市场网络,重庆在其中的辐射区域和影响也略有不同。客观地讲,作为战时首都,重庆的商业中心地位很大程度上是以四川、云南、贵州、陕西、西康等省份为依托的,其在西南、西北商业网络中的核心作用的增强,仍然难以表明它在全国商业网络中的绝对中心位置。应该承认,重庆的这种战时商业中心主要依赖其战时政治中心,各种商业主管和机构均汇集于此,商贸政策的制定以及商贸物资的调配均以重庆为中心实施,但这种现象毕竟是在战争形态下的产物,具有偶然性。

二、战时重庆的商业流通——以米粮、猪鬃业为例

商业流通是商品从生产领域向消费领域转移的过程。探讨战时商业流通有助于我们进一步认识重庆在大后方商业网络中的位置。猪鬃和米粮是重庆传统贸易中的重要商品,也是战时对军需民用有着较大影响的商品。因此,我们将以猪鬃、米粮业为例,尽可能全面地介绍当时重庆商业流通的构成及其各个环节在市场中的作用。

(一)米粮业

在米粮运销方面,重庆多由泸县、宜宾、江津、合川、内江以及附近邻县供应,其市场有河米市场与山米市场之分,山米市场的份额远小于河米市场。所谓河米市场,是指通过长江、嘉陵江等江河运输至渝的米粮,其交易地点以河岸码头为据点。重庆周边会因此形成较大的集市[②],这些集市的米粮运往重庆后主要囤积在菜园坝、朝天门、曾家岩、临江门市场。就山米市场而言,重庆市区旧时有"五大米市",最大的是米亭子,其余4处分别是金马寺、紫霄宫、龙王庙和黉学街。抗战时期,国民政府加强米粮市场的集中管制后,重庆的河米交易全部移至米亭子处,而山米交易也只有米亭子、黉学街两处。在郊外,海棠溪、弹子石、寸滩,以及磁器口等地均有米粮交易。

---

① 向楚:《巴县志选注》,重庆出版社1989年版,第658页。

② 稻麦改进所对长江流域10县米粮的运销调查中比较详细地介绍了重庆周边米粮集市的情况。例如江津,"其米之散集,以朱家沱、白沙、县城三点为中心,而以长江为其主要干线,输出渝、涪、万及三中心点间之相互调剂,皆纯依赖长江水运"。详见稻麦改进所编、建设厅校:《长江流域十县米粮运销调查报告(续)》,《建设周讯》,1938年,第7卷第20期,第29~39页。

从米粮交易的环节来看,重庆的米粮市场一般由运商、居间商、买商组成,不同的人对各环节的分类和称谓均有所不同。但这些环节在米粮交易中是一种相互依赖、共同协作的关系,构成了比较完整的米粮销售链条。这与战前相比并没有太大改变。重庆的运商可分为坐地运商与水客运商。坐地运商,即渝市之运商,随时派人至米粮产地采购;水客运商,即外埠运商,他们自各地运米来渝。居间商也称捎客或行商,主要通过在米粮交易中介绍信息、资源等来向买卖双方收取一定费用。买商可分为零售商、小贩和加工厂商,他们都向运商购买米粮。不同的是,零售商和小贩直接将从运商手中购入的米粮卖给消费者,而加工厂商会将从运商手中购入的米粮制成熟米或面粉后转售给消费者。另外,米粮的运销多需起卸和测量斤两,由此也就产生了力夫和斗工两种职业。表一是对1938年冬重庆米粮运销环节的统计。

表一　1938年冬重庆米粮运销环节构成统计①

种类	家数	营业方法	付钱方法
运商	数十	由外地运入重庆交易	现金或期票
行商/居间客	18	介绍买卖、代议价格,负银钱交付责任	自资或向银行钱庄周转
行商兼运商	2或3	有时去外地采购	现金
加工制造商	98	机器米厂8家,面粉厂3家,土碾米厂87家	现金或借债
零售商	450	街面设店零售于消费者	现金或记账
小贩商	200~300	四乡米贩每次运米数石来市售卖	以米易钱
米栈商	20	堆栈4家,米栈十数家,堆米住客收费	自资

据上表所示,我们可以大致概括出重庆米粮交易的基本程序:米粮由运商或行商从农户手中收购,后通过零售商和小贩卖给消费者,或者通过加工厂制成面粉、精米等卖给零售商、小贩和消费者。一般来讲,"除运商外,行商和小贩有时亦经营采购生意,运商多采购河米,小贩多采购山米。"②因此,抗战时期,重庆的米粮输入方式应该是多元的,其渠道也是多样的。在资金周转方面,从米粮进入商品流通渠道开始,多数可以采取现金、票据以及记账的方式,但在流通的最后环节,也就是当米粮与消费者直接发生关系时,一律以现金交易。

(二)猪鬃业

猪鬃是猪颈部和脊背上5厘米以上的刚毛,是工业上不可缺少的一种原材料,在战时更是一项重要的战略物资,属于农副工业产品。我国很早就盛产猪鬃,清末通商后,猪鬃便是一项重要的出口产品。抗战期间,国民政府加强了对战略物资的

---

① 于登斌:《重庆粮食市场研究》,《新中华》,1944年第7期,第77~78页。略有改动。

② 郭荣生、陈无怀:《重庆市米粮供需实况与统制方策》,《军事与政治》,1941年第3期,第37页。

管理。这时的猪鬃收购运销，均由贸易委员会的富华贸易公司（后为复兴公司）办理。1939年9月，行政院核准公布了《全国猪鬃统销办法》，规定猪鬃为全国统销货物。

抗战时期，重庆管理猪鬃业的商业组织称为牛羊皮猪鬃肠衣输出同业公会，凡经营猪鬃之商号、梳洗房、经纪、行栈等均需入会，否则不得营业。据民国时期农学专家钱英男1942年的调查，重庆当时"有商号十四家，分布于城区闹市；梳洗房二十一家，多数处南岸；经纪共二十三家，分布于林森路、陕西路、东华观巷等处；行栈十三家，多在林森路。至大贩、小贩则无固定营业地点，亦不入公会。屠户原极散漫，近以当局统制肉价，有屠商业联合营业处之组织，原极其零之猪鬃，亦集中于联营处矣，共计七处，罗布全市"①。有关重庆猪鬃运销环节中的商号、梳洗房、经纪、行栈的数量统计，不同时期会有不同的结果，但它们各自在整个市场中的身份与作用则是固定的。1945年《四川经济季刊》中一篇介绍重庆猪鬃业的文章对此作了更详细的描述：

重庆营猪鬃山货业者，向分四个部门：一曰行栈，专与外埠山贩往来，为吸收外埠来货之专门机构，代为售货，并代办起卸及税务等一切手续，按货值抽取百分之五之佣金。战前有三十家左右，现在仅存十一家。二为"中路帮"即"居间商"，专向行栈买货，转售与洗房，战前有四十家之多，现在几乎消减，仅存数家而已。三曰洗房，向居间商或行栈购货，洗成猪鬃，然后售与字号，是为洗房，战前营此业者，在三十家左右。四为字号，专门向洗房收购熟货，直运申汉或就地售与外国洋行。战前字号特别发达，经济力量雄厚，共有三十余家，现在除四大公司外，几无字号。

……

自抗战军兴，交通梗阻以来，过去山货总汇之重庆，日见萧条，猪鬃业务，由现在仅存的蓄产、实丰、和源、崇德四大公司完全经营，仅有数家小洗房及十余家行栈，苟延残喘而已。

现在猪鬃由四大公司转售与贸委会之复兴公司，再由复兴公司转售英美驻渝行家，从业者均纷纷改行，故目前经营猪鬃山货业之人才，异常缺乏。②

可以看出，重庆猪鬃的运销一般经历屠户——小贩——大贩——行栈——居间商——梳洗房——字号（商号）——贸委会几个环节。其大致情形是：屠户宰猪后所得零星猪毛，由小贩收购、汇集一定量后，转售与大贩，大贩集中后进入堆栈，经堆栈介绍售与梳洗房，此为生货交易；待梳洗房加工后售与字号，则为熟货；之后，字号（商号）将猪鬃售与贸委会配箱。当然，在日常流通过程中，也不排除梳洗房和字号直接在各产地向屠户或小贩收购猪鬃原料的情形。值得注意的是，随着

---

① 钱英男：《重庆市之猪鬃运销概况》，《中农月刊》，1942年第6期，第30页。
② 宋克谦：《四川猪鬃制销概况》，《四川经济季刊》，1945年第3期，第136页。

国民政府对战时商品流通管制的加强，来自各路的猪鬃在重庆最终由蓄产、实丰、和源、崇德四家字号(商号)收购，这四家字号(商号)将所收购之猪鬃汇集至贸委会所辖的复兴公司，这样，复兴公司就实现了对猪鬃业外销渠道的控制。

从上面的分析来看，与战前相比，重庆的商业流通保留了原有的一些环节、程序，人们主要依托水路运输货物，在日常交易中仍然按照以往通行的方式进行，市场规则并没有本质改变。不过，战时重庆商业流通的管理更为集中，政府通过筹建专门公司以及统购统销、专买专卖等政策实现了对商业流通的有效控制。

三、战时重庆的对外贸易

战前，重庆的商业已经取得了较大发展，是长江上游的商业网络中心。中共早期的地方军事工作者薛绍铭在游历西南地区时就曾指出："重庆不惟为川省第一商埠，且为黔、滇、陕、甘等省货物之集散地，每年贸易总额，平均约七千余万关平两，其进出口货物主要为棉纱、疋头、煤油等，出口货物主要为生丝、山货、药材等。"[1]抗战时期，重庆作为战时首都，在大后方的对外贸易体系中处于十分重要的位置。客观地分析此时重庆商贸业的外部联系及其发展水平，有助于我们更好地认识其在大后方商业网络中的地位。

从战时重庆商业贸易线路来看，重庆向来是通过其他通商口岸进行转口贸易，尤其是战前基本上是通过上海和汉口进行对外贸易，直接对外国的进出口贸易比较少；抗战时期，虽然贸易总额与战前相比减少了，但由于上海、武汉失守，重庆与大后方各城市间的贸易联系更加紧密，其直接进出口贸易的价值得到明显体现。抗战时期，重庆的外贸线路主要有7条：(1)渝曲线，由重庆至曲江，分两路，一路是驿路与铁路联运，另一路是公路与铁路联运；(2)渝衡线，由重庆至衡阳，通过川湘公路与粤汉铁路联运；(3)渝昆线，由重庆至昆明，通过公路与航空联运；(4)渝泸昆线，由重庆经泸县至昆明，通过长江水路与公路联运；(5)渝洛线，由重庆至洛阳，通过铁路、公路、水路与驿路联运；(6)渝兰线，由重庆至兰州，公路、水路与驿路联运；(7)丁宜渝线，由重庆经宜宾至印度，通过水路、公路和航空联运。[2] 这在某种程度上改变了战前重庆过多依靠长江航道面向汉口、上海从事对外贸易活动的局面，而主要依托西南陆路运输，面向印度、缅甸、越南等国，并经此出海。

从纵向比较来看，重庆战时的对外贸易总额要远低于战前的水平。隗瀛涛先生曾对1936—1945年重庆进出口货值作过统计比较，即便是进出口总额最高的1937年也比上年低两亿多，而最低的年份1943年则不及1936年的百分之一。[3]

---

① 薛绍铭：《黔滇川旅行记》，中华书局，1938年，第164页。
② 韩渝辉：《抗战时期重庆的经济》，重庆出版社1995年版，第139页。
③ 参看隗瀛涛主编：《近代重庆城市史》，四川大学出版社1991年版，第147页。

总税务司 1946 年的统计分析指出:"民国三十年重庆关贸易,因交通不便,极受影响。大部分交通车辆,均被政府征用,故公路贸易,数量大为减少。……自二十九年六月宜昌、沙市沦陷后,由重庆东运货物,显然减少。……三十三年,因河南、湖南、广西,战事不利,多数公路,不能通行,对外贸易,因而减少。……三十四年上半年,本地贸易情形显有进步。"①很显然,总税务司的报告大体描述了当时重庆对外贸易在战争影响下的发展状况。应该说,作为战时首都,重庆的外贸业在十分艰难的条件下表现出缓慢而曲折发展与间歇性衰退并存的现象。

从横向比较而言,抗战时期的重庆以其战时首都的特殊地位,在对外贸易方面获得了一定发展;尽管在数据统计方面战时的对外贸易额仍不及战前,但重庆在整个大后方对外贸易中的作用显然与战前局面不同。毫无疑问,抗战全面爆发前,中国的对外贸易重心在沿海开放地区。以 1937 年的统计来看,海关税收最高的前 10 个城市是上海、天津、汉口、青岛、九龙、广州、汕头、厦门、烟台、秦皇岛。② 以进口总值来看,1938 年排名前 10 的城市为上海、天津、九龙、广州、青岛、汕头、秦皇岛、烟台、蒙自、厦门;以当年出口总值来看,排名前 10 的城市是上海、天津、广州、蒙自、汕头、青岛、九龙、秦皇岛、梧州、烟台。③ 由此可见,抗战初期,蒙自实际上是最大的内陆对外贸易城市。然而,随着战争的持续,中国东南地区和越南、缅甸大部逐渐被日军控制,云南、广西地区的对外贸易逐渐衰减。据学者吴兴南的研究:"1940 年 6 月,日本侵占越南,滇越铁路运输中断,蒙自关对外贸易大受影响,太平洋战争爆发后,对外贸易便完全陷入停滞状态。"④而抗战前夕,薛绍铭在西南地区游历时也写道:因为个旧设县以及滇越铁路的修建,"一切货物均不经蒙自,市面遂因而衰,今昔相较,实在是一落千丈。"⑤与之相应的是,重庆因其在大后方工矿生产、商业流通等领域的重要影响,对外贸易也在战时环境下获得了较大发展。表二所列数据是对 1940 年各主要海关税收情况的比较。

表二　1940 年各主要海关税收情况比较表⑥

内容 海关	1940 年海关税收额 (单位:国币万元)	比 1939 年增长额度 (单位:国币万元)	比 1939 年增长幅度 (单位:%)
江海关	27314	10634	63.8
津海关	9226	2467	36.5

① 《海关中外贸易统计年刊·各项比较图表》,上海总税务司署统计科编印,1946 年第 1 期,第 11 页。
② 任锡光:《二十六年中国海关之收入》,《近代杂志》,1938 年第 5 期,第 35 页。
③ 《中国贸易年鉴 1948》,中国贸易年鉴社印行,1948 年,第 35 ~ 37 页。
④ 吴兴南:《云南对外贸易史》,云南大学出版社 2002 年版,第 162 页。
⑤ 薛绍铭:《黔滇川旅行记》,中华书局,1938 年,第 93 页。
⑥ 《民国二十九年份海关税收状况》,《中央银行月报》,1941 年第 2 期,第 242 页。

续表二

海关 \ 内容	1940 年海关税收额 （单位：国币万元）	比 1939 年增长额度 （单位：国币万元）	比 1939 年增长幅度 （单位：%）
胶海关	3594	749	26.3
雷州关	783	437	126.3
秦皇岛关	740	106	16.7
重庆关	691	344	99.1
九龙关	685	565	470.8
粤海关	670	584	679.1
长沙关	616	475	336.9
浙海关	566	194	52.6
东海关	490	16	3.4
蒙自关	462	293	173.4
闽海关	313	136	76.8

注：津海关包括长城各口分卡办事处在内，东海关包括龙口及威海卫关在内。

从上表我们不难看出，在与 1939 年相比的增长幅度方面，最快的 6 个城市依次是广州（粤海关）、香港（九龙关）、长沙、蒙自、湛江（雷州关）、重庆；与之对应的是，天津（津海关）、青岛（胶海关）、烟台（东海关）、秦皇岛等城市的对外贸易增幅则明显不及上述 6 个城市。这说明，随着日军扩大对华侵略，华北、华东大片领土沦陷后，华南、西南成为对外贸易发展的新兴增长区域。而 1940 年时，除江海关、津海关、胶海关、雷州关和秦皇岛关 5 个临海海关外，重庆已经成为内陆各大海关中年税收额最高的城市。

1940 年后，特别是太平洋战争爆发后，日本扩大了对东南亚国家的侵略，大后方主要城市的对外贸易迅速衰减，不少正常贸易的物资采取军事运输方式流通，以海关统计的外贸交流显著降低。表三是我们根据《海关中外贸易统计年刊》中相关数据制作的 1942—1945 年大后方主要城市海关对外贸易统计表。

表三　1942—1945 年大后方主要城市海关对外贸易统计[①] 单位：国币百万元

城市 \ 年份	1942		1943		1944		1945	
	进口	出口	进口	出口	进口	出口	进口	出口
重庆	16.0	—	59.0	8.4	288.4	218.3	2955.1	232.3
成都	—	—	—	—	81.7	0.1	71.6	

① 据《海关中外贸易统计年刊》中各城市贸易统计绘制，上海总税务司署统计科编印，1946 年第 1 期。

年份 城市	1942		1943		1944		1945	
	进口	出口	进口	出口	进口	出口	进口	出口
万县	2.1	—	7.3	—	13.2	—	141.6	—
梧州	141.6	0.7	537.6	3.0	690.2	63.8	446.8	—
南宁	35.9	4.4	287.1	21.8	354.0	49.8	562.6	3.7
龙州	13.0	0.3	45.4	1.2	58.2	1.8	2.1	—
蒙自	217.7	34.2	433.8	67.0	748.1	395.7	4173.5	286.2
兰州	12.5	—	15.6	28.8	27.4	21.4	37.4	410.3
西安	2.1	—	32.9	—	268.1	—	430.0	—
洛阳	122.6	—	863.1	—	269.1	—	1247.1	7.4
雷州	623.4	151.0	281.9	34.0	295.9	79.9	3073.6	109.3

注：1. 进出口货物包括输出入沦陷区在内；2. 雷州关为湛江海关旧称，本不属于大后方城市范畴，这里列入仅作为比较参考。

由表三可见，太平洋战争爆发后，大后方各主要城市对外贸易均受到严重打击。依据进出口总额，1942 年大后方各主要城市的贸易量从大到小依次排列为雷州、蒙自、梧州、洛阳、南宁、重庆、龙州、兰州、万县、西安、成都；1943 年大后方各主要城市的贸易量从大到小依次排列为洛阳、梧州、蒙自、雷州、南宁、重庆、龙州、兰州、西安、万县、成都；1944 年大后方各主要城市的贸易量从大到小依次排列为蒙自、梧州、重庆、南宁、雷州、洛阳、西安、成都、龙州、兰州、万县；1945 年大后方各主要城市的贸易量从大到小依次排列为蒙自、重庆、雷州、洛阳、南宁、兰州、梧州、西安、万县、成都、龙州。不难看出，从 1942—1945 年间，蒙自、梧州、洛阳、南宁、重庆等城市在整个大后方的贸易额中所占比重较大；其中，重庆在 1942—1943 年间的对外贸易处于较为低迷状态，直至抗战末才迅速恢复。这一规律也适用于当时大后方的其他贸易城市，即便是贸易额较大的蒙自，在太平洋战争后也走向了低谷。云南学者对这一时期蒙自关口的贸易状况作描述时就指出："太平洋战争爆发后，越南、缅甸、泰国先后被日军占领，滇越、滇缅贸易被封锁。1942 年 2 月 4 日，国民政府财政部命令将蒙自、腾越两关合并，成立昆明关，增设滇越铁路支所等机构。1942 年 5 月 12 日，将原属蒙自关的河口、碧色寨分关降为分卡。"①然而，从总体上看，与其他城市关口相比，蒙自关承担了这一时期大后方对外贸易的大量物资，仍然是大后方对外贸易相对较活跃的城市。

从上面的分析来看，抗战时期重庆的对外贸易发展波动较大，但因战时首都地

---

① 董孟雄、郭亚非：《云南地区对外贸易史》，云南人民出版社 1998 年版，第 39 页。

位的影响,可谓大后方的贸易、政治中心。从具体数据来看,抗战时期重庆的对外贸易不及战前的发展水平,也不及战时蒙自等关的贸易额。在大后方的城市体系中,蒙自、梧州、洛阳、南宁、重庆等是主要的对外贸易城市。以海关税收的情况来看,重庆在1940年大后方各城市海关税收中位居第一。太平洋战争爆发后,重庆在进出口贸易额上与蒙自、梧州、洛阳、南宁仍有一定差距,但随着抗战胜利曙光的到来,重庆的进出口贸易逐渐超过梧州、洛阳、南宁等城市。

四、结语

商业很早就是重庆社会经济发展中的重要产业。重庆也正是因商而兴,成为一个区域商业中心。中国著名地理学家陈尔寿先生在论及重庆的都市地位时指出:"因其具乘上转下之地位,又当川东要冲,故商贾辐辏,百货云集,成为集散中心;川省土产,顺水而下,集中输出,而沪汉洋货,溯江而上,分销各地,因此抗战以前重庆海关之贸易数额,恒占全省总额百分之八十以上。川省之政治中心固在成都,而蓉城僻处川西,不通运输,故其经济地位远不及川东边缘之重庆。"[①]陈尔寿的描述源自对战前重庆的观察,仍局限于以四川为区域作比较。抗日战争全面爆发后,随着大量物资资源和人口的内迁,重庆的城市发展获得了新的契机。从本文对商业的分析来看,抗战时期重庆的商业网络得到进一步拓展,是大后方的商业中心。然而,通过对重庆商业流通的分析表明,人们在日常交易中仍然依照以往的方式进行,市场规则并没有本质改变,只是政府对流通的管理更加集中,统购统销、专买专卖等政策的实施体现了政府对商品流通的管控。在对外贸易方面,战时重庆的发展则受战争影响表现得十分艰难,远不及战前,在一段时期内与蒙自、梧州、南宁等城市也存在一定差距。尽管其中出现不少波动,但战时重庆的商贸业总体上处于一个较高的发展水平,这对战时重庆经济的发展和人们在大后方坚持抗战是有其积极意义的,同时它也对战时重庆的城市发展产生了广泛而深远的影响。

---

① 陈尔寿:《重庆都市地理》,《地理学报》,1943年,第10卷,第115页。

近代天津城市的经济社会变迁与民间借贷网络的构成

冯　剑①

摘要:近代天津社会发生了巨大的变迁,民间借贷的重要性也日益显现。天津近代经济发展与民间借贷息息相关,对天津与外埠和对外国的经济关系也有着重要的作用。天津近代的民间借贷是贫困人口生存的来源之一,随着社会生活的日趋复杂,社会信任度下降,高利贷盛行,民间借贷问题也成为国家与社会关注的重要问题。近代天津已经形成了一个民间借贷的网络,因为地缘关系,这个网络中军阀的资金占有重要的地位。民间借贷是社会经济生活中不可缺少的金融形式,政府需要对民间借贷合理地管理,为民间借贷提供良好的社会环境。

民间借贷是一个重要的社会经济问题,在当今依然受到国家与社会的关注。近代城市的民间借贷研究目前在学术界还较为薄弱,对近代城市民间借贷的研究还较为少见。② 本文以近代天津民间借贷与近代天津城市的变迁关系为切入点,对近代天津民间借贷与城市变迁的相互关系做一个概述。

近代天津城市社会经济的变迁导致了城市区域的巨大变化,也导致人口的巨大变动以及随之而来的社会风俗和文化教育的变迁。于是,民间金融对城市的存在和发展便更加具有意义:一是民间工商业的融资借贷具有巨大的需求;二是人口与社会经济的变迁导致的消费借贷的需求。没有金融活动的城市几乎是不存在的,城市金融的发达程度是城市经济尤其是商业贸易发达程度的指标。③

一、工商业发展与城市民间借贷

天津自古就是一个具有浓厚商业色彩的城市,商业人口在清道光年间就占了城市职业人口的一半以上。④

近代早期,天津商业的主体是民间小贩,他们占据商业的绝大部分。根据 1949

---

① 冯剑,河北民族师范学院教师,南开大学近现代史博士,研究方向为社会经济史。

② 对乡村借贷研究的主要著作有:李金铮:《借贷关系与乡村变动——民国时期华北乡村借贷之研究》,河北大学出版社 2000 年版;李金铮:《民国乡村借贷关系研究》,人民出版社 2003 年版;俞如先:《清至民国闽西乡村民间借贷研究》,天津古籍出版社 2010 年版等。

③ 罗澍伟:《近代天津城市史》,中国社会科学出版社 1993 年版,第 205 页。

④ 庞玉洁:《开埠通商与近代天津商人》,天津古籍出版社 2004 年版,第 33 页。

年的人口统计,小商贩和流动商仍有 11 万,占天津城市人口的 6.3%。① 近代天津资本巨大的盐商、粮商等虽然数量不多,但是却是当时天津城市经济的重要支柱。

对占据天津商业数量优势的小商贩来说,借贷是常有的事情,虽然是令人痛恨的高利贷盘剥,"然剜肉医疮,亦权济目前之急"。因为天津民贫地瘠,贫民每天的收入仅能糊口,"而谋食之外,不暇谋衣。是以春夹秋绵两季衣襟,俱借印子钱制造"。所以"春秋两季,周而复始。无之则民不称便"。②

天津开埠之后,战略地位日益重要。随着天津近代洋务企业的大量建立,天津成为北方洋务运动的中心之一。开平煤矿的建设为天津城市发展注入了动力。招商局的建立促进了天津交通的近代化。铁路的建设使天津的发展进入了一个划时代的时期。之后,随着中外经济交往的日益加深,第二次工业革命的成果也从租界这个西方文明的窗口传入,电讯、通信等基础设施的建立把天津和世界联系起来。外资企业也逐步进入天津。近代民族企业也开始兴起,但是,官办产业的资本占了绝对优势(占天津全部近代企业的 94.3%)。③ 到 1945 年,天津市有大小工厂 5000多家。④ 据 1935 年统计,天津商店总数为 28427 家。⑤

20 世纪 20 年代末,天津市的工厂共有 2148 家(租界未计入),资本总额仅3146944 元;商店 2 万余家,资本总额 22230468 元。每家工厂资本平均不过万元,而商店平均每家尚只 1000 余元。⑥ 由此可见天津城市经济的主体是小本工商业。

这些工商业中的许多行业也是离不开借贷的,没有借贷实在难以周转运作。如日本在国民政府北伐期间制造的济南惨案,引发了各地抵制日货的运动,在蒋廷黻的号召下,天津的学生征收了日货商店的爱国捐。蒋廷黻当时建议成立一个工业研究机构,他写道:"例如:天津盛产酱油,酱油的主要成分是大豆,依照旧法,大豆的发酵过程需要半年。因此,投资人就要担负六个月的利息。我请南开及其他地方的化工人员研究一套加速发酵方法,以减轻投资人利息的负担。当时在天津有一个做辣酱油的人,每个月他要负担约等于他资本额百分之十的借贷利息。"⑦他希望成立一个化学研究所研究缩短发酵过程。从这个例子可见,商业投资大多具有一定的借贷金投入。

① 刘海岩:《空间与社会——近代天津城市的演变》,天津社会科学院出版社 2003 年版,第 225 页。
② 张焘:《津门杂记》,王帛孙、王黎雅校,载来新夏主编:《天津风土丛书》,天津古籍出版社 1986 年版,第 111 页。
③ 罗澍伟:《近代天津城市史》,中国社会科学出版社 1993 年版,第 218~262 页。
④ 李竞能:《天津人口史》,南开大学出版社 1990 年版,第 247 页。
⑤ 《小统计:津市商店总数共计 28427 家》,《大公报》1935 年 2 月 23 日。
⑥ 鲁荡平:《发展天津市工商业最低限度之工作》,《社会月刊》第 1 卷第 5、6 号合刊,天津特别市社会局编,1929 年 12 月,第 1 页。
⑦ 蒋廷黻:《蒋廷黻回忆录》,岳麓出版社 2003 年版,第 106 页。

近代天津经济支柱之一的盐商的借贷更是经常的事情,留下了较为系统的私债利息记录,详见表一。

表一 清末津埠十大盐商亏欠商款私债利息比较表

(光绪十五年至宣统三年,1889 年至 1911 年) (单位:分)

年代	最高	最低	平均	备注
光绪十五年	1.5	1.—	1.233	
光绪十七年			1.—	
光绪十八年	1.5	1.—	1.166	
光绪十九年			0.8	
光绪二十年			1.—	
光绪二十三年			1.—	
光绪二十五年			1.—	
光绪二十八年	0.8	0.5	0.65	
光绪二十九年	0.8	0.8	0.8	
光绪三十年	1.2	1.—	1.1	
光绪三十一年	1.8	1.—	1.4	
光绪三十二年	2.—	0.8	1.38	
光绪三十三年	1.—	0.8	0.95	
光绪三十四年	2.—	0.9	1.325	
宣统元年	2.—	0.6	1.071	
宣统二年	2.—	0.75	1.135	
宣统三年	1.8	0.5	1.088	

资料来源 《天津商会档案汇编》上(1903—1911),天津人民出版社 1989 年版,第 484 页。

对一些富商大贾而言,他们常常既是借贷者,也是欠债者,一旦市面危机,他们发生倒闭,往往会引起巨大的金融风潮。如天津富商王锡英有产业 220 余万两,在 1911 年倒闭,其欠债数额之大,达到 120 余万两,惊动了官府,致使市面动摇。而外人欠他的债务也不少,"虽有许多产业,竟至无处抵借,措手不及"。他的两家银号停业,他总共欠外债银两 120 万余两。但是,其他人也欠他的钱,计有银 34 万余两,钱 43 万余吊。[①] 这个材料显示了当时富商大贾在天津城市商业运作中的民间商业借贷数额极大的情况。

开展民间商业借贷的机构主要有早期的金融机构银号、账局、票号等。"银行、

---

① 《天津商会档案汇编》(1903—1911)(上),天津人民出版社 1989 年版,第 595 页。

钱业为众商之母,一埠金融机关辗转流通,不患其少,闭藏积滞,弥觉无多。"①开埠后腹地商业借贷主要依靠钱庄。19 世纪末天津的钱庄达到 300 余家,从事存放款的钱庄多在估衣街、针市街和竹竿巷一带,称为西街钱局;银钱互换多在宫南宫北一带,称为东街钱局。中外银行也先后在天津出现。② 此外,民间依靠血缘、地缘关系进行的私人借贷以及民间的高利贷在商业上也是常有的。

20 世纪初,天津城市商业商品化占据了统治地位,表现在天津成为世界市场的一部分,商业的经营形式和手段向资本主义转变。新式的股份公司、新式的记账法抵押等契约方式推广,期货交易增加。近代商业分工渐细、规模大,传统商业逐步被取代,出现了许多新行业。商业规模大,洋行增加,商业经营分工细,大型的百货商场和中小商店构成了城市的商业网络。1928 年,天津大小商店、公司 3 万家,资本额 3000 万 ~4000 万,从业人口 10 万人。城市人口的生活方式变迁,具有西洋风气。③ 20 年代开始,天津经济一度发展迅速,工业和商业有了长足的发展,资本主义化有所加深。天津的大企业不多,多为中小企业,小型企业占大多数。1949年前,有私营工业 9873 户、职工 71863 人,手工作坊占 70% ,千人以上的仅十几家,用机器生产的只有 2939 户。④ 这些企业的发展无不依靠民间借贷资金来维持。正如韦伯所说:"通常引起革命的并不是投入这个工业的新的资金流——在我所知的几个例子中,整个革命的过程是从亲戚那里借几千元资本开始的——而且这种新的精神即资本主义的精神发生了作用。"⑤这些商人投资于近代企业一是小本经营,他们依靠自己的钱财或借一些高利贷,多为独资,另一些是与亲友合资。还有一些工匠依靠对商店企业的原料赊欠维生。中小企业多集中在市中心。⑥ 营业不稳定时,这些企业常停业辞退工人。大企业也常常依靠民间借贷来艰难度日。如在 20 世纪 30 年代,由于经济不景气,当时各纱厂流动资金短绌,常年依靠借贷度日。贷款多来自银行、银号或日本财团,也有的向厂中董事或股东告借。借款多属高利贷性质,每年要付大笔利息,贷款多以固定资产或商品抵押为主。⑦

总之,商业的发展离不开日常民间的借贷关系,即使一些奉行所谓不借贷主义的商家,最终也难逃借贷经营的宿命。如天津著名的传统店铺瑞蚨祥在经营中有不借外债的原则,但是在经济萧条的时候也不行了,资金无法运转,不借外债、现款

---

① 《天津商会档案汇编》(1903—1911)(上),天津人民出版社 1989 年版,第 630 页。
② 罗澍伟:《近代天津城市史》,中国社会科学出版社 1993 年版,第 205 页。
③ 罗澍伟:《近代天津城市史》,中国社会科学出版社 1993 年版。
④ 李竟能:《天津人口史》,南开大学出版社 1990 年版,第 36 页。
⑤ [德]马克斯·韦伯:《近代资本主义的本质》,载《文明的历史脚步——韦伯文集》,上海三联书店 1997 年版,第 112 页。
⑥ 罗澍伟:《近代天津城市史》,中国社会科学出版社 1993 年版,第 530 页。
⑦ 《社会视察报告》,天津南开学校社会视察委员会,1930 年,第 72 页。

现购的方法是维持不下去的。①

近代以来,城乡差别日趋严重,尤其在 20 世纪 20、30 年代后,中国的广大乡村在国内外经济变迁的大背景之下出现了衰落,大量资金流入城市里。天津城市里的资金以借贷的方式向乡村输入,是维系城乡之间的重要经济关系的纽带。一般情况下,农民往往通过民间私债和城市民间借贷机构来融通资金,而私债往往就是高利贷,如印了房之类。农民有急需,其借贷方法分两种:如需用甚少,则向印子房借,最多 5 元,每月归还 5 分,120 天还完,本利共为 6 元;需用多者,则向转子房借,至少 50 元,须有铺保,或可靠之保人,每月还洋 6 元,10 个月还清,本利共为 60元。② 又如,冰窖业曾经是天津城市里经营的较为重要的一个行业,在抗战胜利后,冰窖业向农民贷款:"有钱时,就放稻米帐和稻草帐,把款给需款紧急的农民,约定价格以稻米稻草取偿。这样冰窖的损失减少了,可是害苦了贫苦农民。"③可见,乡村的资金集中到城市,对城市的经济发展起到了相当的促进作用,却在一定程度上加剧了乡村的危机。而城市的民间资金返回乡村虽然对乡村具有一定扶持的作用,但是其中却蕴含着极大的剥削,从而加剧了城乡的对立。故此,当时一些有识之士,提倡城市的剩余资金以低息贷款的方式反哺乡村,以解决当时乡村的危机,摆脱当时的经济萧条。如 30 年代,天津的农业银行贷款一度以城市的工商业短期贷款为主,用于农业生产发展的反而不多,后来办理了对河北农村进行贷款以及对绥靖区进行小本贷款。④ 另外,天津的农行还参与了对天津的渔民进行贷款。当时,天津市政府社会局协作办理了几项贷款并计划筹设天津市合作金库。农行为了密切和地方政府的关系,"对社会局合作指导室组织的合作社亦予以贷款支持……当时曾对邵公庄养鸡合作社和南市天主教友组织的缝纫合作社,经社会局介绍进行贷款。其余也准备贷放一些城市小手工业者组织的合作社贷款,后以中央合作金库在天津市设立分库,农民银行即未在市内进行贷款。"⑤这样,天津城市的资金便注入了乡村的合作社事业,对农村的发展注入了活力。但是,因为当时各种势力的争斗,对农村的借贷大都敷衍了事。当时,天津市政府社会局闻知国民党中

---

① 刘越千:《日趋衰落的瑞蚨祥》,载《天津文史资料选辑》第 5 辑,中国人民政治协商会议天津市委员会文史资料研究委员会编,天津人民出版社 1979 年版。

② 曾铁忱:《天津特别市农业调查概况》,《社会月刊》第 1 卷第 5、6 号合刊,天津特别市社会局编,1929年 12 月,第 27 页。

③ 王霭堂、赵炳文、王忠纯:《天津的冰窖行业》,载《天津文史资料选辑》第 11 辑,中国人民政治协商会议天津市委员会文史资料研究委员会编,天津人民出版社 1980 年版,第 118 页。

④ 李培仁:《天津中国农民银行概述》,载《天津文史资料选辑》第 77 辑,天津人民出版社 1998 年版,第133~136 页。

⑤ 李培仁:《天津中国农民银行概述》,载《天津文史资料选辑》第 77 辑,天津人民出版社 1998 年版,第138 页。

央政治学校一些人正准备成立中央合作金库,为想多保持天津地方实力对合作事业的统治,就由天津市政府社会局长胡梦华、合作指导室主任陈飞景邀请天津农民银行一些负责人和大专院校的经济教学工作者,先组织成立天津市合作协会,继而准备成立天津市合作金库,计划邀请农民银行投资一部分,再由天津市农民银行拿出一笔地方资金,成立以天津地方势力为主的天津市合作金库。可是,银行只是为敷衍地方势力,并不真心参与,此事最后并未具体实施。①

天津近代的崛起与其腹地与外贸中所处的优越地理位置息息相关。随着对外贸易的增长,天津的经济对内地的辐射能力也日渐成长。20世纪初,天津的经济腹地几乎囊括了黄河以北的半个中国,成为全国最大的毛皮和草帽辫出口口岸。②之后,天津近代即成为北方最大的土货出口贸易中心,北方各省的原料和货物出口大量经由天津转运出口,大量的洋货也经由天津贩运到全国,主要是北方各地。天津与腹地的贸易关系进一步发展,进口和出口的贸易量增加。天津运往腹地的主要有米、棉、煤油、糖、面粉、颜料,此外还有洋布。山西也一直是天津进口洋布的最大主顾,每年有300多名山西商人来天津购买洋布回本省。③ 经天津出口的有:古玩、铜器、瓷器、驼、羊毛、马、猪鬃、牛、驴、骡、马皮、羊骨、角;各色皮货,蚕茧,乱丝头,棉花、土布、土酒、靴鞋、草帽缏、毡、绒毯、毡帽,羽扇、椒、参、药材、金针、红枣、桃、杏仁、花生、瓜子、大头菜。④ 外埠货物贩运、滞留、行销等无不需要大量资金,民间借贷的资金便成为天津国内贸易的血脉。

天津近代的崛起与其对外贸易地位有很大的关系,为北方原料出口的集散地,开埠后的对外贸易量急剧增长,成为中国北方对外输出原材料的最大中心。因此,天津也迎来了金融业的大发展时期。⑤

天津在20世纪初期成为西部和华北的金融中心,对商人提供借贷资金和押汇业务,吸引外地银行。天津帮银行控制了外地帮银号,外地帮银号则有固定的金融范围和往来对象。20世纪20年代形成了以天津和各地银行、银号和钱庄组成的流通系统,成为北方的金融中心。随着天津工业和交通的发展,天津的腹地也不断扩展,20年代天津的腹地和交叉腹地的总面积达200多万平方公里,占全国土地面积的1/4以上,涉及人口1亿多,比天津20世纪初的天津腹地扩大了1倍,包括我国

---

① 李培仁:《天津中国农民银行概述》,载《天津文史资料选辑》第77辑,天津人民出版社1998年版,第141页。

② 罗澍伟:《近代天津城市史》,中国社会科学出版社1993年版,第205页。

③ 罗澍伟:《近代天津城市史》,中国社会科学出版社1993年版,第175页。

④ 张焘:《津门杂记》,王帛孙、王黎雅校,载来新夏主编:《天津风土丛书》,天津古籍出版社1986年版,第146页。

⑤ [英]雷穆森著,许逸凡、赵地译,刘海岩校订:《天津租界史(插图本)》,天津人民出版社2009年版。

北方大部分地区,成为全国第二大经济区域。① 钱庄、银行、牙行、货栈等借贷机构的资金注入,对天津的国内贸易提供了源源不竭的动力。天津的国内贸易具有很大的地缘性。例如,宁波帮以慈溪、奉化、象山、定海等 6 县遍及全国的血缘乡谊为纽带,在天津经营运河南北货运生意发家,其在天津的代表人物有严筱舫、叶澄衷、严蕉铭、王铭槐、叶星海、方若等人,对同乡和同业放款是他们的主要营业项目之一。② 天津的货栈充当交易媒介,代客商存放物品代理保险;为客人提供食宿;向客商提供抵押或信用放款,有的还向银行号借贷。银行号也多向客商提供贷款,最高为货价的 60%～70%。③ 最终,银号、中外银行的货栈形成了三个互相补充、支持和竞争的近代商业金融网络。

天津在近代开埠后不久,西方的商船大批来到天津,随之而来的是外国资本。外来资本不仅通过外商银行流入中国,为其经济利益服务,而且有大量的资金通过其他的形式也注入到了天津的市场,与国内的资金共同构筑起近代天津的金融网络,构成了中外经济关系的重要组成部分。这种关系之深入,可以从下面几个例子中看到:

美商中华平安公司,主要业务:存款、保险、押款、经租,买卖天津、北戴河、大连房产基地。④

某洋商准备巨出款借,如有以皮张羊毛棉花及一切出口等货作抵欲用现款者,请向法租界和西里新中区广告设接洽。⑤

意大利租界的方济各教会利用高利贷来支持教会在各地的传教活动:"方济各教堂还利用铠记公司的名义,以房地产做抵押放高利贷,到期无力偿还时便将房地产收缴抵押债。方济各以其横征暴敛之所得,支持各地的传教活动。"⑥

庆丰益兴记棉纱庄倒闭,除欠西洋行之贷款,经绸布棉同业会代表杜绦泉担任设法维持外,欠上海元成等九家钱号共银十一万三千余两,洋一万六千余元,欠东洋行七万六千余元。⑦

外国的资本也注入天津的金融机构中,即便是金融机构本身也有借款的需求。以天津信诚银行为例,1911 年 11 月,因为辛亥革命后天津市面呆滞,导致这个银行

---

① 罗澍伟:《近代天津城市史》,中国社会科学出版社 1993 年版,第 432 页。
② 张章翔:《在天津的宁波帮》,载《天津文史资料选辑》第 27 辑,中国人民政治协商会议天津市委员会文史资料研究委员会编,天津人民出版社 1984 年版。
③ 罗澍伟:《近代天津城市史》,中国社会科学出版社 1993 年版,第 596 页。
④ 《广告》,天津《益世报》1931 年 9 月 14 日。
⑤ 《介绍借款》,天津《益世报》1927 年 10 月 5 日。
⑥ 纪华:《天津意租界回力球场小史》,载《天津文史资料选辑》第 2 辑,中国人民政治协商会议天津市委员会文史资料研究委员会编,天津人民出版社 1984 年版,第 191 页。
⑦ 《庆丰益将拍卖还欠》,天津《益世报》1922 年 8 月 17 日。

周转不灵,要求用架眼存据作抵押,向外国资本借贷 10 万两白银,以解危急。①

中国民间商人与外国商人之间也存在着大量的借贷关系。如一战后,德国战败,德国在天津的租界被收回,在华的商业利益受到了极大的冲击。当时由政府出面向德国商人讨还借贷中国商人的债款(详见表二),从中可见当时中外的民间借贷关系之一角。

表二　德侨负欠津埠华商债款简表

华商姓名	德商姓名	欠数数目	欠款时间	证据
黄季才(广东番禺人,礼和洋行买办,住英租界灯房东)	补海斯德	1000 两	1899 年 8 月 25 日	兴业房产公司第 55 号股票纸
生记号戴仲球(广东南海人,针市街肉市口北头,商人)	顺威洋行韦尔德	500 两,另计息	1913 年 2 月 1 日	天津地方审判庭 8 年民字第 88 号判决书
秦文起(天津人,天津英租界小白楼)	德国领事	26789.332 元	1913 年 5 月 27 日	赔偿盖房损失立有合同为凭
张云卿(天津堤头村,泰来洋行买办)	泰来洋行肃茂	5000 两,另计息	1913 年	债权人在该行任事时所交押款
北洋保商银行	毕切特洋行	72828 两	1914 年 6 月 30 日	账单一张
黄季才	德华银行劳路斯	29688 两	1917 年 6 月 27 日	劳路斯收款单(购地定银)
郭继堂(直隶抚宁,英界福安里,福山洋行买办)	福山洋行佛克司白哥	415000 两	1917 年 8 月	羊毛批单及外庄羊毛商赔偿字据
黄季才	礼和洋行秀士	8669.59 两	1918 年 12 月 31 日	拖欠款,有行东自开清单
宋作舟(天津,天津南头窑大街,礼和洋行买办)	礼和洋行秀士	21038.26 两	1919 年 3 月 16 日	债权人寄库保证金有该行东自开清单

资料来源　《天津商会档案汇编》(1912—1928)(4),天津人民出版社 1992 年 10 月版,第 4498 页。

在近代天津市面临危急时刻,外资往往成为救命的稻草。1912 年,因为壬子兵变,天津许多商铺被烧。为恢复营业,1912 年 9 月 17 日,一些商铺联名上书天津

---

① 《天津商会档案汇编》(1903—1911)(上),天津人民出版社 1989 年版,第 606 页。

商会,要求借洋款 200 万解救危机,并要求稳妥的分配办法,希望商会与政府对此予以维持。① 1924 年,天津典业公会因为壬子兵变后一直没有恢复过来,也要求借贷洋款,以维持营业,并提出了押借、利息以及清偿的具体办法:"商允法商马律利得巴莱达以各典当房产暨各典当本,抵借洋银一百万元或六七十万元",希望政府与法国方面商议。②

近代中国因为其半殖民地的地位而受到外国侵略势力的剥削和压榨,在中外的民间借贷中也有体现。依照领事裁判权,中外纠纷归外国领事馆处理,这对中国人来说不仅屈辱而且容易吃亏。如恒远银号在 1919 年售予日人清水金票,订有契约,后来因日金行市日益跌落,日本人"赔累深巨,欠缴恒远款洋 13000 余元,恒远银号现请石川通律师,在日领事馆提起诉讼"③。这个欠债案件结果虽然不得而知,但是到日本领事馆起诉,对中国人显然不利。又如,一个与荷兰公司因为借贷利息劈分的案件,也因为领事裁判权而无法裁决。1941 年,河北高等法院天津分院因为"该行既属荷兰国籍,系有领事裁判之国家,普通法院亦无受理之权限"的原因,对中国方面的抗告人李继枋的诉讼予以驳回。④ 可见,因为治外法权的存在导致中外民间借贷案中对中国人不公正待遇。

一些外来势力还趁借贷之机,吞并中国的民族工业,这尤其体现在民族工业与日本之间的借贷关系中。一些日本人利用向中国的民族企业借贷抵押贷款吞并中国企业,力图控制中国经济。如裕元纱厂是与北洋安福系关系密切的王郅隆出面筹办的。从筹办过程中,王郅隆利用他的广泛的社会关系网为这个纱厂集资,他和安福系、日本人,以及南方的荣氏家族都是有关系的。这个纱厂开始创办的时候在技术和管理上依靠日本人,后来自己想办法训练学生,取而代之。但是,因为还不上日本天津银行团 160 万元的欠债,导致赊账给了日本的大仓银行,改名为公大六厂。⑤

从这些案例中,可见外国资本注入天津民间借贷网络之中,对中外经济交流和资金融通起到了一定的作用。因为处在屈辱的对外交往处境之下,借贷中中国商人往往受到不公正的待遇和压榨的风险,体现出了半殖民性的特点。

---

① 《天津商会档案汇编》(1903—1911)(下),天津人民出版社 1989 年版,第 2588 页。
② 天津市档案馆:J0128 - 2 - 002084——当商拟借洋款牵复,天津当商,1924 年。
③ 《华商与日人债务纠葛》,天津《益世报》1921 年 7 月 23 日。
④ 天津市档案馆:J0043 - 2 - 023107——李继枋海昌公司求分利息抗告,河北省高等法院天津分院及检察处,1942 年,第 1~2 页。
⑤ 王景杭、张泽生:《裕元纱厂的兴衰史略》,载《天津文史资料选辑》第 4 辑,中国人民政治协商会议天津市委员会文史资料研究委员会编,天津人民出版社 1979 年版,第 172~179 页。

二、贫困与城市民间借贷

天津民间曾有一个关于借贷的动人传说,是天津民间借贷文化的象征。乾隆五十年间,天津有个徐北山,以盐务起家,后渐中落。"尝以除夕避债委巷,听黑暗中有哭声甚惨。以火烛之,则一贫士,以负债无偿,将欲自经者。北山告之曰:'予亦负人无偿者,尔亦何必寻此短见耶?'问其所负若干,曰:'二百金'。探怀中银,适符其数,尽以与之。其人叩谢去。隔十余年,北山之贫如故。而长子澜,次子淮,中文武两进士,三子汉,中嘉庆戊午举人。其孙文瑛,又中道光戊子举人。封翁义举,髫龄时常闻老辈津津乐道。"[1]这个故事后来在天津流传很广。嘉庆辛酉年间,天津发生了大水,当时的天津诗人梅成栋(树君)有诗曰:"曲曲愁肠日九回,儒生生计太灰骵。四周秋水无余地,何余堪修避债台。"[2]这个故事体现出民间对借贷的渴望和借贷对于民间生活的重要意义,雪中送炭的借贷行为是一种高尚的美德。

经济的发展、政治地位的提高以及城市区域的扩大,伴随而来的是城市人口数量的巨大增加。近代天津的人口数量与其区域一样,呈几倍、十几倍的增长(见表三)。

表三　天津市区总户数、总人口数统计表:(1840—1948 年)

年度	中国区总户数	中国区总人口	租界区总户数	租界区总人口
1840 年	32761	198715		
1911 年	91812	556587	11819	51883
1928 年	183490	939209		183196
1937 年	228417	1080229		182032
1945 年	318982	1721502		
1948 年	383785	1913187		

资料来源　李竞能:《天津人口史》,南开大学出版社1990年版,第82页。

人口的结构也发生了变化。近代天津城市内主要分为6个社会阶层:(1)官僚遗老,金融公司、企业名流和投资者,以及社会名流;(2)商人、资本家、高级职员等;(3)小企业主商人、职员、中间商、教师和一般公务员;(4)手工业者、小商贩、帮头、工匠、工头等;(5)摊贩、季节工、临时工、装卸工等;(6)无业游民、难民、乞丐、娼妓等贫民。[3]

---

[1]　徐士銮著,张守谦点校:《敬乡笔述》,载来新夏主编:《天津风土丛书》,天津古籍出版社1986年版,第7页。

[2]　《续天津县志·卷十九》,载《天津通志·旧志点校卷》(中)南开大学出版社2011年版,第468页。

[3]　罗澍伟:《近代天津城市史》,中国社会科学出版社1993年版,第468~469页。

自古天津人口迁移变动较为频繁,流动量比较大,涉及地域比较广,对人口总量增长有较大影响。[①] 各种原因产生的灾民、难民构成了城市移民的一个重要来源。天津的贫民大多生活在城市的边缘地区,民国时期天津的主要边缘区是谦德庄、地道外等。[②] 此外,南市一带后来位于城市中心,曾是天津贫民的集中区域之一。天津死亡率较高,1935年为38.16‰,1944年为34.38‰。死亡率高的原因是劳动人民生活悲惨。大津城市化迅猛,大量贫苦农民不断流入,贫富两极分化严重。[③]根据1937年的统计,天津人口籍贯,本地人大约占一半左右,其他来自全国各地,以河北省居多,只比本地人少4万左右。外地人除河北外,大多来自天津周边地区,如山东、山西、北平等地。[④]

造成大量人口移民天津的原因很多,而从根本上讲,在于移民者为了通过移居天津寻找新的职业,摆脱原来的贫困生活,或进一步改善其处境。其移民天津的时机,或有趁招工的机会,或在灾荒、战争时盲目流入。[⑤]

天津城市在近代的发展过程中,贫民问题一直比较严重。1928年,城市贫民10万人,占全市人口的10%;到1947年底增至30万,占全市人口的1/6。其中有8万赤贫人口,达到了衣不蔽体、食不果腹的程度。[⑥]

天津人口结构的巨大变化,使贫困问题更为突出起来。新兴的工人阶层也加入了这支城市贫困大军。人口学家林颂河在1927年对塘沽久大精盐公司614个工人家庭做调查证实,当时每拥有3个成年人的家庭其一年必需的生活费用为241.23元,平均月需费用20.10元。据国民政府主计处统计局关于天津各业工人与工资的统计,1933年天津市工人总数中,工资收入仅1~5元的占14%,6~10元的占31%,另有16%的徒工、试工没有工资。就是按上述工资收入较高者的10元计算,也仅能买213斤玉米面或86斤大米。1933年,天津工人工作时间达12小时的占28%,13小时的占38%。1947年,天津有脚行200多家,搬运工人总数六七万人,他们的饭碗掌握在3000多个雇主手中。[⑦] 这样,年收入在300元以下的家庭,大都处于入不敷出的境况。下层家庭很少吃肉类,住土坯房,很少用火炉,生活方式有乡村的痕迹。[⑧]

于是,借贷便成为这些人维持生活的最为常见的手段之一。天津当地人作乞

---

① 李竞能:《天津人口史》,南开大学出版社1990年版,第100页。
② 刘海岩:《空间与社会——近代天津城市的演变》,天津社会科学院出版社2003年版,第287页。
③ 李竞能:《天津人口史》,南开大学出版社1990年版,第154~156页。
④ 李竞能:《天津人口史》,南开大学出版社1990年版,第176页。
⑤ 高艳林:《天津人口研究》,天津人民出版社2002年版,第101页。
⑥ 来新夏主编,陈卫民编著:《天津的人口变迁》,天津古籍出版社2004年版,第88页。
⑦ 李竞能:《天津人口史》,南开大学出版社1990年版,第155页。
⑧ 南开大学经济研究所:《南开指数资料汇编》,统计出版社1958年版,第604页。

丐的甚少。因为他们是当地人,绝大多数都曾干过某些职业,由于机缘不巧或是行为不正失掉职业,以致坐吃山空,混得狼狈落魄,衣食不周。然而他们又不肯沿街乞讨、挨门讨饭,尤其是女人,更少出头露面,于是就利用当地老亲友的关系,以轮换的方式,向亲友告贷求帮。人有见面之情,被求的亲友最初多是怀着怜恤心情量力帮助。如果常去告贷,日期长久,亲友烦了,在钱的帮助上由原来较多的数目,慢慢降为一元几角,再降为铜圆几枚。天津人称这类人曰伸托,有时也叫托儿把。①

因为民间借贷具有巨大的市场需求,导致天津民间以放款为生的人非常之多,一些放款为生的人获利丰厚,以致引人眼热。如有个叫王晏卿素的以放债为生,颇有积蓄以致为匪徒垂涎。一天中午,有 4 人闯入他的家中抢劫票洋 40 元、现洋 8 元、金戒指 2 个、钻戒 1 只、怀表 1 个。②

被称为穷人后门的典当业成为获利最为稳妥的行业之一。民间有顺口溜云:"天津卫,好地方……稳是当铺利久长。此外别行,总是本大利广。"③而在市面萧条的时候,"各贫民亦无处赚钱,度日维艰,既无处挪借而典当各物又不能多得钱文。"④只有这时,他们才告别借贷,依靠行乞或救济生活。

天津人口的贫困问题也与职业和性别结构相关。天津人口因为其商业性与移民性的特点,男女比例失调非常严重(见表四、表五)。以 1935 年的统计为例,华界 105 万余人,租界 157000 余人;华界 227725 户,男 616133 口、女 435885 口。⑤ 16 ~ 65 岁的青壮年人口一直占绝大多数。⑥

表四　1929—1948 年天津总人口性别比

年份	性别比	年份	性别比	年份	性别比	年份	性别比
1929	174.55	1934	167.63	1939	135.59	1944	145.74
1930	171.90	1935	141.39	1940	137.63	1945	144.50
1931	177.08	1936	141.20	1941	140.29	1946	139.84
1932	179.61	1937	139.50	1942	142.45	1947	136.92
1933	164.63	1938	135.95	1943	144.27	1948	132.34

资料来源　李竞能:《天津人口史》,南开大学出版社 1990 年版,第 207 页。

① 刘嘉猷:《旧天津的乞丐种种》,载《天津文史资料选辑》第 62 辑,天津人民出版社 1994 年版,第 185 页。
② 《城里东箭道抢案》,天津《大公报》1935 年 5 月 25 日。
③ 张焘:《津门杂记》,载王帛孙、王黎雅校,来新夏主编:《天津风土丛书》,天津古籍出版社 1986 年版,第 102 页。
④ 《中外近事》,天津《大公报》1903 年 4 月 8 日。
⑤ 《津市人口最近统计》,天津《益世报》1935 年 6 月 10 日。
⑥ 李竞能:《天津人口史》,南开大学出版社 1990 年版。

表五　在业人员的性别构成

年份	男性人员占在业人口%	女性人员占在业人口总人口%	以女性人口为1
1928	84.72	15.28	5.54
1929	83.93	16.07	5.22
1930	85.70	14.30	5.99
1946	89.18	10.82	8.24

　　资料来源　李竞能:《天津人口史》,南开大学出版社1990年版,第224页。

　　在1939年到1949年的统计中,有文化的男性所占比例达70% ~80%,但是随着时间的推移,女性受教育的机会在逐渐增加。① 近代妇女解放的风潮日炙,许多妇女自愿或被迫走出了家门,从事职业,妇女就业人口增加。② 但是,这些职业妇女的收入不高,往往也是实际或者潜在的借贷者。如一个摆摊的老妇女,家里每天只有三毛钱的收入,每天剩不下钱,有两个儿子,"只求有一口饭吃就是好事。"一些从事"白领"工作的知识女性所赚也不多。③ 女星象家悟真女士,每月不过十来块钱,6口人吃饭,房租17元,每天至少吃1元,一个月至少需要七八十元。"没有办法想,只有当当度日。"④

　　总体来说,陈旧的就业观念依然在天津的家庭中占主导地位,也是导致贫困而产生借贷需要的因素之一。天津的一般家庭,除去一两个人到外面去求生产,其余的人都抱着旧的观念,尤其是女人们,她们宁可闲着,也决不想到去觅一种工作。中层阶级以上的妇女讲求虚荣,要保持那种太太、小姐的尊严,从不肯实事求是地去减少痛苦。下级社会阶层的妇女只有很少的收入。"不过我们细想在工商界的人们,有几个每月收入是在五十元以上呢,同时他们的家庭的人口至少的是七八人,这一种生产和消耗数目悬殊的事实,自然造成了经济恐慌和生活困难。"⑤据统计,没有职业的男性为26.4%,而女性为81.6%,有文化的人口一度在解放前高达50%。⑥ 男性失业人口虽远比女性为多,而女性无职业人口远比男性多,男性就学人口比女性多,而不事生产的女性则远比男性多。⑦ 近代天津人口性别比偏高,青壮年人口在总人口中所占比重较大(见表六)。⑧

---

① 李竞能:《天津人口史》,南开大学出版社1990年版,第228页。
② 李竞能:《天津人口史》,南开大学出版社1990年版,第119~120页。
③ 《津市职业妇女生活——摆小摊子的老妇》,天津《大公报》1930年5月22日。
④ 《津市职业妇女生活——女星象家悟真女士》,天津《大公报》1930年5月26日。
⑤ 《津市的中等家庭专仗男子赚钱养家》,天津《大公报》1933年6月22日。
⑥ 来新夏主编,陈卫民编著:《天津的人口变迁》,天津古籍出版社2004年版,第120页。
⑦ 李竞能:《天津人口史》,南开大学出版社1990年版,第248页。
⑧ 李竞能:《天津人口史》,南开大学出版社1990年版。

表六　近代天津性别比

1910 年	137.69,如不算租界为 155.2
1928 年	162.1
1929 年	17961
30 年代	平均为 155.45
1932 年	179.61
1939 年	135.59
1940—1948 年	平均为 140.44

资料来源　李竞能:《天津人口史》,南开大学出版社 1990 年版,第 14 页。

性别比例的失调以及贫困还导致天津妓女业的产生和发展。天津妓院从 19 世纪后期随着城居人口的增加而大量出现,随商业中心而转移。① 天津与其他许多地方有一样的习俗,就是贫苦人家往往将其妻女押与妓馆营业,而向妓馆借贷金钱,以资糊口,所借之金钱即名为"押账"。凡借用押账之人,即给妓馆书立借字,约定营业年限,俟将来限满,并将押账还清后,方准该妻女出离妓馆。② "由于家庭遭受事故,借债还不起,妇女被迫与窑主订合同,卖身几年偿债。这种人叫'有押账的',也不能随便自由行动,从而间接地失去自由,有的最后也沦为'柜上人'。"③如特一区下瓦房住户白云华,31 岁,天津市人,无正业,妻李氏 19 岁,近来生活窘迫,将妻押入大连娼门。李氏不愿去,私自逃走,在东浮桥投河。④ 外地来的妇女也多有被押而为娼的,如宝坻县人董殿清,年 27 岁,以 250 元的代价,将其妻押入群英后玉仙班。⑤

一些孤儿寡母也依靠放债为生,这种情况在天津非常之多,成为天津民间社会的一道独特风景。如 1930 年,河北营门外邵家园子附近发生了一起冲突。一个妇女带着幼童手持菜刀,在门首叫骂。守望警于俊山将二人带到派出所询问方知,该妇女是交河人,孀居 7 年,以放利钱过活。被骂者借 50 元,已过 3 月,分文未还,屡要不给,导致这场冲突。⑥ 当时的一些从事放债为生的妇女,生意做得不小,为人所瞩目。如有一个河东郭庄子的杨周氏,以放债为生,一天晚上闯入二匪徒,各持

① 来新夏,陈卫民编著:《天津的人口变迁》,天津古籍出版社 2004 年版,第 119 页。
② 前南京国民政府司法行政部编,胡旭晟、夏新华、李交发点校:《民事习惯调查报告录》,中国政法大学出版社 2000 年版,第 429 页。按:此项习惯系由历次审理案件中所得。
③ 周恩玉:《解放前的天津南市概况》,载《天津文史资料选辑》第 33 辑,中国人民政治协商会议天津市委员会文史资料研究委员会编,天津人民出版社 1985 年版,第 239 页。
④ 《自杀》,天津《益世报》1937 年 3 月 4 日。
⑤ 《鬻妻钱悖入悖出,无底洞越填越深》,天津《大公报》1929 年 1 月 5 日。
⑥ 《持刀讨债》,天津《益世报》1930 年 3 月 18 日。

手枪威吓，抢去了金镯子1付、金戒指4个。①

这些妇女时常因为孤儿寡母被人欺负。如大兴籍李冯氏，住南市富贵庄天顺里，有一女名永华，年22岁，颇有姿色。她用丈夫生前的积蓄以放利钱为生，并将平日一切贷款收款事项，嘱托附近赵姓代办。有个叫袁应祥的，认识了李氏母女。袁是个好色之徒，对袁女心怀叵测。一次，趁李冯氏不在，袁应祥两次赴女家非礼，被抓住后不承认，反称李冯氏欠他的10元大洋，李冯氏意图赖债。②

当时，天津社会上有一些合会组织也多为寡妇所经营，"藉此生活者不少"。到了二三十年代，由于社会信任度降低，"放出去的款多有收不回来之苦"，于是"放款的人渐少了，攒钱会却以其无限便利风行民间。虽不立案登记，却能信用厮守，并没有拐骗的事情发生"③。

借贷是救济贫穷的一个重要方法，有些民间义士甚至以自己借贷的金钱来救济贫民。如李春城"力行善事……生平思义必为，有时家资不给，虽称贷多至万金不顾也"④。有些高尚的人为救济别人自己借贷，如一个人叫邢钺洲的人，为救济水灾，典衣捐助7角，就是一个高尚的借贷事迹。⑤

天津的贫民问题在近代一直得到了社会的广泛关注，为解决平民生计问题，天津的慈善组织活跃，据1927年统计有近20个。⑥ 此外，传统的民间救恤制度也是种类繁多、指不胜数。⑦ 天津社会自来有许多救济慈善组织。近代新的救济思想传播到了天津，许多有识之士提出用借贷的方法来帮助这些需要救济的人，让他们通过借贷，促进他们自强自立的精神，同时以此促进社会经济和生产的进步。以天津的李嗣香为例，他组织平济局，以小本工商业者为救济对象进行借贷，借贷条件附有道德上的要求。另外，虽然是抵押，但是和典当业很不相同，有很强烈的慈善

---

① 《放债户偏遭抢案》，天津《大公报》1932年9月18日。

② 天津《益世报》1935年4月14日。

③ 《津市的民间储蓄会》，天津《大公报》1933年9月28日。

④ 天津市地方志编修委员会：《天津通志——旧志点校卷（中）》，南开大学出版社2011年版，第803页。

⑤ 《邢钺洲先生典衣助赈》，天津《益世报》1935年9月17日。

⑥ 《新天津指南》，天津：天津绛雪斋书局，1927年，第473页。

⑦ 《天津之风俗调查》，《河北月刊》1933年3月，第1卷第3期。

色彩。①

天津《益世报》的社会服务栏目在 30 年代中期大力提倡办理民间小本借贷,他们通过社会捐助得到了大约 500 多元钱。他们认为,小本贷款"可以藉以自立,不至于使捐助钱的人,空捐了钱,而受捐的人,反倒容易养成了依赖心。此计划实行之后,或即将前此捐助贫苦之办法,予以停止"②。1934 年 10 月 5 日,《益世报》的社会服务栏目开始举办这次贷款活动,很快这笔款子就办理完毕了。③ 对于《益世报》服务部的贷款用途,一些人来信表示希望用之于生产事业,或用来救济更为需要救济的农村,以纠正人们传统的思想。④

但这一期过后,并没有资料显示办过新的一期借贷,大概是因为没有了新的提供捐助的绅士。这种借贷的想法虽好,可是需要大量的热心公益的慈善家才能维持。既然是借贷,那么就需要归还,这样,慈善借贷的资金才能不断地循环使用,并且能够支持越来越多的借贷者。然而,这次慈善借贷归还的情况也没有进一步的消息。

近代天津灾害频繁,也时常导致大量贫民的出现。尤其是 1917 年和 1939 年的水灾尤为严重,1939 年的水灾规模更是前所未有,天津城区有 78% 被淹,受灾人口达 65 万人左右,市内外交通完全断绝,水灾造成的损失达 6 亿元。⑤ 为救灾,一些民间救济组织也采用借贷的方法,如天津水灾急赈会对灾民提供每人 8~10 元的小额借款,作为他们在城市里自谋生路的资本。若有技艺者,急赈会也可以帮助

① 《组织平济局抚恤贫民》,天津《益世报》1921 年 7 月 18 日:"闻有邑绅李嗣香,因津埠难民众多,生计维艰,拟组织平济局,其宗旨以借款抚恤贫民,其办法(一)凡小本买卖,如本钱亏耗,势须借贷者,报由本局查明,认为应行借贷,酌定数目,即为借给,分为百日归还,不取利息,或五日一交,或一日一交,除大风大雨,及其家有事故外,不得延欠。(二)凡小本买卖,日欠日还,倘有疾病不能出门,报由本局查明属实,本局每日酌给二三百文,以资养病,并可酌给药资。(三)凡拉洋车者,倘将车损坏,报由本局查明,借给赁资之价,亦分为百日归还,除未拉车之日,无款归还外,不得延欠,倘有疾病,报由本局查明,亦可每日酌给养病之费。(四)凡泥瓦匠等之小工,及在工厂洋行电车每日做小工之工人,倘有疾病,不能工作,亦可照拉车者一律抚恤。(五)以上所谓小本买卖及拉洋车作小工者,如愿得本局借款即抚恤者先将姓名住址某种营业来局报明,由本局查实登册,以后有应借贷及抚恤之事,方能照办。(六)凡愿向本局借款及愿受本局抚恤者,必须谨守本局六条规则,不得违犯,(1)不得吸食鸦片(2)不得扎吗啡(3)不得吸食纸烟(4)不得赌钱(5)不得偷盗(6)不得斗殴伤人。(七)凡向本局借款或洋或钱,各听其便,借洋者还洋,借钱者还钱。(八)凡向本局借者须有抵押物品,还清后,原物取回,如不照期归还,过百日后,即由本局将抵押品随时拍卖,倘因事故,请为展缓,只准再缓五十日,扣足一百五十日,定行拍卖,卖得之价,如还本之外,尚有盈余,仍将余款支付原主,以办法凡城内及城东城南住户在寄生所,河东河北住户在备济社,城西住户在教养院,均可报名。"

② 《下月一日起,本部举办贫民贷款》,天津《益世报》1934 年 9 月 15 日。

③ 《本部开始贫苦贷款》,天津《益世报》1934 年 10 月 2 日。

④ 《徐麟臣先生建议贷款应限于生产事业,国人卑谬思想应予彻底纠正,本部酌量情形接受徐氏意见》,天津《益世报》1934 年 10 月 27 日 9 版。《禹山居士按月捐助贷款基金,盼本部办理农村贷款,救济贫苦农人为刻不容缓之事,应征求各地读者调查农村疾苦》,天津《益世报》1934 年 11 月 3 日。

⑤ 乔虹:《明清以来天津水患的发生及其原因》,《北国春秋》第 3 辑,1960 年,第 88 页。

谋职,或假以资本,准其自由营业。①

总之,民间的慈善性借贷不是经常性的,决定于社会慈善人的善心。从掌握的资料看,近代天津没有形成固定的经常性民间组织结构来专门进行慈善性借贷。因此,慈善性借贷不能从根本上解决贫困和救济的问题。

三、社会变迁与城市民间借贷

随着天津的战略地位和经济地位的上升,天津的政治地位也有很大的提升。天津在第二次鸦片战争开埠后不久,"直隶总督,兼北洋通商大臣。每年自仲春节驻津门,至十月冰冻后,轮船停行。"②这是天津政治重要性的重要体现。

民国后,天津在北方一直具有重要的政治地位,辖区也不断扩大。1913年,天津为河北省会的所在地。1923年10月7日,北京政府一度定天津为特别市。南京国民政府时期,1927年6月,天津正式定为特别市。1930年6月,依照市组织法之规定,改为天津市,直隶于行政院。11月,河北省政府从北平移设天津,天津市改隶河北省政府。1935年6月,河北省政府移设保定,天津市又恢复旧制,改为直辖市(见表七)。③

经济的发展和政治地位的提升,导致天津的城市面积不断扩大。

表七　1840—1948 年的行政沿革表

时期	区划	面积
1840 年左右	城内、东门外、西门外、南门外、北门外、东北角、西北角总称城关地区	
1860 年	城关地区、法、英美租界	
1902 年	南段、北段和八国租界	24813 亩,中国街区 6.61 平方公里,外国租界 9.915 平方公里,共计 16.525 平方公里
1912 年	五区,二特别区,租界和四乡	市区:33.216 平方公里 天津县:1059.916 平方公里
1931 年	五区、四特别区,四乡八所和租界	市区五警区三特区 71083 亩,英法日意 10191 亩
1934 年	同上	99.778 平方公里
1936 年	市内六区,特别四区,租界	147.830 平方公里

① 刘海岩:《空间与社会——近代天津城市的演变》,天津社会科学院出版社 2003 年版,第 235 页。

② 张焘:《津门杂记》,王帛孙、王黎雅校,载来新夏主编:《天津风土丛书》,天津古籍出版社 1986 年版,第 6 页。

③ 录自天津市政府历史资料:《天津发展史略与展望》(卷号 3—2—75)。

时期	区划	面积
1943 年	1—12 区,3 个兴亚区和 1 个特管区	148.66 平方公里
1948 年	1—11 区	151.343 平方公里

资料来源　李竟能:《天津人口史》,南开大学出版社 1990 年版,第 78～80 页。

从上表可见,近代以来,天津城区的面积呈几倍、几十倍的增长,同时,行政区域的变化也体现了城市管理近代化的发展。但是,因为行政区域拓展较快,城市管理的水平难以跟上。张利民教授认为,1928 年后天津城市管理机构和建制不断出新,法规化不断完善,但他也指出民国时期天津城市管理是低水平的。[①] 因为城市管理水平较低,社会信任度也不高,加上城市规模人口不断扩大,导致城市中欺诈和暴力借贷现象严重。

欺诈是城市这个生人环境中经常发生的现象。许多人为了防止各种欺诈或澄清事实,都在报纸上刊登广告以正视听,从一个侧面反映出天津近代城市中欺诈的广泛存在。如下面这个几个广告声明表明,当时有人利用多种形式如冒名借贷、假借担保、指物抵押等进行欺诈:

"倾闻有人冒敝人名义在外借款及典房间等事,既得传闻不能置之不问。凡未经鄙人亲自签字盖章之文件,鄙人概不承认,恐未周知,特此声明。"[②]

"近闻有人假借鄙人名义在外招摇以及接洽担保银钱等事,或充鄙人代表。查鄙人在津居住将近五年,除公义斗店公司营业自理外,他事概不与闻,亦未予各方接洽担保银钱等事。望各界友人万勿为其所愚,以后无论何事,非有亲笔图章概不负责。"[③]

外来者到了陌生的环境受骗者也不少,如李海由武清县来津,带有行李等物,遇见张起禄、刘永和,二人花言巧语,将李海带至三不管复兴里居住,趁机将李海的行李全部当卖。[④]

商业中的欺诈借贷也非常普遍,利用商号的名义或戳记等行骗,这些引起了一些商人的警惕。"鄙人奉亲家居,处事向持谨慎。虽独力小有商业籍资糊口,从无与人订立契约经营事业。凡有关信用银钱往来事件,皆由亲自接洽签字盖章为凭。各埠无论何时何人倘有假名揭借银钱既其他一切行为概与鄙人无涉。"[⑤]有的因为商业交往相熟,则利用对方名义欺诈:"兹有张兴泰者素无正业,前因买砖致与其相

---

① 张利民:《艰难的起步——中国近代城市行政管理机制研究》,天津社会科学院出版社 2008 年版。

② 《王友山启事》,天津《益世报》,1916 年 4 月 17 日。

③ 《田展程启事》,天津《益世报》1923 年 12 月 23 日。

④ 《骗当行李》,天津《益世报》1922 年 5 月 21 日。

⑤ 《袁兼之启事》,天津《益世报》1920 年 11 月 9 日。

熟,继则常来舍下求帮。昨得传闻,该张某有在外藉鄙人名誉招摇讹索情事,是以登报声明以免被其欺驱。"①

在乡村中保人都是大家熟悉的人,而在城市中随着信息的传播和交往的扩大,保人出现了多样化的情况,作保中也出现了欺诈现象,如:"本栈开设二十余年,专作代运客货生意,向无买卖货物私立合同应声作保等事,无论何时发现此等事实,本栈概不认可。"②也有欺诈保人的现象。如 1939 年,庆德堂张相全将张绍曾、李锡暇二人告上了天津地方法院,要求保人偿还欠款,而被告保人李锡暇则指出,张绍曾有能力偿还,有价值大约 1000 元的资产和 20 亩良田"分属叔侄二人,这些张相全都是知道的,可见合谋串通的证明"③。

城市社会与乡村的熟人社会不同,人们识别其他人的可信性,往往依靠名声和外表。许多欺诈者便利用了人们这种心理进行欺诈。如天津市政府第四科科长陆涤寰在办公的时候,进来了一个自称王家祺的人,这个人的名片印有‘前甘肃教育厅长王嘉祺’等字样。王某说他曾在冯玉祥幕下任职,后来由冯玉祥部下调充甘肃省政府委员兼教育厅厅长,因为在任清苦,生活毫无办法,所以希望借点钱,维持几日生活,并帮助他完成到欧洲游学的宏愿。陆氏以该王某突如其来,开口便借贷,且以往并未听说有甘肃教育厅厅长,王家祺显然是在诈骗,故当即拒绝。后来记者调查,这个人是天津地方的一个惯骗,"年 20 余岁,观其外表,极为精明,津市各机关职员私人住宅等受其欺骗者极多。昨日其赴市政府之衣着,系烟色绸质棉袍,青礼呢背心,头戴黑捲时髦土耳其帽,举止颇为阔绰。"④

骗贷目的不仅在发财致富,也有其他的动机。这是一个为求学借贷的事件:李际卿,20 岁,山东人,父名李源,家中较为富有。但是李际卿年前在乡间高级小学毕业后,家中就不准他升学。李坚持要投考中学,于是偷偷来到天津,住保阳旅馆 19 号。后来他虽然考入大中学校,但是没有钱了,于是利用天津姐丈刘宝文的语气,伪造山东邮局戳记 1 枚,写信 1 封,发信地址署名是其原籍,帖邮花五分,加盖伪戳,投入邮筒,不料被邮局识破。⑤

还有利用权势通过恐吓手段索债诈财的事情。张克清是天津特一区车巡队警士,他的表伯郭金义从他的祖父张开福手中借去现洋 200 元,屡次催讨延宕不还。他的祖父去世后,他的祖母命他到天津索债。郭金义不仅不还,还蛮不讲理,他非常气愤。此时正好遇到旧相识郭宝升。郭知道后,也感到这个事可恨,并代为介绍

---

① 《杨庆明启事》,天津《益世报》1919 年 7 月 16 日。

② 《津德裕、京华林货栈启事》,天津《益世报》1917 年 1 月 15 日。

③ 天津市档案馆:J0044—2—45116:庆德堂张相全诉张绍曾等债务,1939 年。

④ 《冒充甘教厅长竟找人借几角钱》,天津《益世报》1935 年 3 月 28 日。

⑤ 《一少年志切求学,竟蹈法网,伪造山东邮戳寄函告资败落》,天津《益世报》1936 年 2 月 10 日。

张寿全(在宪兵队做事)等三人同往讨索。后来在邻居调解下,对方打算陆续清还。后来郭金义家遭到了抢劫,有人怀疑是讨债的人干的。虽然郭金义也认为不一定是张克清所为,但天津警方认为张克清携带宪兵队人讨债,意近恐吓,把他开除出了警队。①

民国时期的天津,民间金融依然缺少法律秩序,民间常有暴力借贷事件的发生,名为借贷,实际上就是抢劫。如有一个歹徒持刀在西关大街的原盛成油铺内强行借走30余元。② 又如葛沽西大桥地方,一天晚上10点钟,住户赵介时家中,忽来贼匪三四人,有一人手持手枪,声称奉司务长命令,不日出差,无有盘缠,借洋200元。赵介时给他们中南洋票20元,这些匪徒才接洋而去。③ 还有的因为借贷没有得逞而导致恶性事件。如杨华堂在日租界工业洋行任事,一向谨慎,毫无不良嗜好。有个叫李恩贵的人素不安分,多次向他借贷,因为遭到了拒绝,以致怀恨,污蔑杨华堂身带吗啡,后来被查明诬告受到了惩办。④ 另有一个肉店的伙计,因为向老板借贷未遂,又被掌柜辞退了,心怀怨恨而用杀猪刀扎向了女掌柜。⑤

外来人口犯罪现象也多见。如匪徒张桂林(年36岁,沧县人),住广生店拉车为生,与孙芳标(年35岁,住西头掩骨会)相识。一天,孙芳标一天到西广开椿树里友人梁四家里闲谈,临出门时突被匪徒5人将孙所穿的青布棉袍毛月大褂、灰麻丝葛棉裤各1件,钞洋2元一并抢去,向西逃逸。案子很快就破获了,抓住了匪徒杜振山、张桂林连同店执事王金山。张桂林称孙芳标向他零星告贷,积欠14.5元,听说孙芳标新由原籍返津,是以找他索要积欠。不料他竟称无钱,于是张桂林与同伙杜振山将孙衣服扒下,典当于西头双庙街协合当,得洋1元。⑥

政府管理能力的缺失导致社会管理出现缝隙,为民间社会的地痞流氓所利用。"天津土棍之多,甲于各省。有等市井无赖游民,同居伙食,成为锅伙。自谓混混儿,又名混星子。"天津"华洋杂处,民俗逞强尚气,易滋事端"。"即被捕获,尤复不畏捶楚,熬刑忍痛,希图夸耀匪党,以资衣食,殊属憨不畏法。"⑦早年,混混儿大多分布在旧城区的繁华地带,尤其是下层市民或游民无产者聚居之地,或者妓院、赌场的麇集区。19世纪,在天津颇有些名气的混混儿大都以地名相称,如侯家后、针

① 天津市档案馆:J0218-3-000337:赵凤鸣等纸售月刊家务债务纠纷案,日伪天津市警察局,1938年7月。

② 《借钱,手持尖刀掏出,柜伙恭谨献上》,天津《益世报》1929年6月11日。

③ 《贼匪借洋》,天津《益世报》1925年9月23日。

④ 《杨华堂启事》,天津《益世报》1922年12月11日。

⑤ 《伙计借钱不遂,杀猪刀扎死女掌柜》,天津《大公报》1928年9月16日。

⑥ 《索欠债剥衣服,被疑为匪》,天津《益世报》1936年2月11日。

⑦ 张焘:《津门杂记》,载王帛孙、王黎雅校,来新夏主编:《天津风土丛书》,天津古籍出版社1986年版,第87~89页。

市街、西头、金家窑等处的混混儿都是如此。① 随着人口的流动和城市居民成分的复杂化，混混儿们再也不能守着自家的门口，充当一街一巷的霸主了，争地盘有了新的含义，不仅仅只是争夺对某一街巷的控制权，而是变成了争码头、争行夺市，争夺对某一地区或某一行业的控制权了。②

混混们在天津城市社会底层中具有重要的社会地位，往往也是民间借贷的资金提供者，常依靠民间借贷发财致富。天津最为著名的流氓头子袁文会和张八为便是依靠向赌徒和妓女放债发家的。③ 民间的黑社会人物，经常采取强借的办法为自己聚敛钱财，这种事情不止一次见诸报端，可见当时混混们势力之大。如天津南马路中公所门牌 14 号，住着一个叫王紫宸的，家道富有，致被匪徒所觊觎。一天早晨，王某突接匿名恐吓信一封，其中写道："知君富有，请暂借洋 3 千元，限 5 日内送至河北小王大堤地方，自然有人接取，如接函后，置之不理，或报告官衙，我等将必有所待。"王某接函后当据呈该管分局请求保护。④ 还有强迫承认借贷以榨取钱财的行为。如法租界紫阳里 20 号住着一个叫张鸣岐的人，一天，他到法工部局控告住长春旅馆二楼三号的周子帆。因为周子帆和他的侄子周少武曾经找他，竟指称张鸣岐欠他款项数万元，当时强迫书立允许欠 5000 元的字据，并勒令张先交现款数百元，否则有意外行动。⑤

有一些人迫于黑势力的压力，不得不低头，政府和法律也没有办法。刘福林在 1942 年将石九利告上了法院，请求法院做主确认与"被告并无欠债关系，被告不得再事滋闹事"。原来石九利是一个无业游民，看到刘福林家道小康，时常向刘福林讹索。在 20 日前，刘福林突接到石九利来函，称"共同所使的玉米面并不是王华亭自己的，还有我的，怎么至今也不见我钱也不交"。这实际是无理索要，刘福林置之不理。而石九利突然领有李姓等到刘家不容分说，将刘福林抓住，强行"索欠"。在没有办法的情况之下，刘福林只好将其告上了法院。但是，这个起诉之后就撤销了，被告很可能受到了黑势力的威胁。⑥

当时天津社会底层，黑恶势力非常猖獗，并且用暴力抗债，引发了社会的不满，导致出现要求政府干预的呼声。南市"三不管"地区有个叫李三的，是该地方的祸害，曾欠宿某津钱三吊。屡向索讨，李三竟置若罔闻，继则出口不逊。宿某与彼理

---

① 刘海岩：《空间与社会——近代天津城市的演变》，天津社会科学院出版社 2003 年版，第 244 页。

② 刘海岩：《空间与社会——近代天津城市的演变》，天津社会科学院出版社 2003 年版，第 251 页。

③ 杜家忠：《汉奸恶霸袁文会的罪恶一生》，载《天津和平文史资料选集》（第 4 辑），中国人民政治协商会议天津和平区委员会文史资料委员会编，天津人民出版社 1993 年版，第 62 页。

④ 《富商突接恐吓信索洋三千》，天津《益世报》1937 年 2 月 23 日。

⑤ 《不速之客，强迫承认债款》，天津《益世报》1936 年 9 月 20 日。

⑥ 天津市档案馆：J0044－2－060241：刘福林石九利确认并无债务关系，天津地方法院及检察处，1942 年。

论,李三却率多人将宿某遍体打伤,头部受伤尤重。当时的舆论呼吁:"似此不法之徒,望有地方之责者速查惩办,以儆效尤。"①

政府当时也力图控制地方治安,与社会黑恶势力争斗,双方常常是此消彼长。如王雨泉在天津市东北城角菜市内经营恩义呈青菜铺。一天,突然来了一个自称李光明的人,要向这个商铺借贷现洋。王某不敢相拒,只好说柜中没有钱。李不久便带了许多人前来寻衅。当时幸好一区三所彭巡长到此查勤,这些人看见后便纷纷四散。当时李光明被抓住了,菜市内全体众商鉴于地痞经常前来讹索,深恐他们误认为这次被捕是各商报告,都非常惊恐,纷纷走开了。派出所得知这个情况后,认为事关地方治安,派警长前往逐户劝导,表示如有其他事情发生,三所负其全责,大家才纷纷回来。②

社会风习往往也导致人们经济拮据,不得不借贷应付。天津市区的家庭交往频繁,人际关系复杂,日常交际和送礼成为家庭负担的内容。③ 有个小资产者"因至亲喜事度贺之举,不可避免",但他"月薪仅25元","家庭每月房金2元(租一间平房),饭费每日4角上下,房饭及零费每月至多15、16元,每日上下午行车4次,铜圆48枚,合洋不及1角,全月除每星期六下午及星期日照例休息外,仅车费车资2元有余,总计每月需洋至多不及20元"。如果有其他的需要,他总是入不敷出,只好"借贷实以周转","此次至亲喜事,敝方至多需洋40元",他于是向银行借贷50元。④

天津社会有厚葬的习俗,而且仪式繁杂,丧事办理需要很高的花费。"丧仪共有十六项,送魂、白事、讣闻、分出资、放焰口及接三、送三、出殡、出殡前概况、仪仗、奏乐、乐器、开吊、伴宿、出殡第二日、渡桥式、圆坟等。""以上丧礼,原来是在富有者中间进行。至少要花费三百元到五、六百元。因此中等以下人家,不免要节约和省略一些。"⑤王蕴徽有诗描述当时天津丧葬的情形曰:"不论商贾与平民,每遇婚丧百事陈。箫鼓喧阗车马盛,衣冠职事一时新。"⑥而一般人家无钱办理丧事的,只好借贷。还有的组织老人会等民间互助组织,在遇到丧事的时候,互相借贷金钱,

---

① 《讨账纠葛》,天津《益世报》1919年9月15日。

② 《东北角菜市一场恐慌,地痞讹索菜铺商贩避祸停市》,天津《益世报》1936年1月11日。

③ 南开大学经济研究所:《南开指数资料汇编》,统计出版社1958年版,第604页。

④ 天津市档案馆:J0203-1-000499:本行小额贷款客户咨询的来往函,新华信托储蓄商业银行天津分行,1935年。

⑤ 日本驻屯军司令部编,侯振彤译:《二十世纪初的天津概况》,天津市地方史志编修委员会总编辑室编1986年版,第126~128页。

⑥ 张焘:《津门杂记》,载王帛孙、王黎雅校,来新夏主编:《天津风土丛书》,天津古籍出版社1986年版,第39~40页。

以应急需。①

近代天津"华洋杂处,流氓贼末良莠不齐,贫富既甚悬殊,生活亦自不同,凡举人民之衣食住行生活习惯及一切社会上之现象,罔不成畸形现状"②,赌博、吸毒现象等成为社会公害,屡治不绝。这些问题也往往与民间借贷息息相关,正如一首民间歌谣说道:"邀局是老祥,请会是老广,终日无事忙,帮嫖看赌随着逛。崩骗是寻常,花到空囊,不得不借阎王账,还不上,要遭殃。年节下,更难搪。要账的,一行一行,估衣铺来闹,靴帽铺来嚷,不干不净……哪知帐主功夫长,自然撞得上。""拉着喊冤去告状,审一堂,押在班房,吩咐变产去还账。"③

20年代,天津的赌博现象已经到处可见,这里俨然一个大赌窟。④ 花会是当时一种流行的赌博方式,在上海等江南地区的各阶层中非常流行。⑤ 上海的竹枝词中有这样的词句:"赌博从来尽是欺,况如花会更离奇。一钱二十八来配,赚得愚民共着迷。"⑥后来这种形式也传到了天津一带,"以天津东各县之花会最为盛行,是项花会贻害地方,较寻常赌博尤甚。不予严禁,流弊何堪设想。"⑦天津著名的混混袁文会是花会最有名的组织者,其利用花会赌博大发横财。

赌博者常常借贷而导致了许多人间纠纷和悲剧。鼓楼东刘家胡同住有李敬芳,与宁王氏聚赌索要赌账,有邻居钱成泰劝解,被打伤眼睛。⑧ 吴金铭的妻子刘氏,因为家中的钱财都被同居在一起的嫂子借作赌资,于是回家向其索欠。吴金铭听说了非常愤怒,责骂他妻子,刘氏于是吞火自尽。⑨

天津地近鸦片盛行的贵族官僚集中地北京,因而早在开埠之前就已出现了"烟馆则随处皆有,烟具则陈列街前,积习成风,肆无顾忌"⑩的局面。时人曾写对联描述鸦片对天津烟民的毒害:"一杆烟枪,杀遍豪杰英烈不见血;半盏灯火,烧尽房产地业并无灰。"⑪天津开埠后,鸦片走私合法化。1861年,天津进口鸦片占当年洋货

① 前南京国民政府司法行政部编,胡旭晟、夏新华、李交发点校:《民事习惯调查报告录》,中国政法大学出版社2000年版,第759页。

② 《天津之风俗调查》,《河北月刊》第1卷第3期,1933年3月。

③ 张焘:《津门杂记》,载王帛孙、王黎雅校,来新夏主编:《天津风土丛书》,天津古籍出版社1986年版,第104页。

④ 《天津已成赌博世界》,天津《益世报》1922年1月21日。

⑤ 苏智良、陈丽菲:《近代上海黑社会》,商务印书馆2004年版,第260页。

⑥ 《警察月刊》,1933年第1卷第1期。转引自侯艳兴:《上海女性自杀问题研究(1927——1937)》,上海辞书出版社2008年版,第259页。

⑦ 《花会赌博均应厉禁,民政厅令各县妥拟办法》,天津《大公报》1932年1月29日。

⑧ 《索赌账打和事老》,天津《益世报》1929年12月13日。

⑨ 《慷自家之慨——将家用借人作赌本,丈夫诘责便图自尽》,天津《大公报》1929年9月22日。

⑩ 来新夏主编:《天津近代史》,南开大学出版社1987年版,第15页。

⑪ 郝福森:《津门闻见录》卷4,转引自来新夏主编:《天津近代史》,南开大学出版社1987年版,第15页。

总值的 36.42%。① 天津是中国北方最大的鸦片市场、鸦片走私口岸和鸦片贸易的集散中心。②

近代初期,天津的吸毒现象非常严重,吸毒者常常因为无钱吸毒而导致借贷。如天津市人韩水珍,有女儿 26 岁,4 年前嫁给了潘振东,潘在直鲁及上海某军充军官,迭遭编遣,在家赋闲失业,游手好闲,吸白面,依靠妻子向母家告贷。一次,潘突然有病,每日生活益形困难,负债逼遍,因交不起水费与跳水夫张某争执被打,自杀。③

到了 30 年代,吸食鸦片者已经不多,改为吸海洛因,吸毒现象到了可怖的程度,整个城市乌烟瘴气。④ 吸毒造成经济上的"无底洞",富人且不说,穷人一旦染上,往往只好依靠借贷度日,常常造成家庭矛盾。如 1938 年 3 月 25 日,发生了一起因为吸毒而导致的家庭纠纷:刘吕氏的丈夫刘玉宝有白面嗜好,刘吕氏多次规劝,置若罔闻。刘吕氏觉得不能过下去了,无奈之下,携小女暂回娘家生活。因为娘家也非常困窘,她只好到公大纱厂作工,以维持生活。后来年龄大了,被工厂裁员,她衣食没有着落,只好找她的丈夫。没想到刘玉宝早将房产典质一空,她只好到法院控告刘玉宝,要求养活她们母女二人。⑤

一些吸毒者因为欠债还干出了伤天害理的事情。如天津西头小西关赛安里三号,住有郭姜氏。她生有子女各一人,儿子名郭成山,28 岁,女儿名金子,才 10 岁。郭成山不务正业,游手好闲,并染有鸦片嗜好,时常向其母讹索。郭姜氏爱子情切,加以规劝,但是郭成山全当耳旁风。后来因在外吸毒,他欠下了大笔债务,无法偿还,又向其母讹索,并以自杀为要挟。郭氏坚不应允,郭成山遂起意不良,欲将其胞妹变卖,勾结其友王德山合谋将金子卖与刘起凤为养女,身价百元,当时交定洋 20元,后来被太古洋行便衣察觉而被制止。⑥

近代天津的教育事业有长足的进展。1860 年前后,在总人口中识字的人数是屈指可数的,绝大多数人是目不识丁的文盲。到 20 世纪初期,"大概在每一千人当中识字者仅约一百人"⑦。1931 年时,全国平均每百万人口中专科以上学校在校学

---

① 庞玉洁:《开埠通商与近代天津商人》,天津古籍出版社 2004 年版,第 191~192 页。

② 庞玉洁:《开埠通商与近代天津商人》,天津古籍出版社 2004 年版,第 56 页。

③ 《经济压迫复受欺凌,少妇投坑自杀》,天津《大公报》1935 年 7 月 5 日。

④ 《津市毒气之可怖七个月戒绝三千余,吸海洛因者占多数》,天津《益世报》1935 年 10 月 9 日。

⑤ 天津市档案馆:J0218-3-000393:刘长祖等虐待债务家庭及其他纠纷案,日伪天津市警察局,1938年 3 月。

⑥ 《毒贩贫瘾交集,诱出胞妹,拟价票身价百元,已付二十元搭船赴烟台为人识破》,天津《益世报》1935年 3 月 18 日。

⑦ 侯振彤译:《二十世纪初的天津概况》,天津市地方史志编修委员会总编辑室编,1986 年 4 月,第 339页。

生 93 人,其中河北省为 137 人,占全国第七位;天津市在河北省中文化教育是比较发达的①。有文化的人口比率较高,详见表八。

表八　天津人口的文化构成

年份	总人口	有文化人口数	有文化人口占%
1938	1028061	479961	46.7
1942	1494842	677781	45.3
1943	1776323	887367	50.0
1944	1762603	922898	52.4
1946	1677000	765570	45.7
1949	1778311	693126	39.0

资料来源　李竞能:《天津人口史》,南开大学出版社 1990 年版,第 227 页。

可是一些文学之士却饱受贫困之苦,这些人在天津被称为"文贫",他们与借贷也常有缘。如孟广慧,字定生,为天津四大书法家之一。他兴趣广泛,擅长绘画、戏曲、鉴赏古物,广交友,与弘一法师从小要好。但他"家道贫寒,买粮、买菜、烧柴以及理发、坐车经常赊欠,逢年过节来要账者也很理解他的困境,如还不了钱就请求他给写些字以抵消欠债"②。就是一些有名气的上层人物也免不了为钱所困,常常借贷。最有名的教育家严修就是一例。他在北京就常常欠债:"任满还京不仅宦囊如洗,而且负债累累,只好托至戚举债,借八千缗又两千金于德厚堂,总计负债四千两。"③"此次学部卸任归来,又负债银二万两千余两,银圆一万八千余元,向交通银行借三万两偿债。"④著名的教育家张伯苓为创办私立南开中学,常常为钱的问题而发愁,利用各种关系去借贷办学,体现出了高尚的精神:"张伯苓建校借款,曾嘱代向中孚一商,为之函达稚松。"⑤

教师的工资常常发放不出,1936 年 1 月 4 日,文华小学校长郭焕文要向银行借贷发放老师的工资。⑥

---

① 李竞能:《天津人口史》,南开大学出版社 1990 年版,第 225 页。

② 孟昭联:《孟广慧事略》,载《天津文史资料选辑》第 65 辑,中国人民政治协商会议天津市委员会文史资料研究委员会编,天津人民出版社 1995 年版,第 137 页。

③ 齐植璐:《天津近代著名教育家严修》,载《天津文史资料选辑》第 25 辑,中国人民政治协商会议天津市委员会文史资料研究委员会编,天津人民出版社 1983 年版,第 11 页。

④ 齐植璐:《天津近代著名教育家严修》,载《天津文史资料选辑》第 25 辑,中国人民政治协商会议天津市委员会文史资料研究委员会编,天津人民出版社 1983 年版,第 22 页。

⑤ 卞白眉:《卞白眉日记》第 1 卷,中国银行股份有限公司天津市分公司、中国人民政治协商会议天津市委员会文史资料委员会合编,天津古籍出版社 2008 年版,第 194 页。

⑥ 天津市档案馆:J0203 - 1 - 000543:本行与客户关于小额贷款欠款的往来函,新华信托储蓄商业银行天津分行,1936 年。

四、小结：近代天津民间借贷金融网络

近代以来，大量的资金随着天津经济和人口的发展向天津流入。李金铮教授对近代以来中国资金从农村流入城市的分析非常符合近代天津的情况：首先，地主富户携资入城，是引发乡村资金外溢的一个重要因素。地主富户之所以入城，城市社会经济近代化是重要的诱因之一，如享受城市现代生活或投资工商业等。城乡贸易关系不平衡，是乡村资金外流的又一重要原因。此外，军阀、官僚所积蓄的大量钱财，也多来自农村，也是农村资金外流的重要因素。由于上述原因，乡村资金集中都市的速度日益加快。①

天津城市各阶层都为潜在的借贷人口。上层为赚钱和消费而借贷，中下层为生存、生产借贷。虽然没有负债率实际分布的资料，但是，从天津经济和人口的实际状况可以推测，除了少数上层有闲阶级和一定数量的乞丐、游民等需要救济的人口外（这些人也可能得到慈善性借贷），大部分人口都有借贷的实际需求。

民间借贷是近代天津城市消费与生产维持的必要条件。借贷不仅用于消费，同样也用于生产。消费借贷和生产性借贷具有同样重要的地位。对于一些小贩来说，为买卖而借高利贷与为生存进行的消费借贷并无不同。这与近代乡村的借贷原因具有很大的不同。② 同时，各种具有现代色彩的借贷内容和借贷信用方式也在近代天津城市中发展起来。

借贷资金网络的形成，可以从纵、横两个方面来分析。从纵的方面看，从上到下，上层资金流向商业和穷人，还有外埠、外国的资金流向中国内地。银行、钱庄、典当业等金融机构的投资来自外资、外埠资金、政府资金以及个人资金，如地主、官僚、盐商、高利贷者、军阀、银行界人士、买办等的资金。从横的方面来看，同族、同乡、同业的借贷关系等一同构成了近代天津的民间借贷金融网络。

在近代的天津民间借贷中，天津本地的富商和来天津作寓公的军阀的资金具有重要的意义。天津地方富商是民间金融资金的重要来源，如天津著名的八大家中的长源杨家把财力集中到典当业，在天津以及外埠开设了二三十家当铺。所谓的新旧八大家多经营高利贷和钱铺银号，以利于自己周转资金。③

天津因为其在近代地缘位置的特殊性，其民间借贷资金的来源与北洋军阀的关系尤大。北洋军阀一度将天津作为政治后院和政治避难之地，他们到天津将自

---

① 李金铮：《民国乡村私人、店铺高利贷利率研究》，载《中国乡村社会经济探微》，人民出版社2004年版，第409～411页。

② 李金铮：《民国乡村借贷关系研究》，人民出版社2003年版；俞如先：《清至民国闽西乡村民间借贷研究》，天津古籍出版社2010年版等。他们都认为贫困是乡村民间借贷的最主要的原因。

③ 辛成章：《天津"八大家"》，载《天津文史资料选辑》第20辑，中国人民政治协商会议天津市委员会文史资料研究委员会编，天津人民出版社1982年版，第41页。

已搜刮来的大量资金投入到了民间借贷(见表九)。如军阀王占元对天津的工商业投资大约是290万元,还在天津设有颐和银号,存放款的业务非常活跃。[①] 北洋军阀常常以堂名形式投资。他们多营业货店、茶庄、斗店、古玩、盐号、五金行等。[②]他们进行非经济活动的时候一般只用堂名,经济活动则很随便。堂名被子孙继承时可以前面加记以示相互区别。兄弟之间可以共用一个堂名,也可以有个人专用的堂名。[③]

表九　1924年北洋军阀经营的天津银号

银号名称	出资者	资本额(万元)
颐和	王占元	10
致昌	王占元	10
日亨	王占元	
裕庆合	王郅隆、倪嗣冲	
永豫	田中玉、陈光远	50
春华茂	冯国璋	
华充	冯国璋	
华实	冯国璋	
华北	李思浩	10
信富	刘冠雄	10
义兴	李纯	
成城	李景林	
谦益	张勋	6
详顺兴	张敬尧	
义胜	陆锦	8
永盛德	陈树藩	10
泰丰	高凌霨	10

---

①　赵世贤:《军阀王占元经营工商业概况》,载《天津文史资料选辑》第4辑,中国人民政治协商会议天津市委员会文史资料研究委员会编,天津人民出版社1979年版,第163~171页。

②　魏晓明:《北洋政府官僚与天津经济》,载魏晓明:《积沙集》,中国档案出版社2001年版,第202页。堂名在宋代就出现了,文人以之自称明志。清代的堂名之风大盛,皇帝也有堂名。民国时期的堂名泛滥,大量用于经济活动,起到一定的保密和分散股数等作用。堂名的排列可以和姓氏颠倒组合,形成4种表示方法,姓在前,堂名、姓在后,没有堂字。堂名有真假,但假的用多了可以变成真的。堂名在经济活动中有时也造成麻烦,比如因保密但死后却在银行丢失,导致企业管理混乱等。北洋政府时期,一些企业不再允许使用堂名。堂名也可用于其他的社会活动,如著作的名字、出版的名字、学校或企业的名字、书信等。

③　魏晓明:《北洋军阀堂名简述》,载魏晓明:《积沙集》,中国档案出版社2001年版,第213页。

资料来源　魏晓明:《北洋政府官僚与天津经济》,载魏晓明:《积沙集》,中国档案出版社2001年版,第203页。

当时的银号资本一般为4万元,而官僚的大多有10万元,有的还改组为银行,如李思浩的华北银号改为华北银行。有的从事浮事,即投机业务,还有的投资近代工业。[1] 近代北洋军阀投资企业,可以分成几个系统,一个是以周学熙为代表的老北洋,一个是以王郅隆、倪嗣冲为代表的皖系,还有以王克敏为代表的集团以及曹锟为中心的集团,随着时间的推移,与私人资本结合日益交叉和多元化。[2] 军阀们还投资于天津典当业,一度导致了天津典当业的恶性竞争。

民间借贷对城市经济与人们的生活是必要的,对于那些下层生活的人来说,借贷往往也是救命的稻草;对城市的工商业来说,借贷资金则是发展的血脉。但是,借贷对经济的发展和人民的生活是一把双刃剑,民间的钱债纠纷一直是让人头痛的问题之一。这不是民间借贷的罪过,实际上是要求建立一个具有诚信、有序法律制度的市场,国家应在其中发挥重要作用。

民间借贷在近代尤其是民国时期成为天津城市管理者高度重视的问题。近代以来,"天津为北方第一商埠,中外杂处而居。一些社会繁荣进化都有赖于商业的进步。而繁荣和富庶容易带来奸宄发生,兼之地狭人稠,容易成为藏污纳垢之所。因此号称难治,需要精明干练勇于服务之人才。"[3]近代以来当任天津长官的许多人都曾为解决民间借贷问题出过力,如张廷谔、萧振瀛、张自忠等。可是,近代天津民间借贷问题一直没有得到有效解决。

---

[1]　魏晓明:《北洋政府官僚与天津经济》,载魏晓明:《积沙集》,中国档案出版社2001年版,第202页。

[2]　魏晓明:《北洋政府官僚与天津经济》,载魏晓明:《积沙集》,中国档案出版社2001年版,第208～210页。

[3]　《天津市长人选》,《益世报》1930年12月16日。

近代城市贫民与城市病

——以近代天津为中心的考察

付燕鸿①

摘要：在近代天津城市化过程中形成了一个数量庞大的贫民阶层，这一阶层的存在衍生出许多城市病，如犯罪、乞丐、娼妓、失业等。引发近代城市病的因素很多，无疑，城市贫民的膨胀与城市病之间有很大的关联性。但近代城市病的发生、发作有其独特的时代致因，一方面源于晚清民国时期民族－国家权威的迟迟未能建立，以及城乡背离化发展的推助；另一方面源于天津城市化进程中社会分层和社会结构的失衡发展，以及政府在应对该问题上的调控手段、管理制度的不合时宜。双重因素的叠加，致使近代天津城市病愈发严重。日益严重的城市病，反过来又阻碍了天津的城市化进程，同时也加剧了城市管理者的窘境。城市病的化解，必须建构在城乡社会结构的均衡发展、社会资源的合理分配以及保障制度的健全与完善等社会要件相结合的基础之上。

关注底层社会是史学研究的新动向。早在 20 世纪 60 年代中期，美国"新左派"史学家就提出了"自下而上的史学"口号②，主张在历史研究中更应注重政治之外的历史，即把政治精英的历史转化成为一部"自下而上"的和"普通人的日常生活的历史"，一部由社会下层做主角，力求通过他们的眼光来观察和解读社会的历史。面对国际史学的新潮向，中国史学研究自 20 世纪 80 年代以后，也在"史学危

---

① 付燕鸿，河南大学历史文化学院暨近代中国研究所。

"城市贫民"，是一个宽泛的概念，近代城市贫民主要指那些生活在社会的低层，接近或低于最低生活保障线，完全靠出卖体力或者靠乞讨救济为生的群体。该群体具有代表性的有低收入工人、苦力、失业者、无业者、娼妓、乞丐，以及艺人、小贩、残废、鳏寡孤独无依者等。该阶层的来源形成及其时代成因，详见拙文：《近代城市贫民阶层的形成与时代特征———以近代天津为中心的考察》，载《城市史研究》第 28 辑，天津社会科学院出版社 2012 年版；《近代天津城市贫民阶层的形成及其时代性原因分析》，《史学月刊》，2013 年第 3 期。20 世纪二三十年代前后，城市病在一些大城市呈现普遍化、严重化的状态，如 1929 年 1 月上海特别市社会局编印的《社会月刊》杂志，开辟有专门的"社会病态"专栏，介绍每个月上海的自杀、失业、犯罪、离婚等病态现象；同年，天津特别市社会局《社会月刊》杂志，也载有天津各月的病态统计报告。此外，在 30 年代各地的期刊中，也有许多关于各地城市病态的统计类文章，如《河南统计月报》载有许多这一时期关于开封社会病态的调查报告，《警高月刊》的"社会病态记录"专栏则对各大城市的病态事实进行报道等。

② 罗凤礼：《当代美国史学状况》，载《史学理论丛书》编辑部编：《八十年代的西方史学》，中国社会科学出版社 1990 年版，第 89 页。

机"的促动下,积极因应时势的变动,开始倡导关注下层民众和社会变迁的研究,尤其集中于对底层社会娼妓、乞丐、流民、女佣、混混儿等群体的研究。①

已有的研究多是从社会分层的角度去考察这些城市贫民的生存实态、社会影响及其救助等,对于城市贫民与近代城市病之间的关联性,以及城市病发生的时代致因,尚无系统的深入研究。② 当然,诸多城市病在近代以前就已出现,但是近代后却呈现出异于传统时代的特质,即"低度城市化,高度城市病"。引发城市病的病因很多,作为近代化过程中出现的社会问题,我们需要把其置于具体的历史环境中——近代天津城市化的历史进程中进行分析,试图探讨近代城市贫民与城市犯罪、乞丐、娼妓、失业等诸种城市病之间的关联性,并力求从近代社会制度、社会结构的变迁中去探寻这些城市病形成的时代性致因。

一、城市化进程与贫民阶层的形成

伴随着工业革命的演进,城市化浪潮风靡全球。中国的城市化发轫于西方资本主义的侵入,通常以 1840 年的鸦片战争为政治界标,其发展路途坎坷。天津于 1860 年开埠通商后,逐渐打破了传统的封闭式封建经济模式,并与国内外市场密切联系起来,对外贸易首先获得迅速发展并成为城市经济的中心。对外贸易的发展打破了传统的自给自足的经济结构,新式工厂和企业相继建立,工商业获得较快发展,金融业获得较快增长。但从总体上来看,20 世纪以前,天津的民族工业总体比较弱小,厂数也不过 9 家,资本额较为雄厚的两家企业合计不过 295000 两,企业工人总数不超过 1500 人。③ 1900 年八国联军血洗天津,天津为数不多的近代工厂几乎被摧毁殆尽。

20 世纪初"新政"的开展,以及民国初年各种法令章程的颁布,奖励实业、提倡工商的政策措施,为天津经济的发展创造了良好的条件。这一时期力推"新政"的袁世凯,于 1902 年开始从八国联军手中接管天津。在袁世凯的经营下,清末至民

① 以天津为例,这方面的成果有:刘炎臣:《旧社会天津妓院概况》,载天津市委员会文史资料研究委员会编:《天津文史资料选辑》1996 年第 2 辑(总第 70 辑),天津人民出版社 1996 年版;孙立民:《日租界的毒、赌、娟》,载天津市委员会文史资料研究委员会编:《天津文史资料选辑》1997 年第 3 辑(总第 75 辑),天津人民出版社 1997 年版;江沛:《20 世纪上半叶天津娟业结构述论》,《近代史研究》,2003 年第 2 期;刘海岩:《近代天津乞丐的构成、行为及其城市遭遇》,载《城市史研究》第 22 辑,天津社会科学院出版社 2004 年版;[美]关文斌著,刘海岩译:《乱世:天津混混儿与近代中国的城市特性》,载《城市史研究》,第 17 – 18 辑,天津社会科学院出版 2000 年版。

② 有学者以近代上海为中心,揭示城市化与城市病的关联性,见戴鞍钢:《城市化与"城市病"》,《上海行政学院学报》,2010 年第 1 期;有学者以苏南为中心,归纳了城市的十大病症,以期揭示与农民工向城市集中的内在关联性,实际行文仅是简单地列出了十种城市病,而未深入剖析两者之间的关联性,见池子华:《农民工与近代中国"城市病"综合症》,《徐州师范大学学报》(哲学社会科学版),2011 年第 2 期。

③ 万新平:《天津早期近代工业初探》,《天津史研究》,1987 年第 2 期。

初,天津的民族工业获得了迅速发展,民族资本主义经济进入初步振兴阶段。1911年,天津各类民族资本企业总数已达 107 家,所涉及的部门近 16 个①。这虽然与同时期的上海等沿海城市相比起步较迟,规模小,技术力量差,但工厂数量相对于 20世纪以前还是有了明显增加,天津的民族工业在这一时期初具规模。一战期间,列强忙于战争,无暇东顾,给中国的民族工业提供了有利的发展契机,天津的民族工业也在这一时期获得迅速增长。据统计,1914 年至 1919 年,天津每年设厂都超过40 家,仅 1915 年就开设了 220 家工厂,1924 年又增设了 297 家②。工厂数量不断增加,大型工厂不断涌现,以社会化大生产为主、手工业为辅的近代工业体系基本形成。

到 1928 年,据天津市社会局统计,在天津的中国城区(不含租界),中国人开办的工厂共有 2186 家,资本总额达 3300 余万元③。1930 年前后,天津已发展成为仅次于上海的中国第二大工业城市④。当时,有人对天津的经济地位给予很高的评价:"贸易港天津由于一个繁荣的商业都市,而成为一个进步的工业都市。……同时一天一天的增高了他在全国中所占的地位。七·七事变以前天津的贸易额仅次于上海,在工业都市方面也站在与青岛竞争第二的地位。七·七事变后,上海青岛的工厂都遭受惨重的牺牲,天津方面的工厂,不但未曾受到破坏,而且急速地增设了许多新的工厂,当时在工业都市中位居全国的首席。"⑤

伴随着城市经济的发展及城市规模的不断扩张,城市人口获得迅速增长。据1846 年《津门保甲图说》统计,当时天津城区范围内共有 32761 户、198715 人;其中城厢内有 9914 户、95315 人,城外东、北各处有 22847 户、103364 人⑥。这是开埠前天津人口的大致规模。到 1906 年,天津共有 63472 户、356503 人⑦。此 60 余年间,增加 25 万余人,这是天津人口增长的第一个高峰期。20 世纪初到 20 年代末,随着城市工商业的发展,天津城市化进程的加快,城市对外来人口的容纳力增强,故导致人口激增。天津人口由 1910 年的 60.1 万,到 1928 年增加到 112.2 万,增长了

———

①　宋美云:《北洋军阀统治时期天津近代工业的发展》,载《天津文史资料选辑》第 41 辑,1987 年,第134 页。

②　宋美云:《北洋时期官僚私人投资与天津近代工业》,《历史研究》,1989 年第 2 期。

③　吴瓯:《天津市社会局统计汇刊》(工业),天津社会局,1931 年。

④　严中平等:《中国近代经济史统计资料选辑》,科学出版社 1955 年版,第 106 页。

⑤　李洛之、聂汤谷:《天津的经济地位》,经济部冀热察绥区特派员办公处结束办事处驻津办事处印行,1948 年,第 2 页。

⑥　《津门保甲图说》(道光),载天津市地方志编修委员会编著:《天津通志·旧志点校卷(下)》,南开大学出版社 2001 年版。

⑦　[日]中国驻屯司令部编,侯振丹译:《二十世纪初的天津概况》,天津市地方史志编修委员会总编辑室,1986 年,第 16 页。

81.1%,平均每年净增加 28943 人①。这是近代以来天津人口增长最快的时期,天津由此跨入了特大城市之列。30 年代以后,因首都南迁,天津的政治地位随之下降,经济大发展时期已过,随之而来的是 1929—1933 年世界经济大危机的侵袭,工商业凋落,致使城市人口容纳力减弱,定居天津的外地人口也随之有所减少;但由于勘定市区界限,造成城区面积扩大,人口仍有所增加。到 1936 年,天津人口增加到 125 万余人,若将城郊四乡人口计算在内,达 150 余万人之多,一跃成为全国第二大城市。②

一方面,城市化的巨大"拉力",再加上近代天津发达的教育、优越的社会环境等,吸引着华北大量人口不断涌入天津。这种聚集不仅来自商人、绅士、手工业者和达官贵人等,还来自周边省县的农村剩余劳动力和破产农民。如据北平调查所1927 年对天津塘沽久大精盐厂工人籍贯进行的调查表明,在全厂工人中,以山东、直隶两处为最多,山东人位居第一,约占总数的 50%;直隶居第二位,约占 46%;山西、河南等省的人民占百分之三四。③ 民国以来,天灾人祸相继为害,压迫着农民四处谋生。而久大由于其工作的特殊性,很喜欢录用勤劳耐苦的农民,于是山东的农民争先恐后来到久大。1927 年二三月间,厂方不过想招募二三名工人,结果"消息传达出去,竟有一天来了四五百山东人,在塘沽车站等候录用"④。另一方面,近代华北频繁的灾荒和战乱迫使大量民众流离失所,河北、山东、河南等地的灾民、难民大批涌入天津,"庚子之后,北省郡县遭罹厄,会动多烦扰,往往以天津为乐土,曾无藩篱之限也。"⑤"近来本埠贫民,日见增多,查其原因,系因频年战事,各县人民,多已无衣无食,故均纷纷来津"。⑥

在各处移民不断向天津聚集的过程中,加上城市自身析离出来的失业、无业等贫困群体,到 20 世纪 20 年代末,天津社会形成了一个规模庞大的贫民阶层⑦。贫民阶层形成的显著标志可以从每年冬赈的贫户数中得以体现。在 1919 年,据备济

① 李竞能:《天津人口史》,南开大学出版社 1990 年版,第 287 页。

② 罗澍伟:《近代天津城市史》,中国社会科学出版社 1993 年版,第 457 页。

③ 林颂河:《塘沽工人调查》,北平社会调查所,1930 年,第 39 页。

④ 林颂河:《塘沽工人调查》,北平社会调查所,1930 年,第 39 页。

⑤ 《天津政俗沿革记》卷 5,载天津市地方志编修委员会编著:《天津通志·旧志点校卷(下)》,南开大学出版社 2001 年版,第 25 页。

⑥ 《贫民增多之原因》,天津《大公报》,1927 年 1 月 11 日。

⑦ 就近代天津城市贫民的来源看,除城市自身的贫困人口外,入城农民是构成近代城市贫民阶层的主体,外籍贫民则是近代天津城市贫民阶层的特殊构成部分。就形成的时代致因而言,近代化过程中广大乡村衰败,城市畸形繁荣,城乡背离化发展的推助,是近代城市贫民阶层形成的结构性原因;社会利益分配不均及保障制度的残缺,是近代城市贫民形成的制度性原因。此外,天津社会形式多样的社会救助、便捷的城市交通,为众多贫困人口向天津聚集提供了条件之便。详见拙文:《近代天津城市贫民阶层的形成及其时代性原因分析》,《史学月刊》,2013 年第 3 期。

社、延生社、慈祥社等在天津城关内外施放冬赈,查得贫民为 1.5 万余户①。1926 年冬,天津八善堂冬赈救济会在天津城厢施放冬赈,共救济贫民 6.2 万余户②。1928 年,天津市社会局对津市贫民进行调查,统计全市共有贫民 95700 余人。这些贫民多是没有工作的失业者,而且全家都处于贫困境地。据此,社会局估计津市有赤贫 10 万户,占 48 万户居民的五分之一③。1930 年,据天津社会局调查报告,全市贫民约 30 余万人,占全市人口的四分之一④。此后,天津市贫户虽然在个别年份有所增减,但一直居高不下,且贫困程度日益加深。

每年冬季食粥人数的激增,也是近代天津城市贫民阶层壮大和形成的具体体现。如 1930 年冬,慈联会举办了 3 处粥厂,而仅西广开一处,平均每天食粥者少有 5000 多人,多时可达 6000 多人⑤。1931 年冬,天津各善团创办了 5 处粥厂,8 天内就食人数近 50 万人⑥。1932 年冬,全市粥厂增加到 7 处,食粥贫民数较 1931 年增加 1.5 倍⑦。在 1933 年冬设立的 7 处粥厂中,因贫民众多,食粥人数较往年约增一倍,各粥厂每日食粥人数共计可达 5 万余人⑧。1934 年冬,慈善联合会主办的 7 处粥厂,食粥贫民由开始的每日 5000 余人,后增至 8000 余人;到 12 月初,每日施粥者平均已超过 1 万人以上⑨。1936 年,慈联会援例开设 7 处粥厂,于 11 月 23 日正式开锅,结果第一天各粥厂共计食粥者达 2.7 万余人⑩。每年冬天,天津各处不断增设粥厂,食粥人数不断增加。由此可见,当时无以为生、靠社会赈济过活的贫民之众。即使如此,冻毙街头的贫民仍比比皆是。

20 世纪 20 年代末,天津城市贫民阶层的形成和膨胀,引发严重的社会问题,如社会犯罪问题、失业问题、住房问题、娼妓问题、乞丐问题、流民问题等,引起了社会舆论和市政局的关注。自 1927 年入冬,《大公报》连续收到许多贫民的投书,请求援助。《大公报》将这些待救贫户的姓名、住址、家中状况等,一一在报纸上刊登,其目的是为了呼吁"各界善士慨解仁囊,量予施舍"⑪。大公报社因每日接收贫

---

① 《各善社施放衣食》,天津《大公报》,1919 年 2 月 28 日。

② 《冬赈会之成绩与会务》,天津《大公报》,1927 年 2 月 11 日。

③ 天津特别市社会局编印:《天津特别市社会局一周年工作总报告(1928.8~1929.7)》,1929 年,第 250 页。

④ 《彻底救济贫民》,《益世报》,1930 年 10 月 28 日。

⑤ 《广开粥厂的参观 就食者已逾廿三万人》,天津《大公报》,1931 年 1 月 26 日。

⑥ 《可惊的数字 食粥贫民近五十万》,天津《大公报》,1932 年 1 月 10 日。

⑦ 《各粥厂统计贫民增多》,天津《大公报》,1933 年 1 月 30 日。

⑧ 《本市各粥厂食粥人数日达五万》,天津《大公报》,1934 年 1 月 5 日。

⑨ 《贫民日多 急待赈济》,天津《大公报》,1934 年 12 月 2 日。

⑩ 《粥厂巡礼记》,天津《大公报》,1936 年 11 月 24 日。

⑪ 《贫民求助》,天津《大公报》,1928 年 1 月 11 日、1 月 15 日、1 月 16 日、1 月 17 日、1 月 18 日、1 月 20 日、1 月 23 日。

民投寄求助函件过多,限于篇幅,导致积压过多,加之多数贫民急待赈济,故决定将"公开评论周刊"暂停,改刊"贫民的呼号",目的在于"俾读者得知天津市上贫民生活,同时唤起慈善家之注意,亟谋所以救济之方也"①。"贫民的呼号"一版自 1928 年 12 月 1 日开辟以来,先后于 12 月 8 日、12 月 15 日、12 月 22 日,正版连载 570 名求助贫民的基本信息、家庭苦状、联系地址等,以期社会救助②。1929 年 10 月底,《大公报》记者深入各处的贫民窟,将自己亲历的情形登载于报,以达为贫民呼吁之目的③。

贫民阶层的存在及膨胀,尤其是当它成为社会舆论焦点时,市政当局从城市建设和社会稳定的角度出发,也开始采取各种措施,对贫民实施救助。1928 年,国民政府北伐结束后,天津改为特别市。战后,难民流离失所,散兵游勇麕集。当年 11 月,天津警备司令傅作义为安辑流亡,在河北新大路设立"游民收容教养所"④。同年,由于天津市内乞丐过多,天津特别市公安局,特别一、二、三区公署、特别市社会局,布告征收乞丐捐,以设立"贫民工厂"。显然,当局已经意识到大量贫民的存在,单一的社会救济不能从根本上解决这些贫民的生计问题,将成为"社会进步及民生问题之大障碍",故希望通过设立"贫民工厂",以"工赈"的办法解决这些城市贫民的生计问题,以图社会稳定。后经过多方筹备,1929 年 2 月 28 日,第一贫民工厂正式成立。⑤

1930 年 3 月 17 日起,天津市社会局局长冯直司亲赴河北法政桥新开河沿和西头一带的贫民窟视察,将贫民生活困苦情形择要记录,以谋救济,并拟在贫民窟附近的空地建筑贫民房,以安贫民⑥。贫民住房择地河东沈家庄后养鱼坑,从 1930 年 11 月 25 日开始动工,至 1931 年 6 月 8 日竣工,前后需时半年,共建大小房舍 62 间,以供贫民生活之需⑦。

面对日益激增的贫民群体,二三十年代前后,政府方面针对贫民的救济事业,先后设贫民救济院、妇女救济院、育婴堂、贫妇缝洗所等;社会团体方面设立有广仁堂、救济妇孺会、红十字会、红卍字会、公善社等,虽设施各有不同,而主旨均在救

---

① 《贫民的呼号(第一号)》,天津《大公报》,1928 年 12 月 1 日。

② 《贫民的呼号(第一号)》,天津《大公报》,1928 年 12 月 1 日;《贫民的呼号(第二号)》,天津《大公报》,1928 年 12 月 8 日;《贫民的呼号(第三号)》,天津《大公报》,1928 年 12 月 15 日;《贫民的呼号(第四号)》,天津《大公报》,1928 年 12 月 22 日。

③ 《秋风劲厉中之贫民窟》,天津《大公报》,1929 年 10 月 27 日。

④ 1932 年 9 月,"游民收容教养所"改组为"天津市立贫民救济院第一分院",1935 年 7 月改称"游丐收容所",仍附属于市立救济院。见《游丐收容所现状》,天津《大公报》,1936 年 8 月 28 日。

⑤ 《公安局令各区选送乞丐》,《益世报》,1929 年 3 月 15 日。

⑥ 《社会局救济事业虽非大厦足蔽穷黎》,天津《大公报》,1930 年 3 月 16 日。

⑦ 《贫民宿舍》,天津《大公报》,1931 年 1 月 12 日;《贫民栖舍建筑完成》,天津《大公报》,1931 年 6 月 19 日。

济。天津慈善事业联合会目睹天津贫民之众,为设法救济起见,于 1931 年 8 月拟定了全市"贫民计划大纲",并在 8 月 4 日举行的第五次委员大会上议决通过,大纲涉及贫民生计、贫民公益、贫民卫生等方面①。1934 年,天津市政府鉴于天津人口稠密,贫富不均,百业凋敝,贫民生计艰窘,为救济起见,拟仿北平,成立"天津市市立小本借贷处"。该接待处于 1935 年 1 月 28 日开始办公,借贷范围以天津市区住民、小本经营农工商业而缺乏资本者为限②。天津市政府为进一步扩大救济事业,将原有救济院进行改组,并于 1936 年 11 月 2 日成立新"救济院",并计划开办妇女、孤儿、残废、孤老、文贫、游丐收容所等③。其后,随着抗战的爆发,天津沦陷,这些计划无法实施。

20 世纪二三十年代之际,伴随着城市化和近代化进程的加速,天津城市贫民阶层形成并不断膨胀,演变为一个为各方广为关注的社会问题。社会舆论的积极呼吁,市政当局以及社会团体各种救助方案和措施的不断推出,从不同侧面昭示着这一问题的严重性和急迫性。

二、"城市病"的演进轨迹

1860 年天津开埠,现代化、城市化进程由此启动。其后,天津凭借其独特的自然、经济、社会、人文等因素,至 20 世纪 30 年代前后一跃成为城市规模和经济实力雄踞全国第二的港埠城市(仅次于上海)。天津城市化进程同中国其他城市一样,是在外力的入侵下,在中国传统自给自足的自然经济仍占主导地位的经济结构中展开的,这种特殊历史环境决定了天津的城市化是一种工业化"低度发展"的城市化,且带有浓厚的殖民色彩。天津的城市化道路呈现出异于西方城市化的某些特质,同时又无可避免地面临着世界各国都必须面临的共同问题,这就是城市病。

何谓城市病,学界至今尚无一个确切的定义。人们对城市病的含义多是通过现象的罗列来加以说明的。如有人认为,城市病是在城市化进程中,特别是城市向现代化迈进的历程中,无论外国的或国内的许多城市,都普遍地遇到了"城市环境综合征"的问题,诸如人口膨胀、交通拥挤、住房紧张、能源短缺、供水不足、环境恶

---

① 关于贫民生计方面,计划筹设贫民借贷所、贫民工厂、贫民质店、贫民旅店及扩建贫民房舍等;在贫民公益方面,设立贫民食堂、贫民公益市场、劳动贫民饮食休息所等;关于贫民教养方面,设立养老院、扩充妇女救济院、设立慈幼院等;贫民卫生方面,设立贫民医院及巡回诊疗汽车、精神病疗养院、残废救济院、贫民公共浴场等。参见《慈善联合会拟定救济贫民计划》,天津《大公报》,1931 年 8 月 5 日;《慈善联合会拟定救济贫民计划》(续),天津《大公报》,1931 年 8 月 7 日、8 月 8 日。

② 《津市小本借贷处》,天津《大公报》,1934 年 12 月 7 日;《小本借贷处昨日起开始办公》,天津《大公报》,1935 年 1 月 29 日。

③ 《津市救济院下月一日成立》,天津《大公报》,1936 年 10 月 25 日;《新救济院后日成立》,天津《大公报》,1936 年 10 月 30 日;《新救济院后日成立》,天津《大公报》,1936 年 10 月 30 日。

化、污染严重等①。有的认为,城市病就是"工业病",城市病的产生既与工业生产本身有关,也与工业化带来的城市规模扩张有关。工业生产在城市的集中,破坏了城市的生态系统,污染了城市环境;城市人口的急剧增长,又是交通拥挤和居住条件恶化的根源②。也有人认为,"过分城市化"会给城市带来一系列新的问题,其中较为突出的是所谓的城市病。这种城市病表现为:失业加剧、环境污染、住房拥挤、农村人口外流、交通拥挤、车祸增多、高犯罪率等③。还有的认为,"城市病"是指在一国城市化尚未完全实现的阶段中,因社会经济的发展和城市进程的加快,由于城市系统存在缺陷而影响城市系统整体性运动所导致的对社会经济的负面效应④。

尽管人们对城市病的界定不一,但城市病肯定是一种社会病态,首先它是相对于健康的城市状态而言的。我们可以把城市化过程中表现出来的,诸如人口拥挤、交通堵塞、住房紧张、环境污染、失业严重、贫富悬殊、犯罪增加等现象统称为城市病。从城市病发生的载体来看,城市病与城市化通过城市发展而有着内在的某种关联性,且互相制约。城市病作为一种历史现象由来已久,自城市产生之日起,就为其发生埋下了病根,一旦条件具备,就有发作的可能。但是,人们真正认识、关注城市病,并把城市病作为一个严重的社会经济问题来关注,则是18世纪英国产业革命以后的事情。率先开始产业革命的英国,可以说是近代城市病的始作俑者。随着产业革命在世界范围内的推进,城市化程度较高的英、法、美、日等国,城市病普遍发作,于是人们开始密切关注城市病。城市病是伴随着城市化进程的推进而日益严重的。但我们并不能由此认为城市病因城市化而生,两者之间没有必然的因果关系。城市发展有几千年的历史,而城市化则是18世纪工业革命后发生的,中国的城市化进程更是远远晚于西方国家,是在鸦片战争后随着洋务运动的开展而启动的。可以说,城市化和城市病是有着根本区别的两个社会发展进程,没有必然的因果关系。

不同国家、不同地区、不同时期,城市病的严重程度及其呈现出来的面相不一。中国城市化的起步显然晚于西方,城市化的程度、规模与西方国家不可同日而语,但城市病的严重程度同样不容忽视。以近代天津为例,其在城市化进程中所产生的各种城市病,如犯罪、娼妓、乞丐、失业、自杀等问题,有着独特的演变规律和特征。

（一）犯罪率不断攀升

犯罪虽然是一个传统社会问题,但在近代天津城市化过程中呈现出与以往不

---

① 沈清基:《城市生态与城市环境》,同济大学出版社1998年版,第242页。

② 蔡孝箴:《城市经济学》(修订本),南开大学出版社1998年版,第46页。

③ 姜晓萍、陈昌岑:《环境社会学》,四川人民出版社2000年版,第84~85页。

④ 周加来:《"城市病"的界定、规律与防治》,《中国城市经济》,2004年第2期。

同的发展态势。有人根据《大公报》的报道,对 1902—1919 天津市的犯罪案件进行了统计,最高年份为 1908 年,达 316 起;最低年份为 1913 年,仅有 24 起[1]。当然,各个时期媒体对社会问题的关注存在差异,这个统计数字不可能准确反映这一时期犯罪的精确情况,但大致可窥其一斑。

到 20 世纪 30 年代前后,天津社会犯罪趋向恶化,犯罪率居高不下。就天津市地方法院提供给天津市社会局的刑事案件数显示,1928 年高达 9051 起,1929 年为 3686 起,1930 年为 3916 起[2]。也就是说,这一时期平均每日的刑事案件最少在 10 起以上,最高年份 1928 年日可达 20 起以上。就刑事犯罪的人数而言,1924 年为 7116 人,其后人数不断增加,至 1928 年前后达到高峰,共有 9051 人;之后,犯罪人数有所减少,但仍处于高峰值状态[3]。

就各类违警案[4]而言,犯罪人数之多令人瞠目。仅 1931 年下半年,违警人数就达 6192 人,1932 年增至 13167 人,1933 攀升到 21406 人[5]。就违警案的具体类型来看,以妨害秩序最多,计 1931 年下半年为 2816 人,1932 年为 6155 人,1933 年为 8702 人;其次为妨害交通,计 1931 年下半年为 1591 人,1932 年为 4925 人,1933 年为 4975 人;再次为妨害卫生、妨害风俗类,妨害卫生计 1931 年下半年为 943 人、1932 年为 2319 人、1933 年为 2843 人;妨害风俗,计 1931 年下半年为 431 人,1932 年为 2550 人,1933 年为 3128 人(如图一所示)。[6] 另外,还有妨害安定、妨害公务、妨害他人财产、妨害他人身体、诬告伪证、湮没证据等。

---

① 孙巧云:《清末民初天津下层市民犯罪问题研究——以 < 大公报 > 为中心》,福建师范大学,2009 年 5 月,第 20 ~ 21 页。

② 吴瓯:《天津市社会局统计汇刊》(社会病态),天津社会局,1931 年。

③ 吴瓯:《天津市社会局统计汇刊》(社会病态),天津社会局,1931 年。

④ 民国政府援引西方国家法律制度和原则,于 1928 年颁布了第一部刑法典——《中华民国刑法》,此后多次进行修订,至 1937 年初步形成了基本的法律框架。民国时期的犯罪包括违警罪和刑事罪,违警罪系指妨碍妨害安定、妨害秩序、妨害公务、妨害交通、妨害风俗、妨害卫生、妨害他人身体财产等违反警务的行为,是针对轻微危害社会行为的一种制裁措施;刑事罪是对触犯国家刑法、具有刑事违法行为进行的处罚行为,与近代城市贫民相关的犯罪多属于前者。

⑤ 此为天津市公安局呈报给内政部的数字,与天津市政府编印的《天津市统计年鉴》中的数字略有出入。年鉴中,1932 年的违警犯人数为 14417 人,1933 年为 20078 人,两者相差不大;呈报给内政部的数字相对保守些。

⑥ 内政部统计司编印:《民国二十年下半年全国警政统计报告》(第一类违警犯统计),1933;内政部统计司编印:《民国二十年一年度全国警政统计报告》,1934 年,第 35 页;内政部统计司编印:《民国二十二年份全国警政统计报告》,1935 年,第 32 页。

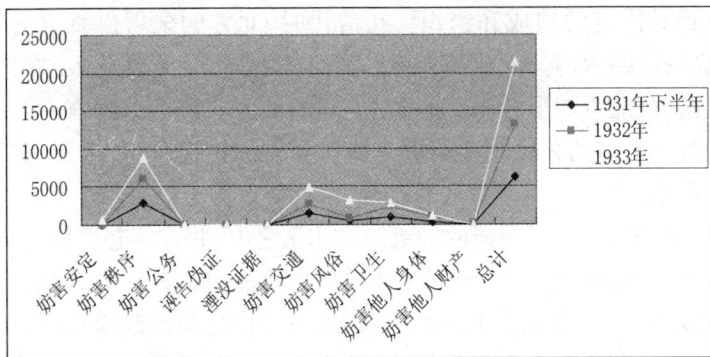

图一 1931 年下半年①、1932 年②、1933 年③天津市各类违警案人数及类型统计图

犯罪作为一种社会病态,在近代天津社会一直居高不下,其中有经济的、政治的、社会的、文化的、宗教的等多方面的原因,但最重要、最直接的原因则是由经济上的贫困所致,"近来犯罪是一天一天的增多了。杀人绑票成为报纸上的家常便饭,抢劫掳掠更是内地日常的生活,老头儿只是摇头叹息,以为世道日衰,人心大坏;新青年亦不过扶手长噫,觉得前途黑暗,没有办法,其实根本的原因显然的就是贫穷,只是那残酷的贫穷,造成了这无数的罪恶。"④

(二)乞丐职业化

乞丐,俗称"叫花子",古已有之。近代以前的乞丐大多是因生活困难,不得已而为之,也就是说把乞讨作为权宜之计,在困难解决之后,就会主动脱离乞丐队伍,自谋生计。19 世纪以来,随着天津城市人口的不断增长,乞丐数量迅速增加,至民国时期,乞丐遍布天津城厢,如在天津"南市、大洼东、车站、铁道外、侯家后、废河沿、新三不管等处,尤为乞丐最多地带"⑤。由于乞丐居住、生活的不固定性,决定了我们对乞丐数目不可能有一个确切的统计。1916 年,仅天津教养院收容乞丐就有 3500 人⑥;1934 年,天津乞丐约两万余人⑦。事实上,乞丐的数量又何止只有两万呢!

近代天津乞丐数量庞大,增长迅速,而且有相当一部分人是把乞讨作为一项专门的、持久性的职业来从事,乞丐日益职业化。我们大致可将近代天津的乞丐分为两类,一类为职业乞丐,一类为流动乞丐。职业乞丐是乞丐群体构成的主体部分,

---

① 内政部统计司编印:《民国二十年下半年全国警政统计报告》(第一类违警犯统计),1933 年。

② 内政部统计司编印:《民国二十年一年度全国警政统计报告》,1934 年,第 35 页。

③ 内政部统计司编印:《民国二十年二年份全国警政统计报告》,1935 年,第 32 页。

④ 文水:《贫穷与犯罪》,《青年友》,1929 年 9 卷 11 期,第 15 页。

⑤ 《收容乞丐》,《益世报》,1933 年 11 月 7 日。

⑥ 天津市档案馆等:《天津商会档案汇编(1912—1928)》(3),天津人民出版社 1992 年版,第 3439 页。

⑦ 涤亚:《救济乞丐》,上海市社会局编印:《社会半月刊》,第 1 卷第 4 期,1934 年 10 月,第 6 页。

他们一般有相对稳定的构成和组织。在清代时，北方的乞丐以直隶为中心，分为范、丁、祁、高、谷、韩六门。天津的乞丐以祁门势力最大、人数最多，"门"内又分为东方、西方、南方、北方四个分派，分布在不同的城区。每个分派有一名丐首，控制着各自的地盘。许多的乞丐用牛肩胛骨或竹子做的拍板乞讨，以及用不同的饰物表明各自的派系。

无论哪个派系，都处于一定的等级结构体系之中，并有一套严格的丐规、丐法。如每个乞丐必须认师拜杆，加入所在的门，每个门都拥有各自的地盘，支撑着数十乃至上百的成员。① 一个地盘上的新手，必须向各自的师傅献果拜门，用切口语言回答仪式性问题，以获得作为职业乞丐的资格。乞丐的辈分不以年龄排定，而以拜师时间早晚为依据②。乞丐的丐规有尊老疼幼，不慢待宾朋，不造谣搬弄是非等；犯规矩打死不偿命，并可使用鞭子、铁钉等刑具实施惩罚③。在各类型乞丐中，以排刀打砖类型的乞丐的规约最严，每一首领管乞丐若干人，一切均需照规行事，如不得互争路线、不能欺凌同行、不得擅传徒弟等。如有违约者，其他乞丐即有报告首领之权利，然后由首领施以惩戒，轻者开除丐籍，永不许冒充行乞，重则往往有砍毙者④。此外，乞丐还有众多的类似行业的规矩，如要来的饭大家要共享，乞丐们每天还要将所得的一部分上交给丐首，称为"孝敬"。这也可以说是一种乞丐"保险金"，因为他们不仅要住在丐首提供的住处，而且当遇到天气不佳无法出门乞讨时，丐首要提供他们的饮食；遇有疾病和死亡，丐首还有责任为他们提供帮助等。乞丐作为一群无家可归者，被迫团结在一起以谋生存，"忠诚"和"共患难"成为他们存在的基础，规则由丐首监督实行。

除了上述的职业乞丐外，近代天津还有一种乞丐为"流动乞丐"。"流动乞丐"又可以分为"季节性流动乞丐"和"灾难性流动乞丐"。"季节流动乞丐"大多是城市周边地区的农民。每到冬季，农村生计艰难之时，乡间贫苦农民为了节省家中的吃用，就会到城里来"过冬"。"这种乞丐差不多都是由乡间来的，在没有农事的时候，为想找几个零钱积攒着，全家男女老幼全体总动员，便来津市作乞丐。"⑤来到城里的首要目标是粥厂，喝过粥后，再乞讨于街市。他们大都临时居住在西门外的窝铺里，待来年春暖时再返回家乡。"灾难流动乞丐"大都来自天津四乡农民，"津埠四乡农民，既遭水旱偏灾，又受军事影响，以致生活极感困难，男子多半外出，另

---

① 《恶丐宜禁》，《益世报》，1922 年 8 月 15 日。
② 《天津收容乞丐纪实》，载周利成：《档案解密：近现代大案实录》，百花文艺出版社 2000 年版，261～263 页。
③ 刘海岩：《空间与社会》，天津社会科学院出版社 2003 年版，第 265～266 页。
④ 《社会的下层——平津一带乞丐的生活》，天津《大公报》，1933 年 1 月 6 日。
⑤ 《奇形怪状的天津乞丐大观》，天津《大公报》，1933 年 3 月 18 日。

谋生业,妇孺老幼,则纷纷来津行乞,故津埠各街市乞丐,日渐增多,状极可惨。"①另外,还有乞丐许多来自华北农村,因家乡遭灾或成为军阀混战的战场而被迫逃入城市。"本埠各街巷,近来乞丐异常众多,彼往此来,终日络绎不绝。此项乞丐,多操直南及等处口音,闻系直鲁难民,有一部分滞留津埠,以乞讨为生,情形颇为可怜。"②这些流入天津的灾民、难民,在谋生无门的情况下,只得以乞讨为生;待灾荒过后或战事平息后,他们大都自动返乡或被政府遣送回籍。

不同的乞丐群体,他们往往有一套自己的谋生之道。1933年《大公报》记者对平津一带的乞丐进行了调查,根据这些乞丐的谋生方式,将乞丐分为11种,即排刀、打砖、打砖叫街、叫街、钉头、拉破头、数来宝、背褡子、缝穷妇、换取灯(即火柴)者、捡煤核者③。事实上,乞丐的种类还远不只这些,还有诸如打执事④、摔跤、卖艺、盘杆、耍叉、说评戏、讲评书、说相声、玩杂耍、看奇人等⑤。

民国时期的乞讨现象在天津的确已呈现职业化的趋势,说明乞丐正如其他谋生职业一样,成为众多贫民维系生存的一种方式。这不仅仅是个体之不幸,而且是整个社会结构及其病态的表征之一。

(三)娼妓业泛滥

天津作为近代华北的通商大埠,工商业较为发达,给妇女提供了更大的就业范围。上层妇女可以从事医生、护士、职员、教师、编辑、律师等各种职业,下层妇女可以进入工厂做工、从事女招待等新式职业,但亦有不少妇女被排斥在这些"正当"行业之外,从事出卖肉体为生的娼妓业。民国时期,随着天津娼妓业的发展,从业人数日增,尤其下层妓院的泛滥,派生出一系列的社会问题,如匿藏犯人、拉扯行人,甚者欺骗乡人、群殴胡斗等,严重影响到社会治安。

天津的娼妓业最早始于运河告成之时,发源地为工商业发达的侯家后。1860年开埠后,随着工商业的发展以及租界的兴起,天津的商业中心渐渐转移到毗邻租界的南市一带,南市的娼妓业逐渐兴起。同时,租界里也有了娼妓,但租界的娼妓业不如华界兴旺,主要是因为人口密度小的缘故。1900年庚子之变,天津350余户妓院大部被毁,妓女纷纷逃亡。与此同时,由于运河堵塞,漕运锐减,三岔河口地区逐渐萧条,各国租界区却呈现出商业繁荣、人口骤增、治安稳定、环境改善等明显好于华界的发展势头,大批有实力的企业、商业移往租界,许多商人、官宦、士绅之家

① 《四乡贫民来津乞食》,天津《大公报》,1927年7月31日。
② 《近日乞丐加多 半系直鲁难民》,《益世报》,1928年5月2日。
③ 《社会的下层——平津一带乞丐的生活》,天津《大公报》,1933年1月6日、1月7日。
④ 《"打执事"苦工生活》,天津《大公报》,1934年4月10日。
⑤ 《老三不管巡礼记(上)》,天津《大公报》,1934年11月19日;《老三不管巡礼记(中)》,天津《大公报》,1934年11月20日。

迁入租界。华界的没落,致使无钱可赚的"侯家后一带的一、二、三等妓院,也大部挪到了'租界地'及其附近",南市、中华后、富贵胡同、谦德庄一带成为新的妓院聚集地。清末,日租界内妓院日益增多,法租界有妓院百余户,天津市共有妓院500余户①。

1924年北伐以来,随着循环式战争的连绵不断,天津工商业蒙受巨大损失,一般的殷实商业大都迁到租界,华界的娼妓业也因此大受影响,纷纷前往日租界。但到1925年前后,华界当局以办理禁烟为名,提倡鸦片烟馆营业,妓院里也可任意吸弄,所以,这两年里,虽然实际上不如租界兴旺,但是借助卖烟和租界抗衡。1926年,天津市有妓院468家,妓女有3594名②。北伐之后,由于政府取缔鸦片,加之军警稽查的严厉,于是天津华界的妓院都迁到了租界。1930年,天津有妓院571户,妓女2910人③。1936年,仅日租界就有公娼200余家,正式上捐的妓女千余人。南市与租界区娼业兴起后,侯家后一带蜕变成为下三等妓院与暗娼的聚集地④。

政府承认娼妓业合法化,对乐户和妓女科以税收,并保护其正常营业。随之,娼妓业在市场化、商品化的走向中更加泛滥。"逼妻为娼""租妻为娼""逼媳为娼""逼女为娼""卖女为娼"等现象成为二三十年代天津社会盛行的一种"恶风"。《大公报》上对此类现象多有报道⑤,曾报道"一夫连买五妻"的荒唐事⑥。此种社会现象与社会风气及伦理观念的变迁不无关系,但更直接的动因却是城市贫民恶劣的生存环境所致。

(四)失业与无业交织

20世纪二三十年代,中国外受世界经济大危机的影响,内有连绵不断的战乱与匪患,加之频仍天灾的浸染,农村经济衰败,城市经济萎靡,各行各业的民众纷纷失业,失业问题愈发严重。"目前中国社会现象中,最可危险的一点,就是各地失业

---

① 江沛:《20世纪上半叶天津娼妓业构成述论》,《近代史研究》,2003年第2期,156页。
② 天津市社会局:《天津市妓户妓女调查报告》,1931年,转引自李文海:《民国时期社会调查丛编·底边社会卷》,福建教育出版社2005年版,第534、539页。
③ 天津市社会局:《天津市妓户妓女调查报告》,1931年,转引自李文海:《民国时期社会调查丛编·底边社会卷》,福建教育出版社2005年版,第525页。
④ 江沛:《20世纪上半叶天津娼妓业构成述论》,《近代史研究》,2003年第2期,157页。
⑤ 天津《大公报》上关于此类报道很多,如《逼媳为娼》,1927年8月4日;《逼妻为娼》,1927年9月20日;《贫民的悲哀 无力谋生逼妻为娼》,1928年1月18日;《穷极无聊卖女儿》,1929年5月24日;《卖去女儿葬双亲》,1929年5月29日;《贫病交加卖幼女》,1929年5月30日;《典押养媳为子医》,1929年7月22日;《阿母穷极 租女儿藉以生财 俵分不均打起来》,1929年8月4日;《经济压迫逼妻为娼》,1934年12月31日,第6版;《生活压迫下竟将发妻价卖》,1935年8月17日;《经济压迫下租妻恶风!》,1935年12月23日;《武术教练失业押妻为娼 深夜竟掐死》,1936年1月6日。
⑥ 《朱有林连买五妻》,天津《大公报》,1935年10月31日。

者的遍布。"①天津作为近代的通商巨埠,又是华北重镇,受国内外形势的影响,失业问题亦形严重。

　　失业形势严峻,但是要了解天津失业人数究竟有多少,只能获取一些零星的记载。1932 年 1 月 1 日,大公报在《失业人数之可惊》一文称,天津市自治区联处,奉社会局的命令,对各区失业人口进行了调查,仅第一区就有 30790 人②。公安一区的形势在津市各区中不是最坏的,就全市失业数而言,可想而知。1932 年,《社会学杂志》载文估计各地失业状况,对天津的失业人口估计约为 10 万人③。1936 年,天津市政府公报公布的天津失业人数为 28644 人④。同年,实业部估计天津市失业工人数为 18175 人。⑤ 官方的这些数字显然过于保守。

　　尽管近代城市的失业状况缺乏确切的统计数字,但城市化过快而工业化相对滞后而引发的普遍的失业则是不争的事实。近代中国的失业与社会经济的发展状况如影随形,社会救济发展良好,为社会各阶层提供有利的就业机会;反之,则造成严重的失业状况。如 1932 年,因种种关系,各商号陷于勉强维持的状态,至旧历年关时,各商号结算盈余,结果全市商界十有八九赔累不堪,纷纷歇业,或缩小营业,裁汰店员,以弥补亏损,结果导致全市失业店员不下 5000 人⑥。这一点是中国与西方国家在失业问题上最大之不同,西方国家的失业常与生产过剩联系在一起,而中国则是因为生产不振所致。"在现在这种制度下,失业问题,当然是不可避免的;不过现在的失业致因,并不是因为本国工业发达到了极点,至成生产过剩,而须缩减,乃是因整个的工业,全是困难、危险而无法维持。"⑦

　　此外,值得注意的是,近代中国的失业问题与无业问题相伴。由于近代中国工商业不发达,就业机会少,即使入城的成年男女都有工作的愿望,但却少有合适的就业机会。因此,总有一大批人根本是无业者,"中国的失业问题如与西方相比,算不了严重。中国真正的严重问题与其说是失业问题,毋宁说是无业问题。"⑧据天津市公安局对 1928—1930 年天津市所辖 5 区 8 乡所及 3 特区市民有无职业的统计情况显示,1928 年的无职业人口为 296763 人,1929 年增加到 379655 人,1930 年

①　张振之:《目前中国社会之病态》,上海民智书局,1929 年,第 107 页。

②　《失业人数之可惊》,天津《大公报》,1932 年 1 月 1 日。

③　解敬业:《中国的失业问题》,《社会学杂志》第 5 卷第 4 号,1932 年 9 月。

④　《天津市市民职业统计表》,《天津市政府公报》(统计),第 87 期,1936 年 4 月。

⑤　《沪杭平津失业工人日增》,《实业部月刊》1 卷 4 期,1936 年 7 月 30 日,第 157 页。

⑥　《衰颓之天津　百业凋敝》,天津《大公报》,1933 年 1 月 30 日。

⑦　《救济失业工人办法唯有救济生产事业》,天津《大公报》,1934 年 3 月 22 日。

⑧　何德明:《中国劳工问题》,商务印书馆,1937 年,第 159 页。

又增加到405779人(如图二所示)①。这些无职业人口中如果除去那些不到劳动年龄、没有劳动能力及有劳动能力而不愿从事生产者外,失业人口每年当在15～20万之间。甚至在一定程度上,我们可以把这部分无职业人口视为失业人口数。正如民国学者张振之在《目前中国社会之病态》中指出的那样,中国的所谓"失业者"倒不如说是"无业者"②。因为失业系指有业而言,原来就无业,又何来失业?因为近代中国城市工商的发展有限,众多的劳动者根本就无业可做,也就无所谓失业了。故可以说,近代中国的"失业"问题,其实就是"无业"问题。此外,近代城市社会灾民、难民不断,乞丐遍地,退伍军人繁多,盗匪横行的事实,都可从侧面反映近代失业问题的严峻与独特。

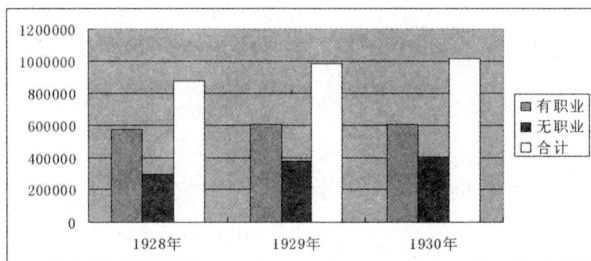

图二　1928～1930天津市公安局所辖五区八乡所及三特别区市民有无职业比较图③

附注:此有无职业人口数将当时在津的外国人也统计在内

近代中国社会经济和政治与欧美各国不同,失业问题也有别于欧美各国。欧美各国因生产过剩而引发失业,中国则是因生产不发达而无业;欧美诸国通常通过救济以谋失业问题的解决,中国的失业问题从根本上讲就是无业问题。劳动者有业可做的前提是发展生产,"惟有从事生产运动,才能救济这一般无法谋生的人民,惟有从事生产运动才能医治这一切社会的病态,惟有从事生产运动才能'起死人而肉白骨',才能'救党国于沉疴'!"④

三、城市贫民与城市病关联性分析

天津在近代城市化过程中衍生出来的城市病不独上述几种,此外还有自杀、离婚、贩毒等问题,此不一一列举。这些"城市病"的发生,可以说是伴随着天津城市化进程的推进而日益严峻。引发这些城市病的原因很多,但是这些城市病的发生与天津城市化过程中形成的贫民阶层有很大的关联性。20世纪20年代末是天津

---

① 此有无职业人口数将当时在津的外国人也统计在内,见吴瓯主编:《天津市社会局统计汇刊》(户口),天津社会局,1931年。

② 张振之:《目前中国社会之病态》,上海民智书局,1929年,第134页。

③ 吴瓯:《天津市社会局统计汇刊》(杂项类),天津社会局,1931年。

④ 张振之:《目前中国社会之病态》,上海民智书局,1929年,第174页。

贫民阶层的形成时期,也正是这些城市病凸显并日益走向严重的关键时期,接下来笔者试图通过城市病的一些个案研究,来揭示两者之间的关联性。

（一）犯罪与贫困

20 世纪二三十年代,天津各类犯罪走向高潮期,就犯罪类型而言,以经济类型的盗窃案为最多。如天津市社会局统计的 1930 年全年 5802 起各类案件中,盗窃案为 1848 起,占全年各种犯罪总数的 32%;较次之的为赌博与鸦片,分别为 899 起与 818 起[①]。又如 1932 年 7 月至 1933 年 6 月,天津市地方法院简易法庭处理的 3691 起刑事案件中,排在第一位的也为盗窃,共 1698 起,约占天津市地方法院处理刑事案件总数的 46%;第二位的为鸦片案,共 806 起(吗啡案 204 起,实际仍是鸦片案的一种),约占天津市地方法院处理刑事案件总数的 22%;第三位为赌博,共 400 起,约占总天津市地方法院处理刑事案件总数的 11%[②]。与此同时,天津市地方法院简易法庭处理的 1552 起刑事案件中,位居第一的仍是盗窃,共 290 起,约占总数的 19%;第二位的是鸦片 179 起,占总数的 12%[③]。由此观之,不论是天津市社会局的统计,抑或是天津市地方法院简易法庭和天津市地方法院的统计,在各类犯罪案件中,盗窃案始终排在第一位。

众多经济案件的发生,与城市化进程的不断演进相伴而行。一方面,天津城市工商业的发展,给不断涌入的移民提供了谋生的机会,这就吸引着更多的移民,尤其是生活无着的农民、灾民及难民等背井离乡来到天津,目的就是找"工作",发财致富。但是,另一方面,近代城市工商业的不发达,无法为这些城市贫民提供充足的就业机会,在生存压力下,他们铤而走险,"近因天气渐寒,贫民为生活所迫,而犯罪者,日益增多"[④]。生活程度日高,贫民收入极微、生活无着,于是走上犯罪的道路。生活的贫困是引发这些城市贫民犯罪的根本原因。

从犯罪者职业来看,以工商从业者人士为最多,或者是一些无业游民。如在1930 年发生的 5802 起案件中,从事工业的犯罪者有 2321 人,占总数的 40%;从事商业的犯罪者有 1228 人,占总数的 21.16%。此外,犯罪人数比较多的群体为无业者,计 1510 人,占总数的 26.02%[⑤]。这是因为从事工商业类的工人、店员、伙计等,他们收入低微,不足以维持生计,况且他们随时面临失业之虞,为生计起见,故才走上了犯罪的道路。

此外,从当时《大公报》刊载的犯罪案例来看,许多罪犯抢劫和偷盗的物品,多

---

① 吴瓯:《天津市社会局统计汇刊》(社会病态),天津社会局,1931 年。
② 天津市政府统计委员会:《天津市统计年鉴》(社会类),1935 年,第 47 ~ 48 页。
③ 天津市政府统计委员会:《天津市统计年鉴》(社会类),1935 年,第 49 ~ 50 页。
④ 《天寒生活困难 人民犯罪增加》,《大公报》,1933 年 12 月 6 日(10)。
⑤ 吴瓯:《天津市社会局统计汇刊》(社会病态),天津社会局,1931 年。

是些极不值钱的生活必需品,如衣服、被褥、鞋帽,甚至是食品等。

个案1:

贾姓妇,昨十五日早十钟,因事外出时,有贼撬门入室,窃去棉被一床、麻袋一条,被邻人王姓等瞥见,立即跟踪,追赶五里余,将此贼擒住。该贼急兔反噬,竟敢持刀相向。王姓等畏其凶悍,未敢与抗,只得任其扬长而去[①]。

个案2:

王三,年三十八岁,天津人,住中一区新街,在法租界公茂洋行做捡羊毛零工,于10月27日下午,在广善大街当贾刘氏搬家之际,乘无人看管,虽窃取棉被、棉褥各一,未行几步,即被该地警察抓获。据王三称,因当时母亲卧病,下午未赴洋行作工,无钱买药,被迫为此[②]。

个案3:

董振海,年四十岁,青县人,住南门外,父早故,家有老母,而董则居常扎吗啡,不事生产,故母子仅以乞讨维持生命,迩来因天气寒冷,衣食更难。故董某于某日夜间,偷得褥子鞋帽等物,携至日租界,欲图变卖,被巡警抓获[③]。

个案4:

河北小王庄安定里住户韩延祥,以卖羊肉为生,一日行至河北五马路地方叫卖之际,突有一贫汉王宝山,三十一岁,静海人,因饥饿难忍,承人不备之际,猛将车上之肉,抢起就跑,不料一时神慌,将切肉之刀带走。韩某在后追赶,结果被王某砍伤,后被岗警抓获送局[④]。

上述案例从侧面反映出生活上的贫困迫使这些生活无着的贫民走上偷盗之路。当然,犯罪作为一种社会活动,还有诸多方面的原因,如军阀混战所造成的社会动荡不宁、大量移民对城市法制的不适宜、文化和风俗习惯的冲突与差异、多国租界并存和各自为政等。但是,大量经济类盗窃案件的发生,最重要的原因则是由生活上的贫困所致。

(二)乞讨与贫困

从上述关于乞丐问题的论述我们可以看出,近代天津的乞丐不仅队伍庞大,人员众多,而且呈现职业化的态势。众多乞丐自成派系,每个派系有自己较为完备的一套丐规、丐法。当然,我们有理由相信这些乞丐中,尤其是乞首,用贫困形容他们的生活并不适当。但是,对于众多乞丐来说,他们却过着食不果腹、衣不蔽体的悲惨生活。关于乞丐的生活,《大公报》上有这样一段简单的描述:

---

① 《贼胆真大》,天津《大公报》,1911 年 3 月 21 日。

② 《贼骨头却是孝子》,天津《大公报》,1928 年 11 月 22 日。

③ 《寒风瑟瑟饥肠辘辘　贫穷人怎能不起盗心》,天津《大公报》,1928 年 12 月 26 日。

④ 《穷汉抢肉　持刀行凶　砍伤行人》,天津《大公报》,1937 年 3 月 8 日。

"衣"不过破絮败棉,聊度严冬,夏日则皆赤背以行;"食"则更无一定,如运气好即可讨得美食,或讨得多钱以购,运不佳,甚或有一二日不得一餐者;"住"在夏秋均可以作临时床铺,簇下门旁均可以作临时床铺,至冬则不能,率多栖于各大庙内,以稻草为被,以砖作枕,遇北风作、大雪飞,往往有冻死者。①

其实,乞丐的真实生活绝不是如此三言两语就能描述详尽的,他们生活的悲惨往往是超乎常人想象的。尤其是那些"灾难型"乞丐,流落异乡,生活无着,谋生无门,只好以乞讨为生,乞讨不得,只有冻饿身死。每届冬令,时有乞丐横尸街头,无人收埋。《大公报》对此类现象多有报道。如1930年冬天,因天气寒冷,无衣无食而冻毙的乞丐甚多,如在上平安后,南市、三不管洼地、河北地纬路、西头等处,均发现有冻毙的乞丐②。又如1935年冬,因天气奇寒,乞丐日有冻毙,11月一个月内共发现冻尸320具,其中大部分为吸食海洛因、无家可归之乞丐,其余则为因生计压迫以致失业之贫民③。12月,在南市三不管、河北小王庄、日租界闸口、河东郭庄子及西车站等处,共计发现无名倒毙男女尸体共314具之多④。若合计统计,1928—1937年间,因冻饿致死的饿殍(路倒)仅官方验尸就达8761具⑤,未经官方验尸者更是不计其数。我们虽不能断定这些冻毙街头之人尽为乞丐,但从众多尸体无亲人认领的事实可以大致说明他们多是些无家可归者。

(三)生计贫困与娼妓业之兴

近代娼妓业经久不衰,成为一个复杂社会问题,"在表面上看,完全是一个妇女问题,其实是整个的社会问题"⑥。虽然从五四以后,从事妇女解放的人一直高呼"废除娼妓",然而,娼妓制度不论在东西方,都有悠久的历史,它当然不是一个简单的原因所造成的,这和经济制度、社会组织、道德观念,以及法律沿革都有关系。"娼妓问题之不易解决,实在因为牵涉的范围太广。现在的社会制度经济制度和婚姻制度性道德问题如果不曾得到相当的解决,这个废娼问题也终究不会彻底的解决。"⑦

就女子沦为娼妓的原因而言,居多是经济方面的原因。《新人》杂志论及上海淫业问题,认为"女子做娼妓,大半都是受着经济的压迫"⑧。这一原因同样可以用来解释近代天津娼妓业之兴。天津市社会局从1929年12月10日起,至1930年5

---

① 《社会的下层——平津一带乞丐的生活》,天津《大公报》,1933年1月6日。
② 《严寒澈骨中乞丐冻死多》,天津《大公报》,1931年1月11日。
③ 《津市上月冻毙尸体共三百二十具》,天津《大公报》,1935年12月1日。
④ 《昨又发现 冻尸十七具 本月共达三百余》,天津《大公报》,1935年12月30日。
⑤ 郭凤岐:《天津通志·民政志》,天津社会科学院2001年版,第170页。
⑥ 吴再生:《娼妓问题》,天津《大公报》,1933年2月25日。
⑦ 《禁娼问题之研究》,天津《大公报》,1930年5月1日。
⑧ 《上海淫业问题》,《新人》,1920年1卷2期。

月 24 日,共用 5 个多月的时间对天津市 571 家妓户进行了调查,在调查的 2847 名妓女从娼原因的统计结果显示,这些妓女为娼的原因以经济压迫的为最多,共计 1836 人,占调查娼妓总人数的 64%①。其他的原因从形式上看不是经济压迫,却也是为"穷"所迫,比如家长死、父母病残、夫死等等,可以说是在普遍穷、自然贫的基础上又加上了一层厄运,受着生存环境和事实的逼迫,她们不得已自行沦为娼妓,或是被父母家人抵押为娼。此外,我们也可以从下边的具体个案中,了解一下贫困与女子为娼之间的关系。

个案 1:

本埠小刘庄居民吕老,年二十一岁,天津人,作械器匠户口,因事被辞,赋闲家居,家有老父继母寡嫂幼弟各一人,月间聘娶同村人袁氏为妻。因与继母不睦,携妻迁至东楼独居,并作小本营生户口,因所入有限,不敷用度,遂异想天开,欲将其妻卖入谦德庄为暗娼。劝诱威逼,其妻终以良家妇女,不肯堕落。吕袁氏既恨丈夫薄情,又恐其乘机变卖,不堪同居,并暗求其父在法院控告,要求离异②。

个案 2:

霸县人郭巨才,年三十八岁,务农为业,膝下子女各一。因频年荒歉,致生活为难,不料郭之父母又染沉病,相继长辞,衣装棺衾,均须购置。郭乃与妻商量,拟将女儿大俊出租,料理丧事,遂携女来津,以五百元租于人贩子袁宝山,租期七年。袁后又将大俊由津转至营口为娼。郭因寻女无着,遂将人犯告送法庭③。

个案 3:

南市广兴大街,通县人王永祥与其妻王氏一同居住,因生活困难,商得妻子同意,令王氏搭住于附近福善堂妓院内操神女生涯,每日所得勉强糊口。后因王氏身怀六甲,近八个月,以在妓院操劳过度,导致小产。而小产后因失调,致腹部不时作痛,吞服鸦片治痛,结果因吞服过量致死④。

从上述几个典型的例子可以看出,一方面,生活上的贫困是女子自愿为娼,或者被迫为娼的主要原因。正如《东方杂志》所载《娼妓问题之检讨》一文特别强调

---

① 1930 年天津市社会局对天津市 2847 妓女为娼原因进行了调查,结果显示:因天灾人祸的 52 人,经济压迫的 1836 人,家长死的 72 人,父病残的 31 人,父业败的 29 人,父外出的 3 人,母病残的 17 人,母再嫁的 1 人,母无成见的 2 人,继母不良的 1 人,夫死的 168 人,夫业败 43 人,被夫遗弃的 46 人,夫妇不和的 7 人,家属病死的 2 人,负气的 1 人,虐待逼迫的 3 人,被熏染的 48 人,子不养的 1 人,亲属无人的 1 人,人地生疏的 1 人,年幼无知的 17 人,希望经济富裕的 7 人,虚荣心的 1 人,放荡不羁的 5 人,醉心繁华的 1 人,好奇心盛的 1 人,姑母不良的 1 人,自甘的 63 人,夫病残的 73 人,不明原因的 254 人,合计 2847 人。见天津市社会局编:《天津市妓户妓女调查报告》,1931 年,转引自李文海:《民国时期社会调查丛编·底边社会卷》,福建教育出版社 2005 年版,第 550~551 页。

② 《贫民的悲哀 无力谋生逼妻为娼》,天津《大公报》,1928 年 1 月 18 日。

③ 《卖去女儿葬双亲》,天津《大公报》,1929 年 5 月 29 日。

④ 《妓女吞服鸦片身死》,天津《大公报》,1933 年 1 月 9 日。

的:"经济的困迫和不充裕"是妇女流民或打工妹沦为娼妓的罪恶之源,"我们可以断言,多数妇女为娼,都是由于这一原因逼成的,尤其是在中国,因农村破产无法生活,大批拥进都市来的年轻妇女,和因工商业不景气工厂不断地紧缩停业与倒闭,而被排挤和摈弃出来的女工们,为着生活,她们只有不顾一切地跳进妓院的火坑,以出卖肉体的代价来维持自身的生活"①。从农村源源不断流入天津的下层女性,在就业困难的情况下,在生活的重压下,纷纷投入娼妓业,为娼妓业提供了庞大的就业人员。

另一方面,近代天津社会男女性比例失调,为娼妓业的兴盛提供了广阔的市场。近代天津的流动人口,以单身男性为主体。他们大多是农村的青壮年劳力,只身来津花费少,容易就业,也更能经受住波折。随着天津移民人口的急遽增加,人口性别结构失衡现象更为严重,如 1903—1906 年这 4 年总人口性别比平均为 100∶149.29,1930 年升至 100∶170 以上,1932 年达到近代的最高 100∶179.61,此后总人口性别比开始有所下降②。如此失衡的性比例结构,导致那些低收入者根本无力娶妻,为了满足生理上的需要,他们时常去一些下等的妓院宿娼。据调查,1930 年法租界的北洋医院及马大夫医院,自初春至 5 月份就诊人数,以求治花柳病症者为最多,在 2000 人以上,而且新染者 2/3 患有梅毒,这些又以劳动界及中等社会人士为多。中等社会人士因为生活程度高,有经济能力嫖娼,而众多的下层劳动者因贫困无力组织家庭,也乐意宿娼,"收入不足组织家庭者,每多以妓馆为留恋之所"③,借此满足其生理方面的需要。

此外,政府"寓禁于捐"的做法为娼妓业提供了制度性的保障。"娼妓,是社会的病态现象,是人类不可磨灭的耻辱;其当禁也,无人而或疑。"④如何将这一社会毒瘤铲除,却是令当局者棘手的问题。针对这一问题,天津市政府提出了各种举措,如不同的对象采取不同的救济办法、对妓女进行体检、划定娼寮区域等,其至也采取了一些禁娼的办法,但另一方面却对各个等级的妓院科以税收,这种"寓禁于捐"的做法,致娼妓业屡禁不止。这说白了仍是"大洋"的问题。津市娼妓问题真正得以解决是 1949 年以后的事情。这也说明,只要众多妇女的生存问题不解决,就会为娼妓业提供存在的社会温床。

(四)失业、贫困与自杀的交织

天津二三十年代的失业问题严重,劳动者失业的结果,便是生活的更加贫困化。近代流入天津的众多移民中,以农民为多,他们绝大多数无技能、没文化,失业

---

① 碧茵:《娼妓问题之检讨》,《东方杂志》第 32 卷第 17 号,1935 年 9 月,第 100 页。

② 李竞能:《天津人口史》,南开大学出版社 1990 年版,第 207 页。

③ 《可惊的花柳病患者》,天津《大公报》,1930 年 5 月 12 日。

④ 《废娼》,天津《大公报》,1929 年 12 月 15 日。

或者根本就是无业,加剧了他们生活上的贫困化,贫困又往往导致自杀。我们可以从大公报报道的一些案例中,进一步理解失业、贫困与自杀之间错综复杂的交织关系。

个案1:

1931年1月31日,南市清和大街元兴客栈内一青年服毒自杀。据察,该青年二十岁,南京人,来津访友。就其死因而言,据其遗书云:"来津的原因:是投一个好朋友,希望谋一职业,解决家庭的负担和本身的最要问题。哪知数十天来友人终于没有寻到,住食二字,就成了致我死的动机。现在虽然自杀了,但一定要社会人士嘲笑、辱骂、诽谤等等。唉! 我只不管! 我想总没有谁能够谅解这失业的苦衷!"①

个案2:

王广田,年58岁,武清县人,曾在滦县当骑巡队班长,解职后来津谋生,寓居省会公安局旁洋货街永生栈内。来津后举目无亲,虽来月余,仍无职业可寻,衣食问题无法解决以致穷愁交迫,顿萌短见,投东浮桥自杀。幸被岗警发现,送公安局安置②。

个案3:

王竹溪,年74岁,其妻姜氏,年七十六岁。王张二人曾为家庭教师,月资可得三十元。王有一子,年三十六岁,曾在东省铁路商务处任科员,薪俸百元,生活尚称富裕。九·一八事变突起,东省沦陷,父子相继失业,来津后坐吃山空,更以毫无积蓄,以致生活颇感拮据。三口之家,为生活所迫,乃为附近北洋火柴公司粘糊洋火盒,得资度日。后因该公司停工,生活无着,行路遇一幼童,燃放炮竹,将其震瘫,因此不能舌耕,又无进项,遂妇夫二人携子一同投河自尽。后被人打捞得救,由公安局转送市立贫民救济院收容③。

劳动者失业后毫无收入,唯有靠微薄的积蓄或是借贷维持生计,而这些城市贫民本就毫无积蓄或积蓄甚微,告贷无门的情况下,他们只好以贫穷为伴,甚至陷入生活的绝境。由以上失业自杀者经历的描述,不难看出失业加剧贫困,常常成为这些朝不保夕的城市贫民自杀的借口,可谓"衣不足以蔽体,食不足以果腹",家中又有妻儿等着他们要饭吃,懦弱的人又不会做贼和强盗去偷去抢。当他们对生活、社会感到彻底绝望时,往往以自杀的方式终结生命。

总之,近代城市贫民阶层的形成与壮大,给城市发展带来了生机和活力,为城市发展提供了充足的劳动力,同时也引发了一系列严重的城市病,如上述的犯罪问题、娼妓问题、乞丐问题,失业问题等。因这些贫民阶层处于社会的最底层,基本生

---

① 《南市元兴客栈里 二十岁青年因失业自杀》,天津《大公报》,1931年9月2日。
② 《穷愁交迫投河自杀》,天津《大公报》,1934年11月17日。
③ 《西头茶店口昨发生一家三口投河惨剧》,天津《大公报》,1935年4月21日。

活无从保障,并且长期处于不公平的社会待遇之中,而少数富有者则占有社会的绝大部分资源,两极分化严重,任其发展势必酿成严重的社会危机。

四、城市病的时代性致因

从上述近代城市病的发生、发展来看,其面相异于西方,呈现出"低度城市化,高度城市病"的特征;就发生的载体来看,与近代天津城市化进程中形成的庞大的贫民阶层有极强的关联性;就其形成的原因而言,显然有别于西方国家,西方国家早期城市化过程中的城市病因过度工业化而引发,中国近代的城市病的发生、发展有其特殊的时代性致因。

首先,民族－国家权威的失落,使国家权力不仅不能形成应对这些城市病的全局性操控,反而成为这些城市病日趋加重的制度性原因。晚清、民国时期,内有外患,国家局势动荡不安,至南京政府时期,虽然形式上完成了国家的统一,但国家权威并没有真正建立起来,行政调控手段缺失,法律调控无从谈起,经济调控手段无力,从而使城市下层社会失范,许多社会问题沉渣泛起。

随着近代天津城市化进程的推进,至 20 世纪 20 年代末,天津形成了一个庞大的贫民阶层,这个阶层的存在诱发了大量的城市病,如城市犯罪率居高不下、失业严重、自杀风行、乞丐职业化、娼妓泛滥化等问题,进而影响到整个城市的稳定和经济的发展。政府从维护自身利益和社会稳定的角度出发,从 20 年代起开始关注这些问题,并针对不同的城市病采取不同的解决办法。如娼妓问题,在 20 世纪初,天津巡警总局成立之时,并没有对娼妓业作出明确的规定,只是对拐卖妇女、逼良为娼及暗娼予以惩办。民国以后,1915 年直隶全省警务处成立后,兼管捐务处。该处对全市妓院核定等级,按所在妓院等级收捐,并发放《乐户许可执照》《妓女许可执照》,妓院持照经营并纳捐,警方负责保护妓院的营业。[1] 到二三十年代娼妓业泛滥,衍化成为严重的社会问题,为防止花柳病传染、重视妓女健康起见,1937 年 1 月津市开始筹设"妓女检治所",至 4 月 26 日正式开幕[2]。但是,旋因全市乐户娼妓均存观望,期间虽经劝告,一直未有检治。该所遂于 7 月 1 日起,奉令结束[3]。由于政府权力的弱化,尤其是"寓禁于捐"的做法,使得津市的娼妓问题无力解决。

又如城市的乞丐问题,天津当局于 1915 年设立"教养院",收容乞丐(1928 年改名为"游民收容教养所",1929 年又改为"市立第一贫民救济院",1933 年再次改为"市立救济院")。随着市内乞丐的增多,二三十年代天津市政府曾三令五申,搜

---

① 天津市地方志编修委员会:《天津通志·公安志》,天津人民出版社 2001 年版,第 151 页。

② 《妓女检查治所》,天津《大公报》,1937 年 1 月 21 日;《妓女检治所今日开幕》,天津《大公报》,1937 年 4 月 26 日。

③ 《妓女检治所奉令结束》,天津《大公报》,1937 年 6 月 30 日。

捕乞丐,但因人数众多,政府方面常因房舍狭小,财力不逮,无法安插。1934 年 8 月 9 日,救济院"乞丐大暴动"一事,充分暴露出这方面的问题①。事情虽经派警武装驻院弹压,幸免肇事,但膳宿问题仍无法解决。为此,救济院报告社会局,请示根本解决办法。社会局令财政局设法救济,财政局以市库支绌,表示碍难照办。社会局与市立戒烟医院接洽,医院方面表示,可免费入院治疗,但目下病床无多,如数目较少,或可酌收,也不过三四十床而已。救济院为此异常焦灼,公安局方面虽停止捕丐,但是已有之乞丐的安插问题仍无法解决②。对于 400 余名乞丐,救济院方面最终的处理方法是:除老弱及染有嗜好者外,择其壮年确能谋生者,陆续准其请假出院谋生,其老弱残废及染有毒品嗜好者拨入本院戒毒残废等区,分别戒除留养③。政府和社会方面为解决乞丐问题常采取驱逐和收养的办法,无益于从根本上解决这一社会问题。

此外,天津政府为应对这些严重的城市病,在二三十年代还先后设立有贫民工厂、游民收容教养、妇女救济院等救济机构,企图解决城市贫民的生存问题,以图城市稳定,以谋社会问题之解决。政府的这些措施对于急救活命发挥了某些方面的积极作用,在一定程度上缓解了社会矛盾。但是,因民族—国家权威的丧失,使得国家对于城市社会的利益调整和控制基本处于失位状态,虽行善举,然而杯水车薪,制定的许多措施,多是"头痛医头,脚痛医脚",加之权威的丧失,实难推行,因而没能从根本上改变城市贫民饥寒交迫的悲惨厄运,城市病不可能从根本上得以解决。

其次,从城市病的演进历程来看,现代化进程中城乡背离化发展对其起着推波助澜的作用。近代以来,尤其是进入 20 世纪以后,随着中国城市化进程的加快,中国社会结构由传统的城乡"无差别的统一"为日益扩大的城乡差异所代替。

一方面,天津自 1860 年开埠通商,城市工商业、对外贸易等获得较大发展,加上便利的交通网络,使得天津的聚集能力迅速增强。尤其是 20 世纪庚子事变后,经过袁世凯几年的治理,天津城市各方面获得迅速发展,初步建立了以社会化大生产为主、手工业为辅的近代工业体系。至 1930 年前后,天津已发展成为仅次于上海的中国第二大工业城市④。城市经济产生的强大"拉力",吸引着大量的人口涌入城市。这种聚集来自商人、绅士、手工业者和达官贵人等,也来自农村的剩余劳动力和破产农民的聚集。正如列宁所言:"商品经济的发展也就意味着愈来愈多的

① 《天津市市立救济院函社会局》(1934 年 8 月 10 日),天津市档案馆,J0131-1-000654。
② 《救济院之大批乞丐》,天津《大公报》,1934 年 8 月 13 日。
③ 《天津市市立救济院函社会局》(1934 年 8 月 31 日),天津市档案馆,J0131-1-000654。
④ 严中平等:《中国近代经济史统计资料选辑》,科学出版社 1955 年版,第 106 页。

人口同农业分离,就是说工业人口增加农业人口减少"①。这种农业人口与城市人口的此消彼长,是城市和乡村的自然、社会环境不断变化带来的必然结果。

另一方面,近代由于严重的自然灾害,加之频繁的战事和兵灾,给华北地区造成了极大的损害,社会生产力遭到巨大破坏,致二三十年代华北广大乡村呈现普遍贫困化与崩溃化的态势,并造成华北日益严重的离村风潮。据统计,1920 年左右,冀、鲁、豫三省的离村率达到 3% ~ 22.8% 不等②。山东的农民离村现象也极为严重,1921 年沾化县的离村率为 8.7%;到 1935 年前后,离村最低为西部的夏津和恩县,约为 10% 左右;最高县为南部费县、莒县,达 60% 左右③。这些逃入城市的灾民、难民在灾害过后最初有相当部分选择返回家乡,城市只是他们的临时"避难所"。但随着近代灾害频仍、战乱不断,农村的生存环境持续恶化,这迫使越来越多的灾民断了回乡的念头,在城市里由"暂避"逐渐变为永久性的"定居"。

同时,由于中国近代社会性质的特殊性,天津城市化同全国其他城市一样,是在强权政治的压力下,在中国自给自足的自然经济仍占主导地位的经济结构中展开的,工商业发达程度十分有限。如 1929 年春天津社会局对天津 2186 家工厂进行调查,共计有工人 47564 人,其中男工 35228 人,女工 2606 人,童工(以 16 岁以下为准)为 9730 人。④ 而这一时期天津市公安局所辖 5 区 8 乡所及 3 特区市民的职业人口总计为 608005 人,也就是说,工业人口仅占有职业人口的 7.8%⑤。天津工商业之不发达由此可窥见一斑。

由于受到城市工商业经济发展程度的制约,特别是在 20 年代末开始又遭受世界经济大危机的打击,社会经济呈凋敝之势。这一时期,也正是广大乡村危机重重的时候,在乡村衰败的压力下,仍有大量移民源源不断从乡村迁入城市,"在乡村农村经济破产,一般的农民无法生活,还加上种种经济上的压迫,中央政府有点鞭长莫及,于是这些农民为苟延他们的生命,不得不趋向都市生活。"⑥农村人口迁入城市的速度和规模远远快于经济发展的速度,进入城市的劳动力不能完全被工业部门吸收,造成劳动力滞留市场。这样,虽然实现了劳动力由乡村向城市的迁移,但并没有实现就业结构的根本性变化。众多移民缺少维持生存的最起码的"正当"生计,因之沦为城市中的贫民,再加上城市自身析离出来的一些贫困群体,至 20 世纪 20 年代末,天津形成了一个庞大的贫民阶层。大量贫民的存在,超出了城市的

---

① 列宁:《俄国资本主义的发展》,载中共中央马克思恩格斯列宁斯大林著作编译局编:《列宁选集》第 1 卷,人民出版社 1995 年版,第 167 页。

② 李文海:《中国近代十大灾荒》,上海人民出版社 1994 年版,第 185 页。

③ 许涤新:《农村破产中底农民生计问题》,《东方杂志》,32 卷 1 号,1935 年 1 月 1 日,第 52 页。

④ 吴瓯:《天津市社会局统计汇刊》(工业),天津社会局,1931 年。

⑤ 吴瓯:《天津市社会局统计汇刊》(人口),天津社会局,1931 年。

⑥ 涤亚:《救济乞丐》,上海市社会局编印:《社会半月刊》,第 1 卷第 4 期,1934 年 10 月,第 7 页。

承载能力,并引发了一系列严重的城市病,如上述犯罪问题、娼妓问题、乞丐问题、失业问题等,这些城市病呈现"低度城市化,高度城市病"的特征,并制约着天津的城市化进程。

最后,城市化、现代化进程中,天津城市社会结构的失衡发展与城市管理体制的滞后,是引发城市病的内在原因。传统中国社会是一个"士农工商"为主的社会,但是天津在明代建卫时因军事而兴,居民以军卒为主。此后,随着天津城区的扩大,漕运、盐业的发展,很快发展成为一个手工业和商业发达的城市。据1846年《津门保甲图说》统计,当时天津城区范围内共有32761户,这些人口中,盐商、铺户、负贩合计17709户,占当时天津城区总户数的50.06%。[①] 从事商业的户数如此之高,使我们完全有理由相信,这时期天津是一个地道的商业城市。

1860年天津开埠后,伴随着城市工商业、对外贸易获得较快发展,社会、经济结构均发生了根本性的变化,由一个商业城市发展成为一个集工业、商业、贸易等为一体的近代化城市。在天津城市化的过程中,周边人口大规模地向天津聚集,不仅有商人、绅士、手工业者和达官贵人等,还有来自农村的剩余劳动力和破产的农民。天津社会原有的社会结构被打破,自此过程中还产生了新的买办阶层、工商阶层、寓公阶层、知识分子阶层、劳工阶层、贫民阶层等。这些社会阶层中,以贫民阶层人数最为庞大。1929年,有人在天津的《社会月刊》上发表了《贫民与社会》一文,惊叹天津的贫民人数之多:"触目惊心的本市贫民人数——三十五万七千多"[②]。根据当时天津市公安局统计,天津市公安局所辖5区8乡及3特区总人口为136万多名,贫民数已经超过总人口的四分之一。人数庞大的贫民阶层与天津社会结构变化呈现明显的不均衡发展态势,贫困人口的增长速度远远超过了社会结构的变动速度,城市承载能力不足,因此,形成了数量庞大的无业、失业人群,并引发了严重的城市病。

天津当局面对如此庞大的贫民群体,以及由此衍生出来的社会病,从自身利益和社会稳定的角度出发,采取了一些救治措施。如1928年6月天津社会局成立,并积极计划创办贫民工厂,希望根本解决城市贫民问题,"将天津所有贫民,收集一厂或数厂,教以职业,授以常识,援以工代赈之义,寓生产于消费之中"[③]。为筹措开设贫民工厂经费,社会局初筹划开征乞丐捐,预计每月可得7万多元,完全可以办一个规模较大的工厂。当然,这种设想很美好,但是在实际操作层面却遭遇重重

---

① 《津门保甲图说》,卷一,道光二十年(1846年),载天津市地方志编修委员会编著:《天津通志·旧志点校卷(下)》,南开大学出版社2001年版。

② 凤蔚:《贫民与社会》,天津特别市社会局编:《社会月刊》,1929年(创刊号),第80页。

③ 天津特别市社会局编印:《天津特别市社会局一周年工作总报告(1928.8~1929.7)》,1929年,第250页。

困难,在商穷民困的近代天津,乞丐捐的征收不像当局者想象的那样乐观,商户借故迟交甚至于不交,结果导致抽捐甚微,故后来政府不得不下令取消乞丐捐,"住户既怀观望,每月收入不及原有计划二十分之一,以之为贫民工厂第一分厂经费尚行支拙一刻,实无法发展"①。社会局下令取消乞丐捐后,改征附加房捐百分之一,定名为"房捐附加慈善费"②。后社会局又通过主办义务戏,收得款项三千多元,遂创办贫民工厂第一分厂。1929 年 3 月,贫民工厂开工,第一批工人是由公安局和各特别区公署收容的乞丐,一共有 170 余名③。相对天津当时几十万贫民而言,这无异于杯水车薪。国民政府企图通过建立贫民工厂根本解决贫民问题的计划很快归于流产。

此后,社会局还先后设立游民收容教养所、妇女救济院、职业介绍所等机构,每年冬天设置暖厂、粥厂对贫民实施救济等。1930 年 4 月,社会局因财政支拙、筹赈不力,将全市的赈济事宜交给"慈善事业联合会"(1931 年 4 月,"慈善事业联合会"更名为"救济事业联合委员会")办理,"每年冬令津市例会筹赈办法,惟漫无系统,致筹赈困难,因方法不良,贫民不易占得实惠,今日召集会议,即拟联合起来,和衷办理,庶施赈易于普及,进行亦较容易,旋经讨论,议决成立天津市慈善事业联合会,并通过简章,推定常务委员十七人,办公地址即假市政府内,以后办理赈务,统由联合会督办,并决定所有赈款,完全充作施赈用途。"④慈联会成立后,积极筹划津市的救济事业,并于 1931 年 8 月"提出了救济全市贫民计划大纲"。面对如此棘手的社会问题,慈联会常常显得力不从心。显然,近代天津的城市管理远远落后于城市化进程,城市病积重难返,最终制约着天津的整个城市化进程。

余 论

随着近代天津城市化进程的不断加快,城市规模迅速扩张,人口急剧增加,城市病的症状多、涉及范围广。这时,正常的城市规划已无法推行,基础设施严重不足,住房紧张、就业困难、失业严重、犯罪率高、娼妓泛滥、乞丐职业化等呈明显上升的趋势。如此进一步恶化下去,影响着整个城市的健康发展,直至引起整个社会的动荡不安。1937 年抗战爆发后,城市病呈现战事特色。

城市病的根本解决,有赖于政治上、经济上乃至制度上的统筹处理,国家无疑在这方面充当着决定性角色。国家担负着保障国民生活的经济责任,同时也担负

---

① 《贫民工厂计算书》(1929 年 6 月),天津市档案馆,J0054 - 2 - 003316。
② 《函公安局定期开整理乞丐捐会议》(1929 年 6 月),天津市档案馆,J0054 - 1 - 000720。
③ 天津特别市社会局编印:《天津特别市社会局一周年工作总报告(1928.8 ~ 1929.7)》,1929 年,第252 页。
④ 《慈善事业联合会》,天津《大公报》,1930 年 10 月 28 日。

着维持社会安定的政治责任。当城市贫民大量存在时,国家是责无旁贷的。国家不仅有救济防止的力量,而且有救济防止的责任。南京国民政府虽然从形式上完成了国家的统一,但实质上中国仍处于一盘散沙的局面,军阀混战,列强侵略耗费了国家的大量精力,国家实无心也无力去解决这些问题。天津政府虽然对克服各种城市病做出了种种努力,发挥了某些方面的积极作用。但是这种干预十分有限,政府尚未承担起治理城市病的主要责任,而仅仅依靠像社会局和慈联会这类的机关,企图通过社会救济的方法来加以解决,经济调控手段无力、行政调控手段缺失,严重影响着城市病的治理,也制约着天津的整个城市化进程。

总之,在近代天津城市化进程中形成的贫民阶层,以及由此引发的大量城市病的发生,一方面源于晚清、民国时期民族-国家权威的迟迟未能建立,以及城乡背离化发展的推助作用;另一方面源于天津城市化进程中社会分层和社会结构的失衡发展,以及政府在应对此问题上调控手段、管理制度的不合时宜。双重因素的叠加,致使近代天津城市病愈发严重。日益严重的城市病,反过来又阻碍了天津的城市化进程,同时也加剧了城市管理者的窘境。当然,近代城市贫民阶层的膨胀,以及城市病的日益严重,不是天津社会所独有的现象,这在近代中国城市——尤其在人口增长较快的大城市中普遍存在。天津城市病的发生、发展历程警示我们,在城市化进程中,关注社会分层和社会结构的均衡发展,以及对城市病进行及时救治和防阻,这是一个城市社会持久、健康发展的题中之义。

卫生话语下的城市粪溺问题

——以近代天津为例

任吉东[①]

摘要：作为公共卫生的一环，城市粪溺处理是城市近代化的重要内容。本文从中国传统的粪业经营及观念入手，论述了西方列强在传播近代公共卫生的过程中对便溺惯习实施的"暴力"化治理和对传统粪业体系的规范化管理，诠释了卫生普及背后西方文明的传播方式和路径。

在16世纪来华的外国人眼中，中国的城市是很卫生的，城里的街上有专人负责捡拾粪便，"男子们在街上捡粪，如果对方愿意，就用蔬菜或柴作交换购粪。从保持城市良好卫生来说，这是一个好习惯，城市极其干净，因为没有这些脏东西"[②]。反观当时的西方国家，直到17世纪时，"城市居民处理人体排泄物的方式与前人毫无二致，他们经常将这些排泄物从窗口倒到街上……欧洲城市的居民们保留了罗马时代的习俗，将夜壶倒往窗外以处理其'内物'"[③]。"人们一如既往地从窗口倾倒便壶：街道成了垃圾场。巴黎人长期惯于在杜伊勒里宫花园'一排紫杉树下大小便'；瑞士士兵把他们从那里赶走以后，他们就到塞纳河两岸去行方便，于是塞纳河畔既不雅观，又臭不可闻，这是路易十六治下的景象。"[④]

而在19世纪的外国人眼中，中国城市则完全是另外一种样子："一位19世纪晚期游历中国各地的西方人用'可怕'来形容那儿的生活环境：'排水设备向来残破不堪，仅由几条贯穿于城里各处、倾倒垃圾的硕大沟渠组成。而所有的沟渠早已淤塞不通，城市的各个角落都弥漫着令人作呕的气味，不过这是对基督徒的鼻子而言，当地人似乎对此浑然不觉。'"[⑤]"那里到处弥漫的陈腐气味让人无心观赏风景，让人必须时时将手帕捂在鼻子上……身处帝国那片高度成熟的土地上时，各种各

---

① 任吉东，天津社会科学院历史研究所副研究员，南开大学历史学院博士，主要研究方向为中国近现代史、城市史。

② [葡]费尔南·门德斯·平托等：《葡萄牙人在华见闻录——十六世纪手稿》，王锁英译，澳门文化司署、东方葡萄牙学会、海南出版社、三环出版社1998年联合出版，第37页。

③ [美]朱莉·霍兰著，许世鹏译：《厕神：厕所的文明史》，上海人民出版社2006年版，第39页。

④ 费尔南·布罗代尔著，顾良等译：《15至18世纪的物质文明、经济和资本主义》（第1卷），三联书店1997年版，第366页。

⑤ [美]朱莉·霍兰著，许世鹏译：《厕神：厕所的文明史》，上海人民出版社2006年版，第129页。

样的臭味粗暴地攻击我们的嗅觉器官。"①"街道上到处散落着一堆堆污物……从这些污秽中散发出的臭味本来就已经够使人恶心的了。"②就连华人自己也深感有愧:"余见上海租界街道宽阔平整而洁净,一入中国地界则污秽不堪,非牛溲马勃皆垃圾臭泥,甚至老幼随处可以便溺,疮毒恶疾之人无处不有,虽呻吟扑地皆置之不理,惟掩鼻过之而已。"③

"事实上,中国人在这三百年间并没有徒然变得比以前肮脏不卫生……转变的关键并非在于中国人本身,而是在于以英国为首的西方国家,自十九世纪中叶所经历的公共卫生革命。"④随着西方的入侵,这种公共卫生,尤其是关于城市粪溺处理的观念与做法,也随之被带入中国,成为"西风东渐"的主要内容之一,也成为中国城市近代化的一个重要而显著的标的物。虽然今天看来,西方的所谓近代卫生观念普及和机构设置并没有给当时的粪溺清理带来多少质的变化,直至20世纪后期,城市粪溺主要还是依靠"粪夫"的人工操作,所不同的只是粪溺清理有了一层近代公共卫生的话语背景,人们的行为方式也多多少少受到公共卫生观念的规范。

前期的相关研究主要从两个大方面入手,一种是从粪溺自身的行业特点入手⑤,另一种是从近代卫生和市政文明的普及应用着眼。这其中视研究对象又可分为两类,一是针对公厕体系的研究⑥,一是针对粪业系统的研究。⑦ 这些研究大多在近代化或文明的视野下将粪溺清理视为卫生问题考虑,其落脚点大都从城市文明或者近代化的方面探讨其意义,在一定程度上丰富了我们对当时社会背景的认识及对城市文明与现代化的理解。

---

① G. J. Wolseley, *Narrative of the War with China in* 1860, Longman, Green, Longman and Roberts, London, 1862. pp29. 转引自[美]罗芙芸著,向磊译:《卫生的现代性:中国通商口岸卫生与疾病的含义》,江苏人民出版社2007年版,第89页。

② [英]克拉克阿裨尔著,刘海岩译:《中国旅行记(1816-1817年)——阿美士德师团医官笔下的清代中国》,上海古籍出版社2012年版,第92、152页。

③ 《郑观应集》(上册),上海人民出版社1982年版,第663页。

④ 潘淑华:《民国时期广州的粪秽处理与城市生活》,《中央研究院近代史研究所集刊》第59期。

⑤ 相关研究可见[美]朱莉·霍兰著,许世鹏译:《厕神:厕所的文明史》,上海人民出版社2006年版;周连春:《雪隐寻踪:厕所的历史、经济、风俗》,安徽人民出版社2005年版;卢汉超著,段炼等译:《霓虹灯外:20世纪初日常生活中的上海》,世纪出版集团、上海古籍出版社2004年版。

⑥ 相关研究可见苏智良、彭善民:《公厕变迁与都市文明——以近代上海为例》,《史林》2006年第3期;银尧:《厕所改造与城市文明——以近代成都为例》,四川大学历史文化学院,2007年。

⑦ 相关研究可见 Xu Yamin. Policing Civility on the Streets: Encounter with Litterbugs, 'Nightsoil Lords,' and Street Corner Urinators in Republican Beijing. "Twentieth-Century China" 2005(2);辛圭焕:《20世纪30年代北平市政府的粪业官办构想与环境卫生的改革》,载《中国社会历史评论》第8卷,天津古籍出版社2007年版;杜丽红:《1930年代的北平城市污物管理改革》,《近代史研究》2005年第5期;潘淑华:《民国时期广州的粪秽处理与城市生活》,《中央研究院近代史研究所集刊》第59期;彭善民:《商办抑或市办:近代上海城市粪秽处理》,《中国社会经济史研究》2007年第3期。

毋庸置疑,同前近代的历次文明冲突与融合一样,公共卫生作为一种新的文明形式输入并楔进中国的文化母体,也面临着一个适应、生存和发展的问题,它与传统文化之间必然产生一个互动的过程,本文力求从小见大,通过西方国家对近代天津城市粪溺问题的处理来展示文明普及的历史进程——它是怎样改造中国人的不洁惯习,又对中国传统行业造成了怎样的冲击,而它又是选择何种方式进行治理和运作的。

一、多元化的商品:传统时期的粪溺处理

"尽管亚洲在地理、文化上都同西方相去甚远,它却于同一时间令人惊奇地开创出与之类似的人的粪便处理方法。这两个地区都用便池或夜壶来积存粪便。二者的不同之处在于对粪便的珍视程度。西方农民很少用粪便作肥料,人们任凭粪便在便池中日积月累,直至装满,人群熙攘之地尤其如此。相形之下,东方的农民则将城镇各处收集来的粪便视为一种重要物品"。①在西方人的观念中清理粪溺属于卫生问题,在城市管理中,西方国家面对的问题是如何将粪溺置于城市范围之外而不污染人居环境,影响公共卫生。而东方国家特别是中国,粪溺的概念并非局限在卫生的框架内,粪溺,特别是人粪,一直以来都是传统农业中的肥料,中国农民会把粪溺贮存起来,城镇中的粪溺则由专门的粪溺商人收集并当作一种重要商品贩卖到乡间。这种买卖古即有之,最早的记载出自南宋人的笔记:"杭城户口繁夥,街巷小民之家,多无坑厕,只用马桶,每日自有出粪人去,谓之'倾脚头',各有主顾,不敢侵夺,或有侵夺,粪主必与之争,甚者经府大讼,胜而后已。"②

明朝后期来华的葡萄牙人费尔南也在书中描述他看到的肥料买卖:"既有机会提到各种商品,我就再讲一讲我们所见到的一种交易,看到人们居然抓住这么低贱肮脏的东西来为自己的贪心服务,令我们十分吃惊。这就是有许多人在买卖人粪,在他们眼中,人粪并非那么坏的一种商品,所以许多有声望的富商亦参与其中。人粪适合于浇在再次进入休耕期的秧苗地上,因为他们认为它比通常使用的粪肥更好。欲购者走在街上,边走边敲击一块木板,其状犹如沿街乞讨。他们以此方式表明自己欲购何物,因为他们也承认所购之物的名称十分不雅,在大街上高声叫卖委实不妥。这种交易如此兴隆,以至于有时在某个海港会看到有二三百条船入港装粪,犹如我国海港的轮船装运食盐。"③爱德华·摩尔斯也在《东方便所》中说:一进入上海小镇,用扁担挑着敞开着的木桶的男子便迎面而来。他们是大粪搬运工,沿

---

① [美]朱莉·霍兰著,许世鹏译:《厕神:厕所的文明史》,上海人民出版社 2006 年版,第 128 页。
② 吴自牧:《梦粱录》,中国商业出版社 1982 年版,第 112 页。
③ [葡]费尔南·门德斯·平托等:《葡萄牙人在华见闻录——十六世纪手稿》,王锁英译,澳门文化司署、东方葡萄牙学会、海南出版社、三环出版社 1998 年版,第 194 页。

着固定的路线穿过城市。倘若跟随这些掏粪工,你会发现,他们走到附近的沟渠两侧,将木桶里的污物哗啦一声倒入敞舱驳船或另一种船舶里,污满为患时,船只便被牵引到乡间的稻田里,①一位西方人在他的旅行记中更是详细地描述了中国利用人粪制作肥料的过程。②

天津作为华北地区中心城市,粪溺业也是重要的城市经济之一。"粪便也是一种宝贵商品,同样装在独轮车上的木桶里由工人推着在城市里运转。这种食道与农田之间的联系每天一大早便在城市中开始,由一个勤快的男人或女人将家庭马桶里的粪便倒进这一带挑粪夫的木桶里。挑粪的挨家挨户地走,大声吆喝着告诉那些熟睡的居民自己的到来,确保每家每户的粪便都倒进了他的大木桶里。他们会把不要的液体倒进附近的运河或河里,把保留下来较干的粪便运到一定的地点,在那里它们会被铺来晒干。接着粪行的管理者便将这些宝贵的肥料卖给农民,农民用这些粪便生产出更多的食物,反过来再制造出更多的粪便。这种粪便交易是任何一个中国城市与其近郊乡下之间的重要经济和生态联系。在天津的任何一条街上,人们都可以看见挑水夫和挑粪夫出息的来往经过,从郊区到市中心,再带着他们的独轮车或者扁担和木桶回来。"③

大公报也详细记载了这一商业行为:"据报告称津郡春秋二季粪秽出境,每岁约三十万石,每石一百四十斤……查每船运粪平均约三百石,值年景好时,运出船不下八九百只之多,此运销粪秽之大概情形。"④与之对应的,经营粪业的粪厂在天津数目众多,"凡走到津郊,如西头、南开、铁道外等旷野地方,便见有黑团团一堆一块的大粪,臭气熏人,刺鼻欲呕,这就是粪厂的所在。粪厂亦为商业之一,营是业者,租块地皮,作为粪厂,雇佣粪夫,分头拾粪,聚在一起晒成粪干,卖于农民,当作肥料。"⑤

不仅如此,在中国中药中,粪便更是一种不可多得的良药。中药"金汁"就是将收集来的粪便,加上上好的井水或地下泉与红土,经多道工序后,埋入地下至少一年形成的中药。据传自晋代始就有以粪便入药的记载。而且,对于粪便人们往往冠之以"人之遗者,人中黄也;人中黄者,人之遗金也。"据说店家停止营业之后,不干涉附近居民到店门前大小便,因为双方都认为这是一种"风水",有人在店门前遗金,当然是财运亨通之兆。这与中世纪的欧洲极为相似:"大门口的粪便垃圾

① [美]朱莉·霍兰著,许世鹏译:《厕神:厕所的文明史》,上海人民出版社2006年版,第129页。
② 余新忠:《卫生史与环境史——以中国近世历史为中心的思考》,《南开学报(哲学社会科学版)》2009年第2期。
③ [美]罗芙芸著,向磊译:《卫生的现代性:中国通商口岸卫生与疾病的含义》,江苏人民出版社2007年版,第223页。
④ 《大公报》,1909年11月2日。
⑤ 刘炎臣:《津门杂谈》,三友书社1943年版,第94~96页。

堆不使任何人感到不适,而是代表这家人的富足——这是了解未婚妻可能得到的遗产的可信标志。"①

这些近乎白描式的语言,充分体现了中国城市传统粪溺处理的原生态和人们对于粪便的集体认知,可以看出粪溺在中国人的心理和实际操作中,其经济、农业意义甚至于风水意义要远远大于卫生意义,具有很高的实用价值。而这种商品的属性使得人们对其不但不避舍三里,反而趋之如鹜,不仅城市如此,就连乡村也概莫能外,清代酌元亭主人的小说《掘新坑悭鬼成财主》就展现出浙江湖州乌程县乡村的一位穆太公利用公共厕所收粪致富的生动画面。②

但既然是商品,则它也遵循基本的商业原则,即最小的成本与最大的利益,因此"就连作为首善之区的北京,仅有的一些公厕也是由粪霸掌控的粪场子设立的,目的只是为了方便地收集粪便,并不考虑卫生、环境、隐蔽等问题,因此都是简陋得不能再简陋,节省得不能再节省。这样的公厕多数为露天的,周围仅有半人高的矮墙,里面挖上六七个坑,每个坑里埋一个小缸,缸前用砖头砌一道一砖宽的尿槽,这就是一个厕所的全部内容。"③这种因陋就简的方式,让外国人也倍感烦恼:"这次停留期间,使团因大量的公共厕所而备感烦恼,这些厕所成排分布在小镇外,船队停泊的地方。我们在中国大多数城市都看到过这样的厕所,建造这些厕所的目的似乎更多是暴露而不是隐蔽,他们只是一些敞开的棚子,棚子内必不可少的储粪池上面搭着两道横板,厕所中很少有空闲的时候。"④

而相对应的,居民对于这种"商品"的随意性更是让人触目惊心。"中国人士,性习于不洁,清净非所素爱。衣服则污秽频仍而洗涤艰难,室则尘埃堆积而罔知扫除,街市则粪土之杂风扬于身,出入呼吸之间,秽不屑目见,臭不忍鼻闻。"⑤而临河之居者自然视河流为天然的排污场所,在天津,"人们有着把尘芥污物等几乎是不选场所地随意放置的风气,平常住在海河沿岸的居民是把夜间的污水、尿水等随意倒入海河的。在中等以上的军民的住宅内设有厕所,尿槽通常设在屋外一角,用大壶或木桶充当。尿水积满以后,由家仆、人夫等放弃在街上或倒入地沟。"⑥"交夏以来,四外的客人都来天津办点事,一进天津的围墙,四面八方,无处不臭,人人都

① [法]达尼埃尔·罗什著,吴鼐译:《平常事情的历史——消费自传统社会中的诞生(17 世纪初 - 19 世纪初)》,百花文艺出版社 2005 年版,第 194~195 页。

② 参见[清]酌元亭主人著,张琳校点:《照世杯》,中州古籍出版社 1985 年版。

③ 周连春:《雪隐寻踪:厕所的历史、经济、风俗》,安徽人民出版社 2005 年版,第 35 页。

④ [英]克拉克·阿裨尔尔著,刘海岩译:《中国旅行记(1816 - 1817 年)——阿美士德师团医官笔下的清代中国》,上海古籍出版社 2012 年版,第 152 页。

⑤ 《论卫生局宜善防疫》,《顺天时报》光绪三十三年四月十三。

⑥ 日本中国驻屯军司令部编,侯振彤译:《二十世纪初的天津概况》,天津市地方史志编修委员会总编辑室,1986 年,第 330 页。

有个臭天津的俗语。"①"每至日落以后,终夜臭雾难闻,吸之最易生病,无可躲避。"②而那些负责掏粪的"这些人不具备卫生知识,对工作漫不经心,常常将桶中的粪便洒落在街上。"③

二、刺刀下的惯习:西方语境的公共卫生

在中国,国家政权介入对于粪溺等的清洁管理是在二十世纪才出现的,而对于天津,这种介入是与西方的入侵相伴相生。"在原来的中国,总起来说南北各地没有听到任何关于卫生设施。直到义和团事变前,天津知县衙门在有死者呈报之时,有关于死者的死亡及埋葬的目的分配、尸体检验等手续,可视为其卫生制度之滥觞,实际上是从义和团事变之际才开始的。……当时受到兵灾之后,天津的街道不干净及杂乱的程度,可以说是不能忍受,所以在都统衙门内特别设有卫生局,以法国军医及日本军医为主任,依靠都统衙门的威力,力行了关于道路及其他的清洁方法。"④

1900 年 6 月英、俄、德、法、美、日、意、奥八国联军攻陷天津,7 月 30 日成立了"天津城临时政府",即都统衙门。都统衙门设立了 7 个常设机构,包括总秘书处、巡捕局、卫生局、库务司、军事部、司法部和公共粮食供应署。而对公共环境卫生的管理被列为城市管理最主要的内容之一,"联军津政总理天津城厢内外至围墙泥城为止,各国租界及车站制造局电报军营等已为联军所占者不与焉,天津政府应办之事如下:一使城厢内外地方平静;二设法使地方无瘟疫之灾。"⑤在《天津城行政条例》中也着重指出临时政府的其中一项职责是在其管辖范围内"采取卫生防疫措施,预防发生流行性疾病和其他病患"⑥。并出示晓谕,"巡捕官出示晓谕,为津郡城厢内外铺户居民倾倒秽物,堆积街巷,臭气熏蒸易染疾病,着按段扫除洁净,毋得再为堆积,铺户居民奉示后竭力洒扫一律洁净。"⑦

在当时的外国人眼中,"天津地方的居民,对医疗卫生的观念与设施,处在极其幼稚的境地,几乎是没有任何卫生思想。这一方面是由于风土气候的关系已经缺

---

① 《臭天津》,《天津白话报》宣统二年三月十八。

② 《对于外人防疫烦苛之感言》,《竹园丛话》第 11 集,第 46 页;郭方斋:《时疫缘起治法说》,《大公报》光绪二十八年六月初九。

③ [美]罗芙芸著,作舟译:《卫生与城市现代性 1900－1928 年的天津》,载《城市史研究》第 15～16 辑,天津社会科学院出版社 1998 年版,第 168 页。

④ 日本中国驻屯军司令部编,侯振彤译:《二十世纪初的天津概况》,天津市地方史志编修委员会总编辑室,1986 年,第 322 页。

⑤ (清)储仁逊:《闻见录》卷 5,光绪二十六年,未刊本,第 15 页。

⑥ 倪瑞英等译:《八国联军占领实录——天津临时政府会议纪要》,天津社会科学院出版社 2004 年版,第 1 页。

⑦ 《闻见录》卷 5,第 29 页,光绪二十六年。

乏清水等各种天然的障碍,使得他们的生活状况不能不陷入不干净、不卫生的状态;另一方面则是由于古来的恶风陋俗顽固地不能拔除,特别是对一般国民的教育还未普及,居民缺乏科学知识的结果,导致了徒然固执于迷信思想,却不懂得保重自身生命的道理。"①

一种行为的养成定型与自觉自为,需要规章制度的保障和规范,在这方面都统衙门首开城市公共环境卫生制度管理的先河,其在 1901 年 3 月制定了"洁净地方章程五条"规定:一本衙门现已选定数处地方堪以堆积各项污秽,每处均挂牌指明处所,各街民人每日应将污秽亲往该处倾倒;二民人不得将污秽倒弃院内及路旁河边等处;三如敢故违定惟附近居民是问或系罚银否则惩责;四每日民人须将门首地段洒扫清洁;五相近居民之处不准开设晒粪厂,如欲设立,须在城外相距民房四五十丈以外地方。而相对应的,为普及西方人所谓的"现代文明",都统衙门对还没有养成卫生习惯的天津市民施以重典,对"违法者"从经济上和身心上给予严厉的惩罚,象征着现代文明的公共卫生就是这样与赤裸裸的暴力惩罚直接联系在一起,构成近代天津城市文明化的初始。②

据时人记载,都统衙门对违反卫生的人当作犯人一样进行处罚,一旦被抓获就被剪掉辫子,穿上特制的衣服,戴上枷锁被铁链连成一队游街。"余行经津郡南门东军械所前见有苦力二十余名,剪去发辫头上光光蒙以手巾,上身右半着红色半着蓝色,下身右半着蓝色左半着红色,两胫皆系铁镣或抬秽水或抬臭泥,有印度兵荷枪押其后,谛视良久见内中有二体面人一系读书人一系买卖中人,但不知因何而致此也,噫国势岌岌当轴梦梦,后此十年吾华人无往不是苦力矣,悲哉痛哉。"③"津郡城内达摩巷居民张一因门首秽物太多,为洋总捕所见,即将张一揪送捕房惩责四十鞭,大水沟李均因门前不洁罚洋银二圆,刘家胡同后刘永谢玉亦被抓去,因其贫苦遂从宽罚银五角,而放晒米厂一带因街道不净为意大利兵抓去居民约十五六人,皆以绳穿发辫送往都统衙门发落。"④"津之南门外大街铺户居民,门首每日早晨必须打扫洁净,否则查出责罚不贷,有杂货铺门首堆有秽土,被查街日本兵瞥见,遂将铺掌扭去责令顶砖。"⑤

"都统衙门的卫生部除了试图规范垃圾和死亡的混乱外,它还试图规范另一种

---

①　日本中国驻屯军司令部编,侯振彤译:《二十世纪初的天津概况》,天津市地方史志编修委员会总编辑室,1986 年,第 316 页。

②　《闻见录》卷 6,第 165 页,光绪二十七年。

③　《闻见录》卷 7,第 87 页,光绪二十八年。

④　《闻见录》卷 6,第 35 页,光绪二十七年。

⑤　《闻见录》卷 6,第 33 页,光绪二十七年。

原始的生理现象——排泄"①,对于西方人看来"排泄和排泄物的适当地点已经成为个人卫生和公共卫生不可或缺的因素,对于全世界而言都是如此,它是文明的先决条件。"②颁布的最早禁令之一就是禁止当街便溺,而这一规定是用刺刀和拳脚推行下去的。"津之东浮桥上有一人小解,被德国洋兵抓到捕局去罚办。"③"津之侯家后芦子坑见工程局巡捕二名揪究一人向西而去,询之路人云系在街小便不谙区处被获罚办。"④

不仅如此,惩罚随地便溺之人也成为羞辱天津市民的一种手段,"津东闸口南卢庄之宽阔地界,有十五六岁华人在该处便溺,被洋兵瞥见揪获,将所出之粪令其用手捧到僻静处,该民先为不允,洋兵抽出枪刺即欲动手,该民以事不得已,只得从命,该兵见两手污秽,不堪一笑而去。自拳匪后,黎民遭涂炭,被洋人所辱者不可枚举,凡路行人不准小便,如小便者罚洋一圆,门前非洒扫洁净不可,否则罚洋一圆。"⑤"津郡侯家后日本巡捕局自添设打扫夫以后,街巷甚为洁净,日捕不时巡查,见有在街出恭者,即捉人入局,在院中立正,令双手举一木凳,限以二时为止释放"。⑥

而且这也成为借机生财的一种方式。"津之南门内台子一带向多粪厂,有印度兵在该处巡查,遇有大便者即行抓获,罚洋一圆,该兵等见得之甚易,遂在附近出隐身,专待有人出恭以博罚款,今经该管洋官查悉准各厕中用苇箔遮护,以为便地,从此附近居民无受罚之虑。自津城失守,各国联军占地凡屯城若有任在僻处大小便者,抓获者罚洋一圆,是有处食无处出恭。"⑦"外乡卖木梳者,行经津之西头偶一小解,致被该段华捕拘获,再三啼求,终不肯放,后在货包中凑集现钱数百文给华捕,该捕不允,又同至西方寓中取来钱若干,连前共数吊始脱于难。"⑧

"都统衙门把公共场合便溺看做一种罪恶,但是他们花了两年时间才在天津城里建起了公共厕所以供人们在适当地点排泄。"⑨这种公共厕所被称为官厕,到都统衙门后期"卫生事业的成绩看来还不大,只不过是在天津城内外设立二十七个公

---

① [美]罗芙芸著,向磊译:《卫生的现代性:中国通商口岸卫生与疾病的含义》,江苏人民出版社2007年版,第188页。

② [美]罗芙芸著,向磊译:《卫生的现代性:中国通商口岸卫生与疾病的含义》,江苏人民出版社2007年版,第189页。

③ 《闻见录》卷7,第54页,光绪二十七年。

④ 《闻见录》卷7,第78页,光绪二十七年。

⑤ 《闻见录》卷5,第85页,光绪二十六年。

⑥ 《闻见录》卷6,第133页,光绪二十七年。

⑦ 《闻见录》卷5,第89页,光绪二十六年。

⑧ 《闻见录》卷7,第38页,光绪二十七年。

⑨ [美]罗芙芸著,向磊译:《卫生的现代性:中国通商口岸卫生与疾病的含义》,江苏人民出版社2007年版,第189页。

共厕所"。① 除此之外,还有华人设立的茅厕津郡内外街道均归外国分段管辖,不准沿街大小便溺,已有年余,现经董事李植宗商办,建立华人茅厕二百余处,每厕设夫役一名,按时扫除。②

这些公厕需要交纳如厕使用费,"近日洁治道途,免使秽气熏蒸易生疾病,且处处建立官厕,以便居行等人大小解,法至良至美也,凡管理官厕致之人,遇大解者索钱一文。"③甚至有借此敛财者,"厕役向大便者索钱五文,小便一二文等等不齐,遇外方人口音不符者,勒索更多,偶有手中无资,该役即扬言是绅董所派捐钱以俟修补茅厕之用云云。"④以至于这对于天津的绝大多数贫民来说毫无意义,他们更乐衷于免费出恭,因此时常会有人公然在公厕外大便,"本津盐坨棋盘街南李德耀当黄昏时在厕外大便,被洋兵所见,暴打一顿而释。"⑤

三、制度下的规范:中体西用的粪业体系

而相对于城市居民随意大小便的习惯来说,传统中国城市的相关粪溺处理也大多是"自扫门前雪"的状态,完全处于民间社会的自发经营状态,具有数百年历史的天津也是如此,以至于天津日本租界的商业会议所曾专门致函天津商会,询问此事:在天津城内外粪尿之处分法:一、在官衙直接(派)苦力行扫除否,若有其官衙系何名;二、在官衙门有包办扫除否。三、市居各家自行使令苦力扫除否。在天津城内外对粪尿扫除市民负担:一、前一项之办法官衙支给之经费若干,市民应一月一年纳捐额几何;如此之粪尿空投弃否,或以相当代价下附农否,其价几何。前两项办法在官衙其给扫除费用否,给费之际其额若干。包办者有无废除粪尿代价否,包办者包办扫除之时,如不领费用其犹有粪尿之代价否,如有论月论年,其额若干;三、前三项办法其扫除费几何。天津城内外有一定之粪尿厂否,若有其地何名,干粪之用途并买卖习惯法及价额,制造干粪者与扫除粪尿者其有何等之关系。⑥而天津总商会的回答则为"查天津市粪尿历由贫民扫除制造干粪,亦由若辈自行经理,向来官不过问,并无一定规则。"⑦因此粪业传统是在农业社会中形成的,几乎未受到政府的指导,施行的是自我管理。

① 日本中国驻屯军司令部编,侯振彤译:《二十世纪初的天津概况》,天津市地方史志编修委员会总编辑室,1986 年,第 323 页。
② 《闻见录》卷 8,第 98 页,光绪二十八年。
③ 《闻见录》卷 7,第 58 页,光绪二十七年。
④ 《闻见录》卷 8,第 98 页,光绪二十八年。
⑤ 《闻见录》卷 7,第 58 页,光绪二十七年。
⑥ 天津档案馆,J0128－002263－004:《为天津粪便清扫规则应详细示知事致天津商务总会函》。
⑦ 天津档案馆,J0128－002263－004:天津商务总会:《为贫民自行扫除粪便等事致日本商业会议所函》(1912 年 9 月 19 日)。

虽然都统衙门时代,对个人随地大小便的恶习以暴力的方式雷厉风行,也取得了一定的效果,但在怎样处理这些粪溺时,面对天津具有悠长历史的"粪业系统"和数以百计的粪商以及数以千计的粪夫,即使是操纵着文明话语权的强势"军人政府"也不得不萧规曹随,仍保留了由粪夫运送城市人粪便这一传统的清理粪便的方法,天津城市里的粪溺大多还是由中国粪商承包办理,但相对于传统时期官府的不闻不问,都统衙门和以后各租界的管理部门本着"卫生"的前提,对其严加约束和制度化管理,使得传统粪业固有的惯习和约定俗成的"潜规则"增加了一些西方的色彩,形成了"中体西用"的局面。

都统衙门时期,这些公厕粪便的掏取主要由卫生局出面雇佣中国人负责,仍然实施的是中国式包商体制,但是由管理部门划定承包界限,规定承包时限,加以明文规定:"津郡洋都统衙门卫生局员胡 为出示严禁事照得本衙门现在各处设立中厕,已派有包工人万长庆经理扫除粪土,无论何人之地,均由万长庆派令小工扫除,不准另人前往搅扰,如敢故违,定行从严惩处,绝不姑宽。"①而按照粪业的传统惯习,这样的"粪道"大都口耳相传,并无一纸凭据,就连"各保甲长对掏取粪污事均不明晰……无论何人掏取对各住户均无妨碍,"②以至于纠纷丛生,"天下至污者莫如粪,然田非粪不殖,载在周礼孟子亦尝称之,故捡拾皆有规矩,分地段不得混淆也,昨金家窑与狮子林两粪夫在大道相争,彼此打作一团,旁人排解之,据云事关重大非控经官断不能了,若辈勿管也,遂揪扭以去。"③

而随后的租界则各有自己的处理方式,可谓传统与现代并举、中式与西式齐飞。英国租界公厕十一处,均有地井存储粪便,"所有各住户之粪井由租界工部局雇工轮流掏挖,从无堵塞情形,是以各住户粪井异常整洁。"④意大利租界公厕八处,"因各户建筑,多为抽水马桶,设粪坑者甚少,虽曾一度有人全部包办,但以粪户无多,且异常零散,人力所费亦太多,亏累亦甚巨,嗣后遂无人继续包办,一任跑海粪夫自由掏取。"⑤德国租界公厕八处,则由一名叫王世泰的中国人承包,嗣后迭经易人。

日本租界则由日本人出面承办,再转包给中国粪商,"日租界所有环境卫生事务原系由日人宫琦假借李子清名义包刻",据中国粪商李子清交代:"旧日租界之粪便,本人于民国三年即开始承办,彼时系由日人万太成立卫生会,由家叔李松泉承办,至民国十七年,租界成立保净科,将取粪事务,包给谢文清、崔雅亭承办(谢崔

---

① 《闻见录》卷6,第60页,光绪二十七年。
② 天津市档案馆,J0056－1－0934:处理粪便事项(第一册)。
③ 《直报》,1898年4月24日。
④ 天津市档案馆,J0056－1－0935:处理粪便事项(第二册)。
⑤ 天津市档案馆,J0056－1－0934:处理粪便事项(第一册)。

二人仍转包与本人）。"①

不同于以往的听之任之，相应的管理部门对整个流程加强了监督和抽查，严惩各种不文明的恶习，"其每日在厕内拣粪倒灰之官小工不准向各商户民家讹索钱文，一经查出亦必重罚。"②而对于旧习不改之辈则给予开除，"津郡都统衙门卫生局梅，为出示晓谕事照得前办官厕之邱应运、冯天锡等业经罚办开除，所有邱应运与各民人私立之合同亦均须作为废纸。"③而在往常，粪业从事者专横跋扈，肆意以息业相要挟，要求额外的费用，"磕灰的粪夫每到年节，或届立春、立冬等等小节，或遇下雨下雪，道路泥泞的日子，他们便要借题发挥，向各住户要点零钱。"④"津之各粪厂捡粪人挨户要钱，由数文至百十文不等，稍拂其意，彼即数日不来，是以各居民无不忍气，不敢与较。今西门内永顺米局因拾粪人索钱，该米局人与之互有争辩，拾粪人遂纠集同伙多人，各持粪叉粪帚与米局寻殴，嗣经巡捕弹压始能解散。噫其事甚小，其臭甚大，人之怕臭，举世同情无惑乎。粪中人倚势作威，而米中人甘拜下风也。"⑤

其中，日本租界的管理尤为正规，由专门的机构负责，先为卫生会，后为保净课，最后是清扫课负责监督，不仅与中国粪商定有合同，"每年四月一日，更换合同一次"。虽然"与保净科（该部后改隶于居留民团）订立合同，并无费用，仅交一部保证金，并无其他花费，上项保证金，前因产量减少，亦已退还。"⑥但管理部门对粪夫行为和掏取时间有着严格的规定，如对粪夫素质恶劣，索要酒钱小费者以及故意懈怠、言辞粗鲁、行为不端者，一旦发现立即解聘，如上文的谢文清、崔雅亭两人"嗣后未及一年，该商等因收取小费，被租界局解约。"⑦在时间上"明石街以西地区，必须在午前八时终了，午前十时由伏见街西端运出，明石街以东因为各户起床和夜间营业的关系，在日落前三小时内完成作业，并以季节区分，夏季在午后五时，冬季在午后二时，由伏见街、秋山街、山口街的污物转运站用人力车运出。"⑧还对收集方法详加说明，各家各户要直接从厕所或便桶汲取，在秋山街和桥立街两处污物集舍场进行屎尿分离，屎用专门的容器收集，放到手推车上，从伏见街西侧上船运走，尿则倒入两处的下水道直接冲走。⑨ 并严格规定严禁粪夫将尿液偷倒入居家附近的

---

① 天津市档案馆，J0056－1－0934：处理粪便事项（第一册）。
② 《闻见录》卷6，第60页，光绪二十七年。
③ 《闻见录》卷8，第99页，光绪二十八年。
④ 刘炎臣：《津门杂谈》，三友书社1943年版，第94～96页。
⑤ 《闻见录》卷6，第131页，光绪二十七年。
⑥ 天津市档案馆，J0056－1－0934：处理粪便事项（第一册）。
⑦ 天津市档案馆，J0056－1－0934：处理粪便事项（第一册）。
⑧ 《昭和六年民团事务报告书》，第222页。
⑨ 《昭和六年民团事务报告书》，第181页。

下水道,一经查出立即开革。

总体来说,租界对中国式粪业系统的借用一方面有利于在现有条件下更有效地解决租界内的粪溺问题,另一方面他们对这一系统的管理方式和规则制度也给予了中国式粪业系统一定的改良,规范了行业行为,提高了从业人员的素质。

四、小结

人们对新事物的认识和新文明的接受,有一个由表及里、由浅入深、由自然自发到自觉自为的过程,而对于一个社会来说,任何目标的实现,任何规则的遵守,既需要外在的约束,也需要内在的自觉。天津市民在刺刀威逼下养成了大小便如厕的卫生习惯,"以往是不问路旁、墙壁、随地滥撒大小便,今天几乎达到了绝迹,这不能不说是其显著的成绩。然而如果到公共厕所里一看,其杂乱不卫生的程度,几乎不能靠近。再加上在小胡同或狭窄道路里,那些不惹人注目的地方,仍然可以看到屎尿、尘埃散乱的景象,只是不像从前那样严重罢了。"①城市的面貌也为之一新,"各街巷向来路途污秽甚多,每逢行人沿途便溺,虽经有巡视街道之官屡次严禁,乃商民纷纷效尤,刻下自各国分界管辖,派兵严查各街巷,乃商民等遵奉谕令均皆扫除污秽,遇有凹凸之处,即为平垫,现在行人得履平坦之道。"②

粪商们在合同制约下也形成了讲求干净、文明行业的工作素质,虽然粪商客观上仍以追求商业利润为主要目的,但在主观上动辄也以"卫生"为己任,"津市工商荟萃,人烟稠密而粪业应环境之需要,遂有肩起扫除粪便、维护卫生之重责。"认为自己的行业"协助官府保持卫生,清除粪便裨益市民。"③而其行业也被部分地纳入城市管理之中,为今后进一步的行政化和正规化奠定了基础。

可见,尽管公共卫生无疑是"文明"的产物,但普及和接受这种文明的过程并不一定都是"文明"和同质的。相对于个人来说,天津民众所感知的这种"文明"经历"刻骨铭心",以至于时人疾呼"大国民被倭奴欺辱太甚、民受辱呼天枉然、羞辱华民已甚矣、国民受外人欺侮不可言状、津民受外国兵欺辱太甚"。而相对于一个行业来说,则是其重新定位洗牌的整合与重组,是从民间行为上升为政府行为的契机和动力,更是政府与社会之间悄然发生的一次控制与反控制的争锋与博弈。而同时,尽管是伴随着枪炮而来的强势文明,也会面临着一个适应、生存和发展的问题,也会因传统力量的强弱而存在抉择与扬弃,其传播方式和传播路径也会"因人而异",对市民的暴力化倾向和对粪商的规范化运作就是鲜明的对照和生动的诠释。

---

① 日本中国驻屯军司令部编,侯振彤译:《二十世纪初的天津概况》,天津市地方史志编修委员会总编辑室,1986 年,第 323 页。

② 《闻见录》卷 5,第 94 页,光绪二十六年。

③ 天津市档案馆,J0002 - 3 - 2060:为发起组织粪业职业工会事致天津市政府呈。

民国地方政府的摊贩治理

胡俊修 李 静①

摘要: 历来视为自然存在于社会底层、商业链末端、阶层边缘的摊贩群体,因在城市化进程中,给城市市容、交通、卫生、治安、食品安全、市场秩序造成的"疮疤",一度从城市边缘成为市政焦点。伴随着南京国民政府成立、专家治市格局的形成、"城市改良运动"的开展,摊贩行为纳入系统的城市管理范围。在国民党市政当局规划管理制度、建立管理机制、调控各方利益关系的多维治理方略下,基本实现了城市形象与摊贩利益的共存。囿于摊贩集体人格与政治生态的影响,市政当局对摊贩的治理成效大打折扣,而且市政当局对摊贩强权控制的治理理念决定了摊贩治理本质上只是表面的趋同,而非内在的共融。

摊贩,作为在中国有着悠久历史,并以集市为依托、长期存在于社会底层的商业群体,一直活跃于广大城乡之间,是商品流通的主要载体、经济繁荣的显著反映,同时也是街头民间文化聚集的元素。一直以来,摊贩群体处于城市社会底层的边缘,游离于城市规范管理体系之外,城市充盈的市场需求与市民生活的现实需要给摊贩以生存空间。然而,城市的发展改变了摊贩自由谋生的命运。摊贩经济对城市交通、环境、治安等造成了不同程度上的干扰,摊贩似乎成为城市生活中"必要的祸害",对摊贩的治理提上议事日程。本文尝试围绕民国时期地方市政当局对摊贩的治理之路,呈现近代城市地方政府治理摊贩的得与失。

一、摊贩群体由城市边缘至市政焦点的嬗变

(一)20 世纪以前:摊贩于城市边缘地带的自由谋生

传统中国城市的街头是摊贩自由使用的公共空间。在中国传统社会,街头历来是小贩谋求生计的自由市场,是市民获取日常生活需求、汲取精神养分的娱乐场域。国家也将其视为一种自然存在。清末,因政府最基层官僚机构只设到县级,而缺乏代表公权的市政管理机构;同时,衙门的正式官员有限,无法满足控制辖区内

---

① 胡俊修,三峡大学马克思主义学院副教授,武汉大学中国传统文化研究中心博士后研究人员;李静,三峡大学马克思主义学院 2011 级硕士研究生。

庞大而分散人口的需要。地方政府集中有限的人力处理税收、治安等重要紧急的事务,街头主要由邻里组织和保甲系统的街区自治来维护基本的社会秩序,因而国家根本无法把公共权力的触角深入到下层社会领域,"正式市政管理机构的缺乏,使社会各个阶层的成员都能较为平等地使用公共空间"①。

小贩作为活跃街头的主要群体,自由行走于城市公共空间,游离于国家管理体系之外,他们利用街头施展生存技艺,走街串巷叫买叫卖。直到国家命运遭遇千古变局,摊贩群体的命运也卷入历史的漩涡。

(二)晚清时期至国民革命时期:摊贩于权力干预下的夹缝生存

城市的近代化使摊贩逐渐成为市政控制的对象,改变了摊贩安逸的生存环境,挤压了摊贩广阔的生存空间。以晚清政府效仿租界推行的路政改良、建立警察制度为逻辑起点,摊贩管理拉开了历史帷幕。

路政改良剥夺了摊贩的自由摆摊权。晚清时期的国中之国——租界,在现代市政管理下,呈现出马路宽广、街道整洁的城市形象,与华界的"脏乱差"形成巨大反差,市民"每以租界为天堂,以华界为地狱"②。仁人志士对落后的反思及对近代化的探索,使他们开始有意识地"仿习"租界,推行路政。为肃清摊贩的占道经营,晚清政府时期,"革新派已发布了限制自由设立摊点的法令"③,对于"任何要在公共场所摆摊设点的人,都必须事先获得批准"④。清政府还效仿租界建立菜场。"张之洞在督鄂时期,为方便市民,利于城市交通与卫生,减少菜贩随处沿街摆摊设点的状况,在武昌创办了菜场上十处。"⑤

伴随警政的推行,摊贩纳入专门机构的管理范畴。传统的城市管理体制与城市发展的冲突,迫使清政府效仿西方国家,成立了"一个管理近代城市的综合职能部门"⑥——警察局,借以新的警察制度代替旧的保甲制。警察局承担了众多的社会职能,行政科"掌凡关于警卫、保安、风俗、交通及一切行政警察事项……",卫生科"掌考核医学堂之设置,卫生之考验、给凭,并洁道、检疫、计划及审定一切卫生保健章程"。⑦ 警察各项职能的交叉履行无可避免地涉及整顿摊贩的营业行为,主要集中在交通、卫生、市场秩序方面。在市容整顿中,警察局对各街巷口设货摊者"拟

---

① 王笛:《街头文化——成都公共空间、下层民众与地方政治(1870—1930)》,李德英译,中国人民大学出版社 2006 年版,第 31 页。
② 《业主会详记》,《国民新报》,1912 年 5 月 15 日。
③ 《夏口县志》卷一五,1920 年。
④ 《四川通省警察章程》,《国民公报》,1913 年 2 月 21 日。
⑤ 《驱逐摊户》,《汉口中西报》,1919 年 3 月 30 日。
⑥ 皮明庥:《近代武汉城市史》,中国社会科学出版社 1993 年版,第 97 页。
⑦ 韩延龙、苏亦工:《中国近代警察史》(上册),社会科学文献出版社 2000 年版,第 64~65 页。

定分等纳捐,以期整理,而示限制"①,市场交易中要求"各项大小商贩均须公平交易不得抬价居奇,兑换银钱价值亦须与钱币一律"②。

至此,摊贩群体丧失了自主丰富的街头生活,其命运与国家政治生活紧密相连。他们徘徊在对传统权力的希冀与对市政公权的抗拒之间,艰难地在城市寻找自我立足之地,谋得乱世中的温饱生活。更为不堪的是,囿于摊贩经济自身的社会弊病,使摊贩群体行为直接置于国家公权的调控之下。

(三)南京国民政府时期:摊贩于市政焦点下的整顿

摊贩之害给城市现代化进程中带来的"疮疤"使摊贩成为市政管理的焦点。伴随近代城市化运动肇始,城市急剧扩展,城市病逐步暴露。社会改良者认为:"若不从严取缔殊难臻于秩序井然之境"③、设法改造城市公共空间、提高"文明程度",使公共空间"现代化"。与摊贩经济相伴相生的一系列"丑态"行为日益凸显,与近代城市发展、市政建设相悖,招致精英人士的抨击,成为城市管理者眼中的"顽症"。因此,摊贩终究无法逃脱被整顿与取缔的命运。

1. 黯淡市容市貌

摊贩占道经营,侵蚀公共空间。如汉口一些小贩只图个人牟利,"不顾公德,摊基乱摆"④,违反交通者达 396 人⑤。在交通要道、市政中心,客源多、人气旺盛,他们会聚集、扩展,"杂物货摊,添街塞巷,夹道纷呈,不能容身"⑥,致使交通堵塞、行人拥挤,甚至引发交通事故,造成"小贩被汽车撞伤身死"⑦的惨案。所谓"妨害交通市容,莫此为甚"⑧。

摊贩营业污染环境,侵扰居民生活。部分摊贩沿街买卖,肆意倾倒食油污水和果皮菜叶,"积土甚高,臭气四溢"⑨。菜场的环境状况甚是恶劣,竟"以小菜场为厕所,入内大便"⑩。另外,各种吆喝声以及食客的喧闹声带来噪声污染,特别是夜间小贩,大声叫卖,"彻夜不休"⑪,"影响安宁,良非浅鲜"⑫。

---

① 《小民无立足之地矣》,《民呼报》,1909 年 6 月 8 日。
② 田涛、郭成伟:《清末北京城市管理法规》,北京燕山出版社 1996 年版,第 206~207 页。
③ 《函请从严取缔沿街摊担以利新运》,成都市档案馆档案,全宗:93-4-1093。
④ 《摊户不顾公德》,《民国日报》,1918 年 3 月 25 日。
⑤ 《天君:半年来违反交通人数之统计》,《新汉口市政公报》,第 2 卷第 8 期。
⑥ 周以让:《武汉三镇之现在及其将来》,《东方杂志》,1924 年第 21 期。
⑦ 《小贩被汽车撞伤身亡》,《申报》,1927 年 12 月 10 日。
⑧ 《武汉三镇摊贩管理办法》,武汉市档案馆档案,全宗:40-13-367。
⑨ 《摊贩申请与登记》,武汉市档案馆档案,全宗:40-13-802。
⑩ 《误认小菜场为厕所》,《民国日报》,1918 年 10 月 11 日。
⑪ 《取缔管内夜间沿街叫卖水果食物摊担一案》,成都市档案馆档案,全宗:93-6-247。
⑫ 《为菜货市场摊贩从严取缔》,成都市档案馆档案,全宗:93-2-2460。

2.扰乱市场经济秩序

一些摊贩缺乏商业道德,破坏市场的公平竞争。摊贩的市井之气不是与生俱来的,在社会安定、经济秩序稳定时,一些经营有方、循规守矩的摊贩凭借自己勤劳的双手尚可维持生计。

然而,"恶劣的生存环境中会滋生出极端的自私自利,人情的冷漠以及种种不负责任的人性"①。或为生计所迫,或觉有利可图,少数小贩在利益欲望的驱使、熏陶下,变得精明圆滑,并练就三寸不烂之舌,学会以次充好,伪造白木耳、油内掺水,"大做拆白生意"②;缺斤少两,卖物不给足秤,"出售猪油,斤两不足,索价较高"③;交替使用不同刻度标准的秤杆,"不同的斤与两的比例用在不同类型的交易中,对应不同的价格"④,统一度量衡标准的缺失,本身为欺诈行为提供生存空间;投机倒把、哄抬物价,奸商私自贩运,高抬售价,甚有"不法商贩破坏限价制度,擅自提价四倍"⑤者。

3.危及食品安全

作为"手里提着,肩上挑着,口里喊着"的小贩之流,图本轻利,所售卖的食品没有经过合法的食品检验,将"死牛瘟猪,腐菜臭酱,消纳于此"⑥;绝大多数饮食摊贩设备简陋,食品原料卫生无保障;食物受到车辆、行人带来的灰尘污染,成为滋生病菌的温床;夏天"小贩售卖凉粉冰水及未熟或已烂之瓜果,受到苍蝇、蚊虫的侵袭,食之,为痢疾痧症之导线"⑦。

4.冲击社会安定

摊贩身份被社会不良分子所利用,严重危及公共安全。一些从事偷盗、抢劫、欺行霸市等恶性犯罪活动的人隐藏在小贩之中:"小贩伙计做贼"⑧、"牛肉摊主串拐少女"⑨;在特殊环境下,外来奸匪人员利用小贩作掩护:"被革军警串通流氓摆设赌摊"⑩、"假冒警察名义勒收费用"⑪;各街里巷口、摊贩居住由毛竹和茅草搭成的棚屋"阻碍火警时消防车之通行"⑫,为火灾、藏污纳垢、藏匿罪犯等埋下隐患,危害社会,扰乱治安。

---

① [美]切斯特·何尔康比:《中国人的德性》,陕西师范大学出版社2007年版,第204页。
② 《哑子揭穿黑幕——假眼镜生意》,《汉口中山日报》,1928年12月30日。
③ 《小贩违章牟利》,《申报》,1930年11月20日。
④ [美]切斯特·何尔康比:《中国人的德性》,陕西师范大学出版社2007年版,第202页。
⑤ 《请求处理不法商贩破坏限价制度以维护政府威信》,成都市档案馆档案,全宗:93-2-4001。
⑥ 《市卫生问题》,《汉口中山日报》,1928年10月4日。
⑦ 《致病食物理应取缔》,《民国日报》,1919年6月19日。
⑧ 《小贩伙计做贼》,《民国日报》,1918年10月20日。
⑨ 《牛肉摊主拐少女》,《民国日报》,1919年4月12日。
⑩ 《革警摆赌害人》,《民国日报》,1920年9月21日。
⑪ 《军菜、供应、摊贩管理规则》,武汉市档案馆档案,全宗:40-12-736。
⑫ 《取缔摊贩暂行办法及各种摊贩概况调查表》,武汉市档案馆档案,全宗:40-13-364。

摊贩偏激的自利行为危及社会安宁,极端维权运动诱发社会动乱。摊贩与顾客讨价还价,常常无不相让,不乏有"为五个铜圆相争不下",却行凶"将顾客刺伤①"的惨剧,也常因争夺营业权力与警察发生对抗、罢市,甚至引发城市民变,严重扰乱正常的社会秩序,1908 年汉口摊户风潮即为印证。

历史发展以多股合力交织的形态将摊贩群体由城市边缘推进国家政治生活。市政当局对摊贩街头活动的态度从放任自流演转变为间歇干预和控制,是城市现代化的结果,也是近代城市化的要求,更是摊贩的城市之患使然。

二、近代市政管理中的摊贩治理

以南京国民政府成立为分水岭,市政当局着手对摊贩实施综合性的治理。南京国民政府的成立为市政建设与发展提供了良好的契机与环境,各大城市政府在引入现代市政理念的基础上,重构现代市政体制,实施专家治市,开展"城市改良运动",共同推进市政建设和城市发展②,市政因之基本上实现了管理的专门化、科层化③,市政当局对摊贩在公共领域的营业行为展开了进一步治理。

(一)摊贩管理的合法性建构及运用

市政当局设计摊贩管理规则,获得对摊贩实施管理的"正当性资格与权利"④,并以此作为摊贩治理工具。市政当局以刚性的制度规范、以通俗的条款引导摊贩群体尚未自觉的营业行为,同步开展清洁运动,灌输"文明化"意识,形塑摊贩的城市生活方式和习惯,从而获得下层民众对近代市政管理的"价值认同"与"心甘情愿的服从"⑤。

1.摊贩管理制度的上层设计

市政当局制定一系列摊贩管理规则,确立对摊贩的合法控制。武汉、成都、上海的市政当局针对各城市的摊贩问题,拟定详甚的摊贩管理办法,并根据市场、行业、营业管理方面的需要,制定规章制度,明确摊贩经营的权利与义务,为摊贩治理提供行动方案。其主要的摊贩管理制度见表一。

---

① 《小贩持刀肇祸》,《汉口中山日报》,1926 年 5 月 14 日。
② 涂文学:《城市早期现代化的黄金时代》,中国社会科学出版社 2009 年版,第 128 页。
③ 方秋梅:《近代汉口市政发展与城市形象的变化》,《武汉科技大学学报》,2011 年第 3 期。
④ 时和兴:《关系、限度、制度:政治发展中的国家与社会》,北京大学出版社 1996 年版。
⑤ [美]彼得·布劳:《社会生活中的交换与权力》,孙非等译,华夏出版社 1988 年版。

表一　武汉、成都、上海市政当局制定的部分规章制度

	统筹管理办法	市场管理规则	行业管理规则	营业管理规则
武汉	《武汉三镇摊贩管理办法》《汉口市取缔摊贩暂行办法》《湖北省会警察局取缔小贩暂行办法》《非常时期管理摊贩临时办法》	《武昌联合摊贩市场规则》《菜市场管理规则》《汉口市政府各菜市场组织规程》	《汉口市卫生局管理摊贩药商暂行规则》《取缔冷食摊担办法》《牛肉贩卖业暂行规则》	《汉口市摊贩营业管理规则》《汉口市摊贩业管理规则》《车站码头摊担小贩管理办法》
成都	《取缔摊担的规则》《管理市区小贩及临时摊贩办法》《非常时期管理摊贩临时办法》	《菜市场管理规则》《公营市场管理规则》《成都市武城菜市场暂行组织规则》《安乐寺第一市场管理办法》	《取缔冰厂售卖刨冰小贩规则》《成都市取缔贩售清凉饮料规则》《买卖洋油规则》《取缔屠宰鸡鸭业规则》《整顿各肉架清洁办法》	《整顿街市清洁卫生办法》《市面秩序整顿办法》
上海	《上海市警察局取缔摊贩规则》《非常时期管理摊贩临时办法》《上海市取缔摊贩及征收摊捐规则》	《虹口菜场整理章程》《会订小菜场及指定菜市摊户取缔规则》	《上海旧货业摊贩管理规则》《取缔剃头业摊担规则》	《取缔邑朝摊贩办法》《沪南市有轮船码头流动小贩登记规则》《上海特别市取缔垃圾清洁规则》

市政当局以摊贩规则为制度工具,引导、规范摊贩营业行为。为"促进市政之日趋于发达的优美境界",市政当局自知"非有优良的管理规则不为功"①。以表二为例,可以看出,市政当局所定规则皆以下层民众"是否适于接受②"为立意点,针对摊贩经济的城市之患,以通俗、具体、实用的条例为基本内容,清晰呈现现代文明城市生活中对摊贩营业行为的合法、合理要求,以期借此警戒摊贩不良行径,达到规范与改造的目的。

---

① 刘郁樱:《谈市政管理》,《道路月刊》,第 32 卷第 1 号。
② [法]卢梭:《社会契约论》,法律出版社 2010 年版。

表二　市政当局在摊贩治理中对制度工具的运用

	规避的行为	改造的路径
市容	不得将果壳食屑炭渣烟头抛弃街面或道渠中 不准夜间呼喊叫嚷沿街售卖	备公用垃圾箱一具 规定交易时间为上午七时至下午十时
交通	不得任意于街道摆设或沿街叫卖 两旁人行道上不许搁立铺板及桌椅等物	集中于牌示指定之摊贩场区域 僻静街巷屋檐下准许摆设以不妨碍行人交通为限
食品卫生	不得售卖加染颜色或未经消毒之糖水及腐臭鱼肉剖瓜果 不得收售各酒楼菜馆食余菜汤 凡疾病或传染病者不得营业	天气太阳时于摊之周围时常洒水以免尘飞扬污秽食物，于入霉天气应于附近洒以生石灰以资消毒 各饮食摊贩之食物及饮食用具应制备纱罩或玻璃罩
市场交易	不得擅自私用银圆 不得自行划定斤两比例	交易均以人民券为主 一律使用合法度量衡
社会治安	非经呈准不得搭盖草席或木质棚户；禁止小贩伪装为不肖之徒鼓动民众	设法迁移至偏僻之处 将合法营业登记证应悬于营业处

　　此外，制度中的惩戒章程明确指出，对于违章摊贩依据情节轻重、违反程度，给予"申诫、款罚、劳动罚、限期整改、解送、禁止营业"[1]的相应惩罚。但是，制度约束强调他律性，主要功效在于治懒，如若要求摊贩自觉遵守摊贩管理制度，主动参与城市建设，道德自律的力量不容小觑。

　　2. 摊贩"文明"意识的隐性调节

　　良好的市政要以自觉的民众为后盾[2]，因而有效的摊贩治理"既要靠制度，还要靠教育"[3]。教育成为摊贩治理的另一要义，旨在提高下层民众的智识水平，培养摊贩的"城市意识以及与乡村迥然有别的城市生活方式和城市生活习惯"[4]，塑造下层民众对城市的自觉心和公德意识。

　　市政府宣讲清洁运动意义，向民众灌输卫生意识。市政当局为"促进民众之健康，召集清洁会人员一体参与游行，以传播市民卫生常识"[5]，指令警察为下层民众

---

① 《十二分局关于小贩随街设摊等妨碍交通案》，武汉市档案馆档案，全宗：40－13－4464。

② 《臧启芳：市政和促进市政之方法》，《东方杂志》，第22卷。

③ 涂文学：《城市早期现代化的黄金时代》，中国社会科学出版社2009年版，第229页。

④ 胡适：《市政制度序》，上海亚东图书馆，第3~4页。

⑤ 《四川省会公安局东区警察第三署具报该署清洁运动情况》，成都市档案馆档案，全宗93－4－1622。

"详细开导清洁运动意义"①、"演说卫生事项"②。无奈"市民习惯已久，难于改善，故严者谆谆，而听着藐藐，市民习染太深，积重难返"，除加强灌输式教育，"非积极从事不易收效，惟有组织民众广泛参与，在参与中养成城市主人翁意识，方能改善"③。

市政府动员群众参与清洁运动，内化卫生观念。民国时期，由政府号召，组织全市群众参加清洁运动。警察作为动员者，要求"大街小巷，店铺与居户，洗涤扫除"，"铺户门首，摊担周围，均由市民自行打扫"④，对不知者指导之，违拗者惩罚之。同时，组织卫生展览和卫生演讲比赛、分发卫生知识宣传品、举行卫生大游行等，并且将全市清洁大扫除定为年度清洁工作，每年春秋两季，由卫生局主持，持续教化与形塑下层民众的城市生活意识与习惯。⑤

(二)城市管理机构的摊贩管理

"制度不会仅仅由于其被载入规范之中就能永久存在，而且人们并非说了就做"⑥，只有应用于实践才能产生社会效力。警察局依据市政当局的授权，"警察之行政根据于法律命令以行其职"⑦，实施摊贩治理。

1.摊贩营业的规范与监督管理

市政当局指令摊贩登记，持证合法经营。以行政分区为依据，"各警局设立临时登记处，办理登记事宜"⑧，将摊贩姓名、性别、年龄、籍贯、出身、住址、营业地址、资额、家属情况一应俱全上报登记⑨，并有保人担保被保人在辖区内安分守己营业。一旦发现已登记摊贩有违法行为，第一次传保人到所警告，第二次送分局处罚，第三次送总局讯办并请吊销牌照，符合条件者发放合法营业执照。营业时，"用二寸长麻绳悬吊挂摊担前面"⑩，"不得假冒顶替"。如有遗失或新近营业者均须按规定办理登记手续，其停业者须将登记证送警局予以注销⑪。然而，初期申请登记

---

① 《顺城街沿街摊贩众多请准整顿一案》，成都市档案馆档案，全宗 93 - 4 - 1644。

② 《规定摊担人行道及演说卫生事项一案》，成都市档案馆档案，全宗 93 - 4 - 1626。

③ 《彭县厉行清洁运动，全市顿改旧观》，《成都国民日报》，1934 年 5 月 27 日。

④ 《汉口市警察局业务纪要》，武汉市档案馆档案，bc16 - 19。

⑤ 《汉口特别市政府四周年市政概况·卫生》，1943 年，第 71 页。

⑥ [美]乔纳森·特纳：《社会学理论的结构》，华夏出版社 2001 年版，第 281 页。

⑦ 《南极警察学堂潘缙华、张侠琴二君上江警务条陈纲要八则附消防一则》，《大公报》，1905 年 9 月 2 日。

⑧ 《市商协整委会布告 明日开始登记店员摊贩》，《汉口中山日报》，1929 年 7 月 4 日。

⑨ 《汉口市取缔摊贩暂行办法、汉口市警察局取缔摊贩暂行办法及各种摊贩概况调查表》，武汉市档案馆档案，40 - 13 - 364。

⑩ 《制发摊贩营业牌照及摊贩名册》，武汉市档案馆档案，全宗：40 - 13 - 4513。

⑪ 《摊贩申请与登记》，武汉市档案馆档案，全宗：40 - 13 - 802。

人数"殊属寥寥"①。为严厉整顿玩忽法令之小贩,警局对"无营业执照者,严予取缔",效果立竿见影,摊贩"陆续申请补领"②,而且逾时未领证之小贩,惶恐招致取缔,还上书请愿市政府,望予以宽限。

各区警察实施日常的监督,每日巡视街头,管制违法乱纪之小贩。对于"挑担卖袜子的小贩在街上歇脚",警察视为"买卖妨碍交通",并将其"带回警察局审问","罚劳役一日"以示惩戒③。遇特殊社会情形时,警局"派便衣人员化妆渗透于摊贩场群,以便窥视行动"④。

各区警察局还定期组织摊贩检查,反馈阶段性的治理成效。为了加强对城市中"兼职"流动摊贩群体的监控,警察局要求各分局"选派干练老实员警分赴辖内各街道"⑤,"将休班长警自上午八时起至下午十时止分为两班,每班分为两组,分别派休班警长及资深警士率领到划分地区分段"⑥进行检查。警局检查后及时地反馈信息。各分局定期将检查取缔摊担"种类、项目、日时、地点、被取缔人姓名、取缔情形"通过表格的形式统计、反馈上级以便总结经验,"报请奖惩"⑦。一旦"在检查期间,有未登记摊贩出现"⑧,"惟该分局长是问"⑨。

2.摊贩市场的整合性管理

市政当局规划、筹建摊贩市场,赋予摊贩合法经营场域,积极规范市场营业行为,发挥公共空间"美化市政、达熙攘的秩序、谋公众安宁"的整合功能。市政府制定规则、调派人员管理摊贩市场。市场管理人员依照市政府制定的《武昌联合摊贩市场规则》《成都市武城菜市场暂行规则》等条例合法行使公权,主要承担市场内部的"场地清洁、建筑安全、摊贩租赁、食物卫生、交易秩序、纠纷调停、浮摊管理"⑩的职责。若事务增繁,可由所属区的地方人士公推,酌设助理⑪。

3.摊贩组织的引导性管理

民国初期,诸多摊担试图组建自治性的组织团体。1924年,汉口卷烟摊户已

① 《关于审讯单及市卫生管理摊贩药商暂行规则等》,武汉市档案馆档案,全宗:40-13-4221。
② 《摊贩营业牌制发和各项移交清册》,武汉市档案馆档案,全宗:40-13-5940。
③ 《十二分局小贩随街设摊居民堆物马路及其他妨碍交通案》,武汉市档案馆档案,全宗:40-13-4457。
④ 《摊贩整理调查表及摊贩营业临时许可证登记册》,武汉市档案馆档案,全宗:40-13-365。
⑤ 《管理摊贩药商办法》,武汉市档案馆档案,全宗:40-13-644。
⑥ 《制发摊贩营业牌照及摊贩名册》,武汉市档案馆档案,全宗:40-13-4513。
⑦ 《制发摊贩营业牌照及摊贩名册》,武汉市档案馆档案,全宗:40-13-4315。
⑧ 《取缔摊贩、冷食周报表》,武汉市档案馆档案,全宗:40-13-4510。
⑨ 《管理摊贩药商办法》,武汉市档案馆档案,全宗:40-13-644。
⑩ 《汉口市政府——关于本市各菜场组织规程》,武汉市档案馆档案,全宗:9-31-3177。
⑪ 《武成菜市场组织规则公约的呈报及市府指令》,成都市档案馆档案,全宗:39-11-234。

成立同业公会，为争取租界、华洋实行统一持捐印花而谋同业之公共利益①。同业组织"启发智识、联商情、开通商智、扩商权"的积极传扬使各民众团体都风起云涌地组织起来。1927 年，在工商联的组织下，成立"汉口特别市摊担负贩联合会"，直属汉口市党部领导②；上海市摊贩业商人积极组织上海市摊贩联合会③。1941 年，汉口商人在汉口特别市政府倡导下，踊跃组织商人团体、杂货贩卖业成立公会，吸纳会员 108 户④。

市政当局对蓬勃发展的摊贩自治组织给予支持、引导和规范，发挥组织"整合民意、保障民权、维民之利益、矫营业之弊害"的建设性功能。市政当局创建合法、自主的政治环境，建立人民团体组织方案，承认同业公会在法律上具备"制定行业自治规章、管理行业秩序、促进行业发展"⑤的自治权；同时，加强了对组织"注册、审核、监督、业务、成员"⑥的指导管理，对于"无公司行号之设立，不能组织同业公会，惟于小规模营业，应该同业公会或商会登记，必要时成立该业福利会"⑦。

摊贩组织在市政府与摊贩精英的共同管理下也初具体系。大部分摊贩业联合会、同业公会等组织，有着完备的"宗旨、会员、人事、会址"⑧等组织体系与制度体系，一举成为摊贩群体与政府权力博弈下，将其分散的利益要求凝聚为合法的建设性利益诉求渠道，降低了困苦至极而"无可言说"，终至"无需言说"而化为激烈的群体抗议行为的发生频率。这种引导提高了市政管理的行政效率，缩减了管理成本。

市政当局结合运用法律手段与行政手段，以规章、制度为载体，使摊贩治理活动合法化、制度化，以程序化、时空化来约束摊贩营业，并积极引导摊贩自我管理。此外，面对民国战乱纷飞的时局，地方政府灵活变通管理，对小资摊担随处搁置、不守秩序的情况，"遵照省部颁发的《陆上交通规则》，结合本地实际，斟酌取缔"⑨，治理力度张弛有度、刚柔相济，形成良性的治理格局。

三、市政当局对摊贩冲突的调试

民众接受或者反对街头改良的态度，取决于他们个人利益的考量。尽管摊贩

---

① 《卷烟摊户工会之呼吁》，《大汉报》，1924 年 5 月 12 日。
② 《联合会概况》，《汉口民国日报》，1927 年 9 月 21 日。
③ 《摊贩筹组联合会》，《民国日报》，1931 年 12 月 23 日。
④ 《汉口特别市政府三周年市政概况·社运》，1942 年，第 4~10 页。
⑤ 《工业同业公会法、商业同业公会法、输出业同业公会法》，《国民政府公报》，1938 年 1 月 13 日。
⑥ 《国民政府行政院工商同业公会法》，《国民政府公报》，1929 年 8 月 17 日。
⑦ 《电社会部为摊贩经纪人及店员能否组织团体请核示》，武汉市档案馆档案，全宗:9-31-1633。
⑧ 《本市水饺面粉摊担业职业工会》，武汉市档案馆档案，全宗:9-31-1246。
⑨ 《公安局维持交通》，《成都快报》，1936 年 9 月 9 日。

管理的初衷是优化街头交通和秩序,但却危及小贩的生存。在谋生压力之下,小贩显然是不可能心甘情愿服从管理的。奉行"警察管制"理念的摊贩治理,在摊贩之间、摊警之间、摊贩与政府之间常发生利益的抵牾,对公共空间的使用和利益的公平分配是产生矛盾冲突的根源。市政当局也试图以各种方式调试,"把冲突保持在秩序的范围之内"①。

(一)协调摊贩间的利益矛盾

市政府协调摊贩间的利益摩擦,缓解底层社会的内在紧张。摊贩间常为蝇头小利不惜代价地据理力争,其斗争矛头常指向经营同种商品、营业地点优劣事宜、商品价格以及税费等问题。"同业摊贩于市场咽喉处设摊售,规模较大,价格略优,对场内而言无不为经济侵略",警察局协同同业公会与双方当事人予以调解②,避免事态扩大酿成"流血事件"。然不乏有"因争卖油条两童子斗殴,死一人③"的惨痛悲剧发生,社会人士发表《释争》评论,告诫市民;对于投机倒把、哄抬物价、扰乱市场的小贩,粮食局规定使用统一的度量衡、统一的流通货币并视商品品质高低定拟上、中、下三等,制定价目表,照价公平售卖④;对冀图逃租的游动摊贩,社会局派员戴臂章对浮摊游担征收费用,并发给二联临时收据⑤。有时,投机取巧的商贩会以过期发票搪塞税收,政府立即令警局严密稽查,严厉究办,勿稍疏忽⑥。

市政府顾全税收,竭力平衡摊贩与商铺间权利义务的不对等,以示公平。一些摊贩云集在各大商铺门前,影响商铺生意;摊贩在商店门口席地胪列,顾客无伸足之地,一见顾客即争向前阻步兜售,商店婉言劝离,却遭摊贩反唇相讥。有些精明的商人将"首地点租人摆摊⑦",间接获利,弥补损失。利益均衡时可相安无事营业,一旦失衡,"店员与摊担为争工作大起冲突,担工将店员殴毙⑧"。鉴于此,商铺有时依托警局强制性手段勒令取缔,也有依靠商会进行维权。通过商会上书政府,倾诉苦衷:"摊贩走私货品未缴税费,无门面捐税,而商等合法利益却未受政府之保障";并提出建言:"取缔摊贩摆设,觅定地点设立公营市场饬令迁入营业,市场未设立前暂予指定地点夜间摆设"。政府权衡利弊,采纳了建议,彰显政府维护社会公平的公共形象。

市政府肃清市场公职人员的越轨行为,维护摊贩权益。政府重其救济贫民之

---

① 《马克思恩格斯选集》第4卷,人民出版社1995年版,第166页。

② 《本市各菜场组织规程》,武汉市档案馆档案,全宗:9-31-3177。

③ 《卖油条的两童子斗殴:死一人》,《汉口中山日报》,1927年7月28日。

④ 《取缔菜贩投机图利 粮局实施菜蔬限价》,《大楚报》,1942年2月27日。

⑤ 《本市各菜场附近浮摊游担决征费》,《武汉报》,1940年11月21日。

⑥ 《商贩以售卖过期税票搪塞不交税一案》,成都市档案馆档案,全宗:93-8-26。

⑦ 《取缔摊户之布告》,《大汉报》,1921年4月12日。

⑧ 《担工殴毙店员》,《汉口民国日报》,1927年6月22日。

德意，开辟市场，却有市场公职人员亵渎公意，以权谋私。王守训系清和市场管理员，不顾民等生计，专制苛政、剥削摊贩，对场内固定摊贩收取合法租金外另索登记费，对场外浮摊要求同样缴纳，才能得以在有名无实的"死港"——蔡家巷营业。对此，王守训却执言"秉承政府意旨办理，系属诬告"，还称请愿之代表周天顺与市场清洁夫有贿通之事。市政府最后"认定王守训苛索之事属实"，同时对其贪污渎职行为严惩不贷，"将王守训撤职、传案押解外，并饬令吐出苛索之款，当庭交还，各摊户具领，清洁夫系受王守训役使给予保释"①，从而维护了摊贩的权益和市场秩序。

市政府调解摊贩与社会间的矛盾，维护社会稳定。摊贩漂泊不定的生存境遇已使生活变得异常艰难，却还要时常遭遇市政当局突如其来的取缔，使摊贩日常营业提心吊胆，缺乏安全感。在底层社会一旦有类似"取缔摊贩"的谣言散播，便能快速蔓延，煽动人心。谣言的涟漪有时能掀起轩然大波，从而升级为城市民变。在社会秩序紊乱时，民间传言"公安局为维护交通美观市容，严行拒阻城外菜贩之事"，引起广大民众心生怨气并强力指责警局"既不先行规定市场以期容纳，复不继续急谋善后以资补救"，殊非治本之道。市政府恐谣言滋事，派人各处探访，彻查此事，以示真相，极力辟谣，终因告诫民众"并无此事，而免它虞"。②

此外，市政府对庞大的摊贩群体施以救济，保障民生。成都市政府兼办设立振济会的慈善机关，对社会颠沛流离的贫民、灾民、难民自愿以摊贩为业自立谋生、缺乏资本者，发放五十至一百元的贷款。③

（二）调控摊贩与警察间的官民冲突

自摊贩纳入警察的管理范畴，警察与摊贩从此结下不解之仇。警察的管理直接触及小民生计，利益的冲突使两者关系剑拔弩张，而症结在于警察的暴力执法行径、渎职腐败的作风与摊贩经济、精神利益的矛盾。市政当局采取制度约束与教育改造员警的双管齐下之法，缓和摊警关系。

市政当局健全警察制度，加强警员的执法能力培训，规训警员的暴力执法，提高警员素质和执行力。警察制度施行之初，机制不健全，无经验可循，警察也"并不知有表率人民之重大责任，故于巡逻、守望时既无庄严之姿势足使人民敬畏，而于遇事时非放弃职守即鲁莽乖谬，以致奸民无所畏而良民不之敬警察威信"④。而

---

① 《贪污渎职审讯单》，武汉市档案馆档案，全宗：40－13－1255。
② 《探访拒阻菜贩入城情形一案》，成都市档案馆档案，全宗93－4－664。
③ 《新成都》，1939年第12期。
④ 《拟请规定改良警察办法以收实效案》，内务部编：《内务部第一次警务会议汇编·第三编·议决录》，第193页；另参见方彪：《京城百怪》，第72～73页，转引自丁芮：《北洋政府时期京师警察厅研究》，中国社会科学研究生院，2011年，第339页。

且,警察处理摊贩时缺乏艺术,行为粗暴,惧强凌弱,"对摊贩取其秤、踢其筐、吃食小贩食物、呵斥甚至鞭打小贩",使小贩丝毫受不到起码的尊重和体恤。市政当局为"昂扬民众信倚之念"①,在制定的警局计划中明文提出:"由各区署所指定适当地点,为摊贩买卖之处,实行禁止摊贩沿街摆设"②;令警察局"成立警士教练所"③,设立各级短期训练班,树立"不动摇、不撞骗、不偷懒、不腐化"④的口号,明确警察纪律、服务宗旨,教授警务知识,造就基本警察;告知"在整理交通、取缔不合规定之摊贩时,态度庄严、和蔼,言语要亲悦,多方劝导,晓以利害,使其诚悦听,不得任性加暴于人,绝不可取其秤、踢其筐担而致人民利益有所损失"⑤,以达于警察民众化之要求。

市政当局设置稽查处,监督、惩处警员渎职与腐败的行径。一般警察基本上皆是在普通民众中直接招募,而"应募者之中,多杂有被裁营兵与市井无赖,其中多无身家之人,旧日沾染恶习已深"⑥,职业素养较低,对待执勤工作是"上岗迟到、出门不填备查表、倚凳睡眠、擅自离岗"⑦的散漫,对待小贩"不当举动或不知其为违警而视若罔睹,或以为事属轻微而置诸不问"⑧,对各街人行道上货架摊担杂物,大碍交通,视若无睹,听其自然。⑨ 执勤警员还利用职权之便向摊贩借贷,因小贩拒绝反被警员闭关殴打⑩,甚至有不肖员警每天从每摊收取两三千元以上的保护费用⑪。市政当局为整顿警察腐化作风,与警察局合作,设置稽查处,对各分局"分局长、局员、巡官、巡长"在不同时段的工作情形进行督查,并予以阅判,对渎职、腐败员警给予申斥、记过、调后备队受训、撤职等的惩罚,对勤于职守者给予嘉奖鼓励。

(三)化解摊贩的集体对抗

市政当局在管理摊贩的过程中,常因政府管理理念、管理方式、管理计划的偏差,使摊贩治理陷入失效的境地。当政府强力管制危及摊贩的生存底线时,摊贩会坚决地采取激烈的抗拒行为。摊贩常因市政当局增捐、迁摊、取缔等行为危及群体利益,而群集向官府请愿、向商会、同业公会、同乡会等组织博取同情、请求援助,甚

① 《湖北省警察局管下警察干部讲习会计划》,武汉市档案馆档案,全宗:70－1－56。
② 涂文学:《城市早期现代化的黄金时代》,中国社会科学出版社2009年版,第256页。
③ 《汉口特别市政府三周年纪念刊》,《警察概况》,1942年。
④ 《四川省会警察局第45次会议记录》,成都市档案馆档案,全宗93－2－6818。
⑤ 《取缔游摊担贩应寓体恤意》,《大楚报》,1941年7月30日。
⑥ 丁芮:《北洋政府时期京师警察厅研究》,中国社会科学研究生院,2011年,第339页。
⑦ 《四川省会警察局通令》,成都市档案馆档案,全宗93－1－4214。
⑧ 汪文玑:《违警罚法释(自序)》,第2页。
⑨ 《报马路人行道条令希告一案》,成都市档案馆档案,全宗92－6－911。
⑩ 《关于警士寥围良殴打小贩一案的训令》,成都市档案馆档案,全宗93－01－47。
⑪ 《关于中国胜利剧社欠税歇业停演办理经过等案的指令》,成都市档案馆档案,全宗93－2－3083。

至集体罢市来杯葛政府。在多元化的城市里，"低程度和暴力性的冲突有一定的正功能，社会冲突是互助合作的必要补充，它为日常的紧张关系提供了一个安全阀"①；但是，当冲突一旦受社会环境的诱导，极易酿成城市民变，给城市社会生活带来诸多伤害。

市政当局每遇摊贩的集体对抗，多采取暴力镇压或暂时妥协来化解。1945年，汉口长兴街迁摊一案当属暴力镇压的案例。因原摊贩市场狭小，容纳力有限，市政另择宽阔的摊贩市场，令摊贩集体迁入；但摊贩们在长期固定的营业地点，有稳定的客源网络，这使迁移的执行变得艰难。因新市场场址区位欠佳，市民知晓度低，建立设施费用未明确，摊贩借以诬告警察受贿、无依据、暴力执法等理由拒绝迁入营业。警察局在执行上级命令与承担维护治安职责间也深感困难："摊多种杂，摊贩刁玩异常，故意违抗，多方劝导无效，强行取缔深恐引起纠纷。"摊贩为坚决抵抗，"不遵取缔，并鸣锣聚众焚香叫卖"，扰乱秩序。市政府下达命令，迁移事宜要求警察局强制执行，以彰政威，最后以官方镇压平息事态。② 暴力镇压手段并非屡试不爽，"过分使用强制力往往会造成相反的结果，产生对抗"③。1946年，上海摊贩风潮的爆发即为例证。因此，政治妥协也成为市政当局进行冲突管理所采取的手段。

市政当局依赖商会等中介组织调解与摊贩的矛盾，从而有效化解群体对抗。商会在近代中国社会中，以其半商半官的组织性质与社会定位，成为商人在政治生活中的代言人，政府在商业领域的管理者。因此，市政当局面对摊贩群体抗议时，多依赖商会等组织调停。在上海沪南工部局对摊贩增捐一案中，商贩因无法承受一而再再而三因增捐带来的经济负担，在请愿无效的情况下，集体罢市抗捐。在20世纪前期的中国，摊贩经济承担了主要的商品流通职能④，摊贩联合商铺罢市能导致市场经济的瘫痪。最后由商会出面调解，不得不以减半收捐才予以化解。⑤

政府的管理活动是国家权力与管理客体的互动，摊贩治理亦是如此。除了必然的"自上而下"的管制外，还包括摊贩群体对管理产生"认同与反对、话语诉求及斗争智慧"的应然反应。市政当局作为公共利益的代表者，有效地整合、调节、平抚摊贩治理中各类群体间、不同阶层间的利益冲突，力求最大限度地合理配置资源，并吸纳社会力量参与市政管理，谋求合作关系，是摊贩治理效力最大化的必然要求。但是，国民党市政当局的摊贩治理更多体现为对各种矛盾冲突的被动应对，缺

---

① 罗威廉：《汉口：一个城市的冲突和社区（1796—1895）》，中国人民大学出版社2008年版，第260页。
② 《本市菜市场地点及整顿》，武汉市档案馆档案，全宗：40-13-1530。
③ 周光辉：《论公共权力的合法性》，吉林出版集团2008年版，第148页。
④ 《各小贩罢市状况》，《民国日报》，1918年6月24日。
⑤ 《反对工巡捐局征收摊捐之风潮》，《民国日报》，1918年6月23日。

乏治理理念的合理性和治理方案的前瞻性。

结论

在中国近代城市化进程中,摊贩群体与国家政权关系经历了从疏离到合流的演变路径。摊贩从自由利用街头谋生到在警察眼皮下的夹缝生存,是近代城市化与城市现代化的必然结果。而摊贩经济本身给城市市容、交通、卫生、治安、食品安全、市场秩序造成的"疮疤",是摊贩成为近代城市政府的考量对象和整顿焦点的根源。南京国民政府成立后,国民党市政当局展开了系统治理,并取得了一定成效,据汉口市 1945 年至 1948 年的城市摊贩数量的统计,登记的摊贩人数逐年减少,"摊贩场所有 120 处,摊贩人数分别为 1946 年登记人数 3302 人,1947 年登记人数 2435 人,1948 年上半年止登记人数 1626 人"[1]。

民国时期地方政府对摊贩治理的历史表明,强权式的摊贩管制与适当的利益关系调试,基本能够实现城市形象与摊贩利益的共存。但是,霸权式的治理理念与滞后性的治理方案,使摊贩治理流于制度的形式化与冲突调试的被动化,这也直接导致摊贩治理的成效并不尽如人意,摊贩管理屡屡遭遇困境。

摊贩的集体人格和社会的政治生态使治理成效大打折扣。摊贩的集体人格使他们在夹缝中谋得生存。尽管生存的压力与多变的世道锤炼了摊贩隐忍、坚韧的品质与斗争的智慧,但是大部分摊贩无文化、素质低、性情顽劣。面对取缔时,摊贩以"乱世营生不易、境遇凄惨"上书政府,请求收回政令,并满口答应遵守规则;一旦获得政府的通融,事后言行时常背离,行为日久玩生,无法自律,甚至得寸进尺,以此作为缓兵之计或谈判伎俩。民国时期社会的政治生态也使街头摊贩禁而不绝,摊贩治理的人情管理大于制度管理,对违反规则的摊贩予以逾越管理原则的通融,削弱了管理制度在摊贩中的权威性,导致摊贩与国家公权关系的"调整取决于偶然性和专断命令"[2]。而且,市政对摊贩管理表现得很暧昧,出于民生考虑,未过分禁绝,对于摊贩与市容、交通的内在冲突也未坐视不管,摊贩在这灰色地带衍生壮大。然而,一旦摊贩生计与市政管理发生冲突时,市政当局不顾民生,以市政为重的决策无疑暴露了其摊贩治理的本质,这种将城市建设凌驾于民生之上的理念决定了国民党的摊贩治理只是表面的趋同,而非内在的共融。

---

① 《汉口市警察局三年工作纪要》,武汉市档案馆档案,全宗:40 - 13 - 1。
② 周光辉:《论公共权力的合法性》,吉林出版集团 2008 年版,第 157 页。

民国时期南昌商会救火总部述论

钟建安①

内容摘要:民国时期的中国城市消防事业管理仍处于转轨时期,南昌城市的消防事业管理经历了一个从救火原本只是商团的辅助职责到为救火组建了一支正规、新型消防组织的过程。此消防组织的性质虽仍属于民间组织,但它较之于此前民间松散、临时性的救火组织具有了较大的优越性。其组织结构严密、正规。这也从一个侧面揭示了近代以来南昌城市消防事业管理缓慢变迁的过程。

民国时期,中国城市的消防事业管理仍然处于从传统走向近代的变轨时期。从近代以来,东南沿海经济发达地区的城市比中西部地区城市先一步沐浴了欧风美雨,在城市管理上早一步接触了现代西方的先进城市管理理念,城市现代化管理体系相对完善。在长江流域,东部有上海的率先开放,继而中部有汉口、九江、长沙等地的开埠通商。目前,国内学术界对上海、武汉、重庆等单体城市的城市消防史研究已经比较丰富,对城市内部公共事业管理机制的研究也有了很大进展,但是,区域城市的整体研究状况并不乐观。② 中国的中部地带,尤其是长江中游的湘鄂赣三省区域城市的整体状况如何,应该为我们极力关注的问题。近代以来,中部区域城市以怎样的面貌发生着城市的变迁? 直至民国时期,中部区域城市的管理体系、管理模式有了多大的改变? 本文所要讨论的就是民国时期南昌城市的消防事业管理。

1926年北伐军攻克南昌,江西商务总会依据1914年北洋政府公布的《商会法》改组为江西省南昌市商会,并根据1918年北洋政府制定的《工商同业公会规则》,在南昌原有的72个行业中相应成立了同业公会。以下我们将就南昌市商会

---

① 钟建安,江西师范大学文旅学院副教授。

② 目前,关于民国时期城市消防史的研究还非常薄弱,除了一些通史性的著作对区域城市的消防事业管理从公共管理的角度有提及外,主要有如下论文涉及:钟建安,《论民国时期湖南的城市消防事业管理——以1935年的湖南消防调查为中心》,《求索》,2005年第10期;白纯,《抗战后的南京救火会》,《民国档案》,2007年第1期;徐文彬,《近代民间公益社团:福建救火会》,《社团管理研究》,2008年第9期;袁念琪,《上海腔调之老早救火会》,《检察风云》,2011年第5期;杭东,《中国最早的消防机构——上海救火会》,《水上消防》,2011年第4期;葛钢,《黄炎培与西区救火会》,《东方消防》,2013年第2期;葛钢,《中国消防首次融入世界——上海联合救火会参与万国消防会议述往》,《东方消防》,2013年第3期等。

附属机构救火总部及其相关问题做一评述,希望以此窥探南昌城市公共管理近代化的一般状况。

一、救火总部的基本发展情况

自古以来,中国城乡房屋建筑多以砖木结构为主,南昌也不例外。随着近代南昌城市的不断发展,人口日益集中,各种公私建筑鳞次栉比,火灾已成为危及城市安全和居民生命财产安全的重要隐患。在近代南昌,当火舌漫卷时,单靠传统的民间消防组织显然已无法有效地控制火灾的蔓延,组建新型的火政或改造旧有组织以适应市政发展的需要,已是摆在南昌城内居民面前刻不容缓的急务。民间为降低火灾发生率、减少火灾损失等采取了多种措施。如唐朝以来,南昌建立绳金塔,以镇水火灾害。清初,民间救火形式又有了一定发展,如建立了一些分散、自发性的救火组织,使用诸如系水桶、水袋、唧筒等相对简陋的工具灭火。由于工具简陋,人员未经专业训练,远不能适应近代市政发展的需求。

近代市政发展的需求呼唤新型、正规的消防组织出现。1913 年,南昌市商会组建了商人的自卫团队——南昌商团。其职责就是以辅助军警维护市场秩序为主,以实施商铺的救火为辅。南昌商团采用团、队、排建制,团长由商会投票选举,团员一律发给枪支,商团团员均来自商铺员工。1926 年,南昌市商会在商团基础上将其改组为南昌市商会救火总部。1936 年 10 月 8 日,商会又将救火总部改为南昌市商会救火总会。此民间消防组织一直运作到中华人民共和国成立初期。

二、救火总部的组织结构和性质

南昌市商会救火总部又称南昌市商会消防委员会,它虽是附属于南昌商会的民间组织,但组织结构越来越严密。这是近代城市发展的必然要求。

首先,其组织规程明确规定:"本会为维护南昌市全体商民及住户之生命财产安全起见,依据南昌市商会章程第五条第七款之规定组织之。隶属于南昌市商会,专司救火事宜,定名为南昌市商会消防委员会。"南昌商会救火总部的性质、职级、名称一目了然。从性质上看,南昌市商会救火总部就是属于民间社团性质。救火总部实行总部、分部两级管理模式,总部"暂设南昌市商会内",也就是西棉花市分部部址,分部则"视经费收入之状况及市面之需要,得设立分部若干所"。由此可见,救火总部、西棉花市分部是与市商会总部合署办公的。南昌市商会消防委员会"设委员十一人,由南昌市商会就现任理监事中推定之",又"设主任委员一人,副主任委员二人,由本会委员中互推之"。①

其次,南昌商会为加大对救火总部救火工作的管理力度,制订了多达 10 项的南昌商会救火总部具体工作规则,有消防委员会组织规程、办事细则、服务规则、奖惩规则、部务会议规则、请假规则,等等;在后勤保障方面,也制订了队员因公殒命或因公受伤抚恤规则等。这些规则,涵盖了救火工作运转的方方面面。

近代早期,消防事业属于民间性质,救火会多附属在各地商会内部。随着时代的发展,在近代警察制度出现以后,消防事业也慢慢由民间自主管理走向由警察体系管理的框架中。20 世纪 30 年代的南昌市商会救火总部正经历这一转变,但是直到中华人民共和国成立初期仍没有完成这一转变。

与此同时,南昌出现了基本进入警察体系的省会公安局消防队。虽然救火总部在经费困难的情况下曾遵照省会公安局的命令,与省会公安局消防队组成统一的消防大队,但它仍属于民间组织,只不过其组织结构已经在向近代警察体系的雏形转变。如根据 1936 年 6 月全队花名册所载,救火总部共有救火队队员 105 名,他们完全为"雇佣","每月薪饷开支一千数百余元"②;为更加有效地"施行救灾及瞭望事宜,设队长一人,副队长二人,班长若干人"。③ 又如《南昌市商会救火会公函》第 20 号规定:"本部总、分部士兵及班长队长服装……业经招商,添制服装九拾九套,并另制臂章符号"。④ 这表明,救火队员已经拥有了统一的着装和代表职业身份的臂章。这一来可以防止不法之徒趁火灾混乱之际闯进店铺或民宅抢盗东西,保全受灾商户百姓的财产,也从一个侧面反映出南昌城市消防事业管理已经逐步向管理正规化的变迁。

三、救火总部的经费、来源及相关问题

消防事业管理转轨在各地快慢不均,这主要取决于消防事业的经费、来源及相关问题有密切关系。

(一)经费来源

南昌商会救火总部的经费包括经常性经费和临时性费用两部分。经常性经费

① 以上均引自南昌市档案馆档案:民国 25 年 5 月—民国 38 年 8 月"国民党南昌市政府"全宗:"市商会关于救火队组织成员、经费以及向救火总部发出的有关代电、函件",《南昌市商会消防委员会组织规程》,全宗号:6 - 9 - 0032。

② 南昌市档案馆档案,民国 25 年 5 月—民国 38 年 8 月"国民党南昌市政府"全宗:"市商会关于救火队组织成员、经费以及向救火总部发出的有关代电、函件",全宗号:6 - 9 - 0032。

③ 南昌市档案馆档案,民国 25 年 5 月—民国 38 年 8 月"国民党南昌市政府"全宗:"市商会关于救火队组织成员、经费以及向救火总部发出的有关代电、函件",全宗号:6 - 9 - 0032。

④ 南昌市档案馆档案,民国 25 年 5 月—民国 38 年 8 月"国民党南昌市政府"全宗:"市商会关于救火队组织成员、经费以及向救火总部发出的有关代电、函件",全宗号:6 - 9 - 0032。

由南昌商会救火总部自行派人按月向南昌市商铺及南昌商会救火总部所有房屋的住户收取月捐费,以保证日常费用的支出。"本会经常费用原系出自本市各商号捐输,以资挹注"。而临时性费用则大多采取向"大商号及本市热心公益人士募特别捐"①的方式解决(详见表一、表二)。另外,直接将救火总部房产出租,获得的租金有时也用于贴补救火总部的临时开销。

表一　1936 年 1 月救火总部月捐款表(部分)

名称	总额(元)	实收额(元)	欠收额(元)	备考
洗马池	45.79	28.3	17.49	总部月捐
住山庙	20.69	10.81	8.88	
杨家厂	16.38	9.07	7.31	
中大街	14.4	5.95	8.45	
吕祖祠	11.48	2.91	8.57	
书街	36.76	19.62	17.14	
府学前	39.85	18.37	21.28	
上塘塍上	17.79	9.86	7.93	
翠花街	21.05	8.32	12.73	
棉花市	20.06	12.43	7.63	
都司前	16.1	6.5	9.6	
磨横街	15.09	7.26	7.83	
瓦子角	13.72	2.87	10.85	
磨子巷	33.79	24.63	9.16	
马王庙	9.9	2.47	7.43	
陈家祠	6.31	1.75	4.56	
下塘塍上	17.11	3.56	13.55	
德外街	9.47	1.7	7.77	
硝皮厂	10.58	0.75	9.83	

资料来源:《南昌商会救火总部公函》第 151 号,1936 年 3 月 21 日。转引自 http://www.buluo.com/cgi/bbs/disp.cgi? pid = 79965,"国民党时期的南昌商会与救火总部"。

---

①　南昌市档案馆档案,民国 25 年 5 月—民国 38 年 8 月"国民党南昌市政府"全宗:"市商会关于救火队组织成员、经费以及向救火总部发出的有关代电、函件",全宗号:6 – 9 – 0032。

表二　1936 年 1 月南昌商会救火总部租金及各银行月捐一览表

名称	租金(元)	捐额(元)	备考
荣华轩	20	3	租房
民兴祥	20	3	租房
晋香齐	20	0	租房
协和祥	20	2	租房
震大	20	3	租房
长泰祥	20	2	租房
广顺祥	20	1	租房
茂生厂	20	0	租房
姜慧	20	0	租房
茂胜	20	3	租房
固盛祥	20	0	租房
广外瓷器街地皮一块	6	0	租地
府学前	40	0	租房
元观事务所	30	0	租房
淮盐公所	16.66	0	租房
中国银行		10	月捐
裕民银行		10	月捐
建设银行		10	月捐
中央银行		10	月捐
上海银行		8	月捐
交通银行		8	月捐
大陆银行		8	月捐
市立银行		6	月捐
国货银行		6	月捐
实业银行		5	月捐
农民银行		4	月捐
国货银行办事处		4	月捐

资料来源:《南昌商会救火总部公函》第 151 号,1936 年 3 月 21 日。转引自 http://www. buluo. com/cgi/bbs/disp. cgi? pid＝79965,"国民党 时期的南昌商会与救火总部",有改动。

表三　南昌市商会消防委员会委员简历表

职别	姓名	年龄	籍贯	简历
主任委员	舒炳之	39	丰城	曾任吉安县商会理事兼金银业公会理事长 南昌市商会理事、金银业公会理事长
副主任委员	张子藩	46	安徽定远	曾任市商会理事、救火总部部长 市商会监事、寿木业公会理事长
副主任委员	颜绥之	46	南城	曾任市商会执行委员、救火总部副部长及委员 市商会理事、染业公会理事长
委员	胡象乾	38	奉新	曾任市商会常务理事、同乡会会长 南昌市参议员、南货业公会理事
委员	游文卿	65	奉新	曾任京东南货业公会常务理事、第一区区民代表会主席 洪都九属旅吉同乡会理事
委员	熊莘农	37	丰城	曾任熊裕记总经理、市商会理事、信托业公会理事长
委员	吴方平	33	南昌	曾任衡阳评价委员会委员 布业公会常务理事、市商会理事
委员	吴蕴玉	46	南昌	曾任南昌粮食同业公会理事
委员	万永福	28	安义	曾任南昌旅抚同乡会常务理事 绸布业公会常务理事、市商会监事
委员	汪廷席	66	万载	曾任鞭炮业公会理事长、南昌市商会监事
委员	胡慎元	48	南昌	曾任简帖业公会主席、市商会监事、服装业公会理事

资料来源:南昌市档案馆档案,民国25年5月—民国38年8月"国民党南昌市政府"全宗:"市商会关于救火队组织成员、经费以及向救火总部发出的有关代电、函件",全宗号:6-9-0032。

救火总部为从各商号获得经费,组成了11人的消防委员会,并从中选出了主任1人、副主任2人,副主任由南昌市商会救火总部部长、副部长兼任。从这11个委员的简历中(详见表三)可以看出:

首先,委员涉及的行业包括金银业、寿木业、染业、南货业、信托业、布业、粮食业、绸布业、鞭炮业、简帖业、服装业等11个南昌商业市场的主要行业。行业覆盖面广、委员代表性强。不仅传统商业行业如布业、南货业、鞭炮业、简帖业的委员占了多数,而且还出现了新兴的行业如信托业的代表。

其次,寿木业、染业、南货业、布业、绸布业、粮食业、鞭炮业、简帖业、服装业等等这些行业,都是火灾易发、高发行业。这些行业的主席、理事长、理事加入消防委员会任职,反映了他们对消防安全的重视,体现了这些行业对救火总部的消防事业有更多的期待和诉求。

再次,委员年龄在28到66岁之间,普遍都是48岁以下的壮年男子。他们精力充沛、德高望重,大多是曾任或现任各业同业公会的理事或理事长,他们对所涉及的行业号召力、影响力较大。

最后,消防委员会的两位副主任委员分别由救火总部部长、副部长兼任,不仅体现了南昌市商会成立消防委员会这一消防领导机构、加强对具体消防工作领导的制度安排,也有利于南昌消防事业由民间主导管理向民间、警察体系共同管理,最后达到由警察体系主导管理的现代化转变。

所以,当南昌市商会救火总部的"经常及临时各费,由本会委员会决定向本市各商号筹集"①之时,工作能够较好地展开。

救火总部力图一方面以其为公共救火服务的提供来获得商铺和银行的月捐费,另一方面还依靠所获得的房租费、月捐费支付救火队队员的薪饷,以保障其公共救火服务的提供。表一中列出,对救火总部进行月捐的就有洗马池、住山庙、杨家厂、中大街等19处街区的商铺;从总额看共计378.12元,其中除马王庙、陈家祠、德外街这3处街区的月捐偏低外,其他16处街区的月捐额算是中等的。但值得注意的是,救火总部各项月捐的实收额却相当低,共计180.13元,在总额中所占的比重还不足50%!由此可见,其欠收额超过50%导致救火总部经费收入困难。表二中列出,救火总部的房屋租金有荣华轩、民兴祥、晋香齐、协和祥等15处,租金共计312.66元,加上捐额17元,1936年1月份的房屋租金收入为329.66元;南昌市的银行有中国银行、裕民银行等12家,其月捐为89元。与表一进行比较,在商铺的月捐、银行的月捐和总部的房屋租金这三项经费来源中,商铺的月捐在经费中所占比例最大。

通过上述比较,我们可以得出以下结论:

第一,商铺月捐加救火总部房屋租金,再加银行月捐,三者总数仅800元!而救火队员"每月薪饷开支一千数百余元"②!加上购置救火器具的费用及其他工作运转费用,救火总部的资金就显得缺口巨大。在政府还没有直接资金支持的情况下,救火总部必须广开渠道,增加资金来源。这样,向"大商号及本市热心公益人士

---

① 南昌市档案馆档案,民国25年5月—民国38年8月"国民党南昌市政府"全宗:"市商会关于救火队组织成员、经费以及向救火总部发出的有关代电、函件",《南昌市商会消防委员会组织规程》,全宗号:6-9-0032。

② 南昌市档案馆档案,民国25年5月—民国38年8月"国民党南昌市政府"全宗:"市商会关于救火队组织成员、经费以及向救火总部发出的有关代电、函件",《南昌市商会消防委员会组织规程》,全宗号:6-9-0032。

募特别捐"①就显得尤为重要,它不仅要解决救火总部的临时性经费,还要解决救火总部的经常性费用。不仅如此,救火总部还要在解决经常性经费方面做出确实的制度保障。

第二,1936年1月份的月捐欠收额度高达50%,这说明商民在救火消防的资金支持方面积极性不高。积极性不高的原因可能有许多,包括商民消防意识不强、月捐数额、比例不合理,宣传力度不够、态度生硬等。但我们还认为,在当时劳动力现实过剩、消费力普遍低下的情况下,强行以商号为需求方、救火总部为供给方来建立市场化的经济联系,人为造成供需关系,进而出现供大于需、供求失衡,也是商民对救火月捐抵触的重要因素。

(二)经费管理权的转移

有关救火总部的经费管理,经历了一个从完全依赖消防市场需求、以救火总部自行管理为主,到依靠南昌商会统筹管理为主的过程。在1930年至1936年间,南昌商会并未对救火总部的日常运转经费进行统筹管理。但由前述可知,救火总部的经费严重不足,这不仅影响了救火总部的日常运作,也势必会影响到救火的效果以及各商号的利益。救火总部前任部长陈希陶、胡敏堂、卢荫曾曾经多次打报告给南昌商会,请示有关经费问题。1936年3月,南昌商会二次会议决定救火总部的所有收支由商会统筹办理,所有应行移交各件,由救火总部三部长移送过会。自此,南昌商会开始正式统筹管理救火总部的经费,努力支撑商会救火总部救火工作的顺畅运转。

这一管理权的转移在《南昌市商会救火总部公函(字第20号)》中有所反映:"本部总分各部士兵及班长队长服装,以前均限于经费,未能制发,有数病兵,实不足以壮观瞻。业经招商添制服装九拾九套并另制臂章符号,综计垫用法币叁百叁拾陆元零七分。此项经费在二十四年(1935年)度内未经编列预算,本应各月经常费亦复短绌,应该如数发下,以资归垫,从二十五年(1936年)度开始,即将此项服装费列支,送请核定。相应造具清册并检同单据函请贵会察照办理。"②

(三)案例分析

虽然救火总部的经费有了一定保障,但是由于南昌市各商号市面清淡,南昌商会的捐收所得并不稳定。瞭望台是救火所必需的建筑,南昌商会于1936年在棉花

---

① 南昌市档案馆档案,民国25年5月—民国38年8月"国民党南昌市政府"全宗:"市商会关于救火队组织成员、经费以及向救火总部发出的有关代电、函件",《南昌市商会消防委员会组织规程》,全宗号:6-9-0032。

② 南昌市档案馆档案:民国25年5月—民国38年8月"国民党南昌市政府"全宗:"市商会关于救火队组织成员、经费以及向救火总部发出的有关代电、函件",《南昌市商会救火总部公函 字第20号》,全宗号:6-9-0032。

市救火总部原地,募捐了12508.4元资金,建造了一座12层楼高的钢筋水泥瞭望台。可实际上,这所谓的募捐得到的费用背后大有文章。

这座瞭望台是由仁记建筑厂建造的。一份"仁记建筑厂状告南昌市商会救火总部的诉讼状"记载:

事因民国二十二年九月间,前南昌市商会救火总部部长陈希陶、胡敏堂、卢荫曾等委托民厂建造该部瞭望台水泥钢骨工程全部。一再减让,估价实需工料法币一万二千伍佰零捌元四角正。经该部前各部长提交市商会通过,盖有救火总部印信认定,有工程估册可凭(见证件一)。嗣该前各部长,迭次相劝,谓此项建筑工程,全属公益事业,应将五百余元之尾数,再予减让,作为捐助,另行勒石纪念等语。民为公益事业起见,概予允许,于九月五日以一万二千元成交,双方订立合同(见证件二)并指定该部中段为台址。①

由此可见,这12508.4元中只有508.4元属于募捐所得,其他12000元是应当偿还给仁记建筑厂的瞭望台建筑费用。而这12000元的建筑费用怎么到最后也成为所谓的募捐所得呢?

(这一工程)延至二十四年五月间,始全部告竣。比经前各部长验收接管,并由民开具欠款清单……不料现任部长张子藩、晏(颜)绥之、邓铁安等接事以来,对此双方同意之建筑费,不特一味敷衍,延不给付……总以经费支绌为词,意在逼民再予捐助数百元,方肯清偿。②

笔者认为,救火总部经费支绌可能并不是他们的推托之词,因为前任各部长曾向仁记建筑厂回函称"所欠现正设法筹措,一旦有着,自当陆续归还"。而且,此建筑工程之专款实为"经市商会变卖产业"所得。但是,从这一事件中也反映出了公共利益、集体利益和个人正当利益之间所存在的矛盾冲突。南昌商会救火总部代表的是所有商号的利益,他们建造瞭望台也是为了更好地为各商号服务,而仁记建筑厂也确为协调集体利益和个人利益之间的矛盾,"认过捐助五百零捌元四角",而"其余一万二千元纯属血本,减无可减"。③但商民的正当权益如果没有保障,强制市民百姓牺牲个体利益来保障公共利益,最后带来的必定是城市社区的社会冲突。从南昌市商会这个小的方面说,"被捐款"将使商会的形象受到影响,商会下属的救火总部因为跟自己有关的事情被诉讼而使形象受损、救火队经费的筹措将更加艰难。从大的方面说,转型时期的公共空间管理将变得更加困难。城市消防

---

① 南昌市档案馆档案,民国25年5月—民国38年8月"国民党南昌市政府"全宗:"市商会关于救火队组织成员、经费以及向救火总部发出的有关代电、函件",全宗号:6-9-0032。

② 南昌市档案馆档案,民国25年5月—民国38年8月"国民党南昌市政府"全宗:"市商会关于救火队组织成员、经费以及向救火总部发出的有关代电、函件",全宗号:6-9-0032。

③ 南昌市档案馆档案,民国25年5月—民国38年8月"国民党南昌市政府"全宗:"市商会关于救火队组织成员、经费以及向救火总部发出的有关代电、函件",全宗号:6-9-0032。

事业在传统社会长久以来都是市民、商民自主管理,政府无暇介入。但发展到近现代的中国,城市消防事业的管理已经逐步在向警察体系的政府管理转变,商人社团对城市救火、赈灾等公共空间的影响力在逐步削弱。如果不能很好地处理在公共事务管理中的权力让渡问题,不能很好地把握社团在公共事务管理中的权力限度,就会导致城市社区产生重大的社会冲突。

四、救火总部的后勤保障

救火总部后勤保障制度是否完善,关系到救火队队员能否积极勇敢、毫无顾虑、同心协力地投入到消防工作中去。南昌商会救火总部不但组织完备,在后勤保障方面也较完善。救火总部专门制订了《南昌市商会救火总部士兵因公殉命及因公受伤抚恤规则》,其中包括:规则的适用对象"限于本总分各部士兵因公殉命及因公受伤者";对"因救火殉命及受伤致死"的"总分各部士兵"的抚恤规则是"给棺木装殓费银四拾元,一次恤金六拾元"。对"因救火受伤"的"总分各部士兵"的治疗地点、医药费、住院费等项也都有所规定,如"本总分各部士兵如因救火受伤,得赴本部指定之红十字会医院治疗,并得请求医药费;若赴其他医院治疗,呈经部长特许者亦同";"受伤人伤势沉重,送经医士验明有住院之必要并取得证明者,准予住宿三等病室,其住宿费由本部给予之",等等。还有关于如何支取医药费和住院费的规定:"受伤人赴医院治疗时,无论初诊复诊均须向会计处领取医疗证"和"受伤人请求支给住院费,应将医疗证缴换领住院证"①,并且确定了医疗证和住院证的式样。

后勤保障制度的有效实施,使受伤人员得到及时地救治,医药费、住院费得到有效解决,受伤致死及因救火殉命人员能够得到有效安葬,其家人也能够得到有效补偿。后勤保障制度的完善及其有效实施,对于救火工作的顺利实施是至关重要的,能使救火队队员能够更好地、全身心地投入到工作中去。

五、结语

综上所述,本文通过对南昌市商会附属机构——救火总部及其相关问题的评述,反映出南昌城市消防事业管理的大致状况,从一个侧面揭示了近代以来南昌城市消防事业管理缓慢变迁的过程。南昌市商会救火总部是作为一支南昌民间消防力量出现的,它主要处于以南昌商会为主体或主导的传统城市消防事业管理的运作体系内,但同时也具有了一些近代警察体系的雏形。南昌市商会救火总部在近代的变迁,从一个局部呈现了单体城市的公共事业管理朝着近代化方向演进的大致脉络。

---

① 以上均引自南昌市档案馆档案:民国 25 年 5 月—民国 38 年 8 月"国民党南昌市政府"全宗:"市商会关于救火队组织成员、经费以及向救火总部发出的有关代电、函件",《南昌市商会救火总部士兵因公殉命及因公受伤抚恤规则》,全宗号:6 - 9 - 0032。

新中国初期中国共产党城市失业
治理的历史考察

高中伟①

摘要:新中国成立初期,城市存在诸多社会问题,其中失业问题尤为突出。其失业人口主要由失业工人、商业服务行业人员、旧政权遗留之公教人员、城市贫民、家庭妇女等群体构成。为此,中国共产党采取了一系列举措治理城市失业问题,其中临时救济是城市失业治理的首要任务,人口外迁是城市失业治理的重要举措,发展生产是城市失业治理的根本路径。城市失业问题的有效治理,快速实现了城市社会的稳定,为将旧中国遗留之消费城市变为社会主义生产城市奠定了坚实的社会基础。

变半封建半殖民地消费性城市为独立自主生产性城市是中国共产党在中华人民共和国成立初期最早确立的城市发展目标。毛泽东早在新中国成立前的七届二中全会上即明确指出:"只有将城市生产恢复和发展起来,将消费城市变成生产城市,人民政权才能巩固"②。如果解决不好这一问题,"我们就不能维持政权,我们就会站不住脚,我们就会失败"③。新中国成立前夕,中国城市消费性和投机性特征却十分明显,城市中存在大量社会问题,失业现象特别突出。为尽快将旧中国遗留之消费城市转变为社会主义生产城市,中国共产党必须全面清理城市失业、无业人口,为城市性质的全面改造和大规模工业化展开奠定基础。

一、新中国初期城市失业人口构成

近代以来,社会结构转型使城市失业问题成为历史必然,长期战乱使这一问题更趋复杂。解放初期,城市失业问题已至前所未有之程度。据统计,截至1950年9月底,城镇失业人数达到472.2万人,失业率高至23.6%④,其中上海、南京、广州、武汉、重庆这5个城市最为严重。上海解放初有15万人陷于失业,连同他们家属

---

① 高中伟,四川大学政治学院教授,博士生导师,主要从事城市史、党史研究。
② 《毛泽东选集》第4卷,人民出版社1991年版,第1428页。
③ 薄一波:《若干重大决策与事件的回顾(上卷)》,中共中央党校出版社1991年版,第14页。
④ 劳动部:《中国劳动工资统计资料(1949-1985)》,中国统计出版社1987年版,第109页。

在内将近50万人①。重庆解放时全市失业人员达12万余人,另有10余万停工待业人员②。据1950年的初步统计,武汉市失业工人82816人③。问题的严重性既是历史发展惯性之必然结果,亦与新时代国家对城市居民就业、生产劳动要求的标准变化有密切关联。

解放初期,中国城市失业人口中,除流氓、小偷、乞丐、娼妓以及其他游民、流氓无产者等被认为是失业者外,当时认定之失业人口主要是指政权更迭之际因战争破坏、社会转型而造成的由工人、商业服务人员、公教人员等构成的失业人口。

失业工人为解放初期失业人员中的主要组成部分。其失业因由,一方面是囿于战争破坏导致企业生产停顿。国民党溃败时各主要城市工厂企业遭受人为破坏。以重庆为例,国民党军溃败时曾专门派技术人员到重庆进行有计划的破坏,主要公营工厂如第十、第二十、第二十一、第二十四、第二十九、第三十一、第五十及长寿电厂等均蒙受重大损失,数以万计的工人因之失业④。战争破坏亦表现为交通停滞与国内地区间物资流通不畅所致生产困难⑤。另一方面,工人失业与企业生产旧有依赖模式以及解放后被封锁密切相关。解放后,原依赖于外国原材料与市场的部分工业因美国等资本主义国家封锁而生产困难,导致工人失业,尤以上海最具代表性。解放前,上海约占全国总设备60%的棉纺业,所需原棉60%靠进口;占全国总设备80%的毛纺业全部靠进口毛条维持生产;占全国总设备1/4的面粉业原料全靠洋麦;月产6000余吨纸张的造纸设备完全依靠进口纸浆;月产12万箱的卷烟业半数以上烟纸烟丝依靠外来⑥。解放后,上海遭受英、美等国严密封锁。之后,政府虽动用极大力量保持煤斤和食粮供给,但由于棉花和其他工业原料输入困难,维持正常生产显得格外费力⑦。相关工厂生产停滞,造成工人大量失业。此外,伴随政权更迭,"过去适合殖民地半殖民地经济发展的若干工商业,由于帝国主义统治以及封建主义、官僚资本主义消灭,许多货物失去市场,大量货品亦不合人民需求规格"⑧,相关行业萎缩必然导致相关从业人员大量失业。

---

① 中华全国总工会:《救济上海及全国各地失业工人告全国工人书》,《新华月报》,1950年第2卷第1期。

② 重庆市地方志编纂委员会总编辑室:《重庆大事记》,科学技术文献出版社1989年版,第290页。

③ 武汉市政协文史资料委员会《武汉文史资料》编辑部:《武汉文史资料第3辑》,1989年,第63页。

④ 陈锡联:《重庆市工作报告(一九五〇年六月三十日在政务院第三十九次政务会议上的报告)》,《人民日报》,1950年8月13日。

⑤ 苏星、杨秋宝等:《新中国经济史资料选编》,中共中央党校出版社2000年版,第13页。

⑥ 潘汉年:《上海市工作报告(一九五〇年六月三十日在政务院第三十九次政务会议上的报告)》,《人民日报》,1950年8月12日。

⑦ 余伯约:《新上海的阵痛》,《人民日报》,1950年5月26日。

⑧ 陈云:《目前经济形势和调整工商业、调整税收的措施》,载中国社会科学院、中央档案馆:《中华人民共和国经济档案资料选编·工商体制卷(1949-1952)》,中国社会科学出版社1993年版,第807页。

　　商业服务行业人员是解放初期城市庞大失业大军的又一重要构成。商业服务行业人员失业原因大致有二:一方面,近代中国城市作为消费城市存在大量为特权阶层服务的商业服务行业。解放后,旧有权势者与特权阶层人员大量死散逃亡,社会风气的改变又使留下来的原特权者一改过去奢侈豪华生活习气,导致城市中原为特权者、富豪们服务之饭馆、银楼、舞厅、旅馆、时装店等店铺生意顿形萧条。以上海为例,解放后一年内,原有之 700 多家酒菜馆停歇 200 余家,177 家银楼转业或停业的有 166 家,其他古董店、大旅馆、大舞厅、大时装店等"亦日趋清淡、减缩"①。另一方面,解放初期,受多方因素制约,各大城市经济难以迅速走出低谷,市面萧条导致私营商业服务业生存困难。上海私营商业企业自 1949 年 8 月至 1950 年 3 月,申请停业者 3000 余户,衣着业、金融业、进出口贸易业职工失业率高达 16.2%②。据统计,1950 年 1 至 4 月,全国 16 个主要城市共有 9347 家商店歇业。③ 除大城市外,中小城市与集散商业铺户、摊贩等失业情况亦非常严重。1950 年上半年,华北地区各大、中、小城市及集镇的工商业店铺均出现大批倒闭现象。相对而言,大城市歇业相对较少,如京、津两市 4 月份歇业者占总户数的 1%;中小城市和集镇歇业较多,歇业户一般占原有户数的 10% 左右,个别如临时歇业户数占 30%;小户、摊贩、行商歇业少,大户坐商歇业多;工业、手工业歇业不如商业歇业多,如大同、保定商业歇业者为工业歇业者的 4 倍④。

　　旧政权遗留之公教人员亦为失业人口的重要构成。新中国建立之初,全国共遗留下国民党统治时期之公教人员 900 万人,虽然对于他们的政策是原则上完全接管,然而由于部分人员的知识结构、社会经历以及思想观念等难以适应新社会需要而成为失业者,如 1952 年 8 月统计的 280 万失业人员中,仅旧军官即占 20 万人⑤。另据成都市统计,军管时期,尽管包下来是基本原则,但实际上新政权能够留用的旧人员全部加起来也只有 33638 人,占全部旧人员总数 56572 人的 59.4%,约 40% 的旧人员只能通过其他途径解决⑥。同时,早在抗战结束之初,知识分子失业问题即已日趋突出,加之解放后经济、社会结构调整,又导致相当部分的知识分

　　① 许涤新:《上海经济在改造中,为纪念上海解放一周年而作》,《人民日报》,1950 年 5 月 26 日。
　　② 陈云:《扭转商品滞销》,载《陈云文选》,人民出版社 1984 年版,第 88 页。
　　③ 《陈云文选》,人民出版社 1984 年版,第 88 页。
　　④ 《华北局关于调整工商业和改善公私关系的政策问题向毛主席并中央的报告(1950 年 5 月 31 日)》,载中国社会科学院、中央档案馆:《1949 - 1952 年中华人民共和国经济档案资料选编·综合卷》,第 736 页。
　　⑤ 《安子文同志关于劳动就业问题的综合报告(1952 年 8 月)》,载中国社会科学院、中央档案馆:《1949 - 1952 中华人民共和国经济档案资料选编·劳动工资和职工保险福利卷》,中国城市经济出版社 1990 年版,第 159 页。
　　⑥ 《关于成都市接管工作报告(1950 年 3 月 16 日)》,《成都市政协第一届各代会的工作情况、报告、简报、通知及有关文件》,成都市档案馆档案:48 - 1 - 2。

子失业。截至 1950 年 9 月底,全国共有失业知识分子 18.8261 万人①。

如果说在国家失业机构进行正式登记的工人、工商业从业人员及公教人员为解放初期城市失业人口中最重要的组成部分,城市下层贫民与家庭妇女为主之无业人口则为消费城市向生产城市转变过程中面临的特殊且数量巨大的失业人口。城市贫民是近代以来中国城市中最为分散、数量最大的人口构成。其中既包括码头搬运工、扛夫、人力车夫等非产业工人,亦有摊贩、匠人、小手工业者、卖艺者、算命先生等各种位于城市社会最下层,收入来源与生活均异常不稳定的人口构成。他们中相当一部分过着挣一天钱过一天日子的艰难生活,家无隔宿之粮可谓这一群体的共同生活写照,随时可能陷入生存危机之困境,他们更难以经受任何变局打击。政权更迭之际,受战乱与新旧社会转换影响,城市贫民普遍出现生活来源断绝、衣食皆无之绝境。与失业工人、工商业从业者及公教人员相较,这类失业问题更加值得关注,因为"他们的工作和生活问题能否解决关系到社会稳定,政权巩固"②。

近代中国城市中,家庭妇女很大程度上被视为依附性人口而未纳入就业与失业率统计范畴。新中国建立后,随着男女平等观念的提出、妇女走出家庭参与社会生活开始成为新时代主题,以及国家要全面消除城市社会消费性特征之决心等因素,均使解放后中国城市妇女无业(亦可被称为新时期失业)问题凸显③。据统计,1947 年,各主要城市无业人口最多时占总人口的 39.45%,其中部分由家庭妇女构成④。由此,当解放之初无业在家妇女被纳入失业人口统计范围时,推动妇女走出家庭、解决妇女就业也成为新中国初期治理城市失业的重要课题。

二、临时救济:城市失业治理首要任务

严重失业问题关系到作为新政权主要支持者的城市工人、贫民以及其他民众的生存问题,更影响社会稳定,"动摇城市中人民政权基础"⑤。因此,全面解决失

---

① 《中共中央关于失业救济问题的总结及指示(1950 年 11 月 21 日)》,载中国社会科学院、中央档案馆:《1949－1952 年中华人民共和国经济档案资料选编·综合卷》,中国城市经济出版社 1990 年版。

② 《大公报》,1950 年 6 月 10 日。

③ 据统计,在新中国成立初的头一两年内,上海全市两百多万妇女中,正式就业的妇女人数仅 4 万人左右。参见上海市妇联:《上海市妇女组织情况(1952 年)》,上档案:C31－1－61。

④ 1952 年 9－12 月进行的全国就业劳动者登记中,求职登记共计 438000 人,其中大部分为家庭妇女,仅天津一市登记者总数中家庭妇女就占 60% 以上。参见劳动就业委员会等:《关于劳动就业的工作报告和请示(1953 年 4 月)》,载《1953－1957 年中华人民共和国经济档案资料选编·劳动工资和职工保险福利卷》,第 29 页。

⑤ 1950 年,上海不仅连续发生失业工人因生活无出路而自杀的事件,更有工人受煽惑起来反对工会、殴打干部。参见中共中央:《关于举行全国救济失业工人运动和筹措救济失业工人基金办法的指示(1950 年 4 月 14 日)》,载《新中国成立初期社会救济文献选载(1950 年 2－11 月)》,《党的文献》,2000 年第 4 期。

业问题不仅为将消费城市转变为生产城市奠定重要基础，更是保证政权接管及社会主义现代化建设全面展开期间城市社会稳定之客观需求。当然，"合理调整工商业，使工厂开工"是"解决失业问题"的根本途径①。但关系每一个人每日生存之失业问题不可能等到生产力发展至一定程度后再行解决，只能于保证基本生存前提下，通过恢复生产、发展生产力逐步解决。由此，政权接管之初，实行临时救济成为解决失业问题之首要任务。

为解决迫在眉睫的生存困难，由政府直接出面发放粮食、救济金等是解放初期进行临时救济的最主要措施。北京市在1949年7月对生活全无来源和需要暂时补助的贫苦户进行了全面调查，从11月起开始向这部分人直接发放救济粮。对于有劳动力而不能维持全家生活者给以一次性救济，每户每人发小米25斤，2人发50斤，最多不超过100斤；对于老弱、残废、鳏寡孤独的贫苦市民，按月救济，每月每户每人发30斤，2人发60斤，最多不超过80斤；对于遭意外灾害而影响生活者，酌情给以临时救济。至11月26日，城区救济粮发放完毕，共计发出小米21万斤，救济3868户、10979人②。另据统计，1949至1950年冬季，成都市共发放救济贫民粮食596.66万石③。全国而言，截至1950年9月底，中央拨给各地的救济金、救济粮超过287亿多元、2亿多斤④。

与此同时，为尽量减少失业问题造成的直接压力，各城市新政权对旧公教人员采取"包下来"的措施。早在1949年9月，党中央便指示：除反动有据、劣迹昭著而为人民群众不满者予以撤职，其首恶分子依法惩办外，对其他人员采取"一律包下来"的政策，"三个人的饭五个人匀着吃，房子挤着住"，其中有一技之长又愿意为新政权和人民服务的旧公教人员尽可能予以留用⑤。通过"包下来"，"三人饭五人吃"等临时救济措施，旧公教人员生活得到基本保障。

政府出面广泛发动社会力量共同参与救济是解放初期失业人员救济的重要渠道。以对失业工人的救济为例，针对1950年3、4月间全国失业问题特别严重的局面，1950年4月14日，中共中央发布《关于举行全国救济失业工人运动和筹措救济失业工人基金办法的指示》，由全国总工会号召全国工人于4月30日（星期日）作义务工一天，以所得工资（或捐出工资一天）作为救济失业工人基金。该指示要求东北收到之捐款全部捐作救济上海失业工人之用，华北及山东各城市所得捐款一半捐给上海，一半救济本地失业工人。华东、中南、西南、西北各大行政区所得捐

① 毛泽东：《不要四面出击（1950年6月）》，载《新中国成立以来毛泽东文稿》第1册，第398页。
② 《失业救济和普遍召开区各界人民代表会议的两项工作》，《人民日报》1950年12月30日。
③ 中共成都市委党史研究室：《接管成都》，成都出版社1991年版，第34页。
④ 《中共中央关于失业救济问题的总结及指示》，载《1953—1957年中华人民共和国经济档案资料选编·综合卷》。
⑤ 薄一波：《若干重大决策与事件的回顾上卷》，中央党校出版社1991年版，第15页。

款用于救济该区大城市失业工人①。据统计,全国总工会在 4 至 7 月间共收到各地工人捐款287.92 亿元②。1950 年 6 月 17 日,政务院再次发出关于救济失业工人的指示,由国家财政概算预备费项内拨出 4 亿斤粮食作为救济失业工人的基金。自 4 月实施失业工人救济以来,全国大约半数以上失业工人得到救济,初步解决了失业工人的暂时困难。

以工代赈是实施临时救济的另一方式。此举是为改善城市中历史遗留之环境恶劣、基础设施破败问题,进而为之后社会主义建设全面展开打下良好基础。自 1950 年下半年,以工代赈成为解决失业人员生活困难的主要方式。以工代赈本着自愿原则,由政府组织失业人员参加市政基础设施建设,如疏浚河道、修筑铁路、机场跑道等,并因此获得相应收入。以武汉为例,1950 年 6 月至 8 月,全市参加以工代赈工程的失业人员共计 8000 多人,先后完成解放大道、太仓万国路、武珞路、乡江陵路、宜孝路、新华路、梅神甫路、汉宜路等道路的修建工程,培修武堤、赵家湖堤等 50 余公里③。另据统计,至 1951 年底,上海市共动支 875 亿元(旧币)和 489 万斤大米用于以工代赈,参加者共计 285.7 万余个人工④。

通过采取以上临时救济措施,很大程度上解决了失业工人、城市贫民等人群的生活困难,"使他们转而相信人民政府……这是一个很大的政治收获"⑤。当然,解放初期对失业人员的救济并非只局限于上述的直接救济,还有与发展城市生产、变消费城市为生产城市的城市发展目标相结合的临时救济,如失业人员外迁、发展生产服务等。

三、人口外迁:城市失业治理重要举措

以人口迁移方式解决失业是建国初期解决城市失业问题的重要举措。其中,动员那些离乡不久,在农村仍然有生产和生活条件的失业人员还乡生产为重要方式之一种。广州市 1950 年 10 月以前登记失业的 36149 人中,便有 1379 名外省工人经动员后返乡生产⑥。同时期,苏南无锡、苏州、常州、镇江这四城市通过这一方式动员 8400 多户失业工人回乡生产⑦。动员失业人口还乡生产的方式与动员和遣

---

① 《新中国成立初期社会救济文献选载(1950 年 2 – 11 月)》,《党的文献》,2000 年第 4 期。

② 《中共中央关于失业救济问题的总结及指示》,载《1953 – 1957 年中华人民共和国经济档案资料选编·综合卷》。

③ 武汉市政协文史资料委员会《武汉文史资料》编辑部:《新中国成立初武汉大事记》,1989 年,第 70 页。

④ 袁志平:《解放初期上海失业工人的救济和就业安置》,《中共党史研究》,1985 年第 5 期。

⑤ 《关于失业救济问题的总结及指示(1950 年 11 月 21 日)》,载《新中国成立初期社会救济文献选载(1950 年 2 – 11 月)》,《党的文献》2000 年第 4 期。

⑥ 《广州武汉救济失业工作有成绩,近四万工人得到救济》,《人民日报》,1950 年 10 月 13 日。

⑦ 《人民日报》,1950 年 10 月 13 日。

送灾难民返乡的方式多有差异。与刚从农村来到城市的灾难民不同，登记为失业人员的失业者已在城市生活数年以上，无论个人生产、生活方式抑或农村老家的生产、生活条件均已发生明显变化，对农村不适远大于前者。因此，在动员登记失业人员回乡问题上，许多城市采取慎重态度。以北京市为例，并非为解决失业问题而将所有进入城市不久的失业人员全部动员还乡，而是本着认真负责的态度，只有经过审查认为还乡后确有生产条件者才动员其还乡。至 1950 年底，全部登记的 9411 个失业工人和知识分子中，只有 220 人是经帮助后还乡生产的①。此外，将城市中过剩劳动力外迁到劳动力缺乏的农村地区，亦为乡村地区发展农业生产的现实需要。为此，解放之初北平市民政局有计划地号召失业工人、一般市民分赴察北、内蒙古、抚顺或回原籍参加生产，并酌予补助路费和棉衣棉被。至 1949 年 10 月底，离京共计 1787 人，另有 250 人到绥远就业②。

失业人口外迁虽为临时措施，亦为充分发挥失业人员的技术才能与构建新社会主义城乡关系之现实需要。就前者而言，以平、津为例，解放初期，两市失业人员中的相当一部分为原来之农林技术人员，在城市中本就无多大知识、技术发挥空间。为此，1949 年 3 月，北平和天津两城市分别将登记失业的农林技术人员 470 多人、335 人组织学习后，由政府发给伙食费与差旅费，分别派到老解放区农村，充分发挥他们的专业技术③。就后者而言，解放之初，北平市政府考虑到乡村地区迅速恢复和发展生产的现实需要，要求各部门将过剩知识分子动员到乡村地区，协助乡村地区发展生产与文化建设，因为"这是北平这个文化都市应该给予乡村的帮助"④。其他动员到外地就业的途径还包括动员失业人员到缺乏劳动力的外地厂矿工作等。据统计，新中国成立初期，仅北平、天津、上海、南京四城市通过这种方式安置的失业人员超过 200 万⑤。

四、发展生产：城市失业治理根本路径

组织生产自救是解放初期发展生产以解决失业问题的最初尝试。与单纯的救济相比较，通过恢复、组织生产解决城市贫民、工人失业问题更为积极有效，且对之后变消费城市为生产城市具有重要意义。因此，在可能的情况下，组织生产自救从一开始便被纳入政府解决城市失业问题的考虑之中。当时，组织生产自救的主要方式有三：一是由政府出面组织失业人员从事手工业、小型工业生产，通过加工订

---

① 《失业救济和普遍召开区各界人民代表会议的两项工作》，《人民日报》，1950 年 12 月 30 日。
② 《北京市重要文献选编（1948.12－1949）》，中国档案出版社 2001 年版，第 788 页。
③ 《人民日报》，1949 年 3 月 16 日、3 月 25 日。
④ 《北京市重要文献选编（1948.12－1949）》，中国档案出版社 2001 年版，第 666～670 页。
⑤ 沈益民：《中国人口迁移》，中国统计出版社 1992 年版，第 152 页。

货或自产自销方式获利,用以维持生活。如北京组织贫民和军属、烈属搞挑补花和做鞋等手工生产,并由政府出面帮忙提供销路①。二为手工业生产或对摊贩提供贷款帮助其恢复经营。对于失业工人和贫民,政府尽量给予扶持,帮助他们投身生产,生活自给。天津解放后,中国人民银行天津分行给城市贫民和失业工人发放小本贷款共计6000万元人民券,以帮助他们开展生产活动②。此举不仅减轻了政府的救济压力,同时使市场矛盾得以解决,市民亦能以较低价格买到食品,可谓一石三鸟。第三种方式是结合国家大力推动城乡物资交流政策,在劳动与商业部门领导下,组织失业人员参加城乡物资流通中的收购、储运和销售工作,并支付一定报酬以维持其生活。徐州市在解放初期有大批搬运工人失业,为解决生活困难,许多搬运工人便运盐下乡去卖,再买杂粮进城,甚至贩卖粉条等解决生活问题③。此外,组织生产自救措施还有政府贷款或补助生产资金,由个人独立生产或经营等。

诚然,组织生产自救只能解决极少部分失业人员的生存困境问题,很大程度上仍属临时性措施。只有调整经济结构,发展以工厂、企业为主的生产,才是解决失业问题的根本途径。毛泽东指出:我们要合理调整工商业,使工厂开工,解决失业问题。④ 为尽快恢复发展生产,中共中央于解放后迅速制定"发展生产,繁荣经济,劳资两利,公私兼顾"的政策,对公营企业和私营企业皆采取相应措施,积极促进其生产的恢复与发展。

公营企业生产恢复与发展方面,各城市采取的措施主要集中在依靠工人群众实现管理民主化,努力减低生产成本,提高产品质量,并根据原料与市场情况增加生产。解放初期,北京率先在公营企业中发动减低成本、提高质量运动。由于实行了精简节约,比较有计划的生产及进一步民主管理,使此运动在短期内取得较大成绩⑤。天津公营企业在恢复生产与制定生产计划过程中,由于改进了不利生产的人事关系,充分尊重了工人要求与意见,从而极大地促进了工人的生产积极性,使企业"产品数量、质量大有改进"⑥。

私营企业生产恢复与发展方面,解放初期各城市主要在订立劳资合同、协调劳资关系基础上,扶植有发展前途的私营工商业,同时保证与改进产品质量,提高产量,通过加工订货、代购代销方式保证生产与销售正常运行,以促进其恢复与发展

① 北京市档案馆档案:1-9-244。

② 《人民日报》,1949年2月21日。

③ 《群众日报》,1950年4月6日。

④ 毛泽东:《不要四面出击》(1950年6月),《新中国成立以来毛泽东文稿》第1册,第398页。

⑤ 如燕京造纸厂过去产品不合标准者达50%,至1949年11月底减至20%,销售量则由每月1828令增加到7707令。见《聂荣臻市长向北京市第二届各界人民代表会议的报告》,《人民日报》,1949年11月21日。

⑥ 《丘金总结津七月份工会工作,必须贯彻管理民主化》,《人民日报》,1949年8月2日。

生产。在北京,经过解放初期订货、加工、收购成品以及生产贷款等必要扶助后,数月间生产开始恢复,甚至社会上的游资亦被吸引到工业生产之中。如福兴面粉厂增加5部机磨,北京织染厂增加10台电力机,新建华光油漆工厂、新华企业公司醋酸工厂等①。劳资关系处理上,各城市正确执行"劳资两利,公私兼顾"的政策,召集劳资双方谈判协议,订立集体合同,从而使资方、劳方均得到很好照顾,生产效率随之得到极大提高②。

为促进公、私营企业的生产恢复与发展,国家还从有计划地组织生产和协调保障能源、原材料购进及产品销售等方面予以大力协助。解放之初的北京,不仅根据原料与市场情况大力增加公营企业生产,而且大力加强对私营企业生产的方向指导,在尽量克服生产盲目性的同时,统一生产规格并保证生产品的产量与质量③。上海恢复生产过程中政府的作用表现更加突出。从购销角度看,解放后,以全国统一协调为前提,上海市积极调动以华东五省为主的各省市力量来充分保证工业生产的煤、粮需要,并动员和组织上海工业品到外省市来"回答各省的供应"④。鉴于私营企业在上海工业中占很大比例,上海国有贸易公司为私营企业提供原料,通过代纺、代织、代染等方式来保证私营企业恢复与发展生产。1950年5月,由各厂代纺的棉纱共计10034件,占各私厂总产量的50%。同月,国家贸易部对上海轧钢厂的订货使27家轧钢厂中的23家生产得到恢复。此外,为保证上海私营企业生产资金充足,至1950年5月底,上海市公营银行发放贷款1362亿元,其中发给私营企业1173亿,占全部放款的86%⑤。

为促进工业生产的恢复与发展,国家还从原材料供应与产品销售两方面大力开拓国内外市场。国内市场方面,鉴于城乡经济联系通畅是保证城市工商业恢复的重要基础,解放初北京便采取了建立指导城乡贸易的专门机构、吸收有经验的私

---

① 《聂荣臻市长向北京市第二届各界人民代表会议的报告》,《人民日报》,1949年11月21日。

② 以上海为例,解放后一年时间里,相当一部分工厂通过劳资关系协商处理使生产得以恢复,达到或接近保本自给,有的甚至渐有盈余,确实做到了"克服困难维持生产"。工人方面,采用减薪、减食、节约、临时疏散、部分解雇、轮班工作等各种办法,减轻厂里负担,同时延长工时、加强效率、节减原料、提高生产、降低成本。这在棉纺织方面表现最为明显。解放前,私营棉纺业平均生产率,每锭20小时最高0.779磅;解放后,到1950年5月份即超过这一水平,达到0.812磅。至6月份的第一周,平均生产率达到了0.816磅,这是上海棉纺业平均生产水平的最高纪录。见潘汉年:《上海市工作报告(一九五〇年六月三十日在政务院第三十九次政务会议上的报告)》,《人民日报》,1950年8月12日。

③ 《北平市半年来接管与施政工作——叶剑英市长在北平市各界代表会议上的报告摘要》,《人民日报》,1949年8月17日。

④ 《陈毅将军在沪各界代表会上关于上海市军管会和人民政府六七两月的工作报告》,《人民日报》,1949年8月13日。

⑤ 潘汉年:《上海市工作报告(一九五〇年六月三十日在政务院第三十九次政务会议上的报告)》,《人民日报》,1950年8月12日。

商参与城乡贸易等措施,"打通并用极大力量恢复和发展城乡贸易"①。国外市场方面,尽管遭到英美等西方资本主义国家的封锁,新生人民政权并不拒绝与外商进行平等互利贸易。以上海为例,为尽量减少封锁带来的损失,上海市制定促进进出口贸易的一系列政策,如准许自备外汇、棉花进口免税、对船舶进口采取鼓励扶助方针②。

由于国家大力扶持,各城市公、私营生产均得到很大恢复,在原有基础上有了新的发展。以北京为例,解放半年以后,工业生产大部恢复,并有一些行业超过解放前,得到相当发展。其中,造胰业工厂于解放后半年间新设 148 户,占总户数的 48%;手工织染业新设 123 户,占总户数的 26%③。生产发展极大地促进了就业增长,解放一年后,北京市市营企业工人数由解放前的 8845 人增加为 12351 人,增长 39.6%;私营工业户数较 1949 年 2 月增加 51%,职工总数增加 47%④。

新中国成立后的一两年间,党和政府采取多种措施对失业问题进行全面治理,基本解决了国民党时代遗留的大批无业失业人员问题⑤。以南京为例,至 1952 年下半年,全市已登记而尚未就业之失业人员减至 2000 人左右⑥。至于原家庭妇女走出家庭、参与劳动就业问题,则于 1953 年后伴随"一五"计划启动而逐渐得以解决。尤其 1958 年"大跃进"时期,中国城市家庭妇女大部被动员走出家庭,参与社会劳动。⑦ 以上海为例,至 1958 年 10 月,全市"不仅剩余男劳动力已基本没有,即是对妇女劳动力的使用亦需有计划才能应付急需"。⑧ 之后,随着社会风气的转变与城市经济、社会结构的更新,城市中作为群体性无业人口的家庭妇女问题最终得以解决。

新中国初期,中国共产党通过临时救济、人口迁移、发展生产等一系列举措有效地解决了失业问题这一城市难题,快速实现了城市社会的稳定,为尽快将旧中国遗留之消费城市变为社会主义生产城市奠定了坚实的社会基础。

---

① 《中国共产党北平市委会关于北平市目前中心工作的决定》,《人民日报》,1949 年 5 月 29 日。

② 《陈毅将军在沪各界代表会上关于上海市军管会和人民政府六七两月的工作报告》,《人民日报》,1949 年 8 月 13 日。

③ 《北平市半年来接管与施政工作——叶剑英市长在北平市各界代表会议上的报告摘要》,《人民日报》,1949 年 8 月 17 日。

④ 彭真:《庆祝北京解放一周年》,《人民日报》,1950 年 2 月 1 日。

⑤ 张仁善:《新中国成立前后党和政府妥善解决社会问题的政策措施及其经验启示》,《党史研究与教学》,2001 年第 4 期。

⑥ 付启元、卢立菊:《试述南京解放初期的社会改造》,《江南大学学报(人文社会科学版)》,2004 年第 4 期。

⑦ 有关解放初期妇女走出家庭与妇女解放问题,参见邱国盛:《20 世纪 50 年代上海的妇女解放与参加集体生产》,《当代中国史研究》,2009 年第 1 期。

⑧ 中共闸北区委劳动工资委员会:《关于动员人口外迁及进一步组织地区居民劳动力为社会主义生产建设服务的初步打算(1958 年 10 月 31 日)》,上海档案馆档案:A20－1－81。

新中国成立初期重庆城市社会变迁

扶小兰①

内容摘要：重庆解放与城市接管，是新中国成立初期重庆城市社会发展变迁的根本政治前提和基础。治理城市社会遗留问题的"废旧"运动，既是城市社会变迁的重要组成部分，又为城市社会变迁创造了一个安定的社会环境。构建城市社会新生活的"立新"举措，促使重庆城市社会生活发生了根本性的变化，从而成功地巩固了新生的人民政权，为重庆经济、政治、文化诸方面的发展提供了有利的"硬环境"和"软环境"，进而推动了重庆乃至整个新中国社会变迁的进程。

按照社会学的基本理论，社会变迁是指社会的纵向运行，它既包含社会变化的过程，也包括社会变化的结果。任何一个政治组织的纲领和活动，对社会变迁都会有或大或小的影响。自新中国成立以来，中国共产党由于处于执政地位而影响着中国社会变迁的方向、进程和结果，中国社会变迁由此进入快速、主动的发展时期。1949—1956 年是这一历史时期中的一个极为重要的阶段。解放后的重庆，在以邓小平为首的中国共产党人的领导和影响下，进行了一场"除旧布新"的社会改造与社会建设运动，促使重庆的社会制度、社会结构、社会关系、社会生活等各方面在此期间都发生了急速而深刻的变化。本文主要从社会生活的视角，对此时期重庆城市社会的发展变化作一粗浅论述。

一、涅槃与新生：重庆解放与城市接管

1949 年 10 月 23 日，刘伯承、邓小平根据中共中央解放西南的会议部署，下达了中国人民解放军第二野战军进军川黔的作战命令。11 月 1 日，第二野战军 3、5 两兵团及第四野战军 47 军，从北起长江、南到川湘桂黔边的千里战线上，向西南的国民党残余力量发起强大攻势。蒋介石苦心拼凑的西南防线顷刻之间土崩瓦解。11 月 30 日，人民解放军以雷霆万钧之势直逼重庆市区，市区内的国民党正规部队早已溃逃，重庆获得解放。是日下午，第二野战军 3 兵团、第四野战军 47 军等部队进入重庆市区，西南地区最大的工商业城市——重庆，终于重新回到人民手中。

---

① 扶小兰，中共重庆市委党校党史教研部副教授。

1949年12月1日,中国人民解放军在重庆市区举行入城式,受到山城市民的热情欢迎。12月3日,中国人民解放军重庆市军事管制委员会(简称"军管会")、中共重庆市委的部分主要领导干部19人进入重庆,即日发布第一号布告,宣布重庆市军管会正式成立并开始接管工作。12月5日,军管会向原国民党驻重庆的各政治、军事、经济、文化等机构派出军代表,并宣布接收这些单位。同日,通过多种形式与重庆各界人民群众接触,阐明接管方针,宣讲《接管约法八章》,提出"稳步前进,有重点有步骤的接收"的方法和"自上而下按系统接管"的方针。由于"接管"不仅关系到新旧政权更替和社会稳定及城市管理连续性的大局,而且与人们的实际利益息息相关,因而获得人民群众和社会各界的支持十分重要。为此,军管会提出:大力动员工人职员群众及地下党的力量参加接管,使自上而下的行政命令与自下而上的发动群众相结合;坚持群众路线,依靠工人,团结学生,进而争取团结职员、科学家、技术人员、进步的产业家、工商家等,向他们宣传解释党的城市政策与接管方针、计划、办法等,并听取他们的意见,吸收他们参加协助接管工作。军管会先后召开了工人、学生、妇女、文教界、工商界等各界代表座谈会,刘伯承、邓小平、陈锡联等还亲临一些会议。在这些会议上,军管会向各界群众广泛宣传了中共在新民主主义革命时期的政策和策略,耐心细致地解答了人们普遍关心的劳资关系、工农联盟、工资改革等问题,使党的政策进一步深入人心,使接管工作得到各界群众的理解和支持,为接管工作的顺利进行创造了条件。遵照"按系统接管"的方针,重庆的接管工作分为政务、军事、财经、交通、后勤、文教、公安七大系统,并分别组成6个接管委员会和1个公安部,接管与之相对应的原国民党中央机构与省市机构,包括国家行政机关、军事单位、厂矿、企事业单位、学校及其所属单位的一切物资财产、档案材料和全部人员。随着各部门接管工作的顺利开展,重庆市政府各职能部门亦逐步建立。1950年1月23日,重庆市召开了第一届各界人民代表会议,宣告整个接管工作的胜利结束。

重庆解放与城市接管工作的顺利完成,改变了山城人民长期处于帝国主义、封建主义、官僚资本主义统治下的艰难处境,这在重庆的历史上是具有划时代意义的重大事件,为重庆社会发展、进步提供了根本的政治前提和基础,成为重庆城市发展变迁新纪元的开始。

二、废旧与重建:城市社会遗留问题的根除

刚刚回到人民手中的重庆,满目疮痍,百业待兴,经济破败,烟、赌、娼等城市社会遗留问题突出,社会秩序混乱,社会风气污浊,社会生活萧涩。中共中央西南局和重庆市委、市人民政府为"管理城市和建设城市",在筹划和领导西南全区和重庆的政权建设、社会改造和经济恢复等伟大建设工程中,对烟、赌、娼等社会遗留问

题的治理倾注了极大的心血,开展了禁绝烟毒、清除赌博、取缔娼妓等一系列卓有成效的荡污涤垢、移风易俗的社会改造运动,促使重庆人民的身体素质、心理素质、思想观念和精神面貌发生了根本性的变化,从而扭转了社会风气,净化了社会环境,重建了社会秩序,促使重庆这座古老的城市在"尘埃荡尽之后"走向新生,迎来崭新的发展起点。

(一)根绝烟毒、净化环境

自鸦片战争始,烟毒祸水迅速蔓及中华大地,而西南人民所受之灾害可谓是全国之冠。重庆地处西南交通要道,商业繁盛、人烟稠密,在烟毒贩运方面就形成一个集散据点,而与此有关的产、销、吸食的人,则更广泛地分布于各阶层中。因此,烟毒在重庆成为一个极其严重的问题,其泛滥给社会和人民造成巨大的影响、灾难。据不完全统计,解放初期,全市共有烟民20201人,其中吸食者为15110人,贩售者4476人,制造者615人,烟馆270余家;渔洞镇2万余人中,吸毒者竟在千人以上。① 据重庆市公安局1950年1、2月份的资料统计,该局1月份所有案件为1980件、人犯2552人,其中烟毒案即有405件,占案件总数的20%;毒犯449人,占人犯总数的17%。2月份,各种案件为2128件、人犯2887人,烟毒案即有465件,占案件总数的21.8%;毒犯538人,占人犯总数的18.6%。② 烟毒带给西南人民的灾害由此可见一斑。

为扫除这些制约新生政权建设和发展的障碍,1950年2月24日,中央人民政府政务院发布《关于严禁鸦片烟毒》的通令,揭开了全国范围内禁烟禁毒斗争的序幕。根据中央政府的部署,西南军政委员会在1950年3月1日发布的"春耕指示"中,明令"严禁种植鸦片";7月31日,又公布了《关于禁绝鸦片烟毒的实施办法》,就禁止鸦片烟毒的种植、制造和贩卖,烟民的登记、戒烟和戒烟所的设置,烟馆的取缔、烟具的收缴、烟馆主人的处罚,烟毒罪犯的打击,各地各级戒烟组织机构的建立等事宜作出了明确规定。该办法的实施,标志着西南地区禁烟禁毒斗争的普遍展开。从1950年9月全面铺开到1952年底,重庆的禁烟禁毒斗争历时两年多,其间经历了两次高潮:1950年9月至1951年2月的禁烟禁毒工作,1952年5月至1952年10月在全市展开的大规模的禁烟禁毒的群众运动。

根据中央人民政府和西南军政委员会的指示、部署,1950年9月26日,重庆市第四次行政会议通过了《重庆市禁烟禁毒委员会组织规程》,成立了重庆市禁烟禁毒斗争的组织领导和指挥机构——重庆市禁烟禁毒委员会。以各区为单位设立禁烟禁毒分会,以派出所为单位设立支会,以户籍段为单位设立戒烟小组,作为市禁

---

① 《新华日报》,1951年3月15日。
② 中共重庆市委政策研究室:《重庆概况》(内部发行),1952年,第153页。

烟禁毒委员会的基层机构,从而形成了从上到下、遍及全市的禁烟禁毒斗争领导组织网络。1950年,重庆市人民政府发布布告指出:"政府为保护人民利益,发展生产,特遵照中央人民政府政务院《严禁烟毒通令》及西南军政委员会《禁绝鸦片烟毒实施办法》实行禁绝之规定,自布告之日起,凡我市民不得制造、贩运与售卖烟土、毒品。如有违反,除没收外,并依法严行惩处","散存民间之烟土、毒品应即向当地人民政府公安局报缴处理","吸食烟毒者亦应即向当地人民政府公安局进行登记,限期戒除。如逾期不登记、不报缴、不戒毒者,分别按情节轻重予以惩处"。布告号召"全体市民动员起来,协助政府进行宣传、劝诫、检举、监督等工作,以求迅速根绝烟毒"。①

在各级党政和禁烟禁毒组织的领导下,重庆市的禁烟禁毒工作迅速展开。在宣传教育方面,广泛发动各部门、团体,充分利用各种群众喜闻乐见的形式大张旗鼓地在全市开展宣传活动。在戒烟方面,发动群众组成戒烟互助组,并设置戒烟所,召集本市医药专家讲授和指导戒烟药品的制造,大量制造戒烟药供给戒烟所和戒烟互助组之用;同时,动员群众自筹自捐戒烟经费,对贫苦烟民则减免戒烟药费。据统计,全市共成立了戒烟互助组(戒烟所)92个,自动参加戒烟的人有9819人,戒除烟毒的有16327人。在这些获得新生的人中,有1794人在政府的帮助下参加了新的工作。② 在打击烟毒案犯方面,由市公安局邀同各区人民政府及连界的川东各区县人民政府协调、配合,对制造、贩运、销售烟毒的活动进行了查禁。在6个月的查禁工作中,逮捕烟毒犯6760人,判处死刑12人;查封烟馆102家,收缴鸦片6644.88两,毒品4728.35两,沃水16箱48桶又4795.5瓶,制毒原料291.36两,毒具2445件。③ 经过此阶段的斗争,重庆的禁烟禁毒斗争取得了初步成效和一些宝贵经验,一大批烟民摆脱了烟毒的羁绊和残害,烟毒犯罪活动也大为收敛。但烟毒遗留已久,影响深广,这一阶段的禁烟禁毒还没能禁绝烟毒。

为彻底铲除烟毒,1952年5月21日,中央人民政府政务院再次下达"严禁鸦片烟毒"的通令,要求各级人民政府"大张旗鼓地开展一个群众性的反毒运动,粉碎制毒、贩毒罪犯分子及反革命分子的阴谋,以根除这种旧社会的恶劣遗毒"。重庆市委市府立即根据中央人民政府政务院的精神在全市范围内掀起了禁烟禁毒的群众性运动。为加强对运动的领导,在市府直接领导下,成立了以公安、司法等部门为首的,由专职专人组成的专门机构——禁毒办公室,统一协调和指挥全市的禁烟禁毒运动;同时,设立了行动指挥、侦审、宣传和毒产处理等机构,以具体负责执行逮捕、准备监狱、专案侦查、发动群众、号召检举和没收处理毒品等各项工作,为

① 钟修文等:《新重庆的起步》,西南师范大学出版社1996年版,第213~214页。
② 《新重庆的起步》,第214页。
③ 《新重庆的起步》,第214页。

胜利进行禁烟禁毒运动提供了可靠的组织保证。为正确制定禁烟禁毒的有关政策和策略,禁毒办公室抽调大批干部在整理汇集前一阶段斗争材料的基础上,进行了历时近3个月的深入细致的调查研究工作,获得了大量的第一手材料,基本上摸清了毒情。据调查统计,全市共有制、贩、藏烟毒犯罪分子13026人,其中大多是惯犯,其活动不仅有单个的、零星的,还有结成帮口、组织集团的,较大的团伙就有115个,包罗毒犯1676人。① 1950年至1952年,制、贩、藏烟毒案共计2383件。根据对1951年1月至10月受理烟毒案件的分析,反映出烟毒犯罪分子的情况错综复杂。可见,烟毒遗毒流传根深面广,禁烟禁毒工作因此而复杂艰巨,重庆市党政领导机关也因此加大了工作力度。在经过上述调查研究和充分准备工作的基础上,全市进行了第一次大规模的打击活动,逮捕了一批罪恶重大的毒犯,并对已捕毒犯进行突击审讯,经过反复交代政策和号召检举活动,迅速扩大了禁烟禁毒工作的战果。

为"组织、团结和教育市民,参加城市的管理和建设工作"②,在搜捕打击毒犯的同时,重庆市进行了广泛深入地宣传群众、发动群众、组织群众的工作。在市委宣传部门的统一领导下,组织了由党的宣传干部和暑期留校大、中学生共17576人的宣传大军,深入大街小巷和楼堂庭院进行各种形式的宣传活动。全市召开禁烟禁毒各类大小型会议达18500次以上,受到直接宣传教育的群众至少达692680人,占全市居民群众(机关户口除外)的70%以上,使禁烟禁毒政策达到了"家喻户晓,人人明白"③,从而形成了抵制烟毒人人有责的良好社会氛围,促进了禁烟禁毒工作的顺利进行。经过半年多的时间,禁烟禁毒运动取得了决定性的胜利,破获了烟毒集团115个,审理烟毒案件2887件,先后逮捕大毒犯3418人(占全市烟毒犯总数的24.2%),枪决了罪大恶极和抗拒坦白者17人;共登记毒犯9878人,并对其中7700人进行了集体改造;共缴获毒品21908两、制毒原料43944两、毒具6109件、步枪7支、手枪9支、冲锋枪1支、机枪筒8个、子弹1609发。截至1952年8月,全市登记的烟民有13840人,参加戒烟者11238人,戒后脱瘾者有7813人,且随着运动的深入,烟民脱瘾者越来越多。④ 1952年11月,根据重庆市公安局《关于结束本市肃毒运动的计划报告》,"肃毒运动的目的与任务已基本完成"。1953年1月,中央人民政府公安部、内务部、卫生部联合向各大区、各省市、各省辖市发出"关于全面开展戒烟工作的指示",要求在禁烟禁毒运动的基础上,"立即着手抓紧

---

① 重庆市公安局:《重庆市关于肃清烟毒流行运动的总结报告》(1952年10月29日),载《新重庆的起步》,第216页。

② 邓小平:《在西南局城市工作会议上的报告提纲》(1950年12月21日),载《邓小平西南工作文集》,中央文献出版社、重庆出版社2006年版,第290页。

③ 《新重庆的起步》,第218页。

④ 《新重庆的起步》,第219页。

戒烟工作,在一定时期内基本戒除"。1953 年 3 月 26 日,重庆市民政局给内务部的报告中指出:"至目前为止,全市尚未发现有烟毒活动。"①至此,重庆市的禁烟禁毒运动取得了预期的成效,长期残害民众的烟毒祸根得以铲除。

烟毒的戒除对于提高人民群众的身体素质,改变整个民族的健康状况具有极其重要的意义。大批烟民戒烟后恢复了健康,大批的烟贩经过改造成为自食其力的新人,并在政府帮助下投入到新重庆、新中国的建设中,为恢复和发展国民经济,迎接即将到来的社会主义改造和社会主义建设高潮准备了有利条件。西南地区约有 700 万亩烟地改种农作物,所生产的粮食和其他农作物产品对西南地区的建设和经济发展所起的巨大作用也是毋庸置疑的。罪大恶极的大烟毒犯被惩办,烟毒集团被摧毁,烟馆被取缔,制、运、贩烟毒的黑社会恶势力被彻底铲除,使滋生罪恶、腐朽、贫困的"万恶之源"的烟毒得以清除,从而促进了城市社会秩序、社会风气和社会生活转向安定、祥和,有利于巩固新生的人民政权,恢复和发展国民经济;同时,也改变了民众的精神面貌和心理素质,为中华民族的精神风貌和民族素质注入了新的活力。

(二)清除赌博、扭转民风

赌博也是城市社会生活中长期沉淀遗留下来的恶习。赌博不仅影响正当的工作,甚至引起家庭不和,闹离婚、闹自杀的事件常有发生,而作为社会最基本单位的家庭的不稳定,必然引起社会的动荡不安。在工商业及小型工厂中,因老板赌输而拖付工人工资,有的因赌输无法生活或偿还债务就铤而走险,养成偷盗抢劫卖淫等恶习。由此因赌博又衍生出一系列的社会问题,给城市发展和社会生活造成极大的不稳定因素,从而影响整个城市现代化的进程。解放后,人民政府开始禁止赌博,尤其是在 1950 年 7 月至 8 月,中央公安部召开了第一次全国治安行政会议后,公安机关的治安管理部门即配合全国范围的镇压反革命运动,进一步禁毒禁赌,从而逐步改变了遗留已久的赌博风气。据统计,仅 1950 年内,重庆查获的赌博案件就达 2465 起,牵涉人犯 6731 人;1951 年上半年,查获赌博案件 778 起,牵涉人犯 2722 人。② 由于赌博风气盛行已久,遗毒既广且深,禁赌工作因此而复杂、艰巨。

按照邓小平提出的"城市问题复杂,要统一到市委的领导下去进行"③的指示精神,重庆市委市府对禁赌工作十分重视,在西南局的统一部署下,专门制定出《关于严禁赌博活动的布告》,公安、司法部门根据这一精神,采取了切实可行的具体措施:首先,广泛深入地开展严禁赌博的宣传教育。运用报纸、广播等舆论工具,大力

---

① 《新重庆的起步》,第 219 页。

② 重庆市人民政府公安局:《公安统计半年报》,1951 年。

③ 邓小平:《在西南局城市工作会议上的报告提纲》(1950 年 12 月 21 日),载《邓小平西南工作文集》,第 297 页。

宣传《关于严禁赌博活动的布告》，反复向群众讲解赌博的严重危害，动员群众自觉反对和抵制赌博活动，以造成强大的社会舆论；在广泛宣传的基础上，通告参与赌博活动的人员到公安机关坦白交代，登记悔过。其次，大力开展查赌禁赌工作。依靠各级党政领导，发动群众，密切掌握本地区、本单位的赌博活动情况；对进行过赌博活动的人员，普遍进行调查摸底，分清情况，采取措施，加强教育管理；对聚众赌博的赌头、赌棍、窝主和赌博情节比较严重、屡教不改的人，掌握名单，核实材料，根据违法犯罪的不同情况分别给予惩处。再次，坚决打击赌博犯罪分子。在查禁赌博的工作中，对以营利为目的，聚众赌博或以赌博为业的赌头、赌棍坚决依法公开处理；对有一般违法行为的人，以教育为主、处罚为辅，采取广泛宣传与个别教育相结合，加强治安管理与政策措施相结合的办法，促其登记悔过；已经停止活动并能主动交代问题、揭发检举他人的，免于处罚或从宽处罚。同时，加强对禁赌工作的领导。各地区、各部门、各单位要把禁赌工作纳入议事日程，并确定一名领导专抓此项工作。对赌博活动不加禁止以致蔓延成风的单位和地区，要追究领导者的责任。在人民政府的高度重视和严厉的禁赌措施之下，遗留数千年的赌博之风基本被扫除殆尽。

（三）取缔娼妓、清除污垢

城市娼妓由来已久，抗日战争时期，重庆成为国民政府的陪都，政治、经济、文化得以空前发展，城市人口和规模急剧膨胀，城市社会问题也随之凸显，加之国民政府腐败的统治和腐化奢靡的生活，娼妓成为城市社会的一大灾害，时人称之为"公和娼之盛，为任何城市所不及"。解放初，重庆全市有妓女1万余人。舞女卖淫也较突出，在册者有127人。① 有的舞女还在家设"台基"，邀约舞女卖淫。同时，娼妓的盛行致使性病泛滥，严重危害妇女身心健康。当时的报刊及街头巷尾墙壁上治疗性病的广告比比皆是，成为影响城市社会生活的一大公害。

在西南局的统一部署和指导下，重庆市人民政府采取大力措施封闭妓院，取缔"台基"，收容妓女。收容工作从1950年3月开始，每次收容都包括流落街头的妓女在内。1951年8月，重庆市公安局根据民政局1951年7月24日收容本市妓女游乞会议决议，决定从8月10日开始收容这些流落街头的妓女，并决定以后随时发现随时收送。截至1952年底，共收容了游离分子20457人，其中妓女6000余人。② 由于这些妓女情况复杂、思想混乱，生活方式和遭遇各有不同，如沦落较久的妓女恶习较深，寄生思想重，怕劳动、怕吃苦、善应对、好虚伪，对其进行改造就比较困难，特别难以养成劳动习惯；对于流落不久的年轻妓女，其恶习不深，易于接受

①　中共重庆市委党史研究室：《城市的接管与社会改造》（重庆卷），西南师范大学出版社1995年版，第239页。

②　《新重庆的起步》，第192页。

新鲜事物,改造就比较容易。而且,这些妓女大多有吸毒恶习和性病。1951 年第 1 至 3 期共收容妓女 3291 人,其中吸毒者占 70% 以上;第 4 期收容妓女 631 人,其中患有性病的达 85.2% 。① 因此,人民政府制定了对妓女的教育改造方针:戒除吸毒恶习,治愈性病,启发政治觉悟,学习人民政府的各项政策,克服依赖思想,树立劳动观念。同时,集中妓女,分别编入中队、分队和班,由妓女中的积极分子担任分队长、班长和学习、卫生、伙食、文娱委员,以及划定活动地区的纠察。1950 年底,市人民政府决定,从民政、公安、妇联、卫生这四个部门抽调干部,在歌乐山向家湾 50 号第三游民收容所内,成立妓女改造机构。

针对妓女的实际情况,对妓女的教育改造实行分段管理、区别对待。第一阶段,进行安定情绪,戒除恶习,培养集体生活习惯的教育。针对妓女的复杂情况,首先向她们宣传政府的收容政策,安定情绪;再结合政策教育,开展各种文娱活动,进行新旧社会对比教育;同时,发给她们被褥、衣服、毛巾等日常生活用品,帮助她们治疗性病,戒除吸毒恶习,消除生活上的后顾之忧。其次,通过订立公约,制定生活行为规范,纠正不良生活习气,建立正常的生活、学习秩序。第二阶段,以抗美援朝、镇压反革命运动为中心,结合她们自己的切身遭遇启发她们诉苦,并通过各种形式的教育,使她们树立自立自强的信念。同时,组织她们参加一些力所能及的劳动,使她们认识和体会劳动的光荣与寄生生活的可耻。第三阶段,根据不同情况进行深入调查和教育,以进一步提高她们的思想觉悟,并结合劳动生产方针,鼓励她们走上自谋生计的道路。在经过一段时间的教育改造之后,她们的思想和生活都有不同程度的提高、转变。政府即根据不同情况进行分别处理:凡属有家可归的,尽量动员资遣回原籍生产;无家可归而有劳动力的,在她们自愿的前提下,商洽原籍政府同意,资遣回籍生产;无法资遣而有劳动力的,组织起来参加力所能及的工作、各种手工业生产;至于无家可归的老弱病残妇女,则分别转入各院继续教养,组织其参加各种可能的劳动生产。资遣回籍生产的,绝大部分都得到了适当的安置,也有部分人因长期流落城市,不习惯农业生产而跑回城市的,政府依然收容,重新安置。其他由生产教养院领导参加劳动生产的有 1009 人,她们在不断的劳动锻炼中身体日益强壮,工作效率不断提高,其中有 400 多人先后经各生产部门挑选成为正式工人。其余继续教养的,仍根据其体力、智力情况分别参加各种生产劳动,老弱病残还能做点工作的,也参加了制酱油、做雨伞或制棕绳、棕刷等手工业生产。在生产教养院参加生产的,每月收益已达全部院民供给的 60% 。参加生产劳动者的情绪一般都很高。

经过两年多的努力,终于使卖淫这一贻害数千年的社会浊流得以基本绝迹,绝

---

① 《城市的接管与社会改造》(重庆卷),第 240 页。

大多数妓女经过教育改造后开始了新的生活，成为建设新重庆、建设新中国的新型劳动者。

（四）收容改造游民乞丐、稳定社会秩序

重庆市解放后，市军管会和市政府根据党中央、政务院和西南军政委员会的有关政令，于1950年3月制定了《重庆市游民乞丐收容处理办法》（以下简称《办法》），明确指出了收容处置游民乞丐的必要性和迫切性，并制定了收容处置的具体方针、政策和办法。由于游民乞丐分布面广、数量大、成员复杂，分散在城区各个角落，《办法》规定分区设点、设站收容，集中管理，组织劳动，进行政治思想教育，消除其依赖和寄生意识，使之逐步实现自食其力，把他们从堕落、死亡的陷阱里拯救出来，以促进社会秩序、社会治安的好转。

为及时、有效地处置游民乞丐，1950年3月，按照《重庆市游民乞丐处理委员会》章程，以市民政局为主，联合重庆警备司令部、市公安局、市卫生局等行政、军事单位组建处理乞丐委员会，集中社会各方面力量，统一领导、统一安排。该委员会下设两个收容所（后因实际收容人数超量增加，又添设一个，共3个收容所）。第一收容所负责收容有劳动力的；第二收容所收容老弱病残无劳动力的。各所配备足够的管理干部和必要的医务人员，对游民乞丐进行规范化管理。筹备就绪之后，广施布告，大力开展宣传、动员，让市民了解收容游民乞丐的目的意义、措施办法及政府的坚决态度，号召游民乞丐主动在规定时间内到收容站报到。收容工作由市公安局统一指挥、统一行动，由其所属分局、分驻所分批突击收容和个别收容（集中收容时遗漏或逃跑的发现一个收容一个），按有无劳动力分别转送第一或第二收容所。游民入所按人数编队分组。他们入所后，政府发给衣服被褥和必要的生活用品，供给3～6个月的粮食，并强制戒除烟毒，对有病的给予必要的治疗。针对游民乞丐在游乞生活环境中养成的寄生、依赖、懒惰、邋遢等恶习，首先从规范其正常生活秩序入手，组织他们参加劳动生产，培养劳动习惯。在劳动过程中进行思想政治教育，并辅之以文化教育，使他们懂得劳动光荣、寄生可耻，促其逐步树立劳动观念，学会一定的生产技能，达到自食其力。其次是政治学习，由专职干部上课，主讲新旧社会对比和社会关系，分析他们沦为游民乞丐的社会原因和个人原因，指出游民乞丐对社会的危害和自身的堕落毁灭，使他们了解清楚如何争取改造自新的道理。课后分组讨论，启发他们在无拘无束的气氛中自觉倾诉沦为游民乞丐的堕落过程和遭遇的苦难，以期找到自新的道路，恢复做人的尊严。

重庆市有计划、有组织的收容游民乞丐工作是从1950年3月开始的，3月29日第一次收容就收容了近4000人，到年底先后共收容了8次，总计8269人；直到

1952 年底,3 年内共收容 20685 人。① 由于这些游民乞丐成分复杂,经历各不相同,文化教育程度参差不齐,40% ~50% 是文盲、半文盲,约 30% ~40% 是小学文化程度,只有 10% 左右的是中学文化程度,也有个别大专文化程度的,加之他们大多吸食毒品、恶习较深,对他们进行教育改造时,必须因人而异,有针对性。因此,在对他们进行分别审查的基础上,按照《办法》规定分别处理:对来自农村有家可归的,资助遣回原籍,在当地分田参加生产劳动;凡无家可归有劳动力的,送需要劳动力的部门(如城建、交通等部门)安排劳动,以工代赈;查明系国民党散兵游勇,送驻军警备司令部处置;属于老弱病残又无家可归的,转送生产教养院或保育院予以教养;对其中可以习艺的,施以技术训练,使之学得一技之长,以便自谋生路;对表现较好,又有谋生能力的,给以必要的资助,准其自谋就业。

烟、赌、娼等城市社会问题的禁绝,使久染烟毒、长醉赌博、沉沦娼妓、流落街头的大批民众获得了新生,逐渐养成劳动的观念和能力,走上自谋生计的道路,更为重要的是使他们从思想上认清和铲除了烟赌娼这个"三毒一体"贻害无穷的毒瘤,逐步树立起正确的心理态度、人生观和价值观,步入正常人的生活轨道,成为重庆社会主义革命和建设的有用之才。

三、立新与发展:城市社会新生活的构建

中国共产党人不但善于打破旧世界,更善于建设新世界。"除旧""布新"相辅相成,在中央和西南局的领导、部署下,重庆市委市府领导人民在根绝社会遗留问题的同时,采取多种措施恢复和发展经济,保障和改善民生,从而构建起一种崭新的城市社会生活体系。

(一)城市物质生活渐趋稳定

城市经济的恢复与发展是保障和改善人民群众生活的根本基础。在中共七届二中全会上,毛泽东指出:"从我们接管城市的第一天起,我们的眼睛就要向着这个城市的生产事业的恢复和发展",其他工作"都是围绕这个中心工作服务的"。这一指示道出了问题的关键所在,完全符合重庆这类大城市的实际情况,因而对于重庆在解放初期的经济恢复工作具有重大指导意义。邓小平在重庆市接管工作会议上指出:"我们从入城那天起,就应该把领导精力转向城市,着手整理和迅速恢复敌人破坏的人民经济生活,稳定金融市场。"②重庆解放之初,人民政府接收的是一个千疮百孔的烂摊子:经济颓败,工厂倒闭,商业萧条,物价飞涨,市场混乱,金融混乱,银根紧张,人民生活处于山穷水尽的境地。为恢复国民经济、稳定人民生活,中

---

① 《新重庆的起步》,第 189 页。
② 中共重庆市委党史研究室等:《邓小平与大西南(1949—1952)》,中央文献出版社 2000 年版,第 147 页。

共中央西南局和重庆市委、市人民政府领导人民开始了艰苦的恢复重建重庆经济的工作。通过整顿财政金融、平抑物价、稳定市场、调整工商业、巩固财税等措施,恢复和发展了国民经济,稳定和保障了人民群众的正常生活。

解放初期,重庆市场上银圆、银圆券、人民币混合流通,经济秩序极度混乱。1949 年 12 月 10 日,重庆市军事管制委员会颁布了金字第一号布告,规定:"中国人民银行发行之人民币为市场流通之惟一合法货币","伪银元券及其辅币券自即日起宣布作废,禁止流通"。布告宣布按 1:100 的比价,限期以人民币收兑散在民间的银元券,以 1:6000 的比价收兑银圆;5 天内收兑银圆券 1012 万元,兑出人民币 10.13 亿余元(旧人民币)[①]。1950 年 3 月,重庆市人民政府坚决贯彻执行中央人民政府《关于统一国家财政经济工作的决定》,实施统一收支、统一贸易、统一现金管理等各项制度,当年便做到财政收支基本平衡。货币、财政的统一,为稳定经济、恢复生产、安定人民生活,迈出了关键的第一步。为保证重庆市民基本生活的需要,市人民政府在统一货币与财政的基础上,积极组织市场供应,稳定物价。1950 年 3 月后,重庆市先后成立国营贸易公司、零售公司、城乡供销合作社、消费合作社等商业机构。国营贸易公司有计划地吞吐物资,占领批发阵地,人民基本生活必需品如粮、油、煤等由国营零售公司组织销售,或者通过合作社直接分配到市民手中;对私营商业者采取团结、扶助的政策,解决他们的实际困难,使他们恢复正当营业;组织城乡物资交流大会,促进城乡商品流通,组织货源,扩散地方产品;对批发价、零售价、地区差价作出了明确的规定。这些强有力的措施稳定了物价,迅速结束了解放前几年物价成数千倍上涨的恶性通货膨胀局面。1950 年与 1949 年相比,全市物价仅上涨 1.7 倍;1950 年 2 月,以 1949 年 12 月价格为基期的重庆 42 种主要商品趸售物价指数为 448.08,12 月降为 117.43;以 1950 年为 100 的重庆零售物价总指数,1951 年为 111.8,1952 年降至 108.7,1953 年降至 106.4。"一五"计划时期,重庆市场零售物价基本稳定,以 1952 年为 100,1953 年为 97.9,1955 年为 100.0,1956 年 103.2,1957 年重庆社会零售物价总指数为 107.2。职工生活费用价格总指数以 1950 年为 100,1952 年为 106.1,1954 年为 104.9,1956 年为 109.0[②]。长期相对稳定的物价,有利于工农业生产的发展,也有利于人民生活的安定。

在重庆市委、市人民政府采取的稳定经济、恢复生产的多种强有力措施下,1950—1952 年重庆国民经济初步恢复和发展,"一五"期间持续稳定地向前发展。1952 年,全市工农业总产值达到 9.11 亿元,比 1949 年增长 58.9%,年均增长

---

① 重庆市地方志编纂委员会:《重庆市志》(第三卷),西南师范大学出版社 2004 年版,第 18 页。
② 重庆市城市社会经济调查队:《重庆市物生活调查史料(1950—1988)》(内部资料),1989 年 12 月,第 1、2 页。

16.7%。① 到 1957 年,全市工农业总产值比 1952 年增长 112.7%,年均递增 16%。与工农业生产的发展相伴而来的是市场的繁荣和人民生活水平的明显提高。1953年,鉴于粮食市场因投机商人捣乱、粮食供应日益紧张,以至于牵动市场物价上涨的状况,重庆市人民政府决定,从是年 11 月 18 日起,对粮食实行计划供应。城市居民和农村缺粮户实行凭购粮证定量供应;以粮食为原料的工商业单位实行定额登记凭证供应;机关、学校等团体食堂实行计划凭证供应。同时,严禁粮食自由买卖和贩运。为了稳定工业消费品市场,市政府组织召开全市供、产、销平衡会议和物资交流大会,各区也分别召开城乡物资交流大会。商业部门积极组织货源,扩大营业场所和经营品种,延长营业时间,基本上满足了市场需要。1951 年,全市国营商业和合作商业全面超额完成国家年度计划,商业营业额在 1950 年的基础上翻了一番。1954 年,由于西南大区一级行政机构撤销,原来与西南各地的供销渠道部分中断,重庆市场的集散作用受到影响。市政府采取积极措施,加强与西南各地的经济联系,在重庆召开了第一次西南各地物资信息交流大会,恢复和建立了一些被中断的供销渠道,但是市场还是受到一定影响。1954 年,全市商业营业额比 1953年减少 34%。1955 年,商业部门贯彻"为生产服务,为消费者服务"的方针,积极组织工业消费品和农副产品货源,加强对农业生产资料和地方工业所需原材料的供应,加强商品物资调拨和调度工作,市场比较稳定。全市国营商业购进计划超额完成 21%,销售计划超额完成 7%,上缴利润计划超额完成 3%,资金周转比计划加快0.08 次。1956 年,商业部门加强外区采购,增加了市场货源,对主要生活必需品如粮、棉、棉布等实行计划供应,统购统销,开放禽、蛋等副食品自由市场。当年,市场进一步繁荣,全市社会商品零售总额接近完成 1957 年的计划目标,比 1952 年增长47%。1957 年,重庆市场生产资料和生活资料购销两旺,社会商品零售总额达到 5亿元,比 1956 年增长 30%。市民生活随经济的发展逐步有所改善。到 1956 年,全市累计安排就业人数达 14 万多人,仅 1954 年由市劳动就业部门介绍就业的人数就达 4 万人。对少数生活有困难的市民实行了救济制度、补助制度,仅 1956 年就发放救济金 100 多万元。职工工资收入不断增加。1954 年与 1950 年相比,冶金部门工人工资增长 105%,加工工业部门工人工资增长 124%,纺织工业部门工人工资增长 38%。1955 年,全市国营工业企业和公私合营企业职工平均工资比 1954年增长 40%。1956 年,全市职工(包括手工业者)人均收入均比 1952 年增长 37%。市民收入的增加增强了社会购买力,1954 年,全市市民购买力比 1950 年增加56%。市民人均居住条件也有一定的改善,全市人均住房面积由 1952 年不足 2 平方米提高到 1957 年的 3 平方米。②

---

① 重庆市地方志编纂委员会:《重庆市志》(第三卷),西南师范大学出版社 2004 年版,第 19 页。
② 重庆市地方志编纂委员会:《重庆市志》(第三卷),第 27 页。

（二）城市精神文化生活日益丰富

解放初期重庆文化娱乐场所太少,城市仅有一个中央公园。从"王园""渝舍"到枇杷山公园、少年宫的开辟,大田湾体育场、劳动人民文化宫等公共文化设施的修建;从文艺工作的改造、文艺活动的开展,到"把体育运动普及到广大人民群众中去",为市民精神文化生活的丰富、发展提供了最基本的条件和保障,实现了邓小平要让重庆人民打上"文化牙祭"的愿望。

城市公共文化场所与设施的建设、发展是城市文明程度的重要标志,是保障和提升市民精神文化生活水平的重要载体。而旧时代的重庆城,仅限于地处长江、嘉陵江之间的渝中半岛,因而地势崎岖、狭小,人口却惊人的多,加之相对缺少文化底蕴,使得文化娱乐休闲设施相对甚少,如在解放前全城仅有一个中央公园。对此,坐镇重庆的邓小平非常关注与重视,对重庆市委、市人民政府进驻环境清幽舒适、设施齐备且占地广大的前国民党要员的私人公馆——王陵基的"王园"和杨森的"渝舍"办公的行为给予批评,认为应该将这两处园林开辟为供人民休憩娱乐的公园。他指出:王园、渝舍这类地方开辟出来,作为人民群众文化娱乐的场所,是再好不过的事情。他批评市里领导说:"你们的群众观念哪里去了? 这是脱离群众,忽视群众文化生活,缺乏群众观念的官僚主义!"然后他又开导市里领导说:"解放了,人民翻身作了主人,打上了肉牙祭。这还不够,还要让人民群众打文化牙祭,以满足群众日益增长的物质和文化的需求。我们当市长、市委书记的,要把丰富人民群众的文化生活当作一件大事来抓。"正是在邓小平的坚决督促下,重庆市委、市政府积极设法另觅新址,进行搬迁,最终将这两处地方开辟为枇杷山公园和重庆市少年宫。正因此,重庆市委和市人民政府对城市公共文化设施建设给予极大关注和大量投入,使一批文化设施相继落成。1951 年 4 月底,开工仅半年时间,大田湾广场即告落成,成为当时重庆和西南地区大型集会和活动的主要场所,也是重庆解放后首项城市标志性建筑。1952 年 8 月 5 日,由邓小平亲自题写宫名的"重庆市劳动人民文化宫"落成开幕,成为重庆市最大的职工文体活动中心。而"西南军政委员会大礼堂"(今重庆市人民大礼堂)的修建,更是当时重庆市政建设的经典之作。该工程于 1951 年 9 月由西南军政委员会组织修建。工程不仅以高达 600 余亿元的造价、25000 余平方米的建筑面积成为当时的第一市政建设项目,而且更以其恢宏气势、独具民族特色的建筑风格享誉中外建筑史。该大礼堂于 1954 年 3 月竣工后,即成为中共中央西南局、西南行政委员会以及重庆市诸多大型集会和活动的主要场所,至今仍是重庆市民集会、休闲娱乐的重要场所,并成为重庆市最为著名的人文景观。这些公共文化设施的出现为丰富市民文化娱乐生活提供了条件,也使重庆城市面貌和基础设施大为改观,初步奠定了重庆现代城市文化娱乐设施体系的基础。

文化艺术的发展与大众文体活动的开展极大地丰富了人民群众的精神文化生活。重庆解放后,以毛泽东提出的"文艺为工农兵服务"方针为指导,对旧有文化艺术进行改造,并筹组各行业协会组织。如在1950年内共组织654名旧艺人进行政治学习和文化学习,有针对性地对其旧思想、旧意识进行改造,以提高其政治觉悟和文化水平,为整个文艺界的改革奠定基础;同时,组织了重庆市文协、剧协、美协等筹备会,正式成立了重庆市音协和曲艺改进会,以公私合营的方式开办"大众游艺园",采取多种形式开展丰富多彩的文艺活动,促使健康文明的社会风尚和娱乐方式逐渐形成。之后,又通过对文艺界的整风,使广大文艺工作者逐步认识到文艺为工农兵服务、为生产建设服务的道理和意义,从而促使全市文艺工作在整顿和改造中得到发展。电影是当时人们文化生活的重要方式和进行政治思想宣传的重要手段,因此电影事业成为重庆整个文化事业恢复的重点之一。在3年的电影恢复工作中,重庆市主要加强了对影院的建设,尤其是郊区电影院的建设和对农民的巡回放映工作。1952年底,重庆电影院由1950年的8家增加到13家,座位数从8042个增加到11293个,观众人次从340.8万人增加到841.2万人,增幅分别达到40.4%和146.8%。①电影事业的恢复和初步发展,在逐步丰富人民群众精神文化生活的同时,在宣传党和政府各种方针政策、传播文化科学技术、培育社会新风尚等方面也发挥了重要作用。戏曲艺术方面,因抗战时期大量文化机构和著名文化人士内迁,重庆的戏曲文化获得超常发展。抗战胜利后,尽管内迁机构和文化人大都"复员",但是,直到解放时,重庆的戏曲文化仍具有较好的基础。解放后经过3年的改革和调整,戏曲文化日渐繁荣,看戏、听戏成为市民休闲娱乐的又一主要方式。到1952年底,重庆有川剧、京剧、越剧、汉剧(1953年初离渝)和杂技5个剧种;有13个剧团,包括京剧团、汉剧团、越剧团和杂技团和9个川剧团;有13家剧院(场),座位数和观众规模均有大幅增加,达到10486个和440.68万人次,分别为1950年的2倍和2.6倍②。到1954年上半年,全市电影院发展到19个,电影队由1队发展到37队,剧场由8个发展到15个,文化馆由1个馆发展到10个馆、2个站;另有图书馆4个,藏书1472404册。通过这些文化艺术机构,向广大人民群众进行广泛的宣传教育,并满足人民群众的文化生活需要。据统计,1953年,全市电影观众达10167911人次,较1950年增加近2倍;戏剧观众5971936人次,较1950年增加3倍多;受到文化馆宣传教育的群众达3408645人次,借阅图书的群众为

① 重庆市文化局:《重庆市一九五二年文化事业概况表》,转引自当代中国城市发展丛书《重庆》,当代中国出版社2008年版,第78页。
② 重庆市文化局:《重庆市电影、戏曲文艺、书刊出版等调查总结报告》(1953年1月),转引自《重庆》,第79页。

537846 人次。① 群众性体育对于普及群众体育运动具有十分特殊的意义。1952 年 5 月 4 日至 15 日,西南首届人民体育运动大会在重庆大田湾广场举行。邓小平对它普及群众体育的作用非常重视,虽然他平时少于出席公众活动,但这次却亲临大会检阅,并且为它写了"把体育运动普及到广大群众中去"的题词。正是这次运动大会有力地推动了全重庆、全西南的群众体育乃至竞技体育的蓬勃开展。此后,以篮球为主的群众性体育活动蔚然成风,打篮球或周末球赛、星期日球赛成为人民群众新的娱乐方式。由此可见,随着国民经济的恢复和财政收支平衡的实现,人民群众收入的逐步提高,人们的生活方式正在悄然发生变化。群众性的文化活动既是宣传党的方针政策的主要途径,同时也反映了工作之余的文化消遣娱乐和补习文化知识正在成为人们新的生活追求。

(三)城市社会新风尚日渐形成

社会风尚是一定时期和一定范围内社会成员在某种物质生活和精神生活中表现出来的共同性,是一种普遍流行的社会行为。它是在一定的时空内,某一跃居突出地位的社会风气所产生的一种文化效应场。从新中国成立到 1956 年社会主义改造基本完成,中国的社会制度、社会结构、社会关系等都发生了翻天覆地的变化。这种社会大变革必然会引起社会风尚的重大演变。解放后的重庆,随着新生人民政权的建立和巩固、各项社会改革的不断深入,人民群众物质和精神文化生活逐渐改善、思想文化素质不断提升,他们越来越受到尊重。因此,人民群众的价值观念和心理态度也随之发生变化,激动、兴奋,当家做主的主人翁意识成为人们的共同心理,平等、健康、文明、奋进的新风尚在全社会逐渐形成。

新婚姻法的颁布,使深受封建压迫的妇女得以解放,享有婚姻自由与男女平等的权利,提高了妇女的地位,促进了婚姻观念与习俗的更新。1950 年 5 月,中央人民政府正式公布《中华人民共和国婚姻法》,明确规定"实行男女婚姻自由、一夫一妻、男女权利平等、保护妇女和子女合法利益的新民主主义婚姻制度"。新婚姻法以其鲜明的反封建主义特征,受到广大人民特别是广大男女青年的热烈拥护,其贯彻和执行使重庆人民迎来又一次思想大解放,促使人们的婚姻观念发生了根本性的变化。

重庆市自新婚姻法颁布之日起,即开始按照新的婚姻制度,试办婚姻登记,且于婚姻登记中,进行新婚姻法的宣传教育工作。据统计,从 1950 年 5 月到 1951 年 2 月的 9 个月中,全市申请登记结婚的有 2793 对,离婚的有 809 对,复婚的有 15 对,其中以工人、农民申请结婚的最多,工人占 46%,农民占 21%;申请结婚登记的逐月上涨,从最初的 100 人左右上升到 1951 年元月的 460 人,增加了近 5 倍;离婚

---

① 俞荣根、张凤琦:《当代重庆简史》,重庆出版社 2003 年版,第 103~104 页。

者中,意见不合者占54%,重婚者占16%①。这说明旧社会不合理的婚姻制度正在受到冲击,新的婚姻制度正在为广大人民群众特别是那些向往恋爱自由、婚姻自主的年轻人以及那些深受封建婚姻制度束缚的妇女所接受和拥护。但由于长时期受封建思想的统治和束缚,在试办新的婚姻登记中,也存在许多问题,如在结婚者中,有先同居后登记者,有年龄或身体不符要求来登记者,还有的是为了登记户口而来登记;在干部中,由于对新婚姻法的意义认识不够,有的干部不讲原则,过分地强调夫妻和好而不问其原因,有的干部则恰恰相反,机械地执行婚姻制度,如将因年龄不符正在举行婚礼的一对夫妻当场拆散,在群众中造成十分恶劣的影响;再者是普通民众特别是一些年纪稍大且夫权思想严重的人,对新婚姻法的认识更为错误,有的认为新婚姻法将女权提得太高,男人管不住女人了,有的认为现在离婚比结婚自由,自己可以随便结婚离婚,还有的认为结婚检查身体是麻烦,照相登记是劳民伤财等等,不一而足。事实证明,推行婚姻法,是向几千年根深蒂固的封建意识进行的一场重大斗争,不深入细致地贯彻执行,就不能冲决这道顽固的封建罗网,妇女就不能真正得到解放,人民群众就不能真正成为国家的主人;而广大党员干部和人民群众没有真正深刻认识新婚姻法的重大政治意义,婚姻法就难以真正贯彻执行。

鉴于此,重庆市委和市人民政府极其重视婚姻法的贯彻执行。1951年10月11日,重庆市委向各级党委发出《市委关于贯彻执行婚姻法的指示》;1951年1月14日,成立重庆市贯彻婚姻法运动委员会,以加强对贯彻婚姻法运动的领导;1月24日,发布《关于开展贯彻婚姻法运动指示》,决定开展大规模的"贯彻婚姻法运动月"。由此,在全市范围内掀起了一场学习、贯彻、执行婚姻法的运动。据统计,在运动月中,全市共出动报告员602人、传授员259人、宣传队员28133人,举行专题报告会1459次,召开解释会6323次,全市受到婚姻法教育的群众多达1431300余人次②。通过运动月,全市广大群众普遍受到一次婚姻法的教育。

经过大规模、广泛深入的宣传教育,为旧婚姻制度的崩溃、新婚姻制度的建立创造了条件,有力地推动了婚姻习俗的变革。在婚姻形式方面主要表现为包办婚姻减少,自主自愿婚姻日趋增多;一些落后的婚姻形式,如童养媳、租妻等,逐渐绝迹。在婚姻礼仪方面,由于《婚姻法》规定领取结婚证即确立了婚姻关系,要不要礼仪听凭自愿,新中国初期的婚姻礼仪由此发生了多方面的变化,如婚姻礼仪中落后、迷信的内容被淘汰,婚宴仪式逐渐增多,茶话会、集体结婚、旅游结婚等已占主导地位,尤其是茶话会成为城市婚礼形式中较为普及的一种。再者是离婚再嫁习俗大变,人们敢于通过离婚的方式解除不幸的婚姻。1953年1月至11月,登记结婚的多达19674对(第三区10、11月数字未统计在内),比1952同期的12038对增

---

① 民政局:《重庆市试办婚姻登记情形》,转引自《当代重庆简史》,第78页。

② 《贯彻婚姻法运动月的工作报告》,转引自《当代重庆简史》,第80页。

加了163.4%。其中,据对重点检查登记的199对结婚者的调查,完全自主自愿的达194对,占总数的97%以上。在同年1月至9月办理的981对离婚登记中,强迫包办的有216对,重婚的152对,不堪虐待的34对,遗弃的2对,有生理缺陷和精神病者50对①。此举表明,重庆市旧的不合理的婚姻制度正在废除,新的合理的婚姻制度正在确立。婚姻法在重庆的贯彻执行,使几千年来束缚妇女的封建枷锁被打破,妇女第一次享有了作为人的基本权利,劳动妇女逐步走出家庭,真正成为社会平等的一员。

烟毒、赌博等社会恶习的根绝、物质生活条件的改善、文化教育事业的发展、休闲娱乐生活的丰富,促使人们思想文化素质提高,思想观念和生活方式发生变化,一种健康、文明、奋进的社会新风尚随之逐渐形成。根据《中国人民政治协商会议共同纲领》规定,新中国的文化和思想教育总方针是:要把一个被旧文化统治因而愚昧落后的中国,变为一个被新文化统治因而文明先进的中国,即建立民族的、科学的、大众的文化教育,以提高人民文化水平,培养国家建设人才,肃清封建、买办、法西斯主义的思想,发展为人民服务的思想。按照这一规定,重庆市委确立了文化教育工作方针:"开展人民的文化教育事业,当前的教育事业,除注意一般文化科学教育之外,应普遍推行为人民大众服务的教育,为生产劳动相结合的教育,来扫除帝国主义、封建主义、官僚资本主义的旧的思想影响,和克服轻视生产劳动的观念。"在此方针的指导下,市人民政府着力对重庆旧的文化教育事业进行了改造。首先废除反动课程(如公民党义),全部取消训育、训练制度;新设新民主主义、社会发展史等政治课;加强为人民服务的新人生观教育等。随后,在大、中、小学教师和其他知识分子中相继开展思想改造运动,初步改变了知识分子的精神面貌;同时,加强学校行政领导、推行民主管理、公开建立新民主主义青年团和学生会、实施新民主主义教育方针和教学方法,从而有力推进了学校教育改革。经过解放后头3年的改革,重庆学校教育得到全面恢复,逐步建立起与生产相结合的、服务于广大人民大众的新型文化教育体系。同时,为适应新中国经济建设和社会发展的需要,在教育恢复与重建中,还广泛开展以扫盲教育为目的、以工农业余教育为中心的社会教育工作,主要采取创办夜校识字班、建立人民文化馆、组织工厂职工业余教育委员会和工厂文艺工作委员会等形式,广泛开展"以工教工""以农教农"的读书运动,吸引工农群众参加学习;大力开展各工厂的文化教育活动,丰富广大人民的业余文化生活。至1951年底,全市共成立正式的职工业余学校121所,参加学习的固定职工达5.08万人;各厂矿企业中,90%以上都成立了业余学校或业余学习班;农民和街道居民建立了485所业余学校,参加学习的人数达到19.68万人。

---

① 《民政局1953年工作总结报告》(摘要),转引自《当代重庆简史》,第80页。

这些措施促使学知识、学文化的新追求在全社会蔚然成风,不仅有利于工农大众识字水平与政治思想觉悟的提高,也有利于其他各项工作的顺利开展。

(四)市政与公用事业建设与日推进,城市环境不断改善

在1950年12月的西南局城市工作会议上,邓小平指出:"恢复和发展生产,学会对于工厂、矿山、交通、市政等近代工业的管理。"[1]他把市政提到近代工业的高度,与工交相提并论,将其视为生产力发展的重要组成部分,可见他对重庆这类大城市的市政建设的重视程度。为此,重庆市人民政府提出"为工业、为生产,为劳动人民服务"的市政建设方针,积极推进市政建设与城市公用事业的整治和建设,从而改变了市容市貌和城市生活环境,提升了市民生活质量。

市委、市政府的重视与资金的保障是推进市政建设恢复和发展的关键所在。据统计,1950—1952年3年间,重庆基本建设投资总额为12035万元,城市交通运输及邮电、城市公用和文教卫生及科学研究,分别为247万元、2021万元和1485万元,占全市基建投资总额的比例为2.05%、16.71%、12.33%[2]。若将三者相加,则占全市基建投资总额的比例超过30%。"一五"期间,重庆的全部地方投资总额仅为7979万元,城市公用事业建设费即达3163万元,占投资总额的39.64%,是地方工业建设投资(1191万元)的2.66倍,居各项事业投资首位[3]。市委市府对城市市政设施与公用、文教卫生事业建设在重庆社会经济发展和城市发展中所居地位的重要程度的认识,以及对此的重视程度与努力由此可见一斑。正因此,重庆市政设施与公用事业建设等在解放初期短短几年内,取得了显著的发展进步,城市面貌发生了较大变化。

道路建设方面,1950年新辟了北区干路、捍卫支路、杨(家坪)石(桥铺)公路,中二公路及嘉陵新村公路,全长计8367米;拓宽和翻修了两(路口)九(龙坡)公路、中区干线以及牛角沱至小龙坎公路一段,全长计16671米。1952年,相继完成了江北公路、人和路、大河顺城街、杨(家坪)石(桥铺)公路等7条道路的修建并开始通车,工程施工为52.64公里。到1953年,全市共完成道路工程80.78公里、沟道工程15.66公里,从而初步改变了重庆道路交通十分不便的状况。这无疑为恢复生产、发展经济,改善人民生活状况和城市发展奠定了基础。市政卫生建设方面,针对刚刚回到人民手中的重庆,城市公共卫生设施十分落后,环境卫生非常恶劣,到处污水横流,垃圾随意堆放,老鼠、苍蝇、蚊虫随处可见,病疫流行较为严重的特殊市情,重庆市人民政府对此倾注了极大的心血,投入了大量的人力、物力和财

---

① 邓小平:《在西南局城市工作会议上的报告提纲》(1950年12月21日),载《邓小平西南工作文集》,第289页。

② 重庆市统计局:《1950—1960年重庆市国民经济统计概要》,转引自《重庆》,第85页。

③ 参见《重庆》,第109页。

力,其中仅中央人民政府补助的市政建设款项即多达 2914451 万余元。在市政府与全市人民的艰辛努力下,1950 年共完成下水道工程 22 公里又 641 米,超过预定计划(20 公里)的 13.32%;新建公厕 32 座、小便处 15 个、垃圾站 17 个,并疏通部分重要沟渠,使城区的雨水和污水初步有了去处;建立了街道清洁制度,配置专门的垃圾车,每月平均运出垃圾 2080 吨,从而减少垃圾乱堆乱倒的现象;此外,还先后发动了两次大规模的群众性清洁大扫除运动,组织群众清运垃圾、疏通沟渠、改阳沟为阴沟、填平污水塘,使积存多年的垃圾得以清除,城市卫生环境得到极大改善,人们逐步养成爱清洁、讲卫生的良好习惯;为预防疾病,保障人民群众的身体健康,又在春、秋两季进行防疫工作,免费为 49 万余名市民种痘,还先后 3 次免费为市民注射霍乱、伤寒等预防针,受惠市民多达 95 万余人。[①]

城市公用事业获得较快恢复和发展。重庆解放前夕,城市公用事业如电力设施、自来水管、公共汽车、轮渡等设施设备曾遭到国民党的严重破坏。经过 3 年的努力,重庆市的公用事业得以全面恢复和初步发展。仅以公共汽车公司、自来水公司和轮渡公司三个单位的资产总值为例,1952 年共比 1950 年增加了 91.52%,人民政府每年均投入巨资以改善发展城市公用事业,使之逐渐满足人民的需要。公共汽车由 1949 年的 11 辆,猛增到 1952 年的 168 辆;载客人次从每月 6.2 万多人次,增加到每月 85.5 万多人次,分别为 1949 年的 15 倍和 13.5 倍;公共汽车运营里程也从 1950 年的 161 公里增加到 1952 年的 348 公里。同时,从 1952 年 7 月份起,市区全部改为苏式客车,使公交车的车况得到改善。路灯方面,解放前市区共有路灯 1008 盏,但其中只有 831 盏可供照明,而且灯光极其灰暗微弱,路灯形同虚设,并且许多道路街巷无路灯;到 1952 年,路灯增至 7891 盏,市区照明有了很大改进。自来水方面,1949 年,重庆自来水管道仅有 170 多公里,远远不能满足市民需要。尤其长江、嘉陵江两江沿江一带,由于没有铺设自来水管网,沿江约 2 万户、10 万人长年累月直接饮用污秽的江水,因而导致霍乱、伤寒、痢疾等疾病经常大面积流行。为逐步改善这种状况,市人民政府在原有 4 个水厂的基础上,新建立 1 家水厂,新增自来水管道 30 多公里,全市水管总长度达到 200 多公里,日产水量从 2 万吨增加到 3 万吨,自来水饮用人口从 1950 年的约 25 万人,增加到 1952 年的近 50 万人。同时,由于各自来水厂通过民主改革和技术革新,降低成本,以至 3 年中,重庆自来水公司先后调整水价 11 次,使水价从 1950 年 0.92 元/吨调整到 0.44 元/吨,下降了 1 倍多。轮运方面,1951 年恢复了渝李(家沱)、渝唐(家沱)两条航线,使全部航线达到 12 条;1952 年,航线增加至 15 条。两江轮渡,1949 年只有 6 艘,1952 年增加到 15 艘。[②] 这些新增的路灯、水管、水站及公共汽车的线路等大都置

---

① 《当代重庆简史》,第 106 ~ 107 页。

② 《重庆》,第 87 页。

于僻静小巷和居民聚居地区,极大地改善了市民的工作和生活环境,无疑也有利于城市建设与社会经济的协调发展。

综上可见,新中国成立初期,重庆除旧布新的社会建设实践,促使重庆城市社会风气好转,社会秩序稳定,人民群众物质文化生活不断改善,新的意识形态观念和社会风尚逐渐形成,广大民众对新政权的认同感逐渐增强,中国共产党的威信和良好形象极大地提升,为确立马克思列宁主义、毛泽东思想的主体地位形成了有利的社会氛围,从而培养了新的政治认同。而这方方面面的变化又为重庆城市经济、政治、文化诸方面的进一步发展提供了有利的"硬环境"和"软环境",进而推动了重庆乃至整个新中国社会变迁的进程。这对当今构建社会主义和谐社会亦具有历史借鉴价值和现实指导意义。

浅析清代四川民族地区城镇空间的
内地化趋势:以茂州城为例[*]

田　凯^①

摘要:清以来,国家一直十分重视对少数民族地区的开发建设。在四川民族地区,清政府以城镇为据点调整对川西北藏羌等少数民族的管理,与之伴随的是民族地区城镇的内地化不断深入,并清晰地表现在其城市空间建设中。本文将以茂州城为例,针对清以来政治、文化环境的变化对边城城市空间景观内地化的影响进行历史分析。

四川民族地区位于青藏高原向内陆过渡的横断山区,是多民族聚居的民族走廊,也是内地与西藏地区经济、文化交流往来的主要通道。长期的文化交融与冲突使这一地区的城镇空间极具研究价值。从清代的改土归流到 1968 年四川民族地区完成民主改革,三百年间四川藏区城镇空间的内地化进程不断发展。从历史角度解读"内地化",我们发现中原内地城市对民族城镇的影响是双向互动的动态过程,四川民族地区城镇在内地化过程中,一方面接受中央政权的统治和中原内地城市的发展模式,一方面仍然保留和传承了自己的传统文化与空间观念,形成了独特的城镇空间形态。今天,四川藏区城镇空间形态的民族特征逐渐消失,"内地化"发展到一个亟需反思的时期。

清朝政府十分重视对少数民族地区的管理,一直以城市为据点管理控制川西北少数民族。清朝国家政权对川西北少数民族统治的一个显著特点是:帝国的政治、军事进攻与精神文化建设并重。在这一政策的笼罩下,边区城市建设承担着教化民众的文化使命以及巩固中央统治的政治使命。而这一点和传统中国城市建设的本质不谋而合。

清代茂州城位于岷江上游东岸开阔河谷地带,历为州、郡、县驻地,系西南边陲的军事重镇,也是羌族的聚居地,今天仍拥有占全国 60% 的羌族人口。^② 羌族有着独特的建筑艺术,除了依山居止、垒石为室的石碉,还有变化丰富的民居。羌族聚

---

　*　本文受国家杰出青年科学基金项目资助。项目名称:《内地化进程中的四川藏区城镇空间形态演变研究 1640—1968》;项目编号:51108379。

　①　田凯,西南交通大学建筑学院副教授,主要研究领域:建筑历史理论及城市史研究。

　②　茂汶羌族自治县地方志办公室:《四川省茂汶羌族自治县志》,四川辞书出版社 1997 版,第 24 页。

落及建筑形体体量特色鲜明,高大的碉楼面对河谷道路,背靠大山,民居环碉而建,并随山势升高,形成非常壮观的空间气势和空间层次感。然而,清代茂州城的城市建设却在其独特的地形地貌下更多地保留了汉族的影响。这与清代的时代背景有着密切的关系(见图一)。

图一　民国茂州城旧照片(茂县政协提供)

一、清代川西北边城的内地化背景

明末清初,茂州城在战乱中受到极大创伤,战后城池塌陷,人口凋零。"此边荒贫瘠之地,当此兵燹旱歉之时,人穷已甚财尽难堪"①。战后,由于"茂州地瘠政简,官廨且陋",清初的地方官都"率乔寓省塘"②。随着四川战乱的平息、清朝政权在全国的稳定,以及清代对川西北地区在政治、经济上的全面建设,茂州城开始得以重建及发展。到了道光年间,"茂州以用武之地得百余年不被兵革,迄今文物衣冠之美,浸浸乎与列都比隆",茂州城已成为一个繁华的边地城市。

(一)汉族移民人口数量的增加

明末清初,因战乱、天灾、赋役频繁,致使民生凋敝、人口递减,茂州人口由明朝中叶的28140人锐减到仅12421人。③清初,一些农民起义军流落将士和湖广等地因兵事、灾荒的移民进入到这个少数民族聚居地。另外,清政府在政权基本稳定后,开始鼓励移民入川,并对少数民族地区移民给予鼓励。据《茂州志》,与明末相比,清道光十一年(1831年)茂州新增的人口占总人口的67%。④ 可见清代茂州移民人口数量巨大,而新增人口中绝大多数是汉人。

---

① (清)刘辅廷:《茂州志》卷四,道光十一年,茂州地方志办公室修订本。
② (清)刘辅廷:《茂州志》,道光十一年,茂州地方志办公室修订本。
③ 茂汶羌族自治县地方志办公室:《四川省茂汶羌族自治县志》,四川辞书出版社1997年版,第108页。
④ 茂州原有16408户,男49657丁、妇49363口;后新收811户,男3158丁、妇2814口;又新收土百户归流番民1077户,男3441丁、妇2983口,共计18296户,111416人。

在迁移进入少数民族地区的移民中,除了务农的,还有做生意的移民。"州境旧属夷疆,汉户自外来者,或以宦游寄居,或以贸易隶籍,虽经五六代七八代之久,子孙繁衍少,只数户,多亦只20余户而已。本(族人)有至数百户,数千户者。"①可见清之前的茂州,汉族后代世居与繁衍子孙甚少,大多数是流动人口;但到清代,城市中的汉族人已大多定居此地,成为城市的一部分。

(二)国家政策的变迁:改土归流与军事征服

清代雍正年间以后,中央王朝逐渐意识到对民族地方社会的控制能力对于国家安全具有重要意义,摒弃了以羁縻怀柔为基本原则的传统治边政策,代之以寻求边疆与内地政治体制一体化。雍正年间,清廷在西南少数民族地区实行了改土归流的重要改革。这一改革对羌族聚居区的整个社会都产生了重要而持久的影响。乾隆年间,清政府及政府官军与四川西北地区的少数民族进行了多年的征战,史称"大、小金川之役"。此后,军事力量也作为汉族移民进入四川少数民族地区,成为重要的组成部分之一。这场战争使得像茂州这样的川西北边城有了和平发展的环境,使得"茂州以用武之地得百余年不被兵革"②;同时,清兵驻防边远地区,作为外族军兵、移民进入少数民族聚居区屯兵生产,使边区的经济生活相应地发生了许多变化。可以说清政府用军事力量打开了川西北少数民族聚居地区形式上封闭的大门,同时随之以城镇为中心推行与中原腹地一体化的政治制度、教育制度,对城镇发展有着重要的影响。

(三)民族地区经济日渐与内地一体化

城市的兴起、盛衰,与商业有很大的关系。茂县在南宋时期设有番汉茶马互市。③ 明清以来,茂州城、松潘、理县等边城已由纯粹的军事政治要镇,兼而成为各族民众物资交流集散的经济中心。

许多汉族商人及屯兵逐渐到这里安家落户。汉民带来的先进生产技术和生产工具,对羌族地区经济发展起了积极的推动作用。同时,清政府在政策上也给予了赋税的减免和优惠。随着四川少数民族与汉民族不同文化与不同生产方式的交流,民族聚居地区的生活质量与生产水平也随之相应提高。到清末,仅茂州城即有商贩数百户,其中以小商贩为主,也有部分坐商。坐商中,有的是本地工商业者与地主联合经营的,有的则是陕西、甘肃、河南等省以及省内商人在此设立的分号。他们经营商品买卖,运出多种农副土特产品,运入的主要是生产工具以及日用百货。清末之后,茂州城不仅是羌族地区与外区物资流的集散地,而且还成为联系内

---

① (清)谢鸿恩等:《茂州乡土志》第1册(手抄本)。
② (清)刘辅廷:《茂州志·卷首·序言》,道光十一年,茂州地方志办公室修订本。
③ 何寿延、曹官一:《建国前茂县商业概况》,茂县政协内部刊物,1988年,第13~15页。

地绵阳、绵竹、安县、北川、灌县和藏、羌地区的松潘、黑水、大小金川乃至甘南一带的重要物资转运站。城市除了商业店铺、手工作坊外,为满足过往客商需要,行栈店房,搬运和饮食服务行业也相应发展起来,形成城市的兴旺景象。①

二、清代以来川西北边城的城市空间结构的内地化

清代以来,四川民族城镇的城市空间变化既是边地城市被动接受中央政权的统治和中原内地城市发展模式的过程,也是其主动受其观念影响,学习及吸收的过程;民族城镇在中原汉地文明与民族文化的冲突与交融中成长,并在这一过程形成了独特的城镇空间形态。茂州城地势极其优越,静州、回龙两山护卫于东北,九顶山遥峙于东面,轮廓秀丽的金龟包、银龟包依城环绕,还有岷江干流伴城而过。在其独特的外部环境中,茂州城自明清以来形成了与中原传统城市相近的街道格局,分为外城与内城,全城有大小街道 15 条(见图二)。

图二　茂州城街道格局(现状)

(一)城池的修建

茂州身处民族地区,藏羌地区聚落的特点往往以土司官寨、寺庙为中心,据高临险,以碉群、自然山势为防守。而在内地传统社会中,城市作为政治中心统治着周围乡村,城市的军事功能显得尤为重要,城市也就成为统治者的保护地,城墙和官府的有机结合,证明了"筑城以卫君,造郭以卫民"的目的。

茂州城一直是汉地封建王朝与氐羌、吐蕃等少数民族奴隶主政权联系的边防

---

① 　羌族简史编写组:《羌族简史》,四川民族出版社 1986 年版,第 52 页。

重镇之一,是西蜀的屏障、蕃篱,它的存在关系到成都这座川省中心城市的安危。故《图经》说它"逼近羌戎,环带山险,成都肩髀之地",是成都平原心腹地带的外防线。因此,它的地理位置十分特殊,"实灌口之障蔽,其势特与沿边诸州不同,堡塞参错于中,州城孤立于外,而属部藩落,周分环据,二三百里之间,官路惟留一线。"①这样一座在羌族聚落包围之下的孤城,维系着二三百里之间的官路,它的主要职能是朝廷的工具,必然具有与内地城市同样的防守布局。

茂州城曾在宋朝时筑土城。明成化中(1465—1487 年)添筑外城,弘治六年(1492 年)取石重修外城,城高一丈六尺、周长五里。茂州城在明代尽管已筑城墙,可是对于骁勇的羌民来说,"有山如障,来则高巢,有坎如隍,履同平地"。这座孤城常常被围困,"蒙茸比郭牧唱吞声(茂城北门外田数千顷,不敢放牧马牛),咫尺西桥鬼门腾号(茂城西门外镇西桥号鬼门关),两 河飞毒矢,五寨是游魂"②。戍守边城的将士也是"防秋死别,一戍数千,来岁生还十无四五"。明代的茂州城与其说是一座城市,不如说是一座困守孤地的碉堡更为合适。

鉴于明朝的边患,清朝积极经营四川西部少数民族地区,加强地方政权的建设,就把解决川西北边患的问题放在议事日程上,一方面开展军事征服,一方面大修城墙。在清前期财政紧张的情形下,在川西北、川西南一带接近少数民族地带的城市修建城垣,资金由国库专门拨付。清朝康熙六年(1667 年)修筑内城,五十五年(1716 年)巡抚年羹尧委保宁通判王廷钰监修,高二丈七尺、周四里,计七百二十丈。垛口一千零三十九,城楼十分坚固。③

(二)城市格局的内地化

清末以来,茂州城整个分为内城和外城,内城为政府机关、军营等驻地,文庙等祭祀场所。因为面临来自北方羌族聚落的威胁,内城北边城市密度稀疏,主要分布着官署衙门、学校、坛庙,而外城围合在内城南门之外,是城市的商贸中心。由于从成都到松潘的川西北要道在城市南边,城市南边以陕西街、灵佑宫为中心形成了商贸集散地。

街道布局受汉文化影响较大,城关依城门布局建街道、民房,街道布局至清末逐渐形成棋盘形。到清末,城内有南北向的北大街、文庙街、文庙后街、内南街;东西向的有东大街、鼓楼街、坡头巷、公园路;城外南北向的有前街、状元桥街、后街、外南街、灵佑宫路、小后街;东西向的有青年路、陕西街、忠义巷、民生街。④

---

① 《宋胡元质奏议》,载清嘉庆《四川通志》卷60,四川巴蜀书社影印版,1986 年。
② 朱纨:《茂边纪事》,载《金声玉振集》(吴郡袁氏嘉趣堂本),中国书店影印,1959 年。
③ (清)刘辅廷:《茂州志》卷二,道光十一年,茂州地方志办公室修订本。
④ 茂汶羌族自治县地方志办公室:《四川省茂汶羌族自治县志》,四川辞书出版社 1997 年版,第 326 页。

城内民居房屋多为两层,有门窗,采光好;一般底层作堂屋、卧室、厨房,二层作粮食贮放或兼卧室,另建茅屋圈养家畜。城内房屋建筑大多具有明显的内地特征建筑。大型公共建筑群体中,间有商户、居民、农户房屋千余座,有少数内地四合院楼房及零星仿西式建筑。

三、茂州城的城市景观建设的内地化

伴随着清代改土归流的深入,川边民族地区城镇聚落逐渐改为州、县,由中央直接委派州、县官员,设兵防、建铺递,在原土司统治地区建立了一整套完善的政权机构,将其纳入帝国一统的政治体系中。因此,清代茂州城市的景观逐渐内地化,直到民国时期。我们根据民国地方志整理出茂州城的主要景观,以汉地政治、文化与宗教为主题,内地化文化景观成为城市重要节点空间(见图三)。

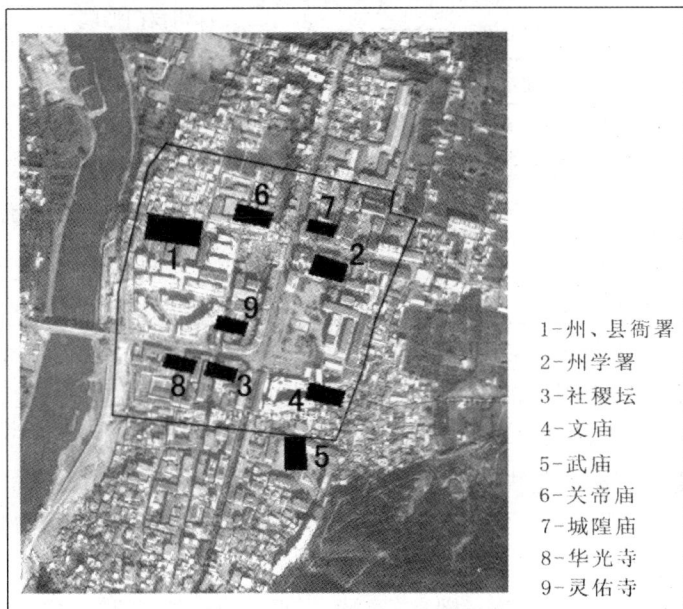

1-州、县衙署
2-州学署
3-社稷坛
4-文庙
5-武庙
6-关帝庙
7-城隍庙
8-华光寺
9-灵佑寺

图三　民国茂州城主要景观节点(据文献自绘)

(一)官署、学校的修建

清代茂州城修建了大量的公署等国家机关,学校、公署、军营等建筑成为城市的主要内容,清军人是四川少数民族地区的主要驻防力量,承担有防卫侵扰与维护稳定的职责,其自身也成为迁入少数民族地区移民的一部分。由于这一时期的移民,经济发展,政治相对稳定,茂州城得到了全面的发展,茂州城不再只是以军事驻扎为主的碉堡式的明代卫城,城市职能趋于完善,商业、文化的发展使城市管理机关也相应增加。因此,茂州城大大小小的官署机关就有十数家,甚至还设置了管理有关佛教徒事务的僧会司,以及相当于今天的流动人口收容所的栖流所。州署也不断扩大,城市管理职能趋于完善,这些军事、政治管理机构也成为清代边城的重要景观(见表一)。

表一　清代茂州城公署①

名称	修建时间	修建地点
都察院旧署	明宣德间建	北门内
知州署	明洪武二十四年知州于敏建,清康熙四年知州黄陛重建,二十五年知州李斯全建三堂、书室。	内城西南隅
兵备道署	明洪武中建,崇祯末毁。清朝顺治初迁建,雍正八年重修。	原署在外城北,清朝顺治初迁建于内城东南隅
吏目署	明时建。清朝乾隆十一年吏目宋峻重修,嘉庆二十五年吏目刘辅廷补葺。	州仪门西隅
卫旧署	明洪武初建经历署。清改为千总署。	内城东隅
都司署	清朝乾隆二年移威茂协驻此,十七年改都司署,五十五年都司张万魁重修。	州署后
演武厅,军器局		东门外一里都司署内
僧会司	清建	住灵佑宫
栖流所	清建	在阜康门内

清朝地方官通常都会采用发展教育这一古老的教化手段。通过这种方式,养成一个深受儒家思想影响的绅士集团,以之为四民之首,使其起到社会表率的作用。在雍正八年,朝廷恩准了茂州羌民一体应试。这意味着边远"夷民"从此被拉入大一统封建政权的教化轨道中,可以参加科举,可以经过考试进入学校学习。茂州的学宫,即文庙明末毁于大火后,在顺治十六年重建。康熙六年,知州黄陛建学舍四楹。乾隆元年,知州刘土乔添建崇圣祠。嘉庆二十年,学正聂元樟重修明伦堂及学署。道光三年,州府添修正殿、崇圣殿、东西庑,名宦、乡贤各祠并泮池、宫墙,"木石坚固,规模宏敞,洵从古未有也"。历经数百年,学宫修建完整,拥有了和内地大城市一样的标准建筑。此外,康熙二十四年、道光七年先后增设义学4处。可见,清代茂州城的学校不仅完备,而且层次健全。

(二)茂州的礼制祠庙与寺庙等城市景观建设

儒家的核心观念之一就是"礼乐教化"。因此,某地"风俗"的"厚薄",便常常成为清廷判断地方官员政绩如何的直接指标,从而决定其在国家的政治生活中占

---

① (清)谢鸿恩等:《茂州乡土志》卷2(手抄本)。

有何种地位。① 教化民众除了通过政府政令、教育等方式外,在城市社会中更为有效的就是建设寺庙庙宇等景观(见表二)。

清代茂州城的寺庙景观大体分为 3 种,一种是国家祭祀的坛庙,这是宣布此城市为大一统政权所覆盖的标志。《四川通志》记载,所有的府城、州城、县城"制同"的有文庙、社稷坛、风雨雷电山川坛、先农坛,俱有之的关帝庙、崇圣祠、名宦祠、乡贤祠、忠义祠、节孝祠、厉坛,这些都是茂县清代建设的重点,也是地方官的职守之一。② 一种是与儒、道、佛有关的寺庙,包括儒家先贤祠庙、佛寺、道观。这些寺庙在清代茂州城数量众多,仅佛教寺庙清代茂州城就修建了 13 座。一种是民间信仰包括民族信仰有关的寺庙,如东岳庙是北方民间崇奉的场所,③明清时期在茂州城也出现了。这反映出茂州城在明清受到了北方文化的影响,也可能来自战争中北方士兵及移民的影响。

清代自乾隆改土归流以来,茂州境内所建佛教寺庙有 13 座。嘉庆年间,成都昭觉寺应果祖师在城南阜康门内建海会寺(龙王庙),占地 6000 平方米,寺内塑释、道、儒、尊者像,有龙王殿、观音殿、禅房、玉皇楼等。在川西民族地区,如此大规模的汉地寺庙十分引人注目。④

道教作为汉地宗教于清乾隆年间在茂州城发展迅速,县城建有观音阁、二仙庵、延宏观、莲花庵和土地堂等庙庵,庙内塑诸神,置钟磬、香炉、庙碑、壁画、戏台。各地建庙后定期举办观音会、川主会、药王会、牛王会、玉皇大帝会等庙会,名目繁多。至民国,境内有大小道教庙堂 30 余处,几乎遍及羌族村寨。

羌族宗教也渗透道教思想,其白石神中,有的代表玉皇大帝、火神等。道教庙宇中大多供奉药王菩萨、牛王菩萨、文武夫子、福禄财神等。川主代替了始祖神,天地君亲师代替了角角神。庙会也与羌族祭山等活动融为一体。城区一带羌民在丧葬礼仪中,除请许外,还要请道教士择吉入殓。

明清时期,羌族地区普遍有了汉地庙宇,如龙王庙、城隍庙、玉皇楼、东岳庙、观音阁、川主大殿、土地庙堂等,并且不断增加。房屋建筑、庙内神塑衣冠,以及各村寨所出现的钟磬、大香炉、庙碑,壁画中出现的《封神榜》《三国演义》《西游记》等故事内容,大都由汉人工匠完成。⑤

---

① 余英时:《士与中国文化》,上海人民出版社 1987 年版,第 129 ~ 216 页。

② 杨宇振:《清代四川城的形态与祠庙建筑空间格局》,《华中建筑》,2005 年第 1 期,158 页。

③ 袁冰凌:《北京东岳庙香会》,载《法国汉学》第七辑,中华书局 2002 年版,第 397 页。

④ 茂汶羌族自治县地方志办公室:《四川省茂汶羌族自治县志》,四川辞书出版社 1997 年版,第 708、709 页。

⑤ 李家骥:《羌族宗教信仰与其受外影响》,《茂县政协》,1988 年。

表二　清代茂州城景观建设①

类型	名称及建设时间	地点
坛庙	文庙	城北(今县政府大楼处)
	社稷坛	南门外东
	神祇堂	北门外
	风雨雷电山川云	城南
	厉坛	城北
	文昌祠	儒学内
	江渎庙	东门外
	先农坛	城东
民间信仰寺庙	关帝庙	城西
	城隍庙,明时建。清朝乾隆三十年住持尘参修补东西廊。	内城
	龙王庙旧有二:一在镇西桥;一在龙洞堡。清朝乾隆二十年松茂道李本改建今处(即今茂县中学处)。	外城海会寺前
	火神庙,明成化时建,清朝道光四年重修,又一在都司仪门内。	外城前街
	大禹庙	旧在阜康门外,移建内城东北隅。明末毁。
	江渎祠,明嘉靖三年副使余珊建。	州东二里
	三皇庙	州东五里
	东岳庙,元时建,明嘉靖甲午蒋成、蒋午重修。清朝嘉庆二十三复修。	州东三里
	小东岳庙,明时建。	忠义门外鳌山麓
	西岳庙,元至正时建,清朝道光十年重修。	镇西桥西
	衙神庙,嘉庆二十二年重修。	州仪门内
	川主庙,明洪武间建。	阜康门内
	川主楼	州南宗渠
	马王庙	东门外教场门
	三圣庙,明时建	在舍棠(赦坛)
	雷祖庙,嘉庆二十四年吏目刘辅廷建。	州东土地岭上

① (清)常明、杨芳灿等纂修:《四川通志》卷61,巴蜀书社1984年版,第1510~2100页。

类型	名称及建设时间	地点
祠堂	陈侯祠，明万历丁丑，为知州陈敏建。	阜康门内
	何公祠，明总兵何卿建。	长安堡内
	薛公祠，为明兵备道薛曾建。	南明门外
	陈公祠，明参将陈良建。	宁江堡内
	贞烈祠，乾隆十四年署知州李光王爽为明兵备金事罗铭鼎之母段氏建。	州仪门内
	朱公祠，明副使朱纨建。	长宁堡内
	晏公祠	镇西桥西
	平正祠，明时建。	外城师巴桥南
佛寺寺庙	治平寺，宋治平间建。	内城大街
	报恩寺，宋元祐间建。	南门内
	海会寺，明洪武间建。清朝乾隆四十年、嘉庆二十三年屡修。	阜康门内
	升平寺	阜康门内
	观音堂，明时赵启后建。	忠义门外鳌山麓
	圣寿寺，宋元祐间建。	州东四十五里
	普贤寺，明永乐间建。	州南
	药师寺，明时建。	州南
	景元寺，唐时建。	州北
	回龙寺，明时建。	州南十五里
	莲花庵	外城
	明水庵，明洪武间建。	州东
道观	灵官殿，清朝乾隆四十年建。	外城
	灵佑宫，明建，清朝道光十年重修。	外城
	无极殿，上有玉清楼，明建。	治平寺前
	纯阳观，清朝乾隆中建。	州东南一百八十里
	三元宫，明万历四十一年重修。	阜康门内
	延洪观，元至正间建。	州南

（三）城市会馆的出现

商人、军人、官员等外来人口占据了茂州城的大部分。这些人的活动从根本上改变了当地社会,甚至建立了与以往不同的社会秩序。会馆和行会的资料记载了商人的活动。清代茂州城外,移民建立的会馆就有8个(有具体资料的为6个,详见表三),其中秦晋会馆是陕西、山西商人销售麝香的行业会馆。从该会馆资料看,仅晋商收购的麝香就销往香港、河南等地,可见这个偏居一隅的内地边城和外面的世界并不是隔绝的。众多会馆中除建设时间较早的秦晋会馆及陕西会馆位于内城外,其他会馆位于外城,并大多位于交通要道旁,便于商贸往来。城外会馆的出现进一步形成了外城繁华的商业氛围。

表三　清代茂州城的会馆①

会馆名称	地理位置
湖广馆	外城
南华宫	外城
陕西馆,乾隆二十五年建	内城鼓楼南
秦晋香院,乾隆初建	内城鼓楼南
广东馆,道光四年建	州东土门
山西新馆,道光八年建	外城

小结

作为民族走廊的要塞,茂州城区的空间建设表现出来的兼收并蓄的文化氛围是其魅力之所在,内地化的发展是其历史的映射;我们也看到城市建设中空间景观结构必须经过地域整合,即一定地域的特定文化景观在其历史演变过程中,受外来文化、周边文化的不断渗透,与各种地域文化景观之间兼并、融合、取代、共生。

---

① (清)谢鸿恩等:《茂州乡土志》卷2,手抄本。

晚清保定城的信仰空间

张　静①

摘要：清雍正时期直隶总督驻节保定，由于直隶省的特殊地位，这座城市成为中国行政统治网络中的一个重要环节和枢纽。作为直隶省会，它是地方最高行政枢纽。本文主要探讨晚清保定城市中的各种文化信仰，即以保定莲池书院为代表的广大士人所信仰的儒学，传统民间信仰（佛教、道教、民间宗教）以及西方宗教信仰（天主教、基督教）这三种文化信仰之间的冲突与共融，及信仰背后所代表的官、民、夷三者在保定城市文化发展中的作用问题。所谓信仰空间，一是指具体的空间概念，包括各种信仰文化所代表的实体空间，儒学所代表的书院，传统民间信仰所代表的寺庙，西方宗教信仰所代表的教堂等分布情况、人员活动情况等；二是抽象的空间概念，主要指各种文化信仰如何深入城市居民的社会生活之中。传统的信仰空间，如寺庙、道观在晚清保定市的兴衰发展、西方的宗教势力及其实体空间教堂对于保定信仰空间的影响、中西信仰文化之间的冲突和融合都是本文将要探讨的内容。

所谓信仰，"是指对某种主张、主义、宗教或某人极度相信和尊敬，拿来作为自己行动的指南或榜样"②。晚清保定城的信仰主要包括以保定莲池书院为代表的广大士人所信仰的儒学、传统民间信仰（佛教、道教、民间宗教）以及西方宗教信仰（天主教、基督教）。晚清时期，三种文化信仰相互融合与冲突，其信仰背后所代表的官、民、夷等社会力量在保定城市的发展变迁中产生了重要影响。

一、东方的神：传统保定城市信仰空间

清康熙八年（1669 年），保定成为直隶省会，行政地位得到提升；雍正二年（1724）以后，直隶总督常驻保定，保定处于省、府、县三级行政机关的直接影响和控制之下，成为直隶省的行政中心。从社会分层看，保定城内主要有以下几个阶层：一是各级地方官吏，以及托居于此的直隶各地的地方士绅，他们构成了保定城的传统阶层的第一等级。二是文人阶层，主要是生活在社会底层、并未考取功名的士人

---

①　张静，首都师范大学历史学院博士研究生。

②　《汉语大词典》，上海辞书出版社 1986 年版，第 1417 页。

群体。清初,保定城因政治中心兼而成为文化中心,城内各级儒学机构完备。直隶的最高学府,莲池书院即建于此,因而吸引了直隶乃至全国各地的士人学子来此求学或进行文化交流。三是商人阶层,作为直隶的政治中心,保定城的消费以畸形的官方消费为主,城内的商业发达,商人在城市经济中具有重要影响。四是手工业者阶层,这一阶层在保定城不占有重要地位。五是城市流民,他们是城市的最底层。由此可见,保定城市可以大致分成以官僚为主、士绅为辅的领导阶层和城市商人、手工业者、流民等构成的普通市民阶层。因此,传统时期,保定城市的信仰空间主要分为官员和地方士绅、文人为主的儒学信仰,以及以普通民众为主的民间信仰(佛教、道教、民间宗教)。

(一)官方信仰空间:书院、文庙及文昌祠

传统时代,保定儒学一直比较兴盛。明代以降,官学、私学、书院等办学形式同时并存,互为补充,形成了完整的地方儒学教育系统。清代,保定成为直隶省会后,人文荟萃,由政治中心而兼文化中心,政治地位的提升促进了城市儒学的进一步发展和繁荣。同时,保定民风极为重视儒学教育,"其衣食稍足者,皆令子弟向学,虽穷乡下里,必有塾师,弦诵质声达于四境。"①这为保定城市儒学信仰的发展提供了良好的社会环境。

清雍正十一年(1733),雍正皇帝下令各省总督、巡抚于省会设立书院。时任直隶总督李卫(1687—1738)将直隶省的书院设于保定城著名的莲花池内,以"池北故有南向听事堂,后精舍、便室、东西廊庑、大小曲房若干间"②为基础,进行维修、增建,因地取名为"莲池书院"。莲池书院建成后,李卫延请名师硕儒莅院任教,招考远近诸生入院学习,使之成为直隶全省人才荟萃之地。

在传统社会中,士人群体一直都是儒学最坚定的信仰者和最有力的传播者。保定城的士人群体主要由以地方官吏为主的上层官僚士大夫、社会中层的名流学者和地方士绅,以及生活在社会底层、未曾出仕的士人组成。保定的士人对莲池书院的儒学信仰中心的形成与发展起到了重要的促进作用。作为直隶的省级官方书院,莲池书院吸引了大批士子入院学习。"学而优则仕"是士人来莲池书院学习的主要目的,书院培养了大批崇信儒学的官僚,推动了社会底层士人通过科举改变命运。清代末科状元刘春霖(1872—1942)高中之前曾在莲池书院求学十余年③。书院的集会、讲学活动影响着保定民间士人的学风。晚清时期,桐城古文大家吴汝纶(1840—1903)主讲莲池,书院遂成为北方儒学重镇、桐城古文学派的中心,吸引了直隶乃至全国各地的士人前来莲池进行文化交流,它将庞大的、散布在各个阶层的

---

① 金良骥等修,姚寿昌纂:《清苑县志》(民国二十三年铅印本)卷三。

② 《清苑县志》(民国)卷五。

③ 刘春霖,字润琴,号石云,光绪十六年(1890)二月考中秀才,入保定莲池书院学习十载。

士人群体以一种共同的理念联系在一起,成为保定儒学信仰的中心,官方信仰的核心所在地。

光绪二十六年(1900),崇绮(？—1900)自缢于莲池书院。作为清代唯一的旗人状元,他在莲池的自缢虽然有许多原因,但也从一个侧面预示着作为儒学的重镇的莲池书院已经呈日薄西山的颓势了。莲池书院经过庚子之变的动乱与战火,破坏殆尽,从此一蹶不振。"(联军)驻军保定十余月之久,莲池台榭,举成灰烬矣"①。书院肄业学生四处流亡。光绪三十年(1904),曾为莲池弟子的刘春霖被钦定甲辰科殿试第一甲第一名。就在他金榜题名后的第二年(1905),清廷宣布"停止科考,推广学校"。科举制的废除,使刘春霖成为中国历史上最后一位状元。随着清末新政的推行,大江南北兴起书院改制、广建新式学堂的浪潮,莲池书院旧日的辉煌和赫赫声名也被这种潮流所淹没了。莲池书院的衰落也代表着儒学在保定信仰空间中的式微。

传统社会,作为儒学先师的孔子(前551—前479)受到极大崇敬,被尊为"文圣",官方建庙崇祀,孔庙又称文庙,是公共性的儒学文化象征符号,文庙的建立是一地进入儒学文化圈的象征。因此,我们可以从文庙建立的历史时间表去探寻儒学信仰在保定的发展轨迹。

保定文庙始建于明洪武年间。入清后,顺治十四年(1657)、康熙二十八年(1689)、雍正二年(1724)、四年(1726)、十年(1732)文庙都得到重修或扩建,有"大成殿三楹,后为崇圣祠三楹,殿后东西两庑各九楹,东南隅为魁星阁,西南隅辟一门达学署,再前为戟门三楹,左掖为名宦三楹,右掖为乡贤三楹,前为泮池"②。文庙的不断修建也从侧面反映了统治阶层对儒学的重视。文庙在长期的发展演变历史进程中,除了是祭祀孔子的神圣之所,同时也是一种教育殿堂。作为中国古代儒学教育的重要形式,将文庙与学宫合二为一的庙学在促进儒家思想的深入和普及方面也起到了重要作用。

在保定的儒学中,以"庙学合一"制度为范本,除了建文庙以祀先师孔子及从祀先贤外,也将文昌的祭祀列入。以文庙为正统的祀孔空间,将文昌祠置于附属的配置空间。文昌帝君为民间和道教尊奉的掌管士人功名禄位之神,亦称文昌神、文曲星或文星。文昌帝君很早就被道教列为信奉的神祇之一,在其发展的过程中,逐渐与儒家文化相结合。因此,保定的读书人大都会自觉地站在儒家的立场上,导正文昌信仰,或从根本上认定二者就是一体。保定文庙和文昌祠为儒学的祭祀场所,将文官集团、文化精英、普通士人阶层以规范化、制度化的方式聚合在一起,作为儒家文化的辐射源,为官方向民众传达国家意志和主流话语提供了平台。

---

① 《清苑县志》(民国)卷三。
② 《清苑县志》(民国)卷一。

清代以来,保定的士人结合儒家文化,使儒学信仰由书院扩展至城市社会,甚至结合民间信仰,使礼义之教实践于民众的日常生活中,扩大了儒学信仰的影响力。清末,科举制的废除、新学堂的建立,淡化了儒学信仰,也淡化了文庙的地位,文庙和文昌祠的官方祀典活动日渐废弛。

(二)民众信仰空间:佛教、道教及民间宗教

晚清时期,保定的民众信仰空间主要包括国家承认的正统宗教(佛教、道教)和非正统的民间宗教等。保定作为直隶的政治、文化中心,民间的文化信仰受儒学影响很大。保定城市分布最广、数量最多的是民间信仰的庙宇、祠堂,这些庙宇和祠堂的布局并无特别的规定,几乎可以设置在城内的任何地方,当然,也往往根据其职能被安置在较为优越的地段上。

清代保定城市影响最大的佛教寺庙大慈阁位于城市中心,且为城中最高的建筑,被称为"市阁凌霄"。大慈阁又称大悲阁,建于北宋时期,具体创建年代不详。金贞祐元年(1213),蒙古军屠保州,该寺被毁。[1] 后由元代蔡国公张柔(1190—1268)重建于南宋宝庆三年(1227)至绍定五年(1232)之间。清顺治四年(1647)、五年(1648),统治者对大悲阁进行了两次重大维修工作,并陆续增建了钟、鼓二楼和天王殿、方丈院等。此后,由僧人占用并取名"真觉禅寺"。清乾隆年间,大悲阁遭雷击被烧毁,随后清廷对大悲阁进行了重建,并更名为大慈阁。

大慈阁为三层殿阁,阁内顶层供奉佛祖释迦牟尼,一、二层供奉千手千眼观音。观音为木制站立造型,高5.5米,42只手臂持各种法器,占据空间非常大。室内东、西两侧壁画为十八罗汉像及经变故事。尽管佛祖是佛教中的最高神祇,但是大慈阁的主祀却是观音,这显示了女神信仰在普通民众中的力量大于男神信仰。

清代保定的寺庙中,数量最多的是关帝庙。这与关帝庙具有多种功能,受到官府和普通百姓的普遍信仰有关。至清末时,官府求雨往往还选择在关帝庙进行。同治年间,保定城有9座关帝庙,而且多居城内显要的位置。"一文昌庙东,一大慈阁后,一城隍庙牌楼滗,一院署西,一穿心楼南,一箭道滗,一箭道演武厅旁,一草场营坊,一南门瓮城"[2]。最令人感到惊奇的是,大慈阁的背后有一座关帝庙,此座关帝庙原名"汉寿亭侯庙",始建于明代。因其坐南面北,与大慈阁相背,故称倒坐关帝庙,在全国亦属罕见。虽然这座关帝庙不符合中国传统宗教建筑坐北朝南的传统,但在中国传统的建筑风水中,城门东、南、西、北四门分别同春、夏、秋、冬四季相联系,南门象征暖和生,北门象征着冷和死。南门和南郊主民间盛典(主吉),北门和北郊则主军事活动(主凶)。也许同中原大部分地区的入侵者一般来自北方的

---

① 保定佛教协会:《保定佛教文化志》,中国文史出版社2010年版,第63页。

② 吕彩云:《清代省会城市发展研究》,中国文史出版社2010年版,第142页。

实际情况有关;而且,中国人相信妖魔往往是从那个不吉利的方向出来的。① 保定城内的这座倒关帝庙正对与东大街交汇的北大街,门前曾有关帝庙"圣君坊"一座。于此向北不远处,正是保定城的北大门,北大街由此通向城外,关帝庙用于镇守北大门,其坐南朝北就不足为奇了。

城隍神是城市的守护神,城隍庙是供奉城隍神的神圣空间,也是中国传统城市的重要标志之一。保定城隍庙始建于元太祖二十二年(1227),至元朝灭亡时,庙毁于战火;明洪武三年(1370)重新修建,经明、清两朝仍保持原貌。城隍庙位于城北的中心,坐北朝南,占地约百亩,造型古老,殿宇宏伟,殿内装有活动机关。清光绪二十六年(1900),八国联军侵入保定,将庙宇焚毁;后经民间筹资重建,因财力不足,较前简陋。

除正统的宗教信仰外,保定城内还有众多神祠,所祀的是民间信仰的各类神灵,如火神庙、水神庙、天后宫、马神庙、娘娘庙等,这些神祠与当地民俗活动有更多关联。保定地区旱涝灾害以及蝗灾等较为频繁,与此相关的庙宇不仅出现较早,而且多分布于城关或城外,以方便城市周围的农民祭祀。这是传统城市对乡村地区提供宗教服务的最明显体现,如保定城内的刘猛将军庙被地方百姓赋予消除蝗灾的功能。此外,龙王庙、龙母庙、先农坛、八蜡庙、雷神庙、社稷坛郡厉坛、风云雷雨山川坛等都是因祈祷丰收多产而修建的。保定地区的龙王庙建于宋元祐六年(1091年),一在南门外,一在城西南十里。另外,城北有龙母庙,城东有先农坛、八蜡庙、雷神庙等,城西有社稷坛、郡厉坛等,城南有风云雷雨山川坛。

(三)国家、地方社会与保定民众信仰

1.官方与保定信仰空间

民间信仰问题在中国历代都受到朝廷不同程度的重视,国家与地方政府对信仰活动的介入,最主要是为了稳定统治、达到教化民众的目的。在清代,每年春秋仲月,文武官员都要到文庙祭孔。城隍作为地方官吏在阴间的对应者,也是他们政务的监督者。城隍庙受到地方官的重视,"凡新官抵任,必先祇谒定誓,乃敢行事,每举祀礼,预移碟文,而岁时有祭,涝旱疾灾有祷。"②

除文庙、城隍庙等官庙外,佛教和道教的寺庙亦由官方管辖。佛、道二教在清代由官方管辖,中央分设僧录司、道录司,府设僧纲司、道纪司,县设僧正司、道正司。清朝保护三教,尽管不一定同等对待。佛、道二教尽管被承认为正统宗教,但也如同其他宗教性社会机构一般,遭受严厉的(但通常是未实行的)控制。官方对于民众信仰的控制主要表现在以下几个方面:

---

① 施坚雅:《中华帝国晚期的城市》,中华书局 2002 年版,第 105 页。
② 《畿辅通志》(雍正)卷一百十一。

第一,皇室对保定信仰活动的介入。

光绪二十七年(1901),慈禧太后由西安返京,途经保定,追封被八国联军杀害的直隶布政使廷雍(1853—1900)为"直隶都城隍",将城隍庙改称"都城隍庙",把一个"府城隍"升格至管辖全省的"都城隍"。所谓"生既为守臣,死则为城隍",将地方官吏追封为城隍,本身就有教化民众的功能。

第二,利用庙宇的祭祀活动来管理地方。

大清会典规定,城隍庙的"城隍诞""三巡会"由当地最高长官主祭。因此,每年保定城隍庙的重要庆典,地方官吏都会按例主祭。此外,求雨、求消灾除祸的活动,也往往由地方长官出面主祭。

每逢灾荒,保定地方官员通常会在庙中进行祈雨等祭祀活动。直隶总督曾国藩(1811—1872)到任的这年春天,天公作难,直隶发生旱灾,省城保定一带也非常严重。三月初四,曾国藩派人从"一亩泉"请来"神水",亲率下属官员跪迎,摆上香案,行二跪六叩(次于"三跪九叩"之尊)大礼。并且,从这天开始,他不辞辛劳地几乎每天坚持徒步到城隍庙行祈,一连多日[1],终于天降甘露。当然这并非祈神降雨显灵。但此做法是当时政治、文化的一种表现,体现了官方在民间信仰中的主控意识。同样的做法屡屡采用,光绪二十八年(1902)夏,保定久未下雨,城中时疫流行,死人蔓延。为此,直隶总督袁世凯谕令清苑县令在城南关帝庙设坛祈祷[2]。不久,直督袁世凯(1859—1916)亲自率领司、道、府、县官吏前往关帝庙拈香求雨[3]。

第三,国家与官府对寺庙空间的利用。

寺庙庵观有僧、尼、道士,从事宗教法事活动自是正常的。此外,地方政府常利用寺庙的空间或庙产举办学塾或其他事项也十分常见。清代保定城曾设有义学14处,其中府辖1处、县辖13处,学址分设于老郎庙、文昌宫、南大寺、子母宫等地。[4]

地方官征用寺院内临时的空间以安置特别的工程。如同治九年(1870),直隶总督李鸿章(1823—1901)在保定城隍庙东侧土地祠内建官刻印书局,印刷《畿辅通志》《保定府志》《清苑县志》和《四库全书》之一部分,为直隶省较大的印书局。

戊戌变法及清末新政以来,国家祭祀逐渐被抛弃,从前地方上的正统信仰保护也消失了。庙宇(包括正统或非正统的)明显地成为被挪作他用的目标,如改为学校、国家机关。庙产兴学运动即酝酿于戊戌变法时期,并在清末新政下持续开展。光绪二十四年(1898),清苑知县劳乃宣(1843—1921)于保定西关灵雨寺行宫创办

---

① 董丛林、徐建平等:《清季北洋势力崛起与直隶社会变动》,科学出版社2011年版,第23页。

② 《申报》,1902年7月12日。

③ 《申报》,1902年7月19日。

④ 保定市教育局史志办公室:《保定教育史料类编》,河北人民出版社1990年版,第4页。

畿辅大学堂(直隶高等学堂),为保定第一所以理工科为主的高等学校。此后,在袁世凯督直期间,保定城内大量的寺庙被改建为学堂。如光绪二十八年(1902),城内火神庙改为将弁学堂。①

2.绅商与保定信仰空间

晚清时期,皇室和显官已逐渐从保定信仰空间中淡出,但士绅阶层仍然活跃其中。

在中国,相对于君权而言,神权始终处于次要的地位。注重人事、关心政治的士绅对宗教一向持有理性的态度。但同时,通过对于信仰空间的利用来达到提升自身影响力的一种方式,保定城内的士绅对于宗教信仰活动的关注热情一直有增无减。他们通过捐款、树碑等方式介入保定的信仰空间。光绪年间,大慈阁年久失修,柱檐倾斜。保定名士樊榕②(1861—1942)与士绅联手出资,落架修复大慈阁。据寺内碑刻记载,清宣统二年(1910),樊榕重修大慈阁边柱、阁顶。

庚子之时,保定的很多庙宇都毁于联军入侵。省城善后局委员赴各处稽查庙宇香火事务,令一律归公以作学堂经费③,许多庙宇被改造成新式学堂。为此,一些士绅到处募缘张罗重修,其筹措款项比筹募学堂的经费容易许多,几天就可募银千两。神祇所求塑像,祠庙对于神祇的作用,就像房屋对于人类一样。因此,人们认为居住条件的好坏不仅影响着神祇的福气,还影响着神祇的威灵。祠庙簇新壮观,位于庙中的神祇也就能够显示灵迹;若住所破旧颓败,说明此中神祇已被人们所忽视,就无法再为人们降雨、治病。绅商募银修庙的原因即在于此,一方面是希望神佛庇佑,另一方面是想得到一个行善的好名声。然而此举引起一些崇尚新学人士的不满。《直隶白话报》就曾刊登社说,奉劝直隶人不必捐钱修庙。文章称:"要论到修庙信神这件事得惑乱人心,在风俗上的关系更大呢。…神有没有是小事,庙修不修也是小事……孟子上不说过,祸福无不自己求之者,何必去求鬼求神的呢。"④尽管社会上对于修庙出现了一股反对的呼声,保定城内仍时有修庙事件的发生,如毁于庚子之乱的城隍庙即在此时被重新修建。重修受到了以《大公报》为代表的新式传媒的批评,认为"此次重修,殊属靡费,若以此款兴办学堂,岂非造福于社会之举"。⑤ 当然,在新旧交织的社会背景下,简单地以守旧来评价此次重修并不全面。

---

① 《申报》,1902 年 7 月 31 日。

② 樊榕是光绪癸巳举人,曾授山西知县,后在保定创建实业,成为保定商会会长,是一位在保定颇具影响的绅商。

③ 《申报》,1902 年 6 月 13 日。

④ 《直隶白话报》,1905 年第 6 期,第 36 页。

⑤ 《大公报》,光绪三十一年六月廿五日(1905 年 7 月 27 日)。

城隍庙是"清廷国家权力统治的象征"①。同时,保定城隍庙还承担着重要的经济职能,是城市重要的商业活动场所,在市民生活中也扮演着重要的角色,成为城市居民交往的重要空间。城隍庙在国家政治、经济与社会交往职能上的重要作用成为其重建的重要原因。因此,从职能上看,城隍庙重建的本身就是社会精英阶层改造和塑造城市社会的手段。但是,政府和商人对城隍庙职能的利用是有明显分野的,政府注重城隍庙在国家权力上的象征性,开始刻意淡化其经济和宗教上的职能。光绪三十二年(1906),清苑县在城隍庙庙会之期,出示谕令限制贸易以及烧香活动②。清末,随着商人力量的逐渐增长,他们开始谋求更多的政治资源,而通过类似捐款重修城隍庙这样的活动,他们可以进一步提升自己集团的影响力,以牟取更多的政治、经济资源。

值得注意的是,地位不高的商人加入集体性捐赠宗教机构的行列时,他们往往选择位于市场附近或沿着商业路线而兴建的佛教道场,而不是选择那些表达隐退理想的地点。保定的市场或集会一般都在位于主要交通路线辐射之地的庙宇附近,甚至庙宇建筑物内,因此,某种程度上这种公益事业的投资通常有维护市场良好秩序,使市场财运亨通的意味。商人愿意捐助给他们做买卖地点附近的寺庙,相信他们的市场有寺庙神灵的保护。寺院通过提供给商人或其顾客可能需要的机会、资源或服务,也能从中赚到钱。城市商业兴盛的地方寺院香火就旺,商业的喧嚣杂乱与佛教静修之间形成一种看似不和谐的和谐。大慈阁、城隍庙附近形成的庞大的商业圈反映了这个情况。俗语所言"穷算命,富烧香",也从侧面说明了这种情况。因为与普通民众相比,商人无疑是属于富裕的阶层,他们通过烧香拜佛活动来达到保佑自身生意兴隆的目的。

3. 从娱神到娱人:民众与信仰活动

晚清时期,保定的信仰空间发生了历史性变化,官方的控制在逐渐减弱,在此过程中,既有士绅介于其中,又有商人的加入。不过,此一时期保定城市信仰空间的延续,仍是得益于为数众多的普通民众。

寺庙与民众生活之间的关系密切。当我们审视地方志的地图时,会发现除了衙署之外,标识最多、最醒目的就是本地的各个寺庙,这实际上表明了绘图者的某种认同,即对寺庙的重要性的判定。而对广大的民众来说,寺庙则构成了他们的日常生活的组成部分。③ 寺庙不仅是寄托灵魂、精神的地方,也是城市的重要景观、

---

① 黄永豪:《坡之街上的对抗——二十世纪初年城市与国家建构的初探》,《历史人类学学刊》第3卷第2期。

② 《大公报》,光绪三十二年十月初三日(1906年11月18日)。

③ 赵世瑜:《狂欢与日常——明清以来的庙会与民间社会》,北京生活·读书·新知三联书店2002年版,第67页。

城市的组成部分。寺庙对于民众的影响主要包括两个方面。首先,作为宗教建筑,寺庙是民众意识的体现。寺庙之所祀是当时人之崇拜和祈求的对象,可虚幻地满足人们精神的、物质的要求。这是它的基本功能。其次,寺庙还可为居民提供活动的空间,成为市民休闲的场所,而各种与寺庙相关的庆典活动更丰富了城市民众的日常生活。因此,城市民众的信仰空间体现了娱神与娱人的统一。

第一,作为民众精神慰藉的信仰空间。

普通民众对于神佛的信奉,其主要的目的是希望能够得到神佛的庇佑。虽然佛、道等宗教信仰在具体的崇祀神祇、仪式及组织上并不相同,但是这些信仰在本质上是一致的,都是民众精神慰藉的地方。在东方特有的社会背景和文化氛围的陶冶与孕育下,各种神灵均表现出其不同程度的功能性,如御寇、祈雨、生子等。与此相适应,中国一些民间信徒也带有浓厚的功利性,他们入庙烧香往往为实际需求所驱使,"无事不登三宝殿","临时抱佛脚"的信仰心态在民众中占有很大比重。民众功利的信仰目的导致一个直接后果:人们对神效的广泛崇拜。

第二,寺庙戏台与酬神的社会空间。

保定的很多寺庙和其他地方一样,都搭有戏楼。搭建戏楼名曰酬神,其实最主要的还是娱乐民众。如东门内洞阳宫的戏楼是比较有名气的,曾邀京都久负盛名的戏班和京剧艺术家如陈德霖(1862—1930)、杨小楼(1878—1938)等前来献艺,盛极一时。东关外的八蜡庙,每年麦收后演戏,观众多是附近农村乡民。

第三,庙会与民众生活。

保定城市的庆典活动中,以庙会最为繁盛,影响也最为广泛。保定城市最大的庙会是刘守真君庙会。刘守庙俗称"刘爷庙",祭祀金代名医刘守真(约1110—1200),备受保定城中及周边百姓的崇敬。举办庙会在农历三月十五日,系刘守真的诞辰。每年自农历二月初即开始演唱"还愿神戏",往往演到麦收农忙时才止。农历三月初,商贩即陆续来到庙内外搭棚摆摊售货,货物有日用百货、花布、针头线脑等。

此外,庙会期间还有"刘爷出巡"活动。庙中制有刘守真的藤胎贴金神像,专备"出巡"之用。届时,以敞轿抬藤像自庙出发,前呼后拥,相连数里,抬到城内各大街巡回一遭,最后抬到衙署"报到"。所有父母官也要出来设香案敬神,为黎民百姓除病灭灾,较大铺户也沿街摆设香案并供茶水。届时,人山人海,观者如堵,成为城市最重要的庆典仪式,也是民众重要的宗教、娱乐活动。

除刘守真君庙会外,城中每年的城隍庙会也十分热闹。城隍庙不仅承担着祭祀祈福的宗教职能,还是城内商业、社会交往以及城市居民娱乐生活的中心。每年春、秋两季举行两次庙会(清明节及七月十五日),每次达半月之久,数百里外的商贾多来此售货,四方香客云集,促进了城市的经济发展。庙会期间,除演戏外,还组织"城隍出巡"。城隍庙一般设像两座,一泥、一木。泥像供摆设,木像可供抬着出巡。民众用轿抬着城隍的藤胎(以藤纸为原料制成的塑像),敲锣打鼓,香烟缭绕,乐声悠扬,游行城关主要街道,后面跟着几十班民间组织的"高跷会"、"狮子会"等游艺队伍助兴。庙内和四周有各种杂技、魔术、相声、大鼓等设摊表演,热闹非常。

保定城中还有药王庙会等,大慈阁逢农历九月九日增开庙会一次,以便城内居民"登高"进香。这些庙会以其多种功能(宗教、经济、社会交往),加之广泛的参与性、丰富多样的形式,构成了市民社会生活最为丰富多彩的一面。

4.人神之间

清代以来,随着皇家势力、政府官员、地方士绅、新兴商人以及民众等社会力量,先后进入到保定城市信仰的历史中,城市的信仰空间逐渐成为一种权力的象征。儒学信仰始终是官方的主流信仰,城市领导阶层希望通过儒学的传播及教化功能,达到稳定统治的目的,他们希望通过介入佛教、道教及民间宗教等城市信仰体系来达到控制更多地方资源的目标;民众则通过仪式、组织、传说等等展示地方文化或民间文化传统,寺庙等信仰空间可能成为相互争夺的政治、文化资源。由此,寺庙等场所成为拥有着国家、地方及民众三方面支持的信仰空间。它们往往成为城市的文化中心。这些中心不仅是地理意义上的中心,而且是人们心目中的中心,即文化凝聚力之所在。

二、西方的上帝:天主教与基督新教在保定的传播

在近代中国,作为外来意识形态的基督教信仰①,以及作为外来社会力量的基督教会,与中国传统文化、传统社会之间存在诸多冲突与融合。基督教传入保定的历史悠久,其主要的传播教派为天主教,后来新教也随之传入,东正教自始至终并未出现在保定城市之中。因此,本文研究的对象即是上述基督教的两大重要派别天主教与基督新教。

(一)天主教在保定的传播情况

近代以前,保定城内及四关并无天主教势力。第一次鸦片战争之后的近60年,是天主教在直隶半公开传播时期,天主教就是在此时期传入保定城关地区的。

---

① 基督教(Christianity)发源于公元1世纪的巴勒斯坦地区,后在罗马帝国发展起来。它是以新、旧约全书为圣经,信仰人类有原罪,相信耶稣为神子并被钉十字架从而洗清人类原罪、拯救人类的一神论宗教。在基督教的历史进程中分化为许多派别,主要有天主教(Catholicism)、东正教(Eastern Orthodox Church)、新教(Protestantism)三大派别。随着东、西罗马帝国的分裂,基督教会于公元1054年分裂为两个教派。以罗马主教为中心的一派自称"公教",即中国所称的"天主教";另一派以君士坦丁堡主教为首,自称"正教",即中国所称的"东正教"。16世纪,德国、瑞士、荷兰、北欧和英国等地发生了马丁·路德、加尔文等人领导的宗教改革运动,它产生出脱离天主教的基督教新教,即中国所称的"基督教"。

保定城外原无教堂,所有来保定的神父,必住留在南关南河坡侯宅。后来,北京孟主教(法国人)到京南视察教务,在保定北关外桥东购置土地 16 亩,建筑房屋 40 间,从此保定才有了天主堂。[①] 同治十一年(1872),保定总铎区从原来属北京主教府的安家庄教堂分离出来,迁移到保定北关教堂,北关成为天主教在保定的传教中心。

光绪二十四年(1898 年),北关天主堂法籍神父杜保禄(Dumont,1864—1944),借助法国天主教势力,北关天主堂与保定城内清河道旧署互换,北关天主堂迁入保定城内,天主教的传教中心亦由保定城关发展到城内的中心地带。

宣统二年正月十日(1910 年 2 月 19 日),保定总铎区从直隶北部代牧区划出,成立直隶中部宗座代牧区。法籍神甫富成功(Fabregues,1872—1928)被任命为首任宗座代牧。他在城内天主堂院内改建大教堂后部,修建红瓦楼房一大处,分前、中、后 3 院,共计数百间,成立主教府、大修道院、备修道院、保定城内分堂(即本堂神父院);在大钟树胡同建立保定若瑟修女会首院,在西关成立小修道院和公教育婴院。

(二)基督新教在保定的传播情况

保定的基督新教主要包括美国公理会、北长老会和内地会等教派。

同治八年(1869)九月,美国公理会牧师到保定,"先设教堂于北大街,后迁至南关天坛街"[②]。同治十二年(1873)成立公理会保定众议会(区会)。光绪十年(1884),公理会在保定南郊买到 8 亩地皮,先盖成洋人住宅,后改为诊疗所,最后成为男中和牧师住宅。

同治十二年(1873),长老会在保定北大街租房设立教会。光绪十一年(1885),长老会在北关张庄村东建教堂,并附设简易医院。光绪十九年(1893),保定设立长老会分会。

光绪十七年(1891),内地会传入保定。该会牧师在保定北关北大寺设堂传教[③]。次年,教会迁至南关止舫头以东。

义和团运动时期,保定的新教势力遭到巨大的打击,几乎所有教堂被毁,众多教士被杀害。光绪二十六年(1900)后,基督教长老会、公理会教堂得以重建,保定美国公理会与长老会分疆划界,经保定城由西到东划定界线,公理会以界南、长老会以界北为活动范围。

17 世纪时,来华天主教和基督教传教士曾以中国士大夫、官僚为重点传教对

---

① 保定市天主教史料编辑委员会:《保定天主教历史沿革》,1963 年,第 3 页。

② 中国人民政治协商会议河北省保定市委员会文史资料研究委员会:《保定文史资料选辑》第一辑,1984 年,第 12 页。

③ 《基督教保定教区志》(内部资料),第 1 页。

象,但经过礼仪之争,对基督教的不信感深植于中国知识阶层士大夫之中。因此,19 世纪的宣教对象就不得不完全转向庶民百姓①。保定天主教和基督教的信众也主要是普通民众。

西方宗教在保定传播以 1900 年为界,可以分为前、后两个阶段。1900 年以前,保定城内鲜有教堂,1872—1877 年领洗入教的天主教徒只有 60 个成年人;经过义和团运动和联军入侵保定城,20 世纪初,西方宗教势力在保定有了较大程度的发展,众多教堂在城内建立并发展起来,天主教堂更是占据了城内中心位置,信教人数较之前有了较大规模的增长。1902 年,保定府天主教成年人领洗入教的数字打破历史最高纪录,成人受洗者为 1370 名;1904 年,领洗者为 4195 名。由于天主教势力在保定的强大,信奉新教的人数较少,1905 年,公理会教徒从 1904 年的 510 人增至 613 人。当然,这些都与 20 世纪后教会为传教所办的大量学校、医院、慈善活动密切相关。传教士参与的种种文化事业,为的是劝人信奉上帝。不过,更多的中国人往往吞下"诱饵",却不上钩。② 西方的宗教文化信仰对保定城市信仰的整体影响不是很大。

三、中西之间的冲突与融合

(一)冲突

天主教宣扬博爱,要求人们信奉上帝,这与儒家宣扬人伦礼教,要求人们尊奉祖先的传统格格不入。保定是直隶的政治、文化中心,传统势力相当强大,对于天主教会的宣扬,受儒家传统文化熏陶的士绅容易产生一种本能的反感。天主教势力进入保定后,保定士大夫阶层潜伏着一股强烈的抗拒倾向。地方官员对其亦有反感,对于各地的反洋教言论和事件,在初期总是暗地纵容或支持。如道光二十五年(1845),安肃知县带衙役到安家庄抓捕举行宗教活动的神甫,教徒聚众抵抗;次日,逮捕教徒数名。该村会长向保定府控告县官"闯进民宅,抢掠财物,胡作非为"。道台判决,将安肃县文武官员撤职查办。此事件反映了教徒与官绅的冲突。又如,同治十一年(1872)保定"升为总铎区后,拟建大教堂一座,但买房子很困难,只有南关有些教徒房子,也不适用。后来在北关护城河北岸文昌宫庙对面买到一处,总堂区就设在这里。但房子太次,并不适用。总铎及神甫们仍住安家庄"③。天主教不但在城内无法买到房产,即使在城外也买不到合适的房屋,这一点也反映了当地士绅对其的排斥,不愿意把房屋卖给其作为传教场所。

和天主教一样,新教势力进入保定的初期并不受欢迎。如同治十二年(1873

---

① 周锡瑞:《义和团运动的起源》,江苏人民出版社 2005 年版,第 191 页。

② 董丛林:《龙与上帝》,生活·读书·新知三联书店 1992 年版,第 235 页。

③ 《河北文史集萃》(民族宗教卷),河北人民出版社 1991 年版,第 192 页。

年)夏,贝以撒(Isaac Pierson)与屈德(A. O. Treat)进入保定府,他们极不受欢迎,城里的店家都不肯留宿他们,只得住在西郊,偷偷到街头布道并散发福音书。过了几个月,他们才搬进城里唐家胡同一家店房内。他们采用个人谈话,加上请吃茶点、送金鸡纳霜和除虫药等手法拉拢中国人入教;但很多人对传教士持有怀疑的态度,不喝他们的茶,不要他们的东西。

由于对天主教和新教的这种不信任,使得当时的冲突时有发生,最终矛盾不断升级,导致了保定教案的发生。

1. 保定教案

光绪二十四年(1898),法籍遣使会士杜保禄接任保定总铎。他一到保定就计划将北关天主堂迁到城里,但一直没办到。当时正值戊戌变法,慈禧太后为防帝党维新派政变,调董福祥(1840—1908)部甘肃回军2500人进京。甘军调防路过保定,暂时驻扎在北关的文昌庙一带,驻地对面便是天主堂。五月十八日(7月6日),两名甘军士兵进天主教堂参观遭拒,双方发生冲突。直隶总督荣禄(1836—1903)立即致函法国天主教主教樊国梁(Pierre Marie Alphonse Favier, 1837—1905),请求和平解决。樊氏提出以保定城内适当地点交换北关教堂,杜保禄指名要旧清河道署衙门。五月二十八日(7月16日),双方签订《大清国文渊阁大学士钦差北洋大臣直隶总督部堂荣同大法国天主教总主教樊国梁共同签订清河道旧署与法国教堂互换合同》。天主教用北关外狭小的天主堂换取了在城内清河道旧署重建教堂。

教堂即教会所说的圣所、圣殿、上帝的殿、礼拜堂。教会通过在教堂做礼拜、聚会讲道、唱赞美诗、祷告,目的就是使人信仰上帝、崇拜上帝。因此,教堂是教会最主要的传教场所。保定教案的起因是甘军士兵出于好奇想参观教堂,遭到教士的阻拦。甘军的强行进入与教士的阻拦使得教堂这一信仰空间成为双方冲突之源。保定教案使法国天主教实现了在保定城内建立教堂的多年夙愿。光绪二十四年(1898),北关教堂迁移到城内,翌年秋,圣彼得保罗教堂竣工。教堂作为一种宗教建筑,是宗教意识的物化形态,集中表达着基督教的文化信仰。象征着基督教信仰的空间形态——教堂在城内建立,并且,教堂违反保定教案合约规定的保持建筑本来样貌,把清河道旧署改建成为西式建筑。教堂这一陌生空间强行切入保定城市,并且占据了城内的中心位置,在客观上重塑了传统城市的空间格局和面貌。建筑赋予人最自然、最直观的视觉效果。教堂建筑,其形象的纪念性、环境的神秘性,包括建筑物内外的造型、图案、雕塑、光线、色彩、花纹等艺术处理,都非常鲜明地反映着宗教观念。特别是教堂上方又高又尖的十字架,会使民众在信仰层面产生不安和危机感。

天主教堂异地重建竣工典礼由樊国梁主持,法国公使毕盛乘火车从北京前来出席,北京、天津等地的神甫也前来参加,典礼办得非常隆重。这样,天主教会势力进入保定城内发展,地方官绅等被迫妥协。由于妥协是被迫而非心甘情愿,因此抗拒倾向仍然没有消除,只是由公开转向暗地。保定城内出现了一副对联:"驱清民,入洋教,乔迁入谷,亿万百姓共伤心;夺我地,修彼堂,不吊反贺,七十二官皆叩首。"①这反映了民众对天主教势力入侵的抗议,对清廷官员的奴颜婢膝表示不满。这种不满导致此后义和团运动中保定民众对西方教会的报复。

2. 义和团运动中的保定官、夷、民

光绪二十四年(1898),义和团兴起自山东,很快发展到直隶地区。省城保定是直隶的政治、经济、文化中心,周围拳民的斗争也很快波及省城。

光绪二十五年(1899),保定地区全年没下透雨。第二年一至六月几乎滴雨未下,三月间还流行瘟疫。人民实在无法活下去了,便把强烈的仇恨对准了传教士及其所办的教堂。当时流行这样一首民谣:"不下雨,地发干,全是教堂遮住天。杀掉洋鬼头,猛雨往下流。"②教民之间的矛盾已经因为这场天灾而越来越严重。

光绪二十六年(1900)四月六日(5月4日),保定义和团提出"保清灭洋"口号,先后焚毁保定3座基督教堂,杀华籍基督徒61人、美英籍教徒17人。义和团南城总团铺设于七圣庵和文昌宫,南关总拳场设于脂肪头西街路南,东关总团铺设于西北隅的五仙祠。③城内天主教堂亦由巡防营务处改为团练公所,4所城门改由义和团把守,保定城关的不少庙宇和公产为团铺使用,如文昌宫、城隍庙、贡院、西大寺、南大寺、北大寺、将军庙、永宁寺、东关关帝庙、王家胡同及南关脂肪头西街、小教场等处均为拳厂。义和团的发展情况,正如法国主教樊国梁所言:"保定府一带,现在情形甚为急紧,有朝不保夕之势。"④郝瑞思·培特金(Horace Pitkin)在6月2日的信中描述了保定地区新教和天主教面临的与日俱增的威胁:"干燥得像火药末、难以忍受的尘暴,——上帝赐我们雨吧!那会暂时地平息一下事态……我们朝不保夕。为我们祈祷吧!为降雨祈祷吧!"在6月30日和7月1日两天之内,保定府杀了15个新教传教士后,天终于下雨了。在义和团看来,这证实了他们事业和行动的正义性。⑤

义和团在保定的发展过程中,其据点多为庙宇,攻击的对象由教堂到教士到保定城内的所有洋人。1901年,联军入侵保定城,其借口即为拯救被义和团囚禁的保定教徒。联军入城后大肆烧杀掠夺,毁坏了各类庙宇及莲池书院。义和团以庙

---

① 《保定文史资料选辑》第二辑,1985年,第62页。

② 《保定文史资料选辑》第二辑,第63页。

③ 《保定文史资料选辑》第一辑,第14页。

④ 黎仁凯、姜文英等:《直隶义和团运动与社会心态》,河北教育出版社2001年版,第149页。

⑤ 柯文:《义和团、基督徒和神——从宗教战争角度看1900年的义和团斗争》,《历史研究》,2001年第1期,第18页。

宇为据点攻击教堂,联军随后炮轰各类寺庙和莲池书院,这也反映了信仰冲突的外在表现。

(二)共融

1900 年以后,西方宗教在保定城有了较大程度的发展,教会由单一宣扬宗教扩大到救济和文化教育事业,西方文化开始在保定传播,保定城内再没有发生过较大的教民冲突。义和团运动后,公理传教士重建教堂,名为"旌烈堂","特为旌表耶稣之信徒,守死善道而建也"。① 在教堂的后面立了 23 座坟,并于其上由清朝政府出资建了 23 块大理石的纪念碑。清朝官吏还和传教士一起参加送葬仪式。

晚清时期,莲池书院引入西学教育。书院院长吴汝纶聘用公理教传教士为西文学堂教师。这反映了文化的交流。清末新政时期,保定城内新式学堂林立,直隶各地的学生纷纷来此就读。教会非常注重对青年学生的传教工作,通过英文查经班、打网球等活动加强与学生的联系。许多新学堂的学生、教员等都被介绍到教会。新学堂的学生由于接触西学较多,对西方宗教信仰更容易接受,加之此时期正值儒学的衰落,许多青年人因不能通过科举考试而入仕,因此在信仰上也很是迷茫,通过西方宗教来寻找新的精神寄托。这也为基督教在保定的传播创造了有利条件。如保定城内的公理教会的福音堂"每日晚间自七钟到九钟开门宣讲,安然静听者,寻常满座六七十名,更有时拥门塞路,对外人宣讲以毕,又有查经祈祷会,在座约二十余人,主领者是陆军军官学堂编译员张英林先生"②。

保定城的传统信仰分为上、下两个层面,上层为儒学,下层为佛教、道教及民间宗教。传统社会中,儒学渗入社会各个层次,佛、道实是它的两翼。随着西方基督教信仰的介入,晚清以来,保定城的信仰空间格局发生了变化,中西之间的信仰冲突引发了保定教案。此后,教民矛盾不断升级,最终导致义和团运动中保定官方及民众对教民的报复行为。此后,联军入侵保定城,对莲池书院、保定寺庙等传统信仰空间进行了大肆破坏。庚子之后,科举制废除、新学堂建立,淡化了儒学信仰,此时的庙产兴学运动亦使得寺庙遭到一定程度的破坏。同时,一些新式学堂的学生开始信奉西教,基督教在保定有了较大发展。但总体来看,民间传统信仰、儒学根植于历史文化传统,有很强的生命力,并不因庙宇无存而消失。晚期以来,在保定的信仰空间中,传统的信仰空间仍然占据主要的地位。

---

① 《耶稣教家庭新闻》,《通问报》1906 年,第 181 期,第 3 页。
② 《耶稣教家庭新闻》,《通问报》1909 年,第 364 期,第 3 页。

试析城市中的异质空间

——以天津日租界为例

万鲁建①

关于空间,很多外国学者都作了论述和概括。福柯认为,空间是任何公共生活形式的基础,空间是任何权力运作的基础。法国新马克思主义哲学家亨利·列斐伏尔则认为,空间是一切社会活动、相互矛盾和冲突的一切社会力量纠葛一体的场所,是社会的"第二自然"②。美国后现代地理学家爱德华·索亚则提出了"第三空间"的概念,他认为这是源于对第一空间—第二空间二元论的肯定性解构和启发性重构。天津先后有9国租界存在,居住着很多外国人,这些不同国家的侨民,使不同的民族文化混杂在一起,"一方面共同分享都市的公共空间,另一方面又各自具有相对封闭的局域空间"。"在这些区域里,相同民族的人聚居在一起,形成了富有民族特色的区域文化而自成一体"③。也就是说,租界从最初的"华洋分居",逐渐变成了"华洋杂居"。当然,这种"华洋杂居"的程度在各个租界是有差异的。

福柯理论还认为,殖民列强实行的空间再造机制具有人种置换和等级排外的本质特征:他们强化外国居民和本土居民的隔离,除非他们能够达到外国人的身份标准或能够为租界增添一种"贵族"气。在北京,不仅皇城、满族人居住区和汉族人居住区有着明显的空间隔离,就连建筑的色彩也体现出封建时代严格的等级制度④。义和团事变以后,虽然外国侨民不断入居北京,但"他们生活在自成体系的文化圈子中,在使馆区过着与中国百姓隔绝的生活"⑤。诚如法国公使施阿兰所说:"我们同中国人之间的交往仅仅是属于公务性质的;我们的社交生活被限于外交使团、海关官吏和教士们的小圈子里。"⑥天津虽无首都北京那样明显的居住区划,但仍有谚语说:北门贵,东门富,南门穷,西门贱。这种聚居趋势仍旧是空间隔离。特别是开埠以后,随着各国租界的相继设立和大量外国侨民的涌入,整个天津城的空间结构再次发生巨大变化。尤其是在租界,人们的社会地位取决于财产的多寡,富人不仅拥有社会权利,还会得到社会的赞许和保护。因此,其居住空间的

---

① 万鲁建,天津社会科学院历史研究所副研究员,主要研究方向为近代城市史、租界史。
② 包亚明:《现代性与都市文化理论》,上海社会科学院出版社2008年版,第112页。
③ 包亚明:《现代性与都市文化理论》,上海社会科学院出版社2008年版,第161页。
④ 吕超:《东方帝都——西方文化视野中的北京形象》,山东画报出版社2008年版,第270页。
⑤ 吕超:《东方帝都——西方文化视野中的北京形象》,山东画报出版社2008年版,第274页。
⑥ [法]施阿兰著、袁传璋、郑永慧译:《使华记》,商务印书馆1989年版,第191页。

隔离就更为明显。富人居住在独居洋楼、别墅内;中等阶级则居住在高级排式或里弄式公寓住宅;下层人士则只能居住在连排式集合住宅。如此,居民按不同的社会阶层聚居,形成了泾渭分明的住宅区。类似于近代西方城市的空间结构,富人居住位于市中心、交通方便、环境优美的街区,形成了独具特色的"小洋楼"住宅区,穷人则居住在位于边缘、狭街窄巷、拥挤不堪的陋屋之中。

本文通过分析近代中国城市中的一种特殊存在空间即租界空间,来看待这种空间构成在社会阶层和人口分布上所呈现出的特征,以及它给租界及城市所带来的影响。

一、租界空间的形成

天津日租界设立于甲午战争后的 1897 年。1896 年 7 月,中日两国在北京签订了《日清通商航海条约》,日本获得了在中国国内从事工商业活动,并在开放港口建立工厂的权利。其中第一款规定:"添设通商口岸,专为日本商民妥定租界,其管理道路以及稽查地面之权,专为该国领事。"第三款又规定:"中国政府亦允,一经日本政府咨请,即在上海、天津、厦门、汉口等处,设日本专管租界。"①1897 年 10 月 17 日,日本政府正式照会中国政府,提出设立日租界。1898 年 8 月 29 日,中日签订《天津日本租界条款》和《另立文凭》,允许日本在天津设立专管租界,日本要求中国允在德国租界以下划一地段,为日本轮船停泊码头。其后,日本又在义和团事变后先后两次扩充租界,最终大致划定了范围,即东临海河,东南面起自今锦州道,与法租界接壤,向西南至墙子河,再向西沿河为界,至海光寺;北面起自闸口,沿今和平路向南,至多伦道,再沿多伦道向西直抵南门外大街,再向南折至海光寺,总面积达到 2150 亩。

租界划定初期,因日本国内财力有限,尚无余力经营海外之租界,加上最初来津的日本侨民又都是一些小商人,实力有限,自顾尚且不暇,更没有余力开发一片荒芜的沼泽地。因此,日租界初期没有多少人愿意居住,甚至"开设之初的两年期间,没有一个日本人在此居住"。又因日租界大部分地区都是坑洼、沼泽地,租界当局初期经营主要是填平土地、建造房屋、修筑道路和其他基础设施。1899 年,日本政府根据时任天津领事郑永昌的设计意见,制定了经营租界的方针。经过几年的土地填埋和经营,规划了山口街、旭街、荣街、花园街、宫岛街、福岛街、松岛街、寿街、秋山街 9 条道路。1903 年延长旭街并以此为中心道路进行建设,日租界道路系统的基础逐渐形成。1909 年,又在花园街以西至海光寺划定东西 6 条、南北 6 条道路,并在道路两侧建造了房屋。

---

① 王铁崖:《中外旧约章汇编》(第一册),三联书店 1957 年版,第 686 页。

到 1904 年末,日租界已经陆续建成天仙茶园、中华茶园、支那艺妓屋及大小商店,成为车马络绎不绝之街道。侯家后及其他地方的妓院、料理店及一般商人也有很多转移至此。由此,"北旭街一带颇为繁华,成为不夜城,终日行人不绝,成为租界最为繁华之地。"①日租界也逐渐以旭街为轴发展起来。特别是在海河边靠近法租界的一侧,大都为日本的洋行所占据,如三井物产会社、武斋洋行、日本邮船会社、建物会社、大仓央行等。日本侨民开设的商店、饭馆、旅馆、报馆、俱乐部、邮局,修建的日式住宅分布道路两旁,形成早期的日本侨民聚居区。后来电车的出现又带动了日租界的繁荣和发展,旭街形成了沿电车道路两侧分布的商业区。"日本商人来天津开设洋行、商店者逐渐增多,原来设在日租界以外的日本商店也先后迁入了日租界。"②如日本在天津经营棉花出口的洋行约有 30 家左右,80% 设在日租界。

民国以后,华界不断发生兵燹、动乱,迫使大批华界市民、商人涌入租界,日租界则是他们最早迁居的地区。1913 年居留民会议事录中说:"自1911 年辛亥革命以来,移居到我租界的中国人日渐增多,且我侨民的人数也在稳步增加,将来我租界无疑会更加发展。"③日本有志者也"希望我租界建立适于外国人居住的住宅,以较为低廉的价格租给外国人,将其招到我租界内。其次希望设立适合外国人嗜好的常设娱乐场所"④。由于大量中国商民的迁入,"荣街以西的第二期经营地和未经营地,也因中国高官富绅躲避兵变而接踵而至,很快建立起豪宅。明石街以西的广大地区也因中国街道的频繁兵变,居住者日益增加,几乎没有尺寸闲余。"⑤由此,"旭街两侧建起了大量华人开设的商店,荣街(今新华北路)以西建起了来自华界的中国官僚、士绅和商人的宅邸,明石街(今山西街)以西则成为普通华人的聚居地。"⑥到 1926 年,"旭街全路大半为华商铺号所占"⑦。与此同时,租界当局还对租界进行了整体规划,将租界划分为仓储区、商业区、娱乐区、住宅区等。从土地利用来看,租界有一半土地用于建造住宅,成为以住宅区为主的社区,而东部的商业区则成为天津城市商业中心的组成部分。经过三十余年的经营和努力,到了 20 世纪 30 年代,日租界"无论从规模、还是外形上看,都具备了漂亮城市的样子"⑧。

① [日]天津居留民团:《天津居留民团二十周年纪念志》,1930 年,第 374 页。
② 天津市政协文史资料研究委员会:《天津租界》,天津人民出版社 1986 年版,第 99 页。
③ [日]日本居留民团:《大正二年居留民会议事速记录》,第 3 页。
④ 《日本租界繁荣策》,《天津商工汇报》22 号,1910 年 3 月,第 2 页。
⑤ [日]天津居留民团:《天津居留民团二十周年纪念志》,1930 年,第 374 页。
⑥ 尚克强、刘海岩:《天津租界社会研究》,天津人民出版社 1996 年版,第 95 页。
⑦ 《大公报》,1926 年 10 月 21 日。
⑧ [日]支那问题研究所:《支那问题研究所经济旬报》,1938 年 6 月 1 日,第 18 页。

二、租界空间的构成

各国租界大都有外侨相对集中的住宅区。在英租界，外侨较为集中地居住在扩展界，特别是马场道及靠近跑马场一带。法租界的东部老界拥有大量欧式住宅，成为外侨集中居住的区域。意、俄租界更是在早期的规划当中，专门划定供外国人和华人上层居住的街区。如意租界当局规定界内大马路两侧的建筑必须是欧式的，并对其居住者的身份进行了严格限制，致使意租界有"贵族租界"之称。俄租界也在1915年专门划定花园住宅区，规定只能是外国人或华人上层才能居住。日本人在租界内的空间分布也具有类似特点。上海没有日租界，但日本侨民仍然集中居住在几个主要区域，甚至上海虹口地区被称为"日本人租界"。1904年，在虹口中心大街百老汇路上，"日本人开了很多杂货店……日益繁荣，百老汇路看上去简直成了日本人的大街"。其中又以文路为日本人居住者最多的大街①。到了20世纪20年代，"超过半数的日本人居住在以吴淞路和北四川路为中心的公共租界北边的周边地区，居住在公共租界中心的旧英租界的人极少"②。可以说，上海的日本人也是集中居住在一起，并非和欧美各国的侨民混居。

日租界最先得到开发的是花园街以东地区。北旭街一带早在1903年就已经"颇为繁华，成为不夜城，终日行人不绝，成为租界最为繁华之地"③。很多日本侨民和商家开始在此居住和开设店铺。民国以后，天津的商业中心从旧时的北门外、东门外转移到南门外的南市地区，电车经过的旭街成为商业中心。中日两国大批的商人在此开设店铺。

第一次世界大战结束后，日租界进入迅速发展阶段，从海河挖出的淤泥，顺着输送管不断填充日租界西部的洼地，大片的水坑、沼泽被填平、垫高，各类建筑物拔地而起，逐渐形成不同功能的分区。参与租界开发和建设的东京建物会社在后来撰写的《东京建物百年史》中说："如果将日本租界分为商业地区、工业地区、仓库地区、特别地区、住宅地区的话，首先作为商业地区最繁荣的是市内电车经过的全长711米的旭街路，其次是寿街、芙蓉街、明石街，都是面向通过外国租界和中国人居住的地区。此外，曙街和福岛街的一部分也形成商业区，这些商业区域约为54600坪。住宅地域则散布在整个租界，其中可以称为住宅区域的是常盘街、荣街、花园街、橘街、春日街、须磨街、淡路街，这些住宅区域的土地面积为156300坪，

---

① ［日］高纲博文：《上海的日本人居留民》，载熊月之、马学强等选编：《上海的外国人（1842—1949）》，上海古籍出版社2003年版，第151页。

② ［日］高纲博文：《上海的日本人居留民》，载熊月之、马学强等选编：《上海的外国人（1842—1949）》，上海古籍出版社2003年版，第155页。

③ ［日］天津居留民团：《天津居留民团二十周年纪念志》，1930年，第374页。

占了租界的大部分。"①

此后的租界规划,基本上也是按照这种功能区域的划分进行的。"东部海河沿岸为仓储区,主要是各大洋行、轮船会社等建造的码头和仓库;与其邻近的旭街和寿街(今兴安路)两侧以及福岛街(今多伦道)东段为商业区,但是随着电车过往的旭街日益繁荣,寿街的商业日减衰落;租界的中部和西南部还划定了一片特别区,租界内的官署以及其他公共设施,如日本领事馆、警察署、宪兵队、租界局、公园、神社、寺院、学校、医院乃至墓地等都集中建在这些地区;租界的西南部靠近日军兵营一带划定为工业区。……各国居民的住宅大都分布在旭街以西。"②这从1917年出版的天津日租界地图中也可以看出,日本洋行大部分分布在靠近白河的山口街至旭街区间,学校则位于芙蓉街与春日街之间。日租界在几次开发和建设过程中,逐渐在"面向大路一面建起楼房,逐渐发展成为商业区。北旭街是比较集中的地区,而海河沿岸多为商社、仓库、洋行、批发商"③。

三、租界的人口空间

日租界空间布局所具有的特征,从居住人口的分布上就可以看出:一方面,日租界主要居住的是中、日、朝三国之民;另一方面,其人口分布虽也有杂居,但更多地呈现出一种分割而居的状态。表一、表二分别为日侨与中国人在日租界内各街区的居住统计。

表一　日侨在日租界各街区分布统计表(1928年12月底统计)

街道	居民(人)	街道	居民(人)	街道	居民(人)	街道	居民(人)
桥立街	71	吉野街	34	小松街	6	山口街	167
扶桑街	16	常盘街	265	曙街	540	三岛街	128
桃山街	42	住吉街	36	伏见街	118	花园街	105
橘街	147	大和街	4	寿街	563	须磨街	56
秋山街	35	浪速街	126	明石街	149	淡路街	53
吾妻街	102	荣街	116	闸口街	49	春日街	136
宫岛街	217	新寿街	161	松岛街	185	蓬莱街	36
芙蓉街	255	福岛街	562	旭街	467	合计	4957

资料来源:《昭和三年居留民团事务报告书》,第121~123页。

---

① [日]东京建物株式会社社史编纂委员会:《信赖未来——东京建物百年史》,1998年,第45页。

② 尚克强、刘海岩:《天津租界社会研究》,天津人民出版社1996年版,第95~96页。

③ [日]草田耕次:《华北的风云和天津》,近代文艺社1995年版,第95页。

表二 中国人在日租界内各街区分布统计表(1928 年 12 月底统计)

街道	居民(人)	街道	居民(人)	街道	居民(人)	街道	居民(人)
桥立街	623	吉野街	342	小松街	370	山口街	295
扶桑街	562	常盘街	247	曙街	277	三岛街	763
桃山街	284	住吉街	233	伏见街	901	花园街	716
橘街	409	大和街	783	寿街	381	须磨街	1157
秋山街	893	浪速街	674	明石街	899	淡路街	926
吾妻街	13	荣街	655	闸口街	652	春日街	912
宫岛街	843	新寿街	919	松岛街	1317	蓬莱街	1136
芙蓉街	1117	福岛街	3832	旭街	8316	合计	31447

资料来源:《昭和三年居留民团事务报告书》,第 121～123 页。

从上述两表可以看出,日本侨民最为集中的街区是福岛街、曙街、寿街、旭街,侨民合计为 2132 人,约占居住在日租界的日本侨民人口的 43%。同一时期,中国人主要居住在旭街、福岛街、松岛街 6 条主要街道。人口超过 1000 人的街区有旭街、福岛街、松岛街、须磨街、蓬莱街、芙蓉街等六条街区,总人口为 16875 人,约占全部人口的 41.3%。旭街、福岛街两条主要街区的中国人有 12148 人,约占全部人口的 30%。旭街一条街区的中国人就占了全部人口的 1/5。这就是说,旭街、福岛街作为繁华的商业街区,成为中日两国商人的首选之地。不过,福岛街是日本人最为集中的街区,旭街则是中国人最为集中的街区,两者还是有所区别。除此之外,日本人还主要居住在寿街、曙街、常盘街、芙蓉街、宫岛街等街区。这些街区大都位于远离中国街区和法租界的中间地带。中国人则比较集中地居住在松岛街、须磨街、蓬莱街等街区,这些街区大都靠近法租界的东南部。可见,中日两国人的居住区域还是呈现出一定的隔离倾向。

表三、表四列出 1936 年日本侨民和中国人在日租界各街区的居住分布统计。

表三 日本侨民在日租界内的居住街区分布统计表(1936 年 12 月底统计)

街道	居民(人)	街道	居民(人)	街道	居民(人)	街道	居民(人)
桥立街	52	吉野街	117	小松街	25	山口街	89
扶桑街	22	常盘街	285	曙街	522	三岛街	128
桃山街	119	住吉街	36	伏见街	270	花园街	115
橘街	164	大和街	5	寿街	524	须磨街	267
秋山街	35	浪速街	156	明石街	365	淡路街	621
吾妻街	81	荣街	191	闸口街	18	春日街	156
宫岛街	886	新寿街	146	松岛街	242	蓬莱街	69
芙蓉街	391	福岛街	1195	旭街	526	合计	8159

资料来源:《昭和十一年居留民团事务报告书》,第 95～97 页。

表四　中国人在日租界内的居住街区分布统计表（1936 年 12 月底统计）

街道	居民（人）	街道	居民（人）	街道	居民（人）	街道	居民（人）
桥立街	436	吉野街	179	小松街	334	山口街	176
扶桑街	449	常盘街	290	曙街	222	三岛街	476
桃山街	350	住吉街	258	伏见街	561	花园街	635
橘街	434	大和街	657	寿街	274	须磨街	2448
秋山街	581	浪速街	617	明石街	856	淡路街	996
吾妻街	15	荣街	728	闸口街	542	春日街	622
宫岛街	647	新寿街	670	松岛街	1571	蓬莱街	770
芙蓉街	1188	福岛街	2723	旭街	5607	兴津街	48
合计	26360						

资料来源：《昭和十一年居留民团事务报告书》，第 99～101 页。

到了 1936 年，日本人集中居住的街区变成福岛街、宫岛街、淡路街、旭街、寿街、曙街，侨民合计达到 4274 人，约占租界内全体日本人的 52.3%。同 1926 年相比，居住在宫岛界和淡路街人口增加明显，分别从 217、53 人增加到 886 人、621 人，各自增加了 4 倍和 12 倍。尤其是淡路街，从 53 人猛增到 621 人，可以说是从一个几乎没有日本人居住的地方，一举变成了一个日本人街区。该年中国人则集中居住在旭街、福岛街、须磨街、松岛街、芙蓉街等街区，居民总计达到 13547 人，约占全部人口的 51.3%，超过了日租界全部华人的半数。同 1928 年相比，居住于此的中国人减少了 14000 余人，大部分街区都出现人口减少的趋势，说明随着中日关系的日益紧张，不少中国人开始从日租界内迁移出去。但须磨街的人口增加显著，从 1157 人增加到 2448 人，约增加了一倍。这与全部人口的减少形成对比。此外，与 1928 年的人口分布区域相比，中国居民的区域分布还是出现集中的趋势。1928 年，旭街、福岛街等 6 条街道的居民占到 41.3%；而到了 1936 年，旭街、福岛街等 6 条街区的人口就占了 55.2%。这显然与中日两国关系日益紧张有关。从 1936 年的中日两国居民的分布区域来看，旭街和福岛街仍旧是两国人居住都较为集中的区域。随着日本人的增加，宫岛街、淡路街发展成为日本人的主要居住区，中国人的主要居住区没有太大变化，主要是居住在蓬莱街的中国人出现明显减少的趋势。中日两国的居住隔离情况并没有改变，甚至随着中日关系的日益紧张和战争临近，中日两国居民的这种分隔趋势更加明显。

华人居住的区域，大部分都是繁华区域和租金比较昂贵的街区，也从一个侧面说明居住在日租界的中国人有相当一部分比较富有。不过，中国人在日租界的居住区域分布也显示一种阶级分割。正如罗芙芸所评价的那样："租界的中国居民也显示出一种类似的社会阶级的分隔，包括了商人、学者和前清官员的精英社区，一些人作为居留民团的成员与日本人交往。但是中国人口也包括数万工人、小贩和服务人员。最贫穷的中国人集中在租界的西北角,沿着与华界的'南市'毗邻的街道。这一地区有大量的小饭馆和主要吸引中国客人的低级妓院。"①

从上述中日两国人不同年份的居住区域分布情况可以看出,日本人集中居住的街区既不靠近中国街区,也不紧挨法租界,而是远离两地的中间地带或靠近海河的区域。这样的居住区域选择,既可以避免与他国人的过多接触,以策安全;也有利于日本人之间的相互交往,增强归属感。可见,随着时局的变化,租界的空间分布也在发生微妙变化,呈现出一种分隔而居的局面。不过,在一些商业繁华区域,尽管因为商业利益,两国人仍旧是比邻而居,但也多少说明居住同一空间内的两国人民并没有想象中的那样对立,或者说对立至少没有完全表面化。

从日租界内的人口空间分布看,日侨主要居住在开发最早和最为繁荣的旭街、曙街等地。旭街是日租界最为繁华的街区,甚至被称为中国的"大阪",拥有"洋服商场、吴服商场、玩具商场、小物品商场、菜市场、食堂等,犹如(日本)内地商店的缩影"②。日本人骆绎不绝地前来游玩、购物。20世纪20年代,日本居民主要集中在3条街道周围:旭街、福岛街和荣街,这是租界最繁华的部分。很少有日侨居住在中国人密集的地区:租界的西北地带(毗邻华界)或东南地带(佛租界附近)。③到了20世纪30年代,这种居住区域分布也没有发生太多变化,"居住在租界内的日本侨民多密集在租界中心区旭街、曙街一带,……现在,租界东面多为日本人商店、会社地带,西面成为住宅地和工厂地带"④。这反映出日本人具有很强的排外性、保守性。正如罗芙芸所评价的那样:"这种居住的分隔模式反映了日本人一种极度的比欧洲租界更深的本土偏狭思想。"⑤

可见,虽然同居日租界,似乎可以说是"华洋杂居",其实并非是双方在租界中毫无区别地平等聚居,而是"华洋杂居"中又包含着"华洋分居"。即便同居一条街区,相互之间也鲜有交往,大有"井水不犯河水""老死不相往来"之势,过着彼此相安的生活。只是随着两国关系的紧张,这种平静的场面很快就被打破,中日两国居民之间的冲突事件不断增多就是明证。

---

① [美]罗芙芸著,向磊译:《卫生的现代性——中国通商口岸卫生与疾病的含义》,江苏人民出版社2007年版,第278页。

② [日]八木哲郎:《天津的日本少年》,草思社1997年版,第132页。

③ 《天津日租界企业年度报告》,1928年,第120~121页,转引自[美]罗芙芸著,向磊译:《卫生的现代性——中国通商口岸卫生与疾病的含义》,江苏人民出版社2007年版,第277~278页。

④ [日]外务省外交史料馆藏:《外务省警察史》第34卷(支那之部—北支),不二出版1999年版,第215页。

⑤ [美]罗芙芸著,向磊译:《卫生的现代性——中国通商口岸卫生与疾病的含义》,江苏人民出版社2007年版,第278页。

这种状况，还可以从日租界内居住的其他外国人口数上窥知一二。日租界的居民基本上是中日两国人，其他国家的人很少。根据1910年的统计，日租界总计有9177人，其中日本侨民为1987人，约占21%；中国人为7154人，约占全部人数的78%，合计达到99%；其他国家的人只有36人①。到1928年，日租界已有人口4807户，36632人，其中日本侨民5160人，约占14%；中国人31466人，约占86%；其他国家的人只有区区6人②。与此相反，英租界却居住着众多国家之人，1913年就有15个国家的人在此居住，其总人口比英国人还多。如1913年居住在英租界的外国人为英国人388人、其他国家的人469人；1934年则是英国人为1451人，其他国家的人为2584人。③ 可以说，居住在英租界内的外国人主要不是英国人，而是其他国家的人。其他租界的情况也与此相似。

四、小结

租界因为具有本国特色，因此一般都会呈现出一定的封闭和隔离特征，而这一特征尤其以日租界表现得更为明显。尽管日租界从一开始就进行了功能区域的规划，靠近海河的区域成为仓储和工业区，而租界的中心区域如旭街、福岛街和宫岛街则成了居住区和商业区的混合区域，在外则主要是住宅区。但由于日本政府本身财力有限，加之日租界缺乏像英租界和意租界最初规划时的严格，以及人口的持续膨胀，使得一开始日租界的规划就呈现出先天不足的局面，造成部分功能区域的划分不明确，整个空间布局不规整。尤其是后来为了安置大量涌入的日侨，很多房屋建设和住宅规划显得有些盲目，更是加剧了日租界的混乱。

尽管日租界居住有大量的中国人，但由于执掌日租界行政权和规划权的是日侨，因此从一开始日租界就牢牢掌握在日本人手中。他们在日租界内建设具有日本风格的建筑、供日本人游玩休闲的大和公园，以及供日本子弟上学的幼稚园、小学和中学，还有服务于日侨的医院、洋行、商店等，呈现出强烈的日本特色，是日本人在异国移植本土文化的一个独有空间。其所不同的只是因为外部环境的各异，还夹杂着一些国际色彩，形成一种独特的"异质空间"。

---

① [日]富成一二编：《天津案内》附录，中东石印局1912年版，第283页。
② 李竞能：《天津人口史》，南开大学出版社1990年版，第274页。
③ 李竞能：《天津人口史》，南开大学出版社1990年版，第264页。

烟台城市空间的形成及其早期嬗变

支 军①

摘要:从最初的城市形成到港口城镇的演变,从传统港口城镇演变为近代商埠城市,从封闭性城堡转变为开放的口岸城市,烟台城市空间形态发生了深刻演变。在近代转型过程中,烟台城市空间形态的演化处于充满偶然性的地域开放系统中,具有在外力楔入下产生突变的特征,催化了内部形态的演替重组和外部形态的拓展扩散,并在特定的历史时空中形成近代特征的城市内部空间结构。

城市是社会发展到一定阶段出现的综合体,是一种特殊的地理空间。从传统港口城镇演变为近代商埠城市,从封闭性城堡转变为开放的口岸城市,开埠后烟台城市空间形态发生了深刻变迁。开埠是烟台城市空间变迁的节点。在半殖民地化的社会背景中,外部因素的作用改变了城市的空间布局,朝阳街成为新型的商业中心,烟台山一带外国人居留区构成"异质社区",奇山所城周围的传统民居构成城市的主要居住区。烟台城市景观呈现出近代都市色彩,以烟台山一带为集中的近代建筑和朝阳街等新型道路骨架构成了块状系统。

一、城址的起源及变迁

烟台城市的形成,是地文与人文要素在一定发展背景下相互耦合和综合影响的结果。烟台最早的具有城址意义的地方有两处,一处在今天芝罘区的中南部,也即"所城里"之位置,后世所称烟台为"芝罘",其实是两个地方。"考古无烟台之名,以其附近之罘,故外洋通商,皆直名以之罘。其实之罘尚在烟台北,隔海相望,非一地也。元明海运之道,皆泊之罘岛,而烟台无闻焉。"②芝罘是登州府福山县的一个渔村,春秋时期曰"转附",秦时谓"之罘"(后世称芝罘),其位置在烟台北面的芝罘岛,"芝罘山在县东北三十五里,三面距海,一径南通。高九里,周五十里,长三十余里,一名芝罘岛"③。"烟台山自东北行斜折入海,而芝罘岛由大河口折而东,

---

① 支军,山东工商学院讲师,研究方向:城市历史地理。
② 刘精一:《烟台概览》,民国二十六年(1937 年)铅印本,第 1 页。
③ 《山东通志》(光绪)卷二七,民国四年(1915 年),山东通志刊印局铅印本。

与烟台山环抱如城。"①港口活动中心南移西南河口后,芝罘没有得到进一步发展。

元末明初,烟台境区地方被称作"之罘海湾",之罘村及近周各村时有渔船停泊,岸边仅有几处零落渔寮、山茅,人口不过数百,没有正式形成命名村屯。自明初起,倭寇侵扰沿海边疆,民众深受其害,国家不得安宁。为防倭寇侵害骚扰之祸,明朝采用"筑小城建卫所"的军事防御策略,在全国各州、县要害地区设立卫和所。明洪武三十一年(1398年),"为海防设奇山所,驻防军东通宁海卫,西由福中前所,以达登州卫,设墩台狼烟,因俗呼之为烟台。"②"奇山守御千户所"在福山县东北10公里处的奇山北麓,地处西南河口以东高地,距现今海岸约1公里,塔儿顶、玉皇项东西两列伸向海中的奇山余脉将其环于抱中,所城位置处于东河、西河之间,两河从东、西两侧流过,正北为伸入海中的烟台山,再北为东西横亘的芝罘岛。墩台狼烟设于北山,即今烟台山③,烟台之得名,由此而始。所建城池,后俗称所城。

这时的烟台,"其始不过一渔寮耳。渐而帆船有停泊者,其入口不过粮石,出口不过盐鱼而已,时商号仅三二十家。"④依托于港口的小渔村,在近海的地方已渐渐有船开始停泊,烟台地区的城镇在驻军的基础上,缓慢地发展着自己的商业职能。其时,城区面积约3平方公里,有大小街路十几条。所城周围,只有几个零星的居民点,在附近每隔5天有一个不大的集市,整个烟台地区还是比较荒凉的。

"奇山守御千户所"的设置为烟台建城之始。所城建造模式具有典型的中国古代军事防御城市的特点,全城约1平方公里,呈方形,有城无廓,占地9.86万平方米,城内面积7.96万平方米。"砖城,周二里有奇,高二丈二尺,厚二丈,池阔三丈五尺,深一丈,楼铺十六座。"⑤四边城墙中部均开设城门,"有东西南北四门,门上俱有望楼。城内有十字街,街道俱以石铺,平平坦坦,颇适步行。"⑥东为保德门,西为宣化门,南为福禄门,北为朝宗门。门楼上建有庙宇,东门二郎庙,西门三官庙,南门财神庙,北门药王庙。下层为指挥所,上层为远望所,4敌楼之间设堡12座,呈半圆形突出于城墙之外;城墙内侧建环形马道,城内街道布局呈方格网状。十字形的城内主干道形成了全城的主轴线,在这条中心大道上布置有重要的公共性建筑,如官府衙门、祠堂等。奇山所城的功能结构为:西北部(今时彦街)设千户所衙及随职官眷住房,东北部(今双兴胡同)设兵营及马棚、兵械库,东南部(原高

---

① 《郭嵩焘日记》第一卷,湖南人民出版社1981年版,第254页。

② 王陵基修:《福山县志稿》,民国九年(1920),烟台裕东书局民国二十年(1931)铅印本。

③ 墩台貌状熨斗,亦称"熨斗山"。清同治五年(1866)海关码头建成,并在熨斗墩上建灯楼、旗杆,故又称烟台山为"拉旗山";灯塔东侧有"燕台石",也称烟台山为"燕台山"。19世纪末,"北山""拉旗山""燕台山""烟台山"常混称,此后至20世纪30年代,统称为烟台山。

④ 王陵基修:《福山县志稿》(1920)卷五,烟台裕东书局民国二十年(1931)铅印本。

⑤ 《山东通志》(光绪)卷十九,民国四年(1915),《山东通志》刊印局铅印本。

⑥ 匡裕祥:《烟台笔记》,载《新游记汇刊续编》卷七,中华书局1922年,第31页。

家胡同、傅家胡同)设练兵场,西南部(今仓余街)设兵营伙房及粮草仓库。所城周围还设有清泉寨、宫家岛、芝山寨3个百户,与所城构成鼎足之势,遥相呼应。沿海岸线设有清泉墩(今清泉寨西凤凰山)、石沟墩(今石沟屯)、现顶墩(今后西夼西南峰山)、熨斗墩(今烟台山)等7处烽火墩台。守墩士兵各12名轮流守哨,一旦出现敌情,白天升烟,晚上举火,接递通报,城里的官兵或就近出击,或登城御敌。奇山所城以芝罘岛、崆峒岛为防卫屏障,北面濒海的山巅有狼烟墩台,南面则有高高的奇山做后盾,成为渤海之滨一座坚固的海防堡垒。

奇山所城(如图一所示),是烟台城市中最早的居民区。来自全国各地的军户成为新居民。明初施行移民政策,也进一步促使大量移民跟随军户涌来。最初城内守军百余人,其后屯戍官兵及家属不断从外地迁入,在所城周围逐渐形成一些居民聚落点,并随人口的发展,不断向四周延伸、扩展。至明嘉靖年间(1550年前后),居民点遍布东关中街、南大街、西沟街、裕盛胡同、南门外等街道。外地迁入居民和当地土著除从事渔猎农桑外,开始进行海产品、手工艺品和房地产经营,工商业逐步发展,城区逐渐扩大。清康熙三年(1664),奇山所废除,改称"奇山社",军变民地,官兵解甲,多从事渔农工商,奇山所变为单纯的居民区。所城内张、刘两大姓千户后裔大兴土木,建造民宅,人口逐渐增多,也不断有外地人口流入,奇山社内人口随之向外扩张,经济日益发达起来。奇山社及周围形成13个固定村庄,时称奇山社十三村,十三村人口近来自牟平、海阳、文登等县,远来自高唐、聊城及河北、河南、东北等地。奇山所"海通以前,仅一乡村,以张、刘姓为最著,今则鳞次栉比,与高廛连属矣。"[1]军变民地是奇山所城的重大历史变迁,也进一步促进了当地经济的发展。

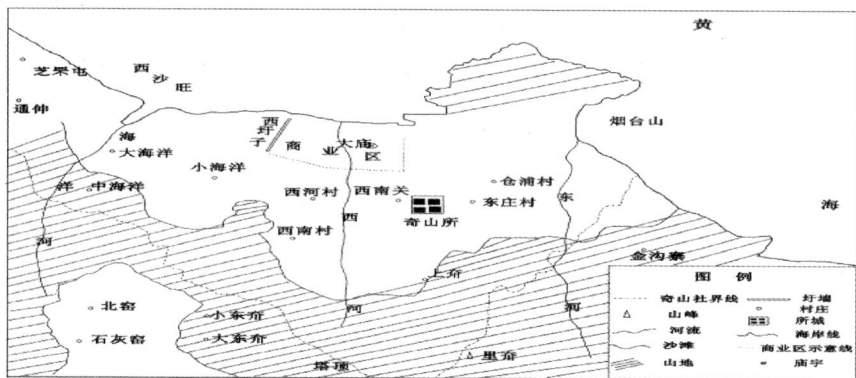

图一 奇山所形势示意图

烟台城市起源的另一处在"大庙"(今北大街群众艺术馆址)附近。奇山所从

---

① 张相文:《齐鲁旅行记》,《东方杂志》,1918年第2期。

设置到废除，有城无市，仅为居民点。商业性开放型的"市"，则从芝罘海湾向南逐渐形成。自明代开始，港口活动中心从芝罘湾移向南部的西南河口一带。西南河位于现今芝罘区内中部（现改为下水道），纵贯市区南北，入海处在明代尚为大片浅滩，满潮时海水上涨，能行小船。奇山所军变民地后，随着人口的增加，村庄逐渐增多。芝罘岛上除芝罘村之外，清康熙八年（1668），于芝罘岛西端海口处建芝罘西口村，简称西口。康熙二十五年（1686），于芝罘岛东端海口处建滕家村，后改称芝罘东口，简称东口。其时三村之间均有道路相通。芝罘村亦有经宫家岛和夹河口去福山县的连通道路。芝罘村及境区周边各村部分渔民渔船，经常集中境内港湾捕捞，西南河下河口入海处的大片自然浅滩，便成为各商船、渔船靠泊贸易的港口。古代渔民、商船系生命安危于茫茫大海之中，由于当时航海术科技水平的限制，为求得海神保佑出海安顺，数十家渔民、商民集资在西南河口东侧筑建了三间草堂，供奉海神。清雍正年间进行一次小规模重修扩建，民众俗称为海神庙。雍正年间，商户们将妈祖庙扩建为初具规模的天后宫，围绕天后宫，清乾隆十五年（1750）在离所城二里远的地方形成了一条以"烟台"命名的街道，有商号二三十家，烟台境内的城市第一次形成了商业街道①。1810 年重修扩建为"天后宫"，民众称之为"大庙"，逢出海和收泊，在此虔祀天后，祈佑平安，报答神麻。因此，"大庙"所处的西南河口成为新的港口活动的中心场所，居民与运军粮的船只进行交易，庙前大街成为商贸活动场所，并逐渐形成东西一里有余的、为地内商民开设行栈之所的商业街市，这条商业街就是北大街的原始基型，时称"大街"，是烟台最早的商业街②。

　　道光年间，烟台外来人口日益增多，往来贸易船舶也大量增加。海上贸易活动则进一步带动了商业和加工业的兴起，慢慢形成以大庙为中心的农贸集市。商贾为方便经营，开始从摊商过渡到筑店铺、建住宅。当地居民为船帮和集市贸易服务，也开始开办匠工、纺织等手工作坊及饭店、客栈等。店铺房舍大幅增建，正规的大店铺已不断涌现。"山东烟台，有商船停泊贸易，并于该处买地造屋，"③当时的城区"西不出圩子门（今西马路），东不越广东街，南至奇山所北门，北至北海，尚有数百步，面积尚不足一里"④。而后来成为烟台市区中心的烟台山一带，则"向为一片沙滩"。良好的港口条件和扩大的贸易吸引了来往商人，他们纷纷在烟台设立行栈，拓展生意，除经销自己货物外，还代办一些其他商人的客事，有的甚至还居住下来。清道光六年（1826），因大运河运漕粮发生困难，清政府下令改由海路运输进京，并允许海漕船只"八成装米，两成搭货，免其纳税以恤商"，沿途贩卖。芝罘海

---

① 谭鸿鑫：《老烟台春秋》，内部资料，2002 年，第 24～29 页。
② 谭鸿鑫：《老烟台春秋》，内部资料，2002 年，第 24～29 页。
③ （清）贾祯等：《筹办夷务始末·咸丰朝》，中华书局 1979 年版，1537 页。
④ 《福山县志稿》卷五，烟台裕东书局，1931 年。

湾风平浪静,海滩平缓,易于船舶停靠,遂成为南来北往漕船挺港避风、上水维修的必经之地和中转港。随着贸易货源的扩大,南方广州、潮州、福建、宁波和东北锦州等地船帮载运南北物资和部分外国货在芝罘海湾靠泊经商,一时间,本地和外地商贾云集,促进了北大街快速发展,商户达到千余家,形成鱼市、面市、菜市、果木市、草市、鸡鸭市等十余条集市性街道,形成街巷网络,至此烟台商埠初具规模,城市雏形基本形成。"往来所经,驻治有定"的烟台,开始随港口贸易向近代城市发展起来。

二、开埠后烟台城市空间的形成与扩展

五口通商后,烟台在山东众多的港口中脱颖而出,超过胶州、黄县、莱阳等其他海口,发展成为山东沿海重要的港口市镇。外地难民和工商业者陆续进入烟台,往来贸易船舶大量增加。围绕海上贸易活动,兴起了商业和加工业,逐渐形成以北大街为中心的粮、鱼、盐等贸易集市。商贾为方便经营,开始从"戳"字号摊商过渡到筑店铺、建住宅。当地居民为船帮和集市贸易服务,也开始开办匠工、纺织等手工作坊及饭店、客栈等。店铺房舍大幅增建,正规的大店铺已不鲜见。当时的城区西不出圩子门(今西马路),东不越广东街,南至奇山所北门,北至北海,尚有数百步,面积尚不足一里。而后来成为烟台市区中心的烟台山一带,则"向为一片沙滩"。良好的港口条件和扩大的贸易吸引了来往商人,他们纷纷在烟台设立行栈,拓展生意,除经销自己货物外,还代办一些其他商人的客事,有的甚至还居住下来。"往来所经,驻治有定"的烟台,开始随港口贸易向近代城市发展起来。在海港至所城的范围内,形成鱼市、面市、菜市、果木市等 10 余条街道,组成街巷网络,烟台城市雏形开始形成。

1861 年开埠通商,成为烟台城市发展的重要契机和空间演变的节点。西方近代城市的新技术、新观念开始被移植进来,强制性地把烟台带进了城市近代化的行列。西方事物包括洋行、领事馆、教堂、学校、饭店住宅、企业等开始大势融进,改变和拓展了烟台城市空间。

(一)城市空间形态扩展的初始期(**1861—1894**)

"真正的城市,只是在特别适宜于对外贸易的地方才形成起来。"①烟台开埠后,外轮麇集,外国官员、商人和传教士蜂拥而至,往来于津沪轮船、外国商轮大批泊此。因此,烟台早期的城市发展,主要以围绕道署和烟台山的领事公所建设、围绕港口建设而兴盛的洋行和商号建设为主。建立使馆,设关征税,开办商行,筑路建房,兴办学校,创设医院,开拓了以烟台山为中心、沿海岸一带向东的新城区。

---

① 《马克思恩格斯全集》第 46 卷,人民出版社 1979 年版,第 474 页。

1866年,已"新盖房屋万余间,争相购买(土地),尺土寸金。偏东之烟台山麓,又为外国商人指租,建盖洋行及各国领事公所。人烟稠密,隙地几无。"①"高楼广厦比户相连"②。自此,烟台由荒凉一变而为繁华了。其特征是行政商业混杂,其中新道署等中国公共事务管理机构位于奇山所城以北、北大街西段南侧的位置,外国领事馆则大都建于烟台山上下,洋行、货栈则多集中于海关港口以东。原来烟台街一带市街和新建的道署、商埠区逐渐连成一片,形成了烟台近代城市的雏形。

烟台城市职能开始由以国内贸易为主,迅速向以对外通商的港口贸易和工商业为主发展。因此,大批内地劳动力也来烟台谋生、定居,开始脱离农业而以运输和工商业作为谋生手段,烟台人口不断增长,1879年时已达35000人,市区面积因之不断扩大。图二为1893年烟台城市空间形态示意图。

总体上,从开埠到甲午战争前后,烟台形成以北大街为商业中心的"商贾云集,人烟辐辏"③的港埠城市。这一时期的城市建设基本呈现出无秩序、无规划、军政商民各自为政的自发建设特点:城市环境卫生、道路条件差,港口岸线划分乱。相对而言,由于1865年外国商会的成立,以及修路委员会、邮政委员会和1893年"公共事务委员会"的相继成立,烟台山及其南侧朝阳街一带到海岸路的领事馆区、商埠区的建设还算规整。道署区域则环境卫生很差,并且由于没有统一的行政管理手段,在各个区域的交界处,道路极不规则,狭窄曲折的巷路很多。

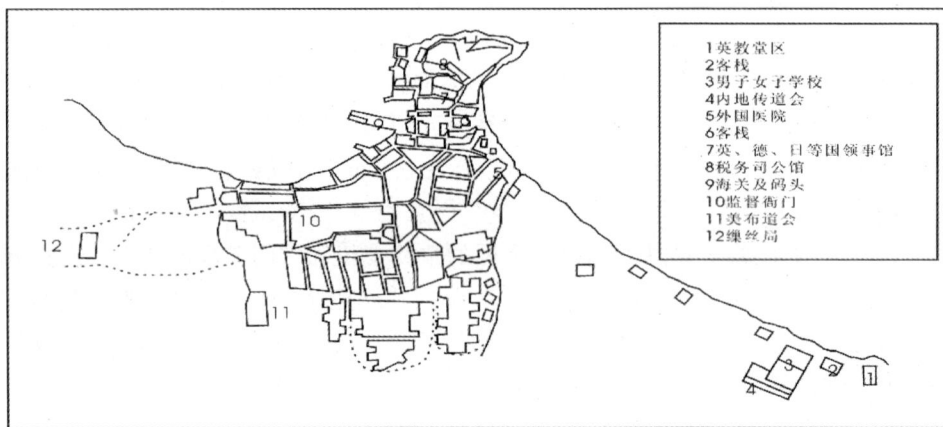

图二　1893年烟台城市空间形态

资料来源:Decennial Reports,1892－1901,Chefoo。

(二)城市空间形态持续建设期(1894—1928)

19世纪末,民族资本主义工商业在外国资本主义势力的刺激下,开始由朝阳

---

① 崇厚折,同治五年。转引自烟台港史编写组:《烟台港史》,人民交通出版社1988年版,第10页。
② 劝业公所:《山东全省戊申、己酉年报告书·商务科文牍》,第22页。
③ 《清实录·文宗实录》卷二九〇,中华书局1987年版,第251页。

街一带向西和南部发展,一些大型工业和公共建筑已开始选址在大马路一带建设,建立起各种商店、作坊和住宅,城区扩大到二马路、三马路、四马路一带。同时,为城市服务的酒楼、饭店、客栈、城市交通等业也应运而生。此时中国内地会也在东山一带相继建设了内地会芝罘中学、小学、男校、女校,基督教浸信会也在东山和大马路海滨一带建立了卫灵女子中学、焕文男子中学和各类教堂,基督教长老会则在毓璜顶一带兴建了多所中小学和礼拜堂、医院等,学校和教堂的修建,直接促进了东山别墅居住区、大马路商居区、毓璜顶教会区的开发建设。

1901 年"烟台大会"成立(1906 年烟台大会改为总商会),开始组织东西公共码头岸路工程开工。1903 年太平湾形成后,商业竞相向湾内发展,东西太平湾最后填平,海岸线由原北大街一带向北推进 400 余米,到现在的北马路一带。北大街大庙一带和朝阳街形成两个不同的商业中心。1904 年后,"西与通伸相连,渐而南连奇山所,渐而太平湾已填就,北抵海矣。近年以来,乡间不靖,绅商来烟避难者,络绎不绝,于是东马路之房,栉比鳞次,直抵东山。西则逾西沙旺矣,计东西长十六里,南北宽八里,而成今日之商埠矣"[①]。迫于外力,道署政府也开始重视道路和环境卫生的建设,1907 年开始了一次大规模的道路与环境卫生整治建设,修建道路8500 米,建房 700 余间,并修桥、开沟、栽树、浚井等。1909 年,张相文旅经烟台,据其所记:"市肆环列,马路宽平,山坡间富商之亭台别墅错出。"[②]烟台已见都市色彩。据《福山县志稿》,清末烟台基本形成了东西南北 50 余条主要街道,东起东山,西至西炮台通伸村,北起烟台山,南至奇山所城,形成板块型街巷路状,各类重要公共建筑和各类型的商业建筑包括学校、领事馆、教堂、图书馆、洋行、同乡会等都有相当的建设。

作为海防战略要地,军事建设一向是烟台登莱青兵备道署的重要任务,也是这个时期烟台城市拓展的一个方面。1903 年在水师营(1868 年在烟台街西部成立)基础上兴建"海防军中营",在金沟寨建立了烟台水师学堂,除了 1875 年至 1891 年建成通伸岗西炮台外,1899 年至 1901 年又在东山滨海岬角处建成东炮台。另外,在东海关的主持下修建了商埠区的一系列码头港口工程,包括 1866 年落成的海关码头与崆峒岛"卢逊灯塔"、1897 年完工的南北公共码头岸路工程、1905 年落成的烟台山灯塔等。并且,开始筹备兴建现代化港口,1912 年"烟台海坝工程会"的成立,这是中外商人合力促成的结果,烟台现代化港口建设进入一个全新的时期。1913 年由荷兰海港工程专家主持设计,1915 年方案批准并公开招标,1920 年工程竣工。

随着商业化的不断发展,加快了新城建设步伐。烟台不同于其他传统城市的

---

① 《福山县志稿》卷五,烟台裕东书局民国二十年(1931 年)铅印本。

② 张相文:《齐鲁旅行记》,《东方杂志》,1918 年第 2、3 期。

是，从一开始商业活动中心即在大庙附近，奇山所城一直只作为居民区，虽也有市集，但并不是商业中心。因此，奇山所城墙一直保留任其自然毁坏，倾圮殆尽。虽然1918年曾重修奇山所城墙及四门，但到20世纪30年代，"所有东西南北四门，相距各不到一里，城门大如普通住家的大门，城门楼虽蠹存，城墙已不可见了。查卫所之名，俱肇自明代，此必为明代建筑置兵防倭寇之用经后世修补者无疑。"[1]城墙虽不见了，而奇山所城格局保留的仍然很完整。据现在所城里的老人讲，城门一直保留到建国后大约50年代初期，才被拆除掉。

以非农业人口为主体的聚集和商品经济的发展，改变了烟台的地位，一些驻扎在外地的地方军政机关相继迁入，并先后设立起各种相应的管理机构，建造大批衙署、仓廪、兵营及娱乐场所，烟台很快成为胶东政治、军事、经济、文化活动中心。1919年，"市区面积200万坪（一坪相当于6平方尺），街道大小百余条"[2]，到1920年，烟台人工港池建成后，同时辟建了北马路、海滨街等20多条道路，烟台城市建设进一步得到发展，城市职能也逐步由以港口贸易为主开始向轻工业转变，城区面积不断扩大，市政建设进一步加快，建设质量不断提高。历史上奇山所、北大街、朝阳街、大马路、西马路等各个分割板块区片，迅速得以吻合连接，形成较为完整的城区道路网络。从1921年至1926年，华洋工程局和烟台总商会在城市的道路硬化和街巷名称的规范、卫生环境的整治方面做了一定的工作，烟台的城市面貌得到较为明显的改观。1923年郑千里编著的《烟台要览》载有"烟台街市全图"，其范围东起福山路，西至通伸村，南起上夼村北，北至烟台山，共标注街巷380余条，对烟台城建和道路发展情况作了详细记载。这样，烟台形成西到西炮台，东至卡子口，北到海岸，南到奇山所城南的带状城区，成为展现"世界主义姿态"的近代化工商业城市。1926年西防波堤上轻便铁路的建成，将码头与堆场、市区连接起来，市区不断向外扩展，逐步与奇山所城及大庙（天后宫）集镇连成一片，自西南河口向东至烟台山西麓的港区，遍布商船码头、招商局栈房、和记洋行码头等，西方的建筑形式、建造技术及建筑材料大量涌现[3]。

（三）城市空间演变的延续期（**1928—1949**）

1928年至1930年间，民国政府又制定过烟台市城市规划图，目标是开辟西沙旺为新城区。"非展拓市区范围，不足以资容纳而久远"。1928年由中华道路建设协会印行的《市政全书》提出，"打倒旧城廓，建设新都市""道路尚未完成，建设尚需努力"的口号[4]。烟台的城市道路建设和环境卫生建设取得了很大发展，主要道

---

① 郭岚生：《烟台威海游记》，百城书局民国二十三年（1934年）版，第11页。

② 日本驻烟台领事馆：《芝罘领事馆辖内事情》，大正八年（1919）十月十八日。

③ 阳建强、吴明伟：《现代城市更新》，东南大学出版社1999年版，174页。

④ 陈丹林：《市政全书》，中华全国道路建设协会，1928年印行。

路街巷 100 多条都改造为水泥马路,公共交通、行道树、路灯、公园、公共厕所等公共事业也得到了较好的发展,一时间烟台被外人称为"卫生口岸"。1930 年烟台一度设市,但不久即因不符合民国中央政府城市人口须超过 20 万的规定而取消。1934 年,山东省政府设立"烟台特别行政区",烟台脱离福山县独立建置,其地域范围,东起东山、西至通伸岗一炮台山,北起烟台山,南至塔山。1935 年特别行政区内成立 5 个自治区,区辖坊、坊辖间,间辖邻,构成行政区、坊、间管理制,共有街巷408 条。五区的划分管理,表明烟台城市建成区面积进一步扩大。图三为 1938 年前烟台城区演变示意图。

历经几十年的城市建设,烟台由"开埠之先,仅一渔村,居民寥落,不过茅屋数十椽耳"[1],到 1930 年代,一位在烟台实地考察居住二年之久的外国人,已称赞烟台是一座展现"世界主义姿态"的工商业城市了[2]。

日伪期间,1939 年制定了《烟台市都市计划图》。这一规划,是近代烟台城市建设规模最大的总体规划,也是具有可实施性的现代规划。规划精度为 1:20000。用地面积约 60 平方公里,计划人口 60 万。规划范围,东起玉带山,西至大沽夹河,南至四林区和西郊上坊村一线,北至幸福中路。从总的布局看,一是开辟现西郊区为新市区,东起新桥村,西至大沽夹河,北至幸福中路,南至上坊村,新市区以珠玑一带为中心,约 25 平方公里。二是扩大老市区,西片以现白石村、青年路一带为中心;东南片以现上夼一带为中心,由原来的 10 平方公里扩大到 20 平方公里。三是新辟东郊特殊用地区域,即疗养建筑区域,以金沟寨村为主。规划道路以方格式为主,结合自由式、放射式布局,对老区道路计划大规模改造。在现西港池还拟建一巨大新港,有铁路专用线引入。在西郊新区划为工业区,西沙旺至夹河口为工业区保留用地。之外,还规划了发电厂、公路、铁路、自来水厂、飞行场、公园、运动场等。但由于政局动荡,更换频迭,加上财力贫乏等原因,而没有实施。

1942 年烟台第一次现代意义的测绘图《烟台市全街图》出版,标明烟台的范围北起烟台山,南至上夼村,东起东山,西至通伸村,共有 595 条街巷,形成了南北最宽七里、东西十六里的一座现代化城市。1948 年烟台解放后,将芝罘镇改为芝罘区,原通伸岗附近的几个村落也划入市区范围内。奇山山脉南麓原属福山县、牟平县的几个乡镇划归烟台市管辖,成为郊区,为将来烟台的发展奠定了基础。

---

[1] 劝业公所:《山东全省戊申己酉年报告书·商务科文牍》,第 21~22 页。

[2] 赵彬:《近代烟台贸易与城乡关系变迁》,《山东师范大学学报(社科版)》,2002 年第 2 期。

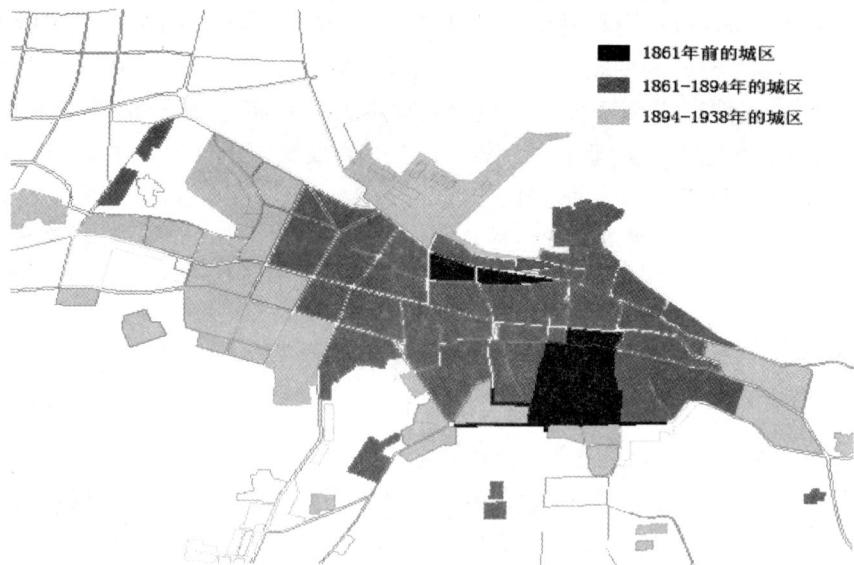

图三　1938 年前烟台城区演变示意图

三、早期烟台城市空间演变的特征

城市空间的扩展是一定历史时期内城市空间的演变过程,除了受地理环境、经济条件、区域城镇发展水平影响外,还受到城市管治等政治因素的影响。开埠后烟台城市空间扩展的轨迹,既具有近代中国城市整体变迁的一般特征,又具有个别地域环境的独特发展特点。

(一)结构特征

城市空间形态特征是在长期历史发展过程中形成的,是城市社会、经济、文化的综合表征。正如地理学家克里斯塔勒(W. Christaller)所言,"城市形态是人类社会经济活动在空间上的投影"。其中极少数的城市是经过周密规划的,绝大多数的旧城市,或者只有一个以主要街道为主的简单布局,或者连个简单的布局也没有,而是在杂乱无章中逐渐发展起来的①。烟台城市地域空间的扩展,就是这样的一个例子。烟台城市以奇山所城、大庙和烟台山为中心发展起来的。开埠前及很长时间内,海港装卸在大庙附近,漕船、商船在此停泊贸易,一些商人买地造屋居住下来,因此以北大街、大庙为中心的商业区已形成,出现工商业建筑和住宅建筑混合区,东至广东街、西至西圩子,南与九村相衔接;开埠后,外轮麇集,舟车辐辏,海港装卸移向海关码头,以烟台山、朝阳街为中心,城区扩展东至解放路,西至阜民街,

---

①　侯仁之:《城市历史地理的研究与城市规划》,载《历史地理学四论》,中国科学技术出版社 1994 年版,第 47～48 页。

南与奇山所城相接形成外人居留区,至东山一带西式建筑突起,同时本地经营工商业的资本家、地主和官僚阶级也仿效洋人起建自居洋房于此,逐步形成了以烟台山为中心、沿海岸东扩位移的新城区。从筑城设卫到滨海街区的形成,近代烟台城市空间呈现出东扩位移的趋势,城市布局形态表现为滨海带状特征。

由于缺乏有效的管理和规划,使得烟台城市的整体平面布置很不统一,工商民杂居,形成局部有序、全局无序、多元并存的空间形态特征。首先是登莱青道管理的混乱,导致城市出现无政府状态的自然发展,不仅对外人居留区和商埠区无权过问,即使对权限内的管辖也没有计划可行,在各路巨商大贾云集、增添行铺数百家后,也没有很好地去规范,使得城市整体平面布置出现商工民杂居的状态。其次,各国列强从自身利益出发,利用其控制的财力物力,在烟台山一带的居留区进行建设,而且在整个城区或投资于基础设施,或投资于公共事业。再次,作为"半官方组织"的商会也从自己的利益考虑,加强对街道等的修筑和管理,"道路委员会"成立后,市政建设经费主要由商会倡办,如海岸路水泥路面和外人居住的大马路就由商会倡办修建。另外,也有私人出资进行建设的,如璋玉路、坤山路的修筑,这类建设也没有很好地去规范。所有这些,无疑都对城市形态演化产生了重大影响。

(二)功能特征

城市空间的扩展与城市功能的演变是相应的。烟台作为一个港口城镇,自古以来港口海运就有相当发展。开埠后,作为当时山东唯一的开放港口和北方三大港口之一,港口贸易功能大为增强,与国内其他沿海港口城市之间交流频繁,商贸交易成为城市的主导功能。作为约开商埠,外力楔入后城市地域空间的表现就是外人居留区的创建。因此,近代烟台城市的扩展,首先是以外人居留区和商业用地为先导的。另外,港口的建设及配套工程,对烟台城市空间发展影响很大,大量的水建筑工程,一方面扩大了城区原有地域空间,另一方面,它的配套工程又直接影响到市区的发展。东西防波堤的建成,使南北公共码头岸路与东西公共码头岸路同整个港口连为一体,防波堤在承担港口防备护任务的同时,提供了新的货物装卸场所,使港口活动中心区和市区分离开来,原东西公共码头岸路工程未填之地后逐步填平,私人旧码头已失去存在价值,为市区的拓展和街市的统一规划管理打下了坚实基础。

四、烟台城市空间的分化

城市内部的异质性和空间分化是城市研究的基本内容。城市经济学家 K. J. 巴顿说,"城市是一个坐落在有限空间地区内的各种经济市场——住房、劳动力、土地、运输等等——相互交织在一起的网状系统。"①烟台城市在沿海岸向西向东的扩展中,形成不同功能的地块,这些地块包括银行、工厂、住宅等各类城市实体空间。由此形成一种集聚效应,从而导致城市节点的产生,如工业类聚元,居住类聚元,交通类聚元,商业类聚元,文体娱乐类聚元等②,这些节点构成了城市空间特征。20世纪30年代,烟台划分为五大区,时称"一区洋商居多,二区娱乐场最火,三区为工业区,四区为商业区,五区住户商号各半"③。

(一)居住

"异质社区"的形成,使烟台城市居住结构分化现象较为明显。以烟台山为中心,从烟台山西麓起,往上经领事路到东海岸有:法国邮局、日本领事馆、海关税务司邸、英国领事馆、美国领事馆、法国莹地、法国女校、外国公会、海关公会、天主教堂、日本邮局等,"……各国领事署则建于北山,市肆环列,马路亦颇宽平,烟埠菁华所聚也","有税务司住宅,及各国领事署,经外人一番布置之后,花木则如锦如绣,道路则如砥如矢。岸上有石凳石椅,以备中外士女休息,海边有游船浴艇,以供东西绅商洗濯纳凉。著者于三月之时,必日往寻芳,六月之时,必日往避暑。即西人之久居上海者,亦不远千里,以是处为消夏湾云。"④教会学校、洋行也集中在这一带。另外,从西太平湾到毓璜顶一带,也有很多教会学校如实益学馆、会文书院等,以及一些外国医院如美国医院、法国医院等。据统计,外国人在烟台的房产建筑面积中的40%多是别墅和住宅⑤。因此,烟台山下、东海岸、大马路、二马路、三马路一带,形成了一个"具有世界风味"的外人居留区。"异质社区"的形成,也反映出西方现代城市的某些意象特征。

以奇山所城为中心的旧城居住区,十字街的古城格局,在城市空间中特征明显。这里是胶东传统的民居,青石路面,房屋排列有序,街基尺度小,体现小空间的价值和功能。但是,街道很窄,居住拥挤,也没有任何排水系统,道路没有整修,"……城镇里的一些街道两边尽是粪便和垃圾,而在其他的地方人的粪便堆在一块准备卖给农民。"⑥整个环境卫生相当糟糕。奇山所城周围分布很多会馆(福建会馆、潮州会馆等)、商会、行帮、报社等。另外,大马路庆安里也是较著名的里弄住宅区,庆安里前后四条长约七十米之胡同,共十九套居民住房,十八套为四合院式,一

---

① K. J. 巴顿:《城市经济学:理论和政策》,商务印书馆1981年版,第14页。
② 虞蔚:《城市环境地域分异研究》,《城市规划汇刊》,1988年第1期。
③ 刘精一:《烟台概览》,民国二十六年(1937年)铅印本。
④ 匡裕祥:《烟台笔记》,载《新游记汇刊续编》卷七,中华书局印行,民国十一年(1922年)。
⑤ 烟台市房地产管理局、烟台市房地产业协会:《烟台房地产志》,1989年1月第1篇。
⑥ China Imperial Maritime Customs: Decennial Reports, 1892 – 1901, Chefoo. – Shanghai: the Statistical Department of the Inspectorate General of Customs.

套为两进合院式,是当时较早、质量较好的商品住宅①。与烟台山下东海岸一带的外人居留区决然不同,形成显明的空间分异格局。这种相互对立的居住形态特征,既是传统与现代的对照,也是半殖民地半封建社会的深刻反映。

(二)商业

烟台开埠后的一个根本变化,就是由庙宇构成的城市中心的衰落,和由海运港口以及海关、洋行聚集的新的商业区构成城市中心的出现。城市商业由原来大庙一带为中心的传统商业街区向处于外国领事馆聚集的烟台山一带转移,朝阳街、广仁路等新型街区成为多业聚集的高密度的综合性商业中心,打破了同业聚集的传统结构。北大街、大庙一带的传统商业街仍很繁华。大庙不仅是渔民和从事海上航运的船民祈祷海神的庙堂,而且商民组织"大会"、商界一切活动如货物交易、金银交易、行情交流等均在此进行。有定期的集市,街市上有粮食、柴草、中药、理发、油坊、轻铁、制鞋等店铺商户,每逢集市货摊栉比,各种农副产品俱全。时称"鱼市场"的公利市场,北部紧临海边码头,渔业商户 120 多家,"菜市、鱼市、果子市、鸡鸭市、西瓜市等,俱在菜市街之南,为该埠之最热闹处"②。但已降为次一级的商业中心,主要经营土特产品等。至此,烟台城市形成以朝阳街商埠区的近代商业重心和北大街传统商业街区的新旧双中心商业结构。

与商业相配套的各种消费行业、娱乐场所也集中在烟台山海滨一带。这里,洋行饭店林立,酒吧烟馆麇集,呈现出近代都市的繁华景象。

(三)工业

烟台城市的工业布局没有明显功能分区,大部分工厂和手工业作坊混杂于居民区和商业区中。从工业分布的总的情况看,以西南河为界,西太平湾以西,围绕港口,沿河东崖、新安街一线,近代工业多集中在这里。酿酒、造钟等轻工业多分布在大马路、海滨路一带。矿丝坊大都集中在西盛街一带,电灯公司等工业、德丰等食品业多在南鸿街一带。因此,在近代烟台城市规划的各类设想中,常把西郊划为工业区,西沙旺至夹河口为工业区用地。

(四)公共设施

公共设施的兴起,是近代文明的表征之一。承载近代化城市服务功能的教育、医疗卫生、电灯电话电报等项公共设施从无到有,走进市民生活之中。这些公共服务设施建筑从结构到形式也在变化发展,并形成新型城市功能分区。烟台的新式学校、外国医院、电报等多分布在东部滨海一带,城西南也有少数。

---

① 胡树志、张复合、村松伸、井上直美:《中国近代建筑总览·烟台篇》,中国建筑工业出版社 1992 年版,第 10 页。

② 匡裕祥:《烟台笔记》,载《新游记汇刊续编》卷七,中华书局印行,民国十一年(1922 年),第 26 页。

　　总之,与当时多数沿海开埠城市一样,烟台城市空间的分化雏形反映出近代城市化一些共同特征。殖民地城市特点很突出,新旧城的明显差异。奇山所城一带,具有住、商、工的混合型特征,交通拥挤,街道窄小;烟台山一带的外人居留区,功能差异突出,以商业金融行政功能为主的商务区开始出现,新式柏油街道,居住区与商业区分离,多为独立式住宅,周围环境优雅。

　　图四为烟台城市空间分化示意图。

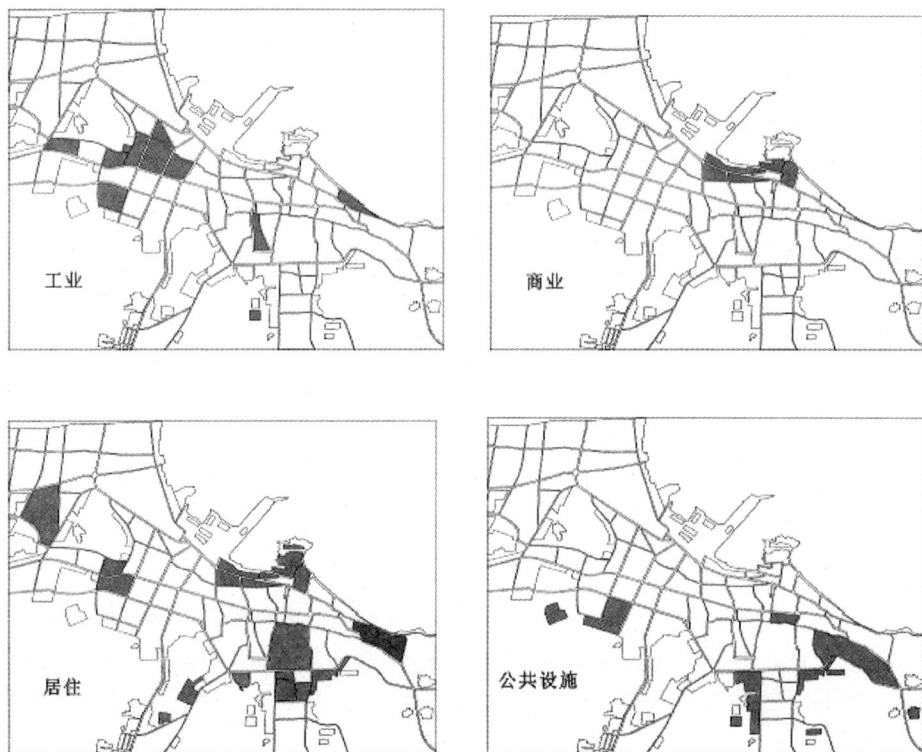

图四　烟台城市空间分化示意图

人类生态学视野下的福州城市空间结构

林　星①

摘要:人类生态学理论认为,城市空间区位结构的形成是经济竞争和选择的自发结果,不同阶层和地位的人居住在不同社区。本文以福州为例,探讨福州城市空间结构长时段的变迁,特别是分析近代福州城市的分区特点,人口、职业构成与社区功能,最后对人类生态学理论与中国城市研究进行探讨,认为中国传统城市人口并没有按社会经济地位而分化出不同的城市空间。城市空间结构并没有固定的模式,影响城市空间分布的因素除了经济竞争,还有国家力量、文化因素以及社会价值观的认同。

人类生态学理论是20世纪20年代以帕克为代表的美国社会学界的"芝加哥学派"提出的。围绕人类群体生活与都市环境的关系这一核心问题,人类生态学研究竞争与选择如何影响群体、组织的空间关系以及群体如何适应迅速变化的城市环境。人类生态学家把城市空间结构和秩序的形成看作是人类群体竞争的"自然"结果,其决定性力量是群体的经济竞争力。② 这一理论对城市社会学产生了较大影响。本文主要以福州为例,探讨人类生态学理论与中国城市空间结构的研究。

福州地处东南沿海,闽江入海口,历来是福建省的政治、经济和文化中心,鸦片战争后被辟为通商口岸,改革开放后也是全国首批对外开放的沿海港口城市之一。随着经济的发展和城市建设的进步,福州城市空间的布局结构逐渐形成,功能分区日趋明晰。

一、福州城市空间结构的形成

城市空间结构是城市经济结构、社会结构的空间投影,一般指城市土地的功能分区结构。福州城始建于公元前202年(汉高祖五年),闽越王无诸筑冶城。此后几度拓城:晋筑子城、唐建罗城、梁建夹城、宋建外城。唐末,王审知治闽期间筑罗城,扩展城市,北将冶山括入,成为全城最高点,南以安泰河为限;分区布局以大航

---

① 林星,福建省委党校社会与文化教研部教授,博士。
② 蔡禾:《都市社会研究范式之比较——人类生态学与新都市社会学》,《学术论坛》,2003年第3期。

桥为南北分界,政治中心在城北,属内城;平民居住区及商业经济区居城南,属外城。强调中轴对称,衙署在城北中轴大道两侧,分东、西两侧兴建坊巷民居,"三坊七巷"即由此演变而成。后梁开平二年(908)筑夹城,括入福州盆地中心的三个制高点——屏山、乌山、于山,大大提高了福州城的军事防御能力。在建城的同时,整治城内外河道与江海相通,船可以乘潮入城。宋开宝七年(974年)筑外城,福州城由内而外有四座城垣,中轴大道,七座城门,巍然壮观。宋代是福州城市发展的关键时期,城市范围开始突破城垣所限。明代,商品经济与海上贸易的发展,促进了城市经济的繁荣,最终形成"城"与"市"分离的组团式布局结构,并出现向闽江下游发展的趋势。①

传统中国城市的布局以君主、官僚为中心,从国都到府、州、县,无论城市大小,一般都是方形,街道纵横垂直,成棋盘式,中央是皇宫或一地最高统治机构所在地,按照地位高低,建造不同品位、规模的府第、庙宇、学府也占据比较显要的位置。这种模式在建筑学上被称为帝都型城市模式,它是与中央集权、君主专制主义统治相适应的。② 福州是八闽首府、地方行政中心,清代闽浙总督衙署,福州府、闽县和侯官县各级衙门等都设在城内中央部位。多数衙门前有一条大街,成为繁华的商业街。庙宇也是传统时期城市主要建筑之一,19世纪末福州的美国传教士就说:"在外国人认为值得参观的很少公共建筑物中,大多数还是庙宇"。③ 此外,城内还有手工工场、商店、粮仓、试院和驿馆等。

福州几次拓城,在城内基本形成了北跨屏山,南绕于山、乌石山的"三山两塔"城市空间格局,这种格局直至近代没有多大的改变。改变的主要是福州城外闽江两岸的南台地区。南台虽然离城墙有一定距离,但是地势开阔,水路交通便利。明清商品经济的发展,推动了商业区向城郊的逐步扩展。明代,最重要的商业区是南门外的南台和西郊的洪塘两处,从南门至南台,"十里而遥,民居不断"。④

福州开埠后,闽江两岸街市进一步发展,狭长的茶亭街连接起了古城与南台、仓山,城市布局呈哑铃状。南台在闽江两岸,"两岸联络方式有古式大石桥一座,名曰万寿桥,长约里许,并有中洲小岛横隔江中,直通南台"。⑤ 在从20世纪40年代彩色印刷的《福州街市地图》上,仍然可以清楚地看出这种空间结构,中亭街两边的广大区域仍标示着沼泽和农田、菜地。

近代福州的社区大致可分为两大块,一是城内行政区,一是城外(南台)商业

① 福建省地方志编纂委员会:《福建省志·城乡建设志》,方志出版社1999年版,第2~3页。
② 张仲礼:《近代上海城市研究》,上海人民出版社1990年版,第3页。
③ Rew. Justus Doolittle, *Social Life of The Chinese*, New York: Harper & Brothers, 1895. Reprinted in Singapore: Grahm Brash, 1986. p59. Rew.
④ (明)王世懋:《闽部疏》,明宝颜堂订正刊本,成文出版社有限公司(台北)1975年版,第9页。
⑤ 张遵旭:《福州及厦门》,1916年,第53页。

区。时人称:"福州市街可分为二,即城内市街及南台街,城内为各官厅、各学校、市街及住宅,南台多大商家并为外人居留区域"。①1920 年美国的《地理杂志》(Journal of Geography)载有一篇关于福州道路建设的文章,其第一个小标题是:Foochow a dual city,文章说:"福州可以被描绘成一个由两部分构成的城市——一部分在城墙内,是政治和教育的中心;另一部分在城墙和闽江之间,分布在闽江两岸。墙外的这部分是大多数国内和国外港口贸易的中心,并且最近在欧美和日本直接和间接影响下引进的机器工厂也设在此处。城墙外的人口可能和城内的一样多。外国传教士设立的教堂、学校以及大多数外国公司都在闽江两岸和河流紧挨着的地方,一座完全由花岗岩建造的桥梁把它们连接起来。至于城内,包括许多当地最好的零售商店和手工作坊。"②1936 年,"市区北部包括全城及东岳西湖洪山桥一带,南部兼及南台岛之一部,面积总计 19 方公里半。"③1942 年 4 月,设福州市市政筹备处。1946 年元旦,福州市政府正式成立。按照 5 个警区分为五个行政区。城内以到任桥为分界,桥以北属第一区即鼓楼区,桥以南属第二区即大根区;南台以小桥为分界,桥以北归第三区即小桥区,桥以南至闽江边第四区即台江区;大桥以南的中洲岛、仓前山一带归第五区即仓山区。④ 即城内包括鼓楼、大根,南台包括小桥、台江和仓山。随着经济的发展和交通的改善,福州组团式的布局结构雏形逐渐形成,各社区的功能分工逐渐明晰。

二、近代福州空间分区及特点

(一)行政区——城内

从行政区划看,城内包括大根区和鼓楼区。这一带集中了政府机关、寺庙和学校。民国初年,督军公署和省长公署在总督埕,镇守使署在旗下街,道尹署在布政埕,高等地方审判厅在谢婆里,盐政处在光禄坊,财政厅在夹道坊口,县衙门在旧府署,警务厅在中协埕,省教育会、县教育会在东街,小学研究所在明伦堂,二十混成旅本部在盐道前,去毒社在南后街。⑤ 20 世纪 30 年代,福建省政府、民政厅在省府路,建设厅在道山路,教育厅、福建省普及识字教育委员会在三民路,财政厅在光禄坊,福建省会公安局在鼓西路,福建陆军军械局在鼓东路。⑥ 福建省党部在中山路。

---

① 张遵旭:《福州及厦门》,1916 年,第 2 页。

② Lacey, Walter N. *Road Improvements at Foochow*, *China*. Journal of Geography, 1920:Jan/Dec.

③ 林传沧:《福州厦门实习调查日记》,成文出版社(台北)1977 年版,第 88450 页。

④ 郑宗楷等:《福州便览》,福州环球印书馆 1933 年,第 2 页;[日]台湾总督府外事部:《福州事情》1941 年,第 10 页。

⑤ [日]东亚同文会:《支那省别全志》(第十四卷·福建省),1920 年,第 43~44 页。

⑥ 周子雄、郑宗楷、姚大钟:《福州指南》(卷二),1942 年,第 1~10 页。

城内是政治文化区，也有服务于城内消费者的商业。城内市街最繁盛的是与各城门成垂直线的 7 条大街，即北门大街、西门大街、东门大街等。其中南门大街是城内的中心，各种大商店鳞次栉比。一些人文景观也集中于此，如武庙、文昌庙、镇海楼在城北屏山一带，平远台、定光塔、化城寺、白云寺在于山，凌霄台、道山亭、沈文肃公祠、乌塔在乌石山等。①

城内最著名的街区是"三坊七巷"，它位于城区核心地带，以南后街为中轴，西侧是光禄坊、文儒坊、衣锦坊，东侧是贯通南门大街、南门后街的七条横巷，即杨桥巷、郎官巷、塔巷、黄巷、安民巷、宫巷、吉庇巷。三坊七巷形成于唐，发展于宋，历来是官宦仕族聚居地。近代仍然是高官富户、士绅文人居住的首选之地，沈葆桢、林觉民、严复、陈衍等都曾在此居住。附近的朱紫坊也出了不少海军世家。三坊七巷石板深巷，青瓦灰墙，精雕细刻的各种木石构件、马鞍形风火墙、多进院落，蕴含着传统建筑文化的精华，具有浓厚的文化色彩。对于在外仕宦的福州人来说，三坊七巷是他们告老还乡后的理想住所，也代表着他们的文化品位和价值。

(二) 商业、金融和工业区——南台

南台包括小桥区、台江区和仓山区。南台是福州著名的商业区，民国初年，"著名之巨商、各商业行帮、银行、税关、常关、外国邮电局所、中国各批发大商轮输出商、外人公共各机关、各娱乐场所、乐户、饮食馆等皆集于此"。② 新式机构和商业机构大都设于此，电报总局、邮政总局、交涉署在泛船浦，电话局在明伦堂后，商会在上杭街，农会在鳌峰坊，青年会在观音井，城内三十五行商评议公所在茶亭。③新式银行大多设在南台，下杭街成为福州的金融业中心。据 1928 年福州市公安局调查，钱庄 49 家，大多数在南台，其中下杭街最多，有 8 家，其次是南大街有 8 家。④但钱样店在南台和城内的分布比较均匀。从 1934 年的《福建省会户口分类表》看，商业铺户最多的是第三、四区即南台。⑤ 1932 年的《福建省省会公共场所分类统计表》显示，作为商人组织的会馆也集中于此。1936 年调查，福州地价最高地段在中亭路南段、台江路以及 20 年代完工的台江路新填地，它们位于南台商业区，靠近闽江码头，又有公共汽车通过。⑥

工业是近代城市存在和发展的基础。城市工业区位结构的特点是：主要为城

---

① ［日］东亚同文会：《支那省别全志》（第十四卷·福建省），1920 年，第 43～44 页。

② 张遵旭：《福州及厦门》，1916 年，第 53 页。

③ ［日］东亚同文会：《支那省别全志》（第十四卷·福建省），1920 年，第 43～44 页。

④ 《福州市钱庄一览表》，载《京粤线福建段福州市县经济调查报告书》，铁道部财务司调查科编，1933 年，第 183～184 页。

⑤ 福建省会公安局：《福建省会户口统计（民国二十三年）》，1935 年。

⑥ 林传沧：《福州厦门实习调查日记》，成文出版社（台北）1977 年版，第 43535 页。

市本身服务的工业(如食品工业)和与消费者密切联系的工业,集中在市中心(或中心商业区);主要为本地市场生产、使用市内生产原料的工业和为非本地市场生产、生产价值昂贵产品的工业杂乱地分布在城市各处;为非本地市场生产、需要廉价交通费用的工业,集中在交通便利的河边。① 福州城内工场多生产日常用品,连接城内和南台的中亭街是著名的手工业一条街,"出南门的大路两边排列着各种手工业的小工场"②。福州工场往往是前店后厂,资本微薄,多数仅租用几间民宅改作厂房,与住宅、商店等混杂分布,从外表看很难知其为企业。它们所需原料和产量有限,其产品大都依靠固定的商行店铺直接出售,要靠近相关商业集中区,以保证产品销路。而新式工业企业大都在南台闽江北岸的鸭姆洲、港头等地,靠近水源,运输方便。19 世纪末,官督商办的福州糖厂建在南台闽江北岸,离外资的福州冰厂不远。附近还有一个"与糖厂有连带关系"的机器面粉厂。③ 福建第一家民族资本企业悦兴隆砖茶公司及其后继者致和砖茶公司设在南台泛船浦。④ 福州惯奇来染织实习所在南台保福山顶,醒华织造局在南台下渡,叶国瑞牛奶公司在中洲,迈罗罐头公司在南台大桥附近。⑤ 1930 年调查,福州的两家树胶公司在福新街和老鸦洲,五金公司在帮洲、坞尾、水瑁、老鸦洲、苍霞洲、福新街、美打道等。⑥ 锯木公司多分布在鸭姆洲及港头两地。⑦ 福州最大民用企业福州电气股份有限公司开始在南台泛船浦,后移址南台水部门外新港。国光火柴厂在水部门天后宫。福建造纸股份有限公司选址在福州港头。迈罗罐头厂由仓山观音井迁至南台仓霞洲。其他罐头厂也分布在美打道、中亭街、苍霞洲、港头等。福建造纸厂设在港头"系以水质良好、原料充足、交通便利",靠近闽江,"河道环绕,原料之运入本厂,制品之输出外埠,均甚便利"。⑧ 这也是众多工厂选址于此的共同原因。

由于南台商业的发达,这里也成为繁华的消费娱乐场所。"闽江码头接近大路的台江汛、中亭街、上杭街、下杭街等,是大规模的商店及中介业、仓库、旅馆、妓院

① [美]莱斯利·J·金等:《城市、空间、行为:城市地理学诸因素》,载《城市史研究》第九辑,天津教育出版社 1993 年版。

② [日]台湾总督府外事部:《福州事情》,1941 年,第 7 页。

③ 《北华捷报》("North China Herald")1887 年 5 月 20 日,转引自孙毓棠编:《中国近代工业史资料》第一辑(1840 - 1895),中华书局 1962 年版,第 987 页。

④ 林传甲总纂:《大中华福建省地理志》,1919 年,第 153 页。

⑤ 林传甲总纂:《大中华福建省地理志》,1919 年,第 89,91 页。

⑥ 铁道部业务司调查科:《京粤线福建段沿海内地工商业物产交通报告书》,1933 年,第 111 ~ 112 页、124 ~ 125 页。

⑦ 铁道部业务司调查科:《京粤线福建段沿海内地工商业物产交通报告书》,1933 年,第 22 页。

⑧ 林金枝、庄为玑:《近代华侨投资国内企业史资料选辑》(福建卷),福建人民出版社 1985 年版,第 148 ~ 149 页。

主要集中的地方"。① 郁达夫在《闽游滴沥之一》中也说:"南台本来是从前的福州的商业中枢,因而乐户连云,烟花遍地"。② 南台还有福州基督教青年会电影场、苍霞洲广资楼戏院、田墩广声影院、大罗天剧场、台江戏院等。③ 南台最主要的街区是双杭社区,分布着大量会馆、商行和银行钱庄。福州木材商人、茶叶商人、钱业商人的住宅很多集中于此。

(三)文化、涉外区——仓山区

南台内还有一个功能比较特殊的社区,即仓山区。闽江流经福州时分为南北两支流环南台岛而过,仓前山向北的一面隔江与台江相望,岗峦起伏,空气清新,风光如画。早在明代开凿新港的同时,就有外国船只来仓山沿江的"番船浦"(后来改为"泛船浦")寄碇、停泊和贸易,逐渐成为外国人聚居地。福州开埠后,英、美、法、德、日、荷、俄、葡萄牙、西班牙等国领事及商民纷纷在仓前山租借土地,建造房屋,使之逐渐发展成拥有众多领事馆、教堂、洋行、银行、学校、医院、别墅、俱乐部、跑马场、球场等外人建筑的地区。在这里的外国人拥有特权,形同租界,按其规划进行文化、教育设施建设,成为福州重要涉外和文教区。

据日本人观察:"各国专管居留地现在主要在闽江右岸仓前山、泛船浦一带,通称外国人杂居地,又称南县居留地。仓前山丘陵地是最主要的居留地,有各国领事馆及洋式住宅等。商贾公司的事务所等在泛船浦。"④"南台岛的泛船浦多是外国人的洋行、商社、海关、邮便局、银行等。附近仓前山为外国人居留地。外国人的住宅、领事馆、教堂、医院、男女学校、俱乐部、跑马场、打球场(庭球、足球等球类运动场)、洋墓亭等都集中在仓前山。"⑤郁达夫在《闽游滴沥之一》中称仓前山"原系福州附廓的佳丽住宅区,若接若离,若离也接,等于鼓浪屿之于厦门一样"。⑥ 据1934年的《福建省省会外侨人数统计表》的统计,福州外侨3032人,有1210人住在台江区,668人住在仓山区。⑦ 福州近代教育事业始自外国传教士办的新式学校,仓山区集中了格致书院、三一中学、协和道学书院、鹤龄英华书院、华南女子学院、福建协和大学等学校。各国在仓山设领事馆,开办汇丰、美丰等银行以及怡和、三井等洋行公司,兴办天安堂等教堂和华南女子文理学院等30多所教会学校和医院,一大批西式公共建筑、住宅以及跑马场的兴建赋予了仓山强烈的异国色彩。由于外

---

① [日]台湾总督府外事部:《福州事情》,1941年,第7页。

② 《郁达夫文集》第4卷,花城出版社1982年版,第101页。

③ 福州市文化局:《福州文化志》,海潮摄影艺术出版社2003年版,第290页。

④ [日]东亚同文会:《支那省别全志》(第十四卷·福建省),1920年,第42~43页。

⑤ [日]台湾总督府外事部:《福州事情》,1941年,第417、第7页。

⑥ 《郁达夫文集》第4卷,花城出版社1982年版,第101页。

⑦ 福建省会公安局:《福建省会户口统计(民国二十三年)》,1935年。

籍居民多,在梅坞、塔亭、观井等地还形成适应西式消费的西餐、西服、西式家具等商业网点。

仓前山由于是外国人居留地,政治和社会环境相对稳定,也吸引一批官绅到此地建屋居住。《福州事情》载:"外国人居住此地后,昔日的荆棘茫茫草原,仅有大小古墓,足迹稀少,阴气森然的寂寞地带,一变而为高楼大厦林立,竞相壮观的锦绣河山。特别是近来省内政变频繁,省内要人乃至富裕者豪商为了一旦遇到紧急情况时,能够得到外国国旗的庇护,争相投入大批资金,在此地建造别墅、公馆、庭园,在此地安家。新馆舍如雨后春笋般冒出来。"① "近年来当地一部分官绅有产阶级等在此处建立宏壮的别墅,成一特别区域"。②

(四)工业区——马尾

作为晚清洋务运动的成果,福建船政局设在福州闽江口的马尾,促使马尾迅速从农村状态转为工业区。到1867年7月,不但建成厂房,还建了船政衙门、洋员办公所、船政学堂、正副监督的住房、匠生、匠首寓楼等共80多座建筑物,占地600亩左右,其规模在全国也是首屈一指的。船政局就其范围而言可分为厂区、住宅区与学校几部分。原来是农村的马尾建成了一个规模庞大的现代化工业制造基地。马尾的商业也发展起来,为了供应船政人员的商品,还将船政局附近江边"划为官街,以便民间贸易"。③ 清末英国人约翰·汤姆森游历到此,惊叹道:"福建船政局建在昔日里的一片沼泽地填成的平地上,远远看见,就像一个英国制造业的村庄。这里也有外国人居住的小洋房;远处的船坞,高大的烟囱,一排排厂房,从那里传来的叮当作响的汽锤声和机器的阵阵轰鸣。"④民国初年,马尾人口五六千人,设有外交总署、水上警察署、邮政局、电报局及天主教教堂。在马尾对岸的营前镇,设有福州海关分关,美国美孚煤油公司及附属仓库与栈桥。⑤

20世纪二三十年代,随着城市经济的发展,马路的建设,分隔城内和南台的城墙的拆除,道路的不断延伸,南台得到进一步发展。经过大规模建设,福州市政面貌改观不少,新旧城区融为一体,逐渐形成城内鼓楼区为政治中心,南台为商业中心,仓山区为文化、涉外中心,马尾为工业区的"组团式"布局的雏形。

(五)近代福州人口、职业构成与社区功能

人口的空间结构是指人口在一个既定区域中的分散与集中程度。在城市内

---

① [日]台湾总督府外事部:《福州事情》,1941年,第417页。

② [日]台湾总督府外事部:《福州事情》,1941年,第7页。

③ 林庆元:《福建船政局史稿》,福建人民出版社1999年版,第90页。

④ [英]约翰·汤姆森著,杨博仁、陈宪平译:《镜头前的旧中国:约翰·汤姆森游记》,中国摄影出版社2001年版,第121页。

⑤ 林萱志:《福州马尾港图志》,福建省地图出版社1984年版,第11页。

部,人口的分布也呈现社区差异。根据 1932 年、1934 年和 1947 年的人口统计,福州人口最多的地区是第三、第四区,最少是第五区。再从 1934 年"福建省会街巷门牌统计表"看,各区分别有 285 条、367 条、395 条、443 条、261 条[①],第三和第四区的街巷最多。从人口密度看,最高是第三区,其次第二区,最低是第一区。福州人口性别比例的空间分布并不均衡,第三、四区特别高。这两个区是商业区,在商业区内,店户多,一般的住户相对较少,且商业从业人员中女性更少。

人口的职业构成可以从一个方面反映社区的功能和结构。社区结构与人口的职业构成有一定的内在联系,即不同社区的人群之间体现职业的区别,这和各区的功能有关。随着社区功能的自我调整和不断完善,社区之间的分工日益明显,职业人口的分布也随之出现了相对的聚集趋势。从 1934 年的《福建省会居民职业分类统计表》可以看出:(1)各区从事工业的人口分别有 4771,8436,8497,4682,4986人,占各区人口比例分别是 6.12%、8.66%、9.50%、5.23%、7.90%。[②] 以第三区(小桥区)和第二区(大根区)比例最高。这是因为第三区地处闽江北岸,是福州市内的工业区,聚集着福州较大型企业如福州发电厂、锯木厂、罐头厂等。第二区分布着许多面对本地市场的小企业。(2)从事商业的人口以第三区、第二区比例最高,分别占全市商业人口的 27.68% 和 27.10%,体现了城市商业中心的特征。(3)从事党、政、军、警的人口,以第一区(鼓楼区)和第二区(大根区)最多。其中政界人口有近一半聚集第一区,使该地区成为福州的政治中心。(4)以宗教为职业的人口,集中分布在南台的第三区和第四区,其中以基督教教职人员占多数。(5)第五区(仓山区)的农业人口最多,比重在各区中也最高。

城市社区不仅是人口的自然组合,而且也体现为不同行业和城市功能的自然组合。在商业中,根据营业范围不同,分成各种行帮。商帮既有以地域形式划分,也有按行业划分。以福州茶叶商帮为例:福州茶商分为本地帮和客籍帮,各帮从事的行业各有侧重,即使从事同一行业,其经营方式、组织等往往也不同。20 世纪 30年代初,福州的茶业采办分为茅茶帮和箱茶帮,各有十余家。地址在下杭街、苍霞洲、泛船浦、南台三保、二保、上杭街、下北街、下渡。茶叶运销分为天津帮、京东帮和洋行帮。天津帮的茶商 20 余家,又分为福长兴帮和福泉兴帮,主要出售绿茶于天津、牛庄、烟台三大埠。京东帮有三四十家,又分为京徽帮和直隶帮,均系北京人和安徽人开设,运售绿茶于平津各埠。洋行帮是装运箱茶出售外洋的福州各洋行,有 19 家。[③] 各行帮经营的工商业,常常相对集中于某一社区,乃至形成行业垄断势力。而且同帮经营的企业或商号,大都雇佣来自同一地区的移民,外人很难插足其

---

① 福建省会公安局:《福建省会户口统计(民国二十三年)》,1935 年。
② 福建省会公安局:《福建省会户口统计(民国二十三年)》,1935 年。
③ 铁道部财务司调查科:《京粤线福建段福州市县经济调查报告书》,1933 年,第 158 页。

间。如福州台江码头有号称"五澳十三帮"的势力,垄断这一带水产品市场。由于城市中的一些行业常为来自同一地区的移民所垄断,形成同业或多业相结成"帮"的现象,从而使城市的职业结构、移民的地缘关系以及社区结构之间构成又一层次的关系。

三、现代福州城市空间结构的变化

1949 年以后,在很长一段时间,福州的城市空间结构没有太大变化,只是面积扩大。1949 年 12 月,省政府决定扩大福州市区,范围东至鼓山、南至白湖亭、西至洪山桥、北至开闽镇(今新店乡北部)。1956 年 5 月,鼓楼、大根区合并为鼓楼区,小桥、台江区合并为台江区,水上、仓山区合并为仓山区。1952 年,拆除鼓楼城墙,建设鼓屏路,接通"八一七路"。1958 年到 1960 年,城区南北走向的主干道——六一路、五四路、五一路以及东西走向的主干道东街与东大路等相继建成通车,福州市区范围扩大。

上世纪 50 年代,提倡"遍地开花办工厂",在市中心办工厂,1953 年 12 月,市区第一大工业区主干道——工业路建成通车,至 1957 年,新扩建了福建机器厂、上游造船厂、玻璃厂、搪瓷厂、罐头厂等,形成了工业路一带以轻工业为主的西工业区。到 1959 年末,福州全市已建成省、市属企业 253 个,初步形成了东、西、南、北及洋里、港头等 6 个工业区。同时在工厂区的附近建居住区,兴建了上海、五一、五四等工人新村。居民居住以单位为基础。"文化大革命"期间,城市建设几乎处于停滞。但为国防前线需要的闽江大桥和乌龙江大桥相继建成,同时又建成五一广场。改革开放后,福州建立起了以机械、化工、食品工业为支柱,轻工业为主体的工业体系。1984 年国务院批准了福州城市总体规划。之后对城市布局进行调整,形成以五一广场为中心的文化娱乐区、华林机关区、五四路宾馆区、台江商贸区、仓山文教科技园区。在城区边缘地带开辟新居住区、文教区、开发区、投资区。到 1990 年,福州建成区的面积相当于解放前的 5 倍。①

20 世纪 90 年代后,福州提出了东扩南移的目标,之后又提出东扩南进西拓的战略。1998 年出台《福州城市总体规划(1995—2010)》,提出调整城市布局结构,以中心城为依托,以空港、海港为导向,沿江向海,东进南下,有序滚动发展,形成"一城三组团"的布局结构。福州中心城由鼓楼、台江、晋安②、仓山四个行政区的城区部分组成,福州市区由中心城和马尾、长安、琅岐三个城市组团组成,城市规划区范围为:福州市区、杜坞、官头、上街、峡南、长乐国际机场航空城和松下港,总面积 1170 平方公里。中心城形成市域、省域及海峡西岸的经贸、金融、科技、文教、信

---

① 福建省地方志编纂委员会:《福建省志·城乡建设志》,方志出版社 1999 年版,第 45~48 页。
② 1995 年 10 月,福州市郊区更名为晋安区。

息的中心,大力发展第三产业,把工业和人口向三个组团和外围城镇转移。三个组团利用开放政策优势和大型基础设施优势,接受中心城的辐射,成为工业、交通主要发展地区,形成相对独立的、具有相当规模的新城镇,分担和补充中心城的功能。福州中心城二环路以内的工业原则上外迁,强化中心城的办公、文化、信息、金融、商贸中心的功能。二环路以外为工业适当发展区,保留和完善福兴投资区、洪山、仓山科技园区、金山、新店、盖山等工业小区。随着城市"东扩南进"发展,闽江江滨地带特别是龙潭大桥至鼓山大桥之间的区位优势更加突出,逐步形成城市新的核心区。在工业路一带兴建宝龙商业广场。江滨成为新的高级居住区,金山一带的房地产开发进入高潮。在上街建立大学城,聚集福州大学、福建师范大学、福建医科大学、闽江学院等高等院校。

2009年5月6日,国务院发布了《关于支持福建加快建设海西经济区的若干意见》,海峡西岸经济区成为继长江三角洲、珠江三角洲、环渤海区域之后中国又一个经济增长区域。福州提出要做大做强省会城市,以获得更广阔的发展空间,增强集聚效应。

2008年12月住建部审查通过了《福州市城市总体规划(2009—2020)纲要》。2010年6月,《福州市城市总体规划(2009—2020)》通过人大审议。根据该规划,福州城市规划区包括福州市区、长乐市、连江县,以及闽侯县11个乡镇,永泰县葛岭镇、塘前乡,罗源县松山镇、碧里乡,面积4792平方公里。其中,中心城区为福州市辖5区(晋安区除寿山乡、日溪乡、宦溪镇),以及闽侯的荆溪镇、南屿镇、南通镇、尚干镇、祥谦镇、青口镇、上街镇和连江县的琯头镇,面积1447平方公里。至2020年,福州全市规划总人口将达到890万人,城镇人口650万人,城镇化水平73%,形成1个特大城市、2个大城市、2个中等城市、4个小城市以及若干个小城镇的规模等级结构和"一区两翼、双轴多极"的空间结构。届时,福州中心城区人口将达410万人,建设用地达378平方公里。福州市将全面推进中心区外围南台岛、马尾新城以及青口、南屿—南通—上街、荆溪组团等建设,引导城市空间拓展和功能布局优化,有效疏解老城的人口、功能和交通,使中心区优化整合与新城开发建设联动并进。2011年6月,福州出台了海峡金融街、闽江北岸商务中心区、快安总部经济基地、会展岛、晋安新城区中心、三江口片区、奥体中心等七大新片区的建设规划。这些新片区将建设以商务办公、总部经济、会议展览等功能为主导的公建中心,打造城市综合体,提升城市功能,成为城市发展新亮点。① 福州港口城市的地位将得到提高,真正实现跨江面海发展,更好地发挥省会城市政治中心、文化中心、商贸中心、金融中心的功能。

---

① 《福州七大新片区建设规划出炉 将成城市发展新亮点》,《海峡都市报》2011年7月1日。

四、人类生态学理论与福州城市空间结构

人类生态学比较强调市场竞争、人口增长、技术革新和城市基础设施环境的改善对城市空间结构的影响。该理论认为,空间社区是竞争的结果,是城市中不同的人口群体相互竞争追求主导地位。竞争使强者占据城市有利的区位社区,而使弱者退居到区位差的社区。① 由于不同社区生活着不同阶层和地位的人,于是就形成不同特质的社区,社区的多样性就由此而生,就有富人社区和穷人社区之分。伯吉斯等提出了关于商业和居住分布的同心圆模式,之后又有霍伊特的扇形说、哈理斯等的多核心说等。②

然而也有西方学者认为,与西方城市不同,传统中国城市人口并没有按社会经济地位而分化出不同的城市空间。换句话说,被城墙包围的中国传统城市,各城区之间人口密集程度的差别不大,由于居民社会经济地位不同而产生的城市社区和商业中心贫富悬殊较大的现象不明显。总之,中国传统城市不具备西方城市中通常存在的中央商业区以及富人区和贫民窟。③ 美国学者施坚雅在《清代中国的城市社会结构》一文中,用"城市生态学"理论研究清代北京。他认为,和许多西方城市一样,中国传统城市各个城区之间的人口密度相差很大,某些城区也可以按照社会经济地位来划分。他假设明清时期中国城市存在着两个不同的空间核心,即由士绅和商人分别组成的居住及社交中心。一般来讲,士绅的空间核心坐落在可以体现其社会地位的官学、贡院和文庙等主要官方学府周围,而商人的空间核心或商业区则主要聚集在交通便利的城门和关厢附近。在这两个空间核心之内,社会地位和经济实力的空间分布差别则不很突出。④ 施坚雅的"城市生态学"理论驳斥了西方社会学中普遍流行的有关传统城市社会阶层的空间分布与距离城市中心的远近成反比的观点,即由于交通不发达越有钱的人就越愿意住在离市中心近的地方,而越穷的人就不得不住在离市中心远的地方。

人类生态学理论是在芝加哥城市经验基础上提出的在西方影响较大的城市社会学理论,但它运用在中国城市研究中,也有适用性问题。中国和欧洲城市的起源和功能不同。西欧中世纪的城市大多是商业和手工业中心,城市中首先发展起来的是服务于经济和市民生活的各种市政设施,经济职能是城市的基本社会职能,居民以手工业者、商人居多,城市管理主要是市民自治和城市贵族管理。中国传统城

---

① [美]安东尼·奥罗姆、陈向明:《城市的世界——对地点的比较分析和历史分析》,世纪出版集团、上海人民出版社 2005 年版,第 173 页。

② 蔡禾:《城市社会学:理论与视野》,中山大学出版社 2003 年版,第 37～38 页。

③ 史明正:《北京史研究在海外》,载《城市史研究》,第 17－18 辑,2000 年。

④ [美]施坚雅主编,叶光庭等译:《中华帝国晚期的城市》,中华书局 2000 年版,第 629～639 页。

市的兴建往往首先是出于政治、军事上的需要，城市的居民主要是官吏、地主、军人、僧侣以及其他消费人口，从事工业生产、商品流通的工匠商人却居于从属地位。① 在中国城市早期历史上，城市是政治或行政中心。因而在空间分布上，西方城市的中心区是商业区，霍曼等人提出的同心圆模型把中心城区看作最重要的区域。而传统中国城市的中心却是政府衙署，有江河的城市往往会在城墙内形成行政中心，在河流附近发展起另外一个商业中心。

从福州的个案研究可以看出，城市空间结构并没有固定的模式，它是和这个城市的经济发展因素、市场分布，乃至文化传统密切相关。经济因素无疑对城市的空间分布发挥着至关重要的作用。传统时期福建沿海城市的主要交通方式是水运。1843 年开埠后，位于闽江入海口的福州成为闽江流域茶叶、木材等商品出口的集散地。南台位于闽江两岸，水运交通便利，地位凸现，形成城内政治和台江商业的双核心结构。20 世纪 60 年代后，福州有了铁路，闽江水运退出，闽江边的商业区双杭逐步没落。2009 年 5 月，国家正式批准了《福州市轨道交通近期建设规划》（2008—2016）。2013 年，《福州市城市轨道交通线网规划（2012 年修编）》中，规划线路从此前的 7 条扩至 10 条。② 已在建设中的地铁 1 号线、2 号线，将改善上街大学城、金山片区、乌龙江南岸的出行需求，直接导致这几年这几个区域的房价上升，也促进人口向这里聚集。

文化因素对城市空间分布也有很大影响。空间与所象征的社会价值结合成一体，成为当地文化体系的重要组成部分，影响土地利用的状态。空间的象征价值对社会活动的分布有三个方面的影响：凝聚作用，恢复作用和抵挡作用。[24]（P48）作为传统时代的不同功能街区的代表三坊七巷街区和双杭街区境遇也有所不同。福州的三坊七巷从宋代以来，一直是上层社会的居住区，它被赋予了一种价值象征属性——传统、威望、地位。在三坊七巷，几乎每所老宅子都有故事，在人们眼里，这里和谐、整洁、高贵、安静，许多功成名就之人和富商大贾把这里作为理想的住所，一般的市民也以居住在此为荣。但经过几十年的变迁，到 20 世纪 90 年代，三坊七巷变成处处大杂院，成为城市平民居所。三坊七巷位于城市中心，商业利益巨大，1993 年出让给某房地产开发商开发。然而福州人把这里看作是一个沉淀着城市人文、城市性格的文化符号，是福州城市文化竞争力的一个重要筹码，正因为有这样的历史文化背景和强烈的感情因素，许多人以极大的热情参与到这一历史街区的保护中。2006 年年初，经过一年多的谈判努力，福州市政府终于将三坊七巷收回。2006 年，三坊七巷被列为全国重点文物保护单位，2009 年获选中国十大历史文化名街，2010 年评为国家 4A 级旅游景区，成为福州旅游业和文化产业的一个重

---

① 张仲礼：《近代上海城市研究》，上海人民出版社 1990 年版，第 3 页。
② 《福州地铁规划 7 条扩至 10 条》，《海峡都市报》2013 年 2 月 1 日。

要品牌。原有的居民基本上都被迁出,安置在郊区的鹤林新城、丞相坑安置房和凤湖安置房等地。而与三坊七巷地位相当的上下杭街区,历史上会馆、商行林立,也是商人居住的街区,如今更是萧条,多次传出改造的信息,它的命运则相对不被人关注。

福州的房地产广告也不乏文化观念上的影响。在衣锦巷东端建立起的某楼盘,广告横幅就是"出将入相之地"。位于福州仓山区上街大学城的某房产广告:"居风水宝地,吸文儒之风。上街,传承福州三坊七巷之千年人文,文脉泱泱,为文化教育圈的新坐标。福州大学、福建师范大学、福建医科大学、闽江学院荟萃于此,人文荟萃,引领一代风骚。"广告图册上还有一家三口着民国服装,站在郎官巷前的图片。鼓楼区的某楼盘广告强调"作为鼓楼区最后一片珍稀自然大地,具有无可复制的土地稀缺价值",看重的是鼓楼区在人们心目中独特的老城区地位。一些公司还举办音乐会等社区文化活动,力图建构该社区的文化象征和价值意义。

在城市空间分布上,除了经济竞争因素,还有来自政府的主导力量,政府提出的规划和发展战略发挥着至关重要的作用。20世纪二三十年代,福建省政府建设厅在台江修公路、填地、建码头,直接导致这一带地价迅速上涨。而近年位于仓山区浦上大道以北的万达城市广场落成营业,改变区域内原有商业格局,成为福州新的商业中心,抬高附近楼盘的行情和价格。

从长时段考察福州城市的空间结构,可以发现,经济竞争并不只是影响城市空间结构的唯一因素,但经济竞争在总体上支配着城市空间的构造,而政府的决策、文化因素或社会价值观的认同等都会影响城市空间组织的微观结构。

都市计划引导下的民国汕头城市形态的变局

郑　莉①

摘要：汕头在没有整体都市计划前的晚清民初时，为让贸易更顺畅，已开始尝试近代化，并次第进行基础设施建设，包括交通运输和邮电网络。市政厅成立后，着手编制"汕头市改造市区工务计划"，经过修订和批准后，汕头快速推进都市建设，建立现代城市规划管理体系，成为民国第一批现代意义上的"城市"。

民国前和民国初期，汕头发展历程是跨越式，剧烈的，极具代表性的。它因港而兴，因贸而盛，在没有整体都市计划前的晚清民初时，为让贸易更顺畅，已开始尝试近代化，并次第进行基础设施建设包括交通运输和邮电网络。市政厅成立后，着手编制"汕头市改造市区工务计划"，经过修订和批准后，汕头快速推进都市建设，建立现代城市规划管理体系，成为民国第一批现代意义上的"城市"。众多的大事件成为推动汕头城市格局变化的重要动力，至今仍可在城市里阅读到它们留下的印记，从而通过辨认回顾汕头当时在城市格局变化，借此一窥中国城市近代化的一种历程。

一、民国前及民初开始各项基础设施建设

早在开埠（1860）前，汕头就因港口而带动商业贸易的兴起。先是在老妈宫前一带形成临海集市，后沿老妈宫向西的海岸发展。至清嘉庆年间，逐渐建起了柴米药材和修船等行当，并形成了行街、顺昌街等相对稳定、集中的商业区"闹市"。"闹市"虽属自由聚集，自发建设的市集雏形，但道路的横直相交，内外沟通，水陆连接，已形成以集中、通畅为主要特征的方格式格局。那时的"闹市"范围东至今民族路，西至今同平路，南至行街，北至今福平路。至清咸丰八年（1858），商贸区范围进一步扩大，且发展为店居混杂，原"闹市"逐渐退化成为市区腹地，故称为"老市"。

开埠后，帝国列强纷沓而至，洋人所兴建的洋行、教堂、医院、学校都是以占据海岸一带为主要特征。汕头本地的小商店业大多处于西北部靠韩江、榕江的一隅。

---

① 郑莉，华南理工大学建筑学院博士生，设计学院讲师。

新兴起的出口商行,则多处于靠海岸、接韩江的西南部。随后市区向西南海岸延伸,逐渐形成"四安一镇邦"(怀安街、怡安街、万安街、棉安街和镇邦街)和"四永一升平"(永兴路、永泰路、永和路、永安路和升平路)的商业街道和商业格局。

1873 年开凿的洄澜新溪,沟通汕头与内地的河运。

1904 至 1908 年建成的潮汕铁路,它和洄澜新溪有如两条大动脉沟通汕头与内地的河运、陆运。潮汕铁路的通车,南起汕头、北迄潮安,全长 42 公里,堪称汕头历史的一件大事。汕头经过 1860 年开埠至 1911 年民国成立 51 年间商贸海运的发展,成为潮汕、兴梅以及赣南、闽南进出口吐纳主要港口和商业中心。

1918 年至 1923 年汕樟轻便铁路建成全线完工,乘客和货物均可从汕头运输到澄海县城,交通范围进一步扩大了。

1922 年,修建了汕樟公路。

1923 年,修建广汕公路。

嗣后,又修建了潮揭、兴揭、揭普、潮普等多条公路,构建了完整商业交通网。

1929 年汕头飞机场完工启用,其他各项基础设施也较早较快发展,在多个领域处于全国领先地位。

1914 年由澄海籍巨商高绳之创办的庵埠水厂正式供水,汕头自来水公司正式营业,市区居民用上了自来水,汕头成为全国第九个拥有自来水的城市,省内仅晚于广州。

1929 年汕头电报局开始营业。1932 年,由汕头市政府与美商中国电气公司合作的公立自动电话公司成功营业,全市用上自动电话,是全国第九个实现市内电话自动化的城市。

1933 年,广汕无线电台开通。

海陆空交通运输网、邮电通信网络的发展,促进了汕头商贸的繁荣鼎盛。至 20 世纪 30 年代,汕头商业之盛仅次于上海、天津、大连、汉口、广州、青岛,位居全国第七位。港口年吞吐量最高达 675 万吨,仅次于上海、广州,位居全国第三位。汕头对外贸易也快速发展,20 世纪 20 至 30 年代,怡和、太古、渣华、华暹、民生等 10 多家轮船公司和招商局先后在汕头设立机构。汕头成为五岭以南第二大繁荣的城市。

交通方式的转型为汕头城向外拓展提供了动力,结构上也引导了功能组团的分区和城市新格局的形成。

二、市政厅时代的两次都市计划推动全面进行城市建设

辛亥革命的成功和民国的建立宣告了满清帝制的结束,汕头也从天然通商良港变成民国的南部商业中枢城市,这种剧烈的历史变革同样反映在了汕头城市的

形态上。正如 1921 年广州市市长孙科在汕头市首任市长王雨若上任时来电贺词所说："悉贵厅举行开幕典礼，怀忭(bian)莫名，窃惟汕头一埠为西南交通孔道，又为我粤富庶之区。商业蒸蒸日进不已，得我公镇其间刷新一切，行见政声丕著，开文明市之先河，市政釐(li)然作自治区之矜式，遂(ti)听之余敢不拜嘉，谨具燕(wu)词用，特此贺。"民国对汕头的经营，似乎不彻底改变汕头城市的旧貌则不足以表达时代的巨变和革命的精神。汕头城市这一形态的变化过程是在长达 20 余年的时间里断续推进、逐步完成的，既源自意识形态上的导向，也归因于一系列的制度设计和制度保障。新制度建设是汕头成为民国第一批现代城市之一的重要原因。

（一）早期次第实施市政建设是基础设施

1921 年 2 月，广东省议会通过《广州市暂行条例》，并于同年 2 月 15 日公布施行，广州市政厅正式成立，并由孙科任首任广州市市长，广州市成为全中国第一个"市"。同年 3 月，原隶属于广东省澄海县的汕头，成立汕头市市政厅，汕头开始城乡分治的历史。王雨若被任命为汕头市首任市长，蔡少庵、丘仰飞、黄虞石、蔡健、陈以湘、杜兰分别担任财政、工务局、公安、卫生、公用、教育局局长。① 从汕头埠到汕头市，这一转变显然并不是简单的名称变更，而是一次重要的制度变革，汕头因此成为中国第一批现代意义上的拥有独立市政府的城市之一。自此，汕头更多作为一个城市被提及。

首任汕头市市长王雨若，开始尝试仿照广州模式的现代市政理念，制订《汕头市暂行条例》开展汕头市改造和建设。作为中国第二个市政厅，汕头市市政建设以广州市马首是瞻，当时的汕头市工务局局长还会受市长命令，代拆代行技术由技正负责，局长要亲赴广州市调查工务，可见广州模式对汕头工务局的市政建设的影响深远，且实施紧跟其后。

汕头市政厅于 5 月开始印行《汕头市市政公报》，第 3 号布告就是警厅和工务局的任务明晰化，"为布告事照得本市业户建筑行店铺屋应有工匠报勘领照，在本厅未成立以前向由警厅核发，现在本厅所属各局业已开办，各有权责，建筑一项，属于工务范围，除由本厅令行工务局制备建筑勘图执照外，合亟布告仰各建筑工匠人等知悉，嗣后，凡关建筑请领图照事项，应即迳赴工务局勘报，照章请领，以资信守毋违此布。市长王雨若，十年四月十九日。"② 从此工务科管理市政建设和建筑之事，分设取缔课、建筑课，专门设有验筑路委员，并开始拟定取缔③建筑章程、改良升平街等市街、清除第一公园（前清衙署前公园）马路、拆卸福合埕房屋并建筑这

---

① 《汕头市市政公报》，汕头市市政厅总务科印，民国十年第 1 期（1921 年 5 月 2 日），第 23 页。
② 《汕头市市政公报》，汕头市市政厅总务科印，民国十年第 1 期（1921 年 5 月 2 日），第 55 页。
③ 冯江：《广州变形记》。"取缔"一词源自日文，意为管理、管束。

一带马路、迁徙坟墓，以及处理 1918 年潮汕大地震后倒塌平房等事宜。

1921 年汕头设立市政厅时，首任市长王雨若鉴于汕头尚没有公园，遂于市区东北部月眉坞拟划地为中央公园用地。但因建公园费用浩繁，且也涉土地产权等手续待理，因此公园建设一直未有实质性进展。

1922 年，汕头市政厅开始着手编制"市政改造计划"，却遇风灾，全面规划戛然而止。如 1923 年第二任市长萧冠英后来《六十年来之岭东纪略》一书中所提及"虽市政进行，经纬万端，莫不欲次第实施，然改造全市规模，自非兼顾统筹，实不足以归整齐，而昭划一，职厅前市长有见于此，正饬厅辖工务局从事规化间，忽遭去年八二奇灾，市库受其影响，以致厅辖各局亦因乏欵 kuan 维持，多数暂事收东裁併，于是前项规化亦遂中辍于无形"①。

（二）成功制订并实施都市计划全面推动城市建设

1923 年汕头市政厅将编制好的市政改造计划上报审批，因政局原因未予批准实行。1926 年，鉴于当时汕头自身商业发展的迫切需要及两次特大自然灾害的严重破坏，汕头市政厅以 1923 年的改造计划为基础修订规划，再次报呈广东省政府。在获得省政府的批准后，向社会公布实行。汕头市政厅着手对老市区进行规划改建并填海扩建新区，划分出工、商、居住、游乐等功能分区。1926 年的"汕头市改造市区工务计划"是近代中国地方政府独立制订、具有近代意义的比较系统的城市规划②，在统一规划的指导下，至 1938 年抗战前，规划提出的道路和用地布局基本实现，形成了东起外马路尾，北至乌桥，西、南至海边，面积约 3.3 平方公里的城市建成区，成功塑造了汕头这座近代新兴港口城市独具特色的城市风貌。

在这两次修订的都市计划中，已经开始有意识地运用西方先进的城市规划理念并根据实际情况进行科学论证，如分区规划、路网系统、旧城改建、开敞空间分布、市政设施建设、经济预算等，以此解决城市发展中的问题，制订出比较系统全面的城市总体规划，具有较高的理论、技术水平。同时对规划的关注已经从战前的物质空间转向重视整个城市功能的调整和发挥，对城市规划从近代向现代转变起到良好的过渡作用（如图一所示）。

---

① 萧冠英：《六十年来之岭东纪略》，第 126 页，1925 年。
② 沈陆澄：《城市规划指导下近代汕头城市格局的形成》，《现代城市研究》，2010 年第 6 期，第 56 页。

1. 从分析论证可见改革的决心

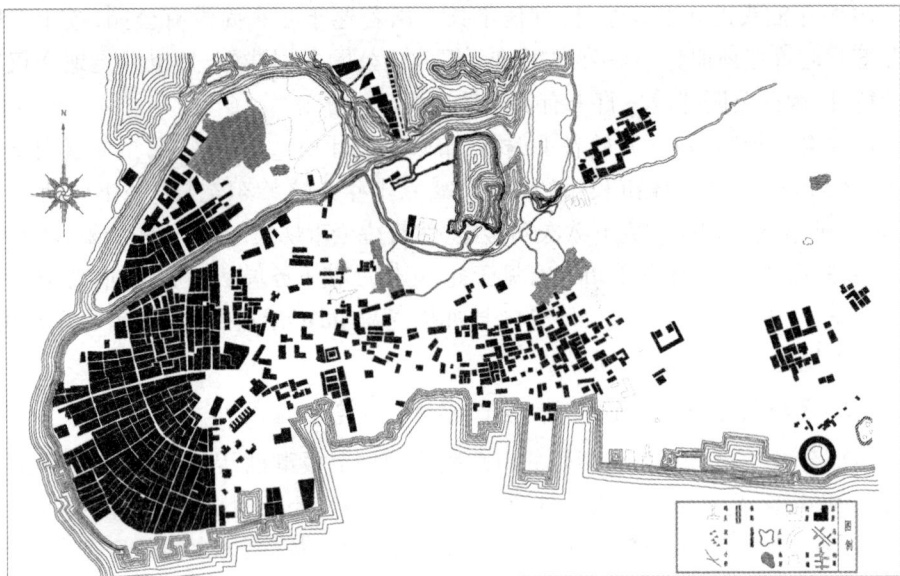

图一　1926 年汕头市改造计划图中的现状图

从图一可见规划前市区西南港埠沿海岸线扩展，街道从小公园伸向海滨，呈自发的放射结合环状的雏形，中部建设沿海岸散布，路网不成系统。[原为蓝图，民国 15 年（1926 年）由汕头市政厅提交的《有关改订市区计划文件及图表等》，藏于汕头市档案馆民国档案 12－12，现由郑莉、钟奎、黄苡航重描。]

在 1923 年"汕头市政之工务计划"和 1926 年"汕头市市政厅改造市区计划书"中，都分析了汕头的地理位置、自然条件、经济状况等，认为当时的汕头"较之沪港实不多让，诚天然通商之良港"，预测地方建设将有快速发展，可建成为我国南部工商业中枢。1923 年的计划批评道，在汕市成立后，因没有进行国家的规划，市政无从谈起，存在水陆不联络、街道太狭隘、水道淤塞、建筑危险等问题，并提出若继续持消极政策，任其自生自灭，即使没有风灾地震，实物缓慢酸化直至消失，只是时间问题。两次规划都强调对汕头进行根本改造刻不容缓，为了将来工商业和国民经济、政治社会的健全发展，必须从工务规划入手，此项事业重大，经费浩繁，需要政府和人民下定决心、齐心协力、积极投入，才能顺利进行。目标是"完美之域，为吾国历史上留一塍绩"。

从执政者对汕头的期待中，可以看到，似乎不彻底改变汕头城市的旧貌则不足以表达他们对时代巨变和革命精神的理解。汕头城市这一形态的变化过程是在长达十余年的时间里断续推进、逐步完成的，既源自意识形态上的导向，也归因于一系列的制度设计和制度保障。新制度建设是汕头成为民国第一批现代城市之一的重要原因。

2. 以"花园城"为目标进行分区规划

第一，改良都市的首要任务是扩张市域。

两次规划都提出东西方各先进国家地区能够国富国强，是因"以改良都市为先务"，收效快速明显，但汕头是自然发展，人口增加商业繁盛，民国建立后十多年来，尚可日进千里。

1923 年"汕头市政之工务计划"强调要有自上而下的指导，"若官府不因势利导，以求达于完全，则此后发达，不但不能充分，且将因此反无形退化"，同时指出不能再消极维持市政，而要积极进取，此刻最重要的是扩张区域。通过行政区划调整，赶筑长堤，填平海坦，另开新市域，建立模范区域，疏散旧区人口，改善居住条件，以利于经济发展，文化进步。

1926 年的"改造市区计划书"清晰提出了"花园城"的说法，"扩张区域以广容纳……以为异日郊外地方，计划花园城之准备。"可见欧美当时的城市规划思潮经过民国市政学者的积极引介后在近代中国城市得到广泛传播和实践。为了改善旧有都市面貌，市政当局在进行规划建设时，自觉地以"田园城市"作为指导思想。虽然并没有做到真正意义上的田园城市，但现代城市规划的思想对近代汕头城市发展产生了一定程度的积极影响。在规划理念上，通过对田园城市思想的解读，注重城市环境的塑造，重视城市园林公共空间的规划建设；而对"有机疏散"理论的解读，为近代汕头解决人口膨胀、产业布局等问题提供了一种新的、更科学的模式。新市域的拓展为城市的未来发展提供了广阔的腹地，为建国后卫星城的建设提供了条件；而城市公园等公共活动空间的建设则极大地改善了城市景观和环境，并对近代汕头城市基本格局的形成产生了重要影响。

第二，分区是必须先定者。

1923 年的"工务计划"在第二节中明确提出了"分区"一词。工务计划提出者萧冠英市长在呈省长的文件中强调"查市政最要之点，奚如划定区域，开关马路，取缔建筑，缩宽街道诸端。譬犹举网者必先提网，而振衣者必先挈领，网既举而目斯张，领既挈而衣斯整"。他认为将汕头"划为工业，商业，住宅，行政，游园等区"才能使得各事业顺应地势和本身需求发展，"关于划区之方法，不能不先定者一。"

计划中详细论述了各种用地布局的要点和按照汕头地形及实际情况的分区，可见这次分区规划已考虑到了不同地形的不同用途，及已建成潮汕铁路和汕樟轻便铁路和未来各公路完成后对功能分区可能产生的影响。其中强调了工业地区的选址要利用天然地势和交通状况，"划韩江西北部之将军烟火车站洞澜桥等为工业地区，取其水陆便利，风向相宜，且有河流为之隔离，四周隙地甚多，即他日发达扩张亦易也"。

1926 年的"改造市区计划"中加入了论证住宅地区相对于商业地区、工业地区在选址和建设上的区别,在分区中考虑了城市土地利用效率、地价区别的因素。提出住宅宜于清幽雅静、道路清洁、建筑简洁,不像商业地区那样繁盛热闹、街区"美丽宽大"、地价昂贵、建筑高大,也不像工区那样"坚牢",但为方便工作,劳工住宅将在工业地区附近建设。计划将老市及沿海而东至新填市区作为商业地区,将住宅地区集中设在旧市区东北部。住区毗连商业区,地价低廉,保留空地更多,接近"英国花园城之旨"。

全市中部被水围绕的空地作中山公园(1923 年此地计划作中央公园),公园东边对岸作为行政地区,市区对面自然的礐石山作为游乐地区。

两次规划都选择了市区的地理中心作为行政地区,"东南均临大马路、西北绕以韩江、交通既便、形势又佳、他日假能将各重要行政机关建筑在此、则建筑费之节省、处理政务之便利,以及增进市区美观、均有大效。"①有趣的是,市政厅时代办事机构到 1928 年中山公园建成之时,依然居无定所。因为市政厅成立伊始,政府根本没有财政基础,建设靠商家大亨,市政办公大楼选址也听出资者意见。然而定址问题上,大亨们各执己见,有选风景秀丽领事馆集中的礐石,有选处于西南的商业旺区,有选处八卦生门的东北角,有选崎碌。到了 1929 年,"汕头市政厅"改为"汕头市政府",许锡清接任汕头市市长。他召集汕头商界翘楚们,直接宣布:礐石隔海一重,交通不便,不便处理日常民事;西南寸土寸金,政府不应与商贸争地;东北多荒埔坟冢,有待发展;崎碌最合理,较僻静,地不贵,离商埠不远,政府大楼建此可带旺地气。城市发展,要讲究均衡。于是,行政中心从汕头市区地理中心偏北移到偏南,仍属新填市区,但更靠近商业地区。

汕头的分区计划主要受到十九世纪下半叶欧美现代城市规划理论和"土地分区""功能分区"等规划概念的影响,现代"城市规划"的某些观念和特征开始在汕头出现,事实上改变了汕头城市的内在秩序,如图二所示。

图二　1926 年汕头市改造计划图

---

① 民国 15 年(1926 年)由汕头市政厅提交的《有关改订市区计划文件及图表等》,汕头市档案馆民国档案 12 - 12。

规划结合自然地形和实际情况,采用格子形、放射线、圆圈式相结合的路网,并借鉴19世纪欧美城市规划理念,划分商业、住宅、工业、行政、休憩等功能分区。[原为蓝图,民国15年(1926年)由汕头市政厅提交的《有关改订市区计划文件及图表等》,汕头市档案馆民国档案12-12,现由郑莉、钟奎、黄苡航重描。]

3. 道路系统以"欧美各国成例"

民国时期,道路是"都市发展与存在直接之紧要关键",汕头的执政者认为在改良都市期间,必须参照当时西方各国最新设计。萧冠英认为道路系统和断面是整个市政规划先定者之一。两次规划都按照地形,以美观、交通便利、实际情况为原则,使用格子形、放射线、圆圈式三种,结合使用,互相联络,并以"欧美各国成例"列出街道设计要点,细致到包括横断面、电线柱、下水道、筑路材料选择、行道树种植。

道路系统的规划不只是为了交通的改善,而且明显有着意识形态上和商业的需求。

除了西部老市沿用已有街道路网,东部住区使用格子形之外,中部市区街道是以行政地区为中心设置放射线的,新区路网再辅以格子形和斜线形,这样的具体安排和形状,明显是以美国城市作为典范进行规划的。放射线一端指向海岸,另一端是城市公园,当然公园旁边就是行政地区,即表达了以象征着市民美好生活的公园为建设重心,也明显可看出十九世纪欧美城市美化运动的影响。

在商业上的考虑,可见于放射线道路宽度在老市区特意缩小尺寸,以减少对建成区商人的损失;堤岸路最宽,因为船舶辐辏,人货起落;为求经济便捷,将火车路线连线至市区公园西边,直达海岸,和船舶联系。

规划认为完成分区和道路系统规划之后,全市规模初具,方可从事建筑。

4. 旧城改建遵循广东省章程

市政厅建立之前,老市街道已经百年逐渐建成,"私人铺屋前后随意铺砌,并未经公共规划取缔"[①],杂乱无章,因陋就简。早在王雨若在任期间,汕头获得省长批准开始实施取缔建筑缩宽街道的章程。1923年和1926年两次规划直接将王市长制订的取缔建筑缩宽街道章程纳入规划内。规划通过具体的章程对旧城内各巷道进行全面系统的梳理整改,用制度营建近代化城市。

对旧城的改建是汕头市政厅工务局刚成立就开始的工作,而骑楼是改造简陋铺屋的方法。1912年陈炯明通过颁布了《广东省警察厅现行取缔建筑章程及施行细则》已有规定堤岸及各马路建造铺屋,均应在自置私地内留宽八(英)尺建造有

---

① "取缔"一词来源于日本,是指监督、管理。日本经过明治维新,学习欧美先进知识,社会经济发展迅速。民国初期,市政建设学习欧美国家最新城市规划理论和实践成果,很多词语则直接使用日本的翻译,如都市计划、工务计划、取缔建筑。

脚骑楼,以利交通,1921 年 2 月广州建立市政厅,3 月汕头是中国第二个建立市政厅的城市,时任广东省省长兼粤军总司令陈炯明委任王雨若为汕头市首任市长,王雨若对陈炯明的策略自然坚决拥护,同年 5 月 30 日的《汕头市市政公报》即见要求工务局呈拟取缔建筑章程的命令和要求对升平路着手改良街道并绘具图纸命令。1923 年的升平路、永平路的骑楼街建成,随后至 1938 年建成 19 条沿着原地形建成的放射平面的骑楼街。

5. 以公共空间获得认同感

这两次规划所设"行乐地区"除了礐石天然山水之外,就是利用现有四面环水的月眉坞地形建设中央公园(1926 年改为中山公园)。以美国中央公园为典范,在城市地理中心设置利用地理条件设置公园,对于发展市区提升地价可收无形效果,因为周围是空地,成立公园后,游人络绎,空地就会变成繁盛市场。

和晚晴时期完全忽略生活公共空间的商业城市相比,民国初年更重视公共空间和人民生活环境的愉悦程度,还在中央公园里规划设博物馆、图书馆等面向更多市民的公共设施。如同广州建设公共空间的目的,通过高品质公共空间的提供,政府力图获得更多市民的认可和支持,因为对公共空间的认同感会或多或少转化为意识形态的认同感。①

6. 经费筹措

执政者踌躇满志,但巧妇难为无米之炊。市政厅只有原来警察厅的收入,以此支撑开创市政的经费,还要分给各局机关,捉襟见肘,只好先进行较为消极和初步的计划。原本想像广州那样向省政府申请拨助,但省库空虚,支出艰难。于是,王雨若市长在任内批准为筑堤一事专门设立堤工局办理,并兼谋市政发达。通过修筑海堤、填筑海坦以及出卖填海地皮以获得一笔可贵的土地基金,为汕头市政厅全面推进市政改革,实施工务计划奠定经济基础。然而,正在积极进行的时候,却遇到了八二风灾,汕头市市库收入一时枯竭,筑堤一事中辍。

1923 年工务计划中提到,从建市至 1923 年,市政费用一直是件难题。萧冠英到任后,立即在 1923 年的规划中督促王雨若筑堤等事情的进行。在刚开始进行,忽然接到徐省长命令将堤工局恢复,并划为独立机关,委托督办专任其事。堤工局脱离市政厅,使得市政厅大受打击,没有了收入的市政厅"几成坐糜公帑之空闲机关"。

1926 年的"改造市区工务计划"继续筑堤填海卖地支持市政建设。

结语

1926 年之前次第实施的市政建设为后来的全面规划提供了坚实的基础。

① 冯江:《广州变形记》。

1926 年的汕头市市区改造计划则是以此贯穿城市规划全过程的规划实践,至 1938 年抗战前,汕头已基本完成了所规划的建设(如图三、图四所示)。而民国时期,国民党政府对南京、上海等开埠城市做过比较系统的城市规划,但绝大部分都没有得到实现。汕头跟随广州,在中国南方,最早建立市政厅系统,最早开始进行全面市政规划,又有较长政治军事相对平静的时期来进行建设,所以有机会较完整地践行了近代城市规划的全过程。然而,汕头城市形态的变化根源和过程并纯粹是城市规划的结果,其实现过程和广州很相像,广州是"以孙中山所提出的'花园都市'为纲领,城市精英们抱持着革故鼎新的态度,以制度建设为先导,以市政改良为途径,引入西方城市规划思想和操作经验,从民国初年的……筑马路、兴办市政,到不断完善都市计划、制订城市格局,采取拓展市区范围……实行分区制、建设……平民住宅、辟建公园、兴建公共设施等措施,一步一步达成了对广州城市的再造。"①广州近代化之路,迅速成为汕头仿效的对象,但汕头的近代城市建设明显带有商业城市的个性,不只是道路和分区服务于商业发展,商业地区也占据市区大部分面积,它的行政办公大楼在市政厅成立 8 年后才建成,晚于各种和商业息息相关的建筑,如邮政局、人民银行、海关、大部分骑楼街,甚至晚于经费极为浩繁的中央公园。

这一时期按照规划进行大量建设,与商贸发展互为促进,使汕头经济繁荣一时,成为粤东、闽南、赣南货物之主要集散地,成为我国重要海港城市。

图三 1937 年最新汕头地图

　　彩色地图中,黄色道路为已完成道路,白色路网为未完成部分,可见规划的实践还是较为完整的(地图藏汕头市档案馆)。

---

①　冯江:《广州变形记》。

图四 1938 年日本飞机轰炸汕头前拍下的照片

从照片中可见商业地区建筑仍然密集,筑堤填海完成的沿海新区已开始被各商家仓库和码头占据。

孤岛时期上海日常生活研究
——兼及日常生活研究中的空间视角

姚霏[1]

摘要:战争时期的日常生活,不是战斗生活,却与战争关系密切。本文主要勾勒 1937 年"八一三事变"爆发后至 1941 年底太平洋战争爆发前,即所谓"孤岛"时期的上海民众的日常生活,同时引入空间概念,分析租界与华界界线对"孤岛"地理范围以及孤岛时期难民出入、难民收容所分布和民众日常生活的影响。

关于上海的抗战生活,最著名的作品是陶菊隐的《孤岛见闻》,后来陈存仁的《抗战时期生活史》也出版了,两者相映生辉,成为了解上海抗战时期日常生活的重要文本。不过,解读抗战时期上海生活还有一个重要渠道,那便是各报纸杂志社出版的期刊和征文集成。本文主要利用《上海生活》等抗战期刊和上海华美报馆整理出版的《上海一日》征文集,结合《孤岛见闻》和《抗战时期生活史》,还原孤岛时期上海社会的日常生活。同时,本文尝试引入空间视角,强化抗战时期日常生活研究中容易忽略的城市空间感,提供一个解释现象、理解历史的全新维度。

一、四面八方涌向"孤岛"

八一三淞沪战役一打响,上海的公共租界和法租界便宣布中立。随着战事的发展,上海除租界外的绝大部分地区沦陷。于是,上海开始了一段有别于其他抗战城市的生活史——孤岛时期生活史。陶菊隐在《孤岛见闻——抗战时期的上海》一书中这样提到:

"孤岛"这个名称不知是谁首创出来的,当时普遍流行……这个"孤岛"泛指上海租界,但它既不包括租界全部,也不包括沪西越界筑路地段。他的面积,东自黄浦江以西,西自法华路、大西路以东,北自苏州河以南,南自肇家浜以北。苏州河以北的虹口区虽也属于公共租界,但该区向为日本军事机关及日侨的集中地,俗呼为"东洋租界",因此不属于"孤岛"之内。[2]

八一三事变爆发后,凭着历次经验,上海周边的难民纷纷涌入上海租界。据《申报》记载,其时"凡住居闸北区域内与闸北毗邻各处之人,即纷纷向苏州河以南

---

① 姚霏,上海师范大学历史系副教授。

② 陶菊隐:《孤岛见闻———抗战时期的上海》,上海人民出版社 1979 年版,第 27~28 页。

逃避。"①仅 8 月 13 日当天,就有 6 万余名难民涌入租界。② 据不完全统计,战争发生后,上海附近聚集的难民多达 130 万。③。涌入租界的难民,高峰时甚至达到 70 万以上。④

以往对难民涌入租界的研究,往往止步于人数统计和现象描述。事实上,要理解八一三后难民涌入租界的情况,空间概念必须引入。自 1843 年上海开埠以来,上海租界不断扩张,却也从未有过明确的华洋界限。仅在几次战乱期间,设立过一些铁栅门,但仅用来应对非常状况,平日并不使用。据郑祖安研究,1937 年前,公共租界的铁栅门东起虹口,沿苏州河,西至恒丰路桥。⑤ 显然,公共租界的这些设施主要起到与北面宝山一带隔离的作用。但因有苏州河这一天然屏障,公共租界的铁栅门数量有限。而法租界则由于与华界"接壤"较多,从东面的十六铺向西,再向南直到斜桥,布置了三十余处铁栅门。⑥ 1937 年八一三事变爆发后,法租界从防务角度考虑,雇佣大批小工,从斜桥至日晖港筑起一道长达 2 公里左右的厚实砖墙,仅在几个要道路口和桥上开了铁栅门。而公共租界也乘机向越界筑路区域推进,将其西面的防御工事推进到沪杭铁路里侧。公共租界的西界,从北面的沪杭铁

---

① 《战时状态下闸北巡礼》,《申报》1937 年 8 月 13 日。

② 陶菊隐:《孤岛见闻———抗战时期的上海》,上海人民出版社 1979 年版,第 3 页。

③ 转引自王春英:《抗战时期难民收容所的设立及其特点》,《抗日战争研究》2004 年第 3 期。

④ 郑祖安:《八一三事变中的租界与中国难民》,《史林》2002 年第 4 期。

⑤ 吴淞路、靶子路(今吴淞路、武进路)口;北四川路、靶子路(今四川北路、武进路)口;北江西路、靶子路(今江西北路、武进路)口;北河南路、宝山路(今河南北路、宝山路)口;北山西路、界路(今山西北路、天目东路)口;克能海路、界路(今康乐路、天目东路)口;北浙江路、界路('今浙江北路、天目东路)口;爱而近路、北浙江路(今安庆路、浙江北路)口;海宁路、甘肃路(今海宁路、甘肃路)口;热河路、新疆路(今热河路、新疆路)口;开封路、北西藏路(今开封路、西藏北路)口;阿拉白司脱路、北西藏路(今曲阜路、西藏北路)口;新垃圾桥(今西藏路桥)堍;乌镇路桥堍;新闸路桥堍;大桥(今恒丰路桥)桥堍。

⑥ 法兰西外滩、方浜路(今中山东二路、东门路)口;小东门路、法华民国路(今方浜东路、人民路)口;闵行路、法华民国路(今真如路、人民路)口;福建路、法华民国路(今枫泾路、人民路)口;太古路、法华民国路(今高桥路、人民路)口;舟山路、法华民国路(今龙潭路、人民路)口;台湾路、法华民国路(今黄代路、人民路)口;新开河、法华民国路(今新开河南路、新开河北路与人民路交界处)口;老永安街、法华民国路(今永安路、人民路)口;天主堂街、法华民国路(今四川南路、人民路)口;兴圣街、法华民国路(今永胜路、人民路)口;吉祥街、法华民国路(今江西南路、人民路)口;紫来街、法华民国路(今紫金路、人民路)口;老北门大街、法华民国路(今河南南路、人民路)口;典当街、法华民国路(今金门路、人民路)口;麦底安路、法华民国路(今山东南路、人民路)口;磨坊街、法华民国路(今盛泽路、人民路)口;郑家木桥街、法华民国路(今福建南路、人民路)口;新桥街、宁波路、法华民国路(今浙江南路、淮海东路、人民路)口;自来火行东街、法华民国路(今永寿路、人民路)口;八里桥路、法华民国路(今云南南路、人民路)口;皮少耐路、法华民国路(今寿宁路、人民路)口;华盛路、法华民国路(今会稽路、人民路)口;敏体尼荫路、麋鹿路(今西藏南路、方浜西路)口;白尔路、蓝维蔼路(今自忠路、西藏南路)口;辣斐德路、蓝维蔼路(今复兴中路、西藏南路)口;安纳金路、蓝维蔼路(今东台路、肇周路)口;茄勒路、蓝维蔼路(今吉安路、肇周路)口;平济利路、蓝维蔼路(今济南路、肇周路)口;劳神父路、蓝维蔼路(今合肥路、肇周路)口;康悌路、蓝维蔼路(今建国东路、肇周路)口;杜神父路、蓝维蔼路(今永年路、肇周路)口;徐家汇路、蓝维蔼路(今徐家汇路、肇周路)口。

路桥到南面的虹桥路一线,或密置铁丝网,或下掘地壕、上堆沙袋,严密戒备。至此,开埠以来未能形成的较为正规的租、华两界分界线,在战争这一非常状态下形成了。正是这样的封锁线,直接影响了难民涌入孤岛的方向和特征。

八一三淞沪抗战期间,公共租界和法租界前后经历了两次难民潮的冲击。第一次是在事变爆发后。由于虹口、闸北成了中日交战之地,当地的中外居民大批涌向苏州河南的租界地区。"北四川路一带,人和车排成长蛇般的行列。有背起包裹走的,有托儿抱女跟在老虎车后的,有舒适地坐在汽车上的,蠕蠕的前进投入租界(苏州河以南)的怀抱里"。①"外白渡桥"是虹口、杨树浦通往苏州河南地区的最近通道。当时,整个大桥以及外滩大道上,人流车流滚滚,自早至夜,未曾停止。"白渡桥上的人,拥挤得如钱塘江的怒潮,奔腾澎湃地在寻求出路。那时,地上婴儿的哭声,行走迟缓的老弱的男女,被压在地下的呼救音,呼儿唤女的悲啼音……这一切的声音,震动天地,惨彻心脾。又因人心慌乱,亟望逃出战区,所以人如蜂拥……难民为了要逃生,衣箱也抛了,被褥也丢了,满路尽是遗弃物,把宽阔的马路,弄得隘狭难走了。"②虹口、杨树浦的大部分地区本就属于公共租界范围,故苏州河东面的桥梁必须对难民开放。但界路和北西藏路一线面向华界,公共租界当局在战斗伊始便将所有铁门关闭。不过,这种关闭不是绝对的。闸北地区的大部分难民还是可以从北西藏路以西的新闸桥、新大桥通过,或从新垃圾桥至新大桥之间的河岸南渡进入租界。南边的法租界情况又有所不同。与之毗邻的上海南市,在战斗开始初期虽不是战区,但仍有炸弹飞临之险。于是,南市居民也开始小规模地向法租界流动。法租界的铁门虽也自8月13日起关闭,但还是采取上下午各开放一次的办法。如8月14日上午10时半,在法租界与南市交接的各个要口,铁栅门上的小铁门(边门)都打开,让行人通过。到下午3时,又将东新桥街、八里桥街等处的大铁门打开,让往来的行人、车辆通过。

第二次难民潮在10月至11月间。在日本海陆军事力量的猛烈进攻下,位于上海西北的大场于10月26日失守。相邻的真如、闸北、江湾一带战区的难民恐慌到极点,便沿着沪杭铁路线滚滚南下,想通过公共租界的西部防御线投入租界。11月10日,日军在浦东登陆。南市及远至徐家汇的华界随时有被日军占领的可能。这一带的居民也以汹涌之潮涌向相邻的法租界。然而这一时期,两租界的情况和当局对难民的态度开始变化。因沪杭铁路线以东的原越界筑路区域尚有一些空地,公共租界当局有时会接纳一部分沿铁路线急下的中国难民。但公共租界的中区和法租界,经历了上一波绵延两个多月的难民潮冲击,界内所有的难民收容所已

---

① 《逃难杂忆》,载朱作同、梅益主编:《上海一日》第二部第一辑,华美出版公司1938年版,第20页。

② 《从战区带来的消息》,载朱作同、梅益主编:《上海一日》第二部第一辑,华美出版公司1938年版,第15页。

人满为患,大量的新难民遍布街头。出于接待能力和自身安全考虑,租界宣布暂时关闭对外交通。法租界因直接面对南市,特于11月10日发出禁止一切交通的戒严令。① 于是,大批从南市涌来的难民被阻挡在铁门之外。纵观这一时期的新闻报道和文字记录,难民无法进入租界的情况几乎无一例外地发生在华法交界的铁门前。

民国路上塞满了三四天没有滴水进口的奄奄待毙的男女老幼。那几天又下着雨,就只在雨中淋。法租界的铁门关得铁紧,法国兵和安南兵守卫着门里的铁丝网,不许难民越雷池一步。②

(铁门里)几个声势汹汹的巡捕把守住,非要有通行证才可进去……天空中出现了一架日机……于是起了个重大的纷乱和骚动,后面的人尽力向前拥。男的叫,女的哭,夹杂着被挤倒在地上的孩子被践踏的惨叫声。但是,他们继续互相拥挤,谁也不能从这堆人群里,救出那被挤倒的孩子。假如蹲下来,就有遭到同那孩子一样的命运。③

只见铁门内许多法警和安南兵,荷枪据守。门外的人,如木雕一般的挤立着,悲惨的眼光,和界内外兵对视。忽然想起我所租的房子,是临界边的,可以由前门进去。遂挤到该屋叩门,房东在内问是谁? 我即说家中搬来了,但铁门关闭,不能进来,我想走你前门进来呢。房东答道:门外人多,若将门开了,别人也都要冲进了,倘被巡捕看见,是要受罚的。我说道:待我先把家中接来,等在门口,待机而行罢。遂又挤了过去,好容易把家人接了过来,倚门而立。这时有许多人,见我们要走这大门,都围了过来。我见这种情形,知是不能开门,只得若无其事地坐在门口。这样捱了一个时辰,围的人也散去了许多,有的也不十分注意了,我即暗暗地关照房东,一面自己也预备好。突然门一开,我们即窜了进去,接着外面的人,也接踵地冲了进来。房东发急地喊道:"巡捕来了啊! 快关呀! 关起来呀!"七八人用尽平生之力,总算把门关上。……走到楼上,凭窗下视,只见难民比前更多,箱笼被褥,木器家具,千车万担,绵延数里,呼号啼哭,惨不可喻。忽见第四家楼上,向下面抛掷许多大饼。于是万头攒动,群相争食。不一刻发完了,人渐渐地散开,只有少数的吃着,多数的望着。④

铁门突然的开了,饥饿的人们,不,已经失去了人类意识的疯狂了的饥饿之群,如黄河决口向着租界里潮涌而来,他们忘记了已有三天没有饮食,凭他们疲惫不堪了的躯壳,冲! 冲! 向着租界里冲! 残忍的木棍在"人"的手中使劲地挥动,在另

① 《徐家汇路局部戒严》,《申报·夕刊》1937年11月11日。

② 张一望:《沦陷前后的上海》,汉口群力书店1938年版,第51页。

③ 《铁门的内外》,载朱作同、梅益主编:《上海一日》第二部第一辑,华美出版公司1938年版,第31页。

④ 《搬家的纷扰》,朱作同、梅益主编:《上海一日》第二部第一辑,华美出版公司1938年版,第37页。

一种人类的头脑上沉重地打着打着,不绝地打着! 脑壳碎了,鲜血在流! 前面的人跌下地去了,后面的,那里顾到,尽是在他的身上踏过去,踏过去。冲! 冲! 向着租界里冲!①

二、"孤岛"新家:难民收容所的日常生活

大量难民进入租界,多因没有容身之地,流落街头巷尾,就地坐卧露宿,情形极为悲惨。针对这种情况,上海各慈善团体、各旅沪同乡会及其他社会组织召开紧急会议,当即成立机构开展难民救济工作。当时,上海市救济会是最具影响力的难民救济机构。它由上海市社会局、上海慈善团体联合救灾会、中国红十字会、世界红卍字会、中国华洋义振救济总会、中华公教进行会等机构共同组成,"纯以慈善普济为宗旨,办理非常时期的一切救济事宜"②。由国民党上海市政府社会局局长潘公展任主任委员。其成员之一的上海慈善团体联合救灾会还特设"救灾战区难民委员会"专门负责难民救济工作。除此之外,上海国际救济会③、旅沪同乡团体在救助难民方面也扮演着重要角色。

各救济机构成立后,救济收容难民的工作就如火如荼地开展起来。据《申报》所载上海市救济会之调查,至9月20日,由上海救济委员会设立兼供给粮食的收容所就达59处,其他机关办理而由该会供应粮食的收容所有12处,其他机关办理兼供给粮食的收容所达39处,开办后办理不善而中止的以及尚在筹备中的收容所亦有30余所,即最多时达140余所。④ 而从8月12日战事爆发的前一天到9月底上海市救济会改组,市救济会收容难民最多时达8.4万余人,上海其他救济机关团体及同乡会收容难民最多时达20.65万余人。⑤ 另据1938年第一卷第六期的《战地》杂志介绍,当时孤岛上的难民收容所有200所左右,主要由中国红十字会国际救济委员会、上海慈善团体联合救灾会救济战区难民委员会、上海慈善团体联合救

---

① 《人间活地狱》,《申报》1937年11月14日。
② 《市救济委员会办理救济难民情形(上)》,《申报》1937年9月20日。
③ 该会由上海华洋义赈会会长宋汉章、饶家驹发起,由中国红十字会关炯之、王一亭、庞京周、闻兰亭,慈善团体联合救灾会屈文六、黄涵之,中国济生会冯仰山,公教进行会陆伯鸿,上海华洋义赈会宋汉章、顾吉生,华董林康侯,佛教园瑛法师等代表,以及各国驻沪领事、西商领袖参加。该会在吕班路震旦大学广场上,以席棚搭建第一、第二、第三个难民收容所,收容难民六千余人。1937年9月7日,在延平路空地搭棚设第四难民收容所,专事收容杨树浦一带难民。在小沙渡路、澳门路空地搭棚设第五难民收容所,收容大场、江湾、南翔、真如等处难民。在钱庄会馆设第六难民收容所。当中国军队撤出上海后,该救济会的饶家驹神父积极与各方联系,发动社会力量,在征得日方同意的情况下,成立了南市难民区。南市难民区内部分为9区,区内总办事处分设难民组、居民组、警卫组、卫生组、给养组等,各区设区长,区长之下分设总务、文书、训导、涉及、给养、庶务、卫生、清洁、登记、调查、医务等股,分别处理各项工作。
④ 《市救济委员会办理救济难民情形(上)》,《申报》1937年9月20日。
⑤ 《市救济会结束前工作》,《申报·夕刊》1937年10月2日。

灾会难民救济分会所办,共计收容难民 20 万。其中尤以上海慈善团体联合救灾会难民救济分会所办收容所最大,达到一百余所。[①] 根据上海慈善团体联合救灾会救济战区难民委员会的工作报告,我们可以了解这一百余所收容所的名称、地址、结束时间和分布情况,详见表一。

表一　上海慈善团体联合救灾会开办收容所一览表

所名	地址	结束时间
培明	赫德路新闸路	1937 年 8 月 27 日
寰球	卡德路	8 月 28 日
苏州	新闸路大通路	8 月 28 日
正风	姚主教路一〇四号	8 月 31 日
青华	白克路	8 月 31 日
渭风	大通路一三八弄二二号	9 月 10 日
国泰	虞洽卿路	9 月 10 日
顺源	不详	9 月 13 日
国光	爱文义路六三五号	9 月 18 日
抛球	南京路三五六号	9 月 20 日
北税专	康脑脱路一二五〇号	9 月 20 日
万云	敏体尼荫路口	9 月 22 日
民光	胶州路愚园路口	9 月 23 日
税专	姚主教路五〇〇号	9 月 25 日
浙江	浙江路	9 月 28 日
青莲	福州路	10 月 8 日
温州	三马路	10 月 8 日
恩派亚	霞飞路口	10 月 12 日
通惠	马浪路	10 月 16 日
静安	静安寺路夏令配克	10 月 17 日
和安	成都路	10 月 18 日
三山	福州路	10 月 20 日
共舞	爱多亚路	10 月 23 日
赣榆	大西路三一三号	10 月 25 日

---

① 但在 1938 年 1 月,由于经济困难,所有收容所的给养统一由中国红十字会国际救济委员会提供。

所名	地址	结束时间
竟成	北成都路一〇五〇号	10 月 27 日
金华	静安寺路戈登路一〇五一号	10 月 28 日
位育	拉都路西爱咸斯路	10 月 30 日
护国	孟德兰路护国寺	11 月 10 日
恒丰	康悌路四五五弄 A 二号	11 月 10 日
大西	大西路三一三号	12 月 5 日
精诚	民国路吉祥街	12 月 5 日
一元	虞洽卿路	11 月 13 日
新亭	派克路白克路	11 月 16 日
七浦	七浦路无锡同乡会	11 月 23 日
天潼	天潼路	11 月 23 日
呢绒	山西路一二九号	11 月 30 日
恒顺	江西路天津路	12 月 4 日
卿云	爱文义路大通路王家沙花园七号	12 月 4 日
葆壬	爱文义路	12 月 4 日
玉佛	成都路八五三号	12 月 8 日
昼锦	二马路昼锦里	12 月 18 日
候遣	二马路云南路口	12 月 20 日
等候	南京路三五六号	12 月 20 日
华法	民国路	12 月 21 日
慈航	宁波路五五五号	1938 年 1 月 22 日
鸿运	福州路鸿运楼	2 月 20 日
小世界	城内邑庙后	2 月 20 日
群益	爱而近路北河南路口	2 月 20 日
群玉	汕头路八三号	4 月 1 日
仁爱	广西路三四一号	4 月 5 日
莲社	天潼路老唐家弄一六四弄九号	4 月 5 日
正大（工华）	天津路二五号	4 月 6 日
金城	北江西路一〇五号	4 月 8 日
复兴	福州路四七二号	4 月 17 日

续表一

所名	地址	结束时间
长康	阿拉白司脱路一六〇号	5 月 26 日
第二候遣(慈恩)	南京路三五六号	5 月 31 日
新光	新闸路九二一弄一五号	6 月 1 日
康悌	康悌路四五五弄 A 二号	8 月 31 日
大慈	宁波路五四〇号	不详
中央	江西路六三号	不详
永固	江西路汉口路一三一号	不详
安养	北京路三六〇福兴里一一号	不详
永宁	河南路一一〇号	不详
会宾	汉口路六二一号(爱文义路一一二五号)	不详
慈永	南京路四五〇号慈永里八号及盆汤弄四〇号	不详
残废	爱多亚路七五〇号(老唐家弄一三六弄一一号及一四六弄一一号)	不详
安义	河南路一八九号	不详
胶州	河南路六八、七二号	不详
大悲	宁波路五五五号	不详
怀远	河南路二六号及三〇号	不详
仁本	山西潞一二九号	不详
大鸿	福州路八四号	不详
丝业	山西路二五五弄 E 一二号	不详
老人	九江路三八二号(老唐家弄裕庆里七弄二一号)	不详
民毅	湖北路一九三号(河南路宁波路一九〇号)	不详
月明	九江路四五六号(南京路二一二慈乐里口)	不详
慈济	河南路三六三号	不详
慈和	南京路江西路三〇五号	不详
慈惠	河南路三九三号	不详
尊圣	茄勒路二七一号	不详
道德	平济利路一一一号定海会馆	不详
仁义	东新桥九二号	不详
孤儿	巨波来斯路七八弄七号	不详

所名	地址	结束时间
卡德	静安寺路七四二号	不详
净业	爱文义路一四〇〇号	不详
坤范	爱文义路葆壬里一一一七号	不详
徐汇	徐家汇徐汇中学	不详
顺祥	劳勃生路顺祥里 Z. Z. 四二〇七号	不详
新安	北成都路九七九号	不详
慈生	槟榔路二八〇号玉佛寺内	不详
清凉	新闸路一五号辛家花园	不详
圆明	大西路 D. 五〇号	不详
大运	北河南路四六七号	不详
明德	天潼路老唐家弄一四五弄第二家	不详
爱文	天后宫桥市商会	不详
渭兴	北江西路崇明路八七号（崇明路八五号天潼路四七八弄一〇号）	不详
慈乐	天潼路八七四及一四六号	不详
合泰	北福建路三三〇号	不详
泰利	北福建路三泰路四一弄八号（北福建路三泰路四号）	不详
慧成	开封路二一〇弄 I. D. 七号（九号）	不详
天蟾	北浙江路龙吉里一三九弄八至十号	不详
宁安	海宁路宁安坊八至一四号（北浙江路宁安坊八号及十四号）	不详
棣隆	爱而近路棣隆里九九七弄八号（爱而近路被山西路五六八弄棣隆里五号）	不详
梅园	延平路申园球场	不详
延平	延平路申园球场对面	不详
慈愿	北浙江路七浦路口	不详

资料来源：《上海慈善团体联合救灾会救济战区难民委员会半年工作报告》（1937 年 8 月至 1938 年 2 月）第一期，第 23～24 页；《上海慈善团体联合救灾会救济战区难民委员会半年工作报告》（1938 年 3 月至 1938 年 8 月）第二期，第 33～34 页。

从难民人数来看，到 1937 年 12 月，各收容所共收容难民 46080 人。每月入所人数都在万人以上,且入所人数大于出所人数;①到 1938 年 1 月后,入所难民人数明显下降,且除 5 月以外,出所人数都多于入所人数。截止 1938 年 8 月,各收容所共有难民 35675 人。② 到 1939 年 8 月,由于"捐款日少,经济困难,借用之房屋亦以商业渐形发展,纷纷索还",上海慈善团体联合救灾会难民救济分会不得以疏散难民,仅存 19500 余人,各收容所也合并为 16 处。③

收容所内的日常生活可以通过一些个案来了解。坐落于劳勃生路一一〇号的上海慈联分会第三十四收容所(前名第六十收容所),其原址是私立上海中学第三院。④ 收容所最初有难民 300 多人。后大量难民涌入,通过遣送回籍等方式,长期保持在 900 余人。大半是太仓、嘉定、宝山等乡村的妇女和孩子,成年男子仅占百分之二十。收容所最初设在一幢三层洋房内,空地宽敞,光线充足。可是 1938 年 5 月后,先是屋主要收回房屋,后被各慈善团体合办的难民产科医院承租,只得另在空地上盖起芦席棚四进,每进十间,供难民居住。温饱问题方面,难民的给养,先后由上海难民救济会、非常时期难民救济委员会上海市分会、国际红十字会上海分会等团体供给。每天有专任的难民制作,分二次发放,每人每次干饭一大满碗、稀饭二大碗。蔬菜方面,始终是素菜,只在春节前后,由各职员用私人名义向友朋亲戚中捐得肉数百斤,平均发给全所难胞。冬夏两季,国际红十字会还会发来几套衣服。

教育,尤其是难童教育是收容所管理中十分看重的部分。劳勃生路收容所难童最多时有五百多个,其中学龄儿童有四百多。男女童早起后一律进行健身操、赛跑、打球、跳远、跳高等活动。上午八时至十一时,下午一时至四时是上课时间。国语、算术、常识、音乐、体育,在普通短期小学里所有的功课基本都有。晚上七时到九时是成人的上课时间。白天工作,晚上求学,和民众学校相仿。不过成年人学习的积极性就不如儿童了。⑤

早在 1937 年 10 月 30 日的《新闻报》上,就曾报道金城难民收容所设立印刷工场的新闻。尽管工场简陋,仅有闸北某印刷所旧有的脚踏架两部、中文老宋体字架数只和四名印刷工人,但也承印了慈善团体联合会救灾会的一切印刷品。⑥ 后来,

---

① 《难民入所出所统计表》,《上海慈善团体联合救灾会救济战区难民委员会半年工作报告》(1937 年 8 月至 1938 年 2 月)第一期,第 9 页。

② 《难民入所出所统计表》,《上海慈善团体联合救灾会救济战区难民委员会半年工作报告》(1938 年 3 月至 1938 年 8 月)第二期,第 29 页。

③ 《上海慈善团体联合救灾会救济战区难民委员会工作报告》(1938 年 9 月至 1939 年 8 月)第三期,序三。

④ 《上海慈联分会第三十四(前名六十)收容所一週纪念报告·育才自序》,第 1 页。

⑤ 《上海慈联分会第三十四(前名六十)收容所一週纪念报告》,第 37～40 页。

⑥ 《难民收容所印刷工场参观记》,《艺文印刷月刊》1937 年第 1 卷第 11 期。

"慈联会"与中华职业教育社建立了合作关系,由中华职教社负责职业指导,"慈联会"下设的各收容所开展了生产自救:"专收青年妇女的大慈收容所,通过一些已进纱厂做工的小姊妹介绍难民进厂,还利用染织厂的边条料,在所内组织妇女编结女用挎包;大鸿收容所曾办过一个小型织袜工场;中区的呢绒、群玉,南区的永固、徐汇及西区的净业社等所,也组织妇女学习过编织;净业、爱文等所还搞过藤柳条加工供制作日常家具之用。北区的慈愿收容所,在陈鹤琴的筹划和主持下,设立了一个略具规模的玩具工场;泰利、明德等所介绍壮年男丁去码头做工"。① 劳勃生路收容所也鼓励工作,在所男女都得担任清洁场地、扫除垃圾、开掘水沟、淘米烧饭。这不仅是为了帮助收容所工作,同时也有利于身心健康。除了在所里帮忙,1938年后不少工厂在租界陆续开工,亟需大量劳动力。一小部分难民得以进厂工作,每天工资有二三角。有些难民逃难到上海的时候带着自己的手艺器具,就将收容所的空地作为工场,木匠、竹匠、摇纱,每天也可得到一二角。除此之外,还有结绒绳、做窗帘、刺绣、做衣服鞋子、摇袜的,也都从事着生产。② 陈存仁在《抗战时代生活史》中提到,留居在难民收容所的难民,白天都经营着各式各样的小本生意,利益最厚的是抄小路向四乡去搜罗租界上所缺乏的粮食和手工物品,脱售之后,在租界上购买些五金洋杂,到西乡去贩卖。因为是个人经营的小生意,当时称作"跑单帮",往往可以得到几倍的利钱。③ 这种"跑单帮"的行为相比真是存在。但根据劳勃生路收容所《本所难胞生活须知》可知,难民出外必须请假,领取准假证后才能放行。即使在开放时间内的外出,也必须领取"出入证"。逾期未归者,作自动离所论。④ 显然,收容所并不鼓励难民"跑单帮"的行为。

收容所里也有娱乐,例如弈棋、丝竹、京剧,儿童也有自制的玩具。⑤ 不过,当时最鼓舞人心的娱乐活动还是各个纪念日时来自社会各界的演出和演讲。当时著名的孩子剧团就曾面向各个收容所进行巡回表演,详见表二。

表二 孩子剧团出演及演讲记录

收容所名称	出演节目	演讲题目
静安收容所	捉汉奸,放下你的鞭子	
第十收容所	捉汉奸,放下你的鞭子	介绍及我们的责任
第五十五收容所	捉汉奸,放下你的鞭子	介绍及我们的责任

---

① 中共上海市党史资料征集委员会:《抗战初期上海党的难民工作》,上海新闻出版局1993年版,第69页。
② 《上海慈联分会第三十四(前名六十)收容所一周纪念报告》,第41~42页。
③ 陈存仁:《抗战时代生活史》,上海人民出版社2001年版,第26~27页。
④ 《上海慈联分会第三十四(前名六十)收容所一周纪念报告》,第18页。
⑤ 《上海慈联分会第三十四(前名六十)收容所一周纪念报告》,第40~41页。

续表二

收容所名称	出演节目	演讲题目
金城收容所	大刀舞,捉汉奸	纪念九一八意义及我们的任务
精诚收容所	大刀舞,捉汉奸,火线上,放下你的鞭子	组织演戏意义
光华收容所	火线上,捉汉奸	组织演戏意义
国际难民第一收容所	第一次,捉汉奸 第二次,仁丹胡子,双簧	组织意义及经过 怎样纪念双十节
中西收容所	捉汉奸,火线上	为什么要打到东洋人
红卍字会难民第七收容所	捉汉奸	为什么要打到东洋人
律士分会收容所	捉汉奸,火线上	大家起来救国
美专收容所	捉汉奸,放下你的鞭子	演戏组织意义
恩派亚收容所	捉汉奸,火线上	为什么会做难民
第一二二收容所	捉汉奸	打到东洋鬼子
正大收容所	捉汉奸,火线上,放下你的鞭子	组织意义每个人责任
仁义善会	捉汉奸,仁丹胡子	组织意义每个人责任
天蟾收容所	捉汉奸,火线上,放下你的鞭子	组织意义每个人责任

资料来源:《战时教育》,1938年第2卷第2期。

尽管上海慈善团体联合救灾会难民救济分会有着相对规范的制度,各收容所也基本能按章办事。但随着孤岛社会经济状况的迅速变化和经费的日益拮据,各收容所普遍出现了一些问题。当时的报刊为我们记录下了一些收容所的情况。如金城难民收容所设在延平路申园足球场南侧空地上,是两座席棚,共计二十四间。所内设有庶务、给养、人事、警卫、训导、医务、教育、卫生、总务各股。收容的难民多为来自闸北、宝山、罗店、蕴草浜、大场等地的农民。所内还设有消防队、印刷室和难童学习的教室。一天两顿膳食,上午十点和下午四点半。上午有时是面食有时是粥,下午为饭。下饭的菜以萝卜干为主。环境卫生不甚理想。又如,胶州难民收容所位于申园西北,分南北两区,九村五十一室的芦棚屋。难民主要来自宝山、罗店、大场。所内铺设地板,难民大多睡在地板上,环境卫生同样存在问题。由于难民人数较多,给养有些困难,米饭和萝卜干有时也不能保证。① 还有记者目睹收容月浦、太嘉宝、江湾、吴淞等难民的收容所,设备简陋、光线不足、空气污秽,且大多

---

① 《难民收容所参观记》,《圣公会报》1938年第31卷第2期。

数只供米饭,不备菜蔬,难民因营养和卫生状况而导致患病的很多,难童死亡率更是居高不下。① 更有难民描述,国军撤退后,有些收容所十有四五下午三四点钟吃早饭,深夜两点钟才从梦中惊醒吃晚饭;临时搭棚的收容所,下雨时满地泥浆、潮湿不堪,天寒地冻也依然睡在地上。甚至有主任和管理员随意鞭打难民、营私舞弊、中饱私囊的情形,据称被法院判罚的已有三四起。②

三、家在"孤岛":非常时期的日常生活

难民收容所是非常时期的一个特殊空间。但由于租界在短时间内突然出现大量难民,收容所内的生活也就成了孤岛日常生活的一部分。不过,要谈孤岛时期的日常生活,还是要将视角转向居民们的日常生活。随着沦陷区域的扩大,"孤岛"偏安一隅的局面更加突出。到1938年下半年,上海租界人口已从战前的167万猛增至400多万。③ 游资伴随人口膨胀相携而至,1938年初至1940年上半年,出现了所谓经济繁荣时期。1938年1月至5月,在租界和沪西越界筑路区新开的工厂达560家,而1939年一年内在公共租界开设的工厂更达1705家。1938—1940年,租界内净增商店500余家。其中以饮食业最多,为129家,日用品业85家,衣着业58家,医药业31家,装饰品业26家,娱乐场所27家。④ 一度受战争影响而沉寂的租界又告复活,然而这种复活背后是货币贬值、物价高企和贫富差距的进一步加大。非常状态下的日常生活表现在衣食住行等方方面面。

(一)何处容身

急于寻找落脚地的人们首先带动起了孤岛的租房市场。战前,上海租界素来房价昂贵,一些宽敞清雅的里弄住宅,因为价钱太高而乏人问津。八一三之后的上海,马路上刚贴上的招租条就会引来十多人的围观,有的糨糊还没干就被人撕去了。⑤ 陈存仁回忆,八一三战事一起,公共租界以租金高昂著称的慈安里住满了人。由于太吵,他只得搬到法租界亨利路永利坊。可不到二十天,租金奇贵、有着空屋二百多间的永利坊也全部租出去。电影皇后胡蝶也由虹口北四川路余庆里搬入法租界,成了陈存仁的邻居。⑥

精明的二房东看到了生财之道——既然人多屋少,便奇货可居;如果把房子改

① 《难民收容所》,《兴华周刊》1937年第34卷第44期。

② 《上海难民的呼声(上)》,《团结周报》1937年第1卷第3期。

③ 熊月之等:《上海通史》第八卷,上海人民出版社1999年版,第362页。

④ 《一年来上海各公司商界变动调查》(上),《商业月报》,转引自张根福:《抗战时期浙江省人口迁移与社会影响》,上海三联书店2001年版,第60页。

⑤ 《孤岛上的衣食住行》,《五云日升楼》1939年第1集第9期。

⑥ 陈存仁:《抗战时代生活史》,上海人民出版社2001年版,第48页。

造一下，隔出更多的房间，还可以收更多的钱。于是，当时的每一个住宅总有一二十伙居住。著名上海报人包天笑对此也有精彩描述："把前门关断，专走后门，客堂里夹一夹，可以住两家。灶间也取消，烧饭只好风炉的风炉，洋炉子的洋炉子。灶间腾出来可以住一家。楼上中间，像我们这里一夹两间，可以住两家。至多扶梯头上搭一只铺，也可以住一家。算来算去，也只好住住八家，怎么能住十一家？……他们在扶梯旁边走上去的地方，搭了一层阁楼，这阁楼就在半扶梯中间爬进去的。这里可以住一家，并了你说的八家不是已满十家了吗？还有一个办法，在晒台上把板壁门窗一搭，也可以住一家。这不是十一家了吗？"①小阁楼、亭子间、灶披间、阳台等，几乎所有可以落脚放铺的有限空间都被利用了起来。有的二房东甚至别出心裁地放置叠床，当小客栈一样租借给早出晚归的人。② 至于房价，则可以用水涨船高来形容。有人在报上列出了二房东的账簿：以一上一下的石库门为例，每幢每月缴付大房东三十元，扫街费房捐水电费十元，共计四十。搭天棚二十五元，铺天井地板十五元，搭统二层阁四十元，搭统三层阁四十元，搭晒台楼三十元，以上装饰费共计一百五十元。这些房间放租出去的收入怎样呢？客堂二十元，后客堂十元，灶披间八元，前楼十八元，后楼十二元，亭子间十四元，统三层阁十八元，晒台楼十元，统二层阁自住。每月可收房客租金一百十元，除掉租金及房捐水电费等四十元以外，每月可净赚七十元。③

当时最受欢迎的是战前饱受嫌弃的亭子间。"上海每天数千人穿街走巷寻房子，十占六七看相亭子间。市面不景气，住户全采紧缩，亭子间更供不敷求了！"只是，这一时期一间普通亭子间须十余元左右，南京路附近闹市中心和宏丽洋房的轩敞亭子间，月租更是高至三十元内外，差不多和冷落区域单幢石库门同价了。而居住于亭子间者，"有流浪艺人（包括落拓文人、戏剧家、美术家），投稿文丐，大中学生，情男爱女，中级职工，练习生徒，失业分子，江湖术士，劳动工役……避难者如潮涌，欲借而不得，上中下三等，无所不有，猗欤盛哉！"④

阁楼才是当时大部分"后来者"的寄生场所。住在虹口的小学教师，由于学校被毁失业，先是在"王家沙的一个收容所暂住"，一个月后一家老小搬入了"一个五元的三层阁楼"，忍受着狭小、闷热、臭虫以及邻居吵闹的困扰。⑤ 陈存仁也忍不住回忆，从前上海人，互相询问，总是问："你家是二上二下呢？还是三上三下呢？"有一天遇到江亢虎逃难到上海……我问他住的楼宇是什么形式的？他说因为一时租

---

① 范伯群编：《包天笑代表作》，华夏出版社 1999 年版，第 259 页。
② 《上海"人"》，《上海生活》1941 年第 3 期。
③ 《"孤岛"居住的困难》，《众生》1938 年第 2 卷第 2 号。
④ 《上海亭子间解剖图》，《上海生活》1938 年第 2 期。
⑤ 《阁楼十景》，《上海生活》1938 年第 3 期。

不到相当的房屋,只租到一个'六上六下'的旧楼。我就觉得奇怪,何以他一家要住这么大的屋子? 他就解释说:'我说的六上六下,不是六上六下的六字,实在是落上落下的落字。'原来他住的是楼与楼之间搭的一个阁楼,一天总要落上落下好几次,上海话的六字与落字同音。① 终于,有人忍受不住这样的生活。经商的张子宁一家住在三层阁,为了四岁的孩子不再忍受浮肿,为了用水方便,打算以每月十五元的代价,去找一间对于孩子更适当的房子。他每天翻阅报纸、走街串巷,只为寻找"召租"信息。结果不是租金远超预算,就是人多不租、有孩子不租,只得作罢。② 租房难成为一个时代的叹息。1938 年第二期的《隽味集》半月刊上甚至有这样一则笑话:某君找了几个月,没有租到房子,一天下午他偶然从苏州河边走过,忽闻呼救声,他向河里一看,知道这是得胜里一零八号张先生的房客,他就一口气奔到张先生家,对张先生说:"现在你的房子可以租给我了,你的房客朱先生已在苏州河里溺死"。张先生很抱歉地答道:"你又迟了一步,房子已给推朱先生下水的那位李先生租去了。"③ 为了住房,已经到了可以丧尽天良的境地,虽是一种夸张,实则充满了无奈。

(二)果腹的难题

孤岛时期的租界,人们最关心的一件事就是米。"八一三"战前,上海的食米大部分仰仗无锡、常熟及松江、嘉兴等京沪、京杭两路沿线各县的供给。日军在攻陷上海华界之初,就禁止沦陷区米粮向租界自由运销,租界市场上的国产米供应量越来越少。关于"国米来源断绝"的传言不禁而走,孤岛上开始出现抢米风潮。有人描述当时的场景:"我走着走着,经过了一条又一条的马路,一爿又一爿的米店,都是拥挤着许多恐惧饥饿的人群,由东而西而南而北,整个的上海市的米店都陷入于抢夺式的紊乱中……的确,在这种情形之下要想和米店伙讲一句话,真无异一个小百姓想和大官僚攀谈似的困难。"④供应量日少,消费量却随人口增加而飙升,不少米商自然开始紧闭店门、待价而沽。对于这些紧闭大门的米店,人们除了猛捶门板,叫嚷着"为什么有米不卖给我们?""汉奸还不是想趁火打劫,抬高市价吗?""是想把米,留着卖给东洋人?",又能奈何?⑤

这一时期,租界当局和米业公会开始设法进口洋米以应市场之需。如上海航运界名人虞洽卿,从香港采购大量暹罗米,由太古怡和船只运到上海。在陈存仁看

---

① 陈存仁:《抗战时代生活史》,上海人民出版社 2001 年版,第 49 页。

② 《到哪儿去找房子》,载朱作同、梅益主编:《上海一日》第三部第四辑,华美出版公司 1938 年版,第 147 页。

③ 《租屋实难》,《隽味集》1938 年第 2 期。

④ 《另一种人》,载朱作同、梅益主编:《上海一日》第三部第四辑,华美出版公司 1938 年版,第 116 页。

⑤ 《上海点描》,载朱作同、梅益主编:《上海一日》第三部第三辑,华美出版公司 1938 年版,第 99 页。

来,上海米粮没有中断有他的一份功劳。① 不过,由于僧多粥少,市民食米供应不济,加上投机者囤积居奇,还是催生了米价的逐日攀升。"从头号白米十一元二角开始,爬过十四元、十八元、二十元几重关口,索性跳到了三十五元!"②到 1940 年,上海粳米的价格更翻了战前 4 倍多(详见表三)。

表三 上海市粮价及其指数(1937－1940 年)(单位:元/市担)

年度	粳米		面粉	
	价格	指数	价格	指数
1937	8.08	100	9.22	100
1938	8.72	108	10.12	110
1939	15.19	188	13.05	142
1940	43.53	539	36.45	395

资料来源 许道夫:《中国近代农业生产及贸易统计资料》,上海人民出版社 1983 年版,第 92、111 页。

相比米价,这一时期的面粉价格增长相对较慢。当时不少文字记载,买不到米的民众转而投向大饼摊。尽管南方人对面食多半不能习惯,且一般民众多认为大饼是草根食品,但再不习惯或嫌弃,也只能随遇而安了。③ 甚至街头的乞丐也不再要钱,而是等在各类食物摊档旁,见人家购买大饼油条或白饭馒头就抢。对于这种情况,民众一般不报警,警察也不干涉。④

在沦陷之初,除了大米和五洋杂货稍有涨价,其他还能稳定。但好景不长,生活成本开始普遍上升。《上海点描》中记述:"肉价也涨了价。一块钱要买到两斤多,现在一块钱只买着那薄薄的一块",如果"吝惜那手中的一块钱,心中想:吃肉吃不起,就去买一点青菜吧! 谁知道青菜也涨价了。问价钱,他却要四百六十文一斤,翻开来一看,那菜叶子上面却尽是虫眼。要买好的吗? 这儿也有,价钱是两毛钱一斤,少一个子儿你休开口。"⑤1939 年的《孤岛上的衣食住行》一文中提到,"油盐酱醋,没有一样不涨价。小菜场上,自从改了大洋,终是要讲几分一两,几角一斤。一块钱猪肉买两斤,一只鸡要三四元……一只炒虾仁,竟要一元六角,真是骇人听闻的事。"⑥于是,吃不起"一手"饭,就只能吃"二手"饭。上海出现了以淘汰渣

---

① 陈存仁:《抗战时代生活史》,上海人民出版社 2001 年版,第 53 页。

② 《孤岛生活长期越野赛》,《上海生活》1941 年第 5 期。

③ 《米·大饼·醋》,载朱作同、梅益主编:《上海一日》第三部第三辑,华美出版公司 1938 年版,第 113 页。

④ 陈存仁:《抗战时代生活史》,上海人民出版社 2001 年版,第 193 页。

⑤ 《上海点描》,载朱作同、梅益主编:《上海一日》第三部第三辑,华美出版公司 1938 年版,第 99 页。

⑥ 《孤岛上的衣食住行》,《五云日昇楼》第 1 集第 9 期。

滓为食材的菜肴。这些所谓的"渣滓饭店"，把收来的余羹残肴加以拣选、分门别类，放在盆子碗盏里，一只鱼骷髅，装一盆，半只鸭壳算一碗。他们的主顾是黄包车夫小六子、拉老虎车的崇明人、码头小工等等，照样高朋满座，胜友如云。①

（三）裹体的烦恼

最初避居租界的人们，大多只带点现金和随身衣物。在孤岛上度日，添置衣物不可避免。但这一时期添置新衣可不是件容易的事。首先是布料的昂贵。外国进口的哔叽呢绒，自从外汇跌价以后，几乎要增加到一倍。从前普通的呢绒，每尺大约一元左右，现在就要两元以外了。中国的绸缎，从前便宜的六七角一尺，就可以看着了，现在非要一元以外不可。就说到布，最廉的也要五六角一尺。② 更大的烦恼是有钱也未必能买到正宗好货。《上海人春日生活》中提到，男子袍褂，哔叽华达呢虽然文雅大方，细密耐穿，可是舶来外货，金价高昂，每码较战前飞涨四五成，一袭所费二三十金。而廉价者劣质混杂，贪便宜则上当也！③ 于是，当时的报刊建议，根据"好货不贱，贱货不好"的原则，还是要到老字号去，不能说便宜，却也不至于吃亏。四大公司因其进货大批，来本一轻，价钱相对低廉，眼力好的话，还能找到极便宜的。当然，中下阶层经济力弱和躬行"布衣主义"者，可以采用新式机织品如爱国布、斜纹布、阴丹士林布等，不仅便宜，也很体面。上海社会虽称"只崇衣衫勿奉人"，可当时一般人对于俭约之士穿大布衣服也知尊敬，不投白眼了。④

事实上，战争年代，买一套一手或者二手成衣才是最明智的选择。战后，从虹口吴淞路等地迁来的衣庄、质当都集中在石路或霞飞路，成为购买现成中西装的大本营，门庭若市。⑤ 如果连成衣都觉得昂贵，购置"旧货"的地方、石路上的衣庄，甚至典当行就是好去处。石路上的衣庄鳞次栉比，望衡对宇，在上海资格很老。有卖新衣，还有卖典当衣物，虽不时髦，价钱低廉。⑥ 1938年，衣庄店员比往年更繁忙。往年在旧历六月和十二月向来是衣庄业的忙月，喊摊时间由平时的六小时增加到八小时。随着租界增加了几百万的难民，衣庄老板将营业时间提早和延长，每个店员售卖的时间增加到了十多个小时，很多店员因患上喉咙病或无法忍受而离职。⑦

不过，还是有人会连最起码的购买力都不具备。陈存仁在《抗战时代生活史》中提道：穷人穿不起衣裳，为了保暖，只有向别人身上打主意，就在冷僻的里弄间，

① 《特种上海生活》，《上海生活》1940年第5期。
② 茶博士：《孤岛上的衣食住行》，《五云日昇楼》第1集第9期。
③ 《上海人春日生活》，《上海生活》1939年第4期。
④ 《上海人春日生活》，《上海生活》1939年第4期。
⑤ 《上海人春日生活》，《上海生活》1939年第4期。
⑥ 《"买"的门径》，《上海生活》1938年第1期。
⑦ 《我们决不扳回马枪》，载朱作同、梅益主编：《上海一日》第三部第四辑，华美出版公司1938年版，第149页。

剥取别人的衣衫据为已有,当时上海人称这种行径为"拨猪猡"。不久,这种剥猪猡的人,因为得来容易,做这个勾当越来越多。①

(四)窘与奢

上海成为孤岛后,紧缩着生活成为一种的"时尚"。当时的报刊常会介绍生活的门槛。如应履行"一粥一饭主义(上午十一时吃饭,午后五六时吃粥)",既能解决米的有限和关照到营养,同时连下饭菜也省了;应选择省油酱的菜蔬,咸鱼比素菜还廉价些;应服膺"旧衣主义",设法改染、洗刷。万不得已非做不可,应往石路、霞飞路淘些新旧成衣;烟酒和娱乐自然应该戒除,看电影等也要减少次数或去往二三轮影院的普通座位;婚丧喜庆馈赠,以法币两元为度,自己家里也尽可能不要设宴请客;交通工具都涨了价,最好还是步行;电费加价后,不如早睡早起,即省钱也戒除娱乐,对身体也大有好处。② 有人不禁调侃道:做现在的上海人,是更难了!从前只要有钱开销,就可以放心度日。现在就是勉强能开支的,也必须要大操其心。买煤球、买洋葱,都得跟外汇,今天"看紧看松",这里面就有出进;买草纸,还得看军事,就是产地战况如何? 来源是否畅通? 若不经意,稳得吃亏。说到米,关系更大,"河下到货"如何? 是否"某方把持"? 有勿有"大户出笼"? 简直瞬息万变! 家里有几个吃口的,囤上半担一担米,非拿做标金、买公债的手段出来不可。③

诚然,战争最激烈的时候,币值一泻千里,当货币的票面不再对应实质价值,实物的力量便显现出来。陈存仁就在自己的书中提道:"最初每天诊金收入,除了开支,多余下来的钱,可以买白报纸两令,这时白报纸的价格,一天天直线上升,渐渐地我只能买一令,再过几天连一令都买不到了。又曾改囤阴丹士林布、糖精、奶粉之类,这些东西也天天暴涨,后来每天诊金收入,只能买三包洋烛,或仅能买英美香烟一罐。再后来,多余的一些钱,什么也不能囤,只能买一两个银圆。市民在这个时期,开口不讲别的,只问'你囤什么?'"④事实上,早在孤岛初期,人们已经意识到"囤"的重要性,并对其可能性做出种种预测。有人曾不无讽刺进行如下对话:

甲说:多囤米也不是办法,米恐怕要涨到一百六十块一担!

乙说:即使涨到一千块,囤下来卖出去还是合算的!

甲说:只怕没有米,一千块一担都囤不着!

乙说:米囤不着,囤洋蜡烛! 为什么囤洋蜡烛? 因为电灯没有了,点蜡烛! 蜡烛没有了呢? 囤火柴! 火柴没有了呢? 囤香烟!

甲听了大奇,香烟是奢侈品,大家到那时还吃得起吗?

---

① 陈存仁:《抗战时代生活史》,上海人民出版社2001年版,第192、193页。
② 《如何应付生活难关》,《上海生活》1939年第10期。
③ 《作现在的上海人》,《上海生活》1940年第1期。
④ 陈存仁:《抗战时代生活史》,上海人民出版社2001年版,第177、178页。

乙说:你真不懂,火柴那时划一根说不定要费一元钱,大家到香烟上去接个火,岂不经济便利! 另一个人更得意地说:我是等于这棋已算到最后一着了,家里囤了几十把铁钻子,预备实行做燧人氏了![①]

不过,孤岛的生活并非只有"窘"。与之形成鲜明对比的是"畸形繁荣"时期的奢靡生活。上海人曾在八一三爆发之初,下自贩夫走卒、上到达官贵人都同仇敌忾,誓将敌人赶出上海。因此在八一三最初,一切娱乐设施关门大吉。但随着日军攻击得越来越猛烈,战局日渐不支,加上日军制造的心理上的恐惧感,上海人的心理因为失望而呈现出另一种极端——"今朝有酒今朝醉"。各种餐饮娱乐业的繁荣为人们营造出一个享乐的环境。当时孤岛流行"前方吃紧、后方紧吃"的说法。[②]茶室在八一三后如雨后春笋般蓬勃起来。到处是新的茶室,如大东、大新、大三元、新雅、冠生园、锦江、孤岛、大华等不下数十家,到处生意都不差。究其原因,一来逃难到上海的人无所事事;二来,茶室既廉价又清洁,食品种类比老式茶馆多,布置更现代化,吸引了很多年轻人。[③]电影院一如既往的人满为患,而舞厅则在这一时期日益增多。人们把下午、夜晚的时光消磨在舞池里,似乎这样还不过瘾,甚至出现了"晨舞"。[④]这一时期的孤岛,溜冰从低级玩意转身成为时髦玩意。四轮溜冰鞋从战前的三四元一只涨到十几元一只,最终甚至有钱都买不到。而昔日热火朝天的游泳池,如虹口、两江、体育花园、东亚等都在沦陷区,租界里的游泳池更是"遍插蜡烛"。[⑤]一边是难民和劳苦大众为生存而流着汗与泪,一边是绅士小姐们纸醉金迷的生活。难怪时人要用"天堂""地狱"来形容孤岛上的生活。[⑥]

四、险象环生出入"孤岛"

孤岛时期的出行,因为涉及孤岛与外界的联系,特将其独立出来论述。在孤岛初期,人口多呈现出向孤岛方向的自发涌入。随着战区的不断扩大,上海与外界的联系日趋减弱,粮食、衣服、医药、燃料等基本物资供应紧缺,而难民人数却与日俱增,难民的救济工作越发严峻。为了缓解上海各方面的压力,遣返难民工作便迫在眉睫。据上海市救济会调查报告,自战事爆发的前一天至9月底,该会共遣送难民达7万多人。除此以外,上海其他机关团体及各同乡会共遣送难民达19.32余

---

① 《上海人到哪里去》,《上海生活》1941年第3期。
② 陈存仁:《抗战时代生活史》,上海人民出版社2001年版,第183页。
③ 《茶室》,《上海生活》1938年第1期。
④ 陈存仁:《抗战时代生活史》,上海人民出版社2001年版,第40、184页。
⑤ 《糜烂中的"孤岛"》,《新语周刊》1938年第1卷第2期。
⑥ 《天堂·地狱》,载朱作同、梅益主编:《上海一日》第三部第四辑,华美出版公司1938年版,第133页。

人。① 交通问题是难民回籍的第一大难题。战争爆发后,各慈善团体、同乡会得到上海市社会局、交通部门的大力支持。上海社会局局长、市救济会主席潘公展于8月22日分电各方,请求分拨车辆、船只用于遣送难民。② 上海航政局应交通部之令,联合上海市各团体成立了"上海市内河船舶管理委员会",统筹办理内河运输,以便利难民的遣送工作。宁波旅沪同乡会会长虞洽卿则设法雇请外国轮船行驶沪甬,专供运送同乡难民之用。③ 而上海难民遣送委员会的船舶调度组也积极征集民间小轮承担运输任务。④

《上海一日》为我们留下难民离开上海时的细节:

1938年8月21日,盆汤弄桥下,"准备在这开出的难民船共有十多条,但人都已挤得满满的了:男的女的老的幼的……那些人头简直有点儿像是西瓜船上装的西瓜一样,只见圆圆的,一颗一颗的在太阳下滚动。这些船全是平日装载东西的木头货船,上面既没有一点遮盖,下面又没有一个座位,所以人装在船里,仿佛是一船猪仔,尤其是女人和孩子,感到说不出的苦楚。船有开往海门、通州去的,有开往高邮、邵伯去的,也有开往南浔、盛泽去的……然而从早晨等到中午,从中午等到下午,船还是没有开航的动静。人却尽管在来,每个人都焦灼着,人头上全给晒得爆出了油,肚子是饿得直叫;后来经人去向船上人质问候,才知道通行手续还没有交涉好。"好不容易办好了手续。船出了新垃圾桥以后,我们后面又给拖了四艘很高大的木头难民船,船舷上是像鹭鸶般的躲满了人,估量起来至少也有千来个难民。⑤

有组织的难民通行纵使再艰辛,也好过无组织的民众。有人在码头看到这样的场景:"一辆卡车在我们的前面停止了。车头飘扬着一面小旗子,写着'绍属七邑旅沪同乡会遣发难民回籍'字样。车上坐了三四十个妇孺,各人的衣襟上挂了一条白布,大概上面记着他们的姓名和号数。一会儿,她们一个个下了车,排着队,通过警士们所把守的那个入口……顿时秩序反常了,路旁久候的难民,或挑起担子,或背上包袱,或提了箱箧,扶老携幼的蜂拥上去……但是不知怎的,前进的人们都纷纷后退了。这一着很少人会防到,因此措手不及而被人挤倒的,不计其数,一时呼喊之声齐起……原来不少旅客想乘绍属难民入口之时,冲将进去,哪知却遭巡捕的鞭笞,于是引起了骚动。"最终等候半日,轮船还是没有来,难民们只好哪里来的回哪里去了。⑥

在孤岛初期,大量难民多以这种形式离开租界、回到原籍。事实上,即便是一

---

① 《市救济会结束前工作》,《申报·夕刊》1937年10月2日。
② 《各同乡会遣送难民回籍》,《申报》1937年8月22日。
③ 《各同乡会及各团体扩大救济战区难民》,《申报》1937年8月21日。
④ 中国人民政治协商会议上海市委员会文史资料工作委员会:《抗日风云录》下卷,第184页。
⑤ 《在离乱中》,载朱作同、梅益主编:《上海一日》第四部第四辑,华美出版公司1938年版,第55页。
⑥ 《等和挤》,载朱作同、梅益主编:《上海一日》第四部第四辑,华美出版公司1938年版,第58页。

般上海民众出入租界,同样要遭遇种种难堪。上文提到,法租界当局沿着租界边缘装有大量铁栅门,后在原本不设防的西门斜桥以西,也连夜加筑近两丈高的砖墙。而公共租界也接着法租界的边防区围绕整个租界分段堆起沙包、架上铁丝网。要通过这些"封锁线"进出租界,首先需要有通行证。从当时的文献中可知,去往虹口、闸北、杨树浦的通行证在外白渡桥一侧申领。人们需四个人一排列队。排得稍有歪斜,就会遭到日军的掌击或脚踢。正午时分,日头毒辣也不许戴帽。日方官员在中国人的陪同下,一一对照照片和本人,并询问身份信息,回答不流畅也会遭打。如此对照片、问话要持续二轮,往往领到通行证已是晚间七点。[①] 而在徐家汇路一所学校则可以领到南市的通行证。由于名额有限,一清早的申领的人就挤得水泄不通。为了维持秩序,日军竟拿来毛竹片对人群抽打。后退得慢的老年人往往遭遇拳打脚踢。[②]

好不容易拿到通行证,前往孤岛之外沦陷区的过程,还是充满了各种艰辛。首先说南市之行。在战前,从法租界到南市老城厢只要跨过一条民国路即可。可在战时,到南市居然要坐船。回南市家中探访的周敬庠在登上大驳船后,经过漫长的等待,才等来大来公司的轮船拖曳着他们向南黄浦行进。不多时,轮船的速率慢了起来,原来是遭遇日本舰船——灰色蠢物了。船上的人们顿然静肃起来,像担了什么忧愁的样子,都望着那灰色蠢物上的举动。船此刻已靠近了,先送验了所谓特许的派司,经过蠢物上的守员的点头,我们的船始向十六铺的封锁线驶去……驶进了封锁线不多的路程,前面又有一艘灰色蠢物横着,同样的,我们的船又向蠢物驶去,再做了一会检验的手续……船是不能直接到南市,要先到浦东,再换对浦的渡船,所以一行人在浦东的南码头上岸。踏上码头就要买每一人五分的票,据说是维持费,也有说码头捐,更有说是人头税。上岸后由敌人逐一搜查,搜查完毕再排队去买对浦的渡船票。周敬庠侥幸仗了一位救火员的力量占了先,但是到得南市也已费去将近三个钟点了。有些被挤在后面的人,等了几个钟点还乘不到渡船。[③] 同是去往南市的素农,则在金利源码头做摆渡到浦东东昌路码头上岸,然后坐人力车到浦东董家渡码头,再搭轮渡去到南市。[④] 同样费钱费时费力。而这还不是最打紧的。通过一道道关卡的过程中,还要忍受不少屈辱。小方和同学小王在东昌路码头等待轮渡去往南市的过程中,因一身学生模样,不仅遭到严格的搜身,又因没有及时向日军鞠躬,"受了日军一记'亲善'的火腿,赏了一下'提携'的耳光"。因

---

① 《通行证》,载朱作同、梅益主编:《上海一日》第三部第七辑,华美出版公司1938年版,第244页。

② 《"亲善"的待遇》,载朱作同、梅益主编:《上海一日》第三部第七辑,华美出版公司1938年版,第246页。

③ 《南市行》,载朱作同、梅益主编:《上海一日》第三部第七辑,华美出版公司1938年版,第248页。

④ 《省视》,载朱作同、梅益主编:《上海一日》第三部第七辑,华美出版公司1938年版,第250页。

为不堪忍受屈辱而顶撞了几句，便是一顿拳打脚踢。①

当然，如果你不愿舟车换乘并忍受一道道搜查，你也可以从徐家汇往斜土路方向进入南市，只是情形并没有好多少。从土山湾天主堂东首沿马路向南走，便是法华交界处。前往南市的人众，不下千数百人之多。有租界巡捕六七人，手持警棍，维持秩序，着令往南市的人们，排成一字式长蛇阵，鱼贯前进。因在斜土路口，有华界的'伪警'检查处，只有一个能容一人出入的小小关口，每人必须经过检查手续，所以非常迟缓……大约走了一个钟头，方始走入斜土路。有几个'伪警'担任检查的工作，他们上身摸到下身，非常严密。因此，去到南市的除了年老的男子和少数老妪外，没有年轻女子，亦无年轻的壮丁。在斜土路口，设有捐局一所，从沪西沪南各地来沪肩挑贸易的乡民，都挤在该捐局门首纳税。白米每担捐银一元，蔬菜等物每担则捐三五角不等，每日不下二三千担的过境量为捐局创造了不菲的收入。②更有甚者，陈存仁在《抗战时代生活史》中提道："乡民进出租界，日本宪兵一定要他们脱帽鞠躬致敬，同时还要略略搜查一下，搜有香烟的，要他们拿出来看一看，如果是英美香烟，便会被捆一下耳光，如拿出来是大联珠，或金鼠牌中国香烟，他们就大喝一声，让他们过去，因此有许多乡下人，为了免除麻烦，特地买一包中国香烟，作为护身符。有些人就在鞠躬之后，出示香烟，简直像是通行证一般。"③

事实上，有些情况下，通行证是一种可有可无的形式，特别对于一般乡民而言。这一点，在进出沪西时也有所体现。沪西开放后，从乡村到上海来的人们需领一张通行证，那是一张用旧报纸印就的小片，盖有日军部的图记。事实上，日军并不注意这个，因为这是任何人都可以领得的。但如果你是一个知识分子模样的年轻人，还三五成群，就要格外小心了。原因非常简单，他们怕你是游击队的一员。日军会仔细搜查你身上所携取的杂物。若你经过时，他们并不出声，那你便可随意走过去。事出意外的要是走过了多步，他们再喊出声，那就意味着他们会加倍严密地注意你。④

最令人畏惧的还是出入虹口、闸北、杨树浦一带。由于虹口一带是日军司令部所在，防范自然格外严密。据生活在虹镇的老人应志钊回忆："（1937年）8月15日那天，我去外虹桥，看到老太太带一个小孙子要过桥，日本兵不让过。当祖孙俩苦苦哀求时，日军竟兽性大发，用刺刀将小孙子挑到河里，然后开枪将老太太打死。

---

① 《忍辱》，载朱作同、梅益主编：《上海一日》第三部第七辑，华美出版公司1938年版，第251页。

② 《斜土路一瞥》，载朱作同、梅益主编：《上海一日》第三部第七辑，华美出版公司1938年版，第253页。

③ 陈存仁：《抗战时代生活史》，上海人民出版社2001年版，第172～173页。

④ 《战后的沪西近况》，载朱作同、梅益主编：《上海一日》第三部第七辑，华美出版公司1938年版，第256页。

这是我亲眼看到的。"①陶菊隐在《孤岛见闻》中提道:"自开放虹口、闸北两地区后,不论中外人士要过苏州河各桥梁,仍须向站在桥堍两边的日本哨兵脱帽致敬,并接受人身检查,否则就会挨耳光、吃'东洋火腿'。三月二日,有两个西洋人经过外白渡桥他们自以为鼻子生得较高,因此口衔烟斗,挺胸凸肚而过。日本哨兵喝令止步并令他们拿下烟斗,向他们行礼如仪,才放他们通过。"②虹口开放后,文斌欲往虹口提篮桥老房子探访,怀揣着通行证在外白渡桥堍排队,记录下了所见的情景:"'拍拍',在我的前面一个乡下佬打扮的老头被站岗的日军打了几下耳光,那老头哭似的嚷道:'为什么不让我去看看媳妇啊!'轮到我了,站岗的把我的通行证仔细地检验后,不屑地挥了一下手,表示:去罢,你可要留心。在公共汽车里,大家都提心吊胆的,脸上浮着惊慌和怀恨。车在外虹桥的桥顶停下来,一个个把通行证举得和鼻子一样高,让外面的'日军'检查,如果谁举得低些,枪柄立刻就敲打下来。……在正在徘徊时,突然有几个人慌张的奔逃过来,接着是七八个耀武扬威的武装军人和警备军……后来才知道那是'友邦'在捉拿没通行证的人。"③而一位小学教员,因从杨树浦学校回租界,经过外白渡桥时被搜出学校大门的钥匙,就被指控为"支那贼",请到了司令部。日军逼其在"吃刺刀""裸体爬出虹口""打毒针"之间选择一个,最终选择了"打毒针"的教员医治无效,于当天毒发身亡。④ 虽然是一个极端的例子,仍然让人看到了进出孤岛的威胁。

---

① 张铨、庄志龄、陈正卿:《日军在上海的罪行与统治》,上海人民出版社2000年版,第109页。
② 陶菊隐:《孤岛见闻——抗战时期的上海》,上海人民出版社1979年版,第36~37页。
③ 《到虹口去来》,载朱作同、梅益主编:《上海一日》第三部第七辑,华美出版公司1938年版,第263页。
④ 《悼》,载朱作同、梅益主编:《上海一日》第三部第七辑,华美出版公司1938年版,第265页。

花会与抗战：成都青羊宫 1932—1945[①]

范 瑛 赵 斐[②]

摘要：1931 年"九·一八"事变，全国掀起抗日高潮，四川也不例外。而成都西南郊外的青羊宫、二仙庵两庙，在国难的背景下，其主要空间功能也从宗教文化空间转变为官方、社会团体宣传抗日和举办抗日活动的空间，青羊宫为宣传、动员民众抗日起到了重要作用。1937 年"七七"事变后，四川一跃成为抗日大后方及民族复兴基地，青羊宫花会的举办也在"抚顺民俗"与应对"国难"之间，成为官方、普通民众与知识分子之间分歧不断的问题。而 1943 年的青羊宫物产展览会，虽有抗日动员生产、动员民众坚持抗日的目的，但四川当局则更多赋予了展示"政治"的含义，青羊宫在抗战时的特殊时期也承担了向全国展示四川的作用。

青羊宫、二仙庵[③]是成都最大的道教寺庙，位于成都西南郊外三四里，处于城乡接合带。青羊宫、二仙庵闻名成都，其道观之名其次，而花会之名则为大。成都花会起源于古蜀国蚕市与花市[④]，至唐代，则很繁盛，其中又以青羊宫花市最大，且与老君会都在农历二月十五日这一天举行，民间也将赶花会称为赶"青羊宫"[⑤]。自唐宋以来，青羊宫花会扮演着农会的性质[⑥]，为民间自办，相沿不衰。直至清末新政时期，四川劝工局将青羊宫"花会"改为"商业劝工会"[⑦]，青羊宫花会开始烙上

---

① 抗日战争按 14 年的说法，当从 1931 年"九·一八"事变算起，但官方在青羊宫、二仙庵的宣传、活动则是从 1932 年起，故本文的研究时限为 1932－1945 年。

② 范瑛，四川大学城市研究所副教授，历史学博士；赵斐，四川大学城市研究所博士生。

③ 青羊宫、二仙庵的历史源流可详参见张元和：《青羊宫建置源流》，《道协会刊》，1986 年第 19 期；张元和、黄明康主编：《川西第一道观——青羊宫》，四川省社会科学院出版社 1988 年版；马景全：《成都青羊宫、二仙庵史略》，《成都大学学报(社会科学版)》，1992 年第 2 期。

④ 陈永健：《成都花会探源》，《文史杂志》，1992 年第 1 期。

⑤ 对花会历史起源的追溯可详见陈永健：《成都花会探源》，《文史杂志》，1992 年第 1 期；孙跃中：《从花会到劝业会——成都庙会文化的历史沿革》，《文史杂志》，2005 年第 3 期。

⑥ 傅崇矩：《成都通览》，巴蜀书社 1987 年版，第 73 页。

⑦ 《劝工总局、商务总局详情开办成都商业劝工会文》，《广益丛报》，1906 年，第 100 期。

浓厚的官方色彩。人民国以来，因时局动荡，青羊宫、二仙庵又为军队驻扎①，但花会仍相沿不辍，官方所办劝业会也在军阀混战的和平之余得以举办。

抗战时期，青羊宫、二仙庵的地位和命运则又呈现出另外一番面貌。青羊宫、二仙庵既主动承担了抗战的责任，此前的宗教文化空间功能也被赋予了浓厚的政治色彩，开始承担宣传、动员民众抗日的使命，但两庙又有自身的利益，这也使得两庙在"国难"和自身利益之间摇摆，从而使得官方和庙方之间存在既有应对"国难"的共同责任，又有因庙方兼顾自身利益之间的紧张。此间因战争的影响官方只于1943 年举办一次物产竞赛会，但民间自发赶花会的习俗仍未中断，甚至在官方明令禁止的情况下仍屡禁不止，官方、知识分子、民众对青羊宫及花会的态度也各有所异。基于此，本文旨在探讨抗战时期，西南大后方的道观——青羊宫、二仙庵对抗战的作用以及其自身的命运，以期对西南地区的抗战实态以及抗战时期大后方的地方社会有更深入、具体的探讨。

一、空间里的抗战宣传与活动

1931 年"九·一八"事变，全国开始掀起抗日救亡高潮，准备抗日，地处西南边陲的四川也投入到抗日救亡的潮流中。李德英在研究成都的公园时，注意到"抗战时期，少城公园几乎成了民众集会的中心，不少抗日宣传队、歌咏队在公园演出，少城公园成为成都各进步团体演讲、演出、聚会、募捐的首选之地"②。但成都西南郊外的青羊宫、二仙庵两庙也担负起来抗日救亡宣传的重担，同样值得关注。

青羊宫、二仙庵两庙举办的花会，自清末新政开始，官方就开始将其花会之名改为"劝业会"③，入民国虽有中断，但其传统的花会已被烙上政治色彩，传统的宗教文化空间渐有"政治"之义，而抗战时期，因抗日时局的需要官方则将其用于抗日宣传、动员以及向展示四川之用，其空间功能在抗战时期有所变化。

"九·一八"事变之后，成都市总工会在少城公园首先掀起抗日示威游行活动，而青羊宫、二仙庵两庙的抗日救亡宣传则要晚一点，于次年春季花会时节开始。花会由四川省建设厅主办，不仅将整个会场空间布局设计为抗日救亡的主题，而且

---

① 《四川省会警察厅第四区署造报各所调查馆内驻扎军队长官姓名军士名姓表》，成都市档案馆，《四川省会警察局》档案，1916 年 10 月，民 0093－06－1560；《本府全衔训令》，成都市档案馆，《成都市政府》档案，1938 年 7 月 1 日，民 0038－002－1230。

② 李德英：《公共空间与大众文化：以近代成都少城公园为例》，载姜进、李德英主编：《近代中国城市与大众文化》，新星出版社 2008 年版。

③ 1906 年，四川劝工局将青羊宫"花会"改为"商业劝工会"，是近代意义上的第一次博览会；1908 年"商业劝工会"改名为劝业会，相沿至 1911 年。入民国，因四川时局混乱，官方停办劝业会，但仍派员协庙方办花会。直至 1920 年川局暂稳，官方又开始重办劝业会，且呈繁盛趋势，从 1920 年至 1932 年间仅有两年未办。虽自清末至民国，"劝业会"名称略有所异，为方便起见，统称"劝业会"。

社会团体也借助花会民众众多的优势在青羊宫、二仙庵两庙宣传抗日。青羊宫、二仙庵的抗日活动参见表一。

表一　青羊宫、二仙庵的抗日活动

活动	时间	地点	主办方	目的	出处
国术馆武术比赛	1932 年青羊宫劝业会期间	青羊宫	国术馆	锻炼身体,与日作殊死斗争,救亡图存	《劝业会期将届各商均准备赴会》,《新新新闻》,1932 年 3 月 1 日。
讲演抗日	1932 年青羊宫劝业会期间	二仙庵外楠木林前方,国难讲演台	四川省建设厅,成都市政府,劝业会国难宣传部	民众对上海"一·二八"事变漠不关心,故讲演日本暴行,提倡国货,引起民众对抗日的关注	《郑晋康拨助劝业会经费》,《新新新闻》,1932 年 3 月 5 日。
中小学生讲演抗日	1932 年青羊宫劝业会期间	二仙庵外楠木林前方,国难讲演台	西城小学	四五百学生讲演抗日,唤醒民众救国	《劝业会中小学生讲演》,《国民公报》,1932 年 3 月 14 日。
壁报社办事处,每日出版一次	1932 年青羊宫劝业会期间	青羊宫、二仙庵	成都市市政府	宣传暴日沈阳,及淞沪各地一切残暴行为,俾引起市民之自强精神,及爱国热忱	《在劝业会场扩大抗日宣传,组织墙报制定标语》,《新新新闻》,1932 年 3 月 22 日。
陈列抗日宣传布画	1932 年青羊宫劝业会期间	青羊宫花会路侧及场内各注目要道	张柏仑(艺术家)提倡组成的艺术救国宣传团	扩大抗日宣传	《第十一次劝业会》,《国民公报》,1932 年 3 月 15 日。
向育仁抗日讲演	1932 年青羊宫劝业会开幕		向育仁	提倡抗日匹夫有责	《第十一次劝业会正式开幕记》,《国民公报》,1932 年 3 月 28 日。

续表一

活动	时间	地点	主办方	目的	出处
在会场遍贴抗日宣传标语、漫画；会场中央搭建演讲台，请爱国团体讲演最近中日情形、国际情形	1933 年青羊宫劝业会期间	青羊宫劝业会场①	四川省建设厅	使民众警醒、觉悟	《规划中之十二次劝业会》，《国民公报》，1933 年 2 月 23 日，第九版。
东北难民救济分会为抗日宣传募捐	1933 年青羊宫劝业会期间	青羊宫劝业会场	东北难民救济分会	为抗日义军之后援	《东北难民救济分会将在劝业会场设收捐处》，《国民公报》，1933 年 3 月 10 日，第九版，《本市新闻》。

注：从 1934 年开始，四川地方开始集中围剿红军，故青羊宫花会的主题内容也从抗战宣传变为"剿匪"宣传②；1935 年曾一度因四川军阀刘文辉、刘湘"二刘"大战而终止官方办花会③，只有民间自己办理，故官方无暇继续宣传抗日。

可见，抗战时期的青羊宫，不仅有官方当局主办的抗日讲演活动，也有国术馆等社会团体组织的国术比赛，以及小学生在讲演台的讲演抗日活动，可见官方与社会团体、学校对动员民众的重视程度。与公园的不定期抗日游行示威、纪念活动不同的是，青羊宫、二仙庵作为道教寺庙空间，更多的是官方当局利用一年一度的为期一个多月的花会时节作为抗日宣传，引起民众的警醒，传统花会亦烙下了时势的烙印。

"九·一八"事变后，面对国难，成都市政府几乎动员了所有市政府下辖的部门，参与到抗日宣传的空间布置中来。成都市政府令公安局"加紧赶制小木牌标语一百个，又一丈二尺长七尺宽之大木牌标语牌二十个，旗杆漫画标语五十个，大档

---

① 青羊宫劝业会场指的青羊宫、二仙庵两庙、二仙庵山门外楠木里以及两庙周边土地、部分农户土地。

② 《劝业会场之行行色色》，《国民公报》，1934 年 4 月 4 日。1934 年的劝业会，"剿匪"宣传成为主要议题，在劝业会场建立"剿匪"纪念馆，供民众参观，抗日宣传未见到报道。

③ 《本年之劝业会省府通令停办》，《国民公报》，1935 年 2 月 24 日；《劝业会停办积极筹备花会》，《国民公报》，1935 年 2 月 28 日。

子漫画标语八个"①；令工务局、社会局、财政局、秘书处、公安局各科科长，各拟十个抗日宣传标语，由社会局审查②；令工务局"描绘东三省，及淞沪各地大地图，与青羊宫会场地图多张"③，将其张贴会场，使"市民观览，触目惊心"④；还令通俗教育馆馆长周荣章以我国失地和铁路为会场内各道路命名，成都市政府的意图也很明确，使"市民旅行是路，而知我国精华重地，悉被倭寇强占，以期各界民众，一致团结力量，打倒帝国主义，收复各处失地"。⑤ 一年以后的劝业会，官方仍积极筹办抗日宣传，自清末劝业会以来官方就在劝会场入口处搭建柏枝牌坊⑥，而此时，因抗日宣传的需要，在书写"劝业会"之外，更有救国标语十余种⑦；在通往青羊宫的西南城墙上，官方也利用此处为民众必经之地，而在城墙上树立"高约三丈之标杆"⑧，"随时布置抗日宣传文字"⑨，以图使赴会的民众"触目惊心"⑩；成都市国术馆也以"□雪国耻，以国术抗日救国"⑪而举办第一次春季国术比赛。从以上的抗日宣传可以看出，官方在青羊宫劝业会时期的抗日宣传主要是为了引起民众的警醒，抗日宣传的空间布局范围也由会场空间内部，扩大到会场之外的民众途径之地。

1937 年的"七·七"事变，使四川民众的普通生活再也无法平静，他们也要将自己的儿子、兄弟送上战场，奔赴前线抗日杀敌⑫。1938 在青羊宫举办的抗日出川将士集合活动，四川作家周文⑬在《雨中送出征——六月十日记实》一文中记录了在青羊宫送将士出征的情景⑭。之所以将抗日出川将士集合选在青羊宫，原因是"队伍是在几天内新编成的，所以这两天在青羊宫驻扎"，故在青羊宫集合、送征⑮，可见青羊宫原军队驻扎地的空间属性仍在延续。

自"九·一八"事变以来，地处西南边陲的四川就开始投入到抗日救亡的宣传工作中来，官方、社会团体不仅在公园等公共空间组织抗日游行示威、纪念抗日等

---

① 《在劝业会场扩大抗日宣传，组织墙报制定标语》，《新新新闻》，1932 年 3 月 22 日。
② 《在劝业会场扩大抗日宣传，组织墙报制定标语》，《新新新闻》，1932 年 3 月 22 日。
③ 《在劝业会场扩大抗日宣传，组织墙报制定标语》，《新新新闻》，1932 年 3 月 22 日。
④ 《在劝业会场扩大抗日宣传，组织墙报制定标语》，《新新新闻》，1932 年 3 月 22 日。
⑤ 《在劝业会场扩大抗日宣传，组织墙报制定标语》，《新新新闻》，1932 年 3 月 22 日。
⑥ 《大道入口柏枝坊写真》，《四川成都第三次商业劝工会调查报告表(周善培题)》(线装书)，光绪三十四年，CADAL 数据库电子书。
⑦ 《劝业会消息》，《国民公报》，1933 年 3 月 5 日。
⑧ 《劝业会消息》，《国民公报》，1933 年 3 月 5 日。
⑨ 《劝业会消息》，《国民公报》，1933 年 3 月 5 日。
⑩ 《劝业会杂闻》，《国民公报》，1933 年 3 月 10 日。
⑪ 《劝业会场国术比赛会开幕志盛》，《国民公报》，1933 年 3 月 17 日。
⑫ 1937 年 9 月 1 日，第一批川军开赴前线，11 月 9 日四川省主席刘湘亲率川军出川抗日。
⑬ 周文(1907 - 1952)，现代作家，四川省荥经县人，原名何稻玉，字开荣，笔名何谷天、树嘉等。
⑭ 周文:《雨中送出征——六月十日记实》，载《周文文集》第 3 卷，作家出版社 2011 年版。
⑮ 周文:《雨中送出征——六月十日记实》，载《周文文集》第 3 卷，作家出版社 2011 年版。

活动,而且还利用劝业会期间青羊宫、二仙庵"游人极众"①的特点,通过对两庙及周边空间的布局、改造以及组织抗日活动而想要使民众警醒,奋发抗日,但直到"七·七"事变之前,四川民众对官方和社会团体的抗日救亡宣传仍处于漠然状态。

二、"抚顺民俗"与应对"国难"

1937年"七·七"事变,抗战全面爆发,对于每年在成都西南郊外青羊宫、二仙庵举办的花会,是否继续举办也成为问题。先是四川省建设厅召开第二○六次省务会议,决议"为抚顺民俗,提出生产起见"②,青羊宫花会仍照旧举行③,这次的成都市花会会场管理处,由市政府、市商会、警备司令部、省会警察局、川康区宪兵团、防控指挥部等机关共同组成④,开始筹办。

但花会筹办尚未满一个月,四川省建设厅开第二一一次省务会议,议决花会停办⑤,官方考虑的情况是"检查现值空袭警报时有传闻,市民纷纷疏散,不遑宁居,若照常举办花会,设值空袭警报传来,城厢内外及花市人民惊惶乱窜,必致影响治可"⑥,报纸还披露了要为"防止奸人捣乱"⑦,即为城市治安的考虑。不过,花会停办的原因除空袭传闻及治安考虑外,还有另外一层的原因,即官方认为"前方将士浴血杀敌,后方人民当努力,系后防工,不应从事娱乐,俾免耗金钱"⑧,五老七贤之一的林思进⑨也对民众在"国难"之下,仍娱乐之情形表示反对,曾作诗一首表达其对道人及普通民众的不满:

　　无羞青羊宫,繁华自蜀都,妖红姹紫,成碧看吹朱,簪珥楼头拾,笙歌花下扶,道

---

① 《在劝业会场扩大抗日宣传,组织墙报制定标语》,《新新新闻》,1932年3月22日。

② 《本年花会照旧举行》,《新新新闻》,1938年2月12日;《省府抚民意仍要办花会》,《国民公报》,1938年2月12日。

③ 《本年花会照旧举行》,《新新新闻》,1938年2月12日;《本年花会组织管理处》,《新新新闻》,1938年2月14日。

④ 《本市筹办花会卷》,成都市档案馆,《四川省会警察局》档案,1938年2月21日,民0038 – 12 – 1877;《花会筹备会昨日开第一次会议》,《新新新闻》,1938年2月21日。

⑤ 《四川省政府训令建字第05004号》,成都市档案馆,《四川省民政厅》档案,1938年3月9日,民0038 – 12 – 1877。

⑥ 《四川省政府训令建字第05004号》,成都市档案馆,《四川省民政厅》档案,1938年3月9日,民0038 – 12 – 1877。

⑦ 《花会今年停办》,《国民公报》,1938年3月2日。

⑧ 《昨日青羊宫一场风波,游人饱受虚惊》,《新新新闻》,1938年4月11日。

⑨ 林思进(1874 – 1953年),成都"五老七贤"之一,华阳县人,字山腴,晚年自号清寂翁,晚清举人。曾任内阁中书,成都府中学堂监督,四川省立图书馆馆长,华阳县中校长,成都高等师范学堂、华西大学、成都大学、四川大学教授,四川省通志馆总纂。1949年后任川西区各界人士代表会代表、川西行署参事。1952年任四川省文史研究馆副馆长。著有《中国文学概要》《华阳县志》(编纂)、《清寂堂诗集》《清寂堂文录》《吴游录》等。

人真有道,先卖辟兵符。　　　雨歇游丝定,沙平软路新。晴波帷幌影,芳草绮罗人,不睹灵星亏,焉知旱魃尘,疲农故堪恼,禁损一番春,蜀中自去年久旱,至春不雨,报灾者一百余县,而士女嬉游自如。①

民间则以官方停办花会,而另办青羊宫香会,但实际上,虽然以"香会"而称,仍然也是"花会"的性质,只是官方命令禁止花会,民间及舆论则改称为"香会"。青羊宫、二仙庵"香会",民间男女老幼、学生、公务人员,以星期日放假,多往游观,"极为热闹"②

抗战时期,成都遭受日机轰炸的频率和强度仅次于重庆。因日机空袭的缘故,至 1939 年则由青羊宫民众"杨□渊等"③,以花会时节青羊宫场及城周边地区"凉棚拥集,目标显着,深恐敌机不幸,而误入场地,误认为重要地址,实施轰击,影响全市人民之生命"④为由,而请求官方解散花会。

这也是民众第一次要求官方禁止花会。自民国初年官方禁办劝业会以来,民间虽有官方是否要禁止花会的传闻和猜疑⑤,但官方发函申明不禁止,仍准许民间自办。但抗战以来,不仅官方为民众生命财产及前方将士抗日救国的情绪着想,而命令禁止花会,且出现了民众为生命安全考虑而主动要求官方解散花会之情形。

但民间并未停止赴会,直到 1944 年,时任四川省主席的张群仍然要为花会之事而"头疼"。官方既明令禁止,但"一般人民仍多往游览,故在数周前,即已热闹异常,城中商家饮食店临时前往搭摊搭棚者极众"⑥,张群不得不以行政命令令"各商店之临时饮食摊棚,并统限于四日以内一律撤去"⑦。民众之所以屡禁不止,除游览娱乐之外,对商家来说在花会摆摊则也是获利之机,从 1943 年官方对青羊宫物产竞赛会会场内及青羊宫内商家、营业额的数据调查统计可窥见一斑(见表二)。

表二　参加三十二年四川省物产竞赛会各类商店家数及资本比较(会场内)

类别	共有家数	资本总额(元)
总计	258	3,823,080
茶社	27	681,000

① 林思进:《清寂堂集》,巴蜀书社 1989 年版,第 386 页。该诗并未写明具体年份,但诗中"续录四"年份标注为起自丁丑年,丁丑年为 1937 年;诗"续录五"标注为起自己卯年,己卯年为 1939 年,故此诗的写作年份应为 1937 年或 1938 年。

② 《昨日青羊宫一场风波,游人饱受虚惊》,《新新新闻》,1938 年 4 月 11 日。

③ 《青羊区居民请解散花会》,《新新新闻》,1939 年 5 月 8 日。

④ 《青羊区居民请解散花会》,《新新新闻》,1939 年 5 月 8 日。

⑤ 《青羊宫花会仍行举办》,《国民公报》,1913 年 2 月 24 日。民间有谣传官方要禁止青羊宫花会,为释疑,内务司特呈请民政长令实业司发出声明,青羊宫花会地点仍旧青羊宫举办,官方已批准,并未禁止。

⑥ 《花会停止》,《成都晚报》,1944 年 3 月 12 日。

⑦ 《花会停止》,《成都晚报》,1944 年 3 月 12 日。

续表二

类别	共有家数	资本总额（元）
中餐	12	210,000
西餐	3	48,000
面食	34	391,080
甜食	9	14,300
糖果	6	13,400
水果	2	11,600
食糖	1	10,000
食盐	1	30,000
酒类	1	600,000
酱园	2	13,500
影剧	3	31,000
教育用品	5	37,000
毛织	2	260,000
丝织	3	160,000
棉织	4	442,000
麻织	5	117,000
服装	3	13,000
制帽	1	5,000
皮革	2	102,000
烟草	18	50,400
百货	3	36,000
杂货	7	51,500
电料	1	3,000
玻璃	2	25,000
香妆品	4	119,000
纸扇	1	5,000
玩意	3	12,000
剪品	2	12,000
信托	1	10,000
古玩玉器	6	68,000

续表二

类别	共有家数	资本总额(元)
瓷器	5	90,000
银器	1	10,000
铜器	1	600
铁器	19	56,700
石器	1	5,000
木器	10	13,900
梳篦	1	500
花草苗圃	10	16,500
竹器	15	15,000
篾器	19	26,100
棕绳	2	7,000

资料来源:《四川省物产竞赛会统计报告》,1943年,四川省档案馆,民045－01－0210。

从上表中可见共有商家258家,营业额达382万多,仅在青羊宫庙内的商家也有50家,营业额近17万,参会的商家也是名目繁多,如茶社、面食、甜食、糖果、影剧、棉绳、烟草、杂货、玩具、古玩玉器、瓷器、铁器、刊刻等等,故也不难理解商家在官方禁令之下仍私自赴会,利之所驱是其动机,当然在抗战的特殊背景下,恐怕糊口供家也是多数商家尤其是小商小贩不顾禁令的原因所在。

可见,在抗战时期,官方想要在"抚顺民俗"与应对"国难"之间寻求协调,但因"民俗"在抗战的大背景下既消耗钱财,又作为一种"娱乐"而影响前方抗敌情绪及大后方的建设舆情,故而将"抚顺民俗"改为应对"国难",也将花会由"办"而变为"不办"。但复杂的是,一方面一般民众已经相沿成习,不仅善男信女要进香,一般民众甚至连学生和公务人员也要借花会游玩;另一方面商家要借此获利,从而使得"花会"禁而不禁,成为官方与民众之间彼此纠葛不断的纷争。

三、展览"政治":大后方的物产展览会(1943年)

自1938年以来,官方在青羊宫停办劝业会、禁办花会,1943年四川省建设厅重办四川物产竞赛会,尚属抗战时期四川唯一一次,也是"全国(当时的大后方)物产展览会"[①]。为何之前禁止,1943年却要重办? 从官方档案中可以得知,一是经济

[①] 周学端:《一年一度的盛举:成都花会》(三月十七日航讯 本报驻蓉记者),《申报》,1947年4月3日。此文虽为1947年新闻,但该文回顾了1943年青羊宫物产展览会的举办情况,上述引文即记者的回忆与评论。

方面的考虑，即"为增加生产及提高技术起见"①，二是政治方面的考虑，官方的文件记载为"遵照委员长蒋国民精神运动员周年纪念工作竞赛之指示"②，但从会场的展览内容来看，展览官方的意志应该显得更为明显和重要，可以说是一场展览"政治"之展览会。

1943 年的物产展览会，最大的特色当属增设政情馆，所谓政情馆，即陈列四川省行政组织及区划、四川省政府三十二年度（1943）施政计划、四川省政府施政成绩③等，"藉以宣传本府政情"④。虽然政情馆"已往的花会中，从没有兴设过的"⑤，但"经记者几度参观的结果，一般市民多不感兴趣"⑥，因为在民众眼中，政情馆中展览的仅仅是写看不懂的图表和数字，而没有"红红绿绿的颜色"⑦，也没有"形形色色的物品"⑧，民众仍然是"莫不然关心"⑨。

相对于政情馆稍显枯燥的数字、图表，官方对民众卫生、生活习惯的改造则要显得更通俗，各接近民众的接受水平。为改造公共卫生、个人卫生、民众生活习惯，四川卫生处专门拟定卫生标语十条交四川省物产竞赛会会场事务所，宣传标语为：

"1 有病早治，无病预防。2 天花危险种痘可免。3 水、苍蝇、食物、手是伤寒霍乱痢疾传染的途径。4 消除斑疹伤寒回归热要灭虫。5 要免白喉快打预防针。6 吐痰须入盂。7 疟蚊咬一口就跟着走！8 肺结核（痨病）是呼吸传染病，患者须隔离。9 产前检查新法接产可保母子平安！10 公共卫生保国，个人卫生保家。"⑩

四川省驿运管理处试图通过图表、模型、各形各色的照片，尽力宣传四川交通新政，"使来宾在脑海中，留下深刻的印象"。⑪ 官方还邀请国内第一流记者组织参观团莅临参观⑫，《申报》记者事后的评价是"那是抗战中中国新闻界一大盛事，事后也曾一致寄予好评"⑬。可见，四川也借此展览会想要扩大川省的影响力，以及提升非川人对四川的印象，展览会背后的政治意图可借此窥见一二。

---

① 《四川省物产竞赛会》，四川省档案馆，1943 年，民 162 - 01 - 0817。

② 《四川省物产竞赛会》，四川省档案馆，1943 年，民 162 - 01 - 0817。

③ 《物产竞赛会剖视，九大陈列馆巡礼》，《新新新闻》，1943 年 4 月 10 日。

④ 《四川省卫生处档案 - 四川省物产竞赛会卷》，四川省档案馆，1943 年，民 113 - 02 - 2564。

⑤ 《物产竞赛会剖视，九大陈列馆巡礼》，《新新新闻》，1943 年 4 月 10 日。

⑥ 《物产竞赛会剖视，九大陈列馆巡礼》，《新新新闻》，1943 年 4 月 10 日。

⑦ 《物产竞赛会剖视，九大陈列馆巡礼》，《新新新闻》，1943 年 4 月 10 日。

⑧ 《物产竞赛会剖视，九大陈列馆巡礼》，《新新新闻》，1943 年 4 月 10 日。

⑨ 《物产竞赛会剖视，九大陈列馆巡礼》，《新新新闻》，1943 年 4 月 10 日。

⑩ 《四川省卫生处档案 - 四川省物产竞赛会卷》，四川省档案馆，1943 年，民 113 - 02 - 2564。

⑪ 《物产竞赛会剖视，九大陈列馆巡礼》，《新新新闻》，1943 年 4 月 10 日。

⑫ 周学端：《一年一度的盛举：成都花会》（三月十七日航讯 本报驻蓉记者），《申报》，1947 年 4 月 3 日。

⑬ 周学端：《一年一度的盛举：成都花会》（三月十七日航讯 本报驻蓉记者），《申报》，1947 年 4 月 3 日。

1943 年的四川物产展览会,是抗战时期四川唯一的一次展览会,从展览的内容来看,提高生产的目的显得较为薄弱。反而,官方借此改造民众,向全国展览四川、提高四川影响力的政治意图则更为明显,虽然官方在改造民众方面的效果仍甚微,但其提高四川影响力的政治意图却达到了,时隔四年《申报》记者仍会回忆起此次展览会并给予很高的评价。可以说,四川不再成为国中"异乡",除了 1937 年国民政府迁移大后方,将四川作为民族复兴基地之外的大局势的推动及川人知识分子的自觉①之外,还有四川当局向全国"展示"的主动作用。

王笛对茶馆的研究表明,抗战时期茶馆中张贴的"休谈国事"的告白消失了,抗战成为"茶馆政治乃至政治文化的一个转折点,人们不可避免地谈论国事,政治从一个忌讳的话题成为一个热点。"②而青羊宫比茶馆更进一步的是,官方不仅不再控制人们谈论国事,更鼓励民众谈论国事、宣传国事、动员国事,民众对"国事"不仅可以"谈",更可以置身其中,成为与国家命运密切关联的一分子,两庙由一个宗教文化空间逐渐成为官方主动展示国家、民族、地方的空间。虽然两庙的传统宗教功能依然存在,花会传统亦因民间习俗的惯性而一再延续,但在抗战国难的大背景下,两庙的政治化在不断地加强。在这一过程中,官方想要在"抚顺民俗"与应对"国难"之间寻求协调,终因民众的游赏要求和商家的获利愿望而引发了纠葛不断的纷争。围绕花会办与不办的争执背后,是空间使用权的博弈,是官方与民间势力的角逐,更是空间功能的更替与叠加。而这个文化空间的政治性,更是在其后的物产展览会的举办中得以充分体现。从"办"到"不办","不办"到"办",是官方的教化意识和政治意图在抗战中的不断强化,也是四川从国中异乡到民族复兴基地的崛起。

---

① 参见王东杰:《国中的"异乡":二十世纪二三十年代旅外川人认知中的全国与四川》,《历史研究》,2002 年第 3 期。

② 王笛:《茶馆:成都的公共生活和微观世界,1900－1950》,社科文献出版社 2010 年版,第 405 页。